MÉMOIRES
DE
LA SOCIÉTÉ D'ÉTUDES
DE LA
PROVINCE DE CAMBRAI

Tome XIV

RECUEIL
DE
GÉNÉALOGIES LILLOISES

Tome III

SOCIÉTÉ D'ÉTUDES

DE LA

PROVINCE DE CAMBRAI

MÉMOIRES

Tome XIV

LILLE
IMPRIMERIE LEFEBVRE-DUCROCQ
88, rue de Tournai, 88
1908

RECUEIL

DE

GÉNÉALOGIES

LILLOISES

PAR

Paul DENIS DU PÉAGE

ARCHIVISTE PALÉOGRAPHE,
MEMBRE TITULAIRE DE LA SOCIÉTÉ D'ÉTUDES
ET DE PLUSIEURS AUTRES SOCIÉTÉS SAVANTES.

Tome III

LILLE
IMPRIMERIE LEFEBVRE-DUCROCQ
88, rue de Tournai, 88

1908

GÉNÉALOGIES LILLOISES

CINQUIÈME PARTIE

ALATRUYE dit DE LE VIGNE

Armes : *d'azur à un calice d'or, accosté de deux dauphins d'argent affrontés et appuyés aux bords du calice.*

Famille paraissant originaire du Tournaisis.

I. — *Ogier* Alatruye dit de le Vigne, bourgeois de Lille par achat en 1377, échevin de cette ville, mort le 26 novembre 1425, épousa Marie *Escarpelle*, décédée le 6 février 1424, et inhumée dans le chœur de l'église de La Madeleine ; il eut :

1. — *Piérars*, qui suit, II.
2. — *Barthélemi*, qui suivra, II bis.

II. — *Piérars* ou *Pierre* Alatruye dit de le Vigne, bourgeois de Lille par rachat du 17 octobre 1396, portait sur son sceau : un écu à une truie accompagnée d'une étoile en pointe [1]. Il fut père de :

III. — *Ruffin* Alatruye dit de le Vigne, mort le 2 décembre 1494 et inhumé à La Madeleine, allié à Jeanne *de Dons* dite *Mousque*, enterrée dans la chapelle des Frères prêcheurs. Il fut lieutenant du bailli de Roubaix à Lille ; son sceau représentait un écu portant deux truies passant l'une sur l'autre, et supporté par une dame [2] ; il eut pour fils :

---

1. Demay, *Inventaire des sceaux de la Flandre*, n° 2854.
2. *Ibidem*, n° 5261.

1. — *Pierchon* ALATRUYE ou AUXTRUYES, né à Lille, bourgeois de cette ville par achat en 1483 ; d'où :

    a. — *Ruffin*, bourgeois par rachat le 4 janvier 1510 (n. st.).
    b. — *Noël*, bourgeois par relief le 12 août 1525.
    c. — *Pierre*, bourgeois par relief du 2 avril 1535 (n. st.).

2. — *Robin*, né paroisse de La Madeleine, bourgeois par achat du 5 février 1498 (n. st.).

II bis. — *Barthélemi* ALATRUYE dit DE LE VIGNE, sr de la Barre, nommé greffier de la chambre des comptes à Lille le .. juillet 1410, auditeur en décembre 1413, puis maître aux chambres des comptes de Bruxelles et de Lille simultanément le 27 novembre 1436, conseiller du duc de Bourgogne, décédé à La Haye avant 1450 ; épousa Marie *de Pacy*, fille de Jean et de Jeanne *de Champigny*, morte à Bruxelles le 22 août 1452 [1] ; d'où :

1. — *Philippine*, religieuse.
2. — *Barthélemi*, religieux à Saint-Michel d'Anvers.
3. — *Laurent*, moine à Saint-Bavon de Gand.
4. — *Hugues*, qui suit, III.
5. — *Philippe*, né le 20 décembre 1417, religieux à Saint-Vaast d'Arras, mort le 25 novembre 1486.
6. — *Jean*, bourgeois de Lille par achat en 1467, mayeur en 1497, allié à Jeanne *Gherbode*, fille de Jores, morte le 27 janvier 1476 et enterrée à Sainte-Catherine.
7. — *Jacques*, « en fleur d'aage terminé à Pavie où il estoit allé comme gentilhomme curieux de voir pays et connoistre le monde. »
8. — *Philipotte*, épouse de N. *Van Ol*, écuyer, maître des comptes à Bruxelles.
9. — *Catherine*, alliée à Adrien *Pot*, écuyer, fils de Pierre.
10. — *Marie*, mariée avec Jacques *de Bloote*, écuyer, sr de Kevenbourg.
11. — *Isabeau*, épouse de Jacques *de Némery*, écuyer, fils de Jean.

III. — *Hugues* ALATRUYE dit DE LE VIGNE, né le 6 juillet 1416 ou 1419, mort entre 1491 et 1497, épousa Jeanne *de Cordes*, fille de Gilles, écuyer, et de Marguerite *de Wasmes* ; d'où :

1. — *Bauduin* ou *Baudechon*, qui suit, IV.

---

1. Leurs portraits se trouvent au musée royal de Bruxelles. Voir aussi le portrait de Barthélemi Alatruye dans les *Bulletins de la Commission historique du département du Nord*, t. XXIII, page 41.

2. — *Isabeau*, épouse de Victor *d'Isemberge*, maître des comptes à Lille, puis de Charles *de Saint-Pierre-Maisnil*, écuyer, sʳ de Wadelicourt, mort le 31 janvier 1503, et enterré aux Récollets de Lille ; elle décéda le 10 février 1532.

3. — *Jeanne*, alliée à Jean *de Castre*, écuyer.

4. — *Madeleine*, religieuse.

5. — *Cornille*, né à Lille, dont il acheta la bourgeoisie en 1491, marié après cette année, échevin en 1501, obtint des lettres de rémission en août 1502 pour s'être rendu coupable de vol avec effraction.

6. — *Charlot*, né à Marcq-en-Barœul, bourgeois de Lille par achat le 3 novembre 1497, marié après cette date et père de :

    a. — *Bettremieu*, bourgeois par relief du 1ᵉʳ juillet 1530, lequel eut pour fils :

        aa. — *Jean*, qui obtint en juin 1554 des lettres de rémission pour coups et blessures.

IV. — *Baudechon* ALATRUYE dit DE LE VIGNE, né à Marcq-en-Barœul, sʳ de la Tour audit lieu, bourgeois de Lille par achat du 3 novembre **1497**, épousa Denise *du Fresnoy*, fille de Gilbert, sʳ du Bus, et de Jeanne *de Lannoy* ; d'où :

1. — *Isabeau*, alliée à Jacques *Le Machon* dit *de le Sauch*, fils de Jean et d'Antoinette *Cauwet*, puis à Nicolas *Le Prévost*, sʳ des Marissons, fils de Nicolas, sʳ de la Cessoye, et de Jeanne *de la Porte*, bourgeois de Lille par relief du 10 février 1526 (n. st.) ; dont postérité.

2. — *Louis*, qui suit, V.

V. — *Louis* ALATRUYE dit DE LE VIGNE, né à Marcq-en-Barœul, bourgeois de Lille par relief du **24 mai 1531** ; dont :

1. — *Bauduin*, qui suit, VI.

2. — *Guilbert*, bourgeois de Lille par relief du 12 juin 1566, allié à Madeleine *Despinoy*, morte ainsi que lui avant 1603 ; d'où :

    a. — *Madeleine*, mariée à Saint-Étienne le 22 octobre 1602 avec Pasquier *Duthoit*, fils de Jean et de Marguerite *Resteau*, né à Lille, caudrelier, bourgeois par relief du 5 avril 1603.

3. — *Nicolas*, né à Lille, bourgeois de cette ville par relief du 19 décembre 1570, mort avant 1614, allié à Agnès *Dubois* dite *Pottin* ; d'où :

    a. — *Bauduin*, baptisé à Saint-Étienne le 2 juin 1574.

    b. — *Louis*, baptisé à Saint-Étienne le 2 septembre 1576, marchand drapier, bourgeois par relief du 23 janvier 1599, allié à Marguerite *Dubosquiel*, dont il eut :

aa. — *Guilbert*, baptisé à Saint-Étienne le 31 mai 1611.

bb. — *Antoine*, baptisé à Saint-Étienne le 17 avril 1617.

cc. — *Marguerite*, baptisée à Saint-Étienne le 21 janvier 1620.

dd. — *Jeanne*, baptisée à Saint-Étienne le 4 juin 1622.

c. — *Jeanne*, baptisée à Saint-Étienne le 4 août 1577.

d. — *Guilbert*, bourgeois de Lille par relief du 23 mai 1597, époux de Charlotte *Flinois*, qui le rendit père de :

aa. — *Claude*, baptisé à Saint-Étienne le 13 mai 1597.

bb. — *Françoise*, baptisée à Saint-Étienne le 13 mars 1599.

cc. — *Guillelmine*, baptisée à Saint-Étienne le 26 octobre 1607.

dd. — *Jean*, baptisé à Saint-Étienne le 10 août 1609.

ee. — *François*, baptisé à Saint-Étienne le 18 février 1612.

ff. — *Jacques*, baptisé à Saint-Étienne le 29 octobre 1613.

e. — *Agnès*, baptisée à Saint-Étienne le 14 octobre 1593 [1].

f. — *Agnès*, mariée avec Jacques *Verdière*, fils d'Adrien et de Marie *Delecambre*, bourgeois de Lille par relief du 15 avril 1614.

4. — *Sébastien*, bourgeois de Lille par relief du 4 octobre 1574, allié à Hélène *Leboucq*, morte avant le 10 novembre 1618. Il acheta le fief de la Haute-Anglée, à Esquermes, le 14 juin 1591, pour le prix principal de 17.800 florins [2]. Il obtint une sentence de noblesse de la gouvernance de Lille le 30 avril 1610 [3], et eut :

a. — *Jean*, écuyer, sr de la Grande-Haye, baptisé à Saint-Étienne le 8 août 1585, bourgeois de Lille par relief du 25 juin 1613, marié à Saint-Étienne, le 13 mai 1613, avec Antoinette *Poulle*, fille de Jean et de Marie *de Fourmestraux*, baptisée à Saint-Étienne le 30 août 1590, dont il ne paraît pas avoir eu d'enfants. Devenu veuf, il entra dans les ordres et testa en 1647.

b. — *Noël*, écuyer, marchand, bourgeois de Lille par relief du 13 novembre 1607, marié à Saint-Étienne, le 28 avril 1607, avec Claire *Bave*, fille de Jean et de Barbe *de la Brande*, morte avant 1634 ; d'où :

aa. — *Jean*, écuyer, sr de la Haute-Anglée, Malcot, baptisé à Saint-Étienne le 24 février 1611, bourgeois de Lille

---

1. Il eut d'autres enfants entre 1577 et 1593, mais les registres de naissances de Saint-Étienne manquent pour cette période.
2. Archives municipales de Lille, cartons d'affaires générales, n° 320, pièce 2.
3. Voir : SAINT-GENOIS, *Monuments anciens*, tome II, page 143.

par relief du 16 janvier 1634, mort le 22 septembre 1670 et enterré dans la chapelle du nom de Jésus à Saint-Sauveur, allié à Anne *Pouvillon* [1], dame de Waternes, fille de François et de Marie *de Fourmestraux*, baptisée à Saint-Étienne le 31 décembre 1614, morte le 23 avril 1698 ; dont :

aaa. — *Jean-Baptiste*, écuyer, baptisé à Sainte-Catherine le 11 février 1635, mort le 4 février 1692 et enterré au chœur de Sainte-Catherine.

bbb. — *Françoise*, baptisée à Sainte-Catherine le 21 octobre 1636, décédée paroisse Saint-Sauveur le 17 septembre 1700.

ccc. — *Marie-Antoinette*, baptisée à Sainte-Catherine le 18 septembre 1639, décédée paroisse Saint-Sauveur le 6 mai 1705.

ddd. — *Pierre*, baptisé à Sainte-Catherine le 21 octobre 1642.

eee. — *Pierre-Joseph*, baptisé à Sainte-Catherine le 15 novembre 1644.

fff. — *Marie-Françoise* [2], baptisée à Sainte-Catherine le 16 juillet 1647, décédée paroisse Saint-Pierre le 6 mai 1707.

ggg. — *Marie-Anne*, baptisée à Sainte-Catherine le 19 novembre 1648, décédée paroisse Saint-Sauveur le 16 mai 1714.

hhh. — *Marie-Joseph*, baptisée à Sainte-Catherine le 21 mars 1651, morte le 10 février 1701.

iii. — *Marie-Françoise*, baptisée à Sainte-Catherine le 28 avril 1654, décédée veuve paroisse Saint-Sauveur le 14 novembre 1734, mariée avec François-Joseph *Sallembier*, fils de François et de Marie-Angélique *Pollet*, bourgeois de Lille par relief du 21 octobre 1702.

bb. — *Hippolyte*, baptisé à Saint-Étienne le 7 juillet 1613.

cc. — *François*, baptisé à Saint-Étienne le 15 juin 1620.

c. — *Michel*, baptisé à Saint-Étienne le 4 janvier 1588, vivant en 1618.

d. — *Guillaume*, écuyer, sr de la Haye, baptisé à Saint-Étienne le 29 août 1590, bourgeois de Lille par relief du 22

---

1. POUVILLON : *d'or à une fasce de sable accompagnée de trois merlettes du même.*
2. Elle fit enregistrer ses armes : *Écartelé : aux 1 et 4,* d'A LA TRUYE ; *aux 2 et 3,* de POUVILLON.

décembre 1626, allié à Françoise *Gommer* [1], fille de Michel, chevalier, s^r de Schoonvelde, et de Philippine *de la Grange*, décédée veuve paroisse Saint-Maurice le 29 août 1674 ; d'où :

   aa. — *Sébastien*, baptisé à Saint-Pierre le 14 octobre 1627.

   bb. — *Marie-Françoise* [2], baptisée à Saint-Pierre le 20 octobre 1628, morte le 6 mai 1707 ; mariée à Saint-Étienne, le 25 octobre 1655, avec Pierre *Le Prévost* [3], écuyer, s^r de le Becque, fils de Sébastien, écuyer, et de Catherine *de la Grange*, bourgeois de Lille par relief du 6 avril 1656, mort le 10 décembre 1667 ; dont postérité.

   cc. — *Adrien*, baptisé à Saint-Pierre le 29 novembre 1629.

   dd. — *Hubert*, baptisé à Saint-Pierre le 25 octobre 1630.

   ee. — *Jeanne*, baptisée à Saint-Pierre le 26 novembre 1631.

   ff. — *Hélène*, baptisée à Saint-Pierre le 15 septembre 1633, morte veuve à Armentières le 14 septembre 1708 ; ses filles lui firent donner une curatelle en 1708 à cause de son grand âge et de ses infirmités. Elle avait épousé à Saint-Pierre, le 8 octobre 1680, Antoine *de Haynin* [4], écuyer, s^r de Neuville, fils de Jacques, s^r de Lommeaux, et d'Anne *Cambier*, bourgeois de Lille par relief du 2 octobre 1681, mort le 26 mars 1693 et enterré dans l'église de Sailly ; dont postérité.

   gg. — *Albert*, écuyer, s^r de la Grande Haye, de Langlée, baptisé à Saint-Pierre le 23 décembre 1636, prévôt d'Esquermes le 4 avril 1667, mort le 18 septembre 1693, marié : 1° avec Isabelle *Deterue*, fille de N. et d'Anne *le Clément* ; 2° avec Marie-Hubertine *Miroul*, fille de Jean, écuyer, s^r de Layens, et de Jeanne *de Wathelin*, baptisée à Sainte-Catherine le 19 novembre 1643, morte à Esquermes le 15 janvier 1683, et enterrée ainsi que son mari dans la chapelle Notre-Dame de Réconciliation aux Clarisses d'Esquermes, d'où :

      aaa. — Du premier lit : *Marie-Thérèse-Albertine*, demeurant à Engrin ; elle fit donation de sa terre

---

1. GOMMER : *de sable à une fasce d'or, chargée de trois aiglettes de gueules et accompagnée de quatorze billettes d'or, 4 et 3 en chef et 4 et 3 en pointe.*

2. Marie-Françoise et sa sœur Hélène portaient : *Écartelé : aux 1 et 4, d'*A LA TRUYE *; aux 2 et 3, de* GOMMER.

3. LE PRÉVOST : *Écartelé : aux 1 et 4, de gueules à deux bandes d'argent ; aux 2 et 3, de gueules à trois tours d'or ; sur le tout de l'écartelé : d'azur au lion d'or, armé et lampassé de gueules.*

4. DE HAYNIN : *d'or à la croix engrelée de gueules.*

d'Engrin à la Noble-Famille en 1730, mais cette donation fut annulée par arrêt du Parlement de Flandre le 19 juillet 1775 [1].

bbb. — *Anne-Antoinette*, dame de la Haye, morte le 21 septembre 1716, à 53 ans.

ccc. — *Marie-Anne-Catherine*, dame de Lobel, morte paroisse de la Madeleine le 3 janvier 1725, à 60 ans.

ddd. — *N   *, dame de le Becque, célibataire.

eee. — *Jean-Albert*, baptisé à Sainte-Catherine le 20 mai 1667.

fff. — Du second lit : *Jean-François-Albert*, baptisé à Esquermes en janvier 1671.

ggg. — *Marie-Jeanne-Aldegonde*, baptisée à Esquermes entre le 26 janvier et le 26 février 1673.

hhh. — *Antoine*, baptisé à Esquermes le 22 juin 1682, y décédé le 4 juillet suivant.

e. — *Antoinette*, baptisée à Saint-Étienne le 12 octobre 1592, vivait en 1618.

f. — *Catherine*, baptisée à Saint-Maurice le 8 août 1596.

VI. — *Bauduin* ALATRUYE dit DE LE VIGNE, né à Lille, bourgeois de cette ville par relief du 21 janvier 1563 (n. st.), mort avant 1596, épousa Isabeau *Dubois* dite *Pottin* ; d'où :

1. — *Olivier*, qui suit, VII.

2. — *François*, bourgeois de Lille par relief du 23 décembre 1596, allié à Marie *Marquant* ; dont il eut :

 a. — *Isabelle*, baptisée à Saint-Maurice le 31 mars 1597.

 b. — *Sébastien*, baptisé à Saint-Maurice le .. août 1598.

 c. — *François*, baptisé à Saint-Maurice le 4 juin 1603.

 d. — *Marguerite*, baptisée à Saint-Étienne le 26 décembre 1610.

3. — *Philippe*, bourgeois de Lille par relief du 8 novembre 1602, décédé paroisse Sainte-Catherine le 14 janvier 1626, allié : 1° à Saint-Étienne, le 8 septembre 1602, à Antoinette *Béhague* ; 2° à Saint-Étienne, le 13 mai 1612, à Hélène *Delebarre*, fille de Jean, baptisée dans cette église le 22 mai 1589 ; d'où :

 a. — Du premier lit : *Noël*, baptisé à Saint-Étienne le 3 septembre 1608.

---

1. *Inventaire des Archives hospitalières de Lille*, XXIV ; B. 16.

 b. — *Marguerite*, baptisée à Saint-Étienne le 28 novembre 1611.

 c. — Du second lit : *Charlotte*, baptisée à Saint-Étienne le 16 décembre 1613.

 d. — *Catherine*, baptisée à Saint-Étienne le 16 août 1615, alliée à Saint-Maurice, le 2 mai 1647, à François *Diessart*, morte veuve, paroisse Saint-Maurice, le 21 mars 1684.

 e. — *Sébastien*, baptisé à Saint-Étienne le 14 mai 1618.

 f. — *Marie*, baptisée à Saint-Étienne le 15 août 1620, mariée à Saint-Étienne, le 4 novembre 1643, avec Léonard *de Caigny*, fils de Jean.

4. — *Bauduin*, qui suivra, VI bis.

5. — *Isabelle*, baptisée à Saint-Étienne le 4 novembre 1568.

VII. — *Olivier* ALATRUYE dit DE LE VIGNE, bourgeois de Lille par relief du 8 novembre 1591, vivant en 1627, épousa Isabeau *du Hot*, fille d'Antoine et de Marie *Lebus*, baptisée à Sainte-Catherine le 22 mai 1570, morte avant 1627 ; d'où :

1. — *Olivier*, qui suit, VIII.

2. — *Sébastien*, baptisé à Saint-Étienne le 13 avril 1595.

3. — *Catherine*, baptisée à Saint-Étienne le 11 juin 1597, mariée dans cette église, le 4 février 1619, avec Louis *Buisseret*, fils de Jean et de Marie *d'Espiennes*, né à Mons en 1581, bourgeois de Lille par achat du 5 juillet 1613, mort en novembre 1637 ; dont postérité.

4. — *Pierre*, baptisé à Saint-Étienne le 18 mars 1609, bourgeois par relief du 18 mai 1635, allié dans cette église, le 24 octobre 1634, à Marguerite *Collart*, fille de Jean, procureur, et d'Anne *Muissart*, baptisée à Saint-Étienne le 22 mars 1612 ; d'où :

 a. — *Pierre*, baptisé à Saint-Étienne le 23 septembre 1635.

 b. — *Maximilien*, baptisé à Saint-Étienne le 25 février 1637.

 c. — *Marie-Jeanne*, baptisée à Saint-Étienne le 4 juin 1638, morte veuve paroisse Saint-Maurice le 18 mai 1708, épouse de Noël *Vallé*, fils de Jean et d'Agnès *Alatruye*, baptisé à Saint-Maurice le 23 janvier 1632, bourgeois par relief sur requête du 29 octobre 1677.

 d. — *Anne-Marguerite*, baptisée à Saint-Étienne le 2 septembre 1641, décédée paroisse Saint-Maurice le 27 décembre 1701, célibataire.

VIII. — *Olivier* ALATRUYE dit DE LE VIGNE, receveur des Bleuets en 1615, bourgeois de Lille par relief du 2 janvier 1627, mort avant 1656, épousa à Saint-Étienne, le **24 mai 1626**, Marguerite *Paielle*, fille de Pierre; d'où :

1. — *Bauduin-Jean*, qui suit, IX.
2. — *Anne*, baptisée à Saint-Étienne le 5 avril 1631.

IX. — *Bauduin-Jean* ALATRUYE dit DE LE VIGNE, baptisé à Saint-Étienne le **24 août 1629**, marchand, bourgeois de Lille par relief du **19 avril 1656**, épousa à Saint-Maurice, le **5 décembre 1655**, Élisabeth *Clippelle*, fille de Pierre et d'Adrienne *de Rocques*; dont il n'eut qu'un fils :

1. — *Bauduin-Jean*, baptisé à Saint-Maurice le 27 novembre 1656.

VII bis. — *Bauduin* ALATRUYE dit DE LE VIGNE, marchand de draps, bourgeois de Lille par relief du **4 janvier 1608**, décédé avant **1631**, s'allia à Saint-Étienne, le **8 juillet 1607**, à Jeanne *Luccas*, fille de Nicolas et de Catherine *Tucquel*; dont :

1. — *Bauduin*, qui suit, VIII.
2. — *Marie*, baptisée à Saint-Étienne le 27 octobre 1609.
3. — *Jacques*, baptisé à Saint-Étienne le 6 mars 1611.

VIII. — *Bauduin* ALATRUYE dit DE LE VIGNE, baptisé à Saint-Étienne le **7 avril 1608**, sayeteur, bourgeois de Lille par relief du **7 février 1631**, décédé paroisse Saint-Maurice le **5 février 1691**; épousa : 1° à Saint-Maurice, le **12 août 1630**, Claire *Cochet*, fille de Bauduin et de Madeleine *Lemesre*, décédée paroisse Saint-Maurice le **15 mai 1677**; 2° à Saint-Maurice, le **20 juillet 1677**, Marie *Morel*, décédée sur cette paroisse le **19 août 1681**; 3° à Saint-Maurice, le **18 octobre 1681**, Catherine *Valart*; dont :

1. — Du premier lit : *Madeleine*, baptisée à Saint-Maurice le 1er juin 1631.
2. — *Gilles*, qui suit, IX.
3. — *Françoise*, baptisée à Saint-Maurice le 25 avril 1637.
4. — *Antoine*, baptisé à Saint-Maurice le 12 février 1640, peintre en bâtiments, bourgeois de Lille par relief du 6 mars 1670, allié : 1° à Saint-Maurice, le 3 novembre 1669, à Élisabeth *Balde*, fille de Josse et de Marie *Van Velden*; 2° à Sainte-Catherine, le 19 avril 1701, à Jeanne-Françoise *Tiberghien*; d'où :

    a. — Du premier lit : *Barthélemi*, sr du Metz, baptisé à Saint-Maurice le 25 août 1671, bourgeois de Lille par relief du

21 août 1714, décédé paroisse Sainte-Catherine le 8 octobre 1735, marié à Saint-Étienne, le 13 novembre 1713, avec Marie-Joseph *Doby*, fille de Christophe et de Marie-Anne *Delecourt*, baptisée à Saint-Étienne le 19 mars 1688, morte le 12 février 1766 ; d'où :

    aa. — *Catherine-Joseph-Thérèse*, baptisée à Sainte-Catherine le 8 octobre 1714, y décédée le 21 janvier 1776, mariée dans cette église, le 9 juin 1737, avec François-Christophe *Peillon*, fils de Claude et de Catherine *Faralda*, né à Monaco en 1712, valet de chambre du duc de Boufflers, décédé paroisse Sainte-Catherine le 20 décembre 1752.

    bb. — *Jean-Joseph*.

    cc. — *François-Joseph*, mort le 12 octobre 1760, à 23 ans, et enterré dans l'église Saint-Étienne.

    dd à *hh.* — Cinq enfants morts jeunes.

  b. — *Isabelle-Claire*, baptisée à Saint-Maurice le 14 février 1674, mariée à Saint-Maurice, le 3 juin 1700, avec Jacques *Laubigeois*, fils de Jacques et de Jeanne *Havez*, né à Douai, bourgeois de Lille par achat du 4 juin 1700, mort avant 1715 ; d'où postérité.

  c. — *Jean-François*, baptisé à Saint-Maurice le 15 mai 1677.

IX. — *Gilles* ALATRUYE dit DE LE VIGNE, baptisé à Saint-Maurice le 21 avril 1635, bourgeois de Lille par relief du 4 juin 1658, mort paroisse Saint-Sauveur le 20 novembre 1710, épousa Catherine *Frean* ou *Ferrant*, fille de Philippe et de Madeleine *du Saulthoir* ; dont il eut :

X. — *Bauduin* ALATRUYE dit DE LE VIGNE, bourgeois de Lille par relief du 28 mars 1693, mort le 8 février 1720, épousa à Saint-Maurice, le 27 juin 1692, Anne-Michelle *Bigot* ou *Bigo*, fille de Charles et de Jacqueline *Duponchel*, baptisée à Saint-Étienne le 15 juillet 1671, morte le 7 août 1717 et enterrée, ainsi que son mari, dans la grande nef de Sainte-Catherine ; dont :

1. — *Charles-Bauduin-Michel*, baptisé à Saint-Maurice le 29 mars 1693.

2. — *Jacqueline-Thérèse*, baptisée à Saint-Maurice le 16 février 1694, morte paroisse Sainte-Catherine le 25 octobre 1720, alliée dans cette église, le 12 mai 1716, à François-Joseph *Gosselin* ; dont postérité.

3. — *Marie-Claire*, baptisée à Saint-Maurice le 7 octobre 1695.

4. — *Charles-Bauduin-Michel*, baptisé à Saint-Maurice le 27 novembre 1696, y décédé le 15 janvier suivant.

5. — *Marie-Caroline*, baptisée à Saint-Maurice le 28 janvier 1698, enterrée à Wazemmes le 18 janvier 1729, mariée à Saint-Maurice, le 17 mars 1721, avec Jacques *Mallet*, fils d'Antoine et de Marie-Madeleine *Bourdeau*, baptisé à Seclin, boulanger, puis amidonnier à Wazemmes, veuf de Marie-Madeleine *d'Engremont*, bourgeois de Lille par achat du 8 janvier 1712 ; sans enfants.

6. — *Charles-Bauduin-Michel*, qui suit, XI.

7. — *Marie-Anne-Joseph*, baptisée à Saint-Maurice le 3 août 1701, décédée paroisse Saint-Sauveur le 26 juin 1706.

8. — *Marie-Angélique*, baptisée à Saint-Maurice le 6 septembre 1702, morte paroisse Saint-Sauveur le 28 décembre 1704.

9. — *Marie-Élisabeth*, baptisée à Saint-Sauveur le 19 novembre 1703.

10. — *Jean-Michel-Joseph*, baptisé à Saint-Sauveur le 11 mars 1705, y décédé le 7 mai suivant.

11. — *Marie-Joseph-Glodine*, baptisée à Saint-Sauveur le 19 avril 1706.

12. — *Pierre-Antoine-Joseph*, baptisé à Saint-Sauveur le 6 juin 1707, décédé paroisse Saint-Maurice le 25 septembre 1725.

13. — *Rose-Marie-Joseph*, baptisée à Saint-Maurice le 24 juin 1708.

XI. — **Charles-Bauduin-Michel** ALATRUYE dit DE LE VIGNE, baptisé à Saint-Maurice le 16 septembre 1699, brasseur, bourgeois de Lille par relief du 30 décembre 1720, mort après 1762, épousa à Saint-Maurice, le 26 novembre 1720, Marie-Françoise-Eugénie *Reynard*, fille d'Antoine et de Marie-Jeanne *Mahieu*, baptisée à Saint-Maurice le 17 février 1702, décédée paroisse Saint-Pierre le 18 juin 1762 ; d'où :

1. — *Marie-Jeanne-Françoise*, baptisée à Saint-Maurice le 10 avril 1722, y décédée le 12 octobre 1723.

2. — *Romaine-Françoise*, baptisée à Saint-Maurice le 10 octobre 1723, morte paroisse Saint-Étienne le 1er juin 1729.

3. — *Henri-Joseph*, qui suit, XII.

4. — *Charles-François-Joseph*, baptisé à Saint-Maurice le 15 novembre 1727.

5. — *Philippe-Joseph*, baptisé à Saint-Étienne le 25 avril 1729 ; il eut d'Albertine *Taleu* une fille illégitime : *Marie-Antoinette-Joseph*, baptisée à Saint-Étienne le 7 mars 1752, y décédée le 6 avril suivant.

6. — *Marie-Jacqueline-Joseph*, baptisée à Saint-Étienne le 2 janvier 1731.

7. — Un enfant mort-né le 9 mars 1732.

8. — *Charles-François*, baptisé à Saint-Étienne le 3 juillet 1733, bourgeois de Lille par relief sur requête du 30 décembre 1763, peintre sur faïence, puis fabricant de gaze, enfin fabricant de chocolat, mort à Lille le 20 messidor an VII ; épousa : 1° à Saint-Étienne, le 7 septembre 1762, Anne-Joseph-Jeanne *Herent*, fille de Jacques-Henri et de Marie-Anne *Delerue*, baptisée à Saint-Martin de Valenciennes en 1712, veuve d'Adrien-Jean-Baptiste *Jouvenaux*, morte paroisse Sainte-Catherine le 23 juin 1779 ; 2° Julie-Joseph *Ghesquière*, née à Esplechin près Tournai vers 1756 ; d'où :

    a. — Du second lit : *Charles-Aimé-Joseph*, baptisé à Sainte-Catherine le 19 septembre 1781, y décédé le 26 janvier 1782.

    b. — *Charles-Joseph*, baptisé à Sainte-Catherine le 17 février 1783, mort à Lille le 1er brumaire an III.

9. — *Marie-Madeleine-Paule-Joseph*, baptisée à Saint-Étienne le 4 février 1737, décédée paroisse Saint-Sauveur le 20 mars 1754.

XII. — *Henri-Joseph* ALATRUYE dit DE LE VIGNE, baptisé à Saint-Maurice le 25 juin 1725, mort paroisse Sainte-Madeleine à Tournai le 26 mai 1793, allié dans cette église, le 9 juin 1750, à Catherine-Thérèse-Joseph *Reversée*, fille de Jacques-François et de Marie-Joseph *Lefebvre*, baptisée à Saint-Brice le 10 novembre 1732 ; dont :

1. — *Marie-Antoinette-Joseph*, baptisée à Sainte-Madeleine de Tournai le 1er mai 1751, décédée paroisse Sainte-Marguerite le 22 avril 1793, mariée à Saint-Jacques, le 30 juin 1772, avec Antoine-Joseph *Leblanc*.

2. — *Fidèle-Joseph*, baptisé à Sainte-Madeleine le 29 octobre 1754, fabricant de gaze, servit comme soldat pendant les campagnes d'Italie et mourut d'un coup de feu à la tête à l'hôpital de siège de Pierre-Châtel à Virginin (Belley, Ain) le 13 juillet 1815 ; il avait épousé à Saint-Brice, le 26 juillet 1773, Aimée-Catherine-Joseph *Gérard*, fille d'Ambroise-Joseph et de Catherine *de Noyelle*, née à Douai, paroisse Saint-Jacques, morte à Tournai le 9 nivôse an VIII ; sans postérité.

3. — *Catherine-Félicité-Eulalie*, baptisée à Sainte-Madeleine le 7 avril 1757, tricoteuse, morte veuve le 3 mai 1818, alliée dans cette église, le 8 juin 1779, à Michel-Louis *Delmotte*.

4. — *Charles-Donat-Joseph*, qui suit, XIII.

5. — *Françoise-Judith-Joseph*, baptisée à Sainte-Madeleine le

15 février 1762, morte à Tournai le 19 février 1796, mariée, le 11 février 1793, avec Félix-Joseph *Delforterie*.

6. — *Romaine-Amélie-Josèphe*, baptisée à Sainte-Madeleine le 19 mai 1764, morte à Tournai le 25 juin 1817, alliée : 1° dans cette église, le 17 septembre 1787, à Pierre-Joseph *Sorriau*, né à Saint-Amand-les-Eaux le 26 octobre 1761, fils de Pierre-Albert et de Marie-Catherine *Delille*, peintre sur porcelaine, mort à Tournai le 16 décembre 1807 ; 2° à Tournai, le 3 janvier 1810, à Pierre-Joseph *Smet* ou *Semette*, fils de Jean-Joseph et de Caroline-Joseph *Delourme*, baptisé à Saint-Jean-Baptiste de Tournai le 1er janvier 1764, cocher de fiacre, mort à Tournai le 29 février 1836.

7. — *Bernardine-Joseph*, baptisée à Saint-Nicolas le 21 mai 1768, morte à Tournai le 5 mars 1830, alliée dans cette ville, le 16 brumaire an V, à Jean-Baptiste-Joseph *Sprentes*, fils de Guillaume-Joseph et de Marie-Joseph *Gilman*, baptisé à Saint-Jacques le 9 mars 1778, bonnetier, remarié avec Jeanne *Zoude* et mort à Tournai le 9 juillet 1845.

8. — *Louis-Joseph*, baptisé à Saint-Nicolas le 22 mars 1770, y décédé le 30 mars suivant.

9. — *Joséphine*, baptisée à Saint-Jacques le 10 janvier 1773, morte à Tournai le 22 avril 1844, mariée dans cette ville, le 16 juillet 1806, avec François-Liévin-Joseph *Joseph*, fils de Philippe-Eustache-Maximilien et de Catherine *Fournier*, baptisé à Saint-Nicolas le 15 septembre 1747, bonnetier, veuf de Marie-Agnès *Roty*, mort le 19 mai 1825 ; dont postérité.

10. — *Marie-Rose-Joseph*, née en 1775, décédée paroisse Sainte-Madeleine le 18 septembre 1777.

XIII. — *Charles-Donat-Joseph* ALATRUYE dit DE LE VIGNE, baptisé à Sainte-Madeleine le 8 juillet 1759, ouvrier gazier, mort à Tournai le 17 juillet 1793, épousa à Saint-Jacques, le 1er septembre 1778, Marie-Anne-Joséphine *Belin*, fille de Ferdinand-Joseph et de Marie-Joseph *Ergo*, baptisée à Saint-Nicolas le 26 décembre 1758 ; dont :

1. — *Adélaïde-Josèphe*, baptisée à Saint-Jacques le 26 mai 1779.
2. — *Rose-Françoise*, baptisée à Notre-Dame le 28 septembre 1780.
3. — *Agnès-Caroline*, baptisée à Saint-Jacques le 22 juillet 1782.
4. — *Henri-Ferdinand-Joseph*, mort enfant, paroisse Notre-Dame, le 30 décembre 1786.

5. — *Henri-Joseph*, baptisé à Notre-Dame le 4 décembre 1787 [1].

NON RATTACHÉS

Jacques, fils de feu *Hellin*, bourgeois de Lille par achat en 1446.

Watiers li carliers, bourgeois par achat en 1353.

Jean, fils de *Bertoul*, bourgeois par achat en 1344.

Joseph, décédé paroisse Saint-Pierre le 13 septembre 1722.

Un enfant décédé paroisse Saint-Catherine le 28 mars 1665.

Agnès, morte paroisse Saint-Maurice le 8 octobre 1662, veuve de Jean *Wallet*.

Marguerite, fille de *Bernard*, alliée à Sainte-Catherine, le 24 septembre 1620, à Jean *de Lannoy*.

Philippe, père de *Marie-Joseph*, alliée à Sainte-Catherine, le 24 octobre 1730, à Paul-François *Petit*, soldat à la légion de Piémont, et de *Marie-Philippe*, mariée dans la même église, le 26 janvier 1719, avec Pierre-Philippe *Fromont*.

Françoise, alliée à Saint-Étienne, le 20 juin 1647, à Pierre *Machon*, fils de Pierre et de Daniele *Laignel*, bourgeteur, bourgeois de Lille par achat du 11 août 1634; elle testa le 28 juin 1659 et laissa sa fortune à deux sœurs, ses parentes : *Marie*, alliée à Bernard *de Caigny*, et *Catherine*, domiciliée à Armentières.

Françoise, décédée paroisse Saint-Maurice, veuve de Sébastien *Malle*, le 7 février 1724.

Marie-Anne-Joseph, fille de *Louis Joseph* et de Marie-Catherine *Guerry*, née à Tournai vers 1761, épouse de Denis-Joseph *Martinage*, et morte à Lille le 5 fructidor an IX.

Marie-Claire, épouse de Jacques-François *Dubois* vers 1694; dont postérité.

Anselme-Augustin-Joseph, fils d'*Anselme-Joseph* et de Marie-Anne-Joseph *Belay*, né à Tournai, paroisse Saint-Jacques, tanneur, mort dans cette ville le 5 floréal an IX, époux de Ghislaine-Cécile-Joseph *Desruez*.

---

[1]. Nous devons tous les renseignements d'état-civil à Tournai à l'extrême obligeance de M. le comte P. A. du Chastel de la Howarderie que nous remercions ici de nouveau.

1502, août. — *Lettres de rémission accordées à Cornille à la Truye.*

Philippe, etc{a}. Scavoir faisons à tous présens et avenir, Nous avoir receu l'umble supplication de *Cornille A le truye*, povre homme bourgois demeurant en nostre ville de Lille, contenant que ledict suppliant soy sentant tenu obligié et endebté envers pluiseurs et diverses personnes ses créanciers desquelz il estoit fort traveillié et molesté et ausquelz il ne povoit satisfaire par ce qu'il n'avoit de quoy, et de ce fort perturbé et desplaisant, et par temptacion dyabolicque, environ trois sepmaines devant le jour Nostre Dame que l'on solempnise le IIIe jour de juillet, pensa en soy comment il pourroit trouver façon d'entrer à la maison d'un nommé Mathieu Catelain qui est joignant à la maison dudict suppliant, pour illec prendre et emporter tout ce qu'il y trouveroit d'or et d'argent pour satisfaire à ses créanciers, en intencion touteffois cy-après le tout rendre et restituer audit Mathieu. Et en ensuivant ce, ledict jour de Nostre-Dame, IIIe jour de juillet derrain passé, saichant que ledict Mathieu et toute sa famille estoient à vespres, print une eschelle et au moïen d'icelle monta sur une paroit qui estoit entre la maison dudit Mathieu et celle dudit suppliant, tira ladicte eschelle et par icelle descendy au jardin dudict Mathieu, garny d'une pinche et d'un ferment de fer et incontinent ouvry l'huys d'icelluy jardin pour plus facillement yssir et évader d'illec et soy saulver s'il en estoit besoing. Ce fait, fist ledit suppliant ung trou et pertuis en un viel paroit qui estoit près d'une fenestre qu'il ouvrit, et par icelle entra en une chambre par terre en laquelle il entendoit que ledit Mathieu couchoit; en laquelle chambre y avoit ung buffet ouquel y avoit trois ou quatre layettes et ung mestier tous fermez; lesquelles fermetures il destacha desdictes pinches de fer. En l'une desquelles layettes il trouva ung sachet où il y avoit deux philippus ung ducat d'or avec quatre livres en monnoie ou environ qu'il prinst; et oudit mestier il trouva ung coffret de cuyr boully, ouquel avoit six gobeletz, neufz ou dix tasses et deux culières, le tout d'argent; y avoit aussy ung fardelet de vie[il]les lettres de rentes, lequel coffret il emporta et pardessus ledict paroit où il avoit passé le jecta en son gardin. Ce fait retourna en ladicte chambre par une basse fenestre qu'il avoit ouverte et en ung dressoir estant en icelle trouva deux mestiers qu'il ouvrit au moyen desdictes pinches de fer et y trouva une tasse, deux gobelés et deux culières d'argent qu'il print. Ouvry pareillement desdictes pinches ung moyen coffre qui estoit auprès du lict dudit Mathieu, auquel coffre il trouva de la vaisselle d'estain dont il ne print aucune chose. De là entra en l'ouvroir de ladicte maison où il y avoit ung dressoir, mais il n'y trouva aucune chose. Ce fait, ledit suppliant s'en retourna en sadicte maison par le lieu où il estoit venu, et en son jardin trouva une nommée Fremine Ysacq, sa chamberière. Et voyant par elle ledit coffre gisant au jardin, dist audict suppliant ces parolles ou en substance : « Ha ! beau Dieu que avez vous fait ! » Ausquelles parolles ledict suppliant respondi : « Taisez-vous ; on n'en saura riens et quelque jour j'auray mieulx et lors renderay et satisferay de tout ; prenez ce coffre et l'emportez avec la vaisselle ; » ce que ladicte chamberière fist au commandement dudit suppliant, à grant regret. Et lendemain lui rendist icellui coffre et vaisselle, disant audit suppliant qu'elle ne le vouloit plus garder ; lequel coffre et vaisselle ledit suppliant reprist et la mist en son contoir. Et ce fait entra ledit suppliant en son gardin et rompit une viele paroit ou mur entre lui et le gardin dudit Mahieu et si rompy la serure de l'uys de sondit jardin, afin de oster le suspechon et ymaginacion que l'on eust peu avoir sur lui. Et si jecta lesdictes pinches dont il avoit fait toutes les ouvertures dessus dictes en ung autre jardin appartenant à maistre Loys Conroy. Et lors party pour aller aux Frères Prescheurs estans en ladicte ville et en y allant fort perplex et troublé en sa conscience de ce qu'il avoit fait, s'en alla à confesse et prinst conclusion avec son confesseur de petit à petit et brief le tout restituer audit Mahieu. Et tost après ladicte confession, voyant ledict suppliant qu'il estoit fort molesté et traveillié par ses créanciers et qu'il n'avoit de quoy leur satisfaire print deux desdictes tasses, deux gobelés et deux culières d'argent et les rompist et mist en pièches et effacha les marques le plus près qu'il polt, et ce fait, les vendit pour fertin à ung nommé Anthoine Tacquet, changeur en nostre ville de Lille. Assez brief après ladicte vendicion, ledict Mahieu recognut lesdictes marques et les fist saisir par justice : dont ledict suppliant de ce averty, craindant estre apprehendé par justice se absenta de ladicte ville et s'en alla en la maison d'un sien frère, en laquelle il a esté prins et constitué prisonnier pour ledict cas en grant povreté et misère. Et doubte ledict suppliant, combien qu'il ait satisfait et tout rendu audit Mahieu, que contre lui pour icellui cas on veulle procéder criminellement, se nostre grâce et miséricorde ne lui est sur ce impartie : pour laquelle, actendu ce que dit est, et que en autres choses il a adez esté bien famé et renommé, il nous a très humblement supplié et requis. Pour ce est il, que Nous, les choses dessus dictes considérées, voulans en ceste partie grâce et miséricorde préférer à righeur de justice, à icelluy *Cornille A le Truye*, inclinans à sadicte supplicacion et requeste, avons, ou cas dessus dit,

quictié, remis et pardonné, quictons, remectons et pardonnons de
grâce espécial par ces présentes, le fait et cas dessus déclairé,
ensemble toute paine, amende et offense corporelle et criminelle en
quoy, à la cause dicte, les circunstances et deppendences, il puet
estre encouru envers nous et justice; et l'avons quant à ce restitué et
restituons à ses bonne fame et renommée au pays et à ses biens non
confisquiez s'aucuns en a, tout ainsi qu'il estoit auparavant ledit cas
advenu ; imposant sur ce scilence perpétuel à nostre procureur
général et à tous autres noz justiciers et officiers quelzconques.
Satisfaction toutesfois faicte à partie premièrement et avant tout
œuvre, se faicte n'est, et elle y chiet civilement tant seulement, et
moïennant aussi qu'il sera tenu l'amender envers nous civilement,
selon l'exigence du cas et la faculté de ses biens, à l'arbitraige
et tauxation de nostre Gouverneur de Lille ou son lieutenant, que
commectons à ce. Si donnons en mandement à icellui nostre Gouverneur ou sondit lieutenant que, appellez ceulx qui pour ce feront
à appeler, il procède bien et deuement à la vérification et intèrinement de ces dictes présentes et à l'arbitraige et tauxation de ladicte
amende civile s'elle y chiet ainsi qu'il appartiendra par raison.
Et ce fait, et ladicte amende civile, s'aucune comme dit est y chiet,
tauxée arbitrée et payée à nostre receveur qu'il appartiendra, lequel
sera tenu d'en faire compte et recepte à nostre prouffit, il et tous
autres noz justiciers et officiers ou leurs lieuxtenans et chascun
d'eulx.... &ª facent, seuffrent et laissent ledict suppliant de nostre
présente grâce, rémission et pardon, selon et par la manière que dit
est, plainement, paisiblement et perpétuellement joyr et user, sans
lui faire, mectre ou donner, ne souffrir estre fait, mis ou donné
aucun arrest, destourbier ou empeschement au contraire, ains se son
corps ou ses biens sont ou estoient pour ce prins, saisiz, arrestez ou
empeschez, les mectent ou facent mectre incontinent et sans délay à
plaine et entière délivrance. Car ainsi nous plaist-il. Et afin que ce
soit chose ferme et estable à tousjours, nous avons faict mectre
nostre séel à ces présentes. Saulf en autres choses nostre droit et
l'autrui en toutes. Donné en nostre ville de Malines, ou mois d'aoust,
l'an de grâce mil cincq cens et deux. Ainsi signé : Par monseigneur
l'archiduc, monseigneur le Conte de Nassou, lieutenant-général, nous
et autres présens : Du GARDIN, Visa.

   Archives du Nord. — Chambre des Comptes de Lille. — Art. B.
  1713; registre des Chartes de l'Audience de l'année 1502,
  f° 48, v°.

1554, juin. — *Lettres de rémission pour Jean A la Truye.*

Charles, etc.... Sçavoir faisons à tous présens et advenir, nous avoir receu l'humble supplication de *Jennin A le truye,* josne compaignon à marier, filz de *Bertremieu,* de son stil sayeteur, demourant en nostre ville de Lille, contenant comme le dimenche précédant la Penthecouste XVe cinquante deux, entre les neuf et dix heures du soir, ledict suppliant prendant son chemin vers la maison de sondit père situé en la rue de l'Abbiette en nostre dicte ville de Lille où il demourroit lors et ouvroit dudit stille, à l'intencion de soy enclore et reposer pour la nuit, rencontra feu, lors vivant, Jaspin Duthoit, aussi josne compaignon à marier, et pour ce que ledict Jaspar estoit coustumier villipender et détracter ledict suppliant et avoit le samedi précédent imposé contre vérité audit suppliant ouvrant sur son hostil, en la maison de sondit père, voisine de celle du père dudict Jaspin, qu'il avoit volu induire une fillette à vendre ung havot de bled ou quelque aultre chose, affin de l'argent en procédant lui acheter ung poingnart ou cuirache, ou semblables propos en substance : ledit suppliant lui demanda s'il voulloit maintenir lesdicts propos ? Et luy respondit que ouy ! Et en l'instant ledit suppliant tempté de l'ennemy et meu de chaulde colle, impuissant à refrener et modérer les premiers mouvemens, desgaigna son coustel et d'icellui lancha ung cop par bas après ledict Jaspin de peur de le bleschier au corps et le tuer, et le actaindist et le blessa en la cuysse destre à sang coulant et plaie ouverte. Et combien que ladicte playe ne fust nécessairement mortele, ains sanable en faisant les debvoirs et usant de régime à ce requis, comme dirent et ont attesté docteurs en médechine et cirurgiens en ce congnoissans, neantmoins, environ trois sepmaines après par faulte desdits debvoirs et impéricie desdits c[h]irurgiens le ayant de ladicte bleschure eu en cure, seroit terminé vie par mort, après avoir esté confessé et administré de tout ses sacremens, au grant regret dudict suppliant. Pour lequel cas, icellui suppliant a esté appellé aulx droictz pardevant noz maieur et eschevins dudit Lille, lesquelz lui ont donné tiltre tel que s'enssuit : Extraict hors du registre aux appeaulx présentement courant et reposant soubz eschevins de la ville de Lille, soubz le seing manuel de Jehan Waignon, greffier criminel de la ville de Lille ce que s'ensuyt [1] etc'.... Et soubzsigné Waignon. Lequel suppliant pour doubte et révérence de justice se

---

[1]. S'ensuit l'assignation qui reproduit les termes du délit ci-dessus spécifié.

seroit retiré de noz pays et seigneuries, esquelz il n'oseroit retourner, hanter ne converser, combien qu'il ayt fait paix à partie, ains est apparant user sa vie et finer ses jours en estranges marches et contrées, au grant regret et desplaisir de ses père et mère, lesquelz il aidoit et secouroit à gaignier leur vye, ensamble de ses aultres parens et amys, si nostre grâce et miséricorde ne lui est sur ce impartie, très humblement requérant icelle. Pour ce est-il que Nous, les choses susdictes considérées et sur icelles eu l'advis de nosdits maïeur et eschevins de nostre dicte ville de Lille, audit suppliant inclinans à sadicte supplicacion et requeste, avons au cas susdit, quitté, remis et pardonné, quictons, remectons et pardonnons de grâce espécialle par ces présentes le cas et homicide dessus déclairé, ensamble toutte paine, offence et amende corporelle et criminelle en quoy, pour et à raison dudict cas et homicide et des circunstances il peult avoir mesprins, offencé et estre encouru envers nous et justice, et de nostre plus ample grâce avons aussi révocqué, rappellé et mis au néant tous appeaulx et procédures contre ledict suppliant à ladicte cause de sur faictz et encommenchiez ; et l'avons quant à ce remis et restitué, remectons et restituons à ses bonne fame et renommée en nostre dit pays et Conté de Flandres et à ses biens non confisquiez tout ainsi qu'il estoit au paravant l'advenue dudict cas et homicide, imposant sur ce sillence perpétuel à nostre procureur général et à tous noz aultres justiciers quelzconcques, satisfaction toutesvoyes faicte à partie intéressée premièrement et avant toutte œuvre si faicte n'est et elle y chiet civillement tant seullement. Pourveu toutesvoyes que ledict suppliant amendera ledict cas envers Nous ; pourveu que ledict suppliant sera tenu de payer et refondre les mises et despens raisonnables de justice pour ce faiz et ensuys s'aucuns en y a, à l'ordonnance et taxation de nostre Gouverneur de Lille ou son lieutenant que commectons à ce, et auquel mandons et commectons que appellé ceulx qui pour ce feront à appeler, il procède bien et deuement à la vérifficatton et intérinement de cesdictes présentes, selon leur forme et teneur : lequel intérinement ledict suppliant sera tenu requérir et poursuir en nostre Gouvernance dudict Lille et illecq présenter ces présentes en dedans demy an prochainement venant, à paine de perdre l'effect d'icelles. Et ce fait et ladicte amende civille et despens de justice tauxez et païez ainsi qu'il appartiendra : de laquelle amende civille cellui de noz receveurs cui ce regardera sera tenu faire recepte, rendre compte et reliqua à nostre proffit avecq les aultres deniers de son entremise, il, nostre dit gouverneur de Lille ou son lieutenant et tous noz aultres justiciers et officiers quelzconcques.... etc^a facent, souffrent et laissent ledict suppliant, de nostre présente grâce, rémission et pardon selon et par la manière que dit est, plainement, paisiblement et perpétuellement joïr et user, sans luy faire, mectre ou donner, ny souffrir estre fait, mis ou donné ores, ny ou temps advenir aucun arrest, destourbier, ny empeschement au contraire, en corps ny en biens en aucune manière ; ainchois, si son corps ou aucuns de sesdits biens non confisquiez sont ou estoient pour ce prins, saisiz, arrestez ou aultrement empeschiez, les mectent ou facent mectre incontinent et sans délay à plaine et entière délivrance. Car ainsi nous plaist-il. Et affin que ce soit chose ferme et estable à tousjours, nous avons fait mectre nostre séel à ces présentes. Saulf en aultres choses nostre droit et l'autruy en touttes. Donné en nostre ville de Bruxelles ou mois de Juing, l'an de grâce mil cincq cens cinquante quatre : de nostre Empire le XXXV, de noz règnes de Castille et aultres le XXXIXe, signé : Symandres.

Archives du Nord. — Chambre des Comptes de Lille. — Art. B. 1765. Registre des Chartes de l'Audience de l'année 1554, f° 87, v°.

CASTELAIN

ARMES : *coupé : en chef, de gueules au château flanqué de deux tours pavillonnées d'argent ; en pointe, de sable à une fleur de lis d'argent, accostée en chef de deux étoiles à six rais d'or.*

Ce nom a été très répandu à Lille et aux environs ; le laconisme des registres aux bourgeois ne nous a pas permis de rattacher à notre famille tous les Jean, Mathieu et Guillaume, très nombreux au XVI⁰ siècle. Nous renvoyons donc le lecteur à ces registres dans l'espoir qu'il sera plus heureux que nous.

I. — *Jacquemes* CASTELAIN, vivant vers 1400, fut père de :

1. — *Jean*, qui suit, II.
2. — *Anselme*, né à Lezennes, bourgeois de Lille par achat en 1434, mort avant 1463 ; d'où :

    a. — *Jacquemes*, né à Lille, échevin de cette ville dont il releva la bourgeoisie le 6 mai 1463 ; père de :

        aa. — *Josse*, bourgeois par relief du 19 février 1493 (n. st.), décédé avant 1526, laissant pour fils *Michel*, qui releva sa bourgeoisie le 10 juillet 1526.

    b. — *Pierre*, bonnetier, bourgeois par rachat du 29 décembre 1467, mort avant 1495 ; père de *Jean*, qui racheta sa bourgeoisie le 11 juillet 1495.

    c. — *Bertrand*, bourgeois par rachat du 30 juillet 1473.

    d. — *Noel*, né à Lille, bourgeois par achat en 1481.

II. — *Jean* CASTELAIN, né à Lezennes, bourgeois de Lille par achat en 1422, mort avant 1447, eut :

1. — *Jean*, bourgeois de Lille par rachat le 11 août 1447, demeurant à Péronne-en-Mélantois.
2. — *Michel*, bourgeois le....., mort avant 1488 ; père de :

    a. — *Catherine*, alliée à Roland *Prévost*, fils de Jean, bourgeois par rachat du 30 janvier 1495 (n. st.).

b. — *Michel*, bourgeois par rachat du 3 janvier 1488 (n. st.), mort avant 1525 ; d'où :

    aa. — *Guillaume*, bourgeois par relief du 6 octobre 1525.

    bb. — *Regnault*, bourgeois par relief du 6 mai 1524, père de :

        aaa. — *Regnault*, bourgeois par relief du 6 mars 1546 (n. st.), lequel eut lui-même pour enfant *Jean*, bourgeois par relief du 25 février 1574 (n. st.).

        bbb. — *Clément*, bourgeois par relief du 16 avril 1554 [1].

3. — *Jeanne*, alliée à Guilbert *Grandsire*, fils de Gillard, bourgeois de Lille par rachat le 28 juin 1452.

4. — *Mathieu*, qui suit, III.

5. — *Guillaume*, qui suivra, III bis.

6. — *Gilbert*, bourgeois par rachat du 2 septembre 1467 ; père de *Jean*, né à Fives, bourgeois de Lille par rachat du 31 août 1491.

III. — *Mathieu* CASTELAIN releva sa bourgeoisie le 2 mai 1455 et eut :

1. — *Jean*, qui suit, IV.

2. — *Paul*, bourgeois par rachat du 1er mars 1487 (n. st.), marié en secondes noces à Wilhelmine *Le Candèle* [2], fille de Jacques et d'Isabeau *Deliot*, remariée à Philippe *de Tenremonde*, puis à Antoine *de Varennes*, morte en 1548 ; d'où :

    a. — Du second lit : *Mathieu*, sr de Wattignies, terre que ses oncles et tuteurs Guillaume Castelain et Nicolas de Fourmestraux lui achetèrent en 1531, bourgeois de Lille par relief du 5 février 1543 (n. st.), mort avant 1556, allié à Barbe-Scholastique *Massiet*, fille de Baudouin, prévôt de Lille, et d'Agnès *de Malet*, dont il n'eut qu'un fils : *Claude*, mort avant lui.

IV. — *Jean* CASTELAIN, bourgeois de Lille par rachat du 12 décembre 1483, décédé avant 1521 ; père de :

1. — *Guillaume*, qui suit, V.

2. — *Paul*, qui suivra, V bis.

---

1. Nous trouvons comme enfants d'un Clément Castelain : Françoise, baptisée à Saint-Étienne le 26 septembre 1568, et Antoine, baptisé dans la même église le 22 janvier 1571 (n. st.).

2. D'après une généalogie des du Bosquiel, il aurait épousé Antoinette du Bosquiel, sœur de Robert.

3. — *Nicole*, alliée à Robert *du Bosquiel*, fils de Godefroy et de Marguerite *Le Clercq*, bourgeois de Lille par relief du 26 avril 1514 (n. st.); dont postérité.

4. — *Pierre*, né à La Bassée, bourgeois de Lille par relief du 15 juin 1524, demeurant à Hantay, père de *Gilles*, né à Hantay, bourgeois de Lille par relief du 27 juin 1554, demeurant à Salomé.

5. — *Isabeau*, épouse de Jean *Lestiévenon*, fils de Gérard, d'une famille originaire d'Amsterdam, bourgeois de Lille par rachat du 21 août 1503; dont postérité.

6. — *Agnès*, mariée avec Nicolas *de Fourmestraux*, fils de Colart et de Marie *de le Deusle*, né à Sainghin, bourgeois de Lille par achat le 7 septembre 1509, échevin de cette ville; dont postérité [1].

V. — *Guillaume* CASTELAIN [2], s^r de Wattignies, bourgeois de Lille par rachat du 29 mars 1510 (n. st.), échevin de cette ville, épousa, le 20 mai 1509, Jeanne *Le Blancq* [3], fille de Jean, maître de la Chambre des Comptes à Lille, et de Martine *de Los* ; d'où :

1. — *Marguerite*, mariée : 1º avec Jean *Grenu*, fils de Jean, bourgeois de Lille par achat du 2 décembre 1524 ; 2º avec Maximilien *de Mol*, fils de Paul et de Catherine *Le Clercq*, né au château de Lille, bourgeois de cette ville par achat du 5 septembre 1522, avocat fiscal de la gouvernance de Lille.

2. — *Guillaume*, qui suit, VI.

3. — *Jean*, né à Lille, dont il releva la bourgeoisie le 3 janvier 1547 (n. st.), allié à Isabeau *Deliot*, fille d'Hubert, dont il n'eut pas d'enfants.

4. — *Jeanne*, mariée : 1º avec Wallerand *Deliot*, frère d'Isabeau, bourgeois de Lille par relief du 16 novembre 1542 ; 2º avec Pierre *du Pret*, fils d'Antoine, bourgeois par relief en janvier 1562 (n. st.), maître de la chambre des comptes à Lille ; 3º après le 18 mai 1571, avec François *de Moncheaux*, fils de Nicolas, né à Arras, bourgeois de Lille par achat du 18 mai 1571.

VI. — *Guillaume* CASTELAIN, s^r de Wattignies, marchand, bourgeois de Lille par relief du 30 juillet 1541, mort avant 1591, épousa Marie *Deliot*, sœur de Wallerand et d'Isabeau, d'où :

---

1. Contrairement à ce que nous avons dit, 2ᵉ partie, p. 263, c'est lui et non son fils Nicolas qui épousa Agnès Castelain.

2. Il portait : *de gueules au château à trois tours d'argent ; au chef cousu d'azur chargé d'une tête et col de licorne d'argent*.

3. LE BLANCQ : *d'azur au chevron d'or, accompagné de trois quintefeuilles du même ; au chef d'or chargé d'une aigle de sable couronnée d'or*.

1. — *Marguerite*, alliée à Nicolas *Parmentier*, fils de Paul, bourgeois de Lille par relief du 5 janvier 1562 (n. st.).

2. — *Maximilien*, s^r de Wattignies, mort célibataire en décembre 1579.

3. — *Jeanne*, décédée paroisse Sainte-Catherine le 14 janvier 1622, alliée à Charles *d'Appeltern* [1], écuyer, s^r d'Eeckhoute, né à Bruxelles, maître de la chambre des comptes à Lille, conseiller des archiducs, mort le 4 octobre 1609 et enterré dans la chapelle Saint-Nicolas à Sainte-Catherine; dont postérité.

4. — *Mathieu*, s^r de Wattignies, Becquerel, bourgeois de Lille par relief du 16 novembre 1591, décédé paroisse Sainte-Catherine le 20 octobre 1620, alliée à Hélène *du Bois de Hoves*, fille de Sohier, s^r du Bucq, et de Marie *d'Herignies*, dont il n'eut pas d'enfants.

V^{bis}. — *Paul* CASTELAIN, bourgeois de Lille par relief du 3 avril 1521 (n. st.), s^r d'Ascq, marchand de sayes, mort le 6 mars 1541; fut père de :

1. — *Isabeau*, alliée à Hugues *Delobel*, fils d'Hugues, bourgeois de Lille par relief du 7 décembre 1538.

2. — *Jeanne*, épouse de Jacques *Delobel*, fils de Jean, bourgeois par relief du 11 décembre 1544.

3. — *Marie*, épouse de François *Godin*, de Valenciennes.

4. — *Gilles*, qui suit, VI.

5. — *Martin*, qui suivra, VI ^{bis}.

VI. — *Gilles* CASTELAIN, s^r de la Tour à Marcq-en-Barœul, bourgeois de Lille par relief du 27 septembre 1553, mort avant 1588, épousa en premières noces Marie *Fasse*, fille de François, et en secondes, Anne *Parent*, fille d'Antoine; d'où :

1. — Du second lit : *Anne*, alliée à Denis *Descours*, fils de Jacques, bourgeois de Lille par relief du 16 janvier 1587.

2. — *Marie*, épouse de Jean *Le Mieuvre*, fils d'Antoine, bourgeois de Lille par relief du 11 septembre 1587; dont postérité.

3. — *Antoine*, bourgeois de Lille par relief du 9 août 1588, marié avec Agnès *de Vendeville*, fille de Roger; d'où :

    a. — *Gilles*, baptisé à Saint-Étienne le 18 octobre 1588, mort le 11 décembre 1623.

    b. — *Paul*, baptisé à Saint-Étienne le 7 février 1590, mort jeune.

---

1. VAN APPELTEREN : *d'or au sautoir échiqueté d'argent et de gueules de deux traits.*

 c. — *Antoine*, baptisé à Saint-Étienne le 1ᵉʳ décembre 1591.

 d. — *Jacqueline*, baptisée à Saint-Étienne le 29 juin 1593.

 e. — *Anne,* baptisée à Saint-Étienne le 10 juillet 1595, alliée à Wallerand *Tesson*, fils de Claude et de Catherine *Cuvillon*, né le 14 juin 1591, bourgeois de Lille par relief du 23 juin 1617, capitaine d'une compagnie de francs bourgeois, conseiller au souverain bailliage de Lille, mort le 12 mai 1659; dont postérité.

 f. — *Antoinette*, baptisée à Saint-Étienne le 24 août 1597.

 g. — *Marguerite*, baptisée à Saint-Étienne le 24 avril 1607, décédée paroisse de La Madeleine le 8 juillet 1682 (?)

 h. — *Catherine*, baptisée à Saint-Étienne le 13 avril 1609.

 i. — *Marie*, baptisée à Saint-Étienne le 22 mai 1610.

4. — *Antoinette*, morte le 26 juillet 1645, mariée avec Pierre *Desbuissons*, fils de Martin et de Marie *du Bus*, bourgeois de Lille par relief du 4 mars 1591, échevin de cette ville, mort en 1635 ou 1636; dont postérité.

5. — *Gilles,* qui suit, VII.

6. — *Guillaume*, marchand, bourgeois de Lille par relief du 9 août 1614, capitaine d'une compagnie bourgeoise [1], échevin de cette ville, marié, en 1613, avec Marie *Bave*, fille de Clément et de Marie *de la Brande*, baptisée à Saint-Étienne le 14 mai 1589, veuve de Pierre *Poulle* ; dont :

 a. — *Marie*, baptisée à Saint-Étienne le 6 février 1615.

 b. — *François*, baptisé à Saint-Étienne le 15 avril 1616.

 c. — *Marie,* baptisée à Saint-Étienne le 30 avril 1617.

 d. — *Jacques*, baptisé à Saint-Étienne le 12 juin 1618, mort paroisse de La Madeleine le 30 août 1681 (?)

 e. — *Étienne*, baptisé à Saint-Étienne le 17 juillet 1619.

 f. — *François*, baptisé à Sainte-Catherine le 26 septembre 1621.

 g. — *Pétronille*, baptisée à Sainte-Catherine le 9 mai 1624, alliée à Sainte-Catherine, le 17 octobre 1642, à Remy *Fruict*, fils de Bon et de Marie *Poulle*, baptisé à Saint-Maurice le 29 octobre 1616, bourgeois de Lille par relief du 20 janvier 1643 ; dont postérité.

 h. — *Jean-Guillaume*, baptisé à Sainte-Catherine le 10 mars 1626, bourgeois de Lille par relief du 24 avril 1655, échevin, mort après 1696, marié à Sain'-Étienne, le 16 septembre 1654, avec Marie *Jacops*, fille de Nicolas et de Marie *Robert*, baptisée à Saint-Maurice le 31 octobre 1627 ; d'où :

---

1. C'est lui probablement qui fut receveur des Bapaumes (1637-1648).

aa. — *Marie*, baptisée à Sainte-Catherine le 8 juillet 1655.

bb. — *Catherine-Françoise*, baptisée à Sainte-Catherine le 24 septembre 1656.

cc. — *Guillaume*, baptisé à Sainte-Catherine le 29 mai 1658.

dd. — *Robert-François*, baptisé à Sainte-Catherine le 5 octobre 1659; son frère Guillaume ou lui mourut sur cette paroisse le 14 août 1660.

ee. — *Élisabeth-Thérèse*, baptisée à Sainte-Catherine le 26 février 1661.

ff. — *Barbe-Ernestine*, baptisée à Sainte-Catherine le 2 octobre 1662, morte paroisse Saint-Maurice le 3 octobre 1729, alliée à Sainte-Catherine, le 28 janvier 1693, à Jacques-Philippe *Beuvet*, sr de Poterstraten, la Vichte, fils de Jacques et de Marie *de Vendeville*, baptisé à Saint-Maurice le 29 octobre 1652, administrateur de la Noble-Famille, confirmé dans sa noblesse et créé chevalier par lettres données à Versailles en avril 1699, décédé paroisse Saint-Maurice le 10 mai 1726; dont postérité.

gg. — *Jean-Louis*, baptisé à Sainte-Catherine le 29 mars 1665.

hh. — *Gilles*, baptisé à Sainte-Catherine le 15 octobre 1666.

ii. — *Marie-Françoise*, baptisée à Sainte-Catherine le 4 octobre 1668, y décédée célibataire le 5 février 1738.

jj. — *Pierre-Joseph*, baptisé à Sainte-Catherine le 11 janvier 1671.

kk. — *Nicolas-Dominique*, baptisé à Sainte-Catherine le 27 octobre 1672.

i. — *Gilles*, baptisé à Sainte-Catherine le 10 janvier 1628.

j. — *Philippe*, baptisé à Sainte-Catherine le 30 novembre 1629.

VII. — *Gilles* CASTELAIN, bourgeois de Lille par relief du 28 avril 1605, marchand, échevin, mort avant 1631, épousa à Saint-Étienne, le 10 octobre 1604, Claire *Bave*, sœur de Marie, d'où :

1. — *Anne*, baptisée à Saint-Étienne le 27 septembre 1606.

2. — *Gilles*, qui suit, VIII.

3. — *Guillaume*, baptisé à Saint-Étienne le 23 juillet 1609, carme-déchaussé.

4. — *Michelle*, baptisée à Saint-Étienne le 21 février 1611, mariée

dans cette église, le 27 janvier 1631, avec Regnault *Hervin*, fils de Martin et de Marguerite *Le Plat*, bourgeois de Lille par relief du 8 novembre 1631; dont postérité.

5. — *Jean*, baptisé à Saint-Étienne le 4 décembre 1612.

6. — *Paul*, baptisé à Saint-Maurice le 5 janvier 1616, chanoine d'Harlebecque.

7. — *Antoinette*, baptisée à Saint-Maurice le 30 avril 1617, alliée dans cette église, le 4 janvier 1635, à Pierre *Hervin*, frère de Regnault, baptisé à Saint-Étienne le 26 novembre 1612, bourgeois de Lille par relief du 26 février 1635; dont postérité.

8. — *Étienne*, baptisé à Saint-Étienne le 31 décembre 1619.

9. — *Jeanne*, baptisée à Saint-Étienne le 25 janvier 1621, morte le 2 mai 1691, mariée à Saint-Étienne, le 7 février 1643, avec Allard *Fasse*, sr de Thieffries, fils d'Étienne et de Jacqueline *Herreng*, bourgeois de Lille par relief du 20 avril 1645, échevin, mort le 3 octobre 1661; dont postérité.

10. — Et peut-être *Clément*, moine de l'abbaye de Loos.

VIII. — *Gilles* Castelain, baptisé à Saint-Étienne le 16 janvier 1608, bourgeois de Lille par relief du 8 mars 1629, mort avant 1655, épousa à Saint-Étienne, le 22 janvier 1629, Marie *Fasse*, fille de Jacques et de Marguerite *Le Charlé*, baptisée dans cette église le 4 août 1607; d'où :

1. — *Marguerite*, baptisée à Saint-Étienne le 31 mars 1631.

2. — *Michelle*, baptisée à Saint-Étienne le 21 mars 1633.

3. — *Antoinette*, baptisée à Saint-Étienne le 14 juillet 1635, mariée dans cette église, le 30 janvier 1655, avec Jean-Baptiste *Grenu*, fils de Nicolas et de Michelle *Rouvroi*, baptisé à Saint-Maurice le 22 septembre 1633, bourgeois de Lille par relief du 18 mars 1655, échevin; dont postérité.

4. — *Gilles*, qui suit, IX.

5. — *Étienne*, baptisé à Saint-Étienne le 25 novembre 1640, nommé greffier de la gouvernance de Lille le 28 novembre 1676.

IX. — *Gilles* Castelain, baptisé à Saint-Étienne le 27 juillet 1638, bourgeois de Lille par relief du 20 octobre 1663, mort avant 1693; épousa : 1° Marie-Catherine *de Semittre*, fille de Guillaume et de Catherine *Rouvroi*, baptisée à Saint-Étienne le 22 août 1641; 2° à Saint-Étienne, le 4 janvier 1674, Jeanne *Hervin*, fille de Pierre et d'Antoinette *Castelain*, baptisée à Saint-Étienne le 24 novembre 1641; d'où :

1. — Du premier lit : *Gilles*, baptisé à Saint-Étienne le 15 septembre 1664, bourgeois de Lille par relief du 15 juillet 1693, décédé paroisse Sainte-Catherine le 19 septembre 1724, allié à Michelle *Mochot*, fille de Jean et de Marie *Morilion* ; sans enfants.

2. — *Marie-Marguerite*, baptisée à Saint-Étienne le 5 août 1666, y décédée le 19 octobre 1701, mariée dans cette église, le 4 juillet 1689, avec Jean-Jacques *Chauwin*, fils de Jacques et d'Antoinette *Hervin*, baptisé à Saint-Maurice le 9 septembre 1664, bourgeois de Lille par relief du 29 juillet 1689 ; dont postérité.

3. — Du second lit : *Étienne-François*, baptisé à Saint-Étienne le 11 novembre 1674, décédé paroisse Saint-Étienne le 7 mai 1701, célibataire.

4. — *Joseph-François*, baptisé à Saint-Étienne le 20 octobre 1675.

5. — *Jean-Baptiste-Ignace*, baptisé à Saint-Étienne le 26 février 1677.

6. — *Jeanne-Ursule*, baptisée à Saint-Étienne le 9 mai 1678, décédée paroisse de La Madeleine le 23 octobre 1737, mariée à Saint-Pierre, le 13 mai 1713, avec Julien *Le Mesre* [1], fils de Jacques et de Marguerite *Destrez*, baptisé à La Madeleine le 6 janvier 1660, avocat, bailli de la collégiale de Saint-Pierre, bourgeois de Lille par relief du 8 novembre 1713, décédé paroisse de La Madeleine le 15 mai 1740 ; dont postérité.

7. — *Antoinette*, baptisée à Saint-Étienne le 26 octobre 1679.

8. — *Marie-Claire*, baptisée à Saint-Étienne le 30 mai 1681.

9. — *Marie-Antoinette*, baptisée à Saint-Étienne le 6 décembre 1682, décédée paroisse de La Madeleine le 20 septembre 1749 et inhumée dans la chapelle Saint-Léonard.

10. — *Marie-Hélène*, baptisée à Saint-Étienne le 5 juillet 1684.

11. — *Marie-Joseph-Thérèse*, baptisée à Saint-Étienne le 8 décembre 1685.

VI bis. — *Martin* CASTELAIN, bourgeois de Lille par relief du 21 mai 1560, mort avant 1600, épousa Antoinette *Ledrut*; d'où :

1. — *Hippolyte*, qui suit, VII.

2. — *Marie-Anne*, alliée à Pierre *Miroul*, fils de Claude et d'Anne *Delemer*, bourgeois de Lille par relief du 13 février 1592, remarié avec Jossinne *Colbaut* ; dont postérité.

3. — *Jeanne*, épouse de Josse *Vandenberghe*, né à Courtrai, bourgeois de Lille par achat du 1er juillet 1583 ; dont postérité.

---

1. LE MESRE : *de gueules à trois quintefeuilles d'argent.*

4. — *Françoise*, mariée avec François *Gheluy*, fils de Charles et de Claire *Mallebrancque*, bourgeois de Lille par relief du 3 novembre 1606 ; dont postérité.

5. — *Jacques*, sʳ d'Ascq, bourgeois de Lille par relief du 28 avril 1600, capitaine d'une compagnie bourgeoise, échevin, allié à Françoise *Lachié*, fille de Guillaume, baptisée à Sainte-Catherine le 19 décembre 1673 ; dont :

 a. — *François*, sʳ d'Ascq, marchand, bourgeois de Lille le 30 septembre 1636, capitaine d'une compagnie bourgeoise, allié : 1º à Élisabeth *Warlop*, fille de Robert et de Jacqueline *Gilleman*, baptisée à Saint-Pierre le 3 janvier 1616 ; 2º à Saint-Étienne, le 15 octobre 1642, à Marguerite *Hughes*, morte le 6 décembre 1683 et enterrée dans la chapelle Saint-François aux Frères mineurs ; d'où :

  aa. — Du premier lit : *Robert-François*, baptisé à Saint-Pierre le 26 novembre 1636.

  bb. — *Georges-Albert*, sʳ d'Eschavain, baptisé à Saint-Pierre le 12 décembre 1637, bourgeois de Lille par relief 28 avril 1670, marié à La Madeleine, le 12 août 1669, avec Anne-Ghislaine *Bruneau*, fille de Jacques, maître de la Chambre des comptes de Lille, et de Jacqueline *Hemmery*, baptisée dans cette église le 3 mars 1635 ; il eut :

   aaa. — *Claire-Isabelle*, baptisée à Saint-Pierre le 19 septembre 1672, y décédée le 8 juillet 1701.

   bbb. — *Anne-Jacqueline*, baptisée à Saint-Pierre le 20 avril 1676, alliée dans cette église, le 23 février 1699, à Pierre *de la Haye*, sʳ du Roseau, fils de Pierre et de Marguerite *Vanbroucq*, baptisé à Saint-Étienne le 16 février 1664, bourgeois de Lille par relief du 3 août 1695, procureur du Roi à la gouvernance de Lille, veuf de Marie *Hespel*, décédé paroisse Sainte-Catherine le 19 février 1735 ; dont postérité.

  cc. — *Jean-Baptiste*, baptisé à Saint-Pierre le 13 mai 1639, mort paroisse Saint-Étienne le 27 juin 1695.

  dd. — Du second lit : *Jacques-François*, baptisé à Saint-Pierre le 28 avril 1644.

 b. — *Jeanne*, baptisée à Saint-Maurice le 1ᵉʳ juillet 1602.

 c. — *Antoine*, baptisé à Saint-Maurice le 4 mars 1604.

 d. — *Jacques*, baptisé à Saint-Maurice le 16 décembre 1607.

 e. — *Charles*, baptisé à Saint-Maurice le 15 février 1612.

 f. — *Georges*, sʳ d'Ascq, baptisé à Saint-Maurice le 5 février 1617, cornette de cavalerie, puis capitaine d'infanterie, enfin bailli de Tourcoing, bourgeois de Lille par relief sur ordonnance du 26 mars 1665, allié à Jeanne-Constance-Angélique *de Bray*, fille de Paul et de Jossinne *Becquier* ; dont il eut :

    aa. — *Léopold-Constant*, décédé paroisse Saint-Pierre le 23 octobre 1723. Il eut de Christine *Delecour* un fils illégitime : *Louis-Constant*, baptisé à Saint-André le 28 avril 1707.

    bb. — *Angélique*, morte veuve, paroisse de La Madeleine le 15 avril 1730, mariée avec Adrien-François *Bevier* [1], fils de Jean et de Marie-Pétronille *Delerue*, baptisé à Saint-Étienne le 11 juin 1674, négociant, bourgeois de Lille par achat du 2 janvier 1693, mort le 29 janvier 1730 ; dont postérité.

VII. — *Hippolyte* CASTELAIN, bourgeois de Lille par relief du 19 juin 1595, épousa Agnès *Delobel*, fille de Jacques et d'Antoinette *Hachin* ; d'où :

  1. — *Martin*, qui suit, VIII.
  2. — *Jean*, baptisé à Saint-Étienne le 26 juillet 1597.

VIII. — *Martin* CASTELAIN, baptisé à Saint-Étienne le 11 septembre 1595, sayeteur, bourgeois de Lille par relief du 30 avril 1618, épousa à Saint-Étienne, le 17 juillet 1617, Jeanne *Le Machon*, fille de Jacques ; elle testa devant M° Pottier le 17 juin 1679 et laissa :

  1. — *Jacques*, baptisé à Saint-Étienne le 3 décembre 1620.
  2. — *Pierre*, baptisé à Saint-Étienne le 2 mars 1623.
  3. — *Hippolyte*, baptisé à Saint-Étienne le 5 décembre 1624.
  4. — *Jean*, qui suit, IX.
  5. — *Jacques-Noël*, baptisé à Saint-Étienne le 25 décembre 1626, bourgeois de Lille par relief du 8 mai 1649, marié à Saint-Étienne, le 13 février 1649, avec Marie *Lambo*, fille de Jacques et de Marguerite *Médo*, qui le rendit père de :

    a. — *François*, baptisé à Saint-Étienne le 21 mars 1650, bourgeois de Lille par relief du 6 juin 1674, allié à Saint-Étienne, le 4 novembre 1673, à Marie-Adrienne *Mothé*, fille de Jean et de Marie-Madeleine *Liart*, baptisée à Saint-Étienne le 15 septembre 1649 ; d'où :

      aa. — *Marie-Adrienne*, baptisée à Saint-Étienne le 17 mai 1674.

      bb. — *Marie-Madeleine*, baptisée à Saint-Étienne le 10

---

[1]. BEVIER : *d'or à trois besants d'azur, au chef du même chargé d'un lion issant d'argent lampassé de gueules.*

novembre 1677, mariée : 1º à Saint-Maurice, le 9 juin 1699, avec Pierre-Ignace *Verdière*, fils de ? (il s'agit peut-être de Piat-Ignace, fils de Wallerand et de Marguerite *du Quesnoy*?); 2º dans la même église, le 31 juillet 1703, avec Pierre-François *de Roubaix*.

cc. — *Marie-Agnès*, baptisée à Saint-Étienne le 13 septembre 1679, y décédée le 21 janvier 1726 et enterrée dans la chapelle Saint-Nicolas, place des Patiniers ; épousa, à Saint-Étienne, le 26 février 1702, Dominique *Malfait*, fils de Toussaint et de Marie-Anne *Lutin*, baptisé à Saint-Étienne le 4 novembre 1676 ; dont postérité.

dd. — *Jean-François*, baptisé à Saint-Étienne le 28 mai 1681.

ee. — *Pierre-François*, baptisé à Saint-Étienne le 16 mars 1683, bourgeois de Lille par relief du 5 février 1707, allié à Saint-Étienne, le 10 août 1706, à Marie-Aldegonde *Lagache*, fille de Charles et de Marie-Madeleine *de Bailleul*.

ff. — *Marie-Anne*, baptisée à Saint-Étienne le 8 avril 1685.

gg. — *Alexis*, baptisé à Saint-Étienne le 19 juillet 1687.

hh. — *Gérard-François*, baptisé à Saint-Étienne le 9 mai 1689, sayeteur, bourgeois de Lille par relief du 13 août 1717, décédé paroisse Saint-Maurice le 31 décembre 1720, marié à Saint-Maurice, le 12 janvier 1717, avec Marie-Thérèse *Destrez*, fille de Jacques et de Martine *Marcan*, baptisée dans cette église le 7 janvier 1678 ; dont il eut :

    aaa. — *Marie-Agnès*, baptisée à Saint-Maurice le 9 décembre 1717.

    bbb. — *Thérèse-Joseph*, baptisée à Saint-Maurice le 14 octobre 1719.

ii. — *Jean-Guillaume*, baptisé à Saint-Étienne le 24 octobre 1690.

b. — *Marie-Élisabeth*, baptisée à Saint-Étienne le 12 juin 1652, morte en cette paroisse le 19 décembre 1732, veuve de Martin *Meurin*, fils de Jean et de Marie *Collart*, né à Chastelet (diocèse de Liège), cloutier, bourgeois de Lille par achat du 5 août 1672.

c. — *Adrien*, baptisé à Saint-Étienne le 15 avril 1654.

6. — *Agnès*, baptisée à Saint-Étienne le 19 janvier 1630, alliée à Adrien *Gaignart*, fils de Jacques et d'Isabeau *Dubois*, orfèvre, bourgeois de Lille par relief du 3 mars 1645. Elle mourut veuve, paroisse Saint-Maurice le 7 mai 1683 et n'eut pas de postérité.

IX. — *Jean* CASTELAIN, s^r des Champagnes, mercier, bourgeois de Lille par relief sur requête le 30 décembre 1647, mort avant 1683, épousa à Saint-Étienne, le 4 octobre 1646, Marie *Heughe* ou *Weugle*, fille d'Antoine, née à La Bassée ; d'où :

1. — *Jean*, baptisé à Saint-Étienne le 24 janvier 1648, dominicain à Lille sous le nom de Père Vincent.

2. — *Philippe*, qui suit, X.

3. — *Marie-Jeanne*, baptisée à Saint-Étienne le 21 mars 1652, morte veuve paroisse Saint-Maurice le 20 décembre 1732, mariée à Saint-Étienne, le 3 mai 1674, à Pierre *Mahieu*, fils de Jean-Baptiste et de Claire *Bocquillon*, baptisé à Saint-Maurice le 7 septembre 1650, bourgeois de Lille par relief du 13 décembre 1674 ; dont postérité.

4. — *Angélique*, baptisée à Saint-Étienne le 11 juin 1654.

5. — *Françoise*, baptisée à Saint-Étienne le 14 octobre 1657, y décédée le 16 septembre 1734, alliée à Saint-Maurice, le 10 janvier 1679, à Henri-Joseph *Duthoit*, fils de Jean et de Cécile *de Mesemackere*, bourgeois de Lille par relief du 3 mai 1679.

6. — *Antoine*, s^r du Quesne à Tressin, baptisé à Saint-Étienne le 9 juillet 1660, bourgeois de Lille par relief du 3 septembre 1683, marié : 1° avec Marie-Joseph *Capron*, fille de Pierre et d'Hélène *Pollet*, baptisée à Saint-Étienne le 19 mars 1662 ; 2° à Saint-Maurice, le 8 janvier 1686, avec Catherine *Lorthioir*, fille de Jean et de Martine *de Wleeschavere*, baptisée dans cette église le 5 janvier 1664 ; d'où :

    a. — Du premier lit : *Marie-Joseph*, baptisée à Saint-Étienne le 9 avril 1685.

    b. — Du second lit : *Antoine*, baptisé à Saint-Étienne le 18 janvier 1687.

    c. — *Pierre-Dominique*, baptisé à Saint-Maurice le 30 mars 1688.

    d. — *Adrien*, baptisé à Saint-Maurice le 9 janvier 1690.

    e. — *Marie-Françoise*, baptisée à Saint-Maurice le 23 mars 1695.

    f. — *Marie-Marguerite*, baptisée à Saint-Maurice le 20 juillet 1698.

    g. — *Marie-Claire-Joseph*, baptisée à Saint-Maurice le 14 février 1701, décédée paroisse Saint-Étienne le 14 janvier 1757 et inhumée dans la chapelle Saint-Liévin, mariée à Saint-Maurice, le 18 novembre 1727, avec Antoine *Hubert*, négociant, administrateur de la confrérie Saint-Roch, décédé paroisse Saint-Étienne le 23 mars 1774 ; dont postérité.

h. — *Marie-Brigitte,* baptisée à Saint-Maurice le 11 février 1704.

X. — *Philippe* CASTELAIN, s^r des Champagnes, baptisé à Saint-Étienne le 7 février 1649, avocat, lieutenant des eaux et forêts, bourgeois de Lille par relief du 23 juillet 1676, décédé paroisse Sainte-Catherine le 16 décembre 1728, épousa à Saint-Maurice, le 11 janvier 1676, Marie-Agnès *Le Mieuvre*, fille d'Adrien et d'Anne *du Retz*, baptisée à Saint-Étienne le 26 mai 1649, morte paroisse Sainte-Catherine le 2 août 1738 ; dont :

1. — *Jean-Baptiste*, baptisé à Saint-Étienne le 4 novembre 1676, carme déchaussé.

2. — *Agnès*, baptisée à Sainte-Catherine le 25 août 1677.

3. — *Marie-Angélique*, jumelle de la précédente.

4. — *Pierre-François*, baptisé à Sainte-Catherine le 10 juillet 1678, carme déchaussé.

5. — *Jacqueline-Dominique*, baptisée à Sainte-Catherine le 4 février 1680.

6. — *Philippe-Ignace*, baptisé à Sainte-Catherine le 2 février 1682.

7. — *Marie-Agnès-Angélique*, baptisée à Sainte-Catherine le 2 décembre 1683, y décédée le 12 septembre 1732.

8. — *Henri-Joseph*, baptisé à Sainte-Catherine le 31 août 1685.

9. — *Alexandre-Ghislain*, baptisé à Sainte-Catherine le 17 septembre 1686, prêtre.

10. — *Marie-Thérèse-Joseph*, baptisée à Sainte-Catherine le 6 mars 1690, y décédée le 17 mai 1766 et inhumée dans la chapelle Saint-Nicolas, alliée dans cette église, le 12 avril 1717, à Romain-Philippe *Goudeman*, fils de Romain et de Marie-Antoinette *de Moronval*, baptisé à Saint-Étienne le 25 mai 1691, bourgeois de Lille par relief du 19 juillet 1717, décédé paroisse Sainte-Catherine le 19 mai 1723 ; dont postérité.

11. — *Philippe-François*, baptisé à Sainte-Catherine le 8 septembre 1692, vivant en 1717.

DEUXIÈME BRANCHE

III ^{bis}. — *Guillaume* CASTELAIN, bourgeois de Lille par rachat du 4 juillet 1461, mort avant 1508, épousa Jeanne *Desfontaines*, fille de Jean et de Béatrix *de Lespierre* ; dont :

1. — *Marie*, alliée à Henri *Petitpas*, fils de Thomas, bourgeois de Lille par achat en 1483 ; dont postérité.

2. — *Jean*, qui suit, IV.

IV. — *Jean* CASTELAIN, né à Lille, bourgeois de cette ville par rachat du 22 janvier 1508 (n. st.), s'allia à Jeanne *Lachier* ; d'où :

1. — *Marie*, mariée en 1532, avec Michel *du Gardin*, fils de Jean, né à Courchelles, bourgeois de Lille par achat du 1er décembre 1531 ; dont postérité.

2. — *Gilles*, qui suit, V.

V. — *Gilles* CASTELAIN ne paraît pas avoir habité Lille, car il ne releva pas sa bourgeoisie ; il épousa, d'après la généalogie donnée par le manusc. 194 (Muyssart) des Archives départementales du Nord, Catherine *de Noyelles*, dont il aurait eu :

1. — *Jeanne-Agnès*, brigittine à Lille.
2. — *Mathieu*, qui suit, VI.

VI. — *Mathieu* CASTELAIN, d'après la même généalogie, s'allia à Nicole *Verdière* et fut père de :

1. — *Jean*, qui suit, VII.
2. — *Philippe*, époux de Michelle *Desfontaines*.
3. — *Mahieu*.
4. — *François*.

VII. — *Jean* CASTELAIN habita quelque temps Lille, quoiqu'il ne figure pas aux bourgeois ; il épousa Catherine *Moucque*, fille d'Arnould, bailli de Bercus à Mouchin, née vers 1610 ; d'où :

1. — *Nicolas*, marié à Saint-Étienne, le 27 juillet 1661, avec Agnès *Petit*, fille de Nicolas et de Marguerite *Comere*, baptisée à Saint-Étienne le 18 février 1639 ; dont :

    a. — *Nicolas*, baptisé à Saint-Étienne le 19 février 1663.

2. — *Mathieu*, qui suit, VIII.

VIII. — *Mathieu* CASTELAIN, sr de le Vigne à Bondues, bailli et receveur du comté de Croix, décédé paroisse Sainte-Catherine le 5 juin 1677, négligea d'acheter la bourgeoisie ; il épousa à Saint-Étienne, le 11 mai 1652, Élisabeth *Coolen*, fille de Roger et de Catherine *Crespel*, baptisée à Saint-Étienne le 13 septembre 1628 ; d'où :

1. — *Catherine*, baptisée à Saint-Étienne le 6 février 1653, y

décédée veuve le 14 février 1733, épouse de Michel *Leleu*, fils de Florent et de Jacqueline *Batteur*, né à Radinghem, procureur, bourgeois de Lille par achat du 8 janvier 1683.

2. — *Roger*, baptisé à Saint-Étienne le 5 juin 1654.

3. — *Élisabeth*, baptisée à Saint-Étienne le 24 juin 1655, religieuse à l'abbaye de Wevelghem, sous le nom de sœur Aldegonde.

4. — *Marie-Angélique*, baptisée à Saint-Étienne le 18 avril 1657.

5. — *André*, qui suit, IX.

6. — *Jeanne*, baptisée à Saint-Étienne le 19 mars 1660.

7. — *Pierre*, baptisé à Saint-Étienne le 30 juin 1661, chanoine de la collégiale de Lens.

IX. — *André* CASTELAIN, baptisé à Saint-Étienne le 7 avril 1658, receveur de l'hôpital Comtesse, procureur du Roi aux eaux et forêts de la gouvernance de Lille, bourgeois de cette ville par achat du 5 février 1683, décédé paroisse Saint-Étienne le 13 août 1722 et enterré dans la chapelle du Saint Nom de Jésus ; épousa à Saint-Maurice, le 3 février 1683, Marie-Agnès *Deleruyelle*, fille de Jean et de Marie-Anne *Laliez*, baptisée à Saint-Maurice le 31 juillet 1665, morte le 3 octobre 1718, dont :

1. — *Marie-Agnès-Constance*, baptisée à Saint-Maurice le 5 novembre 1683, morte le 22 mai 1714.

2. — *Marie-Catherine*, baptisée à Saint-Maurice le 5 janvier 1685, décédée le 24 janvier 1710.

3. — *Pierre-André*, baptisé à Saint-Étienne le 17 juillet 1686.

4. — *Marie-Joseph*, baptisée à Saint-Étienne le 18 mai 1688, ursuline à Mons.

5. — *Bauduin-Romain-Joseph*, baptisé à Saint-Étienne le 6 mars 1691, receveur de la Noble-Famille, bourgeois de Lille par relief sur requête du 9 août 1717, nommé receveur des consignations de la gouvernance de Lille par provisions données à Paris le 22 novembre 1735, dépositaire de la gouvernance, décédé paroisse Saint-Étienne le 30 juillet 1743 ; il épousa à Sainte-Catherine, le 25 septembre 1713, Marie-Marguerite-Joseph *Lefebvre*, fille de François et de Marie-Madeleine-Henriette *Moucque*, baptisée dans cette église le 20 mai 1684, morte paroisse Saint-Étienne le 28 octobre 1755 ; dont :

    a. — *Henriette-Albéricque-Joseph*, baptisée à Sainte-Catherine le 2 novembre 1717, morte veuve à Lille le 2 octobre 1792, alliée : 1° à Saint-Étienne, le 18 mai 1738, à Dominique-Wallerand-Joseph *du Castel*, fils de Wallerand et de Marie-Angélique *Moreel*, baptisé à Saint-Étienne le 8 décembre 1713, bourgeois de Lille par relief du 16 février 1739, décédé sur cette paroisse le 3 septembre 1740; 2° à Saint-Étienne, le 9 août 1745, à Guillaume-Frédéric *Bécuwe*, fils de Guillaume-Ferdinand et d'Anne-Catherine *de la Porte*, né à Comines, s^r de Manoir, bourgeois de Lille par achat du 6 août 1745; sans enfants.

  b. — *Pierre-Albéric-Joseph*, baptisé à Sainte-Catherine le 28 août 1720, bourgeois de Lille par relief du 20 avril 1750, créé greffier principal au bureau des finances de la généralité de Lille le 6 septembre 1751, décédé paroisse Saint-Pierre le 27 novembre 1766; allié à Albertine *de Lescluze*, fille de Frédéric-Louis et de Marie-Marguerite-Rufine *Sallengre*.

  c. — *André-François-Joseph*, baptisé à Sainte-Catherine le 8 octobre 1722, mort paroisse Saint-Étienne le 19 février 1745.

 6. — *Pierre-Joseph*, qui suit, X.

  X. — *Pierre-Joseph* CASTELAIN, baptisé à Saint-Étienne le **18 juin 1695**, dépositaire de la gouvernance, procureur du Roi aux eaux et forêts, receveur des consignations, bourgeois de Lille par relief du **5 juillet 1731**, décédé paroisse de La Madeleine le **2 janvier 1762**, épousa Marie-Jacqueline-Madeleine *Vanwtberghe* [1], fille de Pierre-Emmanuel et de Marie-Antoinette *Bécuwe*, décédée paroisse de La Madeleine le **4 juillet 1752**; d'où :

 1. — *Marie-Antoinette*, baptisée à La Madeleine le 16 mai 1731, y décédée le 15 juillet suivant.

 2. — Un enfant mort sur cette paroisse le 25 mars 1732.

 3. — *Pierre-Joseph*, baptisé à La Madeleine le 9 mai 1733, y décédé le 16 août suivant.

 4. — *Marie-Albéricque-Joseph*, baptisée à La Madeleine le 5 mai 1735, décédée à Lille le 12 mai 1805, alliée à La Madeleine, le 5 septembre 1763, à Ferdinand-Marie-Isidore-Joseph *de Madre*, écuyer, s^r des Oursins, fils de Wallerand-Albéric, écuyer, s^r du Locron, et de Jeanne-Agathe-Joseph *de Lannoy*, baptisé à Saint-Étienne le 22 septembre 1737, bourgeois de Lille par relief du 27 octobre 1763, échevin, puis conseiller pensionnaire, enfin juge au tribunal civil, mort à Lille le 8 avril 1814; dont postérité.

 5. — *Joseph-Albéric*, baptisé à La Madeleine le 26 octobre 1736.

 6. — *Charles-Henri-Joseph*, baptisé à La Madeleine le 14 septembre 1737, capitaine au régiment provincial de Lille, décédé paroisse Saint-Maurice le 21 octobre 1772.

---

1. VAN WTBERGHE : *d'azur à une montagne au naturel accompagnée en chef de deux étoiles à six rais d'or.*

7. — *Louis-Joseph,* qui suit, XI.

8. — *Marie-Thérèse-Joseph,* baptisée à La Madeleine le 3 février 1740, y décédée le 8 décembre 1746.

9. — *Henriette-Amélie-Joseph,* baptisée à La Madeleine le 14 avril 1746, mariée dans cette église, le 16 avril 1771, avec Jean-Baptiste-Marie *Renard,* écuyer, fils de Jean-Nicolas, écuyer, sr d'Hamel, et de Marie-Jeanne-Joseph *Mahieu,* baptisé à La Madeleine le 6 juin 1744, bourgeois de Lille par relief du 8 novembre 1771, décédé sur la même paroisse le 6 juillet 1783 ; dont une fille.

XI. — *Louis-Joseph* CASTELLAIN, sr du Petit Vendeville, des Cleps, de Lispré, baptisé à La Madeleine le 24 septembre 1738, bourgeois de Lille par relief du 1er juin 1764, dépositaire du souverain bailliage de Lille, créé trésorier de France au bureau des finances de la généralité de Lille le 28 juillet 1761, greffier principal à ce siège le 31 décembre 1766, conseiller secrétaire du Roi le 26 juillet 1786, mort à Loos le 11 décembre 1827 ; épousa à Saint-Maurice, le 24 août 1761, Marie-Louise-Joseph *de Fontaine,* fille de Gilles, écuyer, sr des Sarteaux, et de Marie-Barbe-Joseph *Marissal,* baptisée à Saint-Maurice le 2 juin 1730, morte en 1792 ; d'où :

1. — *Louis-Joseph-Charles,* baptisé à La Madeleine le 2 février 1764, mort paroisse Saint-Maurice le 10 mai 1774.

2. — *Casimir-Albéric-Marie,* sr des Cleps, baptisé à La Madeleine le 17 juillet 1765, bourgeois de Lille par relief du 29 mars 1788, mort en 1843, allié dans cette église, le 17 avril 1787, à Françoise-Joseph *Le Mesre,* fille de Jean-Baptiste-Antoine, sr de Gruteghem, et de Marie-Françoise-Joseph *du Retz,* née le 8 août 1761, morte en 1792 ; dont :

    a. — *Marie-Joseph-Justine,* née le 16 mars 1788, mariée à Lille, le 12 avril 1820, avec Auguste-César-Joseph *de Madre de Norguet.* (Cf. Généalogie de Madre, septième partie).

    b. — *Laure-Joseph-Marie,* baptisée à Saint-Maurice le 28 janvier 1790, décédée à Loos le 3 juillet 1831.

    c. — *Juvénal-Jean-Baptiste-Marie,* baptisé à Loos le 4 juin 1791, mort célibataire à Lille le 18 mars 1855.

    d. — Un fils mort-né paroisse Saint-Maurice le 28 août 1792.

3. — *Albéric-Joseph-Marie,* qui suit, XII.

4. — *Erménégilde-Auguste-Marie,* baptisée à Saint-Maurice le 27 janvier 1770, vivant en 1843, allié en Angleterre à N. *Portales* ; dont il eut :

    a. — *Émilie.*

    b. — *Charles.*

    c. — *Alfred,* époux de Maria *Huth.*

d. — Un autre fils célibataire.

5. — *Charles-Joseph-Marie*, baptisé à Saint-Maurice le 30 juillet 1771, officier à l'armée des Princes, puis officier de carabiniers au service d'Autriche, mort en Autriche, laissant deux fils :

    a. — *Charles*, officier de dragons autrichiens.

    b. — *Édouard*, employé de l'administration des finances en Bohême, marié et père de famille.

6. — *Joseph-Marie*, baptisé à Saint-Maurice le 25 décembre 1772, officier d'artillerie, mort à Lens le 29 octobre 1814, allié à Marie-Augustine-Charlotte-Joseph *Leroux du Châtelet*, fille d'Étienne-Ghislain-Stanislas, écuyer, conseiller secrétaire du Roi en la chancellerie établie près le Conseil d'Artois, et de Marie-Jeanne-Antoinette-Florence *Leroux*, née en 1770, morte à Lens le 25 décembre 1819 ; d'où :

    a. — *Victor-Fortuné-Marie*, mort à Lens le 25 août 1819, à l'âge de 22 ans.

    b. — *Élisabeth-Marie-Rosalie-Florence*, née à Neuvireuil (Pas-de-Calais), vers 1801, morte à Évreux le 4 janvier 1886, alliée à Marie-Charles-Louis-Étienne-Vincent de Paul *Leroux du Châtelet*, fils de Marie-Philippe-Onuphre-Désiré-Louis, et d'Agathe-Apolline-Françoise *Quarré de Chelers*, né en 1796, chef d'escadron des grenadiers de la garde royale, mort à Vichy le 2 juillet 1859 ; dont postérité.

    c. — *Alexandre-Joseph*, né à Neuvireuil le 2 janvier 1803, célibataire.

    d. — *Charles-Louis-Amédée*, né à Neuvireuil, le 15 janvier 1807, célibataire.

    e. — *Adèle*, célibataire.

XII. — *Albéric-Joseph-Marie* CASTELLAIN DE LISPRÉ, baptisé à La Madeleine le 24 février 1767, capitaine au service d'Autriche durant l'émigration, mort à Loos le 30 thermidor an XIII, épousa à Lille, le 30 germinal an XI, Amélie-Françoise-Joseph *Le Mesre du Chatel*, fille de Louis-Joseph, sr du Chatel, et d'Amélie-Joseph *Le Mesre*, née le 22 mai 1782, morte à Pérenchies le 22 avril 1843 ; dont :

1. — *Louis-Achille-Joseph*, né à Lille le 24 nivôse an XII, mort à Pérenchies le 7 mai 1873, célibataire.

2. — *Albéric-Louis-Joseph*, qui suit, XIII.

XIII. — *Albéric-Louis-Joseph* CASTELLAIN DE LISPRÉ, né à Lille, le 20 messidor an XIII, mort à Ixelles, près Bruxelles, le 9 février 1849, épousa à Tourmignies, le 13 mai 1835, Marie-Antoinette *d'Assignies*, fille de Joseph-Marie-Louis-Bonaventure, baron d'Assignies, et de Joseph-Rose-Victoire *Boucquel de Beauval*, née à Lille le 3 janvier 1813, remariée le 24 avril 1851 avec Albert-Jean-Baptiste *Picot de Moras* et décédée à Montmirey-la-Ville le 4 juillet 1858 ; d'où :

1. — *Meurisse* (sic)-*Ulric-Marie-Albéric*, né à Lille le 25 mars 1837, officier de chasseurs à pied, marié à Besançon, le 28 janvier 1866 avec Berthe-Adélaïde-Charlotte *Courlet de Boulot*, fille d'Alexandre-Théophile et de Louise Stéphanie *Lebas du Plessis*, née à Besançon le 26 février 1846 ; dont une fille : *Louise*.

2. — *Blanche-Albéric-Marie*, née à Lille le 10 avril 1840, mariée à Montmirey-la-Ville, le 29 mai 1861, avec Louis-Alfred *de Girval*, fils de Jean-Félix-Martin et de Chantal *Courtot de Cissey*, né à Dijon le 5 mai 1830, mort à Fleurey-sur-Ouche le 3 octobre 1890 ; dont postérité.

3. — *Marie-Éliane-Blandine*, née à Racquinghem (Pas-de-Calais) le 26 septembre 1845, alliée à Montmirey-la-Ville, le 4 mai 1864, à Louis-Emmanuel *de Toytot*, fils de Guy-François, chevalier de Saint-Louis, et de Willemine-Françoise-Delphine *Broch d'Hotelans*, né à Raynans le 26 février 1835, ancien officier de dragons ; dont postérité.

NON RATTACHÉS

Marie, épouse d'Antoine *Desbarbieux*.

Michelle, épouse de Raphaël *Letarbaro* ; dont postérité.

M. Castelain, décédé paroisse Sainte-Catherine, le 10 juin 1677.

Madeleine, dame de Becquerel, morte le 10 juillet 1641 et enterrée dans la chapelle Saint-Nicolas à Sainte-Catherine.

Toussaint, tué dans une rixe en 1632 (Archives départementales du Nord, B 1813).

Marie, fille illégitime de *Pierre* et de Jeanne *Leboc*, épouse de Paul *Griminc*, légitimée par lettres données à Paris le 28 décembre 1412 (Archives départementales du Nord, B 1601).

Marie, fille de *Jacques* et de Jeanne *Descamps*, alliée à Philippe *Lhermitte* dit *du Biez*, sayeteur, fils de Guillaume et de Péronne *Hochart*, bourgeois de Lille par relief du 1er mars 1608.

Madeleine, fille de *Jean* et de Marie *Flameng*, mariée avec Robert *de Hennin*, fils d'Adrien et de Marguerite *Lachier*, bourgeois de Lille par relief du 4 avril 1603.

André, secrétaire du baron de Licques, gouverneur de la châtellenie de Lille, nommé greffier du bailliage de la Feuillie à Cambrai, le 23 avril 1588 (Archives départementales du Nord, B 55, reg. aux commissions, f° 191), nommé bailli de la ville et université de Douai le 23 mai 1613 (B 60, f° 156 v°), enfin, receveur de la prévôté de Douai par lettres données à Bruxelles le 13 février 1636 (B 63, f° 274).

1676, 28 novembre. — *Nomination d'Étienne Castelain à la charge de greffier de la Gouvernance de Lille.*

Sur la requeste présentée au Roy en son Conseil, par maistre *Estienne Castellain*, advocat de la ville de Lille, contenant que l'office de greffier de la Gouvernance de ladite Ville ayant esté engagé par lettres patentes du Roy Catholique du 28 juillet 1660 à M⁰ François Waresqueil, moyennant la somme de vingt huit mille florins, monnoye de Flandre, y compris l'ancien engagement, pour en jouyr sa vie durant et après son décéds ses hoirs, commis ou ayans cause, à la charge que ledit office pourroit estre racheté, son décéds advenant, toutes fois et quantes qu'il plairoit au Roy Catholique, en remboursant ladicte somme de vingt huit mille florins ; depuis lequel engagement ledit Waresqueil a jouy paisiblement dudit office, mais estant décédé la présente année 1676, M⁰ Jacques Buisson, fermier général des Domaines, en conséquence de la faculté à luy accordée par arrest du Conseil du 12ᵉ d'octobre, de retirer tous les Domaines engagez, a présenté requeste au sieur Le Pelletier de Souzy, intendant de justice, police et finances en Flandre, tendante à ce qu'il soit mis en possession dudit greffe en remboursant à la vefve et héritiers dudit Varesqueil la finance payée pour l'engagement dudit greffe et de recevoir pour l'exercice dudit greffe le suppliant : sur laquelle requeste ledit sieur de Souzy auroit rendu son ordonnance le premier septembre dernier qui permet audit fermier de retirer ledit greffe en remboursant par luy à la vefve et héritiers du défunct Varesqueil la finance, suivant la liquidation qui en sera faite, et ce pendant commis ledit suppliant pour exercer ledit greffe et en jouir aux mesmes honneurs, gages, droits, revenus, profits et émolumens tels et semblables qu'en a jouy ou deu jouïr ledit Varesquel. En conséquence de ladite ordonnance, le suppliant a remboursé à la vefve et héritiers dudit Varesqueil, le septiesme dudit mois, ladite somme de vingt-huit mil florins, en sorte qu'il a recours à Sa Majesté à ce qu'il luy plaise le confirmer en l'exercice et fonction dudit office pour en jouïr ainsy que ledit Varesqueil en a bien et deuement jouy, et, à cet effet, que toutes lettres nécessaires luy seront expédiées.

Veu ladite requeste, l'ordonnance dudit Sr de Souzy du premier septembre dernier, la quittance de remboursement de ladite somme de vingt-huit mille florins payée par ledit suppliant à Jacqueline Cardon, vefve dudit Varesqueil, le consentement donné par le fermier des Domaines de Flandre audit suppliant pour la jouissance dudit greffe ;

Ouy le rapport du Sieur Colbert, conseillier au Conseil royal, controlleur général des finances ;

Le Roy en son Conseil, a ordonné et ordonne que le suppliant fera l'exercice et fonction dudit office de greffier de la Gouvernance de Lille et jouira des droits et émolumens y attribuez, sa vie durant, ainsi que ledit Waresquel en a bien et deuement jouy ; à la charge qu'après l'expiration du bail des Domaines fait audit Buisson, il payera à la recepte du Domaine la somme de soixante livres de redevance annuelle, et à cet effet touttes lettres nécessaires luy seront expédiées dont il fournira copie et du présent arrest au sieur Godefroy, pour les mettre dans les Archives de la Chambre des Comptes de Lille pour y avoir recours qnand besoing sera.

Fait au Conseil d'Estat du Roy, tenu à Saint-Germain, le vingt-huitiesme jour de novembre 1676. Signé BECHAMEL, avec paraphe et escrit : Collationné avec paraphe.

Cest arrest du Conseil avec les lettres exécutoriales y jointes, a esté enregistré conformément à l'ordre de Sa Majesté y mentionné, dans le registre des Chartes de sa Chambre des Comptes à Lille en Flandre, cotté 78, commençant en 1674, folio XVI, par moy soubsigné, conseiller et historiographe ordinaire du Roy et commis par Sa Majesté à la garde et direction des titres, chartes et registres d'icelle chambre, le jeudy huictiesme d'avril 1677. Signé : Denys GODEFROY.

Lettres exécutoriales de l'arrêt cy-dessus.

Louis, par la grâce de Dieu, Roy de France et de Navarre, au premier des huissiers de nos conseils ou autre nostre huissier ou sergent sur ce requis, nous te mandons et commandons que l'arrest dont l'extrait est cy attaché sous le contresel de nostre Chancelerie, ce jourd'huy donné en nostre Conseil d'Estat sur la requeste de Me *Estienne Castellain*, advocat de nostre ville de Lille, tu signifies à tous qu'il appartiendra à ce qu'ils n'en prétendent cause d'ignorance, et faits pour l'entière exécution dudit arrest tous commandemens, sommations et autres actes et exploits nécessaires, sans autre permission et sera adjousté foy comme aux originaux, aux copies dudit arrest et des présentes collationnées par l'un de nos amez et féaux conseillers et secrétaires. Car tel est nostre plaisir.

Donné à Saint-Germain-en-Laye, le 28ᵉ jour de novembre, l'an de grâce 1676. Par le Roy, en son Conseil, et signé : Bechamel.

Archives du Nord. — Chambre des Comptes de Lille. — Art. B.
1673 : 78ᵉ Registre des Chartes, f° 16.

CUVILLON

ARMES : *de gueules à une autruche d'argent tenant en son bec un fer à cheval du même.*

Cette famille, d'après un arrêt de maintenue de noblesse rendu par la Cour des aides d'Artois, le 11 juillet 1587, en faveur de Jacques Cuvillon, descendrait d'un puîné de l'illustre maison des Cuvillers ; toutes les généalogies (manusc. du Chambge, manusc. 493, bibliothèque de Lille, page 85 ; manusc. fonds Godefroy n° 180 f° 251, etc.) lui assignent cette même origine et établissent ainsi les deux premiers degrés :

I. — *Jean* CUVILLON, époux de Marie *de Cottignies*, fut père de :

II. — *Jacques* CUVILLON, allié à Marie *de Bourgdielles*, dont il eut :

1. — *Ostris*, qui suit, III.
2. — *Martin*, qui s'allia à Marie *Le Hiere*, fille de Jacques.

III. — *Ostris* CUVILLON, sr du Fermont, prévôt de Beauquesne, épousa Jeanne *Le Hiere*, sœur de Marie, dont il eut :

IV — *Jean* CUVILLON, bailli de Carvin, décédé avant décembre 1448, épousa Béatrix *Le Febvre*, fille de Jean ; d'où :

1. — *Jean* l'aîné, qui suit, V.
2. — *Jean* ou *Petit-Jean*, qui suivra (deuxième branche).
3. — *Jennet* ou *Jannequin*, qui suivra (troisième branche).
4. — *Adrien*, avocat à Lille, père de :
   a. — *Jean*, qui acheta la bourgeoisie de Lille le 7 octobre 1524.
5. — *Jacquemine*, alliée à Mathieu *Delattre*, procureur ; dont postérité.

V — *Jean* CUVILLON l'aîné, sr du Fermont, né à Carvin, conseiller secrétaire de Charles le Téméraire, nommé greffier de la gouvernance de Lille le 19 avril 1466, acheta la bourgeoisie de cette ville en 1471, mourut en juin 1490 ou 1492, et fut inhumé à Saint-Étienne.

Il épousa : 1° en 1472, Catherine *Petitpas*, morte en octobre 1484, et inhumée à Saint-Étienne ; 2° Jeanne *du Fresnoy* dite *de le Vigne*, fille de Guillebert, sr du Bus, et de Sainte *de Lannoy* ; dont il eut :

1. — Du premier lit : *Jean*, qui suit, VI.
2. — *Philippot*, greffier de la gouvernance, puis receveur du domaine, bourgeois de Lille par rachat du 7 septembre 1498, décédé le 21 mai 1522, allié à Florence *Thièvelin*, qui lui donna :

    a. — *Allard*, sr de Riffrard, bourgeois de Lille par relief du 8 janvier 1532 (n. st.), mort en 1552, marié avec Jossine *Castelain*, décédée le 14 février 1599 ; dont il eut :

      aa. — *Jean*, mort jeune.

      bb. — *Marie*, épouse de Nicolas *de Saint-Aubin*, lieutenant de la gouvernance de Lille.[1]

    b. — *Jean*, né à Lille avant 1520, entra dans la Société de Jésus à Louvain en 1543, y professa à la pédagogie du Lis, enseigna la philosophie et la théologie à Coïmbre, Rome, Lyon et Ingolstadt, fut envoyé en 1561 au concile de Trente par le duc Albert de Bavière, devint recteur à Dillingen et mourut à Rome en 1581. C'était un saint religieux doublé d'un savant éminent. Il composa un ouvrage de théologie très réputé de son temps [2].

— Il écrivit de plus son autobiographie [3].

3. — *Jacques*, sur l'épaule de qui Charles-Quint s'appuyait à son entrée à Lille [4].

4. — *Silvestre*, licencié ès lois, nommé par Philippe, archiduc d'Autriche, avocat à la gouvernance de Lille par lettres données à Saragosse le 29 octobre 1502, bourgeois de Lille par rachat du 7 décembre 1502, procureur général au conseil de Flandre, membre de la Chambre des comptes de Lille, mort le 16 juillet 1528, marié avec Jeanne *Vanderpere*, décédée le 8 novembre 1513 et inhumée, ainsi que lui, à Saint-Michel de Gand ; d'où :

    a. — *Adrien*, bourgeois de Lille par relief du 10 janvier 1531 (n. st.).

5. — *Marie*, épouse de Guillaume *Asset*, grand bailli de Saint-Vaast à Arras.

---

1. Ces deux enfants sont empruntés à la généalogie Cuvillon, dans le portefeuille Muyssart, aux Archives départementales du Nord.

2. *Theologicae conclusiones deductae ex priori epistola D. Pauli ad Corinthios quam interpretatus est hoc anno Romae R. Pater Joannes Cuvillon, professor theologiae Societatis Jesu, in collegio ejusdem Societatis.* Romae 1554.

3. *Quaestiones in Psalmos, confessionum libri VIII.* (Consulter à ce sujet : *Annales du Comité flamand*, 1903-1904, page 154).

4. D'après la généalogie Cuvillon.

6. — Du second lit : *Sainte*, alliée vers 1519 à Mathis *de Lespine*, fils de Mathis, bourgeois de Lille par achat du 6 octobre 1525 ; d'où postérité.

VI. — *Jean* Cuvillon, sr du Fermont, mort le 9 septembre 1529 ou 1530, eut de sa femme, Catherine *de la Lacherie* :

VII. — *Jacques* Cuvillon, sr du Fermont, domicilié à Carvin, déclaré noble par sentence de la Cour des aides d'Artois, le 11 juillet 1587, épousa Péronne *Baillet*, dont il eut :

1. — *Philippe*, écuyer, dont la seigneurie du Fermont fut confisquée en 1615 pour être donnée à Arnould de Thieulaine.

2. — *Bernard*, écuyer, domicilié à Carvin, tige de la branche de Carvin, qui, ruinée, se livra au commerce et fut déchue de la noblesse. Nous donnons à la fin divers renseignements sur les membres de cette branche, qui existe encore.

3. — *Charles*, né à Carvin, bourgeois de Lille par achat du 1er avril 1583.

DEUXIÈME BRANCHE

V bis. — *Jean* Cuvillon, dit *Petit Jean*, sr de la Follie, né vers 1432, greffier du bailliage de Lille, acheta la bourgeoisie de cette ville en 1477, et épousa, vers 1470, Antoinette *de Bournisien*, fille de Jean ; d'où :

1. — *Jeanne*, alliée à David *Corduan*, fils de Jean ; dont postérité.

2. — *Antoine*, qui suit, VI.

VI. — *Antoine* Cuvillon, greffier de la gouvernance de Lille, mort avant 1546, allié à Jeanne *du Bus*, dont il eut :

1. — *Pierre*, qui suit, VII.

2. — *Isabeau*, veuve en 1560 de Pierre *Inglevert*, auditeur de la Chambre des comptes de Lille.

3. — *Jennet*, bourgeois de cette ville par achat du 5 décembre 1533.

4. — *Allard*, bourgeois par achat du 4 janvier 1538 (n. st.), époux d'Anne *Mayssart*.

5. — *Jeanne*, épouse de Guillaume *Blondel*, fils de Me Jean, bourgeois de Lille par relief du 27 juin 1539.

VII. — *Pierre* Cuvillon, bourgeois de Lille par achat du 4 octobre 1527, nommé greffier de la gouvernance le 3 juin 1546, et procureur général de l'église de Tournai par Pierre, doyen du chapitre de cette ville, le 5 septembre 1544, épousa Jacqueline *Cauwet*, qui le rendit père de :

1. — *Charles*, bourgeois de Lille par relief du 8 août 1539, mort avant 1567, et père de :

    a. — *Jean*, bourgeois par relief du 23 janvier 1568 (n. st.)

2. — *Bauduin* ou *Baulde*, sr du Molinel, licencié ès lois, bourgeois de Lille par relief du 8 avril 1559 (n. st.), nommé premier lieutenant de la gouvernance le 29 juillet 1564, commis maître ordinaire en la Chambre des comptes de Lille en 1569, déclaré noble par sentence de la gouvernance de Lille le 8 janvier 1574 (n. st.) [1] ; allié : 1° à Philippote *de Frelaine* ; 2° à Jeanne *de Courouble*, fille de Wallerand, médecin, décédée paroisse Saint-Étienne le 5 juillet 1583 ; d'où :

    a. — *Maximilienne*, baptisée à Saint-Étienne le 21 août 1568, dame du Molinel, Raynouart, morte le 11 août 1602, mariée avec Jean *de la Vichte*, chevalier, sr d'Erbodeghem, Nieuwenhove, Bevere, fils d'Antoine, écuyer, et de Catherine *Dupret*, bourgeois de Lille par achat du 10 octobre 1592, mort le 23 juillet 1612 et inhumé à côté de sa femme à Saint-Étienne, dans la chapelle de l'Ange gardien ; dont postérité.

    b. — *Yolente*, baptisée à Saint-Étienne le 2 août 1571.

    c. — *Jacqueline*, baptisée à Saint-Étienne le 11 octobre 1572.

    d. — *Bauduin*, baptisé à Saint-Étienne le 8 octobre 1573, jésuite, mort en 1592.

3. — *Allard*, bourgeois de Lille par relief du 13 avril 1561, nommé grand bailli de Werwick par lettres données à Bruxelles le 6 septembre 1572 [2], confirmé dans cette charge le 10 octobre 1581 [3], marié : 1° avec Catherine *de Thieulaine* ; 2° avec Antoinette *de la Chapelle*, fille de Bauduin, sr du Roseau, et d'Agnès *du Bosquiel* ; il eut du premier lit :

    a. — *Catherine*.

    b. — *Pierre*, capucin.

    c. — *Jacques*, baptisé à Saint-Pierre le 10 juillet 1572.

4. — *Pierre*, qui suit, VIII.

---

1. Nous trouvons Baulde Cuvillon confirmé dans sa charge de contrôleur du domaine de Lille par Louis XIII le 2 juillet 1610 (Archives départementales du Nord. B 2911). S'il s'agit du même personnage, il devait être alors extrêmement âgé.

2. Archives départementales du Nord, B 51, f° 256 v°.

3. *Idem*, B 53, f° 155 v°.

VIII. — *Pierre* Cuvillon, écuyer, né à Lille, avocat, bourgeois de cette ville par relief du 5 mai 1569, assesseur à la gouvernance, nommé bailli du bois de Nieppe par lettres données à Tournai le 12 mars 1583 [1], décédé paroisse Sainte-Catherine le 27 juin 1583, épousa Jacqueline *de la Chapelle,* sœur d'Antoinette ; d'où :

1. — *Bauduin*, baptisé à Sainte-Catherine le 22 juillet 1569, mort jeune.
2. — *Bauduin*, baptisé à Sainte-Catherine le 4 février 1571 (n. st.), religieux au monastère de Cambron.
3. — *Pierre*, qui suit, IX.
4. — *Jeanne*, morte le 26 juin 1617 et enterrée à Notre-Dame du Refuge à Ath, mariée par contrat du 20 octobre 1597, avec Robert *Procureur*, dit de *Hauport*, écuyer, s^r de Grandsars, Rumegnies, fils de Jacques et de Jeanne *d'Ostelart*, né vers 1574, échevin d'Ath, remarié avec Jeanne *Allegambe* et décédé à Ath le 4 novembre 1622 ; dont postérité.

IX. — *Pierre* Cuvillon, écuyer, s^r de Weldricq (Vledricq), baptisé à Sainte-Catherine, le 30 juillet 1572, bourgeois de Lille par relief du 17 avril 1606, épousa Marie *Pollet,* dame de Tinquette, fille de Jean, s^r de Navigheer, et de Madeleine *de Cambry* ; d'où :

1. — *Marie*, baptisée à Saint-Pierre le 25 septembre 1608, religieuse à Gantois le 14 mai 1629, morte le 13 décembre 1632.
2. — Une fille, baptisée à Saint-Pierre le 29 octobre 1609.
3. — *Maximilienne*, baptisée à Saint-Pierre le 27 février 1613.
4. — *Bauduin*, baptisé à Saint-Pierre le 15 août 1616.
5. — *Barbe*, morte paroisse de La Madeleine le 28 septembre 1679.
6. — *Raphaël*, qui suit, X.
7. — *Madeleine*, alliée à Saint-Pierre le 9 avril 1651 à François *de Vasses*.

X. — *Raphaël* Cuvillon, écuyer, s^r de Roncq, né vers 1620, bourgeois de Lille par relief du 21 octobre 1658, acheta le château de Roncq du prince de Chimay, Albert de Croy, et mourut le 30 août 1678. Le registre aux bourgeois le dit à tort fils de Pierre et de Jacqueline de la Chapelle ; il y a là une erreur manifeste qu'il est facile de vérifier par les registres d'état-civil. Raphaël Cuvillon épousa à Sainte-Catherine, le 7 avril 1657, Aldegonde *Petitpas,*

---

1. Archives départementales du Nord, B 54, f° 4 v°.

fille de Guillaume, écuyer, sr de la Mousserie, et d'Élisabeth *Leuridan* ; il eut :

1. — *Marie-Françoise*, baptisée à Sainte-Catherine le 23 octobre 1659, enterrée dans cette église, devant la chapelle de Sainte-Aldegonde, le 3 février 1663.

2. — *Marie-Anne-Thérèse*, baptisée à Sainte-Catherine le 4 mai 1661, morte paroisse Sainte-Pierre le 21 septembre 1685.

3. — *Marie-Maximilienne-Joseph*, baptisée à Sainte-Catherine le 20 décembre 1662, décédée paroisse Saint-Pierre le 7 janvier 1692.

4. — *Élisabeth*, baptisée à Roncq le 23 septembre 1664.

5. — *Jean-Robert*, qui suit, XI.

6. — *Marie-Aldegonde*, baptisée à Roncq le 8 avril 1669, fit profession aux Ursulines de Lille le 10 novembre 1686, sous le nom de Mère des Anges, mourut le 30 octobre 1719 et fut inhumée au cloître de ce couvent.

XI. — *Jean-Robert* Cuvillon, écuyer, sr de Roncq, Vledrick, Créquillon, La Hamel, baptisé à Roncq le 27 décembre 1665, bourgeois de Lille par relief du 19 mars 1689, marguillier de La Madeleine, décédé sur cette paroisse le 11 septembre 1694, et inhumé dans le caveau des marguilliers ; épousa à Saint-Étienne, le 20 février 1689, Marie-Isabelle *de Fourmestraux de Wazières*, fille de Jean-André François, écuyer, sr de Beaupré, et de Marie-Jeanne-Henriette *de Vicq*, baptisée à Saint-Étienne le 26 août 1674, décédée paroisse de La Madeleine le 31 août 1700 ; d'où :

1. — *Marie-Maximilienne-Jeanne*, baptisée à Saint-Étienne le 26 mai 1691, morte le 11 septembre 1711 et inhumée dans la chapelle du Saint-Sacrement à Saint-Étienne, mariée avec Jean-François *Dragon*, écuyer, sr de Mons-en-Barœul, Langlée, fils de Charles-Hyacinthe-François, écuyer, et de Jeanne-Isbergue *de Vitry*, bourgeois de Lille par relief du 13 novembre 1708, décédé paroisse Saint-Étienne le 11 janvier 1731 ; dont postérité.

2. — *Marie-Jeanne-Germaine*, morte enfant, paroisse de La Madeleine, le 29 septembre 1693.

3. — *Madeleine-Françoise*, décédée le 6 février 1736 ; alliée : 1º à Albert-François *de Lannoy*, chevalier, sr de la Deule, fils de Jean-Baptiste-François, chevalier, sr de Salomez, et de Françoise-Henriette *de Tramecourt*, baptisé à Saint-Étienne le 8 août 1691, bourgeois de Lille par relief sur requête le 17 octobre 1711, décédé paroisse Saint-Maurice le 25 mars 1719 ; 2º à La Madeleine, le 3 octobre 1720, à Eugène-François-Dominique *de Fourmestraux de Wazières*,

écuyer, sʳ de Beaupré, fils d'Eugène-Hyacinthe, écuyer, et de Françoise *de Lannoy*, baptisé à Sainte-Catherine le 4 août 1697, bourgeois de Lille par relief du 21 juillet 1722, décédé paroisse Saint-Étienne le 12 septembre 1775 ; dont postérité du second lit.

TROISIÈME BRANCHE

Vᵗᵉʳ. — *Jennet* ou *Jannequin* CUVILLON, procureur fiscal à la gouvernance de Lille, acheta la bourgeoisie de cette ville en 1481, et épousa : 1° Marguerite *Le Borgne* ; 2° Agnès *du Mortier* ; dont il eut :

1. — Du premier lit : *Jean*, qui suit, VI.
2. — *Agnès*, épouse de Guillaume *Haze*, fils de François, né à Lille, bourgeois de cette ville par relief du 7 avril 1514 (n. st.).
3. — *Laurent*, qui suivra, VI ᵇⁱˢ.
4. — Du second lit : *Guillaume*, bourgeois de Lille par relief du 19 novembre 1520.

VI. — *Jean* CUVILLON, procureur fiscal en la gouvernance de Lille [1], bourgeois de cette ville par rachat du 23 janvier 1509 (n. st.), mort avant 1544, aurait épousé, d'après diverses généalogies : 1° Marie *Labbe*, 2° Agnès *Verdière*, 3° Marie *Gobert* ; il eut :

1. — *Philippe*, bourgeois de Lille par relief du 8 mai 1544.
2. — Du second lit : *Allard*, prieur de l'abbé de Cysoing, puis coadjuteur, élu abbé le 10 août 1565, mort le 14 septembre 1579 et enterré dans la chapelle [2].
3. — *Simon*, qui suit, VII.
4. — *François*, religieux à l'abbaye de Loos dont il fut sous-prieur en 1540.
5. — *Claude*, alliée à Jean *Bourgeois*, fils de Jean, né à Armentières, bourgeois de Lille par achat du 2 décembre 1558.
6. — *Agnès*, épouse de Oste *Havet*, procureur [3].

VII. — *Simon* CUVILLON, écuyer, né à Lille, bourgeois de cette ville par relief du 13 avril 1554 (n. st.), conseiller et procureur

---

1. Son sceau représente un écu au coq accompagné d'une étoile en chef et au lambel, penché, timbré d'un heaume cimé d'une tête de coq, supporté par deux lions (DEMAY, *Inventaire des sceaux de la Flandre*, n° 5256).

2. Voir son épitaphe dans LE GLAY, *Cameracum*, p. 288.

3. Le manuscrit du Chambge lui donne encore pour enfants : Marie, alliée à Jean Perman, Allardin, Jeannette, Mariette, Jacqueline et Antoinette.

postulant en la cour du Parlement de Flandre, mort le 22 avril 1574, épousa Agnès *Preudhomme*, morte le 27 mai 1618 et inhumée auprès de son mari à Saint-Étienne, près du chœur ; d'où :

1. — *Oste*, chanoine d'Harlebeke.
2. — *Hugues*, religieux à l'abbaye de Cysoing.
3. — *Maximilien*, religieux à l'abbaye de Loos avant 1606.
4. — *Philippe*, religieux à l'abbaye de Marchiennes.
5. — *Jean*, qui suit, VIII.
6. — *Simon*, qui suivra, VIII bis.
7. — *Marguerite*, épouse de Wallerand *Hennocque*, fils de Wallerand, bourgeois de Lille par relief du 6 mai 1580, mort avant 1634.
8. — *Guillaume*, qui suivra, VIII ter.
9. — *Jeanne*, alliée à Pierre *Waresquiel*, fils de Pierre, et décédée paroisse Sainte-Catherine le 17 août 1619.
10. — *Jacques*, baptisé à Saint-Étienne le 4 octobre 1568.
11. — *Marie*, baptisée à Saint-Étienne le 2 août 1573.

VIII. — *Jean* CUVILLON, écuyer, bourgeois de Lille par relief du 11 mars 1581 (n. st.) procureur de cette ville [1], mort le 16 juin 1628 et enterré dans la nef de Saint-Étienne, épousa Catherine *Cardon*, fille de Jacques et de Jacqueline *de la Dalle*, décédée le 21 janvier 1620 ; d'où :

1. — *Anne*, religieuse clarisse.
2. — *Wallerand*, baptisé à Saint-Étienne le 12 juillet 1582.
3. — *Allard*, qui suit, IX.
4. — *Wallerand*, baptisé à Saint-Étienne le 13 novembre 1586, bourgeois de Lille par relief du 18 avril 1611, marié à Saint-Étienne, le 22 juillet 1610, avec Agnès *Foucquier*, fille de Bernard et d'Isabeau *Cambier*, morte ainsi que son mari avant le 10 mai 1639; d'où :

    a. — *Jean*, baptisé à Saint-Étienne le 27 août 1611, bourgeois de Lille par relief du 16 octobre 1642, allié à Saint-Étienne, le 4 septembre 1642, à Marguerite *de Beaumaretz*, fille de Jacques et de Jeanne *Herman*, baptisée à Saint-Étienne le 8 avril 1627; d'où :

        aa. — *Wallerand*, baptisé à Saint-Étienne le 10 octobre 1643.

        bb. — *Marie-Marguerite*, baptisée à La Madeleine le 27 mars 1646.

        cc. — *Jean-Jacques*, baptisé à La Madeleine le 31 mars 1648.

---

1. Il fut déclaré exempt du droit de nouvel acquêt en 1622 comme noble.

    b. — *Nicolas*, baptisé à Saint-Étienne le 29 janvier 1613.
    c. — *Hugues*, baptisé à Saint-Étienne le 23 janvier 1615.
    d. — *Guillaume*, baptisé à Saint-Étienne le 8 février 1617, bourgeois de Lille par relief du 25 août 1644, mort le 10 novembre 1651, marié à Saint-Pierre, le 31 décembre 1643, avec Catherine *Broucquart*, fille de Pierre ; d'où :
        aa. — *Allard*, baptisé à Sainte-Catherine le 28 octobre 1644.
        bb. — *Guillaume*, baptisé à Sainte-Catherine le 15 juillet 1646.
        cc. — *Catherine*, baptisée à Sainte-Catherine le 27 janvier 1648.
        dd. — *Antoinette*, baptisée à Sainte-Catherine le 17 novembre 1649.
        ee. — *Jean-François*, baptisé à La Madeleine le 25 septembre 1651.
    e. — *Catherine*, baptisée à Saint-Pierre le 2 mars 1620.
    f. — *Maurice*, baptisé à Saint-Pierre le 26 août 1621.
    g. — *Allard*, baptisé à Saint-Pierre le 21 novembre 1623.
    h. — *Nicolas*, baptisé à Saint-Pierre le 29 juin 1626.
5. — *Jean*, baptisé à Saint-Étienne le 25 octobre 1592.
6. — *Pierre*, baptisé à Saint-Étienne le 29 mai 1594.
7. — *Marguerite*, baptisée à Saint-Étienne le 28 janvier 1596, décédée paroisse de La Madeleine le 30 janvier 1672, mariée à Saint-Étienne, le 9 février 1620, avec Jean *Baiart*, fils de Jean et d'Antoinette *Cocquiel*, bourgeois de Lille par relief du 6 septembre 1613, veuf de Jossinne *Wyllant*, mort en décembre 1634 ; dont postérité.
8. — *Boniface*, baptisé à Saint-Étienne le 26 octobre 1597.
9. — *Laurence*, alliée à Saint-Étienne le 20 août 1623 à Paul *Panckoucque*, fils de Paul et d'Anne *Hermare*, baptisé à Saint-Étienne le 22 juillet 1597, marchand, bourgeois de Lille par achat du 7 janvier 1622.
10. — *Michel*, né avant 1606, bourgeois de Lille par relief du 26 octobre 1626, allié à Françoise *de Mal*, fille de Louis, d'où :
    a. — *Jean*, baptisé à Saint-Étienne le 9 juillet 1627.
    b. — *Louise-Françoise*, baptisée à La Madeleine le 27 décembre 1628, mariée dans cette église, le 16 mars 1647, avec Jean-Baptiste *Rosendal*, fils de Simon et de Marie *de Moncheaux*, bourgeois de Lille par relief du 12 août 1647, échevin de cette ville, grand connétable des archers, décédé paroisse de La Madeleine le 20 décembre 1686 et enterré au chœur ; dont postérité.
11. — *Gérard*, baptisé à Saint-Étienne le 17 juin 1606.

IX. — *Allard* Cuvillon, écuyer, sr du Crocquet, baptisé à Saint-Étienne le **4 février 1585**, procureur, bourgeois de Lille par relief du 7 octobre 1606, épousa à Sainte-Catherine, le 19 août 1606, Marguerite *Van den Broucq*, fille de François et de Péronne *de le Dalle*, baptisée à Sainte-Catherine le 26 mars 1587 ; d'où :

1. — *Pétronille*, baptisée à Sainte-Catherine le 21 mai 1607, religieuse à Ypres.

2. — *Cornélie*, baptisée à Saint-Étienne le 1er août 1608, religieuse aux Annonciades de Lille.

3. — *Michel*, écuyer, baptisé à Saint-Étienne le 4 septembre 1611, licencié ès lois, greffier de la ville de Lille, dont il releva la bourgeoisie le 17 octobre 1636, mort le 2 octobre 1642 ; épousa : 1º à Saint-Étienne, le 6 septembre 1636, Françoise *Imbert*, fille de François et de Marie *Desbuissons* ; 2º dans la même église, le 11 mars 1640, Catherine *Caron*, fille de Wallerand et de Marie *du Rivage* ; d'où :

    a. — Du second lit : *Marie-Marguerite*, baptisée à Saint-Étienne le 23 mai 1642, décédée le 9 mars 1697, mariée à Saint-Maurice, le 29 octobre 1662, avec Alexandre-Wallerand *de Wooght* [1], chevalier, sr de Barisel, fils d'Alexandre et de Marie *de Courouble*, enseigne d'une compagnie d'infanterie allemande, puis lieutenant de cavalerie.

4. — *Jean*, écuyer, bourgeois de Lille par relief du 11 février 1636, allié, le 16 décembre 1635, à Saint-Étienne, à Catherine *Descamps*, fille de Louis et de Marguerite *Gentil*, baptisée à Saint-Étienne le 13 mars 1621 [2] ; d'où :

    a. — *Marie-Catherine*, baptisée à La Madeleine le 1er juin 1638, épouse de Jacques *de la Haye*.

    b. — *Josse*, baptisé à La Madeleine le 29 juillet 1640.

    c. — *Allard*, baptisé à La Madeleine le 12 août 1646.

5. — *Gilles*, baptisé à Saint-Étienne le 17 février 1613, prêtre, chanoine d'Harlebeke, mort avant 1687.

6. — *Wallerand*, baptisé à Saint-Étienne le 13 janvier 1615.

7. — *Pierre*, baptisé à Saint-Étienne le 10 mars 1617.

8. — *Allard*, baptisé à Saint-Étienne le 21 août 1618.

9. — *Marie*, baptisée à Saint-Étienne le 16 octobre 1619.

10. — *Marie*, baptisée à Saint-Étienne le 19 avril 1621.

---

1. De Wooght : *d'or à une fasce vivrée de gueules, accompagnée de trois aigles à deux têtes de sable.*

2. (*Sic*). Elle n'avait pas quinze ans.

11. — *Allard*, baptisé à Saint-Étienne le 10 février 1625.
12. — *Piat*, baptisé à Saint-Étienne le 14 mai 1627.

VIII bis. — Simon CUVILLON, bourgeois de Lille par relief du 24 septembre 1594, épousa Anne *Cuerle*, décédée veuve paroisse Sainte-Catherine le 6 août 1621 [1] ; dont :

1. — *Robert*, baptisé à Saint-Étienne le 20 février 1595.
2. — *Bonne*, baptisée à Saint-Étienne le 16 septembre 1597.
3. — *Pierre*, bourgeois de Lille par relief du 14 décembre 1621, mort le 11 janvier 1670, marié à Saint-Étienne, le 2 octobre 1621, avec Claire *Le Candele*, fille de Jacques, décédée le 23 juillet 1668 ; d'où :

    a. — *Simon*, baptisé à Saint-Étienne le 9 août 1622, religieux augustin sous le nom de père Basile, mort à Orléans le 12 octobre 16...

    b. — *Marie-Bonne*, baptisée à Saint-Étienne le 6 septembre 1624, religieuse annonciade sous le nom de Marie-Monique.

    c. — *Antoine*, baptisé à Saint-Maurice le 9 avril 1626, prêtre, chapelain de Saint-Étienne, mort le 2 novembre 1698 et inhumé dans la chapelle de la Vierge en cette église.

    d. — *Jean-Martin*, baptisé à Saint-Maurice le 10 novembre 1627, mort le 4 août 1629.

    e. — *Agnès*, née le 29 novembre 1629, mort le 4 septembre 1650.

    f. — *Catherine*, baptisée à Saint-Maurice le 27 novembre 1631, morte le 23 décembre 1697, alliée à Sainte-Catherine, le 15 janvier 1660, à Pierre *Regnault*, fils d'Allard et de Jacqueline *Fasse*, baptisé à Saint-Étienne le 14 février 1634, bourgeois de Lille par relief du 6 septembre 1658, veuf de Jeanne *Lohier* ; dont postérité.

    g. — *Claire*, baptisée à Saint-Maurice le 6 juin 1634, célibataire, testa à Lille le 12 août 1707.

    h. — *Marie-Jeanne*, baptisée à Saint-Maurice le 9 avril 1637, alliée à Alexandre *Ansart* ; dont postérité.

    i. — *Françoise*, baptisée à Sainte-Catherine le 8 février 1639, religieuse à l'hôpital Comtesse.

    j. — *Thérèse*, baptisée à Sainte-Catherine le 6 octobre 1641, morte le 19 octobre 1697, épouse d'Adrien *Bacqueville*, fils d'Antoine et de Marie *Daussy*, bourgeois de Lille par relief du 16 juin 1665 ; dont postérité.

---

1. Elle testa à Lille, devant Mes Jean et Gilles Brabant, le 20 août 1608.

4. — *Jean*, bourgeois de Lille par relief du 29 juillet 1622, greffier, puis procureur de cette ville, allié à Saint-Étienne, le 12 avril 1622, à Marie *Robette*, fille de Pierre ; dont :

   a. — *Marie-Thérèse*, baptisée à Saint-Étienne le 6 octobre 1623.

   b. — *Martin*, baptisé à Saint-Étienne le 30 septembre 1625.

   c. — *Catherine*, baptisée à Saint-Étienne le 26 décembre 1627, alliée à Jean *Hachin*, fils de Jean et d'Antoinette *Bave*, bourgeois de Lille par relief du 14 octobre 8652 ; dont postérité.

   d. — *Théodore*, baptisé à Saint-Étienne le 27 octobre 1629.

   e. — *Marie-Madeleine*, baptisée à Saint-Étienne le 16 août 1631.

   f. — *Claire*, baptisée à Saint-Étienne le 30 janvier 1634, morte le 2 mai 1708 et enterrée dans la chapelle de la Vierge en cette église.

   g. — *Jean-Gilles*, baptisé à Saint-Étienne le 31 mai 1637.

5. — *Isabeau*.

6. — *Catherine*, religieuse à l'hôpital Gantois, y décédée le 23 décembre 1697.

VIII ter. — *Guillaume* CUVILLON, baptisé à Saint-Étienne le 31 décembre 1571, procureur, bourgeois de Lille par relief du 23 septembre 1596, eut de sa femme, Jacqueline *Dupont* :

1. — *Charles*, baptisé à Saint-Étienne le 6 mars 1597.

2. — *Marie*, baptisée à Saint-Étienne le 19 mars 1598, religieuse à l'hospice Gantois, décédée le 13 décembre 1632 et enterrée dans la chapelle vis-à-vis le grand autel.

3. — *Henri*, encore mineur en 1618 ; il obtint, en octobre 1617, des lettres de rémission pour avoir commis un meurtre dans une rixe.

4. — *Agnès*, décédée paroisse Sainte-Catherine le 4 juin 1667, alliée à Saint-Étienne le 31 janvier 1622, à Jacques *de Flandres*, écuyer, fils de Jean, écuyer, sr de l'Empire, né à Wambrechies, bourgeois de Lille par relief du 4 mars 1613, procureur, bailli de Noyelles, veuf de Jossine *Bourel* ; dont postérité.

5. — *Guillaume*, bourgeois de Lille par relief du 11 août 1628, époux d'Isabeau *Lebrun*, fille de Chrétien.

6. — *Paul*, baptisé à Saint-Étienne le 20 septembre 1608.

7. — *Mathieu*, baptisé à Saint-Étienne le 4 mars 1610.

8. — *Antoinette*, baptisée à Saint-Étienne le 12 octobre 1611, mariée dans cette église, le 4 avril 1633, avec Philippe *du Bois*, fils de Nicolas ; dont postérité.

9. — *Jacqueline*, baptisée à Saint-Étienne le 18 janvier 1613.

10. — *Marguerite*, baptisée à Saint-Étienne le 15 juin 1616.

VI bis. — *Laurent* Cuvillon (fils de *Jennet* et de Marguerite *Le Borgne*), bourgeois de Lille par rachat du 25 juin 1511, greffier de cette ville, mort le 14 novembre 1528, épousa Isabeau *du Chesne*, décédée le 3 novembre 1582; il en eut :

1. — *Jean*, qui serait, d'après certaines généalogies, le père jésuite dont nous avons parlé page 942.
2. — *Guillaume*, qui suit, VII.
3. — *Laurent*, célibataire.
4. — *Jacques*.

VII. — *Guillaume* Cuvillon [1], sr d'Hollebecque, qualifié « écuyer », né en 1523, bourgeois de Lille par relief du 7 novembre 1547, mort le 12 juillet 1597, épousa Marie *Febvrier*, décédée le 10 juin 1600; d'où :

1. — *Mathias*, né le 29 octobre 1547, mort en 1582.
2. — *Jean*, qui suit, VIII.
3. — *François*, né le 28 février 1553 (n. st.), bourgeois de Lille par relief du 8 août 1607, époux de Catherine *Quintin*, fille de Jean et d'Agnès *de le Rue*, dont il n'eut pas d'enfants.
4. — *Catherine*, née le 22 janvier 1555 (n. st.), alliée à Claude *Tesson*, fils de Nicolas, bourgeois de Lille par relief du 17 novembre 1587.
5. — *Jacqueline*, née le 25 juillet 1556, morte le 16 août . . ., mariée le 7 juin 1585 avec Jean *Van Zanten*, fils d'Hendricq, né à Bois-le-Duc, bourgeois de Lille par achat du 4 janvier 1585 ; d'où postérité.
6. — *Arnould*, né le 7 février 1558 (n. st.), mort célibataire le 7 août 1597.

VIII. — *Jean* Cuvillon, écuyer, sr du Mortier, né le 4 novembre 1549, bourgeois de Lille par relief du 3 janvier 1575 (n. st.), receveur des États de Lille, mort le 2 mars 1593, s'allia à Jeanne *Verloing*, d'Arras ; dont il eut :

1. — *Guillaume*, écuyer, sr du Mortier, baptisé à Saint-Étienne, le 15 janvier 1576 (n. st.), bourgeois d'Arras le 31 octobre 1596, marié avec N. *Broignard*.
2. — *Nicolas*, né le 24 juin 1578, religieux à l'abbaye d'Anchin.

---

1. Nous trouvons Guillaume Cuvillon nommé auditeur au souverain bailliage de Lille par lettres données à Tournai le 31 mars 1583. (Archives départementales du Nord, B. 54, folio 23 v°.)

3. — *Louis*, baptisé à Saint-Étienne le 1ᵉʳ octobre 1581, religieux à l'abbaye de Chocques.

4. — *Jean*, écuyer, baptisé à Saint-Étienne le 3 décembre 1583, bourgeois d'Arras le 26 octobre 1611, décédé célibataire le 13 décembre 1634 et enterré sous le clocher de Saint-Nicolas d'Arras.

BRANCHE DE CARVIN

I. — *Pierre-Philippe* Cuvillon, né à Carvin-Épinoy, était fils d'*Antoine* ou de *Philippe* et de Marie *Desruelles*[1] ; il mourut à Lille, le 23 juin 1769, à 76 ans, après avoir épousé à Saint-André, le 13 février 1720, Marie-Barbe *Despretz*, décédée à Lille, le 21 janvier 1748, à 52 ans ; il avait pour sœur *Marie-Anne*, décédée paroisse Saint-André le 20 juin 1755, à 73 ans, épouse de Guillaume-François *Dubar*. Il eut les enfants suivants :

1. — *Marie-Anne-Thérèse*, baptisée à Saint-André le 8 octobre 1720.

2. — *Pierre-Joseph*, qui suit, II.

3. — *Marie-Anne-Joseph*, baptisée à Saint-André le 27 mai 1725; son contrat de mariage avec Antoine-Alexandre *d'Hennin*, fils d'Antoine-Alexandre et de Marie-Agnès *Crepy*, fut passé à Lille, devant Mᵉ Louis-François-Joseph Duriez, le 19 novembre 1750 ; le mariage qui devait être célébré à Saint-André le 23 suivant, n'eut pas lieu. Elle épousa à Saint-André, le 22 septembre 1755, Pierre-Joseph *Finet*, fils de Jean-Augustin et de Marie-Hélène *Guilbert*, né en 1722, bailli de la paroisse Saint-André, et mourut paroisse Saint-Étienne le 19 décembre 1766.

4. — *Marie-Madeleine-Joseph*, baptisée à Saint-André le 2 février 1728, y décédée le 24 février 1729.

5. — *Jeanne-Thérèse-Joseph*, baptisée à Saint-André le 14 mai 1729, y décédée le 4 juin suivant.

6. — *Jeanne-Thérèse-Joseph*, baptisée à Saint-André le 4 mai 1730, y décédée le 13 juin suivant.

7. — *Jean-Baptiste-Joseph*, baptisé à Saint-André le 11 juin 1731.

---

[1]. Nous trouvons : Marie-Agnès, fille de Philippe et de Marie Desrnelles, morte paroisse Saint-Étienne le 24 juin 1749, à soixante-dix ans, et Philippe, époux de Marie Desruelles, décédé paroisse Saint-André le 10 janvier 1710. — Un autre Pierre-Philippe eut de Marie-Béatrix *Coulon*, Marie-Marguerite-Béatrix-Joseph, née à Carvin en 1745, mariée à Saint-Jacques de Douai, le 16 avril 1776, avec Antoine *Lagache*, fils de Mathieu et de Florence *Demory*, né à Villers-au-Tertre en 1748, garçon brasseur.

8. — *Jean-Baptiste-François*, baptisé à Saint-André le 3 janvier 1733, cabaretier, allié à Claire-Joseph *Delannoy* ; d'où :

    a. — *Angélique-Victoire-Joseph*, baptisée à Saint-Sauveur le 13 décembre 1756.

    b. — *Marie-Madeleine-Joseph*, baptisée à Saint-Sauveur le 20 novembre 1757.

    c. — *Druon-Joseph*, baptisé à Saint-Sauveur le 7 septembre 1759, y décédé le 30 décembre 1760.

9. — *Jeanne-Thérèse*, baptisée à Saint-André le 18 avril 1735, morte à Lille le 2 juin 1818.

10. — *François-Joseph*, décédé enfant, paroisse Saint-André le 7 août 1731.

II. — **Pierre-Joseph** Cuvillon, baptisé à Saint-André le 16 janvier 1723, maître galonnier, décédé paroisse Saint-Étienne le 16 octobre 1786, épousa dans cette église, le 26 février 1748, Marie-Monique *Millan*, fille de Pierre-Paul-Joseph et de Marie-Françoise *Waroquier* ; d'où :

1. — *Marie-Thérèse-Joseph*, baptisée à Saint-Étienne le 17 décembre 1748, alliée, le 7 janvier 1793, à Thomas-Joseph-Marie *Boutri*, fils de Pierre-Hubert et de Marie-Madeleine *Dalle*, né à Annœullin en 1763, surnuméraire au bureau des droits d'enregistrement.

2. — *Marie-Élisabeth-Joseph*, baptisée à Saint-Étienne le 11 février 1750.

3. — *Agnès-Lucie-Joseph*, baptisée à Saint-Étienne le 5 février 1751, y décédée le 29 mars 1779.

4. — *Pierre-Charles-Joseph*, baptisé à Saint-Étienne le 20 août 1753.

5. — *Hippolyte-Joseph*, baptisé à Saint-Étienne le 12 juillet 1755, y décédé le 24 novembre suivant.

6. — *Jean-Baptiste-Ange*, baptisé à Saint-Étienne le 2 octobre 1756, y décédé le 7 juin 1758.

7. — *Julie-Joseph*, baptisée à Saint-Étienne le 20 janvier 1759, morte à Lille le 16 mai 1817, épouse de Joseph-Charles-Louis-Joseph *Senelar*, commissaire de police.

8. — *Jean-Baptiste-Joseph*, qui suit, III.

9. — *Jean-François-Joseph*, baptisé à Saint-Étienne le 10 mars 1763, mort à Lille le 11 mars 1829, allié, vers 1790, à Marie-Alexandrine-Joseph *Capron*, née à Comines en 1768 ; d'où :

    a. — *Marie-Thérèse-Alexandrine*, née à Lille le 24 floréal an VI, y décédée le 9 avril 1847, mariée avec son parent, Ferdinand-Charles *Cuvillon,* propriétaire, remarié avec Adèle-Hortense-Joseph *Delefosse.*

    b. — *Sophie-Fanie-Pauline,* née à Lille le 9 ventôse an IX, morte le 13 nivôse an X.

10. — *Joachime-Henriette-Joseph,* baptisée à Saint-Étienne le 22 mai 1765.

11. — *Ferdinand-Louis-Joseph,* baptisé à Saint-Étienne le 15 novembre 1766, mort à Lille le 13 janvier 1849, allié : 1° le 7 janvier 1793, à Angélique-Sophie-Joseph *Hernu,* fille de François-Joseph et de Catherine *Broutin* ; 2° à Anne-Victoire-Joseph *Derny* ; 3° à Félicité-Joseph *Debay* ; d'où :

    a. — Du premier lit : *Stéphanie-Angélique,* née à Lille le 22 vendémiaire an II, y décédée le 12 décembre 1879, épouse de Jean-Charles-Alexandre *Lejeusne.*

    b. — *Angélique-Marie,* née à Lille le 2 thermidor an IV.

    c. — *Angélique-Sophie,* née en l'an V, morte à Lille le 16 germinal an IX.

    d. — *Clémence-Thérèse-Joseph,* née à Lille le 2 pluviôse an VI, y décédée le 15 avril 1863, mariée avec Louis-Joseph *Gachet,* négociant.

    e. — *Ferdinand-Louis,* né à Lille le 24 floréal an VII, y décédé le 10 germinal an IX.

    f. — Du second lit : *Aimée-Lucie,* née en 1807, morte à Lille le 27 novembre 1809.

III. — *Jean-Baptiste-Joseph* CUVILLON, baptisé à Saint-Étienne le 29 avril 1761, mort à Dunkerque le 24 février 1845, épousa N... *Louise,* née à Pont-Allier (Côte-d'Or) ; d'où :

1. — *Jean-Baptiste-Philémon,* né à Dunkerque le 8 prairial an XIII, médecin-major de première classe, décoré pendant la campagne de Crimée, marié, en 1837, avec Françoise-Delphine *Rance de Maussans* ; d'où :

    a. — *Jean-Baptiste-Joseph-Jules,* né le 31 octobre 1838.

2. — *Jean-Baptiste-Philémon,* qui suit, IV.

3. — *Louis-Charles,* né à Dunkerque le 19 octobre 1811, y décédé le 3 mars 1812.

4. — *Élise-Caroline,* jumelle du précédent, morte à Dunkerque le 10 janvier 1812.

IV. — *Jean-Baptiste-Philémon* CUVILLON, né à Dunkerque le 13 mai 1809, épousa, le 10 mai 1847, Claire-Laurentine *Planquette,* fille de Louis-Victor, chevalier de la Légion d'honneur ; il eut :

1. — *Louis-Robert*, né le 29 février 1848, célibataire à Paris.

2. — *Marie-Sophie-Louise*, née le 1er décembre 1851, mariée à Paris, en mai 1879, avec Paul-Victor *Foucault*, fils de Jacques-Symphorien et d'Adèle *Chevallier*, domicilié à Nanterre.

NON RATTACHÉS

Madame Cuvilon, décédée paroisse Sainte-Catherine le 24 juillet 1668.

La veuve Cuvilon, morte sur la même paroisse le 11 décembre 1666.

Nicolas Cuvilon, époux de Jeanne *Cave*, dont : *Marie-Catherine*, baptisée à Saint-Maurice le 23 décembre 1701.

Jacqueline Cuvillon, décédée paroisse Saint-Pierre le 21 juillet 1673.

Jean Cuvillon, fils de *Jean* et de Jeanne *Vie*, baptisé à Saint-Maurice le 30 octobre 1544.

Robert Cuvillon, fils de *Daniel* et de Marie *Odée* (?), baptisé à Saint-Maurice le 22 mars 1544 (n. st.) (probablement 1574).

Marie-Marguerite Cuvillon, fille de *Jean*, décédée paroisse Saint-Étienne le 7 juillet 1701.

Pierre et *Antoinette* Cuvillon, enfants de *François*, baptisés à Saint-Étienne les 12 février 1599 et 17 octobre 1607.

Jean-Baptiste Cuvillon, laboureur à Carvin en 1800, allié à Marie-Catherine *Cambier*, dont il eut : *Antoine-Joseph*, journalier, né à Carvin en 1803, mort à Lille le 2 juillet 1851, marié avec Maxence-Marguerite *Garbez*, puis avec Augustine-Joseph *Srève*.

Pierre Cuvillon, prévôt d'Esquermes en 1367, dont le sceau était un écu à la doloire accostée de deux branches et accompagnée d'une étoile au canton dextre [1].

Madeleine-Joseph Cuvillon, morte à Lille le 20 septembre 1812, à 56 ans, fille de *Jean-Baptiste-Joseph* et de Claire-Joseph Cuvillon, et veuve de Charles-Joseph *Caron*.

Philippe Cuvillon, fils de *Druon*, mort à Bauvin le 11 vendémiaire an III.

François-Prosper Cuvillon, né en 1816, peigneur de laines, époux d'Angélique *Godon*, dont il eut :

---

1. Demay, *Inventaire des sceaux de la Flandre*, n° 5320.

a. — *Cyprien-Louis*, né à Chemy le 27 mars 1839.
b. — *Valérie-Angélique*, né à Chemy le 4 juin 1841, etc., etc.

1546, juin. — *Commission de greffier de la Gouvernance de Lille accordée à Pierre Cuvillon.*

Sur la requeste présentée à l'Empereur par *Pierre Cuvillon*, filz de feu *Anthoine Cuvillon*, en son vivant greffier-fermier au siège de la Gouvernance de Lille, requérant par icelle que Sa Majesté luy voulsist octroyer ledit estat et office de greffier, en considération mesmes des services de sondit feu père et aussy que soubz icelluy il a exercé ladicte greffe passé XXV ans, pareillement que depuis ledict trespas advenu ou mois de novembre l'an XVe quarante-cincq, il a esté commis par les Président et gens des Comptes à Lille par provision à l'exercice de ladicte greffe, tant que par Sa Majesté autrement en seroit pourveu. En quoy, comme l'on a veu par les attestacions qu'il a sur ce exhibées, il s'est bien et loyaulment conduyt et fait bonne expédicion aux parties ; et combien que aucuns autres ont semblablement sollicité pour avoir ladicte greffe à ferme ou à en rendre compte, comme aussy seroit content ledict suppliant de la prendre et mesmes à telz et semblables charges, pris et condicions que sondict feu père l'a tenu ; néantmoings, la Royne, pour aucunes bonnes causes à ce la mouvans ne s'est trouvé conseillée de absolutement pourveoir de ladicte greffe, mais seullement par provision : Parquoy Sa Majesté ayant regard à ce que dessus, et pour le bon rapport que fait a esté de la personne dudict remonstrant, a, par l'advis de ceulx du Conseil et des Finances, continué et, si besoing est, de nouveau commis ledict *Pierre Cuvillon*, pour tenir, exercer et desservir ledict office de greffe de ladicte Gouvernance de Lille jusques au parfait de l'année, laquelle finira au XIIIIe jour de novembre en cest an XVe quarante six et tant que par Sa Majesté autrement en sera pourveu : le tout par manière de provision, à charge de rendre compte des droitz, prouffitz et advenues d'icelle greffe toutes et quantesfois qu'il en sera requis. Dont et de sondict office faire tout ce que ung bon et léal greffier de ladicte gouvernance de Lille est tenu et doibt faire et en rendre bon compte et payer le relicqua, ledict remonstrant sera tenu renouveller le serment pertinent ès mains desdicts des Comptes à Lille, lesquelz ladicte Dame Royne commect à ce par cestes.

Faict à Bins, le IIIe jour de Juing quinze cens quarante six.

(Signé) : C. DE LALAING, XXe CORNELIS· et N. CLAISSONE.

(Au dos est écrit) : Aujourd'huy VIIme de Juing l'an mil cincq cens quarante six, *Pierre Cuvillon* dénommé ou blanc de ce présent acte a fait le serment pertinent de l'office de greffier par provision de la gouvernance de Lille pour le temps et aux conditions au long déclairées oudit blanc, ès mains de Messeigneurs les Président et gens des Comptes à Lille.

moy présent, (Signé) : A. Cléments, 1546.

Archives du Nord. — Chambre des Comptes de Lille. — Recette Générale des Finances : Art. B. 2.464; original en parchemin, signé.

1617, octobre. — *Lettres de rémission accordées à Henri Cuvillon.*

Albert et Isabel, etc^a. Sçavoir faisons à tous présens et à venir, Nous, avoir receu l'humble supplication et requeste de *Henry Cuvillion*, filz mineur d'ans de *Guillaume*, clercq à sondict père au faict de sa praticque de procureur, natif de nostre ville de Lille, contenant que le jeudy quinziesme de Juing de la présente année seize cens et dix-sept, estant en certaine chambre attendant les plaidz au siège de nostre Gouvernance de Lille, avecq aultres jeusnes gens clercqz, jouant pour ung liart au jeu que l'on dict d'Anvers, contre à présent défunct Jacques de Thery, filz de Jean, se seroit meu querelle entre eulx à raison que ledict Jacques reprint un liard qu'il luy avoit gaigné, si advant qu'ilz s'entredonnèrent de[s] coups de poings et se jectèrent par terre, et finablement mésadvint audict remonstrant en telle chaleur et altération de se servir d'un petit chandelier de bois estant illecq sur la table et en donner audict Jacques un coup sur l'os pariétal de la teste, au costé senestre, lequel, combien qu'il ne fut mortel, ains en soy guérissable si avant que en temps opportun l'on y eut apporté les debvoirs et remèdes en tel cas convenables, selon le rapport de divers docteurs en médecine et maistres chirugiens l'ayans visité et le tout meurement examiné, au lieu que ledict Jacques n'a usé de régime, ains cincq à six jours vacqué à ses affaires tant dedans que hors la maison comme de coustume estant en santé, ne s'absentant cependant de vin ny d'aultre boisson ; ce néantmoings à cause de semblables désordres et évacuations négligées après lesdictz cincq à six jours pendant lesquelz ne se seroyent manifestéz aulcuns mauvais accidens, luy estant survenue la fiebvre et icelle à l'apparant pestilentielle, puis que au mesme temps mourut de la contagion certain personnaige en la demeure joignante, laquelle n'estoit bien serrée contre celle dudict Le Théry, ains partuisée en divers endroictz, en sorte que les mauvais airs se pouvoyent facilement communiquer à l'autre, se seroit ledict Jacques quelques jours après allé de vie à trespas, au grant et indicible regret dudict remonstrant, lequel, combien que veues les circonstances cy dessus il s'ose bien asseurer que ladicte mort ne luy doibt estre imputée ains plustost à l'occasion que dessus ou bien à la contagion que lors, comme est assez plus que notoire, affligoit fort ladicte ville de Lille et de quoy se peult tirer argument assez probable de ce que les père, mère et frère d'icelluy s'estans incontinent après son trespas retirez de leur dicte maison et six sepmaines après ladicte mère et frère y rentrez seroyent deux jours après successivement terminez de la maladie contagieuse. Ce néantmoings, d'aultant que de la part du lieutenant de nostre Gouvernance de Lille, soubz la jurisdiction duquel ledit cas est advenu, en auroit esté tenue informacion, et craindant que sur icelle aulcune provision fut décernée à sa charge pour la blessure par luy infligée, il se seroit advisé de soy absenter pour révérence de justice et de prendre son recours vers Nous, suppliant très-humblement que nostre bon plaisir fut luy remectre et pardonner ledict cas et tout ce qu'il peult à l'occasion que dessus avoir mesprins et offencé, luy faisant audict effect dépescher noz lettres patentes en tel cas requises. Pour ce est-il que nous, ce que dessus considéré et eu sur ce l'advis de noz chers et féaulx les lieutenant et aultres officiers de nostre Gouvernance de Lille, inclinans favorablement à la supplication et requeste dudict *Henry Cuvillon*, suppliant, et luy veuillans en ceste partie préférer grâce et miséricorde à rigeur de justice, avons, au cas dessusdit, quicté, remis et pardonné, quictons, remectons et pardonnons de grâce espèciale par ces présentés le cas et homicide dessus déclairé, ensemble toutes paines, amendes et offense corporelle et civile, en quoy, pour raison et à l'occasion dudict cas, ses circonstances et dépendances, il at et peult avoir mesprins et estre encouru envers nous et justice, et l'avons quant à ce remis et restitué, remectons et restituons en ses bons nom, fame et renommée en nostre dicte. Gouvernance et en tous aultres noz pays et seignouries, ensamble à ses biens non confisquez si aulcuns en a, tout ainsi qu'il estoit avant l'advenue dudict cas, imposant sur ce silence perpétuel à nostre procureur général et à tous aultres noz justiciers et officiers quelzconcques, satisfaction toutesfois faicte à partie intéressée préallablement et avant tout œuvre, si faite n'est et aulcune y chiet civilement tant seullement. Pourveu que ledict suppliant sera tenu d'amender ledict cas et homicide envers nous aussi civilement, selon l'exigence d'icelluy et la faculté de ses biens, et avecq ce payer et refondre les fraiz, mises et despens raisonnables de justice si aulcuns en ont esté faictz, le tout à l'arbitraige et tauxation desdicts de nostre Gouvernance de Lille que commectons à ce, ausquelz mandons que appellez pardevant eulx ceulx qui pour ce seront à appeller, ilz procèdent bien et deuement à la vérification et intérinement de ses dictes présentes selon leur forme et teneur, ensamble à la tauxation de ladicte amende civile et despens de justice susdits : Lequel intérinement ledict suppliant sera tenu de requérir et poursuivre pardevant eulx endeans six mois prochainement venans, à paine de perdre le fruict et effect d'icelles. Et ce fait et ladicte amende civile tauxée, arbitrée et payée ès mains de celluy de noz receveurs qu'il appartiendra, lequel sera tenu en faire recepte, rendre compte et reliqua à nostre prouffit avec les aultres deniers de son entremise, il et tous aultres noz justiciers et officiers quelzconques présens et à venir, leurs lieutenans et chascun d'eulx, en droict soy et si comme à luy appartiendra, facent, scuffrent et laissent icelluy suppliant, plainement, paisiblement et perpétuellement jouyr et user sans en celuy mettre etc^a... Car ainsi nous plaist-il, non obstant que l'advenue dudict cas n'est surannée et noz ordonnances à ce contraires, ausquelz, pour aulcuns bons respectz, avons dérogué et déroguons par cestes. Et afin etc^a... Donné en nostre ville de Bruxelles, au mois d'octobre, l'an de grâce mil six cens et dix sept. Sur le ply estoit escrit : Par les Archiducqz, en leur conseil, signé : DE BERTI, à costé : *visa*.

Archives du Nord. — Chambre des Comptes de Lille : Art. B. 1804. Registre des Chartes de l'Audience de l'année 1617, f° 114.

FARVACQUES

Armes : *d'argent au chevron de gueules accompagné de trois molettes d'azur.*

Famille originaire de Tourcoing.

Les Farvacques sont extrêmement nombreux à Tourcoing et à Lille ; ils ont formé plusieurs branches, mais nous n'en exposerons que deux parce que seules elles sont restées longtemps fixées à Lille et qu'elles s'y sont alliées avec des familles de bonne bourgeoisie.

I. — *Guillaume* Farvacques, mort vers 1549, épousa Isabeau *de Lannoy*, dont il eut, entre autres enfants :

  1. — *Guillebert*, qui suit, II.
  2. — *Jacques*, qui suivra (deuxième branche).

II. — *Guillebert* Farvacques, né le 5 janvier 1513 [1], marié en 1538, avec Isabeau *Mullier*, fut père de :

III. — *Pierre* Farvacques, né à Tourcoing le 30 juin 1539, bourgeois de Lille par achat du 4 novembre 1583, mort le 28 juillet 1597, épousa, vers 1567, Catherine *Hughelot*, dont :

  1. — *Guilbert*, né à Tourcoing le 3 juillet 1569, mort à 14 jours.
  2. — *Melchior*, jumeau du précédent, mort à 12 jours.
  3. — *Noël*, né à Tourcoing le 7 septembre 1570, tondeur de grand forches, bourgeois de Lille par achat le 5 mars 1593, mort célibataire en 1647.
  4. — *Antoinette*, née à Tourcoing le 20 avril 1574, morte en bas-âge.
  5. — *Guillebert*, qui suit, IV.
  6. — *Jacques*, né à Tourcoing le 28 septembre 1581.

---

1. Les dates antérieures aux registres d'état civil sont tirées d'une généalogie reposant aux Archives départementales (Série C. Intendance de la Flandre wallonne, carton 104) et datant du XVIIe siècle ; nous n'avons pas pu les vérifier.

IV. — *Guillebert* Farvacques, né à Tourcoing le 2 août 1577, chausseteur, bourgeois de Lille par achat du 5 janvier 1596, échevin de cette ville, mort le 21 avril 1655, épousa, le 15 juillet 1602, Antoinette *Delecour*, fille de Martin, enterrée à Saint-Maurice le 24 mai 1668, à l'âge de 85 ans ; d'où :

1. — *Catherine*, née le 31 octobre 1603, professe au monastère de Sion à Courtrai le 15 septembre 1624, sous-prieure, y décédée le 15 janvier 1672.

2. — *Élisabeth*, née le 17 novembre 1605, morte le 25 août 1679, alliée à Saint-Étienne, le 16 janvier 1626, à Bernard *de la Haye*, fils de Mathieu et d'Anne *Heddebault*, baptisé à Saint-Étienne le 3 janvier 1599, marchand, bourgeois de Lille par relief du 3 février 1626, mort le 3 décembre 1642 ; dont postérité.

3. — *Antoinette*, baptisée à Saint-Étienne le 15 janvier 1608, morte à Anvers le 21 août 1673, alliée, après juillet 1628, à Édouard *Van Susteren*, fils de François et d'Élisabeth *Abraham*, né à Bois-le-Ducq, marchand, bourgeois de Lille par achat du 7 juillet 1628, capitaine d'une compagnie bourgeoise à Lille, retiré à Anvers à la suite de mauvaises affaires, décédé dans cette ville le 14 mars 1669 ; dont postérité.

4. — *Pierre*, baptisé à Saint-Étienne le 27 décembre 1609, marchand, bourgeois de Lille par relief du 8 mars 1630, mort vers 1646, épousa à Saint-Étienne, le 22 novembre 1629, Jeanne *Deschamps*, fille de Jean et de Jeanne *Ghesquière*, baptisée à Saint-Étienne le 25 août 1603, morte de la peste en août 1648 ; d'où :

   a. — *Antoinette*, née le 3 mai 1631, professe ursuline à Lille le 2 juin 1652.

   b. — *Guillebert*, baptisé à La Madeleine le 4 juillet 1639, mort enfant.

5. — *Robert*, qui suit, V.

6. — *Guillebert*, qui suivra, V[bis].

7. — *Simon*, qui suivra, V[ter].

8. — *Marie*, baptisée à Saint-Étienne le 1er juillet 1618, morte le 1er octobre 1682, alliée dans cette église, le 17 septembre 1644, à Michel *Régnier*, fils de Pontbus et de Jeanne *Maronnier*, né « au Chastel en Cambrésis » en septembre 1605, clerc de M. d'Ennetières, président de la Chambre des comptes à Lille, bourgeois de Lille par achat du 31 décembre 1637, second argentier et échevin de cette ville, mort le 3 septembre 1684 et enterré dans la chapelle Saint-Jacques à Saint-Étienne, à côté de sa femme ; dont postérité.

9. — *Louis*, baptisé à Saint-Étienne le 4 octobre 1620, chanoine de Saint-Géry à Cambrai.

10. — *Françoise*, baptisée à Saint-Étienne le 4 octobre 1622.
11. — *François*, baptisé à Saint-Étienne le 1er octobre 1625.

V. — *Robert* FARVACQUES, baptisé à Saint-Étienne le 1er juin 1612, médecin du roi d'Espagne Philippe IV, bourgeois de Lille par relief du 22 mai 1643, anobli et confirmé dans la noblesse le 13 juin 1661, mort à Bruxelles le 17 octobre 1689 et enterré aux Augustins. Il avait repris le nom de *Des Farvacques* qui aurait été le nom ancien de sa famille. Il épousa à Sainte-Gudule de Bruxelles, le 31 décembre 1642, Isabelle *Jocquet*, fille de Jean, médecin, et de Marguerite *de Willetwich* (ou *van Blitlerswyck*), morte à Bruxelles le 20 octobre 1688, à 72 ans ; dont :

1. — *Antoinette-Ursule*, baptisée à Sainte-Gudule le 28 septembre 1643, morte le 19 février 1705, mariée à Sainte-Gudule, le 3 mars 1680, à Édouard *de la Haye*, fils de Bernard et d'Élisabeth *Farvacques*, baptisé à Saint-Étienne le 29 décembre 1634, bourgeois de Lille par relief du 6 avril 1680 ; dont postérité.

2. — *Gilbert-Balthazar*, baptisé à Sainte-Gudule le 4 novembre 1644, licencié ès lois, reçu au lignage de Roodenbeek en 1665, échevin de Bruxelles, mort paroisse Sainte-Gudule le 20 mai 1722 et enterré aux Augustins.

3. — *Isabelle-Anne*, baptisée à Sainte-Gudule le 28 janvier 1646, morte le 2 mai 1647.

4. — *Marie-Isabelle*, baptisée à Notre-Dame de Finistère le 17 juin 1647, professe au monastère de Sion, à Bruxelles, le 5 novembre 1669, quitta ce couvent, et mourut dans cette ville, paroisse Sainte-Catherine, le 23 mai 1732.

5. — *Marguerite-Christine*, baptisée à Notre-Dame de Finistère le 25 décembre 1648, professe au monastère de Sion le 5 novembre 1669, supérieure de ce couvent.

6. — *Robert-Édouard*, baptisé à Notre-Dame de Finistère le 23 juin 1650, chanoine d'Hoostraet, puis d'Handrelecq, près Bruxelles.

7. — *Léopold-Guillaume*, baptisé à Sainte-Gudule le 24 décembre 1652, y décédé le 3 janvier 1713 et inhumé aux Récollets.

8. — *Anne-Marie*, baptisée à Sainte-Gudule le 3 février 1654, professe aux pauvres Clarisses de Bruxelles le 22 avril 1675.

9. — *Catherine-Thérèse*, baptisée à Sainte-Gudule le 14 octobre 1655, morte le 18 novembre 1695 et enterrée aux Augustins.

10. — *Jeanne-Alexandrine*, baptisée à Notre-Dame de Finistère le 27 novembre 1657, mariée dans cette église, le 28 janvier 1694, avec Paul-François *Bauwens*, né à Louvain, avocat, conseiller au

conseil de Brabant. Elle mourut veuve, paroisse Sainte-Gudule, le 3 septembre 1729, fut enterrée aux Augustins et laissa postérité.

V bis. — *Gilbert* FARVACQUES, né le 18 juin 1614, marchand, bourgeois de Lille par relief du 25 juin 1661, mort à Anvers le 25 mars 1673 et inhumé dans l'église Notre-Dame (nord); épousa à Saint-Jacques d'Anvers, le 4 janvier 1661, Marie *Van Meurs*, fille de Jean et de Catherine *Swectz* ; d'où :

1. — *Gilbert*, baptisé à Notre-Dame (nord) d'Anvers le 4 janvier 1661, mort jeune.
2. — *Joseph-Ignace*, qui suit, VI.
3. — *Marie-Thérèse*, baptisée à Notre-Dame (nord) le 16 juin 1664, carmélite à Malines, morte le 7 janvier 1706.
4. — *Jean-Antoine*, baptisé à Notre-Dame (nord) le 31 août 1665, mort enfant.
5. — *Jeanne-Isabelle*, baptisée à Notre-Dame (nord) le 23 juin 1667, professe aux pauvres Clarisses d'Anvers le 21 août 1687.

VI. — *Joseph-Ignace* DES FARVACQUES, baptisé à Notre-Dame (nord) le 17 mai 1663, mort le 30 juillet 1706, épousa le 27 septembre 1692, Jeanne-Catherine *Van Meurs* ; d'où :

1. — *Jean-Baptiste-Joseph*, baptisé à Notre-Dame (sud) le 27 décembre 1693, mort le 2 mai 1695.
2. — *Guilbert-Balthazar*, né le 8 novembre 1695.
3. — *François-Joseph*, qui suit, VII.
4. — *Marie-Cornélie*, baptisée à Notre-Dame (sud) le 28 octobre 1700.

VII. — *François-Joseph* DES FARVACQUES, baptisé à Notre-Dame (sud) d'Anvers le 1er juin 1698, épousa à Notre-Dame (nord), le 11 juillet 1721, Marie-Françoise-Claire *Bartels*, fille de Jacques et de Marie-Albertine *Le Fusilier*, baptisée à Notre-Dame (nord) le 25 janvier 1697 ; d'où :

1. — *Marie-Jeanne-Jacqueline*, baptisée à Notre-Dame (nord) le 27 janvier 1723.
2. — *Jacques-Robert*, baptisé à Notre-Dame (nord) le 24 mars 1724.
3. — *Jacques-Joseph*, baptisé à Notre-Dame (nord) le 21 juillet 1725.
4. — *Claire-Alexandrine-Josèphe*, baptisée à Notre-Dame (nord) le 18 janvier 1727, morte célibataire à Anvers le 22 mai 1817.

5. — *Marie-Françoise*, baptisée à Notre-Dame (nord) le 11 mai 1730.

6. — *François-Jean-Jacques*, baptisé à Notre-Dame (nord) le 1er juin 1731.

7. — *Norbert-François*, baptisé à Notre-Dame (nord) le 17 mars 1733, échevin d'Anvers, mort célibataire dans cette ville le 30 ventôse an XI.

V ter. — *Simon* FARVACQUES, baptisé à Saint-Étienne le 1er novembre 1616, marchand, bourgeois de Lille par relief du 26 juillet 1647, mort le 28 novembre 1687, épousa à Saint-Maurice, le 3 juin 1647, Marie *Le Roy*, fille d'Antoine et de Marguerite *Watrelos*, baptisée à Saint-Étienne le 25 juillet 1624, décédée le 23 janvier 1662 ; dont :

1. — *Antoine*, qui suit, VI.

2. — *Guilbert*, baptisé à Saint-Étienne le 17 juin 1652, mort le 17 mai 1684.

3. — *Simon*, baptisé à Saint-Étienne le 27 mars 1656, marchand à Saint-Sébastien (Espagne) en 1679, mort à Lille le 30 avril 1704.

4. — *Agnès-Thérèse-Robertine*, baptisée à Saint-Étienne le 22 février 1658, décédée paroisse de La Madeleine le 14 novembre 1727.

5. — *Jean-Baptiste*, baptisé à Saint-Étienne le 27 novembre 1659, mort enfant.

VI. — *Antoine* FARVACQUES, baptisé à Saint-Étienne le 21 août 1651, bourgeois de Lille par relief du 1er juillet 1680, enterré dans la chapelle Notre-Dame à Saint-Maurice le 3 novembre 1691, épousa à Saint-Étienne, le 21 janvier 1680, Marie-Catherine-Brigitte *Debonnaire*, fille de Jean-Baptiste et de Brigitte *de Beaumont*, baptisée à Saint-Étienne le 28 octobre 1655, remariée avec N... Mas ; d'où :

1. — *Antoine-Ignace*, baptisé à Saint-Étienne le 1er février 1680, mort à quelques jours.

2. — *Simon-Ignace*, baptisé à Saint-Maurice le 2 février 1681, mort le 9 du même mois.

3. — *Marie-Thérèse*, baptisée à Saint-Maurice le 5 janvier 1682, morte le 20 avril 1744, alliée à Saint-Étienne, le 7 janvier 1702, à Claude-Henri-François *Vanderlinde*, fils d'Henri et de Jeanne *Cuvelier*, né à Marchiennes vers 1666, bourgeois de Lille par achat du 5 novembre 1700, bourgeois de Douai le 5 avril 1710, créé trésorier de France au bureau des finances de la généralité de Lille le

3 décembre 1699, fonction qu'il exerça jusqu'au 17 juillet 1731, décédé le 5 novembre 1738 et inhumé, ainsi que sa femme, dans la chapelle Saint-Jean à Sainte-Catherine ; dont postérité.

4. — *Catherine-Robertine*, baptisée à Saint-Maurice le 23 mars 1683, y décédée le 11 décembre 1722, alliée à Sainte-Catherine, le 19 mars 1722, à Gaspard *Wattelin*, fils de Jacques et de Marie-Anne *Ramery*, baptisé à Saint-Maurice le 4 août 1684, bourgeois de Lille par relief du 11 septembre 1722, conseiller secrétaire du Roi, mort après sa femme.

5. — *Simon*, baptisé à Saint-Maurice le 13 janvier 1684, mort le 5 janvier 1685.

6. — *Albert-Guilbert*, baptisé à Saint-Maurice le 23 décembre 1685, mort le 23 octobre 1696.

7. — *Jacques*, baptisé à Saint-Maurice le 11 août 1687.

8. — *Nicolas-François*, baptisé à Saint-Maurice le 6 décembre 1688, décédé célibataire paroisse de La Madeleine le 12 octobre 1712.

DEUXIÈME BRANCHE

II bis. — *Jacques* FARVACQUES, mort le 29 septembre 1583, à 69 ans, fut père de :

III. — *Michel* FARVACQUES, né à Tourcoing, marchand de filets de sayette, bourgeois de Lille par achat du 6 mai 1583, marié : 1° avec Philippote *Delespaux* ; 2° avec Marguerite *Wattrelos* ; dont :

1. — Du premier lit : *François*, né à Lille, bourgeois de cette ville par relief du 1er avril 1605, vivant encore en juillet 1622, allié à Anne *Wacrenier*, fille de Noël et de Catherine *Trezel* ; d'où :

    a. — *Michel*, baptisé à Saint-Maurice le 4 juillet 1605.
    b. — *Marie*, baptisée à Saint-Maurice le 13 juin 1606.
    c. — *Jacqueline*, baptisée à Saint-Étienne le 5 juin 1610.
    d. — *François*, baptisé à Saint-Étienne le 3 mai 1612.
    e. — *Catherine*, baptisée à Saint-Étienne le 1er septembre 1614.
    f. — *François*, baptisé à Saint-Étienne le 26 novembre 1619.
    g. — *Antoinette*, baptisée à Saint-Maurice le 7 février 1621.

2. — Du second lit : *Jeanne*, baptisée à Saint-Maurice le 19 novembre 1589.

3. — *Hubert*, qui suit, IV.

4. — *Marie*, baptisée à Saint-Maurice le 17 février 1592, vivant en 1620.

5. — *Robert*, baptisé à Saint-Maurice le 2 septembre 1594.

6. — *Michel*, baptisé à Saint-Maurice le 15 juillet 1598, bourgeois de Lille par relief du 26 novembre 1624, allié à Saint-Étienne, le 23 juillet 1624, à Jeanne *Longhespée*, fille d'Antoine; dont :

    a. — *Antoine*, baptisé à Saint-Maurice le 29 avril 1625.

    b. — *Jeanne-Thérèse*, baptisée à Saint-Maurice le 31 juillet 1626.

    c. — *Pierre*, baptisé à Saint-Maurice le 30 janvier 1629.

    d. — *Gilles*, baptisé à Saint-Maurice le 16 février 1631, bourgeois de Lille par relief du 25 octobre 1657, époux de Marie-Péronne *Montreul*, fille de Philippe et d'Agnès *Boutet*.

    e. — *Antoine*, baptisé à Saint-Maurice le 4 juillet 1633.

    f. — *Jacques*, baptisé à Saint-Maurice le 9 mars 1635.

7. — *Isabelle*, baptisée à Saint-Maurice le 7 février 1601.

8. — *Clément*, baptisé à Saint-Maurice le 24 novembre 1602.

9. — *Françoise*, baptisée à Saint-Étienne le 16 mars 1608.

IV. — *Hubert* FARVACQUES, marchand drapier, bourgeois de Lille par relief du 9 février 1607, épousa à Saint-Étienne, le 24 septembre 1606, Jacqueline *de Boulogne*, fille d'Antoine, morte avant 1648 ; il eut :

1. — *Michel*, baptisé à Saint-Maurice le 21 octobre 1607.

2. — *Antoine*, baptisé à Saint-Maurice le 14 octobre 1608, bourgeois de Lille par relief du 21 mars 1635, allié à Saint-Étienne, le 24 octobre 1634, à Marie *Régnier*, fille de Robert et de Philippote *Verhaghe*, baptisée à Saint-Étienne le 28 octobre 1613.

3. — *Hubert*, baptisé à Saint-Étienne le 10 octobre 1610.

4. — *Philippine*, baptisée à Saint-Étienne le 23 mars 1615.

5. — *Anne*, baptisée à Saint-Étienne le 15 mars 1617.

6. — *Noël*, baptisé à Saint-Étienne le 31 mars 1619.

7. — *Jacques*, baptisé à Saint-Étienne le 15 juin 1620.

8. — *Hubert*, qui suit, V.

9. — *Jean-Baptiste*, baptisé à Saint-Étienne le 11 septembre 1624.

10. — *Pierre*, baptisé à Saint-Étienne le 8 avril 1626.

11. — *Marguerite*, baptisée à Saint-Étienne le 8 octobre 1627.

V. — *Hubert* FARVACQUES, baptisé à Saint-Étienne le 22 juillet 1622, marchand, bourgeois de Lille par relief du 27 novembre 1648, épousa : 1° à Saint-Étienne, le 3 octobre 1648, Marie-Claire *Carlier* ou *Caillet*, fille de Gilles, marchand teinturier, et de Jeanne

Fréron, baptisée à Saint-Étienne le 3 novembre 1627; 2° à Saint-Étienne, le 24 janvier 1658, Marie-Catherine *Duquesne*; d'où :

1. — Du premier lit : *Marie-Élisabeth*, baptisée à Saint-Étienne le 25 juillet 1649.

2. — *Hubert*, baptisé à Saint-Maurice le 22 janvier 1651.

3. — *Robert*, baptisé à Saint-Maurice le 19 octobre 1652, vivant en 1666.

4. — *Hubert*, baptisé à Saint-Maurice le 26 février 1655.

5. — Du second lit : *Charles*, baptisé à Saint-Maurice le 8 décembre 1658.

6. — *Marie-Catherine*, baptisée à Saint-Maurice le 11 janvier 1660.

7. — *Marie-Élisabeth*, baptisée à Saint-Maurice le 31 janvier 1665.

8. — *Marie-Claire*, baptisée à Saint-Maurice le 14 juillet 1666.

AUTRE BRANCHE

I. — *Josse* FARVACQUES, mort avant 1610, eut de Jacqueline *Houzet* :

II. — *Philippe* FARVACQUES, né à Tourcoing, licencié en droit, greffier de ce lieu, s'établit à Lille dont il acheta la bourgeoisie le 7 mai 1610, fut marguillier de Sainte-Catherine, et épousa à Saint-Étienne, le 22 août 1610, Catherine *Fernandez*, dont il eut :

1. — *Françoise*, baptisée à Tourcoing le 26 juin 1611.

2. — *Philippe*, baptisé à Tourcoing le 24 avril 1612.

3. — *Philippe*, baptisé à Tourcoing le 10 janvier 1614, mort entre 1646 et 1649, allié à Marguerite *Canivet*; d'où :

    a. — *Philippe-François*, bourgeois de Lille par achat du 5 février 1649, prêta serment le 7 juin 1666.

    b. — *Marie-Catherine*, bourgeoise par achat le 5 février 1649.

4. — *Catherine*, baptisée à Tourcoing le 7 octobre 1615.

5. — *Jean*, qui suit, III.

6. — *François*, baptisé à Tourcoing le 27 septembre 1622.

7. — *Jeanne*, baptisée à Tourcoing le 11 mai 1625.

8. — *Marie*, baptisée à Tourcoing le 14 mars 1628.

9. — *Anne*, baptisée à Sainte-Catherine le 18 juillet 1631.

III. — *Jean* FARVACQUES, baptisé à Tourcoing le 2 août 1620, bourgeois de Lille par relief du 6 octobre 1645, marchand, décédé paroisse Saint-Étienne le 21 juillet 1694, épousa dans cette église, le 16 décembre 1644, Élisabeth-Thérèse *Taverne*, fille de Charles et d'Isabelle *Duroy*, baptisée à Saint-Étienne le 23 janvier 1628 ; il fut père de :

1. — *Philippe-Charles*, baptisé à Saint-Étienne le 6 octobre 1646.

2. — *Jean-Wallerand*, baptisé à Saint-Étienne le 24 mars 1649, vivant en 1702.

3. — *Jean*, baptisé à Sainte-Catherine le 1er juin 1651.

4. — *Valentine*, baptisée à Sainte-Catherine le 25 novembre 1652, décédée à Saint-Omer le 13 février 1736 et inhumée dans l'église Saint-Denis, alliée à Saint-Étienne, le 7 juillet 1681, à Gabriel *Taviel*, sr de Pardaval, fils de Jean et de Marie-Anne *Van Daele*, baptisé à Saint-Maurice le 15 mars 1655, bourgeois de Lille par relief du 17 avril 1682, mort avant 1732 ; d'où postérité.

5. — *Josse*, baptisé à Sainte-Catherine le 26 mars 1655, bourgeois de Lille par relief du 23 février 1699, marié avec Marie-Anne *Denis*, fille de Jean-Philippe et de Louise *Francquenel* ; d'où :

    a. — *Marie-Élisabeth-Françoise*, née à Douai en 1700, décédée paroisse de La Madeleine le 7 janvier 1787, célibataire.

6. — *Pierre-François*, qui suit, IV.

7. — *Élisabeth-Thérèse*, baptisée à Sainte-Catherine le 29 février 1660, morte paroisse Saint-André le 24 mars 1756, alliée à François *Libert*, sr de Pérenchicourt, fils de Louis et d'Élisabeth *Dubosquiel*, baptisé à Saint-Étienne le 4 mars 1655, bourgeois de Lille par relief du 26 janvier 1691, conseiller secrétaire du Roi, décédé le 7 septembre 1710 et inhumé le 10 dans la chapelle Notre-Dame de la Treille à Saint-Pierre ; dont postérité.

8. — *François-Marcelin*, baptisé à Sainte-Catherine le 11 mars 1662.

9. — *Marie-Marguerite*, baptisée à Sainte-Catherine le 10 février 1664, y décédée le 26 novembre 1703.

10. — *Philippe-François*, baptisé à Sainte-Catherine le 22 février 1666.

11. — *Marie-Henriette*, baptisée à Sainte-Catherine le 20 novembre 1667.

IV. — *Pierre-François* Farvacques, sr de la Marlière, baptisé à Sainte-Catherine le 9 octobre 1657, bourgeois de Lille par relief du 29 juillet 1700, décédé paroisse Sainte-Catherine le 14 avril 1740 (sous le seul prénom de Pierre) ; épousa à Saint-Étienne, le 15 août 1699, Barbe-Isabelle *Courouwanne*, fille de Pierre et de Marie *Huglo* ; dont il eut :

1. — *Jean-Baptiste-François*, qui suit, V.
2. — *Élisabeth-Thérèse*, baptisée à Saint-Maurice le 29 octobre 1700, décédée paroisse Saint-Étienne le 26 septembre 1739.
3. — *Marie-Claire-Isabelle*, baptisée à Saint-Maurice le 4 janvier 1702.
4. — *Bonne-Valentine-Joseph*, baptisée à Saint-Maurice le 20 mai 1703.
5. — *Brigitte*, baptisée à Saint-Maurice le 13 août 1704, décédée paroisse Saint-Étienne le 9 mai 1763.
6. — *Marie-Angélique-Catherine*, baptisée à Saint-Maurice le 20 novembre 1705.
7. — *Marie-Anne-Pélagie*, baptisée à Saint-Maurice le 12 novembre 1706, décédée paroisse Saint-Étienne le 5 janvier 1743.
8. — *Henri-Bonaventure*, baptisé à Saint-Maurice le 3 mai 1708.
9. — *Joseph*, baptisé à Saint-Maurice le 30 août 1709, marchand, bourgeois de Lille par relief du 4 octobre 1740, décédé paroisse Saint-Maurice le 15 mai 1747, allié dans cette église, le 20 février 1740, à Marie-Thérèse-Joseph *Durietz*, fille de Pierre-Joseph et de Marie-Angélique-Isabelle-Claire-Joseph *Vanderhagen*, baptisée à Saint-Maurice le 14 septembre 1716, y décédée le 30 juin 1749, laissant :

    a. — *Isabelle-Thérèse-Joseph*, baptisée à Saint-Maurice le 18 février 1741.
    b. — *Pierre-Antoine-Joseph*, baptisé à Saint-Maurice le 1ᵉʳ juin 1742.
    c. — *Jacques-François-Joseph*, baptisé à Saint-Maurice le 4 juin 1743.
    d. — *Louise-Amélie-Joseph*, baptisée à Saint-Maurice le 9 août 1744, y décédée le 6 juillet 1747.
    e. — *Alphonse-Auguste-Joseph*, baptisé à Saint-Maurice le 3 février 1746, y décédé le 10 janvier 1752.

10. — *Pierre-François-Dominique*, baptisé à Saint-Maurice le 8 décembre 1710.
11. — *Guillaume-Henri-François*, baptisé à Saint-Maurice le 9 juillet 1713, greffier du corps des apothicaires et épiciers, mort paroisse Saint-Étienne le 30 avril 1768, allié dans cette église, le 19 mars 1740, à Marie-Marguerite *Muissart*, fille d'Antoine et de Marie-Adrienne *Ghins*, baptisée à Saint-Maurice le 17 janvier 1713, morte paroisse Saint-Étienne le 25 avril 1753 ; sans enfants.

V. — *Jean-Baptiste-François* Farvacques, légitimé par le mariage de ses parents, bourgeois de Lille par relief sur requête le 5 décembre 1727, décédé paroisse Saint-Étienne le 9 novembre 1737, épousa à Sainte-Catherine, le 26 août 1725, Anne-Françoise *Carpentier*, fille de Pierre-François et de Marie-Françoise *Henry*, baptisée à Saint-Étienne le 29 août 1700, y décédée le 17 décembre 1739 et inhumée dans la chapelle Sainte-Barbe. Il eut :

1. — *Jean-Baptiste*, baptisé à Saint-Étienne le 30 septembre 1721, légitimé, mort paroisse Saint-André le 16 juillet 1722.
2. — *Marie-Anne-Lucie*, baptisée à Sainte-Catherine le 7 janvier 1725, légitimée.
3. — *Barbe-Isabelle-Joseph*, baptisée à Saint-Étienne le 16 septembre 1726, morte le lendemain.
4. — *Jean-Baptiste-Joseph*, baptisé à Saint-Étienne le 18 janvier 1728.
5. — *Brigitte-Joseph-Yolente*, baptisée à Saint-Étienne le 15 mars 1730.
6. — *Brigitte-Françoise-Joseph*, baptisée à Saint-Étienne le 13 mai 1731, décédée paroisse Saint-Maurice le 7 décembre 1780.
7. — *Henri-François-Joseph*, baptisé à Saint-Étienne le 6 juin 1734.
8. — *Henriette-Joseph*, baptisée à Saint-Étienne le 25 juin 1737.

NON RATTACHÉE

Marie-Jacqueline, morte paroisse Saint-Maurice le 14 février 1728, veuve de Guillaume *Slangue*, capitaine d'infanterie au régiment d'Alsace.

1661, 13 juin. — *Réhabilitation de noblesse pour Robert Farvacques, docteur en médecine.*

Philippes, par la grâce de Dieu, Roy de Castille, de Léon, d'Arragon, etc². A tous présens et à venir, qui ces présentes verront ou lire oiront, salut. De la part de notre chier et bien amé *Robert Farvacques*, docteur en médecine, natif de Lille, nous a été remontré que la famille de Farvacques de laquelle il seroit légitimement descendu, seroit noble, et auroit été tenue et réputée pour telle de toute ancienneté portant pour armes : *un escu d'argent au chevron de gueule, accompagné de trois moulettes d'esperons d'azur, timbrées d'un heaume d'argent, ouvert à treilles, orné d'or, aux hachemens et bourlet d'argent et de gueule et pour cimier un bust de* more revestu d'or, boutonné de même, aux yeux bandez d'un sandal d'argent, l'escusson soutenu d'un lion d'or à droite et d'un griffon d'or à gauche, dont l'escu se trouveroit imprimé dans la carte figurative des blasons de la noblesse de la Flandre gallicane, et au nouveau tableau de l'ancienne noblesse du pays de Cambrésis, que depuis plus de trois cens ans les descendans d'icelle famille auroient fait de bonnes et nobles aliances, et dès l'an treize cens trente deux *Odon de Farvacques*, chevalier, auroit épousé Dame Jeanne *de Bellesage*, fille de Messire Jean *de Bellesage,* chevalier et de Dame Catherine *de Boufflers*, et du dépuis ses successeurs auroient continué déans le lustre de leur lignée, s'allians avec les familles nobles de le Candele, de Maude, du Fresnoy, de Lannoy, de Baudrenghien, Bernard, de Carnin, Thomas et autres, et qu'il auroient ensuite été enterrez noblement, comme en feroit foy l'ancienne sépulture de *Jacques de Farvacques*, chevalier, enterré dès l'an quatorze cens trente trois au cimetière de Saint-Jacques à Tournay où seroient exposées les armes de famille et sa tombe relevée de trois pieds sur terre représentante la figure d'un homme armé revestu de sa cotte d'armes pour marque de noblesse militaire ; que différentes personnes de laditte (famille) auroient déservi avec fidélité des estats nobles, nomément sire *Nicolas de Farvacques*, celui de prévôt de la ville de Tournay, et qu'on trouveroit Edùxvin de Farvacques spécifié dans la liste des écrits de Maximilien d'Austrice entre les hérauts d'armes de noble extraction, et que mêmes aucuns d'entre eux auroient acquis diverses seigneuries, signament celles du maret de Mormont, de Houtain ; mais comme les dégrez d'honneur et de fortune sont fort subjets à révolutions et changemens, et qu'il seroit arrivé par occasion de perte de biens, quantité d'enfans, inconvéniens de guerre et autres, que quelqu'uns des prédécesseurs et collatéraux du remonstrant seroient venus à tomber en décadence, et pour se maintenir vertueusement auroient été obligez de s'addonner à la marchandise, conservans néantmoins toujours les armes de leurs ancestres, comme elles se verroient encore aujourd'huy sur l'un de leurs tombeaux déans l'Église des Pères Dominicains en la ville d'Anvers, et dépeintes audit Lille dans un vieu tableau venant des ancestres dudit remonstrant qui les auroit aussy tousjours porté de même et du tems de sa promotion au degré de docteur en médecine en l'an XVIe trente trois dans l'Université de Padoue, fait imprimer en taille douce et distribué et exposé publiquement en nosdits Pays-Bas à l'exemple de feu son père, lequel s'étant acquis des moyens compétens pour entretenir honneste état auroit été emploïé plusieurs fois en la charge d'eschevin et autres de la magistrature de Lille, en la déservitude desquelles il auroit rendus plusieurs zéleux et bons services, et que ledit remonstrant se seroit addonné dès sa jeunesse aux bonnes lettres, n'ayant oncques fait ou exercé chose aucune dérogante à l'état de noblesse et toujours été connu et traité par diverses nobles familles comme leur parent et alié, mesme par le dernier prélat de Goubergh du surnom de Carnin, noble famille de Tournay, dont la mère seroit issue de l'ancienne et noble race de Farvacques ; que ledit remonstrant se seroit aussy allié noblement ayant épousé femme descendante du côté paternel de la famille de Jocquet, tenue et réputée pour noble en nostre pays et comté d'Haynnau, et du côté maternel de la maison de Bliterswyck, issue d'une de sept anchiennes nobles et previlégées lignage de nostre ville de Bruxelles, et qu'ayant été choisy par nostre très-cher et très-amé bon Cousin l'Archiducq Léopold à son arrivée esdits Pays-Bas, et depuis par le prince Don Jean d'Austriche pour ordinaire docteur en médecine de leurs maisons, il les auroit servi avec zèle et fidélité l'espace de douze ans, et se seroit trouvé à la suite de leur Cour en divers sièges, combats, secours de places et autres exploits de guerre très-dures et périlleux, au danger de sa vie ; en considération de quoy, il nous a très humblement supplié que nostre bon plaisir fût de lui accorder nos lettres de réhabilitation, le relevant de ce que ses anchestres peuvent avoir fait au préjudice de leur noblesse et en tant que besoing l'annoblir de nouveau avec pouvoir de continuer à porter lesdites armes de Farvacques, et sur ce lui faire dépescher nos lettres pattentes en tel cas pertinentes. Sçavoir faisons que Nous, ce que dessus considéré, inclinans favorablement à sa supplication et requeste, avons, de nostre certaine science, authorité souveraine, et plaine puissance pour nous, nos hoirs et successeurs, remis et effaché, remettons et effaçons par ces présentes, tout ce en quoy aucuns de ses ancestres pourroient avoir dérogué à leur noblesse en quelque manière que ce soit, et suivant ce réhabilité et rétabli, réhabilitons et rétablissons ledit suppliant audit état de noblesse de ses prédécesseurs, l'annoblissant de nouveau en tant que besoing soit, par ces présentes, voulans et entendans qu'il, ses enfans et postérité mâles et femelles nais et à naître en léal mariage, ayent à jouyr et user, jouissent et usent d'icy en avant et à tousjours comme gens nobles en tous lieux, actes et besoignes, de tous et quelsconcques honneurs, prérogatives, prééminences, libertez, franchises, privilèges et exemptions de noblesse dont les autres nobles de nos Pays-Bas ont accoustumé de jouyr, jouissent et jouiront, et qu'ils soient en tous leurs faits et actes tenus et réputez pour nobles en toutes places, en jugement et hors d'icelui, comme les déclarons et créons tels par ces présentes, et que semblablement ils soient et seront capables et qualliffiez pour estre élevez à état et dignité soit de chevalier ou autres et puissent et pourront en tous tems acquérir, avoir, posséder et tenir en tous nos pays, signament en nosdits Pays-Bas, places, terres, seigneuries, rentes, revenues, possessions et autres choses mouvantes de nos fiefs et arrière-fiefs et tous autres nobles ténemens, et iceux prendre et tenir de Nous ou d'autres seigneurs féodaux de qui ils seront dépendans ; et si aucunes des choses susdictes ils ont jà acquis, les tenir et posséder sans être contraint de par nous ou d'autres les mettre hors de leurs mains, à quoy nous les habilitons et rendons suffisans et idoines par ces dites présentes, faisans vers Nous et nosdits hoirs et successeurs les debvoirs y appertenans selon la nature et condition d'iceux fiefs et biens acquis ou à acquérir et la coutume du pays où ils sont scituez ; et ce, parmy certaine finance modérée que ledit *Robert Farvacques* à cause de ceste présente grâce sera tenu de payer à nostre prouffit sur la taxation qui en sera faite par ceux de nostre Conseil d'État aux affaires de nos Pays-Bas et Bourgoingne près nostre personne, à ce commis. Et affin que l'état de noblesse dudit suppliant soit tant plus nottoir, cognu et authorisé, lui avons aussi accordé et permis, accordons et permettons par cesdites présentes que lui et sa postérité de léal mariage, comme dit est, pourront doresenavant et perpétuellement en tous et quelconcques leurs faits, gestes et autres actes licites et honnestes, continuer à avoir et porter lesdictes armes de Farvacques que sesdits prédécesseurs ont porté jusques olres, cy-dessus spécifié ainsy qu'elles sont peintes au milieu de ces présentes. Si ordonnons à nostre lieutenant-gouverneur et capitaine général de nosdits Pays-Bas et de Bourgoingne et donnons en mandement à nos très-chers et féaux les gens de nostre Conseil d'État, chef, président de nos privé et grand Conseil, chef, trésorier-général et commis de nos domaines et finances, président et gens de nostre Conseil provincial de nostre pays et Comté de Flandres, président et gens de nostre Chambre des Comptes audit Lille et à tous autres justiciers présens et à venir, leurs lieutenans et chascun d'eux, en droit soy et si comme à luy appertiendra, et à tous autres nos subjets, qu'étant par lesdits de nos Comptes bien et deuement procédé, comme leur mandons de faire, à l'inthérinement et certification de cesdites présentes selon leur forme et teneur, ils facent, souffrent et laissent ledit *Robert Farvacques* et sa postérité de léal mariage, de nostre présente grâce, octroy et réhabilitation de noblesse et tout le contenu en cesdites présentes plainement, paisiblement et perpétuellement jouïr et user, sans leur faire, mettre, donner, ny souffrir estre fait, mis ou donné à aucun d'eux contredit, destourbier ou empeschement quelconcques. Bien entendu que ledit *Robert Farvacques* sera tenu de les présenter en nostre dite Chambre des Comptes à Lille, à l'effet de laditte vérification et inthérinement en déans l'an après la datte d'icelle, comme aussy en déans le même terme à nostre premier Roy d'armes ou autres qu'il appertiendra en nosdits Pays-Bas, en conformité et aux fins portées par le quinziesme article de l'ordonnance décrétée par feu nostre bon oncle l'Archiducq Albert, le quattorziesme de décembre seize cens seize, touchant le port des armoiries, tiltres et autres marques d'honneur et de noblesse, l'une et l'autre à peine de nullité de ceste nostre présente grâce. — Ordonnant à nostre dit premier roy d'armes ou à celluy qui exercera son estat en nosdits Pays-Bas, ensemble au Roy ou héraut d'armes de la Province qu'il appertiendra de faire en ce regard ce que contient le règlement fait par ceux de nostre Conseil privé le deuxiesme d'octobre XVIe trente sept, au sujet de l'enregistrature de nos lettres patentes touchant lesdites marques d'honneur en tenant par nosdits officiers d'armes respectivement nottice au dos de cestes. Car ainsy nous plaît-il, et voulons estre fait, non obstant quelsconcques ordonnances, statuts, coutumes...... etc²..... Et afin que ce soit chose ferme et estable à tousjours, nous avons signé ces présentes de nostre main et à icelles fait mettre nostre grand séel. Saulf en autres choses nostre droit et l'autruy en toutes. Donné en nostre ville de Madrid, royaume de Castille, le treiziesme jour du mois de juing, l'an de grâce seize cens soixante un, et de noz règnes le quarante uniesme. Paraphé D'a, V^t. Signé : Philippe. Sur le ply est écrit : Par le Roy, signé : Jean Recgner. Sur le dos est aussy écrit : ayant la finance dont est faite mention au blancq de ces présentes, tauxée en suite du contenu en icelles, le payement en a été fait de la part du suppliant au prouffit de Sa Majesté ès mains du commis à la recepte du Conseil d'État des Pays-Bas et Bourgogne près sa Royalle personne. Fait à Madrid, le vingt sixiesme d'octobre XVIe soixante un, signé : Jean Recgner. Sur l'avant dit ply est encore écrit : Ces lettres sont inthérinées selon leur forme et teneur par les Président et gens des Comptes du Roy à Lille, et de leur consentement enregistrées au registre des Chartres y tenu commenchant en janvier XVIe soixante, fol. I^c LIII verso et ensuivans, le XVIe de décembre XVIe soixante un, nous présens signé : S. vander Dreeten, J. C. de Petitpas, et F. Hespel.

Il est ainsy audit registre, tesmoing le soubsigné, greffier de la Chambre des Comptes du Roy, à Lille.

Signé : De moncheaux, avec paraphe.

Archives du Nord. — Série C. Intendance de Flandre wallonne : portefeuille C, N° 104 ; copie sur papier.

DE FLANDRES

Armes : *d'or au chevron de sable accompagné de trois étoiles à six rais du même et chargé sur sa pointe d'un écusson d'or au lion de sable, armé et lampassé de gueules.*

I. — *Pierre* de Flandres, fils de *Mahieu*, acheta la bourgeoisie de Lille en **1441** ; il eut :

1. — *Pierre,* qui suit, II.
2. — *Colin*, né à Lezennes, bourgeois de Lille par achat en 1464.
3. — *Michel*, bourgeois de cette ville par rachat du dernier février 1475 (n. st.), mort avant 1503 ; d'où :

    a. — *Daniel*, bourgeois par rachat du 7 avril 1508.

    b. — *Michel*, bourgeois par relief du 26 juillet 1527 ; d'où :

        aa. — *Mathieu*, qui releva sa bourgeoisie le 15 juin 1568, après avoir épousé Michelle *de Five*; père de *Mathieu*, baptisé à Sainte-Catherine le 23 novembre 1570.

        bb. — *Jérôme*, bourgeois de Lille par relief du 21 juillet 1561.

    c. — *Jean*, bourgeois par relief du 20 décembre 1532.

    d. — *Jaspart*, bourgeois par achat du 8 janvier 1535 (n. st.); il avait alors pour enfants : *Jennin, Guillemot, François, Huchon, Pierrechon* et *Margotine*. Pierrechon releva sa bourgeoisie le 21 avril 1562 et fut père de *Marie*, baptisée à Saint-Étienne le 3 septembre 1568, et de *Jacques*, baptisé à Saint-Étienne le 21 décembre 1573.

II. — *Pierre* ou *Pierot* de Flandres, bourgeois de Lille par rachat en **1461**, échevin de cette ville ; eut :

III. — *Daniel* de Flandres, bourgeois de Lille par rachat du **12 février 1481** (n. st.), mort avant **1514**, allié à Jeanne *du Puich*, fille de Fiérin ; d'où :

1. — *Jacques*, prêtre et chanoine à Valenciennes.
2. — *Daniel,* qui suit, IV.
3. — *Marguerite*, épouse de Pierre *Le Pers*.

IV. — *Daniel* DE FLANDRES, homme d'armes de Charles-Quint, bourgeois de Lille par relief du 12 avril 1515 (n. st.), marié avec Catherine *Dupont*, fille d'Antoine ; d'où :

1. — *Fiérin*, bourgeois de Lille par relief du 14 mai 1535.
2. — *Antoine*, qui suit, V.
3. — *Louis*, sayeteur, bourgeois d'Arras par achat du 17 septembre 1547 ; père d'*Abibon*.

V. — *Antoine* DE FLANDRES, homme d'armes de Charles-Quint, bourgeois de Lille par relief du 8 novembre 1538, échevin de cette ville, épousa Catherine *des Plancques*, fille de Pierre et de Simone *de Vendeville* ; d'où :

1. — *Jean*, qui suit, VI.
2. — *Jehanne*, mariée après 1562 avec Paul *Parmentier*, fils de Jacques, bourgeois de Lille par relief du 9 juillet 1563.
3. — *Jacques*, s^r de Fromont, né à Arras, dont il acheta la bourgeoisie le 29 juin 1563 moyennant finances de 400 livres, bourgeois de Lille par relief du 8 janvier 1564 (n. st.), nommé par Philippe II grand bailli et forestier des bois et forêts de la châtellenie de Lille par lettres données à Bruxelles le 7 août 1595 [1], anobli par ce prince le 29 novembre 1595 ; allié à Anne *Herlin*, fille de Jean et de Catherine *de Croix* ; dont il eut :

   a. — *Jacques*, s^r de Fromont, né à Arras, bourgeois de cette ville le 23 août 1595, chanoine de Saint-Piat à Seclin, puis chanoine d'Arras, enterré aux grands Dominicains à Douai.

   b. — *Pierre*, capucin.

   c. — *François*, né à Arras, bourgeois de cette ville le 23 août 1595.

   d. — *Éléonore*, dame de Carnin, qui fonda en 1615 le chœur de la chapelle des Capucins à Lille, mourut le 25 novembre 1664 et fut inhumée dans cette chapelle.

   e. — *Charles*, écuyer, s^r d'Herzeau, baptisé à Saint-Étienne le 13 novembre 1569, établi à Arras, dont il récréanta la bourgeoisie le 23 août 1595, marié dans cette ville le 2 septembre 1595 avec Marie *Vignon*, fille d'Antoine, s^r d'Ouvencourt, et de Marie *de Couronnel* ; d'où :

     aa. — *Anne*, alliée à Jacques *de la Disme*, écuyer, puis à N... *Grenet*, écuyer, enfin à Antoine *de Caverel*, écuyer, s^r de Grandcourdel.

---

1. Archives départementales du Nord, Registre aux Commissions B 56, f° 244.

bb. — *Robert*, écuyer, capitaine d'infanterie, bourgeois d'Arras le 31 octobre 1617, enterré dans la chapelle Sainte-Anne à Sainte-Catherine de Lille le 17 juin 1655.

cc. — *Charles*, écuyer, s^r de Bouchart, capitaine d'infanterie au régiment de Bonnières, réformé en 1646.

dd. — *Madeleine*, alliée à Philippe-Maximilien *Briois* [1], écuyer, s^r de la Pugnanderie, fils de Maximilien, né à Lille, bourgeois de cette ville par achat du 8 octobre 1660, bourgeois d'Arras le 18 mars 1630, créé chevalier par lettres données à Saint-Germain-en-Laye en mars 1671; dont postérité.

f. — *Barbe*, baptisée à Saint-Étienne le 16 mai 1573.

g. — *Marguerite*, baptisée à Saint-Étienne le 15 juillet 1577.

h. — *Jeanne*, baptisée à Saint-Étienne le 19 septembre 1579, morte le 27 décembre 1661 et enterrée dans la chapelle Saint-Joseph à Saint-Sauveur.

VI. — *Jean* DE FLANDRES, s^r de l'Empire, bourgeois de Lille par relief du 3 janvier 1575 (n. st.), décédé à Wambrechies le 14 janvier 1621, épousa: 1° Michelle *de Sailly*, fille d'Antoine et de Marie *Dancoisne*, décédée le 24 février 15..; 2° à Tournai, le 7 janvier 1600, Madeleine *d'Ennetières*, fille de Jean, écuyer, s^r de Lassus, et de Jehanne *Le Clercq*; d'où:

1. — Du premier lit: *Jean*, chanoine de Saint-Piat à Seclin.

2. — *Marie*, épouse de Jean *Havet*, bailli de Sainghin-en-Mélantois; dont postérité.

3. — *Jacques*, qui suit, VII.

4. — *Josse*, qui suivra, VII bis.

5. — *Catherine*, clarisse à Lille, décédée abbesse de ce couvent en 1666.

VII. — *Jacques* DE FLANDRES, né à Wambrechies le 6 septembre 1568, notaire en 1613, bourgeois de Lille par relief du 4 mars 1613, procureur de la gouvernance de Lille et bailli de Noyelles; épousa: 1° le 11 février 1613, Jossinne *Bourel*, fille de Jean et d'Isabeau *de Hainin*, morte le 1er avril 1621; 2° à Saint-Étienne, le 31 janvier 1622, Agnès *Cuvillon*, fille de Guillaume et de Jacqueline *Dupont*, décédée paroisse Sainte-Catherine le 4 juin 1667; d'où:

1. — Du premier lit: *Élisabeth*, baptisée à Saint-Étienne le 26 novembre 1613, vivant en 1622.

---

1. BRIOIS: *de gueules à trois gerbes d'or, à la bordure du même chargée de huit besants du champ.*

2. — *Marie*, baptisée à Saint-Étienne le 6 février 1616, alliée à Sainte-Catherine, le 24 mai 1632, à Jacques *du Retz*, fils de Laurent et d'Anne *de Mons*, baptisé à Saint-Étienne le 11 août 1612, bourgeois de Lille par relief du 28 janvier 1633 ; dont postérité.

3. — *Jean*, baptisé à Sainte-Catherine le 1er décembre 1617.

4. — *Jacques*, baptisé à Saint-Étienne le 24 avril 1619.

5. — *Gaspard*, baptisé à Saint-Étienne le 27 mars 1621.

6. — Du second lit : *Josse-Guillaume*, baptisé à Saint-Étienne le 13 décembre 1622.

7. — *Agnès*, baptisée à Saint-Étienne le 28 mai 1624.

8. — *Simon*, qui suit, VIII.

9. — *François*, baptisé à Sainte-Catherine le 1er juillet 1628, y décédé le 21 mai 1667.

10. — *Marguerite*, baptisée à Sainte-Catherine le 10 février 1631.

11. — *Jacques*, baptisé à Sainte-Catherine le 18 février 1633, bourgeois de Lille par relief du 26 novembre 1680, décédé paroisse Saint-Pierre le 13 juillet 1683, allié à Saint-Maurice, le 18 juin 1680, à Jeanne *Dubus*, fille de Mathias et de Jeanne *Chevalier*, baptisée à Saint-Maurice le 5 février 1641, veuve de Robert *Lorthioir* ; sans postérité.

VIII. — *Simon* DE FLANDRES, baptisé à Sainte-Catherine le 6 juin 1626, notaire et procureur à Lille, bourgeois de cette ville par relief du 9 août 1663, décédé le 8 novembre 1708 et enterré dans la chapelle de la Vierge à Saint-Étienne ; épousa, le 15 janvier 1663, Jeanne *Desmazures*, fille de Charles et de Jeanne *Van Thiennen*, décédée paroisse Saint-Maurice le 31 juillet 1690 ; d'où :

1. — *Marie-Jeanne*, dame d'Ennequin, baptisée à Saint-Étienne le 19 octobre 1663, morte le 11 avril 1727 et enterrée à Saint-André ; alliée à Saint-Maurice, le 28 janvier 1692, à Pierre-François-Joseph *Platevoet*, fils de François et de Jeanne *Laignel*, baptisé à Saint-Étienne le 19 octobre 1659, bourgeois de Lille par relief du 22 mars 1692, décédé paroisse Saint-Étienne le 3 septembre 1719 ; elle se remaria avec Joseph *Le Mercier*, mort avant elle ; postérité du premier lit.

2. — *Catherine*, baptisée à Saint-Étienne le 2 mars 1665.

3. — *Agnès*, dame de Riencourt, baptisée à Saint-Étienne le 5 juin 1666, morte le 10 avril 1732 et enterrée à Saint-André ; mariée à Saint-Maurice, le 28 février 1692, avec Jean-François *Scrieck*, sr du Tilleul, fils d'Henri et de Marie *Le Francq*, baptisé à Saint-Maurice le 14 décembre 1661, bourgeois de Lille par relief du 14 mars 1692, avocat et bailli du chapitre de Saint-Pierre, grand connétable des

arbalétriers, décédé paroisse Saint-Étienne le 20 mai 1729, inhumé dans la chapelle Saint-Salvator à cette église ; sans postérité.

4. — *Marguerite*, baptisée à Saint-Étienne le 13 février 1669, morte le 10 août 1730, alliée à Saint-André, le 4 février 1698, à Charles *Le Thierry*, fils de François et de Marie *Boulanger*, baptisé à Notre-Dame de Calais le 11 novembre 1656, bourgeois de Lille par achat du 6 juin 1697, veuf d'Adrienne *Théru*, mort le 19 janvier 1721 et enterré dans la chapelle de la Vierge à Saint-Étienne ; dont postérité.

VII bis. — *Josse* DE FLANDRES, bourgeois de Lille par relief du 7 août 1620, avocat, lieutenant du bailliage de Lille, grand connétable des arbalétriers, épousa : à Saint-Pierre, le 18 mai 1620, Anne *Lefebvre* [1], fille de Liévin et d'Agnès *de Roubaix*, morte en 1655 ; d'où :

1. — *Gérard*, baptisé à Saint-Pierre le 5 mars 1621, prêtre et chanoine de Notre-Dame d'Arras, décédé le 22 mai 1671.

2. — *Jacques*, baptisé à Saint-Étienne le 18 janvier 1622.

3. — *Marie*, baptisée à Saint-Étienne le 28 novembre 1622, religieuse à l'hospice Ganthois, puis supérieure du couvent du Saint-Esprit, morte le 28 novembre 1672.

4. — *Martin*, baptisé à Saint-Étienne le 10 mars 1624, licencié ès lois, chanoine de Notre-Dame d'Arras, puis de Saint-Pierre de Lille, mort le 19 octobre 1665.

5. — *Marguerite*, baptisée à Saint-Étienne le 2 octobre 1626, religieuse à l'hospice Comtesse, morte le 23 mai 1675.

6 — *Jean*, baptisé à Saint-Étienne le 24 février 1629, conseiller au bailliage de Lille, puis lieutenant-général de ce bailliage, bourgeois de Lille par relief du 4 mai 1671, nommé conseiller au Parle-

---

1. Voici le menu servi pour 24 convives :

PREMIÈRE ASSIETTE	DEUXIESME ASSIETTE
2 poullets boullys.	Cherion, begaumes ou semblables volalles.
2 tourtes.	
2 pastez de veau ou de mouton ou poullets.	2 pastez de cocqs d'Inde.
2 pingeons farsys.	1 pastez de perdris ou semblables.
1 espaule de mouton.	1 pastez de faisans.
1 agneau.	Pingeons rotys.
2 poullets d'Inde rotys.	2 mange blancq.
1 membre de veau.	2 poullets rotys.
1 cochon.	2 jambons de Meance.
2 poullets aux espinaches.	1 langue enfumée.
2 cappes.	1 saulchisse de Boulongne.
4 salades.	2 orenges.
2 chappons pelerins.	2 olives.
2 andouillettes de veau.	

(*D'après un manuscrit de notre bibliothèque*).

ment de Tournai le 23 septembre 1675, décédé le 29 novembre 1686, allié à Saint-Étienne, le 26 mars 1672, à Marie-Françoise *Dubois*, fille de Lamoral et de Marie *Cardon*, baptisée à Saint-Étienne le 14 décembre 1646, décédée le 14 février 1683 ; d'où :

  a. — *Marie-Françoise*, baptisée à Saint-Étienne le 22 janvier 1675, morte à quatorze mois.

  b. — *Jean-Baptiste-Eustache*, mort le 8 octobre 1680 à deux ans et demi.

  c. — Trois enfants mort-nés.

 7. — *Guislain*, baptisé à Saint-Étienne le 23 juin 1631, prêtre, chanoine de Saint-Pierre de Lille, mort le 7 décembre 1695.

 8. — *Josse*, qui suit, VIII.

 9. — *Anne*, baptisée à Saint-Étienne le 7 mars 1635.

 VIII. — *Josse* DE FLANDRES, sr du Coutre et de Beauvoir, baptisé à Saint-Étienne le 30 août 1633, bourgeois de Lille par relief du 6 août 1666, confirmé dans sa noblesse par lettres données à Versailles en février 1697, décédé paroisse Saint-Pierre le 17 mai 1702, épousa, par contrat du 23 février 1666, Marie-Angélique *Duhot*, fille d'Hubert, sr du Faux, et de Marie *De la Porte*, baptisée à Saint-Maurice le 2 août 1644, décédée paroisse Saint-Pierre le 15 août 1719 ; dont :

 1. — *Anne-Marie*, baptisée à Saint-Pierre le 7 janvier 1667, morte célibataire le 16 septembre 1695.

 2. — *Marie-Madeleine*, baptisée à Saint-Maurice le 18 octobre 1668, décédée paroisse Saint-Pierre le 4 mars 1683.

 3. — *Jean-Pierre*, qui suit, IX.

 4. — *Charles-François*, baptisé à Saint-Pierre le 5 décembre 1672, mort à six semaines.

 5. — *Alexis*, baptisé à Saint-Pierre le 11 août 1674, chanoine de Saint-Pierre de Lille.

 6. — *Marie-Françoise*, baptisée à Saint-Pierre le 22 novembre 1678, morte célibataire le 12 décembre 1724.

 7. — Peut-être *Isabelle*, morte paroisse Saint-Pierre le 13 février 1697.

 IX. — *Jean-Pierre* DE FLANDRES, écuyer, sr du Coutre, Radinghem, baptisé à Saint-Maurice le 28 décembre 1670, bourgeois de Lille par relief du 17 avril 1703, créé chevalier par lettres du 3 février 1719, échevin, mayeur et rewart de Lille, décédé paroisse Saint-Pierre le 11 décembre 1740, épousa à Sainte-Catherine, le 19 mars 1703, Anne-Virginie *Poulle*, fille de Robert-André, écuyer, sʳ du Vas, et d'Anne-Catherine-Virginie *Aronio*, baptisée à Saint-Étienne le 8 juillet 1681, décédée paroisse Saint-Pierre le 19 janvier 1744; dont :

1. — *Pierre-André-Joseph*, qui suit, X.
2. — *Alexis-François*, baptisé à Saint-Pierre le 1ᵉʳ décembre 1714, chanoine de Saint-Pierre.
3. — *Marie-Anne-Françoise*, baptisée à Saint-Pierre le 29 décembre 1715, morte le 13 février 1717.
4. — *Jean-Baptiste-Augustin*, baptisé à Saint-Pierre le 10 avril 1717, mort le 23 novembre 1718.
5. — *Jacques-Hyacinthe*, baptisé à Saint-Pierre le 2 août 1718, mort le 7 août 1719.
6. — *Jean-Remi*, baptisé à Saint-Pierre le 30 décembre 1719, décédé le 31 juillet 1720.
7. — *Marie-Louise-Virginie*, baptisée à Saint-Pierre le 17 janvier 1722, morte à Gœulzin, près Douai, le 6 décembre 1768, mariée à Saint-Pierre, le 2 février 1749, avec Jean-Charles-Louis *Taffin*, écuyer, sʳ de Gœulzin, Hordain, Heursel, fils de Pierre, écuyer, et de Marie-Claire *du Hamel*, baptisé à Saint-Jacques de Valenciennes le 13 janvier 1717, bourgeois de Lille par achat du 3 février 1764, capitaine au régiment de Fleury infanterie, chevalier de Saint-Louis, mort paroisse Saint-Maurice le 14 décembre 1782 ; dont postérité.

X. — *Pierre-André-Joseph* DE FLANDRES, chevalier, sʳ de Radinghem, du Coutre, baptisé à Saint-Pierre le 10 août 1712, bourgeois de Lille par relief du 15 février 1746 sur requête, échevin de Lille, décédé paroisse Saint-Pierre le 5 février 1747, épousa à Saint-Pierre, le 18 mars 1741, Anne-Marguerite-Françoise *Desbuissons*, fille de Pierre-Martin, écuyer, sʳ d'Hautevalle, et de Marguerite-Hyacinthe *Poulle*, baptisée à Sainte-Catherine le 18 juillet 1717, décédée le 29 juin 1804 et enterrée à Beaucamps ; d'où :

1. — *Anne-Virginie-Hyacinthe*, baptisée à Saint-Pierre le 4 février 1743, y décédée le 20 décembre 1752.
2. — *Marguerite-Françoise*, baptisée à Saint-Pierre le 1ᵉʳ février 1744, y décédée le 12 mars 1750.
3. — *Alexis-Joseph*, qui suit, XI.

XI. — *Alexis-Joseph* DE FLANDRES, chevalier, sʳ de Radinghem, baptisé à Saint-Pierre le 12 avril 1746, mort le 14 avril 1818, épousa à Saint-Maurice, le 14 janvier 1771, Christine-Thérèse *de*

Rouvroy, fille de Jacques-François-Alexandre, chevalier, sr de Fournes, trésorier de France, et de Marie-Claire-Joseph-Bonne *Jacops*, baptisée à Saint-Maurice le 24 juillet 1746, morte le 17 décembre 1825, dont une fille unique :

1. — *Françoise-Josèphe-Sophie*, baptisée à Saint-Pierre le 10 décembre 1771, mariée dans cette église, le 11 novembre 1788, avec Julien-Louis-François *Bidé*, comte de Lauwe et de la Grandville, fils de Julien-Louis-François et de Marie-Thérèse-Joseph *Ingiliard*, baptisé à Saint-Maurice le 1er décembre 1767, bourgeois de Lille par relief du 10 janvier 1789, créé comte en 1782, décédé le 19 novembre 1839 et enterré à Beaucamps ; dont postérité.

NON RATTACHÉS

N..., fille de *Pierre*, baptisée à Saint-Étienne le 29 décembre 1576.

Gilles, décédé paroisse Saint-Maurice le 2 mars 1702.

Marie-Angélique, mariée à Saint-Étienne, le 5 mars 1680, avec François *de May*.

1595, 29 novembre. — *Lettres d'anoblissement par Philippes II, roy d'Espagne, pour Jacques de Flandre, sieur de Fromont.*

Philippes, &a. A tous présens et avenir qui ces lettres verront, salut. De la part de nostre bien amé *Jacques de Flandre*, sieur de Fromont, natif de nostre ville d'Arras, nous a esté très-humblement remonstré comme *Daniel de Flandre*, son grand père, auroit servy l'espace de dix années en qualité d'homme d'arme à feu, de très-haute mémoire l'Empereur monseigneur et père, que Dieu ait en gloire, et qu'*Antoine de Flandre*, son père, l'avoit aussy fait en la mesme qualité par autant d'années à sadite Majesté Impériale, mesmes l'avoit suivy en tous ses voyaiges comme en celuy d'Alger et autres, et que ledit *Jacques de Flandre*, remonstrant, auroit comme nostre fidèle et loyal vassal pareillement démonstré en toutes occasions l'effet du devoir et affection qu'il portoit à nostre service, signamment durant les troubles suscités en nos pays d'em-bas, et que il auroit levé et dressé une compagnie à ses propres frais et avec icelle si bien et léallement servy en nostre dicte ville d'Arras que quand il la quitta, ceulx du magistrat d'icelle ville luy auroient donné acte portant tesmoingnage de la satisfaction qu'ils avoient, tant de son bon service que de sa personne, accordant à icelle l'exemption de guet et garde sa vie durant ; et que pour s'estre à présent retiré la pluspart aux champs afin d'y vivre des moyens que Dieu luy avoit imparty, il se retiroit devers nous et nous supplioit très-humblement qu'en considération de ses bons services et aussy de ceux qu'avoit rendu l'espace de sept à huit années *Charles de Flandre*, son fils, en affaires de nostre service près de nostre secrétaire en nostre Conseil d'Estat ordonné en nos Pays-Bas et aussy secrétaire en nostre conseil privé et greffier de nostre ordre, Mᵉ François Le Vasseur, chevalier, seigneur de Moriensart, en quoy il continuoit encore, mesmes qu'il avoit fait tous les voyages présentes durant ledit temps ; eu aussy esgard que plusieurs de ses parents estoient nobles et noblement alliez et estoient employez en charges de nostre dit service, si comme les sieurs de Bellacourt, son frère, et de Pomeru, son neveu, l'un en qualité de conseiller et l'autre d'avocat fiscal en nostre conseil d'Artois, nostre bon plaisir soit d'illustrer ledit *Jacques de Flandre* et les siens du titre de noblesse avec permission de ses anciennes armoiries et de ce luy octroyer nos lettres patentes en tel cas pertinentes. Scavoir faisons que Nous, les choses susdictes considérées et veue la sérieuse recommandation que nous a faite sur la requête dudit *Jacques de Flandre*, suppliant, par lettres du 3ᵉ de janvier 1594 passé, nostre très-féal cousin, chevalier de nostre ordre, le Comte de Mansfeld, comme semblable a fait depuis nostre cousin le Comte de Fuentès, par lettres du 30ᵉ de may en ceste présente année, à cause des seigneuries de Herseaux, Fromont et Dacy qu'il possède, avons, pour nous, nos hoirs et successeurs, de nostre certaine science, auctorité souveraine et grâce espéciale, par ces présentes, audit *Jacques de Flandre*, suppliant, ses enfants masles et femelles, nez et à naistre en léal mariaige, accordé et octroyé, accordons et octroyons à tousjours ledit titre et degré de noblesse, voulans et octroyans que les sus nommez et chascun d'eux procréez comme dit est en léal mariaige jouyssent et usent d'oresenavant à tousjours comme gens nobles en tous lieux, actes et besongnes, des honneurs, prérogatives, prééminences, libertez, franchises et exemptions de noblesse dont tous les autres nobles de tous nos pays, terres et seigneuries, signamment en nosdits pays d'embas ont accoustumé jouyr, jouyssent et jouyront et qu'ils soient en tous leurs faits et actes tenus et réputez pour nobles en toutes places, soit en jugement ou dehors, comme les déclarons par ces présentes et qu'ils seront capables et qualifiez pour avoir estat ou dignité soit de chevallerie ou autres, aussy puissent eux en tout temps acquérir, avoir, posséder et tenir en tous nos pays et seigneuries, signamment en nosdits pays d'Embas, places, terres, seigneuries, rentes, revenus, possessions et autres choses mouvantes de nos fiefs et arrière-fiefs et tous autres nobles ténemens et les reprendre et tenir de nous ou d'autres seigneurs féodaux dont elles seront dépendantes, et si aucunes en ont jà acquises les tenir et posséder sans estre constraints de par nous ou d'autres de les mettre hors de leurs mains, dont nous les habilitons et rendons suffisans et idoines. Et en considération des services qu'a faits et fera cy après ledit *Jacques de Flandre* et de ceux que continue encore de faire à nous son dit fils Charles, chez nostre susdit secrétaire Le Vasseur, avons, de nostre plus ample grâce, pour nous et nos successeurs, quitté et remis, quittons et remettons à luy et à ses enfans et postérité nez et à naistre en léal mariage, la finance et somme d'argent qu'ils seroient tenus de payer à nostre profit à cause de cedit annoblissement; faisant au surplus envers nous et nos hoirs et successeurs les devoirs pertinens selon la nature et condition d'iceux biens acquis et à acquérir et la coutume du pays. Et afin que l'estat de noblesse dudit *Jacques de Flandre*, suppliant, soit d'autant plus notoire, luy avons donné, octroyé et permis, donnons, octroyons et permettons par cesdites présentes qu'il, sesdits enfans et postérité, puissent d'orénavant et perpétuellement à tous et quelconçques faits, gestes et autres actes licites et honnestes, avoir et porter les armes et blazons tels qui s'ensuivent : à savoir : *d'or à un chevron de sable, chargé en chef d'un écusson d'or au lion de sable, accompagné de trois étoiles de sable*, l'heaume treillé, les hachemens et bourrelets d'or et de sable, et pour cymier un aigle yssant d'or, comme elles sont peintes et figurées au milieu de cesdites présentes. Sy donnons en mandement à nos amés et féaulx les chefs, présidents et gens de noz Privé et Grand Consaulx, chefs, trésorier général et commis de noz domaines et finances, gouverneur, président et gens de nostre Conseil provincial en Artois et les genz de noz Comptes à Lille et à tous autres nos justiciers et officiers présens et avenir, leurs lieutenants et chascun d'eulx en droit soy et sy comme à eux appartiendra et à tous nos sujets que par lesdits de nos Comptes, veues ces présentes, soit procédé bien et deuement à l'intérinement et enregistrature d'icelles selon leur forme et teneur et fassent souffrent et laissent ledit *Jacques de Flandre*, sesdits enfans, leurs descendans et postérité de léal mariage, de nostre présente grâce, octroy et annoblissement avec quittance de ladicte finance et de tout le contenu en cesdictes présentes plainement, paisiblement et perpétuellement jouyr et user, sans leur faire, mettre ou donner, ny souffrir estre fait, mis ou donné ny à aucun d'eux contre la teneur de cesdictes présentes, ores ny au temps avenir, contredict, destourbier, empeschement quelconque au contraire. Car ainsy nous plaist-il et voulons estre fait, non obstant quelzconques ordonnances, statutz, coustumes, usages et autres choses à ce contraires dont avons relevé et dispensé lesdits de nos finances et des Comptes à Lille et tous autres à qui ce peut toucher et regarder, mesmes la quittance de ladite finance. Et afin que ce soit chose ferme et estable à tousjours, nous avons signé ces présentes de nostre main et fait mettre nostre grand scel à icelles. Sauf en autres choses nostre droit et l'autruy en toutes. Donné en nostre ville de Madrid, royaume de Castille, le penultiesme jour du mois de novembre l'an de grâce 1595... &ᵃ. Et plus bas signé : Philippes. Sur le ply estoit escrit : Par le Roy et signé : A. DE LA LOO ; — scellé d'un sceau pendant à double queue de soye noire entremelé[e] d'or, de cire vermeille..... &ᵃ..... &ᵃ.....

> Archives du Nord. Chambre des Comptes de Lille. Art. B. 1676. Registre supplémentaire aux Registres des chartes : Titres nobiliaires, fᵒˢ 165 à 169.

1697, février. — *Lettres de chevalerie pour Josse de Flandres.*

Louis, par la grâce de Dieu, Roy de France et de Navarre, &ᵃ, à tous présens et à venir, salut. Par nostre édit du mois de mars de l'an 1696, registré dans nos cours de Parlement, en annoblissant dans nostre royaume et dans les pays, terres et seigneuries de nostre obéissance, le nombre de cincq cens personnes qui doivent estre choisies tant par leurs mérites, leurs vertus et leurs bonnes qualitez que par les employs et les charges qu'ils ont exercez et qu'ils exercent et qui se sont rendus recommandables et dignes d'estre eslevez à ce degré d'honneur et de distinction, nostre intention a aussy esté de confirmer dans la jouissance de leur noblesse les familles qui nous justifieroient non seulement qu'elle leur avoit esté accordée par leurs légitimes souverains avant que nos conquestes eussent réduit ces mesmes familles sous nostre obéissance, mais qu'elles en ont toujours jouy depuis qu'elles l'ont obtenue sans y avoir dérogé en aucune sorte. C'est pourquoy, nous avons estimé avec d'autant plus de justice que nous devons mettre de ce nombre nostre cher et bien amé *Josse de Flandres*, sieur du Coutre et de Beauoir, natif de nostre ville de Lille en Flandres, qu'estant fils de *Josse de Flandres* dont le père *Jean de Flandres*, sʳ de l'Empire, estoit fils de *Jacques de Flandres,* sr de Froidmond [1], lequel fut annobly par lettres du Roy d'Espagne Philippe II, données à Madrid, le dernier jour de novembre de l'an mil cincq cens nonante cincq, outre qu'il a tousjours vescu noblement de mesme que son père et son grand père et a jouy comme eux du tiltre et du rang de noble par le droit que leur en avoit acquis ledit *Jacques de Flandres,* son bisaÿeul, sans qu'ils ayent fait depuis aucune dérogance, il a encore exercé pendant 28 années plusieurs charges honorables dans la magistrature de ladite ville de Lille ; ainsy, quoy que par l'avantage de sa naissance, il n'ait pas besoin de la grâce que nostre édit répand sur nos sujets, sa noblesse luy estant acquise incontestablement par les dites lettres du Roy d'Espagne, cependant comme en nous suppliant de vouloir confirmer les dites lettres d'annoblissement par ce qu'il est devenu nostre sujet, il nous a encore demandé qu'il nous pleust de l'élever au degré, nom, tiltre et dignité de chevalier, à condition de payer la finance fixée par l'arrest du 3 d'avril et par le rolle du 7 aoust de ladite année. A ces causes et autres considérations à ce nous mouvans, et voulant favorablement traitter ledit sr *Josse de Flandres,* sieur du Coutre, de l'avis de nostre Conseil qui a veu lesdittes lettres d'annoblissement accordées l'an 1595 à *Jacques de Flandres,* son bisaÿeul, par Philippe II, roy d'Espagne, dont l'original est attaché sous le contre-scel de nostre chancellerie, et de nostre certaine science, grâce spéciale, pleine puissance et authorité royalle, nous avons maintenu et confirmé et par ces présentes signées de nostre main, nous maintenons et confirmons ledit *Josse de Flandres,* exposant, dans le mesme tiltre et la qualité de noble quy luy est acquise et en adjoustant à son droit, sans vouloir préjudicier aux lettres d'annoblissement données à son bisaÿeul par le Roy d'Espagne, son souverain, en tant que besoin est ou seroit, nous l'avons encore annobly et l'annoblissons pour en jouir et user luy, ses enfans et sa postérité nez et à naistre en loyal mariage, du mesme tiltre de noblesse dont ils estoient en possession, et de tous les honneurs, prérogatives, prééminences, privilèges, franchises, libertez, exemptions et immunitez dont ont jouy lesdits *Josse, Jean* et *Jacques de Flandres,* ses père, aÿeul et bisaÿeul et dont jouissent les autres nobles de nostre royaume et des pays de nostre obéissance qui sont issus de noble et ancienne extraction, que comme tels ils soient honorés et reconnus dans tous actes, assemblées et occasions, qu'il puisse acquérir, tenir et posséder fiefs, terres et seigneuries de quel-

---

1. Ceci est faux ; il était fils d'Antoine, ainsi qu'on le voit par le registre aux bourgeois.

ques tiltres et qualitez qu'elles soient, sans que pour raison de ce ledit exposant et sa postérité puissent estre compris au nombre des nouveaux annoblis et estre sujets aux révocations d'annoblissements ny à aucunes taxes pour estre confirmé dans leur noblesse, attendu la possession incontestable où il est en vertu de l'annoblissement de son bisayeul ; nous le confirmons de mesme dans la possession des armoiries accordées par le roy d'Espagne audit *Jacques de Flandres*, son bisayeul, sieur de Froidmont, telles qu'elles sont peintes et figurées dans les présentes lettres après avoir esté blasonnées et enregistrées par le sieur d'Hozier exerçant l'office de juge d'armes de France en vertu de la commission expresse que nous luy en avons donnée et nous luy permettons d'ajouter à son escu pour supports deux lions d'or et pour luy donner des marques plus particulières de la satisfaction que nous avons de son zèle pour nostre service en considération de la finance qu'il nous a volontairement payée suivant le rolle arresté en nostre Conseil du 18 décembre dernier et la quittance du garde de nostre Trésor royal du XXII décembre de ladite année, cy attachée sous nostre contre-séel, nous l'avons de nostre grâce, pleine puissance et authorité royale fait créé et nommé chevalier, et dudit tiltre, nom et grade nous l'avons décoré et le décorons pour en user dans tous actes, occasions, inscriptions et assemblées, ainsy que les autres nobles de nostre royaume et des pays, terres et seigneuries de nostre obéissance que nous avons honoré du mesme rang. Si donnons en mandement à nos amez et féaux conseillers les gens tenans nostre Cour de Parlement à Tournay, garde de nostre Chambre des Comptes à Lille, présidens et trésoriers de France au Bureau de nos finances à Lille et autres juges qu'il appartiendra que ces présentes ils aient à faire enregistrer et du contenu en icelles faire jouir ledit sieur *Josse de Flandres* et sa postérité, en faisans cesser tous troubles et empeschemens. Car tel est nostre plaisir. Donné à Versailles, au mois de février l'an de grâce mil six cens quatre-vingt-dix-sept, et de nostre règne le cinquante quatrième. Estoit signé : Louis. Et sur le reply estoit écrit : Par le Roy, Le Tellier, avec paraphe et visa : Boucherat, et y appendoit un scel sur cire verte....

Archives du Nord. Chambre des Comptes de Lille. Art. B. 1677. Registre supplémentaire aux Registres des chartes : Titres nobiliaires ; f°s 610 et 611.

LE CAT [1]

ARMES : *d'azur à une croix ancrée d'or.*

Famille originaire de Lomme.

Le premier que nous trouvons est *Jean*, habitant Lomme, qui obtint le 16 octobre 1419, de Philippe, duc de Bourgogne, des lettres de sauf-conduit à cause de l'assassinat de Mathieu Pulser dit Puridan. Il appartenait sans doute à la famille dont la généalogie suit.

I. — *Pasquier* LE CAT, fils de *Michel*, décédé avant 1464, naquit à Lomme et acheta la bourgeoisie de Lille en 1464 ; il eut :

II. — *Guillaume* LE CAT, né à Lille, bourgeois de cette ville par achat du 1er septembre 1503, épousa avant cette date N... ; dont :

    1. — *Antoine*, qui suit, III.
    2. — *Henri*, qui acheta la bourgeoisie de Lille le 5 mai 1543 et fut père de : *Jean*, bourgeois de cette ville par relief du 1er juin 1571.

III. — *Antoine* LE CAT, bourgeois de Lille par relief du 9 février 1543 (n. st.), mort entre 1573 et 1578 ; eut :

    1. — *François*, bourgeois par relief du 1er décembre 1573.
    2. — *Marguerite*, vivant en 1591.
    3. — *Gérard*, qui suit, IV.
    4. — *Denis*, qui suivra, IV bis.
    5. — *Jean*, bourgeois de Lille par relief du 12 septembre 1586, allié à Jeanne *Six*, d'où :

        a. — *Jean*, bourgeois par relief du 23 avril 1613, sayeteur, décédé paroisse Sainte-Catherine le 22 décembre 1623, marié avec Madeleine *de la Forge*, fille de Jean et de Marie *Herman*, baptisée à Sainte-Catherine le 5 mars 1592, y décédée le 22 mars 1668, laissant deux fils :

            aa. — *Jean*, baptisé à Saint-Pierre le 8 septembre 1613, y décédé le 16 novembre 1646.

---

1. Nous trouvons en 1466, Pierre Le Cat, époux de Maigne du Quesne, et son fils Jean (Bibliothèque municipale de Lille, manuscrit 601, deuxième partie, f° 119).

  bb. — *Guillaume*, baptisé à Saint-Maurice le 27 octobre 1614.
  b. — *Jeanne*, baptisée à Saint-Maurice le 17 décembre 1590.
  c. — *Marie*, baptisée à Saint-Maurice le 25 mars 1591.
  d. — *Jeanne*, baptisée à Saint-Maurice le 21 février 1595.

 IV. — *Gérard* Le Cat, bourgeois de Lille par relief du 21 novembre 1578, épousa Adrienne *Sombry* ou *Dombry* ; d'où :

  1. — *Antoine*, qui suit, V.
  2. — *Jacques*, baptisé à Saint-Maurice le 12 août 1588.
  3. — *Jacquemine*, baptisée à Saint-Maurice le 22 septembre 1590.
  4. — *Jacques*, baptisé à Saint-Maurice le 12 février 1594.

 V. — *Antoine* Le Cat, né à Anvers, bourgeois de Lille par relief du 16 mars 1604, épousa Marguerite (alias Marie) *Le Roy*, fille de Guillaume et de Marguerite *Hughelot* ; d'où :

 VI. — *Antoine* Le Cat, bourgeois de Lille par relief du 16 mars 1633, décédé paroisse Sainte-Catherine le 15 juillet 1663 et enterré dans la chapelle de Notre-Dame-de-Paix, se maria avec Marie *Lemoisne*, fille de Jean et de Michelle *Gaillard*, baptisée à Saint-Maurice le 30 juillet 1601 ; dont :

 VII. — *Antoine* Le Cat, bourgeois de Lille par relief du 29 avril 1653, allié à Élisabeth *Leclercq*, fille d'Henri et de Marie *Derneau* ; d'où :

  1. — *Philippe*, qui suit, VIII.
  2. — *Pierre-Joseph*, bourgeois de Lille par relief du 1er août 1689, marié à Saint-Étienne, le 21 novembre 1688, avec Marguerite *Capron*, fille de Pierre et d'Hélène *Pollet*, qui le rendit père de :
   a. — *Marie-Agnès*, baptisée à Saint-Étienne le 3 novembre 1689.
   b. — *Marie-Jeanne*, baptisée à Saint-Maurice le 16 janvier 1691.
  3. — *Antoine*, baptisé à Saint-Étienne le 13 juin 1669.
  4. — *François*, baptisé à Saint-Étienne le 29 janvier 1672.

 VIII. — *Philippe* Le Cat, bourgeois de Lille par relief du 2 décembre 1682, épousa à Saint-Maurice, le 14 avril 1682, Antoinette *Regnier*, fille de Toussaint et de Brigitte *Prevost*, baptisée à Saint-Maurice le 29 juillet 1655 ; dont :

1. — *Philippe-Antoine*, qui suit, IX.
2. — *Marie-Antoinette*, baptisée à Saint-Étienne le 6 février 1685.
3. — *Jacques*, baptisé à Saint-Étienne le 8 janvier 1687, bourgeois de Lille par relief le 4 novembre 1747, allié à Saint-Maurice, le 29 octobre 1747, à Marie-Anne *Lemaire*, fille de Jacques et d'Agnès *Descamps*, née à Alicourt (Artois) en 1691 ; il légitima par son mariage plusieurs enfants :

 a. — *Jacques*, baptisé à Esquermes le 11 mai 1728, licencié ès lois, vivant encore en 1770.

 b. — *Louise-Joseph*, baptisée à Esquermes le 23 juillet 1729, alliée à Saint-Maurice, le 2 février 1750, à François-Albert *de Douay*, écuyer, s^r de Baisne, fils de Jean-Marie-Blaise-Albert, écuyer, s^r dudit lieu, et de Cécile *de Haynin*, baptisé à Saint-André le 28 juin 1720, bourgeois de Lille par relief du 3 janvier 1746, procureur du Roi, de la ville et des États de Cambrai, veuf d'Henriette-Françoise-Joseph *de Hove* ; dont postérité.

 c. — *Jean-Baptiste*, décédé paroisse Saint-Maurice le 29 novembre 1736.

4. — *Marie-Catherine*, baptisée à Saint-Étienne le 12 février 1689, y décédée célibataire le 2 avril 1770 et inhumée vis-à-vis la chapelle Saint-Jacques.

5. — *Pierre-Joseph*, baptisé à Saint-Étienne le 13 mars 1690.

6. — *Marie-Marguerite*, baptisée à Saint-Étienne le 14 novembre 1691.

IX. — *Philippe-Antoine* Le Cat, baptisé à Saint-Étienne le 23 février 1683, bourgeois de Lille par relief sur requête du 9 août 1718, épousa à Saint-Maurice, le 24 mai 1717, Isabelle-Constance *Despresins*, fille de Jean et de Jacqueline *Chuffart*, décédée veuve, paroisse Sainte-Catherine, le 22 août 1763 ; d'où :

 1. — *Isabelle-Rose*, baptisée à Saint-Étienne le 29 décembre 1718, morte paroisse Saint-Maurice le 22 septembre 1753, alliée dans cette église, le 7 septembre 1737, à Mathias-Antoine *Questroy*, fils de Jean-Baptiste et de Catherine *Vancostenoble*, né à Bailleul vers 1698, bourgeois de Lille par achat du 2 mars 1725, négociant, trésorier des fortifications de la province ; dont postérité.

 2. — *Étienne-Joseph*, baptisé à Saint-Étienne le 10 mai 1722, bourgeois de Lille par relief du 2 mai 1749, rentier, décédé paroisse Sainte-Catherine le 2 octobre 1792, marié dans cette église, le 17 février 1749, avec Marie-Joseph *Deschamps*, fille d'Augustin et de Marie-Joseph *Blancquart*, morte paroisse Sainte-Catherine le 18 mai 1785 ; d'où :

a. — *Philippe-Augustin-Joseph*, baptisé à Saint-Étienne le 30 novembre 1750.

b. — *Marie-Isabelle-Euphroisine-Joseph*, baptisée à Sainte-Catherine le 10 décembre 1751.

IV bis. — *Denis* LE CAT, bourgeois de Lille par relief du 9 février **1584** (n. st.), receveur des Bleuets, mort après **1627**, épousa Isabeau *Hachin*, décédée avant **1624** ; il en eut :

1. — *Hélène*, baptisée à Saint-Étienne le 2 février 1590.
2. — *Louis*, baptisé à Saint-Étienne le 23 décembre 1592.
3. — *Marie*, baptisée à Saint-Étienne le 18 mars 1594.
4. — *Marguerite*, baptisée à Saint-Étienne le 28 octobre 1597.
5. — *Denis*, qui suit, V.
6. — *Pierre*, baptisé à Saint-Étienne le 24 mars 1609.

V. — *Denis* LE CAT, bourgeois de Lille par relief du **17 août 1624**, receveur des Bleuets, marchand, échevin de cette ville, épousa à Saint-Étienne, le **29 avril 1624**, Françoise *de Warenghien*, fille de Pierre et de Catherine *Luccas* ; dont :

1. — *Pierre*, qui suit, VI.
2. — *Denis*, baptisé à Saint-Étienne le 7 septembre 1627.
3. — *Marie-Madeleine*, baptisée à Saint-Étienne le 14 septembre 1629, eut pour marraine Madeleine *Le Cat*, dont la parenté n'est pas indiquée.

VI. — *Pierre* LE CAT, baptisé à Saint-Étienne le **24 janvier 1625**, bourgeois de Lille par relief du **5 février 1649**, décédé paroisse Sainte-Catherine le **10 juillet 1694**, s'allia à Saint-Étienne, le **9 décembre 1648**, à Marie-Catherine *Desbuissons*, fille de Jacques, sr de Biache, et de Marie *de Fourmestraux* ; d'où :

1. — *Marie-Françoise*, baptisée à Saint-Étienne le 3 octobre 1649, décédée paroisse Sainte-Catherine le 16 avril 1716.
2. — *Marie-Madeleine*, baptisée à Saint-Étienne le 14 mars 1651, morte paroisse Sainte-Catherine le 25 mai 1706.
3. — *Alexandrine*, baptisée à Saint-Étienne le 13 novembre 1652, morte célibataire le 22 septembre 1722.
4. — *Denis*, baptisé à Saint-Étienne le 5 août 1655, bourgeois de Lille par relief du 4 juin 1688, anobli par lettres données à Versailles en janvier 1697, mort paroisse Sainte-Catherine le 1er août 1715, allié à Saint-Maurice, le 18 mai 1688, à Marie-Madeleine *Beuvet*, fille de Jacques et de Marie *de Vendeville*, baptisée à Saint-Maurice le 6 juillet 1657, morte le 16 novembre 1691 ; dont :

a. — *Marie-Madeleine*, dame de la Douve, Neuve-Église, baptisée à Saint-Étienne le 5 janvier 1691, morte paroisse Sainte-Catherine le 17 décembre 1746, alliée dans cette église, le 18 avril 1739, à Ferdinand-Joseph *Lefebvre-Delattre*, écuyer, sr de Ligny, fils de Charles-François, écuyer, sr de la Fresnoy, et de Marie-Jeanne *Hespel*, baptisé à La Madeleine le 25 janvier 1694, bourgeois de Lille par relief du 29 mai 1739, convoqué aux assemblées des nobles par ordonnance du 21 avril 1736, remarié avec Marie-Philippine-Alexandrine *Le Clément de Saint-Marcq* et décédé paroisse Sainte-Catherine le 13 janvier 1784 ; sans enfants.

b. — *Gilles*, écuyer, sr du Cliquennoy, baptisé à Saint-Étienne le 20 octobre 1691, décédé célibataire paroisse Sainte-Catherine le 23 septembre 1738. Il fut excepté de la révocation des lettres d'anoblissement portée par l'édit d'août 1715 et obtint en février 1719 des lettres de chevalerie héréditaire avec permission d'ajouter à ses armes deux tigres pour supports et un casque en fasce surmonté de son aigrette.

NON RATTACHÉS

Antoinette, fille de *Denis* et de Marie *Baccart*, baptisée à Esquermes le 17 novembre 1643.

Antoinette, *Théophile*, *Henri* et *Marguerite*, enfants de *Denis* et de Catherine *Six*, baptisés à Esquermes les 29 avril 1647, 26 juillet 1649, 5 avril 1651 et 15 octobre 1653.

Nicolas Le Chat, allié à Suzanne *Le Becque* ; il mourut le 17 octobre 1633 et sa femme le 6 septembre 1643 ; ils laissèrent : *Engelbert*, mort le 5 octobre 1661, et *Pierre*, décédé le 31 août 1653. Ce dernier eut d'Isabelle *Van Haeften*, morte le 16 juin 1694, un fils, *Jean*, décédé le 6 juin 1694. Tous les six furent inhumés dans l'église Saint-Paul à Anvers.

1697, janvier. — *Lettres d'anoblissement en faveur de Denis Le Cat.*

Louis, par la grâce de Dieu, Roy de France et de Navarre, à tous présens et à venir salut. Par nostre édit du mois de mars mil six cens quatre vingt seize, registré ou besoin a esté, nous avons annobly le nombre de cinq cens personnes qui seront choisies parmy ceux qui se sont les plus distinguez par leurs mérites, leurs vertus et leurs bonnes qualitez et qui se sont rendus recommandables par leurs charges et leurs employs tant au fait de la guerre que dans les affaires de judicature, à chacun desquels nos lettres particulières d'annoblissement seront expédiées en payant les sommes ausquelles elles seront fixées pour ayder aux besoins pressans où la guerre nous engage, et comme nous avons esté pleinement informé de la famille, des vertus et des bonnes qualitez de nostre cher et bien amé *Denis Le Cat*, licentié en droit de nostre province de Flandres, Nous l'avons agréé pour l'un desdits cinq cens annoblis créés par nostre dit édit ainsy qu'il est contenu par l'estat arresté en nostre conseil le vingtième octobre de ladite année dernière 1696, en conséquence duquel il a payé la finance que nous avons fixée par l'arrest du 3e avril et par le rolle du 7 aoust de ladite année dernière, suivant la quittance du garde de nostre trésor royal du douzième jour de décembre de la mesme année registrée au controlle général des finances le XXIIe dudit mois cy attachée sous nostre contrescel. A ces causes et autres considérations à ce nous mouvans, nous avons de notre grâce spéciale, pleine puissance et authorité royalle, par ces présentes signées de nostre main, annobly et annoblissons ledit *Denis Le Cat* pour estre du nombre desdits cinq cens annoblis créés par nostre dit édit et du tiltre et qualité de noble Nous l'avons décoré et décorons. Voulons et nous plaist qu'il soit tenu, censé et réputé pour tel, ensemble ses enfans et sa postérité tant masles que femelles nez et à naistre en loyal mariage tout ainsy que s'ils estoient issus de noble et ancienne extraction et que luy et sa postérité soient en tous lieux et actes tant par jugement qu'autrement tenus censez et réputez nobles, que comme tels ils puissent prendre la qualité d'escuyer, parvenir au degré de chevallerie et autres honneurs réservez à nostre noblesse et qu'ils jouissent et usent de tous les droits, prérogatives, privilèges, franchises, libertez et immunitez dont jouissent et ont accoustumé de jouir les autres nobles de notre royaume comme aussy qu'ils puissent acquérir, tenir et posséder tous fiefs, terres et seigneuries nobles de quelques tiltres et qualitez qu'elles soient. Nous luy permettons de porter les armoiries timbrées telles qu'elles seront réglées et blasonnées par le sieur D'Hozier, juge d'armes de France et qu'elles seront peintes et figurées dans les présentes avec pouvoir de les faire peindre, graver et insculper en tels endroits de ses maisons, terres et seigneuries que bon luy semblera, sans que pour raison du présent annoblissement ledit *Denis Le Cat* et ses descendans soient tenus de nous payer, ny à nos successeurs roys, aucune finance ny indemnité dont, à quelque somme qu'elle puisse monter, nous leur avons fait et faisons don par ces présentes, à la charge de vivre noblement sans déroger à laditte qualité et sans que ledit annoblissement puisse estre par nous suprimé ny révocqué ny sujet à aucune taxe pour estre confirmé conformément à nostre dit édit. Si donnons en mandement à nos amez et féaux conseillers les gens tenans nostre cour de parlement, chambre des comptes, et cour des aydes à Paris, trésoriers de France et autres juges des balliages, sénéchaussées, ellections, et autres qu'il appartiendra que ces présentes ils ayent à faire enregistrer et du contenu en icelles faire jouir ledit Denis Le Cat et sa postérité en faisant cesser tous troubles et empeschemens. Car tel est nostre plaisir. Et afin que ce soit chose ferme et stable et à tousjours, nous avons fait aposer nostre scel à cesdites présentes. Donné à Versailles au mois de janvier l'an de grâce mil six cens quatre vingt dix sept et de nostre règne le cinquante cinquiesme. — Louis. Veu au Conseil, Phelypeaux.

> Archives communales de Lille. Original, parchemin, sceau royal en cire verte à lacs de soie. Carton aux titres, n° 1349. — Copie aux registres aux mandements et ordonnances enregistrés à la Gouvernance de Lille. Registre Ryswick, f° 2 r° et suiv.

DE LENCQUESAING

Armes : *d'azur fretté d'or, au chef d'azur chargé de deux étoiles d'or.*

I. — *Jean* de Lencquesaing, né à Solre-le-Château le 5 juin 1555, épousa, le 20 décembre 1579, Anne *Le Machon*, née à Bruxelles le 21 octobre 1563 ; il en eut onze enfants dont un seul survécut :

II. — *Jean-Jacques* de Lencquesaing, né à Mons le 26 mai 1609, conseiller et receveur des aides d'Artois, par lettres données à Bruxelles le 1er février 1641, puis receveur des domaines du Roi à Aire-sur-la-Lys en 1653, enfin juge royal, mort à Saint-Omer et enterré dans l'église Saint-Denis le 27 février 1662, épousa à Saint-Pierre d'Aire-sur-la-Lys, le 6 décembre 1627 [1], Marie *Marche*, fille de Philippe, sr de la Vigne, et de Jeanne *de Hauteclocque*, née à Aire le 19 février 1603 ; d'où :

1. — *François*, baptisé à Saint-Pierre le 8 ou 10 septembre 1628, capitaine au régiment du prince de Robecq au service d'Espagne en 1653, fait prisonnier cette année-là par les Français au siège de Saint-Venant et conduit à Béthune où il mourut des suites d'une blessure.

2. — *Jean-Jacques*, qui suit, III.

3. — *Ignace-François*, baptisé à Saint-Pierre le 31 mars 1631, mort le 20 avril 1633.

4. — *Anne-Marie*, baptisée à Saint-Pierre le 23 novembre 1632, enterrée dans l'église Saint-Sépulcre de Saint-Omer, mariée à Saint-Jean de Saint-Omer, le 25 décembre 1653, avec Philippe-Eustache *Delattre*, écuyer, sr de Loe, fils de Jacques et de Catherine-Barbe *Lentailleur*, né à Valenciennes, échevin de Saint-Omer en 1659 et 1661, mort en 1692 ; dont postérité.

5. — *Catherine*, baptisée à Saint-Pierre le 13 janvier 1634, décédée le 24 octobre 1638.

---

1. Cette date est tirée d'une généalogie de notre bibliothèque ; le registre de Saint-Pierre d'Aire manque à cette année. — Dans cette généalogie Saint-Pierre veut dire Saint-Pierre d'Aire-sur-la-Lys.

6. — *Claire-Agnès*, baptisée à Saint-Pierre le 25 octobre 1635, morte le 21 octobre 1638.

7. — *Robert-Jean-Paul*, baptisé à Saint-Pierre le 28 janvier 1637, mort le 20 février suivant.

8. — *Robert-Ignace*, baptisé à Saint-Pierre le 16 janvier 1638, moine à Saint-Bertin de Saint-Omer où il mourut le 7 juin 1664.

9. — *Nicolas-Charles*, baptisé à Saint-Pierre le 3 octobre 1639, mort le 1er avril 1648.

10. — *Charles*, baptisé à Saint-Pierre le 27 novembre 1640, récollet à Saint-Omer.

11. — *Madeleine-Isabelle*, baptisée à Saint-Pierre le 9 novembre 1642, décédée le 2 décembre 1682, alliée à Antoine *de Gonay*, écuyer.

12. — *Bernardin*, baptisé à Saint-Denis de Saint-Omer le 22 mai 1644, député aux États d'Artois.

III. — *Jean-Jacques* DE LENCQUESAING, baptisé à Saint-Pierre le 17 décembre 1629, receveur du domaine du Roi au quartier d'Aire le 11 mai 1654 [1], nommé receveur général des aides d'Artois par lettres données à Bruxelles le 17 janvier 1663 aux gages de 600 livres du prix de 40 gros monnaie de Flandre [2], mayeur d'Aire, anobli par lettres données à Madrid le 18 juillet 1661, mort à Aire le 12 juin 1683 et inhumé dans la chapelle Saint-Liévin à Saint-Pierre. Un arrêt du Conseil d'Artois le 25 septembre 1669 lui adjugea la terre de Laprée à Quiestède, saisie sur Hermann-François Le Roy, écuyer, sr de Quiestède. Il épousa, par contrat passé à Aire-sur-la-Lys le 30 octobre 1660, Marie-Anne *Durietz*, fille de Nicolas, conseiller et avocat fiscal des ville et bailliage d'Aire, et de Marguerite-Jeanne *Vaillant*, née à Aire le 1er octobre 1644, inhumée à Saint-Denis de Saint-Omer, dans la chapelle Notre-Dame, le 18 mai 1711 ; d'où :

1. — *Marguerite-Anne-Josèphe*, baptisée à Saint-Pierre le 6 septembre 1661, morte en bas âge.

2. — *Marie-Anne-Eugénie*, baptisée à Saint-Pierre le 30 janvier 1663.

3. — *Marie-Anne-Joseph*, baptisée à Saint-Pierre le 9 décembre 1664, morte avant 1705, alliée, le 1er mai 1684, à Georges-Louis *Werbier*, sr du Hamel, grand bailli d'Aire ; dont postérité.

---

1. Archives départementales du Nord, B. 66, registre aux commissions, f° 54 v°.
2. *Idem*, B. 67, registre aux commissions, f° 67.

4. — *Marie-Françoise-Joseph,* baptisée à Notre-Dame d'Aire le 20 septembre 1666, morte à Aire le 13 avril 1729 et enterrée dans la chapelle Notre-Dame à Saint-Pierre, alliée, en 1691, à François *de Vos,* sr d'Haigdorne et de Clarques, fils de François. Originaire de Westphalie, il entra à 20 ans au service de France dans la compagnie des cadets de Douai, fut blessé au siège de Philipsbourg, fut nommé capitaine au régiment de Zurlauben en 1692 et obtint les 5 février et mars 1703 un arrêt du Conseil d'État et des lettres patentes de reconnaissance de noblesse ; dont postérité.

5. — *Jean-Jacques,* baptisé à Saint-Pierre le 22 avril 1669, mort enfant.

6. — *François-Jean-Jacques,* qui suit, IV.

7. — *Marie-Thérèse-Joseph,* baptisée à Saint-Pierre le 27 octobre 1672, morte à Saclas, près Étampes, le 10 mars 1725, mariée, le 20 avril 1700, avec Pierre *de Poilloue de Bonnevaux,* sr du Boulay, lieutenant-colonel d'infanterie, chevalier de Saint-Louis ; dont postérité.

8. — *Antoine-Joseph,* baptisé à Saint-Pierre le 16 juin 1674.

9. — *Jeanne-Françoise-Ursule,* baptisée à Saint-Pierre le 22 octobre 1675.

10. — *Charles-Ignace-Joseph,* qui suivra (deuxième branche).

11. — *Marie-Léonarde,* baptisée à Saint-Pierre le 4 juin 1678.

12. — *Nicolas-Louis,* écuyer, sr de Samer, baptisé à Saint-Pierre le 26 janvier 1680, célibataire.

13. — *Bernardin,* écuyer, sr du Maretz, baptisé à Saint-Pierre le 14 mai 1681, mort célibataire à Colmar le 17 septembre 1726.

14. — *Marguerite-Thérèse-Joseph,* baptisée à Saint-Pierre le 21 juillet 1683.

IV. — *François-Jean-Jacques* DE LENCQUESAING, écuyer, sr de Laprée, baptisé à Saint-Pierre le 2 septembre 1670, mayeur d'Aire, y décédé le 2 avril 1720 et enterré dans la chapelle Saint-Liévin à Saint-Pierre ; épousa, par contrat du 16 janvier 1705, Marie-Louise *de Rogier* [1], fille de Jean-Baptiste-Dominique, sr d'Houdauville, La Bretagne, Picquenvalle, avocat au Parlement de Paris, et de Marie-Anne *Doresmieulx,* née à Saint-Omer le 24 août 1682, enterrée dans la chapelle Notre-Dame Pannetière à Saint-Pierre d'Aire le 17 juin 1710 ; dont :

1. — *Dominique-Jean-Jacques,* qui suit, V.

---

1. ROGIER : *d'argent papelonné de sable et une croix d'azur brochant sur le tout.*

2. — *Marie-Anne-Louise*, baptisée à Saint-Pierre le 6 juillet 1707, morte à Saint-Omer le 3 mai 1791, mariée à Saint-Omer, le 21 août 1728, avec Maximilien-Joseph *de Pan*, écuyer, sr de Wisques, Montigny, fils de Maximilien, procureur du Roi au bailliage de Saint-Omer, et de Marie-Marguerite *d'Audenfort*, baptisé à Saint-Denis de Saint-Omer le 2 décembre 1669, veuf de Marie-Jeanne *de Thilloy*, avocat au Parlement de Paris, nommé conseiller secrétaire du Roi en la chancellerie d'Artois le 17 décembre 1712, mort à Saint-Omer le 8 mai 1739 ; dont postérité.

3. — *Marie-Madeleine-Charlotte*, baptisée à Saint-Pierre le 17 décembre 1708, morte en bas âge.

4. — *Maximilienne-Joseph*, baptisée à Saint-Pierre le 15 janvier 1710, morte jeune.

V. — *Dominique-Jean-Jacques* DE LENCQUESAING, écuyer, sr de Laprée, baptisé à Saint-Pierre le 8 janvier 1706, mort à Laprée le 28 octobre 1776 ; acheta de Louis de Beaufort, le 5 janvier 1760, la charge de grand bailli d'épée de Saint-Omer, reçut ses lettres de provision le 15 février suivant et prêta serment au Conseil d'Artois le 6 mars suivant ; il épousa au château de Molpas, près Mérignies, par contrat du 28 septembre 1733, Marie-Joseph-Eugénie *du Puich* [1], fille de Jacques-François, sr de Mesplau, et de Marie-Eugénie *Dubois*, née à Béthune le 16 mai 1709, morte à Laprée le 13 septembre 1748 ; d'où :

1. — *Louis-Dominique-Eustache*, qui suit, VI.

2. — *Eugène-Lamoral*, né le 6 août 1735 et baptisé à Sainte-Aldegonde de Saint-Omer, mort à Molpas le 7 août 1753 et enterré dans l'église de Mérignies.

3. — *Marie-Louise-Joseph*, née le 19 mai 1737 et baptisée à Sainte-Aldegonde, alliée à son cousin, Charles-Louis-François *de Lencquesaing* (branche cadette).

4. — *Marie-Thérèse-Eugénie*, née le 4 juillet 1738 et baptisée à Saint-Denis, entrée à la Noble Famille de Lille le 30 juillet 1746, y décédée le 14 juillet 1751 et enterrée dans la chapelle de cette maison.

5. — *Marie-Charlotte*, née le 3 août 1739 et baptisée à Saint-Denis, morte à Arras le 12 février 1805, mariée, le 9 avril 1771, avec François-Dominique-Joseph *Le Caron* [2], écuyer, sr de Canettemont

---

1. DU PUICH : *de sinople à une fasce d'argent, accompagnée en chef d'un croissant du même.*

2. LE CARON : *écartelé : aux 1 et 4, d'argent à deux fasces de sable ; aux 2 et 3, de gueules à trois coquilles d'argent.*

et de Sains-lez-Hauteclocque, fils de Philippe-Marie-Dominique, écuyer, sʳ desdits lieux, et de Jeanne-Françoise *Leduc*, né à Arras-paroisse Sainte-Croix, le 27 août 1740, mousquetaire gris, mort à Arras le 27 messidor an VIII ; dont postérité.

6. — *Marie-Antoinette-Louise,* née le 5 septembre 1741 et baptisée à Saint-Sépulcre de Saint-Omer, morte à Aire en la maison d'éducation du jardin de Notre-Dame le 14 août 1653 et enterrée dans la chapelle Saint-Liévin à Saint-Pierre d'Aire.

7. — *Louis-Jean-Jacques,* baptisé à Saint-Sépulcre le 15 novembre 1742, mort à Laprée le 11 septembre 1749.

8. — *Charles-Joseph-Jean-Jacques,* baptisé à Quiestède le 11 septembre 1745, mort à Saint-Omer le 8 novembre 1748 et enterré dans l'église Saint-Denis.

VI. — *Louis-Dominique-Eustache* DE LENCQUESAING, écuyer, sʳ de Laprée, Quiestède, Chocques, Mesplau, né le 4 août 1734 et baptisé à Sainte-Aldegonde, capitaine au régiment de Navarre, bourgeois de Lille par achat du 4 mars 1763, échevin de cette ville, nommé grand bailli d'épée de Saint-Omer le 29 janvier 1777, installé seulement dans cette charge le 4 mars 1779 par suite de difficultés, mort à Lille le 20 mai 1805 et enterré au cimetière d'Esquermes ; épousa à Lille, le 23 mai 1762, Marie-Cécile-Joseph *Aronio*, fille de Philippe-Louis, écuyer, sʳ de Lestrée, et de Marie-Lucrèce-Joseph *de Fourmestraux*, baptisée à Sainte-Catherine le 23 novembre 1734, décédée le 28 mai 1802 et enterrée à Esquermes ; dont :

1. — *Louis-Dominique-Joseph,* qui suit, VII.

2. — *Thérèse-Amélie-Philippine,* née le 25 janvier 1765 et baptisée à Saint-André de Lille, y décédée le 11 avril 1768.

3. — *Marie-Julie-Eugénie,* née le 18 août 1766, baptisée à Saint-André le 30 septembre suivant, décédée le 16 septembre 1853, mariée à Saint-Pierre, le 8 avril 1788, avec Denis-Joseph *Godefroy*, écuyer, sʳ de Maillart, fils de Jean-Baptiste-Achille, écuyer, et d'Anne-Alexandrine-Joseph *Zouche de la Lande,* baptisé à Saint-Étienne le 13 juillet 1740, bourgeois de Lille par relief du 10 octobre 1788, directeur et garde des chartes de l'ancienne chambre des comptes à Lille, mort dans cette ville le 14 mai 1819 ; dont postérité.

4. — *Jean-Baptiste-Charles,* écuyer, né le 16 août 1768, baptisé à Saint-André, fit des preuves de noblesse pour entrer au service militaire le 29 janvier 1784, fut officier au régiment d'Auxerrois et quitta ce corps pour servir à l'armée des Princes, au régiment de la

Tour ; il mourut à Saint-André-lez-Lille le 30 prairial an XIII et fut enterré au cimetière de Lambersart.

5. — *Charles-Joseph*, écuyer, né le 20 janvier 1770, baptisé à Saint-André, mort à Molpas le 10 janvier 1798 et enterré à Mérignies.

6. — *Albert-Joseph*, écuyer, né le 5 février 1772, baptisé à Saint-André, aspirant au corps royal d'artillerie en 1790, émigré en 1791, agrégé à la compagnie des officiers du régiment d'Auxerrois, avec laquelle il défendit Maëstricht en 1793, fit les campagnes de 1794, 1795 et 1796 au régiment de Royal allemand, passa lieutenant aux chevau-légers de Darmstadt en 1797, quitta ce corps en 1806, fut nommé chevalier de Saint-Louis en 1814. Il épousa : 1° à Darmstadt, par contrat du 14 mai 1802, Caroline-Louise *Gostenhofer*, fille de Charles-Louis et de Jeanne-Christiane *Breithaupt*, née à Pirmasens en août 1717, morte à Lille le 30 novembre 1806 ; 2° à Oxelaere, le 23 août 1809, Marie-Sophie-Antoinette *Lenglé*, fille de Louis-Auguste-François-Denis, s^r d'Oxelaere et d'Escobecque, et d'Adélaïde-Marie-Thérèse *Cornil*, née à Lille le 1er mai 1788 ; d'où :

    a. — Du premier lit : *Frédéricque-Émélie-Caroline*, née à Darmstadt en 1805, morte à Lille le 16 septembre 1806.

    b. — Une autre fille morte en bas âge.

7. — *Marie-Joséphine*, née le 18 septembre 1774, baptisée à Saint-André, morte à Lille le 14 novembre 1858, mariée, le 16 novembre 1803, avec Louis-Marie *Potteau d'Hancardrie*, fils de Denis-Joseph-Marie, écuyer, s^r de la Chaussée, et de Marie-Françoise-Joseph *Aronio*, baptisé à Sainte-Catherine le 15 mai 1770, député et président du Conseil général du Nord, décédé à Paris le 18 juin 1833 ; dont postérité.

VII. — *Louis-Dominique-Joseph* DE LENCQUESAING, écuyer, s^r de Laprée, né le 11 décembre 1763, baptisé à Saint-André le 14 janvier 1764, cadet gentilhomme au régiment de Picardie, à Metz, en 1779, sous-lieutenant en 1781, lieutenant en 1788, démissionnaire en 1791 et passé dans l'escadron d'Artois, armée des Princes, avec lequel il se trouva au siège de Maëstricht en 1793, chevalier de Saint-Louis en 1814, rayé de la liste des émigrés après avoir prêté le serment de fidélité à la Constitution le 14 nivôse an X, mort à Lille le 26 mai 1854. Il épousa : 1° à Lille, le 6 avril 1790, Élisabeth-Françoise-Amélie *Le Maistre*, fille de Pierre-Albert-Joseph, écuyer, s^r d'Anstaing, et d'Isabelle *Van Zeller*, baptisée à Saint-André le 10 mars 1770, morte à Lille le 10 août 1801 ; 2° à Lille, le 26 janvier 1805, Reine-Ferdinande-Eugénie *de Lencquesaing* (cf. *infra*) ; d'où :

1. — Du premier lit : *Louis-Dominique-Camille*, né à Lille le 21 juin 1791, mort à Tournai le 10 avril 1792.

2. — *Louis-Dominique-Hippolyte*, né à Tournai le 11 janvier 1793, mort le 25 mai 1797.

3. — *Valentine-Joséphine*, née à Nimègue le 20 août 1794, morte à Douai le 1er août 1876, mariée à Lille, le 12 avril 1820, avec Thomas-Alexandre-Édouard *Enlart de Guémy*, écuyer, fils de Thomas-Alexis-Joseph, écuyer, et de Louise-Claire Joseph *de Pan*, né à Saint-Omer le 16 octobre 1786, reçu avocat à Paris en 1809, nommé conseiller auditeur à la cour de Douai en 1812, substitut du procureur général en 1817, conseiller à la même Cour en 1818, démissionnaire le 4 novembre 1842 et mort à Douai le 4 janvier 1844; dont postérité.

4. — Un fils, né à Hambourg en janvier 1798, mort aussitôt.

5. — *Louis-Dominique-Charles*, né à Munster le 8 août 1799, y décédé le 23 novembre 1799.

6. — *Louise-Albertine-Élisée*, née à Lille le 31 juillet 1801, y décédée le 18 novembre suivant.

7. — Du second lit : *Louise-Albertine-Laure*, née à Lille le 24 mars 1806, morte le 7 avril suivant.

8. — *Louis-Dominique-Gustave*, né à Lille le 7 novembre 1807, y décédé le 10 avril 1831.

9. — *Louis-Dominique-Arthur*, qui suit, VIII.

VIII. — *Louis-Dominique-Arthur* DE LENCQUESAING, écuyer, né à Aire-sur-la-Lys le 20 avril 1809, mort à Lille le 24 janvier 1887 ; épousa à Lille, le 26 avril 1837, Mélanie-Joseph-Marie *Van der Cruisse de Waziers*, fille de Charles-Michel-Hugues-Joseph et d'Adélaïde-Sophie *Le Mesre du Bruisle*, née à Lille le 28 septembre 1815, y décédée le 12 mai 1906 et inhumée à Quiestède ; d'où :

1. — *Marie-Louise-Clotilde*, née à Lille le 7 février 1838, religieuse du Sacré-Cœur.

2. — *Marie-Eugénie-Marcelle*, née à Lille le 14 septembre 1839, morte à Montières (Somme) le 1er novembre 1869, alliée à Lille, le 10 septembre 1861, à Bon-Jules-Charles-Éthelbert *Lallart de le Bucquière*, écuyer, fils de Bon-Albert-Benoît-Louis et de Marie-Louise-Charlotte *Blin de Bourdon*, né à Arras le 1er avril 1833, chevalier de Saint-Grégoire-le-Grand, mort à Amiens le 16 janvier 1887 ; sans postérité.

3. — *Marie-Louise-Albertine*, née le 2 juillet 1843, mariée à Lille, le 4 avril 1866, avec Alphonse-Charles-Marie-Joseph *Fouache d'Halloy*, fils d'Aristide, conseiller honoraire à la cour d'Amiens,

et de Marie *Aclocque d'Hocquincourt*, né à Amiens le 28 octobre 1838 ; dont postérité.

4. — *Hélène-Louise-Marie*, née le 26 janvier 1847, mariée à Lille, le 2 mars 1867, avec Jacques-Louis *Fouache d'Halloy*, frère du précédent, né à Amiens le 6 août 1840 ; dont postérité.

5. — *Albéric-Louis*, qui suit, IX.

IX. — *Albéric-Louis* DE LENCQUESAING, né à Lille le 9 juin 1851, maire de Quiestède, épousa à Lewarde près Douai, le 14 novembre 1882, Antoinette-Marie-Philomène *d'Hespel de Flencques*, fille de Frédéric-Séraphin-Albert et d'Eugénie-Michelle *Imbert de la Phalecque*, née le 8 février 1864 ; d'où :

1. — *Jacques-Louis-Dominique*, né à Lille le 23 octobre 1883.
2. — *Robert-Frédéric-Louis*, né à Lille le 6 février 1885, mort le 11 suivant.
3. — *Bernard-Joseph*, né à Lille le 7 avril 1886.
4. — *Jean-Joseph-Alexandre*, né au château de Laprée le 9 juillet 1887.
5. — *Simone-Marie-Antoinette*, née à Laprée le 27 septembre 1888.
6. — *Robert-Frédéric-Michel*, né à Laprée le 21 novembre 1889.
7. — *Éliane-Marie-Hélène*, née à Laprée le 13 août 1891.
8. — *André-Joseph*, né à Laprée le 3 octobre 1893.

DEUXIÈME BRANCHE

IV bis. — *Charles-Ignace-Joseph* DE LENCQUESAING, écuyer, s^r de Coquanes, baptisé à Saint-Pierre d'Aire le 5 février 1677, capitaine de cavalerie au régiment de Marnay, puis major de carabiniers, chevalier de Saint-Louis, mort à Paris le 25 août 1732 et inhumé dans l'église Saint-Sulpice ; épousa à Aire, le 2 avril 1706, Marie-Thérèse *Lochtembergh*, fille de Dominique-Alexandre, avocat au Conseil d'Artois, et de Thérèse *Van Rode*, née en 1668, morte à Aire le 28 juillet 1712 ; d'où :

1. — *Marie-Joseph-Charlotte* [1], baptisée à Saint-Pierre le 14 février 1707, morte le 13 décembre 1777 ; alliée, le 9 février 1751, à Étienne *Chevalier*, brigadier des armées du Roi, directeur du corps

---

1. L'acte de décès l'appelle Marie-Anne-Thérèse-Louise.

royal du génie, commandant du fort Saint-François-lez-Aire, chevalier de Saint-Louis ; sans enfants.

2. — *Charles-Louis-François*, qui suit, V.

3. — *Catherine-Thérèse-Joseph*, baptisée à Saint-Pierre le 11 avril 1712, y décédée célibataire le 2 décembre 1779.

V. — *Charles-Louis-François* DE LENCQUESAING, écuyer, sr d'Humetz, né à Aire le 18 septembre 1709 et baptisé à Saint-Pierre le 21, capitaine au régiment de Royal Wallon, chevalier de Saint-Louis, puis mayeur d'Aire, y décédé le 26 septembre 1787 et enterré dans l'église Saint-Pierre ; épousa : 1º à Paris, le 22 mars 1738, Élisabeth-Catherine *de Mérault*, fille de René, chevalier, sr de Villeron, président au Parlement de Paris, née vers 1703, morte à Paris le 5 mai 1746, et inhumée dans la chapelle Sainte-Geneviève à Saint-Séverin ; 2º à Laprée, le 26 août 1755, Marie-Louise-Joseph *de Lencquesaing*, fille de Dominique-Jean-Jacques, écuyer, et de Marie-Joseph-Eugénie *du Puich*, née à Saint-Omer le 19 mai 1737, morte à Aire le 31 janvier 1826 ; dont :

1. — Du second lit : *Marie-Thérèse-Charlotte-Eugénie*, baptisée à Saint-Pierre le 29 mai 1756, décédée au château de Valdubois (à Seninghem) le 1er janvier 1809, mariée à Aire, le 9 nivôse an IV, avec Jean-François-Félix *de Wansin*, écuyer, sr de Wirquin, fils de Pierre-François, écuyer, et de Marie-Isabelle-Eugénie *de Bernastre*, baptisé à Saint-Sépulcre de Saint-Omer le 14 février 1746, veuf de Geneviève-Pélagie *de Bouy*, remarié, en 1821, avec Marie-Charlotte-Élisabeth-Ghislaine *de Neuville*, mort au château de Valdubois le 7 novembre 1829 ; sans enfants.

2. — *Marie-Joseph-Adélaïde*, baptisée à Saint-Pierre le 23 septembre 1757, admise à la Noble-Famille de Lille en 1765, morte à Aire le 15 août 1836, alliée, le 3 octobre 1804, à Joseph-Alexandre-Antoine, baron *de Comerford*, fils d'Alexandre-Bonaventure et de Marie-Antoinette *Lorgnier*, né vers 1752, capitaine au régiment de Dillon infanterie, chevalier de Saint-Louis, commandant de la garde nationale de Douai, veuf de Marie-Thérèse-Gabrielle *d'Assenoy*, mort à Aire le 12 février 1813 ; sans postérité.

3. — *Charles-Bonaventure*, baptisé à Saint-Pierre le 27 avril 1759, y décédé le 23 décembre 1765.

4. — *Étienne-François-Louis*, écuyer, né le 6 mars 1762, baptisé à Saint-Pierre le 27 mai suivant, sous-lieutenant au corps royal du génie le 1er janvier 1782, lieutenant le 1er janvier 1784, capitaine le 1er avril 1791, émigré le 1er mai 1792 pour se rendre à l'armée des

Princes, fut à la défense de Maëstricht en 1793, servit sous le duc d'York dans le corps des ingénieurs français émigrés, recruté par l'Angleterre, fut employé aux expéditions de Quiberon et de Portugal, nommé chevalier de Saint-Louis en 1800, enfin mourut à Antigneul le 20 décembre 1848. Il épousa audit lieu, le 12 février 1805, Marie-Julie-Angéline *de Werbier*, fille de Louis-Bruno, écuyer, sr du Hamel, grand bailli d'Aire-sur-la-Lys, et d'Anne-Félicité-Thérèse *Taverne*, née à Bours (Pas-de-Calais) le 7 décembre 1767, morte sans postérité à Antigneul le 24 octobre 1848.

5. — *Marie-Anne-Louise-Célestine-Joseph*, baptisée à Saint-Pierre le 19 août 1766, décédée le 4 juillet 1768.

6. — *Reine-Ferdinande-Eugénie*, née à Aire le 22 mai 1771 et baptisée à Saint-Pierre le 29 juin suivant, entrée à la Noble-Famille de Lille le 30 mai 1778, mariée, le 26 janvier 1805, avec Louis-Dominique-Joseph *de Lencquesaing* (cf. *supra*).

7. — *Charles-Ignace-Joseph*, baptisé à Saint-Pierre le 23 juillet 1772, capitaine d'infanterie, chevalier de Saint-Louis en 1817, mort à Saint-Omer le 6 janvier 1840.

8. — *Marie-Françoise-Louise*, baptisée à Saint-Pierre le 30 avril 1775, morte dans la maison du Jardin Notre-Dame à Aire le 12 février 1786.

9. — *Louis-Eugène-Martial*, qui suit, VI.

10, 11 et 12. — Trois enfants morts en naissant.

VI. — Louis-Eugène-Martial *de Lencquesaing*, né à Laprée le 30 juin 1778, mort à Saint-Omer le 6 juin 1854; épousa: 1º à Saint-Omer, le 28 septembre 1818, Charlotte-Marie-Joseph *Hémart*, fille de Maximilien-Antoine-Albert-Joseph, sr du Neufpré, et de Marie-Scholastique-Joseph *de Cardevacque*, née à Saint-Omer le 16 juillet 1778, y décédée le 30 mars 1820; 2º à Lille, le 30 janvier 1823, Marie-Élise-Adélaïde *de Rouvroy de Beaurepaire*, fille de Louis-Henri, écuyer, et d'Amélie *Cardon de Montreuil*, née à Lille le 18 juillet 1800, morte à Saint-Omer le 19 septembre 1861; d'où:

1. — *Louis-Oswald*, né à Saint-Omer le 8 octobre 1823, y décédé le 24 novembre suivant.

2. — *Alphonse-Marie-Étienne*, né à Saint-Omer le 8 octobre 1824, prêtre, vicaire de Saint-Géry à Arras, chanoine de la cathédrale d'Arras, doyen de Notre-Dame de Calais et archiprêtre de cette ville, y décédé le 5 mai 1902.

3. — *Mathilde-Marie-Caroline*, née à Saint-Omer le 14 mai 1826, mariée dans cette ville, le 11 décembre 1850, avec Jean-Louis-

Saint-Ernest *Tillette de Buigny*, fils de Joseph-Alphonse et de Jeanne-Émilie *Levesque de Neuvillette*, né à Abbeville le 17 janvier 1816, y décédé le 13 janvier 1889 ; dont postérité.

4. — *Laure-Marie-Eugénie*, née à Saint-Omer le 19 octobre 1827, morte à Lille le 11 mars 1901, mariée à Saint-Omer, le 17 mai 1848, avec Anatole-Louis-Wallerand *de Madre de Norguet*, fils de Louis-Ferdinand-Benjamin-Joseph et de Pauline-Alexandrine *Rycquier de Longin de Rochefort*, né le 6 mai 1823, membre de plusieurs sociétés savantes, ancien président de la Société des sciences de Lille, mort à Lille le 15 septembre 1898 ; dont postérité.

5. — *Noémi-Marie-Louise*, née à Saint-Omer le 17 août 1835, y décédée le 1er avril 1898, mariée dans cette ville, le 18 avril 1860, avec Marie-Henri-Arnould *Van Zeller d'Oosthove*, fils de Marie-Charles-Robert et d'Henriette-Louise *Lespagnol de Grimbry*, né à Lille le 28 février 1837, maire de Racquinghem ; dont postérité.

1660, 18 juillet. — *Déclaration de noblesse en faveur de Jean-Jacques de Lancquesaing.*

Philippes, par la grâce de Dieu, Roy de Castille, de Léon, de d'Arragon, des Deux Sicilles, de Jérusalem, de Portugal, de Navarre, de Grenade, de Tolède, de Valence, de Galice, etc....., à tous présens et advenir qui ces présentes verront ou ouiront, salut. De la part de nostre cher et féal *Jean-Jacques de Lanquesaing*, conseillier et receveur général des aydes de nos pays et comté d'Artois, nous a été remontré que son père *Jean-Jacques de Lanquesaing* auroit deservi la même charge de conseiller et receveur et auparavant celle de receveur de nos domaines du district de la ville d'Aire, laquelle étant menacé d'un siège, ils auroient engagé leur crédit et celui de leurs parents et amis pour trente mille florins, afin de la municionner et en parachever les fortifications, ayant pareillement employez tout leurs moyens et crédit pour achever celles de la ville de Saint-Omer auparavant qu'elle fut assiégé par les françois ; que ses prédécesseurs auroient aussy deservy longues années lesdites charges aux appaisement, et se seroient toujours maintenus comme personnes nobles ; en considération de quoy, il nous a très humblement suplié que notre bon plaisir fut de lui accorder lettres de déclaration de noblesse, l'annoblissant de nouveau en tant que besoin est, et sur ce lui faire dépêcher nos lettres patentes en tel cas pertinentes, sçavoir faisons que nous ce que dessus considéré avons de notre certaine science autorité souveraine et grâce spéciale, pour nous, nos hoirs et successeurs, audit *Jean-Jacques de Lanquesaing*, ensemble à ses enfans et postérité, masles et femelles nais et à naître en léal mariage, accordez et octroyez, accordons et octroyons par ces présentes le titre et dignité de noblesse, voulans et entendans que sesdits enfans et postérité et chacun d'eulx procréez en léal mariage comme dit est ayent à jouir et user jouissent et usent doresnavant et à toujours comme gens nobles en tous lieux actes et besognes de tout et quelconque honneurs, prérogatives, prééminences, libertez, franchises, privilèges, et exemptions de noblesse dont les autres nobles ont accoutumez de jouir, jouissent ou joiront et qu'ils soient en tous leurs faits et actes tenus et réputez pour nobles en toutes places en jugement et hors d'icelui comme les déclarons et avouons tels par ces présentes et que semblablement soient et seront capables et qualifiez pour être ainsy statuez en dignité soit de chevallerie ou autres et puissent et pourront en tout temps acquérir, avoir, posséder et tenir en tous nos pays, signament en nos Pays Bas, places, terres et seigneuries et autres choses mouvantes de nos fiefs et arrière fiefs et tous autres nobles tenemens et iceux prendre et tenir de nous ou d'autres sgrs féodeaux de qui ils seront dépendans et si aucuns des choses susdites ils ont ja acquis les tenir et posséder sans être contraints de par nous ou d'autres les mettre hors de leurs mains, à quoy nous les habilitons et rendons suffisans et idoines par ces présentes, faisans vers nous et nosdits hoirs et successeurs les debvoirs y appartenant selon la nature et condition d'iceux fiefs et biens acquis ou à acquérir en la coutume du pays où ils sont situez et parmy certaine finance modicque que ledit *Jean-Jacques de Lanquesaing* sera tenu de payer à notre profit sur taxation qui en sera faite par ceux du conseil d'État aux affaires des Pays Bas et Bourgogne, et afin que l'état de noblesse dudit supliant soit tant plus notoire connu et authorisé lui avons aussi accordez et permis, accordons et permettons par ces présentes qu'il et sa postérité de léal mariage comme dit est, pourront doresnavant et perpétuellement en tout quelconque leur faire grosse et autres actes licites et honnestes avoir et porter les armoiries qui s'ensuivent, à sçavoir un écusson *losangé d'azur avec les barres d'or, au chef d'azur chargé de deux étoiles d'or*, ainsy qu'elles sont peintes au milieu de ces présentes, si ordonnons aux lieutenant gouverneur et capitaine général de nosdits Pays Bas et Bourgogne et donnons en mandement à nos très chers et féaux les gens de notre conseil d'État, chefs présidens et gens de nos privé et grand conseil, chefs trésorier général et commis de nos domaines et finances, président et gens de notre conseil provincial de nos pays et comté d'Arthois, président et gens de nos chambres des comptes à Lille et à tous autres nos justiciers et officiers présens et à venir leur lieutenans et chacun d'eulx en droit soy et si comme à lui apartiendra et à tous autres nos sujets, qu'estant par lesdits de nos comptes bien et duement procédé comme leur mandons de faire à l'interrinement et vérification de cesdites présentes selon leur forme et teneur, ils fassent, souffrent et laissent ledit *Jean-Jacques de Lanquesaing*, ses enfans et postérité de léal mariage, de cette notre présente grâce octroi et annoblissement et de tout le contenu en cesdites présentes plainement, paisiblement et perpétuellement joyer et user sans leur faire mettre ou donner ni souffrir estre fait, mis ou donné à aucun d'eulx contredits troubles ou empêchement quelconque ; bien entendu que ledit *Jean-Jacques de Lanquesaing* sera tenu de les présenter en notre chambre des comptes à l'effet de ladite vérification et enterrinement endéans l'an après la datte d'icelle, comme aussi endéans le même terme aux premiers Roys d'armes ou autres qu'il appartiendra en nosdits Pays Bas, en conformité et aux fins portez par le quinzième article de l'ordonnance décrettée par feu l'archiducq Albert, le quatorzième de décembre seize cent seize, touchant le port des armoiries, timbres, titres et autres marques d'honneur et de noblesse, l'un et l'autre à peine de nullité de cesdites présentes graces, ordonnant auxdits premier Roy d'armes ou à celui qui exercera son estat en nosdits Pays Bas, ensemble au Roy ou héraut d'armes de la province qu'il apartiendra, de suivre en ce regard ce que contient le règlement fait par ceux de notre conseil privé le deuxième d'octobre seize cent trente sept, en tenant par nosdits officiers d'armes respectivement notices au dos de cette, car ainsy nous plaît et voulons être fait, nonobstant quelconque ordonnance, statuts, coustumes, usages et autres choses au contraires, desquelles nous avons relevé et dispensé, relevons et dispensons lesdits de nos finances et de nos comptes et tous autres à qui ce peut toucher et regarder. Et afin que ce soit chose ferme et stable à toujours, nous avons signez ces présentes de nos mains et à icelles fait mettre nos grand scel, saulf en autres choses notre droit et l'autruy en toutes. Donné en notre ville de Madrid, royaume de Castille, le dix huitième jour du mois de juillet l'an de grace seize cent soixante et de notre règne le quarante unième, signé Philippe et scellé du grand sceau en cire rouge.

Archives communales de Lille. Registre aux mandements et ordonnances enregistrés à la Gouvernance de Lille. Registre Prince, page 477 et suivantes.

1798, 3 mai. — *Certificat de résidence de Charles-Joseph Delencquesaing.*

Nous Administrateurs municipaux du canton de Templeuve-en-Pèvele, département du Nord, certifions à tous qu'il appartiendra, sur l'attestation des citoyens Jean-Baptiste Wignolle, instituteur, Jean-Baptiste Wartelle, tailleur, et Jean-Baptiste-Joseph Delannoy, praticien, les deux premiers domiciliés à Mérignies, le troisième audit Templeuve, même arrondissement, et que nous déclarons bien connoître, que le citoyen *Charles-Joseph Delencquesaing*, jeune homme vivant de son bien, fils de *Louis-Dominique-Eustache* et de Marie-Cécile-Joseph *Aronio*, a résidé sans interruption en France et en ladite commune de Mérignies, maison appartenant à sesdits père et mère, depuis le trois messidor an trois jusques au vingt et un nivôse dernier, qu'en conséquence il n'a point émigré.

Certifions en outre que les attestans que nous avons admis en témoignage, ne sont à notre connoissance et suivant l'affirmation qu'ils en ont faite devant nous, parens, alliés, fermiers, créanciers, débiteurs, ni agens dudit certifié, lesquels ont signé avec nous.

Agé de trente-un ans, taille de cinq pieds cinq pouces, cheveux et sourcils châtains, yeux bleus, visage ovale, front grand, menton rond, bouche moyenne, nez bien fait.

Fait à Templeuve-en-Pèvele en notre séance le quatorze floréal an sixième de la République et délivré en double.

(Signé) : Jean-Baptiste Wartelle ; Jean-Baptiste Wignolle ; Delannoy ; A.-J. Tintignies, président ; J.-B. Debuchy, agent ; J.-B. Fiévet, agent municipal ; P.-F. Lemesre, adjoint.

Archives du Nord. Série L. Administration du canton de Templeuve-en-Pèvele ; portefeuille n° 208.

LE PIPPRE

Armes : *de gueules à la croix de vair.*

BRANCHE LILLOISE

I. — *François* Le Pippre (fils d'*Éloi*) demeurait à Fleurbaix à la fin du XVe siècle [1] ; il eut de sa seconde femme, Catherine *Barbry* :

1. — *Pierre,* qui suit, II.
2. — *Jean,* qui suivra, II bis.
3. — *Noël,* gouverneur de Gravelines, capitaine d'infanterie au régiment du comte de Rœux.
4. — *François,* bailli de Grammont en 1513, capitaine de 200 hommes d'infanterie, mort vers 1559.
5. — *Jeanne.*
6. — *Marguerite.*

II. — *Pierre* Le Pippre, échevin d'Armentières, épousa : 1° Jeanne *de Beauffremez,* fille de Mathieu, s^r d'Herlies, et de Jacqueline *des Planques*; 2° vers 1512, Péronne *Chastelain* ; il eut :

1. — Du premier lit : *Péronne,* alliée à Guy *Morel.*
2. — Du second lit : *Jeanne,* épouse de Michel *Lefort,* s^r de la Vigne.
3. — *Catherine,* mariée avec Henri *de Heulle,* qui fit bâtir l'hôpital Sainte-Catherine à Armentières [2].
4. — *Jean,* l'aîné, mort avant 1558, père de :
    a. — *Nicolas,* habitant Dunkerque, lequel acheta en 1558 le fief de Barlimont à Armentières.
    b. — *Henri,* échevin de Dunkerque, décédé avant 1619, père de :
        aa. — *Jean,* officier au service d'Espagne.
        bb. — *Nicolas,* s^r de Barlimont.

---

1. Il avait pour frères : Jean, allié, en 1460, à Marie de la Grange, fille d'Antoine et de Marie de Bacquelrode, et Pierre, dont la postérité, longtemps fixée à Arras, existe encore.

2. Ces trois degrés sont empruntés à une généalogie Le Pippre reposant dans nos archives.

5. — *Guilbert*, homme d'armes sous le comte d'Egmont, eut entre autres enfants : *Philippe*, né à Armentières, bourgeois de Lille par achat du 5 novembre 1604, marchand, veuf à cette date d'Antoinette *Donze*.

6. — *Noël*, marchand, père d'*Adrien* et de *Catherine*.

7. — *Pierre*, allié à Catherine *Padieu* ; dont :
    a. — *Pierre*, né à Armentières, marchand, bourgeois de Lille par achat du 7 novembre 1614, célibataire à cette date.

8. — *Jean*, le jeune, qui suit, III.

9. — *Antoine*, mort avant 1563, allié à Antoinette *Bacler*, d'où :
    a. — *Jean*, célibataire.
    b. — *Pierre*.
    c. — *Péronne*, épouse de Maillart *Yde*.
    d. — *Catherine*.
    e. — *Margotine* ou *Marguerite*, alliée par contrat du 27 décembre 1572, devant M. Pasquier Cornet, à Armentières, à André *Vinchent*, fils de Jacques.
    f. — *Antoinette*.
    g. — *Jacques*, mort en Écosse.
    h. — *Marguerite* la jeune, mariée en juillet 1585, avec Jean *Denis*, fils d'Étienne et d'Isabeau *du Bus*, bourgeois de Lille par relief du 5 septembre 1573, lieutenant de la Gouvernance, veuf de Marguerite *Parmentier* ; dont postérité. Elle testa à Lille le 2 janvier 1613 et les 15 septembre 1625 [1].

III. — *Jean* LE PIPPRE, le jeune, vivant à Armentières, fut père de :

1. — *Jean*, qui suit, IV.
2. — *Péronne*, alliée à Philippe *Grenu*.
3. — *Jeannette*.
4. — *Adrienne*, épouse d'Henri *Padieu*, fils d'Henri, né à Anvers, marchand, bourgeois de Lille par achat du 13 décembre 1577 ; dont postérité.
5. — *Marie*.

IV. — *Jean* LE PIPPRE, mort au siège de Tournai en 1583, épousa Marguerite *Grenu*, sœur de Philippe ; d'où :

1. — *Antoine*, qui suit, V.
2. — *François*, chanoine de Saint-Pierre de Lille, proviseur des hôpitaux royaux en cette ville.

---

1. Archives de l'auteur.

3. — *Jaspart*, prêtre.

4. — *Pierre*, nommé prévôt de Lille par lettres données à Bruxelles le 18 avril 1601, confirmé dans cette charge le 28 mai 1604 [1], déclaré noble par sentence de la gouvernance le 27 août 1611, allié à Françoise *Vandenbroucke* ; d'où :

    a. — *Antoinette*, mariée à Saint-Pierre, le 19 juillet 1616, avec Pierre *Boot*, fils de Jean et de Jeanne *Van Radinghe*, né à Anvers, bourgeois de Lille par achat du 28 juin 1616.

    b. — *Marie*, alliée à Sainte-Catherine, le 27 janvier 1619, à Nicolas *Rivanegra*, fils d'André et de Catherine *Patucio*, né à Genève, marchand, bourgeois de Lille par achat du 8 octobre 1621 ; dont postérité.

    c. — *Jean*, baptisé à Sainte-Catherine le 2 janvier 1603, jésuite.

    d. — *Pierre*, baptisé à Sainte-Catherine le 27 janvier 1606, chapelain de la Neuville à Phalempin.

    e. — *Jacques*, baptisé à Sainte-Catherine le 14 octobre 1607, nommé prévôt de Lille par lettres datées de Bruxelles le 25 août 1632 [2], mort paroisse Sainte-Catherine le 11 août 1654.

    f. — *Françoise*, baptisée à Sainte-Catherine le 25 mars 1610, morte le 14 avril 1641 et enterrée dans la chapelle Notre-Dame dans cette église.

    g. — *Brigitte*, baptisée à Sainte-Catherine le 1er mars 1611.

    h. — *François*, baptisé à Saint-Étienne le 13 avril 1612.

    i. — *Anne*, baptisée à Sainte-Catherine le 12 juin 1613, morte le 7 février 1642 et enterrée dans la chapelle Notre-Dame dans cette église.

    j. — *Hippolyte*, baptisé à Sainte-Catherine le 17 mai 1616, mort jeune.

V. — Antoine Le Pippre, sr de la Grande-Motte, né à Armentières le **14 mars 1571**, capitaine d'artillerie, bourgeois de Lille par achat du **10 mai 1608**, nommé lieutenant de la gouvernance le **13 avril 1609**, échevin de Lille, puis prévôt de cette ville, mort vers **1657** et enterré à Saint-Pierre [3]. Il obtint sentence de noblesse de la gouvernance le **27 août 1611**, en même temps

---

[1]. Archives départementales du Nord, B. 65, f° 56 v°.

[2]. Archives municipales de Lille. Registre aux Mémoires, 1643-1650, f° 84.

[3]. Il est l'auteur d'un livre très rare et curieux : *Intentions morales civiles et militaires*. Anvers, *Pierre et Jean Bellere*, 1625 ; in-4° de 773 pages. On trouvera la description et l'analyse de cet ouvrage dans les *Souvenirs religieux de Lille et de la région*, année 1889, page 60.

que son frère Pierre, et épousa à Saint-Maurice, le 26 juin 1608, Isabeau *Desbuissons*, fille de N... et de Marguerite *Leurier*, née à Armentières, veuve de N... *Bernard* ; dont une fille unique :

    a. — *Marie*, épouse de Michel *Gommer*, s^r de Schonvelde, mort le 14 décembre 1641 et inhumé dans la chapelle du château de Lille.

II ^{bis}. — *Jean* Le Pippre, né à Fleurbaix, mort à Armentières et inhumé dans l'église de ce lieu, épousa Barbe *Hermès*, dont :

  1. — *François*, qui suit, III.
  2. — *Jacques*, avocat au grand conseil de Malines, allié à Catherine *Haysmans*, dont il eut une fille et un fils.

III. — *François* ou *Fransequin* Le Pippre, né à Armentières, bourgeois de Lille par achat du 12 août 1510, mort avant 1539, épousa, par contrat passé à Lille devant Me Antoine Cuvillon, le 2 août 1510 et religieusement le 12 du même mois, Isabelle *de Croix* dite *de Drumez*, fille de Guillaume ; elle testa devant Me Pierre Scrieck le 9 avril 1565, et laissa plusieurs enfants :

  1. — *François*, bourgeois de Lille par relief du 3 janvier 1539 (n. st.), mort en septembre 1597.
  2. — *Oste*, bourgeois par relief le même jour que son frère.
  3. — *Guillaume*, bourgeois par relief du 1er janvier 1544 (n. st.), père de :
    a. — *Guillaume*, bourgeois par relief du 25 juin 1568.
    b. — *François*, bourgeois par relief du 12 mai 1583, négociant à Francfort.
  4. — *Jean*, qui suit, IV.
  5. — *Michel*, qui suivra, IV ^{bis}.
  6. — *Jérôme*, qui suivra, IV ^{ter}.

IV. — *Jean* Le Pippre, né à Armentières, bourgeois de Lille par relief du 30 mars 1543 (n. st.), marchand à Béthune, épousa Jacqueline *Lespillette*, fille de Jacques, échevin de Béthune, et d'Hélène *Le Petit* ; dont :

  1. — *Isabeau*, alliée à Eustache *du Crocquet*, s^r de la Boffinerie.
  2. — *François*, qui suit, V.
  3. — *Jacques*, qui suivra, V ^{bis}.

V. — *François* Le Pippre, procureur général du bailliage de Lens, s'allia à Anne *Maillet*, fille d'Hugues, qui lui donna :

1. — *Antoine-François*, qui suit, VI.

2. — *Marguerite*, mariée avec Jacques *Hannote*, greffier de la ville de Béthune.

3. — *Barbe*, épouse de Nicolas *de Maubus*, receveur du domaine du Roi à Lens.

VI. — *Antoine-François* Le Pippre, écuyer, s^r d'Esmans, demeurant à Évin, près Douai, eut de sa femme, Marie *Cremer*, morte avant 1653 :

1. — *Anne-Françoise*, mariée, par contrat du 21 janvier 1653, avec Pierre-Valentin *Crugeot*, procureur du Roi au bailliage de Lens fils de Louis-Valentin et de Marie *de la Chasse* ; dont postérité :

2. — *François*, qui suit, VII.

VII. — *François* Le Pippre, écuyer, s^r d'Esmans, Bonmarché, mort avant juin 1672, épousa Marguerite *de Lannoy* ; il en eut :

1. — *André*, chanoine de Messine, vivant en 1682.

2. — *François*, écuyer, s^r de Bonmarché, vivant à Évin.

3. — *Jeanne*, mariée : 1° par contrat du 26 juin 1672, à Charles *Goubet*, fils de Charles et de Barbe *Robillard* ; 2° par contrat du 5 décembre 1682, à Antoine-Bauduin *de Poucques* [1], écuyer, s^r du Puich, fils de Jean-Bauduin, écuyer, s^r de Guignies, et de Marguerite *Le Poyvre*, né en janvier 1661, mort le 20 novembre 1710 ; dont postérité du second lit.

4. — *Joseph-Charles*, écuyer, s^r de Bonmarché, allié, par contrat du 19 janvier 1685, à Marie-Thérèse *Payelle* [2], fille de Pierre, dont il eut un fils unique :

a. — *Emmanuel-Joseph*, écuyer, s^r de Bonmarché, mort célibataire le 2 juin 1724, à l'âge de 38 ans, inhumé vis-à-vis la chapelle du peuple à Saint-Amé de Douai.

V ^{bis}. — *Jacques* Le Pippre, s^r du Hayon, écuyer, né à Béthune, licencié en droit, bourgeois d'Arras le 9 janvier 1571, nommé conseiller ordinaire au conseil d'Artois le 13 septembre 1585 [3], mort le 19 octobre 1616 et enterré à Saint-Nicolas d'Arras ; épousa Catherine *Cornaille*, fille de Nicolas, écuyer, s^r d'Oppy, conseiller au conseil provincial d'Artois, et de Catherine *Lohois* ; dont :

---

1. De Poucques : *d'or, au lion de sable, armé et lampassé de gueules.*

2. Payelle : *d'or au chevron de sable accompagné de trois têtes de lion arrachées du même, lampassées de gueules.*

3. Archives départementales du Pas-de-Calais, 2e registre aux commissions, f° 65 v°.

1. — *Barbe*, mariée à Arras, paroisse Saint-Jean-en-Ronville, le 8 novembre 1593, avec Nicolas *Damiens*, s^r de Waringhien, fils de Christophe et d'Anne *du Flos*, avocat au conseil d'Artois, bourgeois d'Arras le 21 septembre 1593, mort avant 1622 ; dont postérité.

2. — *Pierre*, échevin d'Arras en 1605, époux d'Isabeau *Billot*, qui le rendit père de :

    a. — *Marie-Marguerite*, alliée à Jérôme *de Belvalet*, écuyer, s^r de Pomeras, avocat au conseil d'Artois ; dont postérité.

    b. — *Isabelle-Claire*, mariée : 1° avec Charles *Vignon*, écuyer, s^r de Buneville, fils d'Antoine, s^r d'Ouvencourt, bourgeois d'Arras le 10 octobre 1613 ; 2° par contrat passé à Arras le 14 janvier 1630, avec Philippe *de Widebien*, écuyer, s^r d'Ignaucourt, fils de Charles, écuyer, et de Marie *Dannel*, bourgeois d'Arras le 10 octobre 1625, chevalier d'honneur au conseil d'Artois en 1644, mort le 24 septembre 1685, à 81 ans, et enterré dans l'église Saint-Jean-en-Ronville ; dont postérité du second lit.

3. — *Jacques*, chanoine de Saint-Amé à Douai.

4. — *Marie*, morte le 7 mai 1629, à 34 ans, alliée à Jean *Crul*, écuyer, s^r du Chastelet, grand bailli de la cour épiscopale de Cambrai, mort le 1er septembre 1676, à 94 ans, et enterré à Saint-Nicolas d'Arras.

IVbis. — **Michel Le Pippre**, s^r des Obeaux, la Vallerie, bourgeois de Lille par relief du 28 juin 1552, mort le 18 septembre 1604 et enterré dans la chapelle Notre-Dame à Saint-Étienne ; épousa Anne **Descours**, décédée le 17 décembre 1602 ; il en eut :

1. — *Paul*, né à Anvers, s^r des Obeaux, bourgeois de Lille par relief du 19 décembre 1597, mort à Lille avant février 1643 ; épousa, par contrat passé dans cette ville devant Me Jean Delesauch, le 11 septembre 1597, Marguerite *Semerpont*, décédée paroisse Saint-Maurice le 21 septembre 1669 ; d'où :

    a. — *Barbe*, mariée à Saint-Pierre, le 24 juillet 1618, avec Nicolas *Verdière*, fils de Simon et de Marguerite *Farvacques*, bourgeois de Lille par relief du 9 septembre 1614, veuf de Catherine *Parent* ; d'où postérité.

    b. — *Michel*, baptisé à Saint-Maurice le 22 octobre 1603.

    c. — *Paul*, baptisé à Saint-Maurice le 3 octobre 1606.

    d. — *Marie*, baptisée à Saint-Maurice le 24 août 1608.

    e. — *Marguerite*, baptisée à Saint-Maurice le 1er juillet 1611, urbaniste à Lille le 3 septembre 1630, y décédée le 20 décembre 1677.

    f. — *Catherine*, baptisée à Saint-Maurice le 24 mars 1614, urbaniste à Lille le 11 juillet 1632 sous le nom de Catherine-Françoise, y décédée le 30 janvier 1683.

g. — *Françoise,* baptisée à Saint-Maurice le 14 septembre 1617.

h. — *Jean,* baptisé à Saint-Maurice le 8 avril 1620.

i. — *Antoine,* sr des Obeaux, la Vallerie, baptisé à Saint-Maurice le 8 février 1622, bourgeois de Lille par relief du 20 décembre 1644, décédé paroisse Saint-Maurice le 5 février 1683 ; obtint une sentence de noblesse de la gouvernance de Lille le 29 octobre 1644, et épousa à Saint-Étienne, le 8 novembre 1644, Rose *de Hennin,* fille de Jacques, sr de Lomeau, et d'Anne *Cambier,* baptisée à Saint-Étienne le 25 octobre 1619 ; d'où :

aa. — *Simon* [1], écuyer, sr de la Vallerie, baptisé à Saint-Étienne le 20 octobre 1645, bourgeois de Lille par relief du 2 avril 1683, échevin de cette ville, décédé paroisse Saint-Maurice le 14 janvier 1727 ; marié à La Madeleine, le 24 novembre 1682, avec Philippine *Lefebvre-Delattre,* fille d'Henri et de Marie *Le Mesre,* morte paroisse Saint-Maurice le 14 juillet 1727 ; d'où :

aaa. — *Simon-Lamoral,* né en 1684, chanoine d'Huy, mort paroisse Sainte-Catherine le 12 novembre 1744.

bbb. — *Charles-François,* baptisé à Saint-Pierre le 21 avril 1686.

ccc. — *Barbe-Constance,* baptisée à Saint-Pierre le 3 juin 1687.

ddd. — *Antoine,* baptisé à Saint-Pierre le 30 juin 1688.

eee. — *Marie-Catherine,* baptisée à Saint-Maurice le 25 juillet 1690, morte paroisse Sainte-Catherine le 2 janvier 1751 ; alliée à Saint-Maurice, le 8 mai 1724, à Martin-Louis-Joseph *Imbert,* écuyer, sr de Wuinnehaut, fils de Jacques, trésorier des États, et de Marie-Joseph *Taviel,* baptisé à Saint-Maurice le 25 août 1686, bourgeois par relief du 10 octobre 1724, conseiller secrétaire du Roi, mort paroisse Sainte-Catherine le 2 septembre 1760 ; dont postérité.

fff. — *Jean-Baptiste,* écuyer, sr de Neuville, baptisé à Saint-Maurice le 9 septembre 1692, décédé paroisse Saint-André le 18 décembre 1741.

ggg. — *Philippine,* baptisée à Saint-Maurice le 14 février 1694.

---

1. Il écartelait ses armoiries avec celles de sa mère, qui sont : *d'or à la croix engrelée de gueules* (de Hennin).

hhh. — *Louis-Lamorald*, baptisé à Saint-Maurice le 12 janvier 1696.

iii. — *Marie-Marguerite*, baptisée à Saint-Maurice le 4 juillet 1698.

2. — *Philippe*, qui suit, V.

3. — *Catherine*, dame de Maresquel, morte le 10 janvier 1652, à 78 ans, et enterrée à Saint-Étienne ; mariée dans cette église, le 14 janvier 1601, avec Simon *Cambier*, sr de la Neufville, Simoncour, Bretaigne, Cambierval, fils de Pierre et d'Antoinette *Desrumeaux*, bourgeois de Lille par relief du 24 mars 1601, échevin de cette ville, mort le 8 août 1650, à 76 ans ; dont postérité.

V. — *Philippe* Le Pippre, sr de le Val, sayeteur, bourgeois de Lille par relief du 23 novembre 1599, échevin de cette ville, mort le 28 octobre 1651, épousa Antoinette *de Fourmestraux*, fille d'Antoine et de Jeanne *Muette* ; d'où :

1. — *Michel*, qui suit, VI.

2. — *François*, bourgeois de Lille par relief du 6 mars 1637 ; allié à Saint-Étienne, le 12 octobre 1636, à Louise *Le Roy*, dont il eut :

    a. — *Philippe*, baptisé à Saint-Étienne le 9 février 1638.

    b. — *Anselme-François*, baptisé à Saint-Étienne le 17 avril 1639.

    c. — *Antoine*, baptisé à Saint-Étienne le 28 mai 1641.

3. — *Catherine*, née le 12 avril 1604, morte avant 1638 ; alliée à Saint-Étienne, le 16 janvier 1623, à Martin *de Fontaine*, fils de Jérôme et de Claire *Pesin*, marchand, bourgeois de Lille par relief du 17 octobre 1623, remarié avec Martine *Vanthor*, et mort en 1641 ; dont postérité.

4. — *Antoinette*, baptisée à Saint-Étienne le 1er juillet 1606.

5. — *Marie*, baptisée à Saint-Étienne le 17 juin 1607.

6. — *Jeanne*, baptisée à Saint-Étienne le 12 janvier 1609, décédée veuve paroisse de La Madeleine le 13 février 1684 ; alliée : 1° à Jean *Hugues*, fils de Josse et de Marguerite *Hubert*, bourgeois de Lille par relief du 5 mai 1628 ; 2° à Saint-Étienne, le 20 mai 1635, à Jean *Vanhœnacker*, fils de Michel et de Jeanne *Grau*, bourgeois de Lille par relief du 13 juillet 1635 ; dont postérité.

7. — *Antoinette*, baptisée à Saint-Étienne le 25 juin 1613.

8. — *Marie*, baptisée à Saint-Étienne le 29 janvier 1615.

9. — *Chrétienne*, baptisée à Saint-Étienne le 30 octobre 1617, décédée paroisse de La Madeleine le 9 août 1688, mariée à Saint-

Étienne, le 22 janvier 1640, avec Roger *Eynsaem*, conseiller à Ypres ; dont postérité.

VI. — *Michel* Le Pippre, marchand, bourgeois de Lille par relief du 3 mai 1625, épousa à Saint-Étienne, le 8 septembre 1624, Anne *Robert*, fille de Jacques, banquier, et de Marguerite *Haroult*, baptisée à Saint-Maurice le 18 novembre 1603 ; d'où :

1. — *Anne*, baptisée à Saint-Étienne le 23 octobre 1625, religieuse à l'Abbiette de Lille.
2. — *Philippe*, sr de Bailloeul, baptisé à Saint-Étienne le 18 février 1627, anobli par lettres données à Madrid le 9 avril 1677, s'établit à Anvers où il épousa Marie *Jacobs* ; dont postérité.

IV ter. — *Jérôme* Le Pippre, allié à Isabeau *Vaneventerre*, puis à Saint-Pierre, le 15 février 1618, à Adrienne *Calberne* ; du premier lit :

V. — *Jérôme* Le Pippre, né à Anvers, bourgeois de Lille par achat du 6 avril 1607, teinturier de camelot, épousa à Saint-Étienne, le 27 mai 1607, Françoise *de Droghe*, fille de Gérard et d'Adrienne *Hendricq* ; d'où :

1. — *Jérôme*, baptisé à Saint-Maurice le 17 juin 1608.
2. — *Gérard*, baptisé à Saint-Maurice le 15 août 1609, marchand teinturier, bourgeois de Lille par relief du 16 mars 1634, allié : 1º à Saint-Maurice, le 10 avril 1633, à Jeanne *Motté*, fille de Jacques ; 2º dans la même église, le 7 octobre 1642, à Marie *Caudevelle* ; d'où :

    a. — Du second lit : *Gérard*, baptisé à Saint-Maurice le 3 septembre 1645.

    b. — *Joseph*, baptisé à Saint-Maurice, le 26 mars 1647.

3. — *Marguerite*, baptisée à Saint-Maurice le 24 juillet 1610.
4. — *Antoinette*, baptisée à Saint-Maurice le 29 septembre 1611.
5. — *Georges*, baptisé à Saint-Maurice le 27 février 1613.
6. — *Catherine*, baptisée à Saint-Maurice le 15 octobre 1614.
7. — *Élisabeth*, baptisée à Saint-Maurice le 28 janvier 1616.
8. — *Jean*, baptisé à Saint-Étienne le 16 septembre 1617.
9. — *Étienne*, baptisé à Saint-Maurice le 1er novembre 1618.
10. — *Julien*, baptisé à Saint-Maurice le 15 décembre 1619.
11. — *Alard*, baptisé à Saint-Maurice le 7 juin 1621.
12. — *Gilles*, bourgeois de Lille par relief du 19 octobre 1643, allié à Anne-Marguerite *Le Secq*, fille d'Alphonse ; d'où :

    a. — *Anne-Marguerite*, baptisée à Saint-Maurice le 18 janvier 1644.

  b. — *Élisabeth*, baptisée à Saint-Maurice le 31 janvier 1645.
  c. — *Anne-Marguerite*, baptisée à Saint-Maurice le 11 janvier 1646, décédée paroisse Saint-Pierre le 8 septembre suivant.
  d. — *Jérôme*, baptisé à Saint-Étienne le 2 février 1647.
  e. — *Gilles*, baptisé à Saint-Étienne le 14 juin 1648.

NON RATTACHÉS

 Jeanne, décédée paroisse Sainte-Catherine le 11 février 1670.
 Antoinette, morte paroisse Saint-Pierre le 12 février 1671.
 Antoinette, morte paroisse Saint-Pierre le 18 juin 1686.
 Pierre, fils de feu *Antoine*, né à Armentières, bourgeois de Lille par achat du 7 décembre 1565, eut de Jeanne *Debrai* : *Madeleine, Jacques* et *André*, baptisés à Saint-Maurice le 20 juillet 1572 (et non 1542), 16 décembre 1573 et avril 1576.
 Antoine, Jean, Antoinette, Barbe, Marie, baptisés à Saint-Étienne les 27 novembre 1588, 3 avril 1590, 19 avril 1593, 21 août 1595 et 10 juin 1597.
 Laurent, allié à Saint-Pierre, le 17 août 1659, à Marie-Françoise *de Cabillau*.
 Jean, fils de feu *Denis*, né à Armentières, bonnetier, bourgeois de Lille par achat du 9 août 1585, allié à Françoise *Berthe*.
 Jean, fils de feu *Jean*, né à Armentières, bourgeois de Lille par achat du 3 juillet 1587, marchand, célibataire à cette date.
 Jean, fils de feu *Robert*, né à Armentières, tondeur de grand forches, bourgeois de Lille par achat du 5 mars 1599, non marié.
 Catherine *Gallois*, fille de Jacques et de Catherine *de la Montagne*, était veuve de *Robert* Le Pippre en 1615.

LIBERT

Armes : *de gueules à trois bustes de carnation, les yeux bandés d'azur.*

Famille originaire de Tourcoing.

I. — *Chrétien* Libert, négociant, décédé vers 1650, épousa Catherine *Selosse* ; dont il eut :

   1. — *Louis*, qui suit, II.

   2. — *Pierre*, baptisé à Tourcoing le 30 novembre 1609, marchand, bourgeois de Lille par achat du 2 juin 1651, décédé paroisse Sainte-Catherine le 16 mars 1672, allié : 1° à Marguerite *Dessauvages*, fille de Jean, puis 2° à Péronne *du Gardin*, fille de Pierre et de Marguerite *Hespel*, baptisée à Tourcoing le 19 octobre 1618 ; d'où :

     a. — Du premier lit : *Jacques*, contrôleur de l'extraordinaire des guerres, mort le 25 novembre 1706.

     b. — *Jeanne*.

     c. — *Marie*, baptisée à Tourcoing le 25 février 1633.

     d. — *Catherine*, baptisée à Tourcoing le 3 juin 1635.

     e. — *Marguerite*, baptisée à Tourcoing le 18 avril 1639.

     f. — Du second lit : *Pétronille*, baptisée à Tourcoing le 12 octobre 1642.

     g. — *Madeleine*, baptisée à Tourcoing le 6 mars 1644, morte avant 1651.

   3. — *Antoine*, qui suivra, II bis.

   4. — *Marie*, baptisée à Tourcoing le 20 décembre 1615, décédée paroisse Saint-Maurice à Lille le 6 août 1677.

   5. — *Jacques*, baptisé à Tourcoing le 6 juillet 1623 ; le registre d'état civil appelle à tort son père : Jacques.

   6. — *Chrétien*, baptisé à Tourcoing le 24 janvier 1627.

II. — *Louis* Libert, né à Tourcoing, le ?.........., marchand, bourgeois de Lille par achat du 8 août 1648, mort paroisse Saint-Maurice le 1er septembre 1703, épousa, à Saint-Étienne, le 17 janvier 1654, Élisabeth *du Bosquiel*, fille de François et de Marie *de la Barghe*, baptisée à Saint-Étienne le 20 novembre 1630, morte le 16 décembre 1705 ; d'où :

1. — *François*, qui suit, III.

2. — *Marie-Élisabeth*, baptisée à Saint-Étienne le 21 avril 1656.

3. — *Nicolas*, baptisé à Saint-Étienne le 5 mai 1659.

4. — *Marie-Thérèse*, baptisée à Saint-Étienne le 22 avril 1660, décédée paroisse Sainte-Catherine le 25 juin 1733; alliée à Saint-Maurice, le 19 février 1686, à Marc-Antoine *Boutillier*, fils de Pasquier et de Marguerite *Thiedré*, baptisé à Saint-Maurice le 13 juin 1663, bourgeois de Lille par achat du 1er mars 1686, marchand, anobli par l'achat d'une charge de conseiller secrétaire du Roi, nommé contrôleur ordinaire des guerres par lettres données à Versailles le 16 janvier 1707, décédé paroisse Sainte-Catherine le 20 juin 1733; dont postérité.

5. — *Chrétien*, baptisé à Saint-Étienne le 19 avril 1662.

6. — *Angélique*, baptisée à Saint-Étienne le 18 mars 1663, décédée paroisse Sainte-Catherine le 21 mars 1733, épouse de Philippe *Alatruye*.

7. — *Catherine*, baptisée à Saint-Étienne le 29 février 1664.

8. — *Marie-Claire*, baptisée à Saint-Étienne le 6 mars 1665, morte le 30 mars suivant.

9. — *Louis*, baptisé à Saint-Étienne le 9 mars 1666, décédé paroisse de La Madeleine le 11 mai 1719.

10. — *Théodore*, baptisé à Saint-Étienne le 23 août 1668, mort paroisse Saint-Maurice le 2 janvier 1686.

11. — *Dominique*, baptisé à Saint-Étienne le 9 août 1669.

12. — *Ferdinand*, baptisé à Saint-Étienne le 27 octobre 1670, mort paroisse Saint-Maurice le 8 novembre 1688.

13. — *Pierre-Chrétien*, bourgeois de Lille par relief du 26 février 1701, anobli par l'achat d'une charge de conseiller secrétaire du Roi le 30 août 1702, décédé paroisse Saint-Pierre le 18 juillet 1710, marié à Sainte-Catherine, le 22 août 1700, avec Thérèse *de Lespaul*, fille d'Augustin et de Marie-Anne *de Lannoy*, décédée paroisse Saint-Pierre le 22 janvier 1749; dont:

    a. — *Marie-Anne*, baptisée à Saint-Pierre le 28 septembre 1701, dame de Nomain, décédée paroisse Sainte-Catherine le 7 mai 1767, alliée à Saint-Pierre, le 23 février 1716, à Louis *Desmoulins* [1], chevalier, marquis de Lisle, s^r d'Anoise, Larré, fils de Louis-François, écuyer, gouverneur de Lille, et de Catherine *de Bongis*, né au château de Lisle (paroisse Saint-Germain

---

[1]. Consulter sur ce personnage et sur son mariage un article de M. E. DE BEAUREPAIRE: *Le marquis de Lisle, documents sur la campagne d'Italie en 1733-1734*, dans le *Bulletin de la Société des antiquaires de Normandie*, tome XVII, année 1896.

de Corbie près Alençon) vers 1689, capitaine au régiment de Barrois, colonel du régiment de La Fère infanterie par commission du 6 août 1704, brigadier des armées du Roi le 2 juillet 1710 après le siège de Douai où il s'était distingué, maréchal de camp le 23 décembre 1731, inspecteur général de l'infanterie, veuf de Marguerite-Françoise *de Leslé*, bourgeois de Lille par achat du 27 novembre 1720, tué le 29 juin 1734 au combat de Parme ; dont postérité.

 b. — *Marie-Élisabeth-Thérèse*, baptisée à Saint-Pierre le 30 mai 1703.

III. — *François* LIBERT, baptisé à Saint-Étienne le 4 mars 1655, bourgeois de Lille par relief du 26 janvier 1691, conseiller secrétaire du Roi, décédé le 7 septembre 1710 et enterré le 10 dans la chapelle de Notre-Dame de la Treille à Saint-Pierre, épousa Élisabeth-Thérèse *Farvacques*, fille de Jean et d'Élisabeth *Taverne*, baptisée à Sainte-Catherine le 29 février 1660, inhumée à Saint-André le 24 mars 1756 ; d'où :

 1. — *Pierre*, écuyer, s^r de Pérenchicourt, Wasquehal, né en 1694, décédé célibataire le 17 mai 1774.

 2. — *Philippe-Charles*, qui suit, IV.

 3. — *Marie-Élisabeth-Thérèse*, baptisée à La Madeleine le 11 octobre 1699, morte le 9 juin 1773 ; alliée : 1º à Saint-André, le 20 février 1724, à Nicolas-Romain *Noiret*, s^r de Fives, fils de François-Romain et de Marie-Catherine-Michelle *Prévost*, baptisé à Saint-Étienne le 14 mai 1694, bourgeois de Lille par relief du 6 mars 1724, conseiller dépositaire de cette ville, mort paroisse Sainte-Catherine le 1er janvier 1737 ; 2º à Sainte-Catherine, le 28 avril 1739, à Philippe-Charles-Joseph *de Gilleman*, écuyer, s^r de la Barre, fils d'Adrien-Joseph, écuyer, et de Bonne-Marguerite *Dubois de Hoves*, baptisé dans cette église le 18 septembre 1714, bourgeois de Lille par relief du 9 septembre 1739, receveur des Bonnes-Filles, administrateur de l'hôpital général, échevin de Lille, administrateur de la Noble-Famille, mort en cette ville le 29 décembre 1810 ; sans enfants.

 4. — *Henriette-Thérèse*, baptisée à Saint-Pierre le 27 octobre 1700, décédée paroisse Saint-Étienne le 8 juin 1741, mariée à Saint-André, le 9 octobre 1729, avec Charles-François-Joseph *Lespagnol*, écuyer, s^r de Cavrines, fils d'André-François et de Marie-Françoise *Carpentier*, baptisé à Saint-Étienne le 15 février 1700, bourgeois de Lille par relief du 14 août 1730, premier conseiller pensionnaire de cette ville, mort paroisse Saint-André le 27 janvier 1763 ; dont postérité.

IV. — *Philippe-Charles* LIBERT, écuyer, sʳ de Pérenchicourt, Beaumont, Meurs, né à Cadix en 1697, bourgeois de Lille par relief du 6 mars 1724, décédé paroisse Saint-André le 11 mai 1786; épousa dans cette église, le 7 février 1724, Marie-Antoinette *Tesson*, fille de Jacques-Philippe et d'Antoinette *Cardon*, baptisée à Saint-Étienne le 9 mars 1699, morte le 7 juillet 1751 ; d'où :

1. — *Marie-Élisabeth-Charlotte*, baptisée à Saint-André le 30 décembre 1727, morte à Lille le 15 brumaire an VIII.

2. — *Antoinette-Philippine-Joseph*, baptisée à Saint-André le 15 mai 1733, morte le 13 mars 1815.

3. — *Marie-Élisabeth-Thérèse*, baptisée à Saint-André le 29 février 1736.

4. — *Charles-François-Joseph*, qui suit, V.

V. — *Charles-François-Joseph* LIBERT, écuyer, sʳ de Beaumont, baptisé à Saint-André le 16 avril 1742, bourgeois de Lille par relief du 18 décembre 1770, nommé échevin de la prévôté d'Esquermes le 26 août 1765, démissionnaire en 1771, échevin de Lille de 1771 à 1789, mort en cette ville le 15 prairial an VI ; épousa : 1º à Saint-Pierre, le 14 mai 1770, Philippine-Cicercule-Joseph *Lecomte*, fille de Philippe-Joseph-Auguste, écuyer, sʳ du Bus, et de Robertine-Joseph *Imbert de Waringhien*, baptisée à Saint-Pierre le 14 octobre 1748, morte le 1ᵉʳ juillet 1772 et inhumée au chœur de l'église Saint-André (actuelle) ; 2º à Saint-André, le 20 août 1776, Rufine-Joseph-Charlotte *Hannecart*, dame d'Irval, fille d'Albert-Marie-Philippe-Théodore, écuyer, sʳ d'Irval, et de Marie-Rufine-Joseph *Lespagnol*, baptisée à Saint-André le 3 mars 1759, morte le 24 juin 1818 ; d'où :

1. — Du premier lit : *Marie-Scholastique-Philippine*, baptisée à Saint-André le 21 décembre 1771, décédée le 27 janvier 1772.

2. — Du second lit : *Marie-Philippine-Désirée*, baptisée à Saint-André le 12 juin 1786, morte à Lambersart le 1ᵉʳ février 1822, mariée à Lille, le 6 décembre 1815, avec Joseph-Antoine-Thomas *Planès*, fils d'Augustin et de Marie *Périès*, né à Balaguer (Catalogne) le 28 août 1787, négociant ; dont postérité.

3. — *Charles-Bonaventure-Joseph*, écuyer, baptisé à Saint-André le 30 janvier 1788, mort à Lille le 5 septembre 1832, allié à Silvie-Joseph *Lemaire*, fille de Jean-Baptiste et de Célestine *Lemaire*, née en 1781, morte à Lille le 7 mai 1844. Dont un fils unique : *Charles-Auguste*, né à Lille le 7 août 1817, y décédé le 20 juin 1832.

4. — *Hippolyte-Barthélemi-Joseph*, écuyer, né à Lille le 25 avril 1798, y décédé le 14 octobre 1839, marié dans cette ville, le 2 janvier 1823, avec Adélaïde-Émilie *Sorel*, fille de Louis-Jacques et d'Adélaïde *Wins*, née à Lille le 28 février 1801, y décédée sans postérité le 21 février 1842.

II bis. — *Antoine* LIBERT, baptisé à Tourcoing le 3 janvier 1613, épousa Rose *Chombart*, veuve de Pierre *Le Maistre*; il eut :

1. — *Chrétien*, qui suit, III.
2. — *Pierre*, baptisé à Tourcoing le 21 décembre 1647.

III. — *Chrétien* LIBERT, s^r de la Tramerie, baptisé à Tourcoing le 21 avril 1644, marchand, bourgeois de Lille par achat du 4 mars 1678, nommé conseiller secrétaire du Roi par lettres données à Versailles le 30 avril 1702, mort le 25 octobre 1712; épousa à Saint-Étienne, le 14 février 1678, Marie *Van Thiennen*, fille de Nicolas, écuyer, et de Marguerite *du Forest*, baptisée dans cette église le 2 février 1655, morte le 24 août 1694, inhumée, ainsi que son mari, dans la chapelle Saint-Sébastien à Saint-Maurice; d'où :

1. — *Chrétien-François-Hippolyte*, qui suit, IV.
2. — *Antoine-Alexis*, baptisé à Saint-Maurice le 17 juillet 1682.
3. — *Pierre-Joseph*, écuyer, s^r de Bleuchatel, baptisé à Saint-Maurice le 17 octobre 1683, connétable souverain de la confrérie Saint-Michel, mort célibataire le 30 mai 1742.
4. — *Marie-Madeleine*, baptisée à Saint-Maurice le 31 mars 1685, morte à Amsterdam le 19 août 1712, alliée à Saint-Maurice, le 19 janvier 1711, à Jacques-Joseph *du Bosquiel*, s^r d'Helleville, fils de Michel et de Marie-Françoise *Hespel*, baptisé à Saint-Maurice le 27 novembre 1675, bourgeois de Lille par relief du 7 septembre 1711, nommé conseiller-secrétaire du Roi par lettres données à Paris le 27 mai 1713, remarié avec Marie-Catherine *Imbert*, et décédé paroisse Sainte-Catherine le 19 juin 1722 ; dont postérité.
5. — *Jean-Baptiste*, baptisé à Saint-Maurice le 7 mars 1686.
6. — *Michel*, baptisé à Saint-Maurice le 26 avril 1687.
7. — *Marie-Françoise-Christine*, baptisée à Saint-Maurice le 17 août 1689.
8. — *Michel-François-Sébastien*, baptisé à Saint-Maurice le 20 janvier 1691.
9. — *François-Albert*, baptisé à Saint-Maurice le 1er mars 1692.
10. — *Michel-Bernard*, baptisé à Saint-Maurice le 20 août 1694.

IV. — *Chrétien-François-Hippolyte* LIBERT, écuyer, s^r de Quartes, baptisé à Saint-Maurice le 13 septembre 1680, conseiller-secrétaire du Roi, bourgeois de Lille par relief du 22 mars 1713, décédé paroisse Saint-Maurice le 9 janvier 1720; épousa dans cette église, le 26 juillet 1712, Élisabeth-Christine *Taviel*, fille de François-Eustache, s^r de Boisgrenier et du Molinel, et de Catherine *de la Haye*, baptisée à Saint-Maurice le 15 septembre 1690, y décédée le 5 février 1751; d'où une fille :

1. — *Marie-Françoise-Michelle*, baptisée à Saint-Maurice le 29 septembre 1717, dame de Quartes, morte à Paris le 21 novembre 1758, mariée : 1º à Saint-Maurice le 15 novembre 1738, avec Charles-Julien *Bidé*, écuyer, s^r de la Grandville, fils de Julien-Louis, écuyer, et de Pétronille-Françoise *Pinsonneau*, né à Paris le 21 mars 1717, bourgeois de Lille par achat du 3 octobre 1738, inscrit au rôle des nobles de Flandres par ordonnance du 16 janvier 1740, mort à Lille le 25 janvier 1747 ; 2º à Saint-Maurice, le 5 juillet 1750, avec Balthazar-Alexandre, comte de *Sainte-Aldegonde de Genech*, fils de Balthazar, comte de Genech, baron de Fromelles, et de Marie-Françoise *de Lannoy*, baptisé à Saint-Étienne le 25 janvier 1703, bourgeois de Lille par relief du 13 avril 1731, sur requête, veuf de Marie-Jacqueline *d'Ennetières* ; dont postérité des deux lits.

1702, 30 avril. — *Commission de conseiller secrétaire du Roi en la chancellerie près le Parlement de Tournai accordée à Chrétien Libert.*

Louis par la grâce de Dieu roy de France et de Navarre. A tous ceux qui ces présentes verront. Salut. Par notre édit du mois d'octobre 1701 registré où besoin a été nous aurions pour les causes y convenues créé par augmentation en chacune des chanceleries près les Parlements et les Cours supérieures de notre royaume des offices de nos conseillers secrétaires maison et couronne de France, auxquels étant nécessaire de pourvoir, scavoir faisons que pour l'entière confiance que nous avons en la personne de notre cher et bien amé *Chrétien Libert*, seigneur de la Tramerie, et en ses sens, suffisance, loyauté, preudhommie, expérience, fidélité et affection à notre service, pour ces causes et autres à ce nous mouvans nous luy avons donné et octroyé, donnons et octroyons par ces présentes l'un des offices de nos conseillers secrétaires maison et couronne de France en la chancelerie près notre cour de Parlement de Tournay créé par notre édit du mois d'octobre dernier et auquel n'a encore été pourvu, pour ledit office avoir, tenir et doresnavant exercer en jouir et user par ledit La Tramerie à titre de survivance et aux mêmes honneurs, privilèges et noblesse que nos conseillers secrétaires de notre grande chancelerie de France sans aucune différence ny distinction, ensemble de l'exemption de tous droits seigneuriaux pour les biens et héritages qu'il acquerera tenus en mouvance de nous à cause de nos domaines dans l'étendue du ressort dudit parlement, aux gages de douze cens cincquante livres par an dont sera fait fond dans les états de nos finances de la province de Flandres et généralement jouir de tous autres privilèges exemptions et droits dont jouissent les pourvus de pareils offices en conformité des édits et déclarations des mois d'avril 1672 et juillet 1678, sans être tenu de faire résidence dans le lieu où ladite chancelerie est établie et sans incompatibilité d'autres offices dont les fonctions ne dérogeront point à noblesse, avec dispenses de toutes recherches pour avoir pris indeument la qualité de noble et d'écuyer avant l'acquisition dudit office et décharge des amendes qu'il pouroit avoir encourus pour raison de ce, comme aussy jouir de l'exemption de tailles pour les héritages qu'il fera valoir par ses mains conformément à nos anciens édits et déclarations rendus sur ce sujet, et à cet effet il poura faire valoir par ses mains une seule ferme dont le labour n'excédera pas la valeur de quatre charues encore que les héritages qui la composent soient situés en différentes paroisses nonobstant les interprétations différentes et contraires que les officiers de nos cours des aydes et élections du royaume ont donné à l'édit du mois de mars mil six cent soixante sept ; et au cas que ledit La Tramerie vint ci-après à acquérir une charge de notre conseiller secrétaire en la grande chancelerie voulons que le tems qu'il aura possédé ledit office luy serve pour acquérir la vétérance de celuy de notre grande chancellerie ; comme aussy l'avons dispensé pour cette fois seulement de nous payer ny à notre très cher et féal chancelier aucun droit de survivance, le tout ainsy qu'il est plus au long porté par ledit édit et l'arrêt de notre conseil du vingt-un de février dernier. Si donnons en mandement à notre très cher et féal chancelier de France le sieur Philippeaux comte de Pontchartrain, commandeur de nos ordres, qu'après luy être apparu des bonnes vie, mœurs, âge requis par nos ordonnances, conversation, religion catholique apostolique et romaine dudit *Libert* et de luy pris et reçu le serment en tel cas requis et accoutumé il le reçoive, mette et institue ou fasse mettre, recevoir et instituer de par nous en possession dudit office, l'en faisant jouir et user aux mêmes honneurs, privilèges de noblesse, que nos conseillers secrétaires de notre grande chancelerie de France sans aucune différence ni distinction, ensemble jouir des prérogatives, prééminences, franchises, libertés, privilèges, exemptions, pouvoirs, gages, droits, fonctions, attributions, dispense de résidence et autres cy devant exprimés conformément à notre dit édit, quittance de finance et arrest de notre Conseil du vingt-un de février dernier cy attaché, et à luy obéir et entendre de tous ceux et ainsy qu'il appartiendra ès choses touchant et concernant ledit office. Mandons à nos amés et féaux conseillers les grands audienciers de France et contrôleurs généraux de notre grande chancelerie qu'ils souffrent et laissent immatriculer ledit *Libert* sur les registres de l'Audience de France ainsi qu'il est accoutumé, et à nos amés et féaux conseillers les présidens, trésoriers de France et généraux de nos finances à Lille que par les receveurs généraux de nos finances de ladite province de Flandres ou autres comptables qu'il appartiendra ils fassent paier et délivrer comptant audit *Libert* doresnavant par chacun an lesdits douze cent cincquante livres de gages attribués audit office à commencer du jour de sa réception, raportant copie de laquelle et de ces présente deument collationnée pour une fois seulement avec sa quittance sur ce sufisante, nous voulons lesdits gages et droits être passés et alloués en la dépense des comptes de ceux qui en auront fait le paiement par nos amés et féaux conseillers les gens de nos comptes à Paris auxquels mandons ainsi le faire sans difficulté. Car tel est notre plaisir. En témoin de quoy nous avons fait mettre notre seel à cesdites présentes. Donné à Versailles le trentième jour d'avril l'an de grâce mil sept cent deux et de notre règne le cincquante neuf. Étoit signé sur le reply, Par le Roy, MOREL avec paraphe et seellé du grand seau.

Archives communales de Lille. — Registre aux mandements et ordonnances de la Gouvernance. Registre dit Eugène, 1708-1725, f° 153 v°, pièce n° 85.

LIBERT

Autre famille non noble.

I. — *Louis* Libert, fils de *Bettremieu* [1], acheta la bourgeoisie de Lille le 4 décembre 1534 et mourut avant 1550 [2]; il eut :

1. — *Charles*, bourgeois de Lille par relief du 8 août 1550.
2. — *Bettremieu*, qui suit, II.

II. — *Bettremieu* Libert, bourgeois de Lille par relief du 11 septembre 1568; épousa Martine *Le Boucq*; dont :

1. — *Louis*, qui suit, III.
2. — *Antoine*, bourgeois de Lille par relief du 2 mars 1615; allié à Saint-Étienne, le 17 janvier 1615, à Chrétienne *de Hennion*, fille de Jacques et de Catherine *Duwez*.
3. — *François*, brasseur, bourgeois de Lille par relief du 25 janvier 1626; marié à Marie *Le Cocq*, fille de Louis; dont : *François*, baptisé à Saint-Étienne le 19 avril 1626.
4. — *Olivier*.
5. — *Catherine*.
6. — *Philippe*, allié à Catherine *Duburcq*, fille de Jean.

III. — *Louis* Libert, né à Lille, orfèvre, bourgeois de cette ville par relief du 21 avril 1603; épousa à Saint-Étienne, le 7 avril 1603, Catherine *de Fourmestraux*, fille de Jean et de Catherine *de Hennin*; dont :

IV. — *Bettremieu* Libert, né à Lille dont il releva la bourgeoisie le 12 mars 1630; épousa Marie *Le Roy*, fille de Pierre; dont :

---

1. Ce Bettremieu Libert, brasseur, « ayant vendu de la bière non digne d'entrer en corps de personne », fut condamné, en 1512, à faire un pèlerinage à Notre-Dame de Hal et un autre à Saint-Nicolas de Warengeville.

2. « Recepte : de Loys Libert, brasseur de le Sauch, prisonnier eslargy pour avoir du soir après boire hausaigie et battu une femme de bien mariée, sans cause ni occasion, le X de décembre XVcXL condempné entre autres choses en ung karolus d'or... de cas privilégié, XX libvres. » (Archives municipales de Lille, Comptes de l'année 1541, f° 48 v°.)

1. — *Jean-Baptiste*, bourgeois de Lille par relief du 27 novembre 1659; allié à Saint-Maurice, le 11 septembre 1659, à Barbe *Sallembier*, fille de Jacques et de Françoise *Le Bouck*; dont :

    a. — *Pierre-Joseph*, mort à Saint-Maurice le 8 juin 1735.
    b. — *Marie-Catherine*, morte à Saint-Maurice le 2 juin 1733.
    c. — *Marie-Claire*, morte à Saint-Maurice le 24 mai 1735.
    d. — *Marie-Louise-Joseph*, morte à Saint-Maurice le 9 octobre 1729.

2. — *Liévin*, bourgeois de Lille par relief du 5 août 1664; épousa à Saint-Maurice, le 7 juillet 1664, Catherine *Carré*, fille de Bauduin et de Marie *Leleu*.

3. — *Pierre*, bourgeois de Lille par relief du 5 août 1666; marié à Marie-Catherine *de Lannoy*, fille de Fremin et de Marguerite *Raison*; dont :

    a. — *Pierre-Jacques*, bourgeois de Lille par relief du 10 juin 1695; marié à Marie-Jeanne *Le Clercq*, fille de François; dont :

        aa. — *Jean-Baptiste*, bourgeois de Lille par relief du 27 avril 1722; allié à Marie-Michelle *Alavaine*, fille de Jacques et de Marie-Madeleine *Quenipez*.

    b. — *Nicolas*, bourgeois de Lille par relief du 7 septembre 1707, époux de Monique *Lucas*, fille de Jean-Baptiste et de Marie-Catherine *Collette*.

4. — *Barthélemi*, bourgeois de Lille par relief du 20 décembre 1670 sur requête; épousa à Saint-Pierre, le 10 novembre 1666, Agnès *Carpentier*, fille de Charles et d'Henriette *Wattepatte*.

Autre famille LIBERT.

I. — *Noël* LIBERT [1], fils de Toussaint et d'Antoinette *Hennion*, né à Bondues, marchand, marguillier de Saint-Maurice, acheta la bourgeoisie de Lille le 4 mai 1663 et mourut le 11 avril 1700. Il épousa à La Madeleine, le 6 août 1664, Aldegonde *du Jardin*, née en 1638, morte le 17 avril 1671; dont :

    1. — *Marie-Anne-Ursule*, baptisée à Saint-Maurice le 26 août 1665.
    2. — *François*, qui suit, II.

---

1. LIBERT : *d'azur à une arche de Noë d'or flottant sur une mer d'argent ondée de sinople.*

3 et 4. — *Marie-Aldegonde-Françoise* et *Marie-Anne-Ursule*, jumelles, baptisées à La Madeleine le 3 avril 1671.

II. — *François* LIBERT, bourgeois de Lille par relief du **24 septembre 1701** ; épousa à Sainte-Catherine, le **5 septembre 1701**, Natalie-Félicité *de Lannoy*, fille de Dominique-Albert et de Catherine *du Vivier*; dont :

1. — *Marie-Anne-Ursule*, baptisée à Sainte-Catherine le 17 septembre 1703, décédée le 20 mai 1760, mariée à Saint-Maurice, le 8 mai 1729, à François-Félix-Joseph *Godtschalck*, fils d'Henri-François et de Marie-Catherine *Le Grand*, né à Armentières le 5 mars 1694, conseiller du Roi, procureur à la gouvernance de Lille, décédé le 24 novembre 1742 ; dont postérité.

2. — *Jacques-François*, qui suit, III.

3. — *Joseph-Isidore*, baptisé à La Madeleine le 24 mai 1711.

4. — *Marie-Félicité-Aldegonde*, baptisée à Saint-Maurice le 17 août 1714.

5. — *Marie-Catherine-Félicité*, baptisée à Saint-Maurice le 15 février 1718.

III. — *Jacques-François* LIBERT, baptisé à La Madeleine le **27 novembre 1706**, bourgeois de Lille par relief le 2 décembre 1729, décédé à Saint-Maurice le **21 mars 1747** ; marié à Saint-Étienne, le **19 décembre 1728**, à Marie-Catherine-Constance *d'Escosse d'Hellin*, fille de Pierre-Georges et de Marie-Catherine *Destrez*, décédée paroisse Saint-Maurice le **9 septembre 1762** ; sans enfants.

DE LISLE

Armes : *d'argent à trois arbres de sinople posés sur un tertre du même.*

I. — *Jean* de Lisle, décédé avant 1711, épousa Barbe *Dumont* ; d'où :

1. — *Jean-Baptiste-Philippe*, négociant, mort au cap François en Amérique avant le 22 août 1733, laissant sa fortune à ses neveux, enfants d'Adrien-Philippe.
2. — *Adrien-Philippe*, qui suit, II.

II. — *Adrien-Philippe* de Lisle, né à Évreux, bourgeois de Lille par achat du 4 décembre 1711, nommé trésorier de France au bureau des finances de la généralité de Lille le 24 septembre 1713, décédé paroisse Saint-Maurice le 25 juillet 1729 ; épousa : 1° Adrienne *Bénard* ; 2° à Saint-Maurice, le 9 février 1711, Adrienne-Françoise *Vanhœnacker*, fille de Gilles et de Marie-Catherine *Loridan*, née en 1689, morte paroisse Saint-Maurice le 13 janvier 1773 ; d'où :

1. — Du premier lit : *Charles-Adrien*, avocat en Parlement, remplacé comme juge ordinaire de la gouvernance de Lille par Pierre-Florent Leleu le 17 décembre 1725, conseiller à la gouvernance, décédé paroisse Saint-Étienne le 18 avril 1755 et inhumé dans la chapelle de l'Ange gardien ; allié à Sainte-Catherine, le 9 juin 1721, à Marie-Madeleine-Alexandrine *Pottier*, fille de Jacques et de Marie-Thérèse *de la Barge*, baptisée dans cette église le 19 mai 1700, d'où :

    a. — *Marie-Thérèse-Alexandrine*, baptisée à Saint-Étienne le 9 mars 1722.

    b. — *Marie-Anne-Caroline*, baptisée à Saint-Étienne le 20 avril 1723.

    c. — *Marie-Albertine-Joseph*, baptisée à Saint-Étienne le 15 novembre 1724 ; alliée à Sainte-Catherine, le 21 septembre 1755, à Pierre *Courtalon*, fils d'Edme et de Catherine *Armey*, né à Troyes, paroisse Saint-Quentin de Dieuville, en 1740, bachelier en droit, directeur du vingtième des provinces de Flandre et de Cambrésis.

d. — *Marie-Joseph-Yolende*, baptisée à Saint-Étienne le 1er février 1726, décédée paroisse Saint-Aubert à Cambrai le 21 juillet 1755; mariée à Sainte-Catherine, le 30 mai 1752, avec Claude-Louis-François *de Gillaboz*, écuyer, fils de Juste-Ignace-Claude, s^r de Beaudain, et de Claudine *Chevassy*, né à Arbois (diocèse de Besançon) le 18 janvier 1718, entré au collège Mazarin le 31 mai 1731, avocat au Parlement de Flandre, receveur de l'archevêque de Cambrai, subdélégué de l'intendant de Hainaut, deuxième conseiller pensionnaire de Cambrai par nomination du 12 janvier 1774; surintendant du Mont-de-piété en cette ville, incarcéré comme noble en 1793 dans la prison de Compiègne, libéré après le 9 thermidor, mort à Cambrai le 12 août 1795; dont postérité.

e. — *Marie-Thérèse-Désirée*, baptisée à Sainte-Catherine le 22 septembre 1727, morte paroisse de La Madeleine le 11 juin 1769; alliée à Saint-Étienne, le 1er juillet 1759, à Pierre-François-Euphroisine *de Badts*, s^r de Drumez, fils de Pierre, négociant, et de Françoise *Pollet*, baptisé à Saint-Maurice le 15 août 1712, négociant, officier en la chancellerie près le Parlement de Flandre, bourgeois de Lille par relief du 12 août 1777, décédé paroisse de La Madeleine le 20 octobre 1784 et enterré à Wattrelos. Dont postérité.

f. — *Marie-Madeleine-Françoise*, baptisée à Sainte-Catherine le 29 novembre 1731, morte célibataire paroisse Saint-Étienne le 10 juin 1787.

2. — *Jean-Baptiste*, mort avant 1733.

3. — *Eustache-Joseph*, baptisé à Sainte-Catherine le 23 février 1699, mort avant 1733.

4. — Du second lit : *Adrien-Philippe-François*, baptisé à Saint-Maurice le 26 janvier 1712, y décédé le 10 septembre 1750.

5. — *Joseph-Philippe*, baptisé à Saint-Maurice le 13 octobre 1714.

6. — *Louis-Philippe*, baptisé à Saint-Maurice le 10 mai 1716 [1].

7. — *François-Philippe*, baptisé à Saint-Maurice le 1er mars 1718, négociant, bourgeois de Lille par relief du 14 mars 1758, décédé sur cette paroisse le 21 janvier 1783; marié dans cette église, le 30 août 1757, avec Catherine-Thérèse *Leniez*, fille d'Arnould-Bauduin et de Catherine-Béatrix *Vanhœnacker*, baptisée à Saint-Maurice le 8 no-

---

1. Un de ces deux enfants mourut paroisse Saint-Étienne le 29 mars 1724.

vembre 1719, y décédée le 5 août 1763 ; d'où une fille morte après avoir été ondoyée le 19 septembre 1758.

8. — *Joseph-Albert*, qui suit, III.

III. — *Joseph-Albert* DE LISLE, baptisé à Saint-Étienne le 8 décembre 1721, négociant, bourgeois de Lille par relief du 9 août 1758, quitta l'ordre des Jésuites en 1755 et décéda paroisse Sainte-Catherine le 9 janvier 1779. Il épousa à Saint-Maurice, le 9 août 1757, Catherine-Élisabeth-Romaine-Joseph *Le Camps*, fille de Louis-Albert et de Marie-Élisabeth *de Villers*, née en 1727, décédée paroisse Sainte-Catherine le 9 juillet 1777 ; d'où :

1. — Deux jumeaux mort-nés paroisse Saint-Maurice le 9 février 1758.

2. — *Louise-Adrienne-Joseph*, baptisée à Saint-Sauveur le 15 janvier 1759, morte le 5 mars suivant.

3. — *Charles-Adrien-Joseph*, baptisé à Saint-Sauveur le 4 janvier 1760, y décédé le 17 février 1761.

4. — *Julie-Catherine-Françoise*, baptisée à Saint-Sauveur le 11 décembre 1760, morte à Lille le 9 août 1852 ; mariée à La Madeleine, le 24 novembre 1784, avec Louis-Joseph *(de) Renty*, fils de Paul-Louis-Joseph, négociant, et de Marie-Françoise-Joseph *Roelans*, baptisé à Saint-André le 7 octobre 1759, conseiller municipal de Lille de 1805 à 1830, appelé *de Renty* par jugement du tribunal civil de Lille le 22 avril 1825, anobli par lettres patentes du 6 septembre 1828, créé baron sur institution de majorat le 6 novembre 1828, mort le 8 février 1837 ; dont postérité.

5. — *Pierre-François-Joseph*, baptisé à Saint-Sauveur le 20 décembre 1761, mort à Lille le 21 novembre 1824.

6. — *Albertine-Séraphine-Joseph*, baptisée à Saint-Sauveur le 17 janvier 1763, y décédée le 10 juillet 1772.

7. — *Louis-Urbain-Joseph*, qui suit, IV.

8. — *Guillaume-Romain-Joseph*, baptisé à Saint-Sauveur le 21 octobre 1765, y décédé le 24 juillet 1770.

9. — *Charlotte-Julie-Joseph*, baptisée à Saint-Sauveur le 30 janvier 1769, y décédée le 7 janvier 1770.

IV. — *Louis-Urbain-Joseph* DE LISLE, baptisé à Saint-Sauveur le 1er mars 1764, négociant, mort à Lille le 29 avril 1806 ; épousa : 1º à Saint-André, le 13 janvier 1789, Lucie-Joseph *de Renty*, sœur de Louis-Joseph, baptisée à Saint-André le 22 avril 1761, morte à Lille le 2 pluviôse an V; 2º à Lille, le 20 nivôse an X, Marie-Madeleine-Julie *Martin*, fille de Joseph-Marie et d'Hippolyte-Robertine *Tully*, née à Dunkerque le 2 décembre 1784 ; d'où :

1. — Du premier lit : *Lucie-Pauline*, baptisée à Saint-Maurice le 17 avril 1790, y décédée le 27 août 1792.

2. — *Urbain-François*, baptisé à Saint-Maurice le 9 juillet 1791, mort à Lille le 17 août 1793.

3. — *Urbain*, né à Lille le 23 floréal an II, y décédé le 24 thermidor suivant.

4. — *Prosper-Charles*, né à Lille le 24 frimaire an IV, y décédé le 7 vendémiaire an V.

5. — Du second lit : *Urbain-Camille-Joseph*, né à Lille le 18 fructidor an XI.

6. — *Alfred-Pierre-Amédée*, né à Lille le 18 pluviôse an XIII.

MÉRY DE MONTIGNY

(FRAGMENT)

ARMES : *échiqueté d'argent et d'azur, à la bande engrelée de gueules brochant sur le tout.*

I. — *Louis-Joseph* MÉRY DE MONTIGNY, chevalier de Saint-Louis, capitaine commandant pour le roi à Ham, mort à Ham le 16 frimaire an V; épousa Alexandrine-Joseph *de Retz*, fille d'Éloi et d'Angélique *Catelet*, née à Haisnes en 1754, morte à Lille le 20 mars 1823; d'où :

1. — *Frédéric-Ferdinand-Bernard-Victor*, qui suit, II.
2. — *Charles-Louis-Guillaume*, qui suivra, III.

II. — *Frédéric-Ferdinand-Bernard-Victor* MÉRY DE MONTIGNY, né à Condé le 21 août 1788, officier de cavalerie, puis négociant en vins, mort à La Bassée le 21 avril 1863; épousa en ce lieu, le 4 mai 1824, Adèle-Védastine-Amélie *de Retz*, fille de Jean-Baptiste-Joseph, brasseur, et de Védastine-Amélie-Joseph *Cuvelier*, née à La Bassée le 2 pluviôse an X, y décédée le 8 août 1844; d'où :

1. — *Frédéric-Arnould*, né à La Bassée le 6 février 1825, y décédé le 21 octobre 1827.
2. — *Charles-Adolphe*, né à La Bassée le 23 février 1826.
3. — *Louis-Auguste*, né à La Bassée le 14 juillet 1827, mort célibataire à Lille le 9 avril 1867.
4. — *Frédéric-Arnould-Jean*, né à La Bassée le 17 avril 1830.
5. — *Louis-Philippe*, qui suit, III.
6. — *Cornélie-Augustine*, née à La Bassée le 27 octobre 1833.
7. — *Victor-Bernard*, né à La Bassée le 9 octobre 1835.
8. — Une fille mort-née à La Bassée le 8 août 1844.

III. — *Louis-Philippe* MÉRY DE MONTIGNY, né à La Bassée le 2 décembre 1831, directeur d'assurances, mort à Lille le 25 juin 1894; épousa dans cette ville, le 10 février 1863, Célina-Virginie *Vasseur*, née à Lille le 27 novembre 1841; d'où :

1. — *Philippe-Auguste-Gaston*, né à Lille le 25 février 1864, célibataire.
2. — *Jeanne-Marie-Louise-Cornélie*, née à Lille le 7 mai 1866, y décédée le 17 janvier 1890, mariée dans cette ville, le 11 décembre

1883, avec Alfred-Honoré *Duhamel*, fils de François-Honoré et de Caroline-Marie-Élisabeth *Desgrand*, né à Boulogne-sur-Mer le 16 septembre 1852, substitut du procureur de la République, mort à Lille le 21 janvier 1890 ; dont un fils.

3. — *Gaston-Frédéric-Victor*, né à Lille le 18 avril 1874, marié dans cette ville, le 27 septembre 1897, avec Germaine-Louise *Houzé*, fille de Léon-Philibert, avoué, et d'Henriette-Clémence *Trachet*, née à Lille le 30 septembre 1877 ; d'où :

    a. — *Yvonne-Jeanne-Marie-Cornille*, née à Lille le 3 novembre 1898.

    b. — *Gaston-Philippe-Léon-Joseph*, né à Lille le 8 janvier 1900.

    c. — *Robert-Edmond-Joseph-Ghislain*, né à Lille le 21 janvier 1903.

    d. — *Christiane-Mathilde-Marie-Ghislaine*, née à Lille le 24 septembre 1904.

IIbis. — *Charles-Louis-Guillaume* Méry de Montigny, né à Condé le 3 juin 1790, percepteur des contributions directes, officier de la Légion d'honneur, mort à Fives le 20 août 1850 ; épousa à Lille, le 3 novembre 1819, Rosalie-Augustine *Champon*, fille de Charles-Auguste-Alexandre et de Rosalie-Désirée *Bocquet*, née à Lille le 19 février 1786, veuve de Louis-Dieudonné-Joseph *Simon*, morte à Lille le 8 septembre 1862 ; dont :

    1. — *Charles-Guillaume-Alexandre*, né à Lille le 4 mars 1821, vice-consul de Portugal, négociant, mort à Lille le 9 mars 1876, sans laisser d'enfants de Virginie-Prudence *de Gernier*, née à Gand en 1829.

    2. — *Élisabeth-Henriette*, née à Lille le 9 juin 1822.

    3. — *Zoé-Alexandrine-Bonne*, née en 1826, morte célibataire à Lille le 31 août 1877.

    4. — *Alfred-Gustave-Ubalde*, né à Lille le 13 août 1829, directeur d'assurances ; marié à Paris, le 28 décembre 1863, avec Jeanne-Louise-Marie-Thérèse *de Bellissen*, fille de Marie-Grégoire-Éloi et d'Amélie-Claudie *de Saint-Simon*, née à Toulouse ; dont :

    a. — *Marie-Thérèse-Rosalie-Élisabeth-Zoé-Amélie-Joseph*, née à Paris en 1866, morte à Lille le 1er juin 1882.

    b. — *Marie-Joseph-Cyprienne-Aurélie-Élise-Zoé-Rosalie-Amélie*, morte au château de Castelmir [Ariège], le 13 octobre 1878, à 11 ans.

    c. — *Marie-Joseph-Édouard-Alfred*, né à Lille le 13 juillet 1883.

1794, janvier à juillet. — *Extraits du Registre aux Délibérations du Comité de surveillance de La Bassée, concernant Louis-Joseph Méry de Montigny* [1].

Fol. 61 v°. — Procès-verbal d'arrestation du citoyen *Montigni*.

Le sept pluviôs l'an deux de la république une et indivisible le Comité de surveillance assemblé extraordinairement vers neuf heures du matin, a arrêté apres avoir entendu le citoien *Montigny* arrivé à La Bassée depuis quelques jours et lui avoit demandé qu'il exhibe ses passeports et certificats, nous avons reconnu pour mesure de sureté qu'il devoit être mis en arestation motivé sur ce qu'il étoit agent d'émigré et pourvu d'un mandement de Cobourg de sortie des terres actuellement aux pouvoirs des Autrichiens, lequel *Montigny* nous a déclaré que ledit mandement lui avoit été signifié à cause de son civisme reconnu et de son attachement pour les loix républicaines, ce qui nous a paru supercherie, étant à notre connoissance que des patriotes étant tombés aux pouvoirs de ces brigands ont souffert mil tourments.

Deux de nos collègues chargés de missive auprès des représentans du peuple Heinz et Guiot leur ont fait un précis des faits repris ci-dessu, ledit Guiot leur a enjoint de prendre un arrêté sitot leur retour qui constitueroit ledit citoïen *Montigny* en état d'arrestation ; en conséquence arrettons que le brigadier de la gendarmerie nationale sera requit avec quelques hommes de sa brigade d'arretter ledit Montigny pour être incarcéré sur le champ à la cazerne avec les autres détenus comme suspects.

Et à l'instant avons nommé deux commissaires qui sont Despierre et Gille Pollet pour accompagner le juge de paix pour apposer les scellé sur ses titres et papiers et que réquisitoire seroit envoié à ce dernier à ce sujet.

Fol. 63 r°. — Procès-verbal du levé des scellés chez *Montigny* et rapports des commissaires.

Le neuf pluviose neuf heures du matin l'an deux de la république une et indivisible le comité a arrêté que le juge de paix seroit requis d'aller lever les scellés qui ont été apposés le sept courant chez le citoïen *Montigny* sur tous ses titres et papiers et que Lancry et Défer membres de ce comité seront tenus d'accompagner le susdit juge de paix à effet d'examiner conjointement avec lui si parmi les

---

1. Archives municipales de Lille.

papiers dudit *Montigny* il ne se trouveroient point quelques correspondances avec les ennemis de la République.

Le même jour six heures du soir lesdits Lancry et Defer commissaires chargés comme il est repris ci-dessu de se transporter chez le citoïen *Montigny*, accompagnés du juge de paix à effet de feuilleter et d'examiner si parmi les papiers dudit *Montigny*, ils n'auroient rien trouvés de contraire à la sureté public, il en résulte que lesdits commissaires étant de retour, ont déclarés au comité n'avoir rien trouvé de contraire au républicanisme, excepté plusieurs pièces que contenoit son portefeuil, dont l'inventaire a été remis à une des séances suivantes. Le 9 pluvios l'an deux de la République une et indivisible. Pour approbation : J.-B^{te} Candelier, s^{re}, Lancry, président.

Fait les jours, mois et an susdits.

      J.-B^{te} Candelier, secrétaire ; Lancry, président ;
      Pollet ; Despierre ; Ant. Candelier ;
      C. Lefebvre ; Cliquennoit, Sconaille ?

Fol. 63 v°. — Inventaire des papiers trouvés dans le portefeuil de *Montigny*.

Le quatorze pluvios l'an deux de la République une et indivisible, le comité assemblé dans le lieu ordinaire de ses séances, a arretté que l'inventaire des papiers contenues dans le portefeul du citoïen *Montigny* seroient enventorier et qu'extrait succint des pièces y reprises dont la liste est ci-dessous, seroient envoiés au citoïen Guiot représentant du peuple à Lille pour par lui statuer ce qu'il appartiendra.

1° Mémoire en demande pour obtenir la croix de St Louis en datte du 20 mars 1791.

2° Copie de brevet de quartier maittre trésorier du régiment des grenadiers royaux de la Champagne pour le sieur *Louis Joseph de Montigny*.

3° Copie de certificat du régiment de la Fere artillerie qui constate la rentrée au service de ce dernier.

4° Copie de certificat de M. Beauregard major du régiment des recrues des colonies en 1769 qui constate bien evidement l'entrée au service de ce dernier.

5° Lettre de ce dernier écritte à un général en lui annonçant l'envoie de deux mémoires, l'un pour la croix et l'autre pour la pension.

6º Certificat du voiage fait autour du monde, pendant les années 1766, 1767, 1768, 1769, datté depuis 16 avril 1792 et signé Boucainvil.

7º Billet d'envoie de M. Boucainvil à M. *Montigny* du 16 avril 1792.

8º Lettre de la magistrature de Condé qui enjoint d'après les ordres du prince de Cobourg à M. *Montigny*, d'évacuer en dedans huit jours les pays conquis et les provinces belgiques de Sa Majesté l'empereur et roi, signé Houzé, portant au dos le cachet de la ville de Condé.

9º Certificat du lieutenant colonel du régiment de la Ferre artillerie, signé Sappel, portant un cachet représentant les cy-devants armes de France.

10º Certificat du major du régiment de recrue des colonies relativement au service *de Montigny* audit corps.

11º Un petit billet sans datte, portant refus de viser un passe port pour aller à Valenciennes, le croiant dans le cas de l'exception je lui ai refusé, signé Delaing major de la place.

12º Un passe [1] de Bouchain, un par le commandant temporaire J. Cornie et signé Barbotin, Deronsart........., P : A : le Clercq procureur de la commune.

13º Un passe du comité de surveillance de Douhay du 21 nivos signé Gauthier, portant un cachet républicain.

14º Extrait du Registre de la municipalité de Bouchain, en datte du 14 nivos, qui constate qu'il a déposé sa croix de St Louis avec son brevet, lequel a été brulé, portant un cachet républicain.

15º Un billet de l'hopital par lequel il est enjoint au directeur de l'hopital dont la ville n'est pas désigné en datte de la chapelle St Médar du 15 mars 1793, signé Lardoy, y joint un certificat de médecin et chirurgien en datte de Condé du 29 décembre 1793, qui constate l'état de marasme occasionné par une grande douleur de tête et qui s'est terminé par un dépot dans l'intérieur de l'oreille gauche de *Mery de Montigny*, capitaine au 45me régiment d'infanterie, signé Candson et Petit ainé, chirurgien, portant un cachet républicain du 45me régiment et un cachet de la ville de Condé.

16º Lettre de Paris en datte du 7 septembre 1793 étoit signé Briez.

17º Extrait du registre aux délibérations du conseil municipal de Douhay qui constate que *Louis Joseph de Montigny*, capitaine au 45me régiment d'infanterie a receut au gref son brevet de capitaine et sa lettre de commission en invitant la municipalité de l'anéantir

---

1. *Sic.*

attendu les signes de royalisme dont il étoit empreint, ledit extrait portant un cachet républicain.

Fait les jours, mois et an susdit.

J. BOIDIN; POLLET; Ant. CANDELIER; C. LEFEBVRE; DEFER, LANCRY; CLIQUENNOIT; SCONAILLE?

Fol. 66 v°. — Lettre interceptée adressée à *Montigny* et connoissance donnée aux représentants.

Séance tenante, le citoyen Lancry en remettant au représentant du peuple Guiot les motifs qui ont déterminés le comité à mettre en état d'arrestation le citoyen *Montigny*, lui a aussi donné connoissance que les commissaires chargés par le conseil général de la commune et du comité de surveillance de se trouver à l'ouverture et cloture des paquets de la poste, ont dans le temps intercepté une lettre à l'adresse dudit Montigny à Condé à lui écritte par sa femme en datte du neuf aoust 1783, par laquelle elle lui marquoit par post scriptum, il y a icy un comité de surveillance pour les lettres.

Il a été aussi arrêté qu'il seroit donné connoissance aussi au directoire du district de Lille de la suspicion dudit Montigny et de son arrestation dont le dit Lancry en a aussi été chargé.

(Délibération du 15 pluviôs, an 2me).

Fol. 102 r°. — Sortie provisoire de *Montigny* pour affaire particulière.

Le vingt neuf thermidor 2me année républicaine le Comité assemblé, il a été délibéré et arrêté que le citoyen *Montigny* pourra aller chez lui de temps en temps provisoirement à toujours avec l'aggrément du comité lequel sera tenu de s'y présenter toutes les fois que ledit Montigny aura besoin d'aller chez lui et sera tenu de rentrer tous les jours, le soir au quartier et a présenté pour caution le citoyen Ignace Morel, lequel en repondra corps pour corps, ce qu'il a été accepté et ledit Morel a signé comme il en répondoit.

Ainsi fait les jours, mois et an susdits.

M. LEFEBVRE; J. BOIDIN; HOUDOY; MOREL; Ant. CANDELIER (président); POLLET; DALEUX.

OBERT

Armes : *d'azur au chevron d'or accompagné de trois chandeliers du même.*

La Chesnaye-Desbois et Poplimont ont donné à cette famille une origine fabuleuse ; il semble qu'ils aient pris en partie leurs renseignements dans le certificat accordé à Wallerand Obert, sr de Mazinghem, par le Conseil d'Artois, le 18 août 1585 ; ce certificat s'appuyait sur une sentence de noblesse obtenue du Parlement de Malines le 13 juillet 1475 par Jean Obert, sr des Préaux. Ce dernier acte ne fut d'ailleurs jamais retrouvé en original, et les Godefroy l'ont toujours regardé comme apocryphe. Nous donnons à titre documentaire, aux pièces justificatives, le certificat de 1585 avec la prétendue généalogie remontant à 1221.

La filiation certaine s'établit ainsi :

I. — *Jean* Obert, sr des Préaux, se maria avec Marie *Hubert*, dont il eut :

II. — *Guillaume* Obert, sr de Cauroy, mort en novembre 1554, épousa, par contrat passé à Saint-Pol, le 27 février 1523 ou 1524 (n. st.), Charlotte *de la Vacquerie* [1], fille d'Hugues, sr de Bullecourt, et de Philippine *Tillier*, morte le 28 décembre 1577 ; d'où :

  1. — *Lambert*, sr de Cauroy, mayeur d'Hesdin, mort le 26 juin 1576 ; allié, le 1er septembre 1574, à Claude *de Servins*, fille de Nicolas, morte le 13 septembre 1578 ; d'où :

    a. — *Blanche*, mariée avec Pierre *de Berry*, sr de Lilloy.

  2. — *Wallerand*, qui suit, III.

III. — *Wallerand* Obert, sr de Mazinghem à Lillers, Gaudiempré, Grévillers, Villers, né à Beaurains, reçu bourgeois d'Arras le 29 octobre 1556, conseiller au Conseil d'Artois, déclaré noble par

---

1. La Vacquerie : *échiqueté d'argent et d'azur.*

lettres de Philippe II, du 31 octobre 1583, confirmées par deux sentences rendues au Conseil d'Artois les 18 août 1585 et 24 mars 1589, testa devant Mes Jean Alexandre et Jean Leclerc à Arras le 7 septembre 1611 et mourut le 5 décembre 1613. Il épousa : 1º le 4 mars 1566 ou 1556, Marie *Le Prévost*, d'une famille d'Arras ; 2º le 16 novembre 1595, Gertrude *de Bernemicourt* [1], fille de Claude, s^r de Fouquières, remariée avec Florent *de Belvalet*, écuyer, décédée le 1er avril 1636 et inhumée à Notre-Dame d'Arras ; d'où :

1. — Du premier lit : *Louis*, qui suit, IV.
2. — *Jean*, qui suivra (deuxième branche).
3. — *Marie*, alliée à Louis *de Coupigny*, fils de Jean, bourgeois d'Arras le 11 octobre 1607.
4. — Du second lit : *Isabeau*, mariée avec Jean *du Mont Saint-Éloy*, écuyer, s^r de Merin, fils de Jean, s^r de Wendin, lieutenant-général de la gouvernance d'Arras, et de Marie *Le Vasseur*, bourgeois d'Arras le 28 octobre 1613.
5. — *Jacques-Ghislain*, écuyer, s^r des Masures, échevin d'Arras, bourgeois de cette ville le 19 octobre 1621, conseiller au Conseil d'Artois, mort le 7 novembre 1650, laissant de son épouse, Éléonore *de Belvalet*, fille de Florent, écuyer :

    a. — *Jacques*, bourgeois d'Arras le 24 mars 1673, célibataire.
    b. — *Anne*.
    c. — *Claire-Hélène*, qui se réfugia avec son frère et sa sœur à Wattrelos à cause des guerres.
    d. — *Charles*, écuyer, s^r du Péage, dont la descendance suivra (troisième branche).

7. — *Catherine*, alliée à Eustache *de Belvalet*, écuyer, s^r de Bernicourt, fils de Jacques, né à Bernicourt vers 1601, bourgeois d'Arras le 24 janvier 1626, bourgeois de Douai le 2 janvier 1646, remarié avec Anne *de Couronnel*.
8. — *Louis-François*, écuyer, s^r de la Motte, témoin au mariage de son neveu en 1634.

IV. — *Louis* OBERT, écuyer, s^r de Gaudiempré, Mazinghem, licencié ès lois, bourgeois d'Arras le 14 mai 1594, procureur général d'Artois, créé chevalier par lettres données à Madrid le 10 mars 1636, mort en 1645, épousa, par contrat passé à Béthune,

---

1. BERNEMICOURT : *écartelé : aux 1 et 4, d'azur au chef d'argent ; aux 2 et 3, de sable semé de fleurs de lis d'or.*

le 15 octobre 1597, Marie *Le François* [1], fille de Jean, écuyer, bailli de Cassel, et de Françoise *de le Flie*, morte le **24 août 1637** ; d'où :

1. — *Alexandre*, qui suit, V.
2. — *Ghislain*, qui suivra, V bis.
3. — *Louis*, écuyer, s^r de Rakendal, mort célibataire le 28 septembre 1638.
4. — *François*, écuyer, s^r du Breucq, créé chevalier par lettres du 14 septembre 1648, mort vers 1675 ; marié à Sainte-Catherine, le 3 octobre 1634, avec Marie *de Seur*, fille de Jean, conseiller et commis des finances des archiducs, et de Marie *de Paty* ; d'où :

    a. — *Marie-Françoise-Louise*, née le 10 janvier 1636, baptisée à Sainte-Catherine le 11 juin suivant.

    b. — *Marie-Élisabeth*, baptisée à Sainte-Catherine le 27 mai 1637, morte le 17 décembre 1702 ; alliée dans cette église, le 24 octobre 1679, à Charles-Jacques *de Vooght*, s^r de Zonebecq, fils de Jacques, s^r dudit lieu, et d'Anne *de la Cauchie*, mort avant décembre 1683.

    c. — *Françoise-Alexandrine*, baptisée à Sainte-Catherine le 21 octobre 1638.

    d. — *Ghislain-François*, écuyer, baptisé à Sainte-Catherine le 7 octobre 1640, mort sans postérité à Mézières (d'après La Chesnaye-Desbois).

    e. — *Anne-Ferdinande*, née le 8 août 1642, baptisée à Sainte-Catherine le 9 septembre suivant.

    f. — *Marie-Alexandrine*, baptisée à Sainte-Catherine le 23 mai 1644, décédée le 29 mai ou juin 1713 ; mariée dans cette église, le 28 janvier 1680, avec Barthélemi-François *de Melun*.

    g. — *Jean-François-Hippolyte*, baptisé à Sainte-Catherine le 6 août 1649, mort célibataire à Mézières (d'après La Chesnaye-Desbois).

    h. — *Anne-Catherine*, décédée paroisse de La Madeleine le 29 mai 1705 ; mariée à Sainte-Catherine, le 15 janvier 1691, avec Philippe-François *de la Hamayde* [2], écuyer, s^r d'Ogimont, décédé paroisse de La Madeleine le 18 août 1709.

5. — *Françoise*, morte sans alliance le 22 avril 1660.

V. — *Alexandre* Obert, écuyer, s^r de Burbure, Mazinghem, épousa, par contrat passé devant Me Roland de Beaumaretz, à Lille,

---

1. Le François : *d'azur à la croix ancrée d'argent, cantonnée de quatre étoiles à cinq rais du même.*
2. La Hamaide : *écartelé : aux 1 et 4, d'or à trois hamaides de gueules ; aux 2 et 3, d'azur à une bande d'argent, accompagnée de deux étoiles d'or.*

le 23 mai 1627, Marie *de Landas* [1], dame de la Haye, fille de Louis, sʳ de Wannehain, et de Jeanne *de Cambry,* morte en 1666 ; d'où :

1. — *Marie-Alexandrine*, dame de Mazinghem, morte le 9 février 1688, alliée à La Madeleine, le 6 février 1647, à Philippe-François *d'Ennetières*, écuyer, sʳ des Mottes, fils de Jacques, baron de la Berlière, et de Marie *de Baudequin*, baptisé à Saint-Étienne, le 8 juillet 1626, auditeur en la chambre des comptes de Lille le 13 décembre 1643, créé chevalier le 16 novembre 1644, maître ordinaire en la même chambre le 20 mars 1646, trésorier général des domaines et finances aux Pays-Pas le 23 avril 1650, créé marquis des Mottes par lettres données à Madrid le 16 septembre 1680, devenu religieux de l'ordre du Carmel après son veuvage, et mort à Bruxelles le 10 avril 1697. Ils furent inhumés tous deux à Sainte-Gudule en cette ville et laissèrent postérité.

2. — *Éléonore-Hippolyte*, morte le 14 juillet 1714, à 83 ans, et enterrée dans la chapelle de la Vierge à La Madeleine ; elle épousa Joseph-Bonaventure *de Noyelles*, baron de Torcy, fils d'Hugues, gouverneur du Limbourg, et de Marguerite *de Bourgogne*, membre du conseil de guerre de Sa Majesté catholique, général de ses armées et gouverneur de Malines, décédé le 11 mai 1696 ; dont postérité.

V bis. — *Ghislain* OBERT, écuyer, sʳ de Grévillers, Chaulnes, né à Arras, bourgeois de Lille par achat du 31 octobre 1637, mort en 1641, épousa à Saint-Pierre, le .. juin 1626, Florence *de Landas*, sœur de Marie, née le 16 mai 1602, morte le 16 mai 1666 ; dont :

1. — *Louis-François*, qui suit, VI.
2. — *Alexandre-Dominique*, baptisé à Saint-Étienne le 21 décembre 1628.
3. — *Adrien-Ignace*, écuyer, sʳ de Rakendal, baptisé à La Madeleine le 31 juillet 1632, prévôt de la collégiale de Seclin, mort le 23 août 1695 et inhumé dans la nef gauche de cette collégiale.
4. — *François-Bonaventure*, qui suivra, VI bis.
5. — *Marie-Philippine*, baptisée à La Madeleine le 6 novembre 1636, religieuse annonciade à Lille, morte le 13 juillet 1700.
6. — *Charles-Philippe*, qui suivra, VI ter.
7. — *Ghislain-Ernest*, écuyer, baptisé à La Madeleine le 10 décembre 1641, chanoine de Saint-Pierre, mort paroisse Saint-Pierre, le 4 février 1717.

---

1. LANDAS : *parti émanché d'argent et de gueules.*

VI. — *Louis-François* Obert, écuyer, s^r de Grévillers, baptisé à Saint-Étienne le 10 mai 1627, mort le 22 juillet 1703, s'allia à Hélène-Florence *de Lannoy*, fille de Gilbert, écuyer, s^r de Courtembus, morte en septembre 1721 ; d'où :

1. — *Albertine-Marie-Françoise*, baptisée à Houplines le 24 juin 1678.
2. — *Catherine-Adrienne*, née en juin 1680, morte jeune.
3. — *Albertine-Marie-Françoise*, née en 1683, alliée à Saint-Étienne, le 7 mai 1701, à Hippolyte-Joseph *Déliot*, écuyer, s^r des Landres, fils d'Hubert-Wallerand, écuyer, s^r de la Croix, et de Marie-Madeleine-Françoise *de Vitry*, baptisé à Saint-Maurice le 26 mai 1670, fixé à Loos, puis à Armentières ; dont postérité.
4. — *François-Joseph*, né en avril 1687, mort enfant.
5. — *Marie-Anne*, née le 7 décembre 1688, célibataire.
6. — *Maximilien-François*, qui suit, VII.

VII. — *Maximilien-François* Obert, écuyer, s^r de Courtembus, né en 1692, testa à Armentières le 22 octobre 1766 ; il épousa, par contrat passé à Bapaume, le 31 octobre 1722, Marie-Françoise *d'Hangre* [1], fille d'Adrien, chevalier, s^r de Contalmaison, et de Marie *Lefebvre* ; d'où :

1. — *Marie-Françoise-Joseph*, baptisée à Saint-Pierre de Sapigny (diocèse d'Arras) le 1er décembre 1723, entrée à la Noble-Famille le 1er mars 1732, morte à La Chapelle-d'Armentières en août 1733.
2. — *Marie-Louise-Joseph*, née à La Chapelle-d'Armentières le 16 avril 1726, entrée à la Noble-Famille le 8 septembre 1733, mariée, par contrat passé devant Me Jacques-Philippe Bayart le 16 mai 1759, et religieusement le lendemain, avec Philippe-Antoine *Chauvenet*, écuyer, s^r de Lesdain, fils d'Antoine-Alexandre, chevalier, s^r dudit lieu, et d'Anne-Madeleine *Volant de Berville*, capitaine au régiment de Cambis infanterie, chevalier de Saint-Louis.
3. — *Aimable-Armand-Joseph*, qui suit, VIII.
4. — *Marie-Élisabeth*, née à Contalmaison (Picardie), en 1739, morte à Armentières le 24 nivôse an VII, alliée à Houplines, le 16 avril 1770, à Louis-Antoine *de Wasservas*, chevalier, fils de Philippe-François, chevalier, s^r de Sapigny, et de Catherine-Michel *Linard*, né à Albert (Picardie), vers 1726, capitaine au régiment de

---

1. Hangre : *écartelé : au 1, d'azur à une aigle d'or ; aux 2 et 3, de gueules à une étoile d'or ; au 4, d'azur à deux merlettes d'or rangées en fasce.*

Penthièvre infanterie, chevalier de Saint-Louis, mort à Armentières le 8 prairial an VI.

VIII. — *Aimable-Armand-Joseph* OBERT, chevalier, sr de Grévillers, né à La Chapelle-d'Armentières le 29 janvier 1732 [1], administrateur de la Noble Famille en 1785, mort à Armentières le 25 nivôse an II, épousa, par contrat passé devant Me Jacques-Philippe Bayart, à Armentières, le 28 novembre 1761, Marie-Augustine-Joseph *Déliot*, fille d'Hippolyte-Joseph-Ignace, écuyer, sr des Roblets, et de Marie-Joseph-Colette *Petitpas*, baptisée à La Madeleine le 26 juillet 1737, veuve de Jean-Barthélemi-Hippolyte, baron *de Vitry*, morte à Armentières le 9 mai 1820 ; d'où :

1. — *Hippolyte-Maximilien-Joseph*, chevalier, sr de Grévillers, baptisé à Bapaume le 8 février 1763, mort le 6 juillet 1835, allié à Marie-Françoise-Barbe, marquise *d'Aoust*, fille de Jacques-Eustache-Joseph, marquis, sr de Jumelles, et de Joséphine-Barbe *Van Zuutpeene*, baptisée à Saint-Jacques d'Ypres le 28 juillet 1762, morte le 4 janvier 1838 à soixante-quinze ans ; sans enfants.

2. — *Philippe-Antoine-Joseph*, chevalier, né en 1767, enseigne aux gardes wallonnes le 15 septembre 1786, enseigne de grenadiers le 13 mai 1790, sous-lieutenant le 12 janvier 1792, lieutenant le 5 février 1795, retraité en 1798, mort le 24 juillet 1807.

3. — *Virginie-Augustine-Joseph*, baptisée à La Madeleine le 14 janvier 1768, entrée à la Noble-Famille le 29 avril 1775, morte à Armentières le 26 juillet 1848, mariée dans cette ville, le 8 mai 1794, avec Pierre *Walkers*, fils de Joseph et de Marie-Joseph *Delemot*, né à Beerthe en Brabant vers 1764, capitaine au 5e bataillon de tirailleurs ; dont postérité.

4. — *Justine-Joseph*, née à La Chapelle-d'Armentières le 3 septembre 1769, entrée à la Noble-Famille le 10 septembre 1776, morte célibataire à Armentières le 17 février 1819.

5. — *Reine-Colette*, baptisée à La Madeleine le 12 mai 1771.

6. — *Barthélemi*, chevalier, né à La Chapelle-d'Armentières le 26 octobre 1772, enseigne aux gardes wallonnes le 12 février 1789, enseigne de grenadiers le 23 avril 1793, sous-lieutenant le 23 janvier 1794, retraité à Lille en 1796 ; suspect alors et émigré, arrêté à Bruxelles au milieu du spectacle, conduit à Douai et relâché le 25 thermidor an VII [2] ; mort célibataire à Lille le 18 germinal an X.

---

1. Date donnée par La Chesnaye-Desbois. D'autres disent en décembre 1724.
2. Archives départementales du Nord. Série L, sous-série 1, n° 1333.

7. — *Louis-Joseph*, chevalier, né à Armentières le 10 avril 1775, mort à Lille le 20 janvier 1861, allié au Cateau, le 28 messidor an XIII, à Henriette-Françoise *Carville*, fille d'Antoine et de Renelde *Emeelin*, née au Cateau en 1770 ; dont un fils :

    a. — *Louis-Amand-Antoine-Philibert-Henri*, né au Cateau le 17 octobre 1806, décédé à Lille le 28 mai 1872, époux de Julie-Joseph *Tourbelins*, décédée avant lui à Menin.

8. — *Xavier*, chevalier, s^r de la Mairie, Grévillers, né à La Chapelle-d'Armentières le 3 février 1777, chevalier de la Légion d'honneur, mort le 4 juillet 1848, allié à Lille, le 5 pluviôse an X, à Marie-Marguerite-Joseph *Le Prévost de Basserode*, fille de Pierre-François-Joseph et de Marie-Françoise *Le Sage*, née à Walcourt le 14 mai 1775, morte sans enfants le 24 mars 1853.

VI bis. — *François-Bonaventure* OBERT, chevalier, s^r d'Hoochstraete, dont la descendance est reportée plus bas à cause de sa longueur.

VI ter. — *Charles-Philippe* OBERT [1], écuyer, s^r de Chaulnes, baptisé à La Madeleine le 29 janvier 1639, bourgeois de Lille par relief du 17 octobre 1665, échevin, rewart et mayeur de cette ville, créé chevalier le 3 octobre 1675, nommé prévôt des maréchaux de Flandre par lettres données à Saint-Germain-en-Laye le 28 décembre 1679, prévôt le comte de Valenciennes, créé vicomte de Chaulnes par Louis XIV en vertu de lettres données à Versailles le 16 juillet 1684, décédé paroisse Saint-Pierre le 20 janvier 1721 ; épousa : 1° à Saint-Jacques de Tournai, le 8 juillet 1665, Marie *de Gaest* [2], fille de Michel, écuyer, s^r de Warcombel, et d'Antoinette *de Landas*, baptisée à la même église le 15 avril 1637 ; 2° le 13 décembre 1670, Marie-Catherine *Hangouart* [3], fille de Wallerand, chevalier, s^r du Bellabre, et de Jeanne-Françoise *Obert*, baptisée à Sainte-Catherine le 2 octobre 1652, morte le 5 juillet 1729 et inhumée à Saint-Pierre dans la chapelle paroissiale ; d'où :

---

1. Il portait : *écartelé : au 1, de gueules semé de croissants d'argent, au lion de sable couronné d'or ; au 2, d'or à la croix de gueules ; au 3, de sable à trois molettes d'argent ; au 4, parti émanché d'argent et de gueules ; et sur le tout de l'écartelé : d'azur, au chevron d'or, accompagné de trois chandeliers du même.*

2. GAEST : *parti : au 1, d'argent à cinq losanges de sinople mises en sautoir ; au 2, de sinople à cinq losanges d'argent mises en sautoir.*

3. Elle portait : *de sable à l'aigle d'argent, membrée d'or et tenant en son bec un anneau du même.*

1. — Du premier lit : *Marie-Louise*, baptisée à Sainte-Catherine le 27 août 1667.

2. — Du second lit : *Jean-François*, baptisé à Saint-Étienne le 6 mars 1674, prêtre, nommé trésorier du chapitre de Saint-Pierre par le pape Clément XI, le 23 mars 1715, malgré le chapitre, mort paroisse Saint-Pierre le 13 mars 1721. Il fut enfermé à la Bastille le 30 mai 1718 et en sortit le 2 juillet suivant ; le motif de son arrestation est ainsi formulé : « Correspondances et intrigues contre l'intérêt de l'État, avec la cour de Rome par le nonce du Pape à Paris, l'internonce à Bruxelles et le cardinal d'Allaire à Rome. Il a écrit une lettre à ce dernier, en langue latine, contre la cour et la nation françoise qui paroît inexcusable et bien odieuse d'un sujet du Roi. Il avoit formé en Flandre un parti contre les droits et libertés des églises sur le fait des bénéfices. Il soutenoit beaucoup l'intérêt du Pape contre celui du Roi [1]. »

3. — *Louise-Pélagie*, née le 2 janvier 1677, décédée paroisse Saint-Pierre le 8 juillet 1762, alliée dans cette église, le 11 mars 1723, à Charles-Florent *de Maguire*, capitaine au régiment de Roth Irlandais, puis commandant d'une brigade, chevalier de Saint-Louis, décédé paroisse Saint-Pierre le 14 avril 1756.

4. — *Anne-Julie*, née le 6 janvier 1678, mariée à Saint-Sauveur, le 17 mars 1696, avec Guillaume-Henri *de Quadt*, colonel du régiment royal allemand ; dont postérité.

5. — *Marie-Michelle*, née le 2 avril 1679, alliée à N... *d'Articq*, chevalier, commandant pour le Roi à Belfort.

6. — *François-Balthazar*, chevalier, s^r de Hongrie, né le 24 janvier 1685 (ou le 5 juin d'après le cabinet des titres), lieutenant de haut bord, chevalier de Saint-Louis, mort en 1726.

7. — *Sébastien-Marie*, chevalier, né le 24 décembre 1687, tué au siège de Barcelone en 1714.

VI bis. — *François-Bonaventure* OBERT, chevalier, s^r d'Hoochstraete, baptisé à La Madeleine le 27 décembre 1634, bourgeois de Lille par achat du 8 octobre 1683, échevin de cette ville, puis lieutenant général de la gouvernance de Lille, l'un des quatre grands baillis, enfin président à mortier au Parlement de Flandre par lettres du 8 novembre 1693, mort le 24 avril 1695, épousa à Saint-Nicaise de Tournai, le 20 août 1680, Marie-Madeleine-Thérèse *de Landas*, fille de François, écuyer, s^r des Mottes et de

---

1. FUNCK-BRENTANO, *Les lettres de cachet à Paris*. Imprimerie nationale, in-4° 1903, p. 187.

Catherine *Cuvelier*, baptisée à Sainté-Marguerite de Tournai le 3 août 1647, morte le 27 septembre 1695 ; d'où :

1. — *Adrien-Joseph*, baptisé à Saint-Pierre le 2 juillet 1681, bourgeois de Lille par achat du 4 mai 1685, chanoine de Saint-Pierre.

2. — *Jean-François*, qui suit, VII.

3. — *Ghislain-François*, chevalier, s^r d'Hoochstraete, baptisé à Saint-Pierre le 14 juin 1686, décédé paroisse Saint-André le 31 mars 1760, allié à Saint-Étienne, le 4 juillet 1729, à Marie-Angélique *Vanhove*, fille de Dominique-Augustin et d'Antoinette *Sampart*, baptisée à Saint-Étienne le 27 mars 1682, décédée paroisse Saint-André le 15 mai 1755 ; sans enfants.

VII. — *Jean-François* OBERT, écuyer, s^r de Beauregard, né à Tournai le 6 août 1684, bourgeois de Lille par relief du 12 juin 1706, échevin de cette ville, décédé paroisse Sainte-Catherine le 15 juillet 1733, épousa dans cette église, le 7 avril 1706, Marie-Henriette-Françoise *de Gruson*, fille de Philippe-Ignace, s^r de Lassus, et de Marie-Jeanne *Scrieck*, baptisée à Sainte-Catherine le 30 septembre 1688, morte le 1er juin 1759 et enterrée à Saint-Pierre ; d'où :

1. — *Ghislain-François-Joseph*, écuyer, s^r de Lassus, baptisé à Sainte-Catherine le 8 mars 1707, mort célibataire le 22 septembre 1735.

2. — *Marie-Catherine-Henriette*, baptisée à Sainte-Catherine le 9 mars 1708, morte à Saint-Denis de Saint-Omer le 22 août 1765, alliée à Sainte-Catherine, le 22 juin 1739, à Maximilien-Xavier-Joseph *Le François* [1], écuyer, s^r du Clercq, fils de Robert-Augustin et de Marie-Marguerite *Le Petit*, baptisé à Saint-Omer, paroisse Saint-Denis, le 14 février 1692, échevin de cette ville, conseiller secrétaire du Roi, bourgeois de Lille par achat du 3 juillet 1739, mort à Saint-Omer le 13 avril 1771 ; dont postérité.

3. — *Adrien-François-Ignace*, baptisé à Sainte-Catherine le 9 décembre 1709.

4. — *Jean-François*, baptisé à Sainte-Catherine le 12 février 1711, carme déchaussé à Lille sous le nom de père Emmanuel de Saint-François-Xavier.

5. — *Louis-Eugène-Joseph*, écuyer, s^r de Lassus et de Walle,

---

[1]. LE FRANÇOIS : *d'azur à la croix ancrée d'or et une bordure dentelée du même.*

baptisé à Sainte-Catherine le 8 juillet 1712, bourgeois de Lille par relief du 24 mai 1746, échevin de cette ville de 1747 à 1756, inscrit aux nobles de Flandre par ordonnance du 26 mars 1743, décédé paroisse Saint-Pierre le 13 septembre 1789, allié dans cette église, le 10 octobre 1745, à Marie-Madeleine-Séraphine *Hespel*, fille de Jean-Baptiste, écuyer, et de Marie-Isabelle-Hyacinthe *Bridoul*, baptisée à Saint-Pierre le 10 octobre 1745, y décédée le 14 décembre 1768 ; d'où :

  a. — *Marie-Joseph-Séraphine*, née le 29 juin 1747, baptisée à Saint-Pierre le 5 juillet, y décédée le 26 février 1767.

  b. — *Marie-Henriette*, baptisée à Saint-Pierre le 15 juillet 1748.

  c. — *Charles-Joseph*, ondoyé le 27 mars 1750, baptisé à Saint-Pierre le 8 avril.

  d. — *Eugène-François*, baptisé à Saint-Pierre le 29 janvier 1752, y décédé le 5 janvier 1758.

 6. — *Marie-Anne-Pélagie*, baptisée à Sainte-Catherine le 31 janvier 1714.

 7. — *Henri-Hyacinthe*, qui suit, VIII.

VIII. — *Henri-Hyacinthe* OBERT, écuyer, s^r de Rosuelle, né à Lille le 7 septembre 1717, mort le 6 février 1754, épousa par contrat passé à Mons, le 4 août 1740, Marie-Ursule-Josèphe *de Boudry*, fille d'Henri-Dominique, écuyer, s^r de Montreuil, et de Marie-Alexandrine *de Coullemont*, née le 5 août 1705, morte le 4 octobre 1769 ; dont :

 1. — *Marie-Antoinette-Henriette-Waudru*, née à Mons le 22 janvier 1743, dame d'Hooghem et d'Elslande, morte le 2 novembre 1808, alliée à Mons, par contrat du 2 août 1764, à Siméon-Jean-Joseph, baron *de Maleingreau*, s^r d'Hembise, Boisboussu, Havrech, fils de Siméon-Florent-Joseph, conseiller au Conseil souverain de Mons, et de Marie-Angélique-Françoise *de Brabant*, né le 17 décembre 1728, veuf de Marie-Jacqueline-Thérèse-Rose *Cossée de Semeries*, mort le 10 octobre 1791 ; dont postérité.

 2. — *Zacharie-Vincent-Joseph*, qui suit, IX.

IX. — *Zacharie-Vincent-Joseph* OBERT, écuyer, s^r de Montreuil, Beauregard, puis de Quiévy par achat en 1770, né à Mons le 24 novembre 1746, membre de l'État noble de Hainaut par réception du 17 décembre 1771, chevalier de la noble et souveraine cour de Mons le 28 avril 1774, reconnu noble avec le titre de vicomte par le roi Guillaume Ier le 24 novembre 1816, mort en 1821, épousa à Thoricourt, le 26 juillet 1774, Isabelle-Françoise-Catherine *de la Marlière*, fille de Charles-François et de Marie-Thérèse *Pascal*, née à Gand le 8 avril 1744, morte à Mons le 9 janvier 1827 ; d'où :

1. — *Marie-Charlotte-Waudru*, née à Thoricourt le 5 août 1775, chanoinesse d'honneur de Poulangy, morte à Mons le 21 avril 1808, alliée, par contrat du 28 janvier 1803, à Théodore-Joseph *de Franeau d'Hyon*, comte de Gommegnies, fils de Nicolas-Joseph et d'Isabelle-Maximilienne *d'Yve*, né à Valenciennes le 4 juillet 1750, capitaine au régiment du Maine, chevalier de Saint-Louis, mort à Mons le 21 mai 1814 ; dont postérité.

2. — *Marie-Alexandrine-Aldegonde-Françoise*, née à Mons le 19 juin 1779, mariée, le 4 novembre 1799, avec Charles-Benoît-Joseph *d'Yve*, sr de Bonheyden, fils de Jean-Philippe-René-Joseph, vicomte de Bavay, et d'Isabelle-Thérèse *de Romrée*, né le 17 octobre 1764 ; dont postérité.

3. — *Martel-Daniel-Henri-Vincent*, vicomte OBERT DE QUIÉVY, né à Mons le 13 juillet 1783, naturalisé Français le 19 juin 1822, confirmé dans son titre de vicomte par Louis XVIII le 11 janvier 1823, chevalier de la Légion d'honneur, mort à Wambrechies le 25 septembre 1866, allié à Nouvelles (Hainaut), le 25 mai 1811, à Alexandrine-Joséphine *Robert de Robersart*, fille de Simon-Joseph, comte de Robersart, sr de Choisy, et de Marie-Joseph-Philippine *du Sart de Molembaix*, née à Mons le 9 janvier 1778, morte à Wambrechies le 27 novembre 1854 ; sans enfants.

4. — *Étienne-Eugène-Joseph-Ghislain*, qui suit, X.

X. — *Étienne-Eugène-Joseph-Ghislain* OBERT, vicomte, né à Mons le 3 août 1790, auditeur au Conseil d'État sous le premier Empire, puis chambellan du roi Guillaume Ier qui le créa vicomte de Thieusies le 4 octobre 1823, mort à Schaerbeeck le 21 mars 1871, épousa à Mons, le 29 mai 1811, Marie-Joséphine-Désirée *Marin de Thieusies*, fille de Nicolas-Louis-Joseph et de Marie-Augustine-Désirée *de Béhault*, baptisée à Saint-Germain de Mons le 20 décembre 1789, morte à Thoricourt le 14 avril 1863 ; dont :

1. — *Élise-Marie-Joséphine-Désirée*, née en 1812, morte à Thieusies le 14 août 1833.

2. — *Amédée-Antoine-Désiré-Ghislain*, né le 28 février 1813, mort célibataire à Havré le 19 février 1870.

3. — *Marie-Rosine-Joséphine-Aldegonde*, morte à Thieusies le 5 septembre 1837.

4. — *Félicie-Augustine-Aldegonde-Antoinette*, née le 4 janvier 1817, morte à Hénencourt (Somme) le 8 juin 1891, mariée à Thieusies, le 7 octobre 1839, avec Marie-Ambroise-Augustin-Baudouin, marquis *de Lameth*, fils d'Augustin-Louis-Charles et d'Ambroisine-Honorine-Zoé *de Choiseul d'Aillecourt*, né à Paris le 16 août 1812, décédé à Hénencourt le 13 février 1867 ; dont postérité.

5. — *Camille-Antoine-Désiré-Ghislain*, qui suit, XI.

XI. — *Camille-Antoine-Désiré-Ghislain*, vicomte Obert de Thieusies, né à Mons le 26 avril 1821, mort à Thieusies le 12 mars 1884, épousa à Fresnes-sur-l'Escaut (Nord), le 17 décembre 1850, Marie-Charlotte *de la Coste*, fille d'Adolphe, marquis, ancien officier, et d'Amélie-Marie-Thérèse-Célestine *de Nédonchel*, née au Quesnoy le 18 décembre 1829 ; d'où :

1. — *Aldegonde-Marie-Joséphine*, née à Thieusies le 21 janvier 1853, mariée audit lieu, le 3 mai 1871, avec Charles-Arthur-Philippe-Ernest, comte *de Hemricourt de Grunne*, fils d'Alexandre-François-Hubert et de Marie-Charlotte-Octavie *de Senzeilles*, né à Liège le 15 mars 1840, chevalier de Saint-Jean de Jérusalem, sénateur ; dont postérité.

2. — *Emmanuel-Marie-Joseph-Charles-Martel*, né à Thieusies le 7 juillet 1857.

3. — *Amaury-Marie-Camille-Joseph-Charles-Martel*, qui suit, XII.

4. — *Valentine-Marie-Félicité-Henriette*, née à Thieusies le 22 août 1862, alliée audit lieu, le 22 juin 1882, à Roger-Philippe-Marie, comte *de la Barre d'Erquelines*, fils d'Alexandre-Alfred et de Cornélie-Laure-Angélique *de Rouillé*, né à Ormeignies le 22 septembre 1854 ; dont postérité.

XII. — *Amaury-Marie-Camille-Joseph-Charles-Martel*, vicomte Obert de Thieusies, né à Thieusies le 16 juillet 1858, bourgmestre de Thoricourt ; épousa à Bruxelles, le 21 avril 1887, Louise-Thérèse-Cornélie, comtesse *Christyn de Ribaucourt*, fille d'Adolphe-Florimond-Ghislain et de Charlotte-Henriette-Marie-Berthe, comtesse *de Liedekerke*, née à Perck le 16 octobre 1866 ; d'où :

1. — *Alain-Camille-Ghislain-Marie-Joseph-Martel*, né à Bruxelles le 10 mars 1888.

2. — *Élisabeth-Berthe-Marie-Josèphe-Ghislaine*, née à Thoricourt le 11 août 1892 [1].

---

[1]. Pour la branche belge, nous avons emprunté plusieurs dates à l'*Annuaire de la noblesse de Belgique* : Généalogie Obert.

DEUXIÈME BRANCHE

IV bis. — *Jean* OBERT, écuyer, s^r de Villers, Gaudiempré, né à Arras, bourgeois de cette ville le 2 septembre 1599, conseiller de leurs altesses au Conseil provincial d'Artois, bourgeois de Lille par achat du 5 octobre 1618, échevin de cette ville en 1619, bailli de Roubaix en 1623; épousa: 1° par contrat du 19 janvier 1601, Madeleine *Le Candele*, fille de Maximilien, chevalier, s^r de Herbamez, et d'Adrienne *du Mortier*; 2° Marguerite *de Landas*, fille de Philippe, s^r de Chin, et d'Antoinette *de Hénin*, veuve de Jean *du Chastel*, écuyer, s^r de Puyveld; dont :

1. — Du premier lit : *Lamoral*.
2. — *Louis*, qui suit, V.
3. — *Jean*, écuyer, s^r de Copiémont, capitaine de chevau-légers au service de France, tué au siège de Casal en 1629.
4. — *Jacques-François*.
5. — *Maximilien*, abbé de Marchiennes, mort le 12 janvier 1673.
6. — *Marie-Catherine*.
7. — *Anne*, alliée à François *de Baudringhien*, s^r de Gommespont, fils de Jacques, s^r du Jardin, et de Jeanne *de Brune*, veuf d'Anne *Van der Beke* [1].
8. — *Marie-Madeleine*, baptisée à Saint-Pierre le 28 juin 1618.
9. — *Louise-Françoise*, baptisée à Saint-Pierre le 13 octobre 1620.

V. — *Louis* OBERT, écuyer, s^r de Gaudiempré, bourgeois de Lille par achat du 1er mai 1627, créé chevalier par lettres données à Madrid le 20 mars 1640, lieutenant-général de la gouvernance de Lille par lettres datées de Douai le 18 novembre 1641; épousa, le 14 juin 1625, Marie *de Nieuwenhove* [2], fille de François, écuyer, s^r de Noyelles, et de Marie *de Coppenay*, veuve de Charles *de Cardevacque*, écuyer, s^r de Beaumont; d'où :

1. — *Anne-Jeanne*, baptisée à Sainte-Catherine le 9 mai 1626; alliée dans cette église, le 15 février 1651, à Jean-Ignace *de la Fosse* [3], écuyer, s^r de Drincham, fils de Jean, né à ...., officier au régiment de mestre de camp don Francisco Deza, blessé au siège d'Ypres et à

---

1. Ces sept enfants étaient nés avant le 5 octobre 1618.
2. NIEUWENHOVE : *d'azur à trois pals retraits d'or mouvants du chef, et une coquille d'argent en pointe*.
3. DE LA FOSSE : *d'or à trois cors de chasse de sable enguichés de gueules*.

la bataille de Lens, créé chevalier le 31 août 1651, mort en 1667 et enterré au chœur de Saint-Vaast à Bailleul; dont postérité [1].

2. — *Marie-Françoise* (alias *Jeanne-Françoise*), jumelle de la précédente; mariée: 1º à Sainte-Catherine, le 11 septembre 1651, avec Wallerand *Hangouart*, écuyer, sr du Bellabre, fils de Wallerand, écuyer, et de Catherine *du Chastel*, bourgeois de Lille par relief du 26 mars 1643, bailli de Comines, veuf de Jeanne *de Hapiot*, décédé paroisse Saint-Maurice le 16 mars 1663; dont postérité; 2º avec Jacques *de Zédor*, chevalier, sr de Chamelin, capitaine au régiment de colonel général cavalerie.

3. — *Ernestine*, née en 1628, religieuse à l'abbaye de Flines, dont elle fut installée abbesse le 26 juin 1691, y décédée le 2 septembre 1695 et inhumée à l'abbaye [2].

4. — *Jean-Baptiste*, qui suit, VI.

5. — *Philippe-Jean*, baptisé à Sainte-Catherine le 10 mai 1650.

VI. — *Jean-Baptiste* OBERT, chevalier, sr de Noyelles, bourgeois de Lille sur requête par relief le 16 juin 1693, mort à Noyelles le 1er mars 1694, obtint en 1655 des lettres de rémission pour l'assassinat de N... de Lannoy, sr du Haut Pont. Il épousa en 1647, Anne-Françoise *du Chastel*, fille de François, sr de Langle, et de Marie *Hangouart*; d'où:

1. — *Louis-François*, baptisé à Sainte-Catherine le 19 avril 1649, prêtre, puis jésuite, sortit de la Compagnie de Jésus par suite du refus de permettre l'impression de son panégyrique de Louis XIV; cet éloge, écrit en vers français, fut imprimé à Lille en 1686. Il composa aussi des poésies en l'honneur de quelques saints (Lille, *Balthazar Lefrancq*, in-8); enfin, on a de lui un *Ludus poeticæ veridicus sive dissertationes dramaticæ piæ juxta ac lepidæ...* (Lille, *Nicolas de Rache*, 1683, in-8). Devenu débile d'esprit, il fut pourvu d'une curatelle le 16 février 1708 [3].

2. — *Wallerand-Jean-Baptiste*, baptisé à Sainte-Catherine le 18 février 1652.

3. — *Philippe-Ferdinand* (alias *Philippe-Alexandre*), baptisé à Sainte-Catherine le 11 décembre 1652, capitaine au régiment de Saint-Simon cavalerie; allié, dit La Chesnaye-Desbois, à Jeanne.

---

1. D'après La Chesnaye-Desbois, elle se serait remariée à François de Genevières.
2. Voir HAUTCŒUR: *Histoire de l'abbaye de Flines*, p. 401.
3. Voir *Bulletin de la Commission historique*, tome 22, p. 19, et *Souvenirs religieux*, 1889, page 88.

fille du sieur *de Carpentier*, commissaire au renouvellement de la loi des Pays-Bas espagnols.

4. — *Marie-Françoise*, baptisée à Sainte-Catherine le 27 février 1654; c'est peut-être elle qui est appelée Madame de Formigelle dans l'acte de curatelle de son frère.

5. — *Éléonore-Marie-Alexandrine*, baptisée à Sainte-Catherine le 26 janvier 1657; épousa, le 15 juillet 1677, Pierre-Ignace *d'Eechaute*, écuyer, s^r d'Aigremont, fils d'Henri, écuyer, s^r de Pumbeck, capitaine d'une compagnie de Hauts Allemands, et d'Isabelle-Constance *Van Warnewick*.

6. — *Josse-Alexandre*, qui suit, VII.

7. — *Ernestine-Louise*, née vers 1664, décédée paroisse Saint-André le 13 juin 1757; alliée à Philippe *d'Olivet*, s^r de la Brosse, chevalier de Saint-Louis, commandant pour le Roi au château d'Aire; elle était séparée de biens en 1708.

8. — *Anne-Françoise*, baptisée à Saint-Maurice le 3 juillet 1668, décédée paroisse Saint-André le 30 juin 1745; alliée : 1º à Saint-Sauveur, le 25 juillet 1694, à Jean-Mathias *de Bonnet* [1], chevalier de Saint-Louis, gouverneur du fort Saint-Sauveur; 2º à Saint-André, le 22 mars 1730, à Arthur *Magenis*, fils de Maurice et de Marie *Clarck*, capitaine au régiment de Buckeley irlandais, chevalier de Saint-Louis, mort paroisse Saint-André le 18 octobre 1743.

9. — *Marie-Anne-Thérèse*, alliée, d'après toutes les généalogies, à Gilles-Théodore *de Langle*, écuyer, s^r de Hauwelanghe; elle ne figure pas dans l'acte de curatelle de son frère en 1708.

VII. — *Josse-Alexandre* OBERT, chevalier, s^r de Copiémont, Noyelles, baptisé à Saint-Étienne le 16 février 1659, bourgeois de Lille par relief du 24 septembre 1693, capitaine au régiment de Navarre, puis major du régiment de Solre infanterie, décédé paroisse Saint-Étienne le 21 novembre 1698; épousa à Saint-Étienne, le 2 février 1693, Marie-Catherine *du Chambge*, fille de Séraphin, chevalier, s^r de Liessart, et de Jossine *Vandenberghe*, baptisée à Saint-Étienne le 30 avril 1655, décédée paroisse Saint-Étienne le 18 août 1739 et inhumée à Noyelles; d'où :

1. — *Louis-Joseph*, baptisé à Saint-Étienne le 16 août 1693, mort jeune.

2. — *Séraphin-Alexandre*, jumeau du précédent, mort en bas âge.

---

1. DE BONNET : *de gueules à une croix longue d'or, senestrée d'une épée d'argent, la pointe en bas.*

3. — *Anne-Isabelle*, baptisée à Saint-Étienne le 9 décembre 1694.

4. — *Marie-Anne-Joseph*, baptisée à Saint-Étienne le 22 décembre 1697, y décédée le 22 mars 1700.

5. — *Michel-Alexandre*, posthume, baptisé à Saint-Étienne le 27 mai 1699, y décédé le 27 août suivant.

TROISIÈME BRANCHE

V ter. — *Charles* OBERT [1], écuyer, sr du Péage, récréanta la bourgeoisie d'Arras, paroisse Saint-Géry, le 6 juin 1620, et épousa le 1er avril 1628, Jeanne-Claire *de Bertoul*, fille de Louis ; d'où :

VI. — *Louis-Florent* OBERT, écuyer, sr du Péage, capitaine de la Motte-au-Bois ; allié à La Madeleine, le 4 février 1659, à Marie-Thérèse *Hubert*, fille de Mathieu, dont il eut entre autres enfants :

1. — *Charles-Adrien*, qui suit, VI.
2. — *Marie-Françoise-Louise*, baptisée à La Madeleine le 25 juin 1671.

VII. — *Charles-Adrien* OBERT, écuyer, sr d'Abluy, capitaine au service de France, mort à Bruxelles et enterré à Sainte-Gudule ; épousa Sophie-Thérèse *de Crest*, fille de Jean, écuyer, sr de Hal ; d'où :

1. — *Charles-Joseph*.
2. — *Charles-Alexandre*.
3. — *Procope-Alexandre*, dont les noms seuls nous sont connus.
4. — *Nicolas*, qui suit, VII.

VIII. — *Nicolas* OBERT, écuyer, sr d'Abluy, décédé à Bruges, paroisse Saint-Jacques, le 16 septembre 1749 ; épousa : 1º à Notre-Dame de Bruges, le 23 février 1718, Marie *du Chastel* ; 2º vers 1735, Anne *Vanderhagen* ; il eut :

1. — Du premier lit : *Sophie*, baptisée à Saint-Sauveur de Bruges le 22 août 1721, morte célibataire dans cette ville le 17 frimaire an XIV.

2. — *Jeanne*, baptisée à Saint-Sauveur de Bruges le 30 mars 1726, morte célibataire dans la même ville le 10 germinal an VIII.

3. — *Jean*, baptisé à Saint-Sauveur de Bruges le 30 novembre 1728.

4. — Du second lit : *Charles*, baptisé à Saint-Gilles de Bruges le 22 février 1736, écuyer, sr d'Abluy, capitaine au régiment de Saxe-

---

1. Son père, Jacques-François, forme le degré IV ter.

Gotha, depuis régiment du prince de Ligne au service de l'impératrice reine de Hongrie, mort à Bruges le 2 mars 1816; marié après 1773, avec Catherine-Guillelmine *Van der Vekene de Waesemont*, décédée après lui sans enfants.

5. — *Nicolas*, baptisé à Saint-Jacques de Bruges le 16 juillet 1740.

---

18 août 1585. — *Certificat délivré à Wallerand Obert par le Conseil d'Artois.*

Les Élus sur le fait des aides ordinaires et extraordinaires accordéz es pays et comtés d'Artois, Saint Pol, Guisnes, Boulenois, ressort et enclavement, à tous ceux qui ces présentes lettres verront, salut. Sçavoir faisons que sur la requête à nous présentée par Me *Walerand Obert*, écuier, sieur de Gaudjemprez, Grevillers, conseiller de Sa Majesté et son procureur général en sa province d'Artois, et vües par nous les lettres données des commissaires établis à la levée des nouveaux acquets du dix huitième jour d'aoust quinze cens quatre vingt cincq, ensemble les lettres de vidimus données de Messeigneurs du Conseil d'Artois du premier dudit mois et au mentionné par ladite ladite requête, avec autres lettres de traité de mariage d'entre *Guillaume Obert*, fils de *Jean*, écuier, sieur des Préaux et de Damoiselle Marie *Hubert*, avec Damoiselle Charlotte *de La Vacquerie*, fille de Hugues, écuier, sieur de Bullecourt, et de Damoiselle Philippine *Tillier*, données de Pierrefournel le 27 février 1524; ouy sur ce aussi le procureur fiscal du Roy en ladite Élection, lequel après avoir vû et examiné lesdites lettres a déclaré n'avoir cause pour empescher le prétendu en ladite requête, avons ordonné que lesdites deux premières lettres, ensemble l'extrait du traité de mariage dessus mentionné, seront enregistrés et incorporés au Registre des sentences et ordonnances d'icelle élection pour par luy jouir des priviléges de noblesse, desquelles lettres mots après autres la terreur s'ensuit. Primes desdites lettres de vidimus données audit Conseil d'Artois :

Les Présidens et gens du Conseil provincial d'Artois à tous ceux qui ces présentes lettres verront, salut. Sçavoir faisons que nous avons veu, tenu et leû certaines lettres en parchemin contenant que *Jean Obert*, écuier, sieur des Préaux, auroit comme noble et extrait de noble génération été déclaré franc et libre du droit de nouvel acquet desqueles mot apres autre la teneur s'ensuit :

Charles, par la grâce de Dieu, duc de Bourgogne, etc., à tous ceux qui ces présentes lettres verront ou oiront, salut. Comme *Jean*

Obert, écuier, sieur des Préaux, nous a fait remontrer que durant son absence au pays de Dauphiné où il avoit séjourné bonne espace de temps pour affaire d'importance, les commis de par nous à la levée du droit à nous deû pour les francs fiefs et nouveaux acquets d'iceux que feroient personnes non nobles en notre pays et comté d'Artois suivant la coutume y observée de tout temps et ancienneté, eussent cottisez et assis même contraints Damoiselle Marie *Hubert*, sa femme, au payement dudit droit pour l'acquisition qu'il avoit fait de deux petits fiefs scituez ès mets de la comté de Saint Pol, combien qu'il fut noble et extrait de noble génération et qu'il eut toute sa vie vécu noblement selon qu'avoient toujours fait ses prédécesseurs, requérant pour les grands services qu'il nous a fait le passé et qu'il espéroit encore nous faire à l'avenir, notre plaisir fut commettre la connoissance de son fait à ceux de notre grand Conseil ou les autres qui voudrions choisir et dénommer pour son cas instruit sommairement et sans figure de procès ordonner par nous ce que de raison sur la restitution dudit droit receu, comme autrement ; inclinant à laquelle sa dite requête comme juste et raisonnable et pour purger l'intérêt notable et grand préjudice qu'il disoit être fait à sa postérité, aurions commis l'examination et décision de tout cet affaire à ceux de notre Cour de parlement en notre ville de Malines comme plus à la main, par devant lesquels il auroit servi d'intendit et par iceluy déduit et articulé que messire *Martel Obert* dit *Bradachet*, sieur de Galadin, lors capitaine de la garde du Roy, monseigneur et prédécesseur (à qui Dieu pardonne) auroit au mois de novembre de l'an mil deux cens vingt un fait alliance de mariage avec damoiselle Mehaut *de Partenay*, fille de messire Gauthier, seigneur dudit lieu, et eu entre autres enfans *Théry Obert*, qui auroit suivi les armes pour le service dudit seigneur Roy en état de porte enseigne de la Compagnie d'hommes d'armes du comte de Vendosme et lequel *Théry* auroit au mois de septembre de l'an 1248 eut pour femme Damoiselle Bonne *de Halescourt*, fille de Bauduin, sieur de Harmy, avec laquelle il auroit procréé *Louis Obert*, devenu seigneur dudit lieu d'Harmy et d'autres seigneuries, lequel *Louis* auroit au mois de janvier 1275 : eu pour épouse Damoiselle Jossine *de Vaudricourt*, fille de Josse, seigneur dudit lieu et de Nempont, et par ensemble suscité de leur conjonction *Henry Obert*, lequel en l'an 1305 au mois de mars auroit pris pour femme et épouse Damoiselle Colay *de Sain*, fille de Robert, seigneur de Longueville, et produit au monde de leur mariage et conjonction *Gauthier Obert*, qui auroit aussi en charge pour le service de mon dit Seigneur le Roy en diverses voyages et expéditions de guerre où il se seroit porté valereusement et y acquit bon bruit et renon, lequel *Gauthier* auroit été allié par mariage au mois de février 1332 avec Damoiselle Jeanne *de Hangeest*, fille de Guillaume, sieur de la Vauline, et eu de leur conjonction *Nicolas Obert* dit *Le Brun*, qui auroit eu charge pour le service dudit Seigneur Roy monseigneur et eu pour femme et épouse Damoiselle Claire *de Rémy*, fille de Tassart, sieur de Langle, et engendré par ensemble *Jean Obert*, qui auroit eu alliance de mariage en l'an 1374 avec Damoiselle Iolente *de Cléry*, fille de Bernard, seigneur de Lonjumeau, et procréés légitimement *Jean Obert*, seigneur dudit lieu et de Longueville, qui auroit contracté alliance de mariage avec Damoiselle Héleine *de Griboval*, fille de messire Gauthier *de Griboval*, chevalier, sieur dudit lieu, que dudit mariage seroient issus entre autres enfans trois fils dont le premier nommé *Gaultier*, après avoir été écuier trenchant par quelques années à notre cousin le comte de Saint Pol et nous fait service en diverses expéditions militaires, auroit été alliez par mariage à Damoiselle Anne *de Tavannes*, fille d'Antoine, seigneur dudit lieu, le second nommé *Thomas*, nourri page longues années avec notre cousin le Comte de Dompmartin et depuis employé pour notre service en diverses charges, allié par mariage avec Damoiselle Blanche *de Beaujeu*, fille de Jacques, sieur de la Marlière, et pour le troisième luy-même qui auroit été nourri page avec notre cousin le Comte de Comersan et suivi du depuis toujours notre parti ; que tous les dessus nommez auroient tous le temps de leur vie fait profession de noblesse et d'armes comme ont fait tous leurs parens et alliez généralement eux trouvés en plusieurs batailles et rencontres pour notre service et de nos prédécesseurs Roys de France et duc de Bourgogne et portés de temps immémorial pour armoiries *d'azures à trois chandeliers d'or encheveronnez de même*, que luy même avoit tout le temps de sa vie ensuivi la façon de faire de ses prédécesseurs soit alliez noblement pris pour femme et épouse ladite Damoiselle Marie *Hubert*, fille de Mathieu, seigneur de Cauroy, et nous fait service en diverses actions et expéditions militaires à sa seule dépense ; que ce discours cy dessus témoignoit bien et à certes son ancienne noblesse et extraction et concluoit nécessairement que les dits commis ne le devoient avoir cottisé audit droit de nouvel acquest et moins y contraindre sa dite femme, durant sa longue absence au dit Pays de Dauphiné pour affaires importantes et nécessaires, au payement desdites taxes dont restitution luy devoit être faite, en le déclarant quitte et exempt dudit droit comme procréé noble ; lequel intendit auroit été communiqué à notre procureur général, qui se seroit attendu à la preuve et justification, que ledit remontrant en pourroit faire, suivant quoy ledit remontrant auroit par devant commis desdits de notre Cour de parlement produit plusieurs littéralles et enseignements concernant les alliances et autres choses cy dessus touchées avec diverses certifications et advœux de plusieurs seigneurs et gentilshommes et fait ouir plusieurs témoins pour vérifications de son intention, requérant à tant droit luy être fait. Sçavoir faisons que, veu par notre avant dite Cour ladite requête, intendit, enquête, production et ce qu'a été fait généralement par ledit *Obert*, remontrant, ouy sur tout notre procureur général avons iceluy comme noble et extrait de noble génération déclaré francq et libre dudit droit de nouvel acquet, ordonnons à nos dits commis luy rendre et restituer ce que par iceux a été cottisé et levé incontinent et sans délay sans y faire faute, comme ayant ladite cottisation et levée été faite indeument contre notre volonté et intention comme contraire des privilèges, franchises et libertés dont doivent jouir les gentilshommes de notre Pays et Comté d'Artois. En témoin de ce nous avons fait mettre notre scel à ces présentes. Donné à Malines, en notre Cour de parlement le 13e jour de juillet 1475, sur le repli étoit écrit par la Cour signé RUTER et scellées en double queue de cire rouge lesquelles lettres étoient saines et entières en parchemin, écriture, signature et scel comme par l'inspection d'icelle nous est apparu dont nous avons fait dépécher lettres de vidimus à la requête de Me *Walerand Obert*, écuier, licencié ès loix, sieur de Guendiemprez, Grevillers, &c., pour luy valoir et servir par tout où il appartiendra. En témoin de ce nous avons fait mettre à ces présentes lettres le scel dudit Conseil qui y furent faits et données le premier jour d'aoust 1585 : signé sur le reply BAVAC et scellées en double queue de cire vermeille lesdites lettres de vidimus saines et entières en écritures seing et scel comme les lettres principales cy-dessus qu'il nous est aussi apparu.

Archives communales de Lille. — Registres aux mandements et ordonnances de la Gouvernance. Registre Dauphin, pièce 6, f° 25 v° et suivants. (*Extrait du registre aux titres et lettres de noblesse de l'Élection provinciale d'Artois.*)

1636, 10 mars. — *Lettres de chevallerie pour Louis Obert, escuyer, sieur de Masinghien.*

Philippes, etcª. A tous ceux qui ces présentes verront, salut. Sçavoir faisons, que, pour la bonne relation que faicte nous a esté de nostre cher et bien amé *Louys Obert*, escuyer, sieur de Masinghem, et qu'il seroit issu de noble famille, les descendans de laquelle, ses prédécesseurs, auroyent tousjours bien et fidèlement servy leurs princes en charges honnorables, à l'exemple desquelz il auroit aussy rendu service à nostre couronne au siège de Cambray et secours d'Amiens à ses propres fraiz et despens, mesmes esté faict prisonnier de guerre, l'espée au poing, à la journée où commandoit le Marquis de Warembon, et qu'au surplus il se seroit tousjours fort louablement comporté, tesmoingnant à toutes occasions son zèle à la saincte foy catholicque et à nostre service : pour auquel s'employer avecq tant plus de lustre, aux occasions quy s'en pourroyent présenter, il nous supplioit très-humblement de l'honnorer du tiltre de chevalier. Pour ces causes et tout ce que dessus considéré, mesmes adfin de le stimuler d'advantaige et luy donner occasion, au moyen de quelque marque d'honneur, de s'esvertuer de plus en plus en nostre service, Nous, désirans favorablement le traicter et eslever, avons iceluy *Louys Obert*, à l'advis de nostre très-cher et très amé bon frère le Cardinal Infant Dom Ferdinand, faict et créé, faisons et créons chevalier par ces présentes, voulans et entendans que doresenavant il soit tenu et réputé pour tel en tous ses actes et besongnes et jouysse des droictz, privilèges, libertez et franchises dont jouyssent et ont accoustume de jouyr tous aultres chevaliers par tous noz terres et seigneuries, signament en noz pays-Bas, tout ainsy et en la mesme forme et manière comme s'il eust esté faict et créé chevalier de nostre propre main. Mandons et commandons à tous noz lieutenans, gouverneurs, mareschaulx et aultres ministres, officiers et subjectz à qui ce peut toucher en quelque manière que ce soit, que ledict *Louys Obert*, ilz laissent, permectent et souffrent dudict tiltre de chevalier et de tout le contenu en cesdites présentes plainement, entièrement et paisiblement jouyr et user, sans en ce luy faire, mectre ou donner, ny souffrir estre faict, mis ou donné aulcun trouble, destourbier ou empeschement au contraire. Car ainsy nous plaist-il. Pourveu qu'au préalable cesdites présentes soyent présentées à Don Juan de Castillo, nostre secrétaire du registre des mercèdes, affin d'en estre tenu note et mémoire ès livres de sa charge. En tesmoingnage de quoy, nous avons signé ces présentes de nostre main et à icelles faict mettre nostre grand séel. Donné en nostre ville de Madrid, royaulme de Castille, le dixiesme jour du mois de Mars mil six cens trente six, et de noz règnes le quatorziesme. Est signé : PHILIPPE. Sur le ply estoit escript : Par le Roy, (signé) : DE BRITTO. De l'aultre costé estoit escript : Tome la Racon en 18 de Julio de 1636, soubsigné : Don Juan DE CASTILLO. Sur ledict ply estoit encores escript : Ces lettres sont enregistrées en la Chambre des Comptes du Roy à Lille, du consentement de Messieurs les Président et gens d'icelle au registre des Chartres y tenu... &ª, le XII de septembre XVIᵉ trente six, par moy, soubsigné : R. Simon.

Archives du Nord. — Chambre des Comptes de Lille. — Art. B. 1661 :
66ᵉ Registre des Chartes, fº 183.

1640, 20 mars. — *Lettres de chevalerie pour Loys Obert, escuyer, seigneur de Gaudiempretz.*

Philippe, par la grâce de Dieu, Roÿ de Castille, etc..., A tous ceulx quy ces présentes verront, salut. Scavoir faisons que pour la bonne relation que faicte nous a esté de notre cher et bien amé *Louys Obert*, escuyer, seigneur de Gaudiempret, Copiemont et Villers, Lieutenant de la gouvernance de nos villes de Douay et Orchies, et qu'il seroit filz de *Jean*, escuyer, seigneur desdits lieux, et de damoiselle Madelaine *de le Candele*, fille de messire Maximilien, chevalier, seigneur de Herbamez, et de dame Marie *du Mortier*, que ses ancestres tant paternelz que maternelz auroient passez quattre cens ans et plus esté honnorez du tiltre de noblesse, et rendu divers grandz et signalez services à noz prédécesseurs de glorieuse mémoire, tant en divers voyages et expéditions militaires, esquelles ilz se seroient portez valereusement qu'autrement, et pour récompense de quoy plusieurs d'iceulx auroient esté honnorez du tiltre de chevalier, oultre que son père grand du costé paternel auroit esté eschevin de nostre ville d'Arras, et en icelle qualité emprisonné durant les troubles derniers par aucuns séditieux, pour avoir faict tout ce que luy auroit esté possible afin de les ranger à leur debvoir, et les maintenir en l'obéyssance qu'ilz debvoient à leur souverain, et depuis auroit honorablement deservy plusieurs années l'estat de procureur général et successivement de conseillier du Conseil provincial d'Arthois, son père ayant aussy esté diverses fois du magistrat de la ville de Lille, sans que personne de ses devanciers auroient oncques manqué à la fidélité, ny tenu partie contraire à nous, ny à nosdits prédécesseurs, qu'à l'imitation de ce le remontrant et ses frères (dont le maisné seroit mort capitaine en Italie) ayans esté conduits au chemin de la vertu, n'auroient aussy rien obmis de ce qu'estoit de leur debvoir aux occasions de nostre service, auquel le Remontrant se seroit pareillement employé à ses fraiz et despens avecq la noblesse du pays, à la suitte de nostre très cher et très amé bon frère le Cardinal Infant Don Ferdinand vers Louvain, icelle ville estant assiégée l'an 1635, et jusques à ce que l'ennemy en ayant levé le siège et esté repoussé hors du pays, il en a esté congédié avecq les aultres de ladite noblesse, pour ces causes et ce que dessus considéré, mesmes affin de le stimuler davantage et luy donner occasion au moyen de quelcque marcque d'honneur de s'esvertuer de plus en plus en nostre service, Nous désirans favorablement le traicter, décorer et eslever, avons icelluy *Loys Obert* faict et créé, faisons et créons chevalier par ces présentes, voulans et entendans que doresenavant il soit tenu et réputé pour tel en toutes ses actes et besoingnes et jouysse des droictz, privilèges, libertez et franchises dont jouyssent et ont accoustumé de jouyr tous aultres chevaliers par toutes nos terres et seigneuries signament en noz Pays Bas, tout ainsy et en la mesme forme et maniere comme s'il eust esté faict et créé chevalier de nostre propre main, Mandons et commandons à tous nos lieutenans, gouverneurs, mareschaux et aultres ministres, officiers et subiectz à qui ce peult toucher en quelcque maniere que ce soit, que ledit *Loys Obert*, ilz laissent, permettent et souffrent dudit tiltre de chevalerie et de tout le contenu en cesdictes présentes plainement et paysiblement joyr et user, sans en ce luy faire mettre ou donner, ny souffrir estre faict mis ou donné aucun trouble, destourbier ou empeschement au contraire. Car ainsy nous plaist-il. Pourveu qu'au préallable cesdictes présentes soient présentés en nostre secretairie du Registre des mercedes affin d'en estre tenue note et mémoire ès livres d'icelle. En tesmoignage de quoy, nous avons signé ces presentes de nostre main et à icelles faist mestre nostre grand seel. Donné en nostre ville de Madrid, Royaume de Castille, le XXe jour du mois de mars l'an de grâce 1640 et de nos Regnes le XXe. Paraphé M^e V^t, signé PHILIPPE. Sur le ply estoit escript, Par le Roy et Signé BRECHT ; et à costé dextre du mesme ply : Tome la Razon en la ^{rie} del Hg^o denios a 21 de febvrier 1642 et signé Pedro Lopez DE CALO, et appendoit ausdictes lettres ung grand seel de chire vermeille en queue de parchemin.

Archives communales de Lille. — Registres aux mandements et ordonnances de la Gouvernance. Registre Albert, pièce 447.

1648, 14 septembre. — *Lettres de chevalerie pour François Obert, escuyer, seigneur du Breucq.*

Philippe, par la grâce de Dieu, Roy de Castille, etc...., A tous ceulx quy ces présentes verront, salut. Scavoir faisons que pour la bonne relation que faite nous a esté de nostre cher et bien amé *François Obert*, escuyer, seigneur du Breucq, qu'il seroit issu d'ancienne et noble famille tant du costé paternel que maternel, ses prédécesseurs ayans de tout temps servi fidèlement leurs princes en charges honnorables, et pour récompense de ce plusieurs d'iceulx esté honorez du tiltre de chevalier à l'exemple desquelz feu son père messire *Louys Obert*, chevalier, nous auroit aussi rendu service au siege de Cambray et secours d'Amiens a ses propres fraiz et despens, mesmes esté faict prisonnier de guerre l'espée au poing à la journée où commandoit le marquis de Warambon, et ledict *Francois Obert* s'estant à l'imitation de ses prédécesseurs marié noblement à Damoiselle Marie *de Seur*, fille de feu messire Jean de Seur, vivant Conseillier et commis des finances de feuz nos bons oncle et tante l'Archiducq Albert et l'Infante madame Isabel Clara Eugenia, se seroit aussy trouvé en bon équippage avecq les aultres gentilzhommes du pays à la suyte de feu nostre bon frère le Cardinal Infant Don Ferdinand, qui soit en gloire, pour le secours de Louvain et depuis encoire lors que les franchois avoient mis le siège devant la ville de Hesdin, Pour ces causes et ce que dessus considéré, mesmes afin de le stimuler davantaige et luy donner occasion au moyen de quelque marcque d'honneur de s'esvertuer de plus en plus en nostre service, Nous désirans favorablement le traicter décorer et eslever, avons icelluy *Francois Obert* fait et créé, faisons et créons Chevalier par ces présentes, voulans et entendans que doresenavant il soit tenu et réputé pour tel en tous ses actes et besoingnes, et jouisse des droicts, libertez et franchises dont jouissent et ont accoustumé de jouyr tous autres chevaliers par toutes nos terres et seigneuries, signament en nosdicts Pays Bas, tout ainsy et en la mesme forme et manière comme s'il eust esté fait et créé chevalier de nostre propre main, mandons et commandons à tous nos Lieutenans, Gouverneurs, Mareschaux et autres nos Justiciers, Officiers et subjects à qui ce peut toucher en quelque maniere que ce soit, que ledit *Franchois Obert* ils laissent permettent et souffrent dudict tiltre de chevalier et de tout le contenu en cesdictes présentes plainement et paisiblement jouyr et user, sans en ce luy faire mettre ou donner, ni souffrir estre fait mis ou donné aucun trouble destourbier ou empeschement au contraire, car ainsy nous plaist-il. Pourveu que dans l'an après la datte de cestes icelles soyent présentées à nostre premier Roy d'armes ou aultre qu'il appertiendra en nosdicts Pays Bas en conformité et aux fins portez par le quinziesme article de l'ordonnance décrété par feu nostre bon oncle l'archiducq Albert le quattorziesme de décembre mil six cens seize, touchant le port des armoiries, timbres, tiltres et autres marcques d'honneur et de noblesse, à peine de nullité de ceste nostre présente grace. Ordonnant à nostre dict premier Roy d'armes, où à celluy quy exercera son estat en nosdits Pays Bas, ensemble au Roy ou hérault d'armes de la province qu'il appertiendra de suivre en ce regard ce qui contient le réglement fait par ceulx de nostre Conseil privé, le deuxiesme d'Octobre seize cens trente sept au subject de l'enregistrature de nos lettres patentes touchant lesdictes marcques d'honneur en tenant par nosdicts officiers d'armes respectivement notice au dos de cestes, en tesmoin de ce nous avons signé ces présentes de nostre main et a icelle fait mettre nostre grand seel. Donné en nostre ville de Madrid, Royaume de Castille, le quatorziesme jour du mois de septembre l'an de grâce mil six cens quarante huict et de nos règnes le vingt huictiesme. Assel V^t plus bas signé PHILIPPE et sur le ply par le Roy et signé J. BRECHT et appendoit ausdictes lettres ung grand seel de chire vermeille en double queue de parchemin.

> Archives communales de Lille. — Registres aux Mandements et Ordonnances de la Gouvernance de Lille. Registre Albert, pièce 536.

1675, 3 octobre. — *Lettres de chevalerie pour Charles Obert, s^r de Chaunes.*

Louis, par la grâce de Dieu, Roy de France et de Navarre, à tous ceux qui ces présentes lettres verront, salut. Nostre cher et bien amé *Charles Obert*, escuyer, s^r de Chaunes, nous a très-humblement représenté qu'il est issu de noble et ancienne famille de nostre chastellenie de Lille en Flandre où ses prédécesseurs et luy ont esté toujours reconnus et réputez pour nobles, d'ancienne extraction, ainsy qu'il le justifie par une sentence du Parlement de Malines du 13 juillet 1475, par laquelle *Jean Obert*, escuyer, s^r Despréaux, auroit esté déclaré franc et libre du droit de nouvel acquest comme noble et extrait de noble génération, qu'en outre, ceux de son nom et de sa maison ont possédé des charges et offices considérables et se sont alliez à de très bonnes et illustres familes, que mesmes en l'année 1636, le Roy Catholique, lors souverain de la province de Lille, auroit par lettres patentes de ladite année, honoré du titre et dignité de chevalerie *Louis Obert*, escuyer, s^r de Masinghein, grand père dudit exposant, pour récompense des services que luy et ses ancestres auroient rendus en diverses occasions; et mettans en consideracion les bons et fidèles services que ledit *Obert*, sieur de Chaunes, nous a rendus depuis la reddition de nostre dite ville de Lille en nostre obéissance en toutes les occasions qui s'en sont offertes, mesmes en la fonction des charges de rewart et de mayeur qui sont les deux premières du corps du Magistrat de nostre dicte Ville et auxquelles il auroit esté nommé comme ayant esté reconnu pour un de nos subjets les plus zélez et affectionnez tant au bien de nostre service que de celuy du public de ladicte Ville, s'en estant acquité avec une entière approbation et estime d'un chacun. Sçavoir faisons que pour ces causes et autres à ce nous mouvans, désirans luy témoigner la satisfaction qui Nous en demeure et luy donner des effets de nostre bienveillance par une marque d'honneur qui l'oblige à nous continuer ses services et les siens à l'imiter pour mériter une pareille récompense, Nous, de nostre grâce spéciale, pleine puissance et aucthorité royale, avons déclaré et déclarons et en tant que de besoin créé et créons par ces présentes signées de nostre main, ledit *Charles Obert*, sieur de Chaunes, chevalier, pour dudit titre de chevalier ensemble des droits, honneurs, privilèges, prérogatives, prééminences, franchises, libertez et exemptions qui y apartiennent jouïr et user par luy, tant en fait de guerre et assemblées qu'en tous actes, en jugement et dehors et partout ailleurs que besoin sera, tout ainsy qu'ont acoustumé de jouïr les autres chevaliers créez de nostre main ou par les Roys, noz prédécesseurs, voulons et nous plait qu'il luy soit loisible de prendre le titre et qualité de chevalier et de porter en tous lieux et endroits que bon luy semblera ses anciennes armoiries timbrées. Sy donnons en mandement à nos amez et féaulx les gens tenans nostre Conseil souverain de Tournay et à tous autres nos justiciers et officiers qu'il appartiendra que ces présentes ils fassent lire et enregistrer et du contenu en icelles jouïr et user pleinement et paisiblement ledit sieur *Obert*, cessans et faisans cesser tous troubles et empeschemens au contraire. Car tel est nostre plaisir. En témoin de quoy, Nous avons fait mettre nostre séel à ces dites présentes. Donné à Versailles, le 3 octobre, l'an de grâce mil six cens soixante et quinze et de nostre règne le XXXIIIe, signé : Louis. Et sur le reply desdites lettres : Par le Roy : Le Tellier. Lesdites lettres escrites sur parchemin, séellées du grand seau de cire jaune attaché à icelles sur double queue de parchemin. Et sur ledit reply est escrit : Veues et enregistrées folio 7 verso du Registre intitulé des Chartes, cotté 78, qui est gardé dans la Tour des Chartes de la Chambre des Comptes de Lille en Flandre, par moi soubsigné escuyer, conseillier et historiographe ordinaire du Roy et commis par Sa Majesté à la garde et direction des titres, chartes et registres d'icelle Chambre, le 7 novembre 1675, signé : Denys Godefroy.

Archives du Nord. — Chambre des Comptes de Lille. — Art. B. 1673, 78e Registre des Chartes, f° 7 v°.

1684, juillet. — *Lettres patentes autorisant le sieur de Chaunes à prendre la qualité de Vicomte de Chaulnes.*

Louis, par la grâce de Dieu, Roy de France et de Navarre, à tous présens et avenir, salut. Nostre cher et bien amé le sieur *de Chausnes*, prévost général des mareschaux en Flandres et Hainaut, nous a très-humblement représenté qu'il a l'honneur d'estre né gentilhomme des plus anciennes familles du pays de Flandres, que ses ancestres ont esté honnorez par les Roys de France, nos prédécesseurs, de plusieurs charges considérables, mesme de cappitaine des gardes de leur corps, et que ledit exposant en son particulier a aussy eu l'honneur de posséder et servir dans les premières charges du pays de Flandres depuis que nostre ville de Lille est sous notre domination, ayant esté longtemps mayeur d'icelle, ensuite Prévost le Comte de Valenciennes et depuis trois ans pourveu de ladicte charge de Prévost général de nostre dit Pays de Flandres et de celuy de Hainaut, s'estant toujours acquité dans lesdictes charges et employs avec tout le zèle et l'affection et la fidelitté possibles pour nostre service et celuy du publicq, Nous suppliant très-humblement de vouloir, pour les considérations susdictes, l'honnorer du titre et qualité de viscomte de Chausnes. A quoy ayant esgard, après avoir esté bien informés de la vérité de l'exposé cy dessus, et désirant le traiter favorablement, sçavoir faisons que, pour ces causes et autres à ce nous mouvans, et de nostre grâce spécialle, pleine puissance et authorité royalle, Nous avons par ces présentes signées de nostre main, permis et permettons audit sieur *de Chausnes* de prendre le tiltre de Viscomte de Chausnes et de se qualiffier tel en tous actes, tant en jugement que dehors, mesmes d'apliquer ledit titre et qualité de vicomte sur ladicte terre et seigneurie de Chaulnes ; voulons et nous plaist que, tant ledit sieur *de Chaunes*, que ses enfans et descendans masles, nais et à naistre en loyal mariage, possesseurs de ladite terre et seigneurie de Chausnes, jouissent dudit nom et titre de vicomtes de Chaunes, pleinement, paisiblement et perpétuellement et qu'ils puissent porter la couronne de Vicomte sur leurs armes, sans que pour raison de tout ce que dessus ledit exposant ny sesdits enfans et descendans masles en loyal mariage soient tenus de nous payer aucune finance ny indemnité, de laquelle, à quelque somme qu'elle se puisse monter et revenir, nous leur avons fait et faisons don par ces présentes à la charge de ne rien faire qui déroge audit titre et qualité. Si donnons en mandement à nos amez et féaux les gens tenans nostre Conseil souverain de Tournay que ces présentes ils ayent à faire enregistrer et du contenu en icelles jouir et user ledit sieur *de Chaunes*, ensemble sesdis enfans et descendans nais et à naistre en loyal mariage, pleinement et paisiblement, cessant et faisant cesser tous troubles et empeschemens au contraire. Car tel est nostre plaisir. Et affin que ce soit chose ferme et stable à tousjours, nous avons fait mettre nostre séel à ces dites présentes. Sauf en autres choses nostre droit et l'autruy en toutes. Donné à Versailles, au mois de Juillet l'an de grâce mil six cens quatre-vingt quatre, et de nostre règne le quarante deuxiesme : Signé Louis ; et plus bas : Par le Roy, Le Tellier, et à costé est escrit : visa Le Tellier et scellé d'un grand sceau de cire verte pendant à des lacs de soye rouge et verte. Et à l'autre costé est encore escrit : Enregistrées au Greffe du Conseil souverain de Tournay, ouÿ et ce consentant le procureur général du Roy pour estre exécutées selon leur forme et teneur, suivant l'arrest du 24 juillet XVIe quatre-vingt cinq, tesmoin, ce trente un desdits mois et an, signé : Sourdeau.

Archives du Nord. — Chambre des Comptes de Lille. — Art. B. 1673, 78e Registre des Chartes, f° 124 v°.

DU RETZ

ARMES : *d'azur à une fasce d'argent accompagnée de trois roues du même.*

Famille originaire d'Armentières.

I. — *Jean* DU RETZ, domicilié à Armentières, décédé avant 1562, épousa Jeanne *Bacler*, ou Anne *Le Clercq* [1], dont il eut :

1. — *Jean*, qui suit, II.
2. — *Michel*, qui suivra, II bis.
3. — *Catherine*, religieuse à l'abbaye de Marquette en 1566.
4. — *Anne*, morte à Tournai le 3 octobre 1590, mariée avec Jean *de Cambry*, sr de Baudimont, fils de Gervais et de Jeanne *de Malines*, prévôt de Tournai, décédé le 10 octobre 1581 ; dont postérité.
5. — *Jeanne*, alliée à Adrien *de Belvalet*, licencié ès lois.
6. — *Antoinette*.

II. — *Jean* DU RETZ, né à Armentières, acheta la bourgeoisie de Lille le 1er juin 1554, et mourut avant 1572, laissant :

1. — *Jacques*, qui suit, III.
2. — *Noël*, né à Lille, bourgeois de cette ville par relief du 7 décembre 1576; marié à Sainte-Catherine, le 6 mai 1576, avec Agnès *Legrand*, dont il eut une fille, *Jeanne*, baptisée à Saint-Maurice le 24 février 1578 (n. st.).

III. — *Jacques* DU RETZ, né à Lille, chaussetier, bourgeois de cette ville par relief du 26 janvier 1572 (n. st.); épousa Marguerite *Ghesquière*; d'où :

1. — *Marie*, baptisée à Saint-Étienne le 27 juillet 1572.
2. — *Jacques*, qui suit, IV.
3. — *Laurent*, marchand de draps, bourgeois de Lille par relief du 10 mai 1611, mort avant 1626; allié à Saint-Étienne, le 12 avril 1611, à Anne *de Mons*, fille de Toussaint et d'Agnès *Bouttin*, baptisée à Saint-Étienne le 21 août 1590; d'où :

---

1. Le testament conjonctif de Jean du Retz et d'Anne Le Clercq fut passé devant Me Roger Artus, à Lille, le 8 juin 1554.

  a. — *Jacques*, baptisé à Saint-Étienne le 11 août 1612, bourgeois de Lille par relief du 28 janvier 1633, pourvu d'une curatelle en vertu de lettres patentes du 23 février 1636; allié à Sainte-Catherine, le 24 mai 1632, à Marie *de Flandres,* fille de Jacques; dont il eut :

    aa. — *Anne-Marie,* baptisée à Saint-Étienne le 14 mai 1633.

    bb. — *Jean*, baptisé à Saint-Étienne le 26 décembre 1634.

4. — *Wallerand*, baptisé à Saint-Étienne le 10 juillet 1593, mort jeune.

5. — *Gérard.*

6. — *Pierre*, étudiant en théologie à Louvain en 1611.

  IV. — *Jacques* du Retz, marchand, bourgeois de Lille par relief du 7 décembre 1607; épousa : 1° à Saint-Maurice, le 7 octobre 1607, Jeanne *Wattrelos*, fille de Jacques et de Jeanne *du Retz*, baptisée à Saint-Maurice le 17 avril 1589; 2° Anne *Fasse* ; dont :

  1. — Du premier lit : *Marguerite*, baptisée à Saint-Étienne le 6 décembre 1608; alliée à Thomas *Hughelot*, fils d'Adrien, bourgeois de Lille par achat du 6 mars 1598, veuf de N...; dont postérité.

  2. — *Jacques*, baptisé à Saint-Étienne le 13 août 1610.

  3. — *Isabelle*, baptisée à Saint-Étienne le 2 octobre 1612.

  4. — *Jeanne*, baptisée à Saint-Étienne le 7 avril 1615.

  5. — Du second lit : *Anne*, baptisée à Saint-Étienne le 8 mai 1620.

  6. — *Marie*, baptisée à Saint-Étienne le 5 septembre 1621, y décédée le 25 mars 1702.

  7. — *Étienne*, baptisé à Saint-Étienne le 28 novembre 1622.

  8. — *Pierre*, baptisé à Saint-Étienne le 11 août 1623.

  II bis. — *Michel* du Retz, né à Armentières, fixé à Lille avant son mariage, nommé huissier extraordinaire pour le recouvrement des aides à Lille, Douai, Orchies, le 22 mars 1564 [1], acheta la bourgeoisie de cette ville le 4 avril 1543, devint s^r de la Grange à Armentières en 1562, et épousa, par contrat passé devant Me Jean Bayart à Lille, le 19 avril 1544, Catherine *Willemin*, fille d'Étienne et de Jeanne *Le Merchier* ; d'où :

  III. — *Jean* du Retz, né à Lille, bourgeois de cette ville par relief du 30 mars 1570, décédé après 1592, et marié avec Isabeau *Willemin*, qui lui donna :

---

1. Archives départementales du Nord, B 50, registre aux commissions, f° 127 v°.

1. — *Jeanne*, alliée à Jacques *Wattrelos*, fils de Vincent, bourgeois de Lille par relief du 23 septembre 1588 ; dont postérité.
2. — *Jean*, l'aîné, qui suit, IV.
3. — *Étienne*, bourgeois de Lille par relief du 16 novembre 1598.
4. — *François*, baptisé à Saint-Étienne le 24 janvier 1571 (n. st.).
5. — *Michel*, baptisé à Saint-Étienne le 26 novembre 1572, bourgeois de Lille par relief du 7 avril 1595, père de : *Sainte*, baptisée à Saint-Étienne le 25 juin 1595.
6. — *Marguerite*, baptisée à Saint-Étienne le 31 août 1573.
7. — *Bonne*, baptisée à Saint-Maurice le 29 avril 1574.
8. — *Jean*, le jeune, qui suivra, IV bis.
9. — *Marie*, baptisée à Saint-Maurice le 25 octobre 1579.
10. — *Jacques*, baptisé à Saint-Étienne le 3 février 1587.

IV. — *Jean* DU RETZ, l'aîné, né à Lille, dont il releva la bourgeoisie le 17 février 1592, receveur, mort vers 1652 ; épousa : 1º Jeanne *Willot* dit *de Pernes*, d'une famille d'Esquermes ; 2º à Sainte-Catherine, le 22 novembre 1616, Isabelle *Boutry* dite *Lailliet*, fille d'Adrien, procureur de la gouvernance, et d'Isabeau *Willant*, enterrée à Sainte-Catherine le 26 octobre 1661 ; d'où :

1. — Du premier lit : *Jean*, baptisé à Saint-Étienne le 14 août 1592.
2. — *Philippe*, baptisé à Saint-Étienne le 1er mai 1596.
3. — *Marguerite*, baptisée à Saint-Étienne le 21 septembre 1597.
4. — *Jacques*, baptisé à Saint-Étienne le 8 novembre 1598.
5. — *Françoise*, baptisée à Saint-Maurice le 3 septembre 1601.
6. — *Catherine*, baptisée à Saint-Maurice le 17 mars 1603.
7. — *Jean*, baptisé à Saint-Étienne le 17 décembre 1606.
8. — *Jeanne*, baptisée à Saint-Maurice le 21 juin 1607.
9. — *Étienne*, qui suit, V.
10. — *Vincent*, sr de Hauport, baptisé à Saint-Maurice le 16 décembre 1611, bourgeois de Lille par relief du 7 décembre 1634, collecteur des vingtièmes [1] ; allié à Agnès *Le Machon del Sauch*, fille de Philippe et de Marie *Verdière*, remariée, en 1664, avec Pierre *de Bray* ; dont une fille : *Marie-Élisabeth*, née le 28 mars 1644.
11. — *Albert*, baptisé à Saint-Maurice le 8 septembre 1613.
12. — *Françoise*, baptisée à Saint-André le 16 janvier 1616.

---

1. Il fut emprisonné à Lille en 1645 pour avoir payé les troupes en petite monnaie prohibée ; mais son oncle, Jean Le Machon del Sauch, ayant fourni caution pour lui, il fut relâché et obtint de se rendre à Gand plaider sa défense devant le Conseil privé. (Archives communales de Lille, carton d'affaires générales 690.)

13. — Du second lit : *Simon-Judes*, qui suivra, V bis.
14. — *Marguerite*, baptisée à Saint-Étienne le 23 mai 1620.
15. — *Catherine*, baptisée à Saint-Étienne le 22 septembre 1623.
16. — *Jean*, baptisé à Saint-Étienne le 25 avril 1626.

V. — *Étienne* du Retz, baptisé à Saint-Maurice le **24 août 1609**, marchand de draps, bourgeois de Lille par relief du 2 décembre 1632, mort avant juillet 1641 ; épousa à Saint-Étienne, le 18 février 1632, Marie *Vanhoude*, fille de Jean, morte en juillet 1641 des suites de couches ; il eut :

1. — *Jean*, baptisé à Saint-Étienne le 23 décembre 1632.
2. — *Vincent*, baptisé à Saint-Étienne le 9 octobre 1634, bourgeois de Lille par relief du 13 octobre 1656 ; receveur des États de Lille le 15 décembre 1668, mort le 6 mars 1669 ; allié à Jeanne *Lorthiois*, fille de Jean et de Catherine *Delemonte* ; d'où :

    a. — *Agnès-Angélique*, baptisée à Saint-Maurice le 10 mai 1658, y décédée le 9 août 1694 ; mariée dans cette église, le 21 septembre 1672, avec Charles *Labbe*, fils de Julien et de Jeanne *Aublé*, bourgeois de Lille par relief du 8 mai 1673 ; dont postérité.

    b. — *Vincent-François*, baptisé à Saint-Maurice le 11 janvier 1660.

    c. — *Marie-Élisabeth*, baptisée à Saint-Maurice le 25 mars 1661, décédée paroisse Sainte-Catherine le 6 novembre 1694 (?)

3. — *Marie-Agnès*, baptisée à Saint-Étienne le 16 novembre 1636.
4. — *Jacques*, baptisé à Saint-Étienne le 17 mars 1639.
5. — *Étienne*, qui suit, VI.

VI. — *Étienne* du Retz, baptisé à Saint-Étienne le **28 mai 1641**, sr de le Becque, bourgeois de Lille par relief du 2 décembre 1664, trésorier des États de Lille pendant trente ans, dépositaire de cette ville pendant dix ans, prévôt le comte de Valenciennes pendant dix-huit ans, anobli par lettres données à Versailles le 18 décembre 1694, décédé paroisse Saint-Maurice le 2 juillet 1722, et enterré dans cette église ; épousa : 1º Isabelle-Claire *de Groote*, fille de Balthazar et de Marie *Hughes*, décédée paroisse Saint-Maurice le 29 novembre 1677 ; 2º à Saint-Étienne, le 25 février 1680, Anne-Éléonore *Grassis*, fille de Jean-Baptiste et d'Antoinette *Caron*, baptisée à Sainte-Catherine le 27 septembre 1658, décédée paroisse Saint-Maurice le 19 septembre 1681 ; 3º Jeanne-Catherine *Desquien* [1], fille de Jacques, écuyer, et de Catherine *Godefroit*, née

---

1. Desquien : *d'argent à deux têtes et cols de chiens affrontés de gueules.*

à Bruges en 1664, morte à l'hôpital de Seclin dont elle était pensionnaire, le 24 septembre 1718 ; d'où :

1. — Du premier lit : *Étienne*, baptisé à Saint-Étienne le 16 juillet 1665.

2. — *Vincent*, baptisé à Saint-Étienne le 3 mai 1666.

3. — *Ferdinand-Léopold*, baptisé à Saint-Étienne le 17 mars 1667.

4. — *Balthazar*, baptisé à Saint-Étienne le 9 mars 1668.

5. — *Jacques-Albert*, écuyer, sr de l'Heede, baptisé à Saint-Maurice le 31 août 1670, bourgeois de Lille par relief du 6 novembre 1710, receveur des États de Lille, décédé le 16 novembre 1713 et enterré dans la chapelle Saint-Hubert à Saint-Pierre ; allié à Sainte-Catherine, le 19 juin 1710, à Marie-Philippine *Poulle*, fille d'Antoine-Ferdinand et de Marie-Jeanne *Duthoit*, baptisée à Saint-Maurice le 11 octobre 1688, décédée paroisse Saint-Pierre le 16 juillet 1732 ; dont :

   a. — *Auguste-Henri*, baptisé à Saint-Pierre le 4 avril 1711.

   b. — *Agathe-Nicole*, baptisée à Saint-Pierre le 17 mars 1712, morte paroisse Sainte-Catherine le 22 mars 1735 ; mariée à Saint-Pierre, le 4 mai 1732, avec Jean-Étienne-Albert *Buisseret* [1], écuyer, sr d'Hantes, fils de Jean-François et de Marie-Cornélie *Desbuissons*, baptisé à La Madeleine le 25 février 1703, bourgeois de Lille par relief du 2 octobre 1728, veuf de Marie-Françoise-Jeanne-Agnès *Talbout*, remarié en 1740 avec Marie-Angélique *Desbuissons*, décédé paroisse Saint-Étienne le 4 février 1770 ; dont postérité.

   c. — *Henriette-Sylvie*, baptisée à Saint-Pierre le 19 septembre 1713, morte à Lille le 18 fructidor an III.

6. — *Isabelle-Claire-Eugénie*, baptisée à Saint-Maurice le 7 octobre 1672.

7. — *Henri-Bernard*, baptisé à Saint-Maurice le 18 juin 1674, chanoine.

8. — *Étienne-Louis*, baptisé à Saint-Maurice le 18 janvier 1676.

9. — *Louis-François*, baptisé à Saint-Maurice le 26 avril 1677.

10. — Du second lit : *Guillaume-Louis*, baptisé à Saint-Maurice le 28 mai 1680.

11. — Du troisième lit : *Jacques-Balthazar*, écuyer, sr de Terwasse, Lebecque, baptisé à Saint-Maurice le 1er avril 1688, bourgeois de Lille par relief du 7 décembre 1711, nommé trésorier et receveur des assennes du Roi aux gages de 6.000 florins le 31 octobre 1729, mort paroisse Sainte-Catherine le 25 juillet 1738, marié dans cette église, le 9 novembre 1711, avec Isabelle-Angélique-Vivine *Six*, fille

---

1. BUISSERET : *d'azur au chevron d'or, accompagné de trois étoiles du même.*

de Joseph et d'Élisabeth-Virginie *Salembier*, baptisée à Sainte-Catherine le 29 octobre 1689, y décédée le 15 décembre 1718 ; d'où :

    a. — *Colombe-Lucie-Joseph*, baptisée à Sainte-Catherine le 9 février 1713, décédée paroisse Saint-Maurice le 17 août 1754 et inhumée dans cette église, mariée à Sainte-Catherine, le 2 août 1733, avec Pierre-Joseph *Ghesquière*, écuyer, sr de Nieppe, Limbreck, fils de Pierre, écuyer, et de Marie-Joseph *Le Blan*, baptisé à La Madeleine le 16 février 1707, bourgeois de Lille par relief du 30 octobre 1733, argentier de cette ville, décédé le 23 août 1757 et enterré à Nieppe ; dont postérité.

    b. — *Françoise-Albéricque*, baptisée à Sainte-Catherine le 25 octobre 1714, décédée le 10 août 1774, alliée dans cette église, le 29 septembre 1736, à Eugène-Augustin *Bady*, écuyer, sr du Thilloy, fils de Charles-Joseph, écuyer, sr d'Aymeries, et de Marie-Claire *Locart*, né en 1709, bourgeois de Lille par relief du 20 février 1737, échevin de cette ville, mort paroisse Saint-Maurice le 16 novembre 1778 ; dont postérité.

12. — *Jeanne-Catherine*, baptisée à Saint-Maurice le 11 août 1686.

13. — *Louis-François*, écuyer, sr de Calcareen, baptisé à Saint-Maurice le 11 décembre 1689, bourgeois de Lille par relief du 29 décembre 1724, échevin de cette ville, mort le 18 janvier 1742 et inhumé à Saint-Maurice, allié dans cette église, le 2 avril 1724, à Marie-Thérèse *Herpin*, fille d'André et de Marie-Jeanne *Dupont*, veuve de Philippe *Descamps* ; sans enfants.

V bis. — **Simon-Judes du Retz**, sr de Courouble, baptisé à Saint-Étienne le **28 octobre 1617**, bourgeois de Lille par relief du **7 juillet 1640**, décédé le **26 février 1690** ; épousa à Saint-Étienne, le **3 mai 1640**, Yolente *d'Halluin*, fille de Jean et d'Yolente *du Hamel*, née en **1622**, morte le **20 mai 1705** ; ils furent ensevelis tous deux dans la chapelle Sainte-Barbe à Saint-Étienne ; dont :

    1. — *Yolente*, baptisée à Sainte-Catherine le 8 novembre 1641.

    2. — *Jean-Baptiste*, baptisé à Saint-Étienne le 29 juin 1644.

    3. — *Jacques*, baptisé à Saint-Étienne le 22 septembre 1646.

    4. — *Agnès-Angélique*, baptisée à Saint-Étienne le 6 janvier 1649.

    5. — *Henri-Vincent*, baptisé à Saint-Étienne le 30 novembre 1650.

    6. — *Vincent-Séraphin*, baptisé à Saint-Étienne le 14 mars 1653.

    7. — *Jean-François*, baptisé à Saint-Étienne le 4 avril 1656.

8. — *Marie-Élisabeth-Hippolyte*, baptisée à Saint-Étienne le 20 novembre 1658.

9. — *Simon-Joseph*, baptisé à Saint-Maurice le 25 octobre 1660.

10. — *Hubert*, baptisé à Saint-Maurice le 28 décembre 1662.

11. — *Marie-Yolente*, baptisée à Saint-Étienne le 22 mars 1669, y décédée le 19 novembre 1737, mariée dans cette église, le 2 mars 1693, avec Gabriel-Michel *Van Wesbus*, sr de Bauwin, fils de Jacques et d'Élisabeth *Pillot*, né le 2 février 1668, bourgeois de Lille par relief du 13 juin 1693, échevin de notre ville, mort le 9 janvier 1726 ; dont postérité.

DEUXIÈME BRANCHE

IVbis. — *Jean* du Retz, le jeune, tondeur de grand forches, bourgeois de Lille par relief du 14 octobre 1599, épousa Marguerite *Cambier*, décédée veuve le 30 août 1643 ; dont :

1. — *Philippe*, marchand de draps, bourgeois de Lille par relief du 28 avril 1621, époux d'Agnès *de Richemont*, fille de Pierre ; dont il eut :

    a. — *Anne*, baptisée à Saint-Étienne le 18 juin 1622, mariée : 1° dans cette église, le 12 juin 1645, avec Adrien *Lemieuvre*, fils de Philippe et de Catherine *Cardon*, bourgeois de Lille par relief du 23 janvier 1646 ; 2° à Saint-Étienne, le 24 juin 1653, avec Jean-Baptiste *Deleruyelle*, fils d'Allard et de Françoise *Parmentier*, bourgeois de Lille par relief du 9 février 1654 ; dont postérité.

    b. — *Marguerite*, baptisée à Saint-Étienne le 10 septembre 1624.

    c. — *Étienne*, baptisé à Saint-Étienne le 27 avril 1627.

    d. — *Pierre*, baptisé à Saint-Étienne le 2 septembre 1629.

    e. — *François*, baptisé à Saint-Étienne le 22 décembre 1631.

    f. — *Marie-Agnès*, baptisée à Saint-Étienne le 9 mars 1634.

    g. — *Pierre*, baptisé à Saint-Étienne le 4 octobre 1636.

    h. — *Marie-Anne*, baptisée à Saint-Étienne le 26 juillet 1640.

    i. — *Catherine*, baptisée à Saint-Étienne le 1er novembre 1642, religieuse urbaniste à Lille sous le nom de Catherine-Bernarde le 30 avril 1662, y décédée le 13 septembre 1681.

2. — *Étienne*, marchand de draps, bourgeois de Lille par relief du 2 janvier 1632, mort avant le 7 novembre 1634, allié à Saint-Étienne, le 2 juin 1631, à Jacqueline *Ramery*, fille de Jean, baptisée dans cette église le 20 juin 1606 ; d'où :

    a. — *Christine*, baptisée à Saint-Étienne le 23 février 1632.

3. — *Antoinette*, mariée à Saint-Étienne, le 26 août 1628, avec Jean *Delabarghe*, fils de Mahieu et de Catherine *Rondeau*, bourgeois de Lille par relief du 8 décembre 1628.
4. — *Guillaume*, qui suit, V.
5. — *Jean*, bourgeois de Lille par relief du 15 mai 1636, époux de Catherine *Blawot*.

V. — *Guillaume* du Retz, marchand, bourgeois de Lille par relief du 23 juillet 1632 épousa à Saint-Étienne, le 13 janvier 1632, Louise *Ramery*, sœur de Jacqueline, décédée avant 1683; dont:

1. — *Louise*, baptisée à Saint-Étienne le 20 novembre 1632.
2. — *Guillaume*, baptisé à Saint-Étienne le 13 février 1634, bourgeois de Lille par relief du 12 décembre 1662, marié: 1° avec Marguerite *Beudière*, fille de Nicolas et d'Anne *Dassonnevins*; 2° à Saint-Pierre, le 25 janvier 1671, avec Marie-Jeanne *Théry*, fille de Guillaume et de Françoise *Le Genty*, baptisée à Saint-Étienne le 30 avril 1654; dont:

    a. — Du premier lit: *Guillaume-François*, baptisé à Saint-Étienne le 20 septembre 1663.
    b. — *Nicolas*, baptisé à Saint-Étienne le 6 mars 1665.
    c. — *Jean-Guillaume*, baptisé à Saint-Étienne le 25 août 1666.
    d. — Du second lit: *Jean-Baptiste-François*, baptisé à La Madeleine le 3 décembre 1673.

3. — *Catherine*, baptisée à Saint-Étienne le 28 octobre 1636, morte le 13 janvier 1706.
4. — *Jean*, qui suit, VI.
5. — *Marie-Madeleine*, baptisée à Saint-Étienne le 26 janvier 1643, décédée le 29 janvier 1706, mariée à Sainte-Catherine, le 4 février 1672, avec Ferdinand *Le Prévost de Basserode*, écuyer, fils d'Antoine et de Michelle *Poulle*, bourgeois de Lille par relief du 20 mai 1672, décédé paroisse Saint-Étienne le 1er décembre 1705; dont postérité.

VI. — *Jean* du Retz, baptisé à Saint-Étienne le 25 mars 1639, licencié en droit, bourgeois de Lille par relief du 28 septembre 1683, décédé paroisse de La Madeleine le 3 mars 1715 et enterré aux Frères mineurs de Lille; épousa à Saint-Étienne, le 2 mars 1683, Marie-Françoise *Le Machon del Sauch*, fille de Jaspard et de Marguerite *de Fourmestraux*, baptisée à Saint-Maurice le 19 octobre 1659 et morte le 28 avril 1740; d'où:

1. — *Marie-Jeanne*, mariée à Saint-Maurice, le 27 avril 1702, avec Nicolas *Daussi*, fils de Jean et d'Antoinette *Soyhoir*, baptisé à Saint-Maurice le 22 janvier 1680.

2. — *Marie-Élisabeth*, alliée à Saint-Maurice, le 29 juin 1707, à Charles *Carpentier*.

3. — *Marie-Claire-Joseph*, morte paroisse Saint-Maurice le 13 juin 1722.

4. — *Sylvestre-Pierre*, mort paroisse Saint-Maurice le 6 mai 1701.

5. — *Jean-François-Guillaume*, qui suit, VII.

VII. — *Jean-François-Guillaume* DU RETZ, s^r de Maresville, baptisé à La Madeleine le 11 mars 1687, bourgeois de Lille par relief du 24 février 1720, échevin de cette ville, nommé, le 9 avril 1722, conseiller, juge ordinaire en la gouvernance de Lille, anobli par l'exercice de cette charge pendant plus de vingt années, décédé paroisse de La Madeleine le 4 octobre 1746 ; épousa dans cette église, le 7 janvier 1720, Marie-Joseph *du Bosquiel*, fille d'Antoine et de Marie-Françoise *Cantaloup*, baptisée à La Madeleine le 2 septembre 1698, y décédée le 28 janvier 1763 ; d'où :

1. — *Anne-Françoise-Joseph*, baptisée à La Madeleine le 23 octobre 1720, y décédée le 12 septembre 1766, mariée dans cette église, le 4 juin 1747, avec Charles-François *Le Mesre*, s^r du Quenil, fils de Julien et de Jeanne-Ursule *Castelain*, baptisé le 17 juillet 1719, licencié ès lois, bourgeois de Lille par relief du 18 novembre 1747, échevin de cette ville, nommé conseiller secrétaire du Roi en la chancellerie près le Parlement de Flandre le 12 décembre 1781, décédé paroisse de La Madeleine le 4 avril 1783 ; dont postérité.

2. — *Élisabeth-Françoise*, baptisée à La Madeleine le 4 juin 1722.

3. — *Gaspard-Joseph*, baptisé à La Madeleine le 14 juillet 1723, prêtre, y décédé le 1er février 1748.

4. — *François-Joseph-Clément*, écuyer, baptisé à La Madeleine le 3 décembre 1724, bourgeois de Lille par relief du 15 novembre 1762, nommé conseiller juge ordinaire en la gouvernance de Lille par lettres données à Versailles le 13 mars 1752, conseiller honoraire le 9 décembre 1772, mort à Lille le 29 pluviôse an XII ; marié à Saint-Étienne, le 26 janvier 1761, avec Henriette-Thérèse *Leclercq*, fille de Joseph et de Jeanne-Robertine *Le Barbier*, baptisée à Saint-Pierre le 17 octobre 1726, morte à Lille le 2 nivôse an V ; dont :

a — *Thérèse-Joseph-Victoire*, baptisée à Saint-Étienne le 17 mars 1762, décédée paroisse Saint-Pierre le 4 novembre 1781 et inhumée à Loos.

b. — *Henri-Joseph*, baptisé à Saint-Étienne le 16 février 1763.

5. — *François-Xavier-Joseph*, baptisé à La Madeleine le 7 décembre 1725, y décédé le 13 avril 1728.

6. — *Louis-Isidore-Joseph*, baptisé à La Madeleine le 6 février 1727, religieux augustin, mort à Lille le 17 messidor an II.

7. — *Marie-Anne-Joseph*, baptisée à La Madeleine le 4 juin 1728.

8. — *Jean-Joseph-Marie*, baptisé à La Madeleine le 19 novembre 1729, religieux augustin, mort le 25 septembre 1754 et inhumé dans la chapelle des Trépassés aux Augustins de Lille.

9. — *Marie-Angélique-Joseph*, baptisée à La Madeleine le 22 mars 1731, morte le 18 octobre 1756, mariée dans cette église, le 19 avril 1751, avec Jacques-François *Denis*, s^r du Péage, La Hallerie, fils de Jacques, s^r de la Deûle, et de Marguerite *Parent*, baptisé à Saint-André le 15 mars 1715, bourgeois de Lille par relief du 13 août 1751, anobli le 1er décembre 1769, échevin, mayeur et rewart de Lille, administrateur de la Noble-Famille et de la Charité de Lille, mort le 12 septembre 1796 ; dont postérité.

10. — *Marie-Françoise-Joseph*, dame de la Cessoye, baptisée à La Madeleine le 22 mars 1731, alliée dans cette église, le 21 novembre 1751, à Jean-Baptiste-Antoine *Le Mesre*, s^r de Gruteghem, La Haye, frère de Charles-François, baptisé à Saint-Pierre le 16 juin 1716, bourgeois de Lille par relief du 27 juillet 1752, décédé le 30 août 1786 et inhumé à Loos ; dont postérité.

11. — *Euphroisine-Agathe-Joseph*, baptisée à La Madeleine le 19 avril 1733, y décédée le 20 février 1792, mariée à Sainte-Catherine [1], le 25 février 1772, avec Anselme-Joseph *Warembourg*, fils de Jean-Baptiste et de Marie-Françoise *Barbet*, né à Fleurbaix en 1746, licencié en médecine, bourgeois de Lille par achat du 26 octobre 1773, décédé à Armentières le 11 janvier 1833.

12. — *Guillaume-François-Joseph*, baptisé à La Madeleine le 5 octobre 1734, chanoine de Saint-Pierre de Lille, émigré à Tournai, mort à Esquermes le 4 janvier 1811.

NON RATTACHÉS

Étienne, fils d'Étienne, mort paroisse Saint-Maurice le **26 mars 1661**.

---

1. Le contrat de mariage fut passé devant Me Carpentier, à Loos, le 24 août 1771. Ce mariage, célébré contre la volonté du conseil de famille, avait donné lieu à un curieux procès.

Marie-Gertrude, novice augustine à Armentières le 16 juin 1698, professe le 17 juin 1699, y décédée le 5 septembre 1721.

Marie-Gabrielle, novice au même couvent le 12 octobre 1699, professe le 13 octobre 1700, y décédée le 25 avril 1729.

Marie-Scholastique, novice au même couvent le 13 octobre 1700, professe le 19 octobre 1701, y décédée le 22 juin 1706.

Claire-Angélique, novice au même couvent le 4 mai 1705, professe le 5 mai 1706, y décédée le 20 juillet 1708.

Marie-Rosalie-Angélique, de Saint-Joseph, novice au même couvent le 14 mai 1770, professe le 23 mai 1771.

Jacques, doyen de Saint-Pierre de Lille en 1542, visiteur de l'hôpital de Seclin, démissionnaire en 1554 à cause des difficultés survenues dans l'administration du temporel de l'hôpital [1].

Agnès, fille de Me *François*, pourvue d'une curatelle le 4 octobre 1602.

Jacques, baptisé à Saint-Étienne le 31 août 1579.

Jean, baptisé à Saint-Étienne le 8 août 1581.

François, baptisé à Saint-Étienne le 15 novembre 1581.

Jean, baptisé à Saint-Étienne le 6 octobre 1575.

Apollonie, baptisée à Saint-Étienne le 9 août 1578.

Marie, baptisée à Saint-Étienne le 15 novembre 1581.

Maximilien, baptisé à Saint-Étienne le 26 janvier 1582.

Madeleine, baptisée à Saint-Étienne le 26 août 1576.

DE RES : *Pierre, Pierre, Symphorien, Jacques, François* et *Florence*, baptisés à Saint-Étienne les 17 juillet 1581, 15 novembre 1582, 24 septembre 1584, 15 mai 1585, 5 février 1585 et 16 juin 1586.

Marie-Agnès DU RETZ, veuve de Jean-Hugues *d'Hobrez*, morte le 17 août 1717 et enterrée dans la chapelle Saint-Nicolas à Saint-Sauveur.

Allardine *du Castillon*, veuve de *Nicolas* DU RETZ, demeurant à Ancoisne près Seclin, dont *Jacques* et *Saintine*, vivants en 1597.

Jeanne-Françoise DU REZ, veuve de Balthazar *Serein de la Grave*, colonel de dragons, vivant à Quesnoy-le-Comté en 1721, héritière d'Anne *Cloet*, sa cousine germaine.

---

1. Abbé LEURIDAN, *Histoire de l'hôpital de Seclin*; dans les *Mémoires de la Société d'émulation de Roubaix*, t. XXV, p. 129.

1752, 13 mars. — *Nomination de François-Joseph-Clément du Retz à l'office de conseiller juge ordinaire de la gouvernance de Lille.*

Louis, par la grâce de Dieu, roy de France et de Navarre. A tous ceux qui ces présentes verront. Salut. Scavoir faisons que pour la pleine et entière confiance que nous avons en la personne de notre cher et bien aimé le sieur *François Joseph Clément du Retz* receveur en parlement et sur les témoignages que nous avons reçus de ses bonnes qualités et de ses talents et des services que nous a rendu pendant plus de vingt quatre années le sieur *Jean François Guillaume du Retz*, son père, dans la charge de notre conseiller juge ordinaire en la gouvernance de Lille dont il est mort revestu. A ces causes et pour autres considérations, nous avons audit sieur *François Joseph Clément du Retz*, fils, donné et octroyé, donnons et octroyons par ces présentes ledit office de notre conseiller juge ordinaire de la gouvernance de Lille dont il a payé en nos revenus casuels le droit de mutation en exécution de nos édits et déclarations suivant la quittance du sieur Bertin en datte du quatre may mil sept cent quarante huit enregistrée au controlle général de nos finances le trente avril mil sept cent quarante neuf, et que tenoit et exerçoit ledit sieur *Jean François Guillaume du Retz*, son père, qui en jouissoit à titre de survivance et après le décès duquel Dame Marie Joseph *du Bosquiel* sa veuve nous a nommé et présenté audit office ledit sieur *du Retz* son fils par acte du vingt-neuf mars mil sept cent quarante huit cy attaché, et attendu que l'an du jour et datte du controlle de ladite quittance de huitième denier se trouve expiré, nous avons par arrêt de notre conseil du vingt neuf février dernier, ordonné qu'il seroit passé outre au sceau et expédition des provisions dudit office au proffit dudit sieur *du Retz* ou de tel autre qu'il appartiendroit nonobstant ladite surannation pour ledit office avoir, tenir et exercer, en jouir et user par ledit sieur *du Retz* fils à titre de survivance, et aux honneurs, pouvoirs, libertés, fonctions, autorités, privilèges, droits, exemptions, franchises, immunités, prérogatives, prééminences, entrée, rang, séance, gages, fruits, profits, revenus et émolumens y appartenans tels et tous ainsy qu'en a jouy ou deu jouir ledit feu sieur *du Retz* son père et qu'en jouissent ou doivent jouir les autres pourveus de pareils offices, conformément à l'édit du mois de novembre mil six cent quatre vingt seize et aux déclarations et arrêts rendus en leur faveur, à condition toutefois que ledit sieur *du Retz* ayt atteint l'âge de vingt-sept ans accomplis suivant son extrait baptistaire du trois décembre mil sept cent vingt quatre deuement légalisé, et qu'il n'ayt dans le nombre des officiers dudit siège aucuns parents ny alliés aux degrés prohibés par nos ordonnances, ainsy qu'il nous l'est justifié par le certificat cy avec ledit extrait baptistaire, le susdit acte de nomination, arrêt de notre Conseil susdatté et autres pièces attaché sous le contre-scel de notre chancellerie, à peine de perte dudit office, nullité des présentes et de sa réception. Sy donnons en mandement à nos amés et féaux conseillers les gens tenans notre Cour de parlement de Flandres à Douay que leur estant apparu des bonnes vie et mœurs, d'âge susdit de vingt-sept ans accomplis, conversation et religion catholique, apostolique et romaine dudit sieur *du Retz*, et ayant pris de luy le serment requis et accoutumé, ils le reçoivent, mettent et instituent de par nous en possession dudit office, et l'en fassent jouir et user pleinement et paisiblement aux honneurs, pouvoirs, libertés, fonctions, autorités, privilèges, droits, exemptions, franchises, immunités, prérogatives, préeminences, entrée, rang, séance, gages, fruits, profits, revenus et émolumens susdits et y appertenans, et luy fassent obeir et entendre de tous et ainsy qu'il appertiendra ès choses concernant ledit office ; mandons en outre à nos amés et feaux conseillers les président, trésoriers de France et généraux de nos finances à Lille que par es trésoriers procureurs, payeurs et autres comptables qu'il appartiendra et des fonds à ce destinés, ils fassent payer et délivrer comptant audit sieur *du Retz* doresnavant par chacun an aux termes et en la manière accoutumée les gages et droits appartenans audit office à commencer du jour et datte de sa reception, de laquelle raportant copie collationnée ainsy que des présentes pour une fois seulement avec quittance de luy suffisante, Nous voulons lesdits gages et droits estre passés et alloués en la dépense desdits trésoriers, receveurs, payeurs et autres comptables qui les auront payé par nos amés et féaux conseillers les gens de nos comptes à Paris, auxquels mandons ainsy le faire sans difficulté. Car tel est notre plaisir. En témoin de quoy nous avons fait mettre notre scel à ces présentes. Donné à Versailles le treizième jour de mars l'an de grâce mil sept cent cinquante deux et de notre règne le trente septième. Et sur le reply est écrit : Par le Roi. Signé SAINSON, et scellé. »

> Archives communales de Lille. — Registres aux mandements et ordonnances de la Gouvernance. Registre coté Violet, fol. 45 v°, pièce n° 27.

SCRIECK

Armes : *coupé d'azur sur argent, à un lion de l'un en l'autre, lampassé et armé de gueules, adextré en chef d'un croissant d'argent.*

I. — *Pierre* Scrieck, mort entre 1532 et 1542, fut père de :

1. — *Pierre*, qui suit, II.
2. — *Hubelet*, né à Bruxelles, bourgeois de Lille par achat du 13 janvier 1542 (n. st.), célibataire à cette date.

II. — *Pierre* Scrieck, né à Bruxelles, bourgeois de Lille par achat du 7 mars 1532 (n. st.), notaire, mort en décembre 1565 ; épousa, après le 7 mars 1532 (n. st.), N... ; d'où :

1. — *Mathias*, qui suit, III.
2. — *Guillaume*, qui suivra, III bis.

III. — *Mathias* Scrieck, bourgeois de Lille par relief du 8 mai 1566, mort avant 1593, épousa Michelle *Desrumaulx*, dont il eut :

1. — *Jérôme*, qui suit, IV.
2. — *Pierre*, baptisé à Saint-Étienne le 1er septembre 1572.
3. — *Madeleine*, épousa : 1° Toussaint *Desnourrices*, dont elle était veuve en 1594 ; 2° Florent *Muette*, fils de Robert, bourgeois de Lille par relief du 20 février 1582 (n. st.), veuf d'Agnès *Caron* ; dont postérité.
4. — *Jaspar*, vivant en 1609.
5. — *Adrienne*, veuve de Victor *Hache* en 1609 ; dont postérité.

IV. — *Jérôme* Scrieck, né en 1569, bourgeois de Lille par relief du 11 avril 1606, notaire, nommé collecteur du droit d'afforage à Lille le 30 mars 1593 [1], décédé avant 1631 ; épousa à Saint-Étienne, le 31 janvier 1606, Agnès *Andrieu* ou *Landrieu*, fille d'André et de Catherine *Quintin*, qui le rendit père de :

1. — *Jérôme*, qui suit, V.

---

1. Archives départementales du Nord, B. 56, registre aux commissions, f° 81.

2. — *Madeleine*, baptisée à Saint-Étienne le 25 décembre 1613, mariée dans cette église, le 20 août 1633, avec Pasquier *de Cottignies*, fils de Pierre et d'Isabeau *Duponchel*, né à Lannoy, procureur, bourgeois de Lille par achat du 5 août 1633 ; dont postérité.
3. — *Jean*, baptisé à Saint-Étienne le 12 janvier 1617.

V. — *Jérôme* Scrieck, baptisé à Saint-Étienne le 18 août 1607, bourgeois de Lille par relief du 2 mai 1631, mort avant 1662 ; épousa à Saint-Étienne, le 17 juin 1630, Françoise *Ricourt*, fille de Gilles, marchand teinturier, et de Catherine *Deswymeau*, baptisée à Saint-Maurice le 9 mars 1608 ; d'où :

1. — *Jérôme*, qui suit, VI.
2. — *Jean*, baptisé à Saint-Maurice le 8 février 1639.
3. — *Louis*, jumeau du précédent.

VI. — *Jérôme* Scrieck, bourgeois de Lille par relief du 7 janvier 1662 épousa à Saint-Étienne, le 3 novembre 1661, Marie *Scutman* ou *Seutman*, fille de Jean et de Catherine *Daus* ; dont il eut :

1. — *Marie-Françoise*, décédée paroisse Saint-Étienne le 19 décembre 1705 ; alliée, dans cette église, le 5 février 1684, à Paul *Wattepaitte*, fils de Charles et de Marie *Haghedorne*, baptisé à Saint-Étienne le 13 janvier 1659, négociant, bourgeois de Lille par relief du 14 octobre 1684, remarié à Marie-Joseph *Dupont* ; dont postérité.
2. — *Jérôme-Dominique*, baptisé à Saint-Étienne le 8 août 1673.

III bis. — *Guillaume* Scrieck, bourgeois de Lille par relief du 5 octobre 1576, décédé avant 1601 ; épousa Isabeau *Delecourt* ; d'où :

1. — *Marguerite*, baptisée à Saint-Étienne le 19 juillet 1582.
2. — *Jaspart*, qui suit, IV.
3. — *Laurent*, baptisé à Saint-Étienne le 3 janvier 1587, vivant en 1608.
4. — *Mathias*, orfèvre, bourgeois de Lille par relief du 16 septembre 1605 ; marié avec Agnès *Fourmentin*, fille de Charles et de Catherine *Bourguignon* ; d'où :
   a. — *Antoinette*, baptisée à Saint-Étienne le 25 janvier 1614.
   b. — *Jacques*, baptisé à Saint-Étienne le 28 mars 1617.
   c. — *Jacqueline*, baptisée à Saint-Étienne le 22 mai 1620.
5. — *Barbe*, mariée à Saint-Étienne, le 11 septembre 1605, avec Jacques *Delerue*, fils de Pierre et d'Agnès *Lefebvre*, orfèvre, bourgeois de Lille par relief du 3 mars 1606.
6. — *Jeanne*, baptisée à Saint-Étienne le 4 février 1592.

IV. — *Jaspart* Scrieck, procureur, bourgeois de Lille par relief du 24 novembre 1601 ; épousa Marguerite *Messen*, qui le rendit père de :

1. — *Jean*, qui suit, V.
2. — *Marie*, baptisée à Saint-Étienne le 30 décembre 1606.
3. — *Jeanne*, baptisée à Saint-Étienne le 1er janvier 1613, alliée, dans cette église, le 27 octobre 1637, à Nicolas *Derache*, fils de Pierre et de Marie *Plaisant*, baptisé à Saint-Étienne le 12 février 1615, bourgeois de Lille par relief du 3 février 1637 ; dont postérité.
4. — *Pétronille*, baptisée à Saint-Étienne le 5 janvier 1615, morte le 10 décembre 1686 ; mariée à Saint-Étienne, le 20 novembre 1638, avec Luc *Moucque*, fils d'Arnould, né à Mouchin vers 1611, bourgeois de Lille par achat du 5 février 1638, greffier de Phalempin, notaire, mort le 17 septembre 1684 ; dont postérité.
5. — *Pierre*, baptisé à Saint-Étienne le 4 mars 1617.
6. — *Antoinette*, baptisée à Saint-Étienne le 26 février 1623 (cérémonies complétées ce jour-là).

V. — *Jean* Scrieck, procureur, bourgeois de Lille par relief du 10 décembre 1629 ; épousa à Saint-Maurice, le 10 mai 1629, Jeanne *Le Mayeur*, fille de Jean et de Jeanne *Bourelle*, baptisée à Saint-Maurice le 6 mars 1611, décédée après 1663 ; il en eut :

VI. — *Henri* Scrieck, baptisé à Sainte-Catherine le 22 octobre 1632, bailli de la prévôté de Saint-Pierre, bourgeois de Lille par relief du 16 avril 1661 ; s'allia à Saint-Maurice, le 20 février 1661, à Marie *Le Francq*, fille de Nicolas et de Marie *Rotru*, baptisée à Saint-Maurice le 9 février 1639 ; d'où :

1. — *Jean-François*, sr du Thilleul, du Jardin, du Chatelet, baptisé à Saint-Maurice le 12 décembre 1661, licencié ès lois, bourgeois de Lille par relief du 14 mars 1692, grand connétable souverain des arbalétriers, décédé paroisse Saint-André le 18 mai 1729 et enterré le 20 dans la chapelle Saint-Salvator à Saint-Étienne ; allié à Saint-Maurice, le 28 février 1692, à Agnès *de Flandres*, fille de Simon et de Jeanne *Desmazures*, baptisée à Saint-Étienne le 5 juin 1666, morte le 10 avril 1732 ; sans postérité.
2. — *Henri-François*, baptisé à Saint-Maurice le 26 avril 1663.
3. — *Marie-Jeanne*, née en 1666, décédée veuve paroisse Saint-Pierre le 14 novembre 1753 ; mariée à Sainte-Catherine, le 30 septembre 1687, avec Philippe-Ignace *de Gruson*, sr de Lassus, fils de Nicolas et d'Agnès *Vincart*, bourgeois de Lille par relief du 23 octobre 1687 ; dont postérité.

4. — *Jean-Baptiste*, baptisé à Sainte-Catherine le 25 novembre 1667, bourgeois de Lille par relief du 26 février 1701; allié à Marie-Thérèse *Mignonat*, fille de Pierre et de Simone *Carissimo*; d'où :

    a. — *Honoré-Toussaint*, baptisé à Sainte-Catherine le 1er novembre 1713.

    b. — *Charles-Joseph*, baptisé à Sainte-Catherine le 28 juillet 1717.

5. — *Pétronille-Angélique*, baptisée à Sainte-Catherine le 30 juin 1672.

NON RATTACHÉ

Jean-Mathias, décédé paroisse Saint-Étienne le 11 novembre 1723.

WARLOP

Armes : *d'argent au chef de sable chargé de cinq maillets d'argent, 3 et 2.*

I. — *Pierre* Warlop, décédé avant 1540, eut deux fils :

1. — *Antoine*, qui suit, II.
2. — *Bauduin*, né « au Bacq à Frelinghien », licencié ès lois, bourgeois de Lille par achat le 4 novembre 1575, non marié à cette date.

II. — *Antoine* Warlop, né à Frelinghien, bourgeois de Lille par achat le 5 novembre 1540, mort avant 1568 ; d'où :

1. — *Thoinette*.
2. — *Mariette*.
3. — *Willaume* ; tous trois nés avant le 5 novembre 1540.
4. — *Mahieu*, bourgeois de Lille par relief du 16 septembre 1568.
5. — *Jean*, bourgeois de Lille par relief du 4 mai 1571, allié à Jacqueline *de Lannoy* ; d'où :

    a. — *Antoinette*, baptisée à Saint-Maurice le 15 juillet 1573.
    b. — *Robert*, marchand tanneur, bourgeois de Lille par relief du 2 juillet 1599, époux de Marguerite *de Sin*, dont il eut :

        aa. — *Antoinette*, baptisée à Saint-Maurice le 5 février 1601.
        bb. — *Antoinette*, baptisée à Saint-Maurice le 24 mars 1602.
        cc. — *Marguerite*, baptisée à Saint-Maurice le 1er août 1604.
        dd. — *Robert*, baptisé à Saint-Maurice le 3 août 1606.
        ee. — *Marie*, baptisée à Saint-Maurice le 23 février 1608.
        ff. — *Marguerite*, baptisée à Saint-Maurice le 23 décembre 1612.
        gg. — *Robert*, baptisé à Saint-Maurice le 10 août 1618.

    c. — *Jean*, tanneur, bourgeois de Lille par relief du 26 janvier 1602, alliée à Marie *Le Plat* ; d'où :

        aa. — *Barthélémi*, baptisé à Saint-Maurice le 26 janvier 1602.
        bb. — *Michelle*, baptisée à Saint-Maurice le 8 avril 1606.

cc. — *Jean*, baptisé à Saint-Maurice le 26 août 1608.

dd. — *Catherine*, baptisée à Saint-Maurice le 11 février 1613.

ee. — *Robert*, baptisé à Saint-Maurice le 11 novembre 1613.

d. — *Catherine*, baptisée à Saint-Maurice le 9 septembre 1584.

6. — *Robert*, qui suit, III.

7. — *Mahieu*, demeurant à Saint-André-lez-Lille, bourgeois de Lille par relief sur requête du 29 octobre 1587, époux de Jacqueline *Grandel*, d'où :

a. — *Robert*, baptisé à Saint-André le 19 décembre 1594.

b. — Une fille, jumelle du précédent et non dénommée.

c. — *Jacques*, né à Wazemmes, bourgeois de Lille par relief du 11 février 1620, allié à Barbe *Lambelin*, fille de Denis.

III. — Robert WARLOP, né à Saint-André-lez-Lille, bourgeois de Lille par relief du 19 septembre 1581, licencié ès lois, nommé procureur fiscal de la gouvernance de Lille le 27 juillet 1585, épousa Catherine *de Lannoy*, dont il eut :

IV. — Robert WARLOP, s^r de Bihamel, bourgeois de Lille par relief du 10 septembre 1607, nommé procureur fiscal de la gouvernance le 8 mars 1630 [1], anobli par lettres données à Madrid le 19 mai 1643, mort le 19 octobre 1646 et enterré à Saint-Pierre [2], épousa Jacqueline *Gilleman*, fille de Maximilien, écuyer, s^r de la Barre, et d'Isabeau *Marissal*, baptisée à Sainte-Catherine le 16 mars 1598, décédée le 31 août 1648 ; dont :

1. — *Catherine*, mariée à Saint-Pierre, le 27 mai 1631, avec Louis *Bertoult*.

2. — *Maximilien-Victor*, écuyer, s^r de Veltebecq, baptisé à Saint-Pierre le 13 janvier 1613, y décédé célibataire le 22 avril 1682.

3. — *Marie*, baptisée à Saint-Pierre le 9 septembre 1614, religieuse à l'Abbiette de Lille.

4. — *Élisabeth*, baptisée à Saint-Pierre le 3 janvier 1616 ; alliée à François *Castelain*, s^r d'Ascq, fils de Jacques et de Françoise *Lachié*, marchand, capitaine d'une compagnie bourgeoise, bourgeois par relief du 30 septembre 1636, remarié avec Marguerite *Hughes* ; dont postérité.

---

1. A propos d'un conflit de juridiction, le magistrat le fit arrêter le 8 février 1644 ; mais, sur l'ordre de Philippe IV, il fut relâché le 17. (Archives communales de Lille, registre Albert, pièce 478).

2. Sa tombe est décrite aux manuscrits 968 (page 195) et 966 (page 310) de la bibliothèque communale de Douai.

5. — *Anne*, baptisée à Saint-Pierre le 29 avril 1617, religieuse à Sion de Courtrai.

6. — *Robert*, baptisé à Saint-Pierre le 13 décembre 1618.

7. — *Anne-Marie*, baptisée à Saint-Pierre le 23 février 1620, morte paroisse de La Madeleine le 9 janvier 1706; alliée, à Saint-Pierre, le 28 octobre 1642, à Rémi *Poulle*, s^r des Rameaux, fils de Rémi et de Marie *de la Porte*, baptisé à Saint-Étienne le 9 mars 1610, bourgeois de Lille par relief du 20 septembre 1639, veuf de Barbe *Braem*, anobli par lettres du 25 février 1647, mort le 21 août 1684 et enterré au chœur de La Madeleine ; dont postérité.

8. — *Marie*, baptisée à Saint-Pierre le 12 février 1622, morte le 18 mars 1664 ; alliée, par contrat passé à Lille le 2 mai 1651, à Nicolas *de Chastillon*, écuyer, s^r de Chigne, fils de Jean et de Marie *Haccart*, baptisé à Saint-Jacques de Tournai le 27 mai 1618, député des États de Tournai, mort le 1er juin 1687 à 69 ans et enterré à Saint-Jacques de Tournai ; dont postérité.

9. — *Jacqueline*, baptisée à Saint-Pierre le 11 juillet 1623, y décédée célibataire le 26 juin 1668.

10. — *Antoinette*, baptisée à Saint-Pierre le 6 décembre 1624.

11. — *Adrien*, qui suit, V.

V. — *Adrien* WARLOP, écuyer, s^r de Bihamel, baptisé à Saint-Pierre le 2 juin 1626, bourgeois de Lille par relief du 31 janvier 1656, épousa Barbe *Le Prévost*, fille d'Antoine, écuyer, et de Michelle *Poulle*, baptisée à Saint-Étienne le 11 mars 1622 ; d'où :

1. — *Anne-Marie-Angélique*, baptisée à Saint-Pierre le 28 juin 1656.

2. — *Robert-Antoine*, écuyer, s^r d'Hollebecque, baptisé à Saint-Pierre le 18 décembre 1657, y décédé célibataire le 19 septembre 1689.

Nota. — Il exista à Lille, aux XVIIe et XVIIIe siècles, une famille Warlop qui ne paraît pas pouvoir se rattacher à la précédente.

NON RATTACHÉES

Marguerite, veuve de Jean *de Moncheaux*, 1600.

Marie, veuve d'Antoine *Petit* et de Jean *Béghin*, vivant en 1597.

Jacqueline, épouse de Jacques *Belmarq*, fils de Pierre, vivant en 1515.

1643, 19 mai. — *Lettres de noblesse en faveur de Robert Warlop.*

Philippe, par la grâce de Dieu, Roy de Castille, de Léon etc^a.....
à tous ceux qui ces présentes verront ou lire oïront, salut. De la part

de notre cher et bien amé *Robert Warlop*, licentié ès droits, sieur de Bihamel, Mas, Duldreucq, Bins et Hollebecque, notre procureur fiscal général ès gouvernance et chastellenie de Lille, Douay et Orchies, nous a esté très humblement représenté que passé treize ans ou environ il auroit esté honnoré dudit estat et le déservy avecq autant de devoir et de sollicitude que humainement luy auroit esté possible, mesmement pendant cette guerre contre la France, qui luy auroit donné occasion de faire des devoirs et recherches extraordinaires, tant à la charge de quelques personnages naturels de nostre Pays-Bas que dernièrement à l'arrivée de l'armée française en ladicte chastellenie de Lille et attaque d'ycelle ville, pour raison de quelque supçon de trahison, grandement cy apparente d'aucunes personnes étrangères et françoises dont la connoissance luy auroit avecq quelques autres esté particulièrement connuese ; que feu *Robert Warlop*, aussy licentié ès droits, son père, auroit pareillement esté honnoré par nos prédécesseurs dudit estat de procureur général durant le gouvernement du prince de Parme, et l'auroit déservy longues années, même pendant les troubles de la Flandre ; que ledit suppliant se seroit allié par mariage à Jacqueline *Gilleman*, notoirement noble, et dont les frères, père et ayeul auroient rendus des notables et signalez services à leurs princes souverains, si comme sondit frère en l'état d'auditeur et maître de notre Chambre des Comptes à Lille, son père pareillement auditeur et maître et son ayeul en l'état de président de la même Chambre et de commissaire au renouvellement de la loy de nostre dicte ville de Lille. Et comme il désireroit continuer ses services et nous vouer ceux qu'une postérité bien affectionnée à son prince luy feroit espérer à l'avenir, pour aiguilonner et exciter icelle d'avantage à se rendre capable de faire des devoirs et offices de très-fidels sujets, il se retiroit vers Nous, supliant très-humblement que prenant favorable esgard à ce que dessus, même que la qualité du procureur général semble attribuer et emporter quant et soy annoblissement de la personne qui en soit décorée, notament en ayant le père et le fils esté honnorez, ainsy que le supliant et feu son père ont esté et vescu privilégiez, il nous plut de luy accorder le titre d'honneur et de dignité de noblesse et à sa postérité née et à naistre, luy faisant à ces fins despescher nos lettres en tel cas pertinentes, avecq continuation des armes que luy et ses prédécesseurs auroient portez jusques ores à l'escu *coupé de travers en chef de sable à cinq maillets d'argent, le bas d'argent*, timbre avecq rivière de l'encolure et teste de cheval d'argent... Sçavoir faisons, que Nous, les choses susdictes considérées, avons de nostre certaine science et autorité souveraine et grâce spécialle, pour nous, nos hoirs et successeurs, audit *Robert Warlop*, ensemble à ses enfans et postérité mâles et femelles, nais et à naistre en léal mariage, accordé et octroyé, accordons et octroyons par ces présentes le titre et degré de noblesse, voulans et entendans qu'il, ses enfans et postérité et chascun d'eux procréez en léal mariage comme dit est, ayent à jouir et user, jouissent et usent d'icy en avant et à tousjours comme gens nobles en tous lieux, actes et besoignes, de tous et quelconques honneurs, prérogatives, prééminences, libertez, franchises, privilèges et exemptions de noblesse dont les autres nobles ont accoustumez de jouïr, jouissent et jouïront et qu'ils soient en tous leurs faits et actes tenus et réputez pour nobles en toutes places, en jugement et hors d'iceluy, comme les déclarons et créons tels par ces mêmes présentes ; et que semblablement ils soient et seront capables et qualifiez pour estre eslevez à l'estat et dignité, soit de chevalerie ou autres, ils puissent et pourront en tout temps acquérir, avoir, posséder et tenir en tous nos paÿs, signament en nosdits Paÿs-Bas, places, terres et seigneuries, rentes, possessions, revenus et autres choses mouvantes de nous en fiefs et arrière-fiefs et tous autres nobles tenemens, et yceux prendre et tenir de nous ou d'autres seigneurs de qui ils dépendront ; et si aucunes des choses susdictes ils ont jà acquis, les tenir et posséder sans estre contraints de par nous ou d'autres les mettre hors de leurs mains : à quoy nous les habilitons et rendons suffisans et ydoines par cesdictes présentes, faisant vers nous et nosdits hoirs et successeurs les devoirs y appartenans, selon la nature et condition d'yceux fiefs ou biens acquis et à acquérir et la coutume du pays ou ilz sont situez. Et ce, parmy certaine finance modérée que ledit *Robert Warlop* à cause de ceste nostre présente grâce sera tenu payer à nostre profit sur la taxation qui en sera faite par ceux de nostre Conseil d'Estat aux affaires de nostre Paÿs-Bas et de Bourgogne près nostre personne à ce commis. Et affin que l'estat de noblesse dudit supliant soit tant plus nottoire, connue et authorisée, nous luy avons aussy accordé et permis, accordons et permettons par ces présentes que luy et sa postérité de léal mariage comme dit est pourront d'oresenavant et perpétuellement en tous et quelconques leurs faits, gestes et autres actes licites et honnestes, continuer, avoir et porter les armoiries dont luy et ses prédécesseurs ont usé jusqu'à présent, cy-dessus spécifflées. Si ordonnons à nostre lieutenant gouverneur et capitaine général de nosdits pays-Bas et de Bourgogne et donnons en mandement à noz très-chers et féaux les gens de nostre Conseil d'Estat, chef, président et gens de noz privé et grand Conseils, chef, trésorier-général et commis de nos domaines et finances, présidens et gens de nostre Chambre des Comptes à Lille et à tous autres noz justiciers et officiers présens et avenir, leurs lieutenans et chascun d'eulx, en droit soy et si comme à luy appartiendra et à tous autres nos sujets qu'estans par lesdits de nos Comptes bien et deuement procédé, comme leur mandons de faire, à l'intérinement et vérification desdictes présentes selon leur forme et teneur, ils fassent, souffrent et laissent ledit *Robert Warlop* et sa postérité de léal mariage de nostre présente grâce, octroy, et annoblissement et de tout le contenu en cesdictes présentes pleinement, paisiblement et perpétuellement jouir et user, sans leur faire, mettre ou donner, ny souffrir estre fait, mis ou donné à aucun d'eux contredit, destourbier ou empeschement quelconque. Bien entendu que ledit *Robert Warlop* sera tenu de les présenter en nostre dicte Chambre des Comptes à Lille, à l'effet de ladicte vériffication et intérinement en déans l'an après la datte d'ycelle, comme aussy en déans le mesme terme à nostre premier roy d'armes ou autres qu'il appartiendra en nosdits Pays-Bas, en conformité et aux fins portés par le quinziesme article de l'ordonnance décrétée par feu nostre bon oncle l'archiducq Albert le 14º jour du mois de décembre 1616, touchant le port des armoiries, timbres, et autres marques de noblesse, l'un et l'autre à peine de nullité de cette nostre présente grâce. Car ainsy nous plaist-il, et voulons estre fait; nonobstant quelconques ordonnances, statuts, coutumes, usages et autres choses au contraire, desquelles nous avons relevé et dispensé, relevons et dispensons lesdits de nos Finances et de nos Comptes, à tous autres à qui ce peut toucher et regarder : pourveu qu'au préalable cesdictes présentes soient présentées à Dom Melchior de Vera et Contrera, chevalier de l'ordre de Calatrava, de nostre secrétairie du registre général des Mercèdes, affin d'en estre tenu notte et mémoire ès livres de sa charge. Et affin que ce soit chose ferme et stable à tousjours, nous avons signé ces présentes de nostre main et à ycelles fait mettre nostre grand scel. Sauf en autres choses nostre droit et l'autruy en toutes. Donné en nostre ville de Madrid, royaume de Castille, le dixneufviesme jour du mois de may l'an 1643, et de nos règnes le vingttroisième. Paraphé : Vido V^t, signé : Philipe. Sur le ply estoit escrit : Par le Roy et signé : Brecht. Tome la raçon à 17 7bre 1643 : Melchior de Vera y Contreras. Et appendoit ausdictes lettres un grand scel de cire vermeille en lache de soye rouge et blanche.

Et plus bas est escrit ce qui s'ensuit : Il est extrait d'un registre aux mandemens intitulé Albert, folio 271 verso, reposant au siège de la gouvernance du souverain bailliage de Lille, concordé, témoin le soussigné greffier dudit siège, signé : E. Castelain.

Et plus bas : Il est ainsy à cette patente signée dudit sieur greffier Castelain et rendue concorde, témoin le soussigné tabellion royal et héréditaire du Bailliage de Tournay et du Tournésis, signé : Y Vinchent, avecq paraphe.

Bibliothèque de l'auteur : manuscrit de la *noblesse de Flandre*.
Copie de Palisot de Beauvois.

ZOUCHE

Armes : *de gueules à douze besants d'or, 3, 3, 3, 2 et 1, au franc-quartier d'hermines.*

Famille originaire d'Angleterre.

I. — *Guillaume* Zouche, fils de *Guillaume*, s^r de Pitton dans le comté de Kent, vint se fixer en Berry en l'année 1623 et s'y maria avec Anne *Belin* ; d'où :

II. — *Alexandre* Zouche, allié à Marie *Moussat*, qui le rendit père de :

1. — *Silvain*, s^r de Bellogne, célibataire.
2. — *Alexandre-Pierre*, qui suit, III.

III. — *Alexandre-Pierre* Zouche, s^r de la Lande (bailliage d'Argenton-en-Berry), orphelin de bonne heure, entra au service dès 1670, fit, comme capitaine au régiment de Navarre, les campagnes de Hollande et de Franche-Comté, fut nommé gouverneur de la citadelle de Metz en 1688, chevalier de Saint-Louis peu après, enfin mourut au siège de Lille en 1708 des suites d'une blessure. Il fut enterré aux Capucins. Il avait été confirmé dans sa noblesse par lettres données à Versailles en septembre 1700. Il épousa à Saint-Nicolas d'Arras, le 4 mai 1679, Charlotte-Amée-Marie *de Balestrier*, fille de Jean, s^r de Beauffort, capitaine d'une compagnie de chevau-légers et de N... *de Saint-Vaast*, morte après 1716 ; d'où :

1. — Une fille alliée à Jean *Joffroy*, comte de Villiers, capitaine de chevau-légers au régiment d'Ourches.
2. — *Alexandre*, qui suit, IV.
3. — D^{elle} ursuline à Amiens.
4. — D^{elle} ursuline à Amiens.
5. — D^{elle} alliée à N... *de Bellefosse*.

IV. — *Alexandre* Zouche, écuyer, s^r de la Lande, né à Aire-sur-la-Lys en 1683, capitaine au régiment de Conti, puis lieutenant-colonel de ce régiment, chevalier de Saint-Louis, commandant pour le Roi au gouvernement d'Arras, convoqué aux assemblées des nobles de Flandre par ordonnance du 14 janvier 1717, mort à Paris en 1731 ; il avait obtenu en 1718 un brevet lui donnant le titre de chevalier. Il épousa à Saint-André de Lille, le 25 octobre 1716, Marie-Thérèse-Joseph *Deschamps* [1], fille de Jacques-Ignace, s^r de Hautpont, et de Marie-Joseph Thérèse *Hendrick*, née vers 1698, décédée paroisse Saint-André le 12 juin 1766 et inhumée dans cette église ; d'où :

1. — *Alexandre-Louis-Joseph*, chevalier, s^r de la Lande, la Beuvrière, Beugin, baptisé à Saint-André le 3 novembre 1717, capitaine au régiment de la marine, chevalier de Saint-Louis, convoqué aux assemblées de la noblesse de Flandre par ordonnance du 2 décembre 1747, décédé célibataire paroisse Saint-Étienne le 6 mai 1748.

2. — *Anne-Alexandrine-Joseph*, baptisée à Saint-André le 9 juin 1719, morte paroisse Sainte-Étienne le 13 octobre 1744, alliée à Saint-André, le 5 juillet 1739, à Jean-Baptiste-Achille *Godefroy*, écuyer, s^r de Maillart, fils de Jean, s^r d'Aumont et de Catherine-Ursule *Le Gay du Châtel*, baptisé à Saint-Étienne le 14 mai 1697, garde des chartes de l'ancienne chambre des comptes à Lille, bourgeois de cette ville par relief du 13 juin 1740, décédé paroisse Saint-Étienne le 13 décembre 1759 ; dont postérité.

3. — *Alexandre-Emmanuel-Joseph*, ondoyé à Saint-André le 16 août 1720, y décédé le 11 novembre 1722.

4. — *Alexandre-Emmanuel-Joseph*, chevalier, s^r de la Lande, Beugin, baptisé à Saint-André le 22 septembre 1721, capitaine au régiment de Bourbonnais, convoqué aux assemblées des nobles de Flandre par ordonnance du 16 novembre 1752, mort célibataire aux Invalides à Paris en 1799.

5. — *Marie-Rufine-Joseph*, baptisée à Saint-André le 9 février 1724, ursuline à Lille en 1746, y décédée en 1752.

6. — *Marie-Joseph-Thérèse*, baptisée à Saint-André le 24 octobre 1725, décédée après la Révolution, alliée à Saint-André, le 3 avril 1758, à Robert-François-Joseph-Étienne *Huvino*, écuyer, s^r d'Inchy, fils de Robert, écuyer, s^r de Bourghelles, Inchy, Villers, et de Marie-Angélique *Le Comte*, baptisé à Sainte-Catherine le 2 juin 1708, capitaine au régiment de Lyonnais, chevalier de Saint-Louis, confirmé dans sa noblesse le 11 décembre 1769 ; dont postérité [2].

---

1. Deschamps : *d'argent à trois roses de gueules boutonnées d'or*.
2. Consulter encore sur la famille Zouche : *Les Savants Godefroy*, par le marquis de Godefroy Ménilglaise, p. 341-350. Paris, 1873.

1692, 15 octobre, et 1700, septembre. — *Lettres de confirmation de noblesse accordées à Alexandre Pierre de Zouche.*

Louis, par la grâce de Dieu, Roy de France et de Navarre, à tous presens et à venir, Salut. Notre cher et bien amé *Alexandre Pierre de Zouche*, seigneur de la Lande, brigadier de nos ingénieurs, commandant pour nous en notre citadelle de Metz et chevalier de l'ordre militaire de St Louis, Nous a fait remontrer qu'il est fils d'*Alexandre de Zouche* et de Damoiselle Marie *Moussat* et petit-fils de *Guillaume de Zouche*, lequel étant issu de la noble famille *de Zouche* en Angleterre passa en France en l'année 1623 est s'habitua en notre province de Berry où il avoit épousé Anne *Belin* ayeule de l'exposant. L'ancienne noblesse de ladite maison de Zouche est prouvée par des certificats authentiques tant de notre cher et très amé frère, Jacques, Roy de la Grande Bretagne, que du Roy d'armes d'Angleterre, par lesquels il est étably que ladite maison *de Zouche* est reconnue en Angleterre pour véritablement noble ancienne et originaire du Comté de Kent et que dans la généalogie de cette maison qui se trouve dans les registres de Richard St George, Roy d'armes d'Angleterre, il est dit que *Guillaume Zouche* de Pitton eut deux fils *George Zouche* dont la postérité est restée en Angleterre et *Guillaume Zouche* qui passa en France en 1623 : et bien qu'il soit évident que ledit *Guillaume Zouche* est le même que l'ayeul de l'exposant d'autant plus que son pere a toujour porté les memes armes que ladite maison *de Zouche* ainsy que l'exposant les porte encore aujourd'huy, scavoir *de gueules à douze bezans d'or 3 : 3 : 3 : 2 et 1, au franc quartier d'hermines*. Cependant comme ledit exposant ayant eu le malheur de perdre ses pere et mere dans son bas age, les titres et papiers de sa famille ont été entierement perdus par la négligence et mauvaise conduite de son tuteur, il a eu recours à Sa Majesté pour la supplier tres humblement de vouloir bien en considération de ses services le dispenser de la rigueur des formalités qui pourroient l'obliger de rapporter ses titres pour justifier d'abondant que son ayeul est le meme *Guillaume de Zouche* qui passa d'Angleterre en France en 1623 et de le vouloir bien maintenir dans l'état de noblesse où son dit ayeul son pere et luy ont toujour vescu, A quoy ayant egard et désirans traitter ledit exposant d'autant plus favorablement que nous sommes bien informé que depuis l'an 1670 qu'il commença de porter le mousquet dans notre régiment de Navarre, il a non seulement toujour depuis servy sans discontinuation tant en qualité d'officier dans nos troupes qu'en qualité d'ingénieur, mais encore qu'il nous a rendu des services tres utiles, distingués et importans, des l'année 1671 il fut employé sur l'état de nos ingénieurs ordinaires, et en cette qualité il servit la campagne 1672, aux sièges et prises de Mazeuk, Orsoy, Burick, Doesbourg et Zutphen, il demeura ensuite par nos ordres dans Nimegue qui avoit été reduite à notre obéissance pour y faire retablir les breches qui s'y etoient faites lors du siege, il fut encore chargé de la conduitte des fortifications de Vesel, Rhimberg et Rees et de fortifier le poste de Walt qui tenoit les ecluses d'Utrecht, ce fut aussy par ses travaux et ses soins que pendant la campagne de 1673, quatre de nos bataillons passéz à Mindemberg furent retranchez et que divers autres retranchemens furent conduits sur une digue jusqu'à la demie portée de canon de Muyden, après quoy il fut employé au razement des fortifications d'Elbourg sur le Zuiderzée et de Campen sur l'Issel, il se trouva en 1674, a la conqueste de la Franche Comté, il y servit aux sieges et prises de Besançon, de Dole et de Salins et fut blessé de deux coups de mousquet devant Besançon et d'un troisième devant Dole, sans que ses blessures l'ayent obligé de discontinuer de servir un seul jour. Après l'entière rédaction du Comté de Bourgogne a notre obeissance, la confiance particuliere que nous prenions en la valeur dudit exposant, aussy bien qu'en son zele et en sa capacité nous convia sur l'avis que nous receumes que les ennemis se preparoient a former le siege d'une de nos places en Flandres, de l'envoier a Tournay avec ordre de se jetter dans la place que les ennemis attaqueroient ce qu'il exécuta avec autant de bravoure que de bonheur. S'étant jetté dans Oudenarde d'ou les ennemis furent obligez de lever le siège presque aussi tost après l'avoir entrepris. Nous donnames dans ce temps la audit exposant une compagnie dans notre régiment de Navarre, ce qui ne l'empecha pas de continuer a nous servir en ladite qualité d'ingénieur comme il fit la campagne de 1675, aux sieges de Huy et de Limbourg et en 1676 a ceux de Condé, Bouchain et Aire et comme nous étions de plus en plus satisfaits de ses services nous luy donnames la majorité de cette dernière place; en 1677 il fut employé au siège de Valenciennes et ensuite envoyé devant St Omer ou il fut chargé en chef de la conduite de l'attaque qui força la place à se rendre ; en 1678, il fut commandé pour le siege de Gand ou en achevant le logement du chemin couvert du fort de St Pierre il receut une blessure dangereuse au bras droit de laquelle n'étant pas encore entierement guery, il ne laissa pas de se faire porter devant Ypres dont la citadelle se rendit le meme jour qu'il y avoit fait le logement sur le chemin couvert. Après la paix de Nimegue, ledit exposant demeura dans Aire pour y faire les fonctions de sa charge de major jusques au siege de Luxembourg qu'aiant été commandé pour y servir, il y fit en plein jour les deux logements sur les deux chemins couverts et ensuite le logement sur la breche. L'ayant après cette expedition honoré de la charge de notre lieutenant au Gouvernement de Hombourg, il y servit jusqu'en 1688 que notre tres cher et tres amé fils le Dauphin ayant porté nos armes sur le haut Rhin, l'exposant y servit sous ses ordres aux sieges de Philisbourg, de Manheim et de Franckandal, de quoy il s'acquitta si bien que pour l'en recompenser nous luy donnames le commandement de notre citadelle de Metz, il partit de ladite citadelle de Metz la campagne suivante en consequence de nos ordres pour se jetter dans Bonn dont les ennemis avoient formé le siege ou quoy qu'il eut d'abord été blessé d'un coup de fauconneau au poignée dont il est demeuré presqu'entierement estropié il disputa si bien le terrain aux ennemis et incommoda tellement leurs attaques que le siege dura cent deux jours au bout desquels meme la place ne se rendit que par nos ordres exprès de sorte que la defence de cette place est encore regardée aujourdhuy comme une des plus belles qui se soient jamais faites d'autant plus que l'armée des assiégeans étoit tres forte et que leur artillerie estoit formidable ; il servit encore la campagne de 1691, au siege de Mons ou il ne se distingua pas moins qu'il avoit fait a tous les autres sieges ou il avoit été auparavant employé et comme depuis ce temps la il a continué de nous servir en ladite qualité de commandant de notre citadelle de Metz et que nous avons une satisfaction particulière de sesdits services, que d'ailleurs nous sommes aussy informez que Damoiselle Charlotte Anne Marie *de Balestrier* qu'il a epousé et de laquelle il a eu un fils et trois filles est heritiere de l'ancienne maison de St Vaast en Artois, alliee a celle de Saquespée et de Crevecœur et a plusieurs autres des plus considérables de la province, Scavoir faisons que pour ces causes et autres bonnes considerations a ce nous mouvans, Nous de notre grace speciale, pleine puissance et authorité Royalle avons maintenu et confirmé, maintenons et confirmons par ces présentes signées de notre main ledit *Alexandre Pierre de Zouche*, seigneur de la Landes et ses enfans et postérité masles et femelles nez et a naistre en légitime mariage en leurdite ancienne noblesse sans qu'il soit obligé de representer de titres pour prouver que ledit sieur *Guillaume de Zouche* qui passa d'Angleterre en France en 1623, est le meme que son ayeul, dont attendu la raison cy dessus, Nous l'avons relevé et dispensé, relevons et dispensons et meme, en tant que besoin est ou seroit, de nos memes puissance et authorité, Nous l'avons avec sesdits enfans et postérité masles et femelles nez et a naistre en légitime mariage, annobly et annoblissons et du titre de noble orné et décoré, ornons et décorons, voulons et nous plait qu'en tous actes assemblées lieux ou endroits tant en jugement que dehors ils soient tenus et reputez comme nous les tenons et reputons nobles et gentilshommes, que comme tels ils puissent prendre la qualité d'écuier, parvenir a tous degrez de chevalerie, tenir et posseder tous fiefs, terres, héritages nobles qu'ils ont acquis ou pourront acquerir et qui leur sont escheus et leur pourront echeoir a quelque titre que soit pour en jouir et disposer noblement et en outre qu'ils jouissent des memes honneurs, privilèges, preeminences, franchises, prérogatives, et exemptions dont jouissent et ont accoustumé de jouir les gentilshommes de notre Royaume et sans que pour raison de ce ledit sieur de La Landes ny ses descendans soient tenus de nous payer ny à nos successeurs Roys aucune finance ny indemnitez, de laquelle a quelle somme qu'elle put monter nous leur avons fait et faisons don par cesdites présentes, leur permettant en outre de prendre, porter et faire mettrs en leurs maisons et en tous autres lieux et endroits qu'il conviendra leurs armes timbrées et blazonnées telles et semblables qu'ils ont accoustumé de porter et qu'elle seront cy empreintes et réglées par le sieur d'Hozier, juge d'armes de notre Royaume, à la charge toutefois de vivre noblement et sans deroger à ladite qualité, Si donnons en mandèment à nos amez et féaux les gens tenans nos cour de parlement et Cour des aides à Paris, Thresoriers Généraux de France au bureau de nos finances estably à (en blanc) et à tous autres nos justiciers et officiers qu'il appertiendra que ces présentes ils ayent à registrer et de tout leur contenu faire jouir et user ledit sieur de La Landes ensemble sesdits enfans et postérité masles et femelles nez et a naitre en loyal mariage pleinement, paisiblement et perpetuellement, cessans et faisant cesser tous troubles et empeschemens quelconques, nonobstant tous edits, declarations, ordonnances, arrests, lettres et autres choses qui pourroient être a ce contraire ausquelle avons derogé et derogeons pour ce regard seulement et sans tirer à conséquence, car tel est notre plaisir. Et afin que ce soit une chose ferme et stable a toujour Nous avons fait mettre notre seel a ces dites présente. Donné à Versailles au mois de septembre l'an de grace mil sept cens et de notre regne le cinquante huitième, signé Louis ; et sur le replis etoit ecrit, de par le Roy, Signé Letellier avec paraphe et scellé du grand sceau.

Jacques second par la grace de Dieu, Roy d'Angleterre, d'Ecosse, de France et d'Irlande, défenseur de la foy, &ª, à tous ceux qui ces presentes verront salut. Le sieur *Zouche de La Lande* nous ayant représenté qu'il est descendu de la famille *de Zouche* dans notre Royaume d'Angleterre et ladite famille nous etant parfaitement connue, nous avons bien voulu sur la très humble supplication que nous a fait ledit sieur de la Lande, certifier la noblesse de ladite famille et déclarons comme nous faisons par ces présentes que la famille *de Zouche* est véritablement noble et qu'elle a jouy dans notre Royaume d'Angleterre de tous les honneurs, privilèges et prerogatives dont jouissent tous les autres gentilshommes de notre dit Royaume. Fait à Fontainebleau ce quinzième jour d'octobre 1692 et dans la huitième de notre Règne, etoit signé Jacque R. et plus bas, par le Roy, signé Milfort et sceellé du scel royal.

Extrait des registres du Conseil d'Estat du Roy.

Sur la requeste présentée au Roy estant en son conseil par *Alexandre Zouche*, sieur de La Lande, major du Régiment de Conty infanterie, contenant que deffunct *Alexandre Pierre Zouche*, sieur de La Lande, son père, Brigadier des Ingénieurs du Roy, commandant en la citadelle de Metz et chevalier de l'ordre Saint-Louis, aiant fait voir qu'il étoit petit fils de *Guillaume Zouche* issu de la noble famille de Zouche en Angleterre lequel passa en France en 1623 et s'habitua en la province de Berry ; que cette famille étoit reconnu en Angleterre pour noble, ancienne et originaire du comté de Kent, que dans la généalogie de cette maison qui se trouve dans les registres du Roi d'armes d'Angleterre, il est dit que *Guillaume Zouche* eu deux fils, *George* dont la postérité est restée en Angleterre et *Guillaume* qui passa en France en 1623, le feu Roy eut la bonté de lui accorder au mois de septembre 1700, des lettres de confirmation de noblesse tant pour luy que pour ses enfans et postérité nez et à naitre en légitime mariage sans être obligez de raporter des titres pour prouver que *Guillaume Zouche* qui passa d'Angleterre en 1623, étoit celuy qui s'habitua en Berry dont le supliant est descendu comme ces lettres contiennent aussy la clause d'annoblissement en tant que de besoin et que par l'édit du mois d'aoust 1715, art. 1er, tous les annoblissemens accordés moiennant finance ou autrement depuis le 1er janvier 1689, ont été revoquez, le suppliant quoyque persuadé que cette révocation ne scauroit concerner les lettres de confirmation accordées à son père a été conseillé de se pourvoir. Il observe que quand même (ce qui n'est pas à présumer) la révocation des annoblissemens renfermeroit celle des lettres de confirmation de noblesse, celles en question qui furent accordées en consideration des services du feu sieur *de La Lande* père du supliant lesquels on y a pris soin d'expliquer ainsy que ses emplois et ses blessures tomberoient dans le cas de l'exception portée par l'article premier de l'édit de révocation, le supliant ajoute que son père après avoir servy trente sept ans avec distinction, fut commandé en 1708 pour se jetter dans Lille et pour défendre cette importante place sous les ordres du sieur Maréchal de Bouflers, qu'il y servit jusqu'à sa mort causée par la fatigue qu'il y eut et qui fit rouvrir une blessure considérable qu'il avoit receue en défendant Bonn en 1689. Au reste si les services qu'il avoit rendus jusqu'en 1700 lui méritèrent la grace que le feu Roy voulut bien luy faire, le supliant espère que ces mêmes services, ceux qu'il continua de rendre jusqu'à sa mort, ceux du supliant son fils unique qui sert depuis 19 ans dans le régiment de Conty, qui y est capitaine depuis 15, qui en exerce la majorité depuis 7 années et qui s'est trouvé dans tous les sièges et dans toutes les occasions ou ce régiment à été commandé et notamment au siège de Gibraltar ou il fut blessé d'un coup de mousquet, luy feroient obtenir la confirmation dont il pouroit avoir besoin. A ces causes requeroit le supliant qu'il plut à sa Majesté déclarer que les Lettres de confirmation de noblesse accordées à son père au mois de septembre mil sept cens, ne sont pas dans le cas de la révocation prononcée par l'édit du mois d'aoust mil sept cens quinze. Ouy le raport, Sa Majesté estant en son conseil a déclaré et déclare que les lettres accordées à *Alexandre Pierre Zouche*, Sieur de La Lande, au mois de septembre mil sept cent, portant maintenue et confirmation de noblesse tant pour luy que pour ses enfans et postérité nez et à naitre en légitime mariage, ne sont point dans le cas de la révocation portée par l'édit du mois d'aoust mil sept cens quinze. Fait en Conseil d'Etat du Roy, Sa Majesté y estant, Monsieur le Duc d'Orléans, régent, présent, tenu à Paris le vingt-neuf de février mil sept cens seize : étoit signé PHELYPEAUX avec paraphe.

Archives communales de Lille. — Registres aux mandements et ordonnances de la Gouvernance.— Registre Eugène, pièce 88.

TABLE
DES
GÉNÉALOGIES
CONTENUES DANS LES CINQ PREMIÈRES PARTIES

Alatruye	899	de Fourmestraux	244
Aronio	205	de Fourmestraux	282
Aulent	453	de Fourmestraux	287
Bady	7	Frans	708
Bave	14	Frans	714
de Beaumont	217	Ghesquière	306
du Béron	456	Gilleman	527
Berthault	645	Goudeman	310
Beuvet	221	d'Haffrenghes	57
Bidé	466	Hannecart	73
Bonnier	227	Herts	320
Breckvelt	486	Hespel	718
Bridoul	651	du Hot	533
de Brigode	492	Huvino	325
de Broide	22	Ingilliard	83
Cardon	664	Jacops	545
Cardon d'Avelu	699	de La Chaussée	333
Castelain	919	de La Fonteyne	335
du Chasteau	240	Lagache	339
Chauwin	30	Lambelin	747
de Corbie	33	de Lannoy	88
Cuvillon	941	de Lannoy	103
Deliot	37	de Lannoy	119
Desbarbieux	702	Le Cat	990
Desbuissons	43	Lefebvre-Delattre	347
Desfossez (note)	35	de Lencquesaing	997
Farvacques	962	Lenglart	758
Fasse	51	Le Pippre	1011
de Flandres	977	Lespagnol	122
de Fontaine	502	Le Thierry	362
du Forest	517	Libert	1021

Libert	1029	de Rosendal	148
Libert	1030	Rouvroy	409
Lippens	367	de Sailly	151
de Lisle	1032	de Savary	153
Méry de Montigny	1036	Schérer	815
Miroul	766	Serieck	1083
de Montmonier	374	Stappart	158
Moucque	378	Stappart	159
de Muyssart	780	de Surmont	164
Noiret	127	Taviel	590
Noiret de Saint-Antoine	130	Tesson	600
Obert	1042	Van der Cruisse	838
Percourt	381	Vanderlinde	178
Petitpas	558	Vanhove	607
Potteau	386	de Vendeville	622
Poulle	131	Verghelle	632
Quecq	583	Volant	843
Ramery	801	Wacrenier	185
Renard	807	de Waignon	853
du Retz	1070	Walrave	196
Ricourt	395	Warlop	1087
Ricourt	406	Wattepatte	199
Ringuier	811	Zouche	1093

GÉNÉALOGIES LILLOISES

SIXIÈME PARTIE

BAYARD

Armes : *d'azur au chef d'argent chargé d'un lion naissant de gueules, et une bande d'or brochant sur le tout.*

I. — Jean Bayard, fils de *Mathias* (décédé avant février 1571), né à Flessingue, acheta la bourgeoisie de Lille le 9 février 1571 (n. st.), fut procureur dans cette ville, et épousa Antoinette *Cocquiel*, dont il eut :

1. — *Marie*, baptisée à Saint-Étienne le 2 juin 1572.
2. — *Marguerite*, baptisée à Sainte-Catherine le 27 janvier 1575 (n. st.).
3. — *Jean*, qui suit, II.
4. — *Pierre*, bourgeois de Lille par relief du 3 juillet 1609, chausseteur, mort avant mai 1634 ; allié à Marie *Denis*, fille de Philippe et de Madeleine *Goullarde* ; d'où :

    a. — *Jean*, baptisé à Saint-Étienne le 18 juillet 1610, bourgeois de Lille par relief du 18 mai 1634 ; allié à Sainte-Catherine, le 24 janvier 1634, à Audile *Hangouart*, fille de Paris, sr de Lendonse, et de Jeanne *Doresmieulx*, baptisée à Sainte-Catherine le 18 septembre 1597, veuve de Bauduin *Empis* ; sans enfants.

    b. — *Madeleine*, baptisée à Saint-Maurice le 10 octobre 1612.

II. — Jean Bayard, né à Lille, dont il releva la bourgeoisie le 6 septembre 1613, procureur de la châtellenie de Lille, mort en décembre 1634; épousa : 1° à Sainte-Catherine, le 24 novembre 1612, Jossinne *Willant*, fille de Jacques et de Françoise *Le Boucq*, baptisée dans cette église le 2 septembre 1594; 2° à Saint-Étienne, le 9 février 1620, Marguerite *Cuvillon*, fille de Jean et de Catherine *Cardon*, baptisée à Saint-Étienne le 28 janvier 1596, décédée paroisse de La Madeleine le 30 janvier 1672; d'où :

1. — Du premier lit : *Françoise*, baptisée à Sainte-Catherine le 18 mars 1614.

2. — *Philippe*, baptisé à Saint-Étienne le 7 septembre 1615.

3. — Du second lit : *Bruno*, qui suit, III.

4. — *Claire-Jeanne*, baptisée à Saint-Étienne le 17 septembre 1623; alliée dans cette église, le 18 mai 1651, à Jacques *de Beaumaretz*, fils de Jacques, procureur, et de Jeanne *Herman*, baptisé à Saint-Étienne le 9 avril 1620, bourgeois de Lille par relief du 5 septembre 1651; dont postérité.

5. — *Jean*, baptisé à Saint-Étienne le 3 mai 1625, guillelmite au couvent de Peene où il vivait encore en 1661.

III. — *Bruno* BAYARD, s^r de Pont-à-Vendin [1], baptisé à Saint-Étienne le 1er mai 1622, greffier criminel et procureur général de Lille, bourgeois de Lille par relief du 14 février 1651, anobli par lettres données à Paris en janvier 1669; épousa à Saint-Étienne, le 27 janvier 1651, Marguerite *Daudenarde*, fille de Guillaume et de Michelle *Deffontaines*; dont il eut :

1. — *Michel*, baptisé à Saint-Étienne le 15 janvier 1652.

2. — *Michelle-Claire*, baptisée à Saint-Étienne le 2 septembre 1655.

3. — *Bruno*, écuyer, s^r de Pont-à-Vendin, baptisé à Saint-Étienne le 12 décembre 1657, créé trésorier de France au bureau des finances de la généralité de Lille le 25 février 1693, mort célibataire le 23 décembre 1710.

4. — *Jean-Dominique*, écuyer, s^r d'Ennequin, baptisé à Saint-Étienne le 1er août 1661, trésorier de la cathédrale de Tournai.

5. — *Marie-Marguerite*, baptisée à Saint-Étienne le 18 mars 1664, morte le 10 décembre 1710, mariée : 1° dans cette église, le 2 février 1683, avec Jean-François *du Bus*, écuyer, s^r du Grand Bus, fils de Robert, chevalier, s^r du Fresnel, et de Catherine *de Parmen-*

---

[1]. Il acheta le 29 avril 1671, de la famille de la Rivière, les fiefs de Burgault et de Pontrewart, contenant 22 bonniers 14 cents de terre, moyennant le prix principal de 11.800 florins.

tier, bourgeois de Lille par relief du 9 février 1683 ; 2° à Saint-Étienne le 4 février 1697 avec Michel-Hyacinthe *Imbert*, fils d'Albert, s^r de Frometz, et de Barbe *Fasse*, baptisé à Saint-Étienne le 5 août 1648, bourgeois de Lille par relief du 2 mars 1697, capitaine de grenadiers au régiment de Solre, mort le 4 février 1717 ; dont postérité.

6. — *Marie-Françoise*, dame de le Pret, baptisée à Saint-Étienne le 15 avril 1666, morte le 28 juin 1736, alliée à Saint-Jacques de Tournai, le 10 janvier 1700, à Nicolas *de la Fosse*, dit *d'Espierres*, fils de Laurent et de Jeanne *Errembault*, baptisé à Sainte-Marguerite de Tournai le 15 janvier 1658, conseiller pensionnaire des États du Tournaisis, créé baron d'Espierres le 20 novembre 1720, mort le 30 septembre 1743, et inhumé dans l'église Saint-Jacques [1] ; dont postérité.

7. — *Marie-Antoinette*, baptisée à Saint-Étienne le 21 mai 1668, décédée le 24 septembre 1721, alliée, par contrat passé à Tournai le 15 septembre 1696, à Philippe-Joseph *Luytens* [2], écuyer, s^r d'Esparqueaux, Bossuyt, fils de Guillaume, écuyer, s^r des dits lieux, et de Marie-Claude *Monget*, baptisé à Sainte-Catherine de Tournai le 22 décembre 1666, veuf de Marie-Madeleine *Cocquiel*, mort le 5 février 1733, et enterré à Bossuyt ; dont postérité.

NON RATTACHÉE

Marie-Barbe-Joseph BAYARD, qui épouse, vers 1740, Paul-François *de Faumarié*, chevalier de Saint-Louis, aide-major au gouvernement de Lille.

Janvier 1669. — *Lettres d'anoblissement pour le sieur Bruno Bayard, procureur général de la ville de Lille, en Flandres.*

Louis, par la grâce de Dieu, Roy de France et de Navarre, à tous présens et avenir, salut. Ayant esté bien informez des bons, fidels et utiles services qui nous ont esté renduz et au feu Roy, nostre très-honoré seigneur et père de glorieuse mémoire, tant par nostre cher et bien amé le sieur *Bruno Bayard*, procureur général de nostre ville de Lille en Flandres et commissaire député d'icelle ville dans

---

1. Son testament olographe, daté de Tournai le 2 mai 1731, se trouve aux Archives départementales du Nord. Testaments olographes, 1re liasse, n° 52.
2. LUYTENS : *de gueules à trois fers de moulin d'or*.

les Estatz de la Province de Lille, Douay et Orchies, depuis la réduction de ladite Province en nostre obéissance par la force de nos armes et de la cession qui nous en a esté faite en suite par le traitté de paix conclu à Aix-la-Chapelle l'année dernière 1668, que par feu *Jean Bayard*, son père, lequel en l'année 1626 auroit esté pourveu par le feu Roy, nostre/dit seigneur et père, de l'estat et office de procureur de nostre domaine, fief, seigneurie et chastellenie de Lille, cour et halle de Phalempin, dont il s'est tousjours dignement acquité, ayant tous deux donné en toutes les occasions qui s'en sont présentées des preuves de leur fidélité et affection singulière vers cet Estat et pour nostre service; sçachans aussi que ledit *Bruno Bayard* ainsi que son dit feu père sont descenduz de parens qui ont vescu honorablement, ayans possédez plusieurs importantes charges publiques, et voulans témoigner audit *Bruno Bayard* la satisfaction que nous avons des services qu'il nous a renduz et l'en reconnoistre, ainsi que ceux de sondit feu père, par une marque d'honneur qui passe à la postérité, sçavoir faisons que pour ces causes et autres à ce nous mouvans, et de nostre grâce spéciale, pleine puissance et autorité royale, nous avons ledit sieur *Bruno Bayard*, par ces présentes signées de nostre main, annobly et annoblissons, ensemble ses enfans et postérité nez et à naistre en loyal mariage et du titre et qualité de nobles décorez et décorons, voulons et nous plaist que tant ledit *Bruno* que sesditz enfans et descendans jouïssent et usent de tous et telz honneurs, prérogatives, prééminences, franchises, libertez, privilèges et exemptions dont les autres nobles de notre royaume et ceux des terres et seigneuries qui nous appartiennent dans les Païs-Bas ont accoustumé de jouïr et user; et qu'ils soient en tous lieux et actes, tant en jugement que dehors, tenuz et réputez pour nobles, comme nous les déclarons et créons par cesdictes présentes, et semblablement soient jugez capables et qualifiez pour estre eslevez aux estatz et dignitez soit de chevalerie ou autrement, et qu'ils puissent en tout et partout acquérir, avoir, posséder et tenir en tous païs, places, terres et seigneuries, rentes, revenuz, possessions et autres choses mouvantes de nos fiefs et arrière-fiefs et tous autres biens nobles, et iceux prendre et tenir de nous ou d'autres seigneurs féodaux de qui ils seront dépendans, et si aucunes des choses dessus dites ils ont cy-devant acquises, ils puissent les tenir et posséder sans estre constrains par nous ou aucuns de nos sujets de les quitter et déclarer, à quoy nous les rendons suffisans et idoines, en faisant envers nous et nos successeurs Rois les devoirs y appartenans, selon la nature et condition d'iceux fiefz et biens acquis ou à acquérir et la coustume du païs où ils sont et seront situez. Et afin que l'estat et noblesse dudit *Bruno Bayard* soit tant plus connu et autorisé, nous luy avons aussi accordé et permis, accordons et permettons par ces dites présentes que luy, sesdits enfans et postérité nez et à naistre en loyal mariage, comme dit est, puissent et pourront d'ores en avant et perpétuellement en tous actes licites et honnestes, avoir et porter les armes et blason qui seront cy empreintes, sçavoir : *d'azur au chef d'argent chargé d'un lion naissant de gueules, et filet d'or mis en bande brochant sur le tout*, le heaume treillé, les hachemens et bourrelet d'argent et azur et pour cimier deux aisles parties chascunes en face aussi d'argent et d'azur. Si donnons en mandement à noz amez et féaux les gens tenans nostre Conseil Souverain de Tournay, Chambre des Comptes à Lille et tous autres nos justiciers et officiers qu'il appartiendra, que ces présentes ils ayent à faire enregistrer et du contenu en icelles jouïr et user plainement, paisiblement et perpétuellement ledit *Bruno Bayard*, ensemble sesditz enfans et descendans nez et à naistre en loyal mariage, cessant et faisant cesser tous troubles et empeschemens quelconques, nonobstant tous édits, déclarations, arretz, lettres et autres choses à ce contraires, ausquelles nous avons dérogé et dérogeons pour ce regard par ces dites présentes. Car tel est nostre plaisir. Et afin que ce soit chose ferme et stable à tousjours, nous avons fait mettre nostre scel à ces dites présentes, sauf en autres choses nostre droit et l'aultruy en toutes. Donné à Paris, au mois de janvier l'an de grâce 1669, et de nostre règne le 26e. Signé : Louis. Et sur le reply : Par le Roy : Le Tellier. Et encore est escrit sur l'un des costez dudit reply : Visa Séguier. Pour servir aux lettres de noblesse accordées au sieur *Bruno Bayard*. Et de l'autre costé du mesme reply est escrit : Leües et enregistrées au Conseil souverain du Roy estably en Tournay, le 10e d'avril 1669. — Signé : Ourdeau, 1669. Lesdites lettres escrites sur parchemin et scellées du grand sceau de cire verte pendant à des lacs de soye rouge et verte.

Archives départementales du Nord. Chambre des Comptes de Lille. Art. B. 1672 : 77e Registre des Chartes, fos 234, 235 et 236.

BOSTICA

Armes : *d'argent à la bande de gueules chargée de trois étoiles d'or.*

I. — *Horace* Bostica, marchand à Gênes, épousa Angélica *Zambona* ; dont :

1. — *Scipion-Joseph*, qui suit, II.
2. — *Jacques*, né à Gênes, marchand, bourgeois de Lille, par achat du 5 mars 1649, mort avant 1675, allié à Saint-Étienne, le 14 mars 1648, à Anne *Ghys* ; sans enfants.

II. — *Scipion-Joseph* Bostica, né à Salo, ville de la république de Venise, le 13 novembre 1613, marchand, bourgeois de Lille par achat du 13 janvier 1645, mourut le 13 décembre 1667 ; il épousa à Saint-Maurice, le 28 décembre 1648, Marie-Brigitte *Le Chire*, fille de Jean, échevin de Lille, et d'Élisabeth *Persant*, née en 1625, morte le 8 mars 1654 ; d'où :

1. — *Pierre-Joseph*, baptisé à Saint-Maurice le 25 décembre 1649, bourgeois de Lille par relief du 31 décembre 1694, mort le 10 novembre 1695, marié à La Madeleine, le 26 novembre 1693, avec Marie-Anne *Delebarre*, fille de Jacques et de Marie-Thérèse *Goiavart*, née le 21 septembre 1668, morte le 28 novembre 1704 ; sans enfants.
2. — *Édouard-Rupert*, baptisé à Saint-Maurice, le 17 juillet 1651, entré à l'abbaye de Saint-Vaast d'Arras le 22 octobre 1670, profès le 8 novembre 1672, mort d'apoplexie le 19 octobre 1711 [1].
3. — *Marie-Agnès*, baptisée à Saint-Maurice le 10 septembre 1652, décédée paroisse Saint-Pierre à Douai, le 3 avril 1746, mariée au refuge de Phalempin, le 19 mai 1681, avec Jean *Bénard* [2], né le 23 mai 1649, avocat au Parlement de Paris, mort à Tournai le 18 mai 1699 ; dont postérité.
4. — *Charles-Scipion*, baptisé à Saint-Maurice le 17 février 1654.
5. — *Louis-Joseph*, qui eut de Jeanne-Marguerite *Deleporte* une fille illégitime : *Jeanne-Marguerite*, baptisée à Saint-Étienne le 20 octobre 1688.

---

1. Cf. Van Drival, *Nécrologe de Saint-Vaast d'Arras*, p. 274.
2. Bénard : *d'azur à trois besants d'or, au chef cousu de gueules chargé d'une aigle d'or à deux têtes.* (Comte du Chastel de la Howardrie, *Notices généalogiques tournaisiennes*, t. I, p. 215).

BOUTILLIER

Armes : *d'or à la croix de gueules chargée de 5 coupes couvertes d'or.*

I. — *Pasquier* Boutillier, mort avant 1686, épousa à Saint-Maurice, le 8 décembre 1658, Marguerite *Thiédrez*, fille d'Antoine et de Catherine *Leuclinque*, baptisée à Saint-Maurice le 19 mars 1626, décédée avant mars 1686 ; dont :

II. — *Marc-Antoine* Boutillier, sʳ de Ghelles, baptisé à Saint-Maurice le 13 juin 1663, marchand, bourgeois de Lille par achat du 1ᵉʳ mars 1686, nommé contrôleur ordinaire des guerres par lettres données à Versailles le 16 janvier 1707, anobli par l'achat d'une charge de conseiller secrétaire du Roi, mort en exercice paroisse Sainte-Catherine le 20 juin 1733. Il épousa à Saint-Maurice, le 19 février 1686, Marie-Thérèse *Libert*, fille de Louis et d'Élisabeth *du Bosquiel*, baptisée à Saint-Étienne le 22 avril 1660, morte paroisse Sainte-Catherine le 25 juin 1733 ; d'où :

1. — *Louis*, baptisé à Saint-Maurice le 26 février 1687, y décédé le 20 juillet 1698.

2. — *Marie-Élisabeth*, baptisée à Saint-Maurice le 27 mai 1688, morte le 17 novembre 1757, alliée à Sainte-Catherine, le 22 avril 1721, à Henri-Charles-François *Muyssart*, écuyer, sʳ des Obeaux, de Chevrésis, du Cappe, fils de François, écuyer, sʳ du Cappe, et de Barbe-Constance *Verdière*, baptisé à Saint-Pierre le 18 novembre 1694, officier aux mousquetaires, bourgeois de Lille par relief du 20 mai 1721, nommé grand-bailli des États de Lille, Douai et Orchies le 7 octobre 1739, mort le 18 octobre 1777, et enterré à côté de sa femme dans l'église de Marcq-en-Barœul ; dont postérité.

3. — *Élisabeth-Thérèse*, baptisée à Saint-Maurice le 4 novembre 1689, y décédée le 28 septembre 1696. (Le registre l'appelle Élisabeth-Louise).

4. — *Marc-Antoine*, baptisé à Saint-Maurice le 24 septembre 1691.

5. — *Louis-François*, baptisé à Saint-Maurice le 4 octobre 1692.

6. — *Ferdinand-Augustin*, écuyer, baptisé à Saint-Maurice le 18 septembre 1696, convoqué, ainsi que son frère François, aux assemblées des nobles par ordonnance du 14 juillet 1733, allié à

Catherine-Constance *de Lannoy*, fille de Dominique-Albert, sʳ de Warigny, et de Catherine *Duvivier*, née en 1693, décédée paroisse Sainte-Catherine le 16 août 1765.

7. — *Élisabeth-Thérèse*, baptisée à Saint-Maurice le 7 février 1698, y décédée le 4 mars 1699.

8. — *François*, qui suit, III.

III. — *François* Boutillier, écuyer, sʳ de Ghelles, baptisé à Saint-Maurice le 24 mai 1700, capitaine au régiment de La Fère infanterie, bourgeois de Lille par relief du 8 février 1730, décédé paroisse de La Madeleine le 1ᵉʳ juin 1776, épousa dans cette église, le 11 septembre 1729, Marie-Jeanne-Françoise *Wacrenier*, fille de Pierre-Antoine, sʳ d'Escornette, Hurtembus, et de Marie-Madeleine-Thérèse *Fruict*, baptisée dans cette église le 3 mars 1709 et morte en la même paroisse le 17 février 1773 ; d'où :

1. — *Pierre-Antoine*, baptisé à La Madeleine le 29 juin 1730, y décédé le 6 juin 1733.

2. — *Marie-Thérèse-Joseph*, baptisée à La Madeleine le 1ᵉʳ janvier 1732, y décédée le 8 novembre suivant.

3. — *François-Joseph*, écuyer, sʳ de Ghelles, baptisé à La Madeleine le 12 mai 1733, receveur des Bapaumes, décédé célibataire paroisse de La Madeleine le 8 mai 1764.

4. — *Marc-Antoine*, écuyer, sʳ d'Hurtembus, baptisé à Saint-Maurice le 6 mars 1735, convoqué aux assemblées des nobles par ordonnance du 21 octobre 1779, receveur des enfants à la charge de la ville, mort célibataire à Mouvaux le 7 mai 1828.

5. — *Marie-Thérèse-Françoise*, baptisée à Saint-Maurice le 17 novembre 1736, vivant en 1745.

6. — *Ignace-François*, écuyer, baptisé à La Madeleine le 26 juillet 1738, enseigne aux gardes wallonnes le 15 juin 1760, enseigne de grenadiers le 21 janvier 1764, sous-lieutenant le 21 décembre 1764, lieutenant le 26 septembre 1771, lieutenant de grenadiers le 23 mai 1782, capitaine le 2 avril 1785, retraité avec le titre de brigadier des armées du roi d'Espagne et mort célibataire à Lille le 22 janvier 1816.

7. — *Pierre-Ignace-François*, écuyer, sʳ de Villers, baptisé à La Madeleine le 31 juillet 1740, officier, chevalier de Saint-Louis, mort célibataire à Lille le 6 juin 1824.

8. — *Marie-Agnès-Françoise*, dame de Beaumont, baptisée à La Madeleine le 3 mai 1742, morte à Lille le 5 février 1826.

9. — *Marie-Théodore-Joseph*, écuyer, sʳ de Cocquelmunde, baptisé à La Madeleine le 25 janvier 1744, enseigne des gardes wallonnes le 6 juin 1761, sous-lieutenant le 20 décembre 1766, sous-

lieutenant de grenadiers le 18 avril 1771, lieutenant le 4 mars 1775, lieutenant de grenadiers le 23 juillet 1784, capitaine le 22 septembre 1789, maréchal de camp, mort à Barcelone le 2 avril 1800 ; épousa Marie-Joseph-Procope *de Bassecourt*, fille de Procope-François-Placide, marquis de Bassecourt, s^r de Fontaine, et de Thérèse-Ghislaine *Dupire*, née à Douai le 2 août 1760, morte à Béthune le 20 décembre 1849 ; sans enfants.

10. — *Joseph-François*, baptisé à La Madeleine le 22 août 1745, y décédé le 23 septembre 1747.

11. — *Roch-Antoine-Joseph*, baptisé à La Madeleine le 16 août 1747, y décédé le 30 décembre suivant.

12. — *Antoine-François-Joseph*, écuyer, s^r des Comettes, baptisé à La Madeleine le 1er avril 1750, capitaine au régiment de Limousin.

13. — *Françoise-Marie-Angélique-Amélie*, dame de Villers, baptisée à La Madeleine le 24 août 1752, morte célibataire à Lille le 12 juillet 1826.

NON RATTACHÉ

Pasquier BOUTILLIER, échevin de Lille en 1504.

DU CHAMBGE[1]

ARMES : *d'argent au chevron de gueules accompagné en chef de deux merlettes de sable et en pointe d'un trèfle de sinople.*

I. — *Pierre* DU CHAMBGE vint, dit-on, de Picardie à Tournai. C'est en Picardie que se trouvait la seigneurie du Cange ou du Chambge, dont le nom devint la désignation scientifique de Charles du Fresne, s^r du Cange, le célèbre auteur du *Glossaire de la basse latinité*. En 1532, Pierre était conseiller et procureur en cour laye (ou laïque) et il mourut procureur général aux bailliages de Tournai-Tournaisis le 19 août 1547. On ne connaît pas le nom de sa femme, mais il laissa cinq enfants légitimes qui suivent :

1. — *Nicolas*, qui suit.
2. — *Jossine*, morte à Tournai, paroisse Saint-Jacques, le 5 janvier 1546.
3. — *Jehanne*, morte sur la même paroisse, le 27 janvier 1556, avait épousé Thiéri *Dapelterre* (*van Appelteren*), mort avant le 21 février 1550 (v. st.), après avoir été clerc des récepteurs en 1517, second greffier de la ville avant 1529, greffier de l'échevinage de Tournai en 1549. C'était le fils cadet de Jan et de Dorothée *van Rhode*, sa seconde femme.
4. — *Arragone*, mariée le 11 février 1529 (v. st.) à Jehan *Dassegnies*, le jeune, marchand de charbons de forge, bourgeois de Tournai par relief fait le 16 décembre 1530, fils aîné de Mathieu, marchand de charbons en 1489, bourgeois de Tournai par achat fait le 14 février 1497 (v. st.), etc., et de Jehanne *Carnoye*.
5. — *Jacqueline*, morte à Tournai, dans la paroisse de Saint-Nicaise, le 10 décembre 1567, après avoir épousé Jehan *Bacheler*, écuyer, mort le 2 août 1564, étant receveur général du temporel de l'abbaye de Saint-Martin de Tournai. C'était le fils cadet de Nicolas

---

1. Toute la partie tournaisienne de cette généalogie nous a été communiquée par M. le comte du Chastel de la Howarderie, que nous remercions ici de nouveau.

Carette, dit *Bacheler*, écuyer, conseiller et chambellan du roi de France, Louis XII, lieutenant du bailli de Tournai et Tournaisis, seigneur de Courcelles-lez-Lens en Artois, bourgeois de Tournai par relief fait le 4 décembre 1476, etc., et d'Antoinette *Liébaert*.

II. — *Nicolas* du Chambge, né vers 1502, fut tenu sur les fonts par Nicolas de Saint-Genois, chevalier, qui lui fit une donation le 20 novembre 1511. En 1535, il était sergent de l'empereur ès bailliages de Tournai-Tournaisis, et en 1551, receveur de Madame de Lingne (Ligne) en ses terres sises à Rumes [1]. Il acheta le droit de bourgeoisie à Tournai le 30 mai 1556, devint échevin de la ville de 1556 à 1563, puis bailli de Rumes. En cette dernière qualité, il représentait le seigneur dudit lieu aux assemblées des États du Tournaisis. Il mourut à Tournai, sur Saint-Jacques, le 30 octobre 1578, après avoir été marié trois fois. Il épousa, en premières noces, Jehanne *de Cuinghien*, fille légitimée d'Arnould, chevalier, sr de Berles, la Bouverie, Varenbeke, etc., chevalier de l'ordre du roi de Danemark, etc., et de Péronne *Hélinck*; en secondes noces, à Saint-Jacques de Tournai, le 21 septembre 1557, Marie *Brullant*, morte en cette paroisse le 8 août 1561, fille de Nicolas; et en troisièmes noces, dans la même paroisse, le 5 octobre 1561, Marie *Desfontaines*. Du premier lit vinrent six enfants, savoir :

1. — *Pierre*, sergent du ressort des bailliages de Tournai et Tournaisis avant 1553, commis aux finances hors lois et membre du serment de Saint-Maurice avant 1566, il acheta le droit de bourgeoisie à Tournai, le 5 juin de ladite année. Il fut marié deux fois : en premières noces, à Saint-Jacques, le 21 janvier 1556, avec Catherine *Dumont*, et en secondes noces, même paroisse, le 1er décembre 1582, à Marie *de le Forge*. Du premier lit naquit une fille :

    a. — *Marie*, veuve, avant le 19 mai 1591, de Charles *de Lespinette*.

2. — *Jorinne* ou *Georgine*. Elle est nommée avec ses frères Pierchon, Rasset et Jehan, dans le Compte général de la ville de Tournai pour les années 1543 à 1546, fol. 77 [2].

3. — *Rasset*, *Rasse* ou *Érasme*, né le 10 octobre 1534, licencié ès droits, second conseiller pensionnaire de Tournai, selon actes du

---

1. Archives de Tournai. Chirographes de 1511, 1535. — Compte du testament de feu Margherite de la Chapelle, veuve de maître Nicolas de Preys, 1551.

2. Archives de Tournai. Registre n° 642 de l'Inventaire manuscrit.

2 octobre et du 19 décembre 1564, mourut en députation à Menin, le 9 janvier 1577 ; son service fut célébré à Saint-Jacques de Tournai, le 1er février de la même année (1578 n. st.). Il avait épousé dans ladite église, le 20 septembre 1562, Catherine *de Cordes*, dite de Wattripont, fille de Philippe, écuyer, licencié ès droits, conseiller criminel de l'empereur et son procureur au bailliage de Tournai-Tournaisis, seigneur du Rieuwez (au Mont-Saint-Aubert), de l'Espinoit (à Escanaffles), etc., et de Catherine *de Froidmont*. N'ayant pas d'enfants, Catherine *de Cordes* convola, en secondes noces, à Notre-Dame de Tournai, le 3 février 1578, avec Melchior *du Gardin*, échevin de Tournai, et en troisièmes, après 1585, avec Michel *Ollivier*, aussi échevin de la ville, et veuf d'Agnès *de la Chapelle*.

4. — *Jehan*, qui suivra, III.

5. — *Marie*, femme de Jehan *Liébaert* (ou *Liébart* [1]), souverain greffier de Tournai, fils d'Adrien, bâtard *Liébaert*, et de Jehanne *Renteur*, testa à Tournai le 7 décembre 1614. Elle avait six enfants, mais fit, malgré cela, des legs à ses neveux Nicolas du Chambge, chanoine, Jean du Chambge, receveur des États du Tournaisis, et Noël du Chambge, bailli de Pecq.

6. — *Aliénore* ou *Éléonore*, mariée : 1º à Saint-Jacques de Tournai, le 19 août 1565, avec Paul *Damide* ; 2º dans la même église, le 21 janvier 1579, avec Amand *Braconnier* ; 3º après 1596 [2], avec Charles *du Bus*, sans qualification nobiliaire.

III. — *Jehan* DU CHAMBGE, né le 16 août 1537, était, en 1582, bailli de Rumes et, en 1595, bailli de Pecq. Il fut membre des États du bailliage de Tournai-Tournaisis en qualité de représentant des seigneurs de Rumes et de Pecq [3]. Son décès arriva le 16 août 1603. Jehan avait épousé à Saint-Jacques de Tournai, le 30 août 1557, Jossine *Clau*, fille de Noël et de Barbe *Saltins* ou *Stallins* [4]. Ils eurent dix enfants, savoir :

1. — *Nicolas*, né en 1558, fut prêtre. Nous le trouvons chanoine de Tournai par nomination du 17 avril 1592. En 1618, il était officier de « l'ospital du Celier ». Il mourut le 23 janvier 1638, après avoir, par testament du 6 juin 1629, fait plusieurs fondations de bienfai-

---

1. LIÉBART : *de gueules à trois têtes humaines de carnation posées de profil, tortillées d'argent.*

2. Archives de Tournai. Chirographe du 5 mai 1596. A cette date Éléonore du Chambge et Amand Braconnier, demeuraient à Bruyelles.

3. Il porta pour armoiries : DU CHAMBGE écartelé de CUINGHIEN : *d'argent à quatre chevrons de gueules.*

4. Archives de Tournai. Chirographe de 1565.

sance qui existent encore aujourd'hui, jointes à d'autres qu'ont faites des membres de la même famille.

2. — *Séraphin*, qui suivra, IV [1].

3. — *Érasme*, marchand grossier, bourgeois de Lille par achat du 2 août 1596, allié : 1° après cette date, à Anne *Cambier*, fille de Pierre et de Marguerite *Desreumaux* ; 2° avant février 1608, à Catherine *Waignon*, fille de Philippe et d'Antoinette *de le Boe* ; il eut :

    a. — Du premier lit : *Pierre*, docteur ès droits, prêtre, baptisé à Notre-Dame de Tournai le 8 octobre 1597 et tenu sur les fonts par Jehan du Chambge, son aïeul, et par Catherine Desmons, femme de son oncle Séraphin du Chambge. Chanoine de Furnes avant 1630, il succéda en 1636 à la prébende qu'avait, à Tournai, son oncle le chanoine Nicolas. Il testa le 14 novembre 1647 et mourut le 17 août 1673.

    b. — *Nicolas*, baptisé à Saint-Étienne à Lille, le 6 décembre 1598.

    c. — Du second lit : *Anne*, vivant à Lille, sans alliance, en 1643, mourut avant le 2 juillet 1670. Elle est nommée dans le testament de son frère, le chanoine Pierre du Chambge.

    d. — *Catherine*, mariée à Lille, le 30 novembre 1627, avec Antonio *Costa*, fils de Jean-Baptiste et de Lucrèce *Peleranne*, né à Gênes, marchand, bourgeois de Lille par achat du 5 novembre 1627 ; dont postérité :

4. — *Catherine*, morte avant le 20 octobre 1632, après avoir épousé à Saint-Jacques de Tournai, le 1er septembre 1586, Nicolas *van Dale*, marchand, mort en ladite paroisse le 24 mai 1631, fils de Waultre (Walter, Gautier), « faiseur de gardes et marchand de fillet blanc » en 1578.

5. — *Michel*, mort à Tournai, paroisse Saint-Jacques, inhumé le 23 mai 1581 ;

6. — *Jehan*, qui suivra, IV bis, auteur de la première branche tournaisienne.

7. — *Denis*, bourgeois de Tournai en 1609, échevin de cette ville de 1620 à 1625, mourut à Tournai, Notre-Dame, le 20 juillet 1632. Il épousa en premières noces, avant mai 1611, Jeanne *des Bouvries*, morte aussi sur Notre-Dame le 17 juillet 1628, et en secondes noces, à Tournai Notre-Dame, le 24 août 1628, Anne *Luytens*, veuve de Maximilien *Marin*, greffier du bailliage de Tournai, et fille de Charles et d'Antoinette *Verrier*, dame de Milleville [2] ; sans postérité.

---

1. Sa postérité est rejetée à la fin à cause de sa longueur.
2. Archives de Tournai. Chartrier : minutes du notaire Michel Presin, 1er mai 1630.

8. — *Noël*, qui suivra, IV ter, auteur de la deuxième branche tournaisienne.
9. — *Jacques*, religieux à l'abbaye de Saint-Amand-en-Pèvele.
10. — *Louis*, capucin.

PREMIÈRE BRANCHE CADETTE TOURNAISIENNE

IV bis. — *Jehan* DU CHAMBGE, dit l'aîné, né en 1566, bourgeois de Tournai par achat fait en 1592, fut du magistrat de cette ville de 1592 à 1598. En 1608, il était receveur général des États du bailliage de Tournai et, en 1627, l'un des deux proviseurs généraux, ayant pour collègue honorable homme Nicolas Bernard. Il testa à Tournai le 17 juin 1639. Il avait épousé, avant 1590, Marie *Hovine*, fille d'Adrien (d'une famille originaire d'Esplechin) et d'Isabeau *Le Maire*. Ils eurent treize enfants, nés à Tournai :

1. — *Philippe*, qui suivra, V.
2. — *Anne*, baptisée à Sainte-Marguerite de Tournai, le 11 novembre 1593, épousa en ladite église, le 12 janvier 1615, Jean *Michau*, fils de Georges.
3. — *Catherine*, baptisée même paroisse, le 27 février 1596, y épousa, le 30 janvier 1617, Cornélius *Ryswerker*, docteur en médecine, natif de Middelbourg, en Zélande.
4. — *Marie*, morte avant le 25 septembre 1665, épousa à Sainte-Marguerite de Tournai, le 19 octobre 1620, Jean *de la Fosse*, apothicaire, fils de Guillaume, apothicaire, et de Marie *Carpentier*, morts tous deux avant le 6 janvier 1674. Jehan de la Fosse était mort avant mai 1651.
5. — *Magdeleine*, baptisée à Sainte-Marguerite le 1er août 1600.
6. — *Isabeau* ou *Élisabeth*, baptisée dans la même église, le 20 mai 1602, épousa à Tournai, en l'église de Notre-Dame, le 22 janvier 1624, Jean *de Berlot* [1], marchand, échevin de Tournai, fils de Jean et de Marie *Navieur*.
7. — *Marguerite*, baptisée à Sainte-Marguerite le 23 août 1604, épousa à Saint-Quentin de Tournai, le 8 octobre 1630, Michel *Presin* [2], notaire, puis trésorier-massart de Tournai, mort avant 1651, veuf

---

1. BERLOT : *d'argent à trois balustres de sable.*
2. PRESIN : *parti : au 1, de sable à une herse triangulaire d'or, la pointe en haut, coupé cousu d'azur, à trois merlettes d'argent le vol levé ; au 2, de gueules au lion d'argent.*

en premières noces de Marguerite *Cottrel*, et fils de David, crieur public, et de Michelle *Mouchon*.

8. — *Jeanne*, baptisée à Sainte-Marguerite le 6 juillet 1606, épousa à Tournai, Notre-Dame, le 19 avril 1633, Michel *du Mortier*, marchand, parent d'un autre Michel, baptisé à Tournai, Saint-Pierre, le 13 mars 1610, lequel était fils de François *du Mortier* et de Marie *de Calonne* [1].

9. — *Françoise*, baptisée à Sainte-Marguerite le 16 septembre 1608.

10. — *Anne*, baptisée dans la même église le 23 août 1609.

11. — *Adrienne*, baptisée dans la même église le 6 avril 1611.

12. — *Denis*, baptisé dans la même église le 19 octobre 1613.

13. — *Agnès*, baptisée dans la même église le 22 avril 1616, fut carmélite à Lille.

V. — *Philippe* DU CHAMBGE, licencié ès lois, receveur du comte de Solre (Croy), à Rumes, fut aussi greffier des États des baillages de Tournai, Tournaisis, Mortagne, Saint-Amand, dépendances et appendances. Baptisé à Saint-Nicaise de Tournai le 11 octobre 1591, il mourut dans cette ville, paroisse Sainte-Marguerite, le 9 novembre 1656. Il fut marié deux fois. Il épousa, en premières noces, à Tournai, Notre-Dame, le 23 septembre 1618, Agnès *le Ricque* (*de Rycke*), morte à Tournai, paroisse Saint-Quentin, le 17 novembre 1626, fille de Jacques, dépositaire de la ville ; et, en secondes noces, à Saint-Quentin, en la même ville, le 24 février 1628, Anne-Marie *de Madre*, fille de Louis, s^r de Bourlivet, receveur de la baronnie de Cysoing, et de Catherine *Monnart*. Ses enfants furent au nombre de douze, savoir :

1. — Du premier lit : *Adrien-Bernard*, baptisé à Notre-Dame de Tournai le 10 septembre 1620, mort âgé de treize ans.

2. — *Philippe*, baptisé à Saint-Quentin de Tournai le 17 juillet 1623.

3. — *Nicolas*, qui suivra, VI.

4. — Du second lit : *Marie-Catherine*, dame de Lassus (à Esplechin), de Hollay (à Celles-Molembaix), du bois de Cavrines (à Rumes), du Cruquet (en Hainaut), de la Mairie (à Wattignies), etc., baptisée à Saint-Quentin en Tournai le 9 octobre 1629, épousa à Sainte-Marguerite de la même ville, le 4 juin 1651, Jean-François *Hardy*,

---

[1]. Voir comte DU CHASTEL, *Notices généalogiques tournaisiennes*, t. II, p. 699, note 4.

conseiller du Roi aux bailliages de Tournai-Tournaisis, etc., baptisé à Tournai, Saint-Pierre, le 4 octobre 1621, fils de Nicolas et de Jeanne *du Jauriea*. Elle mourut veuve en la paroisse de Saint-Quentin, le 27 janvier 1707, sans postérité, après avoir, par son testament du 25 janvier [1], institué la fondation Hardy du Chambge, légué ses fiefs du bois de Cavrines et du Cruquet à ses cousines Havet et Carlier, ceux de Lassus et de la mairie de Wattignies à Henri-Philippe Malotau, conseiller au bailliage de Tournai, bailli de Pétrieu (à Béclers), et enfin, son fief de Hollay à son cousin de Madre.

5. — *Jaspard*, prêtre, chanoine de Condé, puis de Tournai (11 juilllet 1668), baptisé à Saint-Quentin en Tournai le 21 février 1631, mourut le 17 juin 1695.

6. — *Jean*, seigneur de Lassus (à Esplechin), de Hollay (à Celles-Molembaix), etc., licencié ès lois, greffier des États du bailliage de Tournai-Tournaisis en 1669, receveur des biens des comtes de Solre (Croy) et de Thiant (Mérode), bailli général de Messieurs du vénérable chapitre de la cathédrale de Tournai en 1696, avait été baptisé à Saint-Quentin en Tournai le 19 août 1633 ; il mourut dans cette paroisse le 8 février 1705 et fut inhumé dans l'église.

7. — *Marie-Anne*, baptisée dans la même église le 30 août 1635.

8. — *Pierre-Adrien*, baptisé dans la même église le 14 mars 1637, fut religieux aux croisiers de Tournai.

9. — *Antoine*, baptisé à Tournai Sainte-Marguerite le 13 décembre 1639.

10. — *Bernard*, licencié ès lois, échevin de Tournai en 1672, grand bailli du temporel de l'église de Notre-Dame de Tournai en 1683 [2], avait été baptisé à Sainte-Marguerite de cette ville le 20 août 1642.

11. — *Jacques*, baptisé dans la même paroisse le 9 juillet 1645.

12. — *Jacqueline-Françoise*, baptisée dans la même paroisse le 27 décembre 1647.

VI. — *Nicolas* du Chambge, baptisé à Tournai, dans l'église de Saint-Quentin, le 14 août 1625, fit partie de la magistrature de cette ville de 1658 à 1664, et fut capitaine d'une compagnie bourgeoise. Il fut inhumé à Sainte-Marie-Madeleine le 11 septembre 1669, après avoir épousé à Notre-Dame, le 15 avril 1657,

---

[1]. Ce testament fut cause d'un procès qui dura plus de trente ans entre Jaspard de Madre et les légataires et exécuteurs testamentaires.

[2]. Archives de Tournai. Testament de Barbe Gilles, veuve d'Antoine Opulfens, 1683.

Anne *Portois* [1], baptisée en ladite église, le 2 mars 1635, fille de honorable homme Jean, marchand, dépositaire et commis aux finances de Tournai, et de Catherine *Baclan*, sa seconde femme. Anne Portois convola, à Sainte-Marie-Madeleine, le 25 avril 1672, avec maître Pierre *Vander Haghe*, avocat. De ce mariage sont nés, à Tournai, huit enfants, savoir :

1. — *Pierre-François*, baptisé à Notre-Dame le 8 juillet 1658.
2. — *Gabriel-Joseph*, baptisé même paroisse le 15 septembre 1659.
3. — *Marie-Anne*, baptisée même paroisse le 6 mars 1661.
4. — *Marie-Catherine*, baptisée même paroisse le 6 mai 1664.
5. — *Jean-François*, baptisé même paroisse le 22 août 1665.
6. — *Bernard-Joseph*, baptisé en l'église de Saint-Quentin le 17 août 1666.
7. — *Jaspar*, baptisé dans la même église le 19 janvier 1668.
8. — *Jacques-Alexandre*, baptisé dans l'église de Sainte-Marie-Magdeleine le 18 avril 1669.

SECONDE BRANCHE CADETTE TOURNAISIENNE

IV[ter]. — Monsieur Maistre *Noël* du Chambge, licencié ès lois, bailli de Pecq, et, en cette qualité, représentant le seigneur dudit lieu comme député aux États des bailliages de Tournai-Tournaisis, mourut à Tournai (Saint-Brice), le 24 août 1646, après y avoir testé conjonctivement avec sa femme, le 19 mai 1644 [2]. Il avait épousé à Lille, le 11 janvier 1606, Marguerite *du Bus*, fille de Robert, bourgeois de Lille, conseiller à la gouvernance de cette ville, et de Catherine *Trézel*. Ils eurent onze enfants, savoir :

1. — *Jossine*, baptisée à Tournai, Notre-Dame, le 10 mai 1607, épousa à Saint-Brice de la même ville, le 21 septembre 1632, Michel *Verdière*, fils d'Adrien et de Marguerite *de Sion*, bourgeois de Lille par relief du 4 mars 1633, receveur des États de la ville et châtellenie de Lille. Elle mourut avant ses père et mère, laissant un fils et une fille.

---

1. Portois : *d'or à une tour ouverte et crénelée de gueules, cantonnée de quatre lionceaux de sable passants.*
2. Testament approuvé à Tournai, en l'échevinage de Saint-Brice, le 29 août 1646. (Archives de Tournai. Testaments, paquet de 1646).

2. — *François*, qui suivra, V.

3. — *Louis*, jumeau de François, baptisé à Saint-Brice le 29 août 1610, alors que son frère l'avait été le 4 dudit mois.

4. — *Cécile-Thérèse*, née en 1612, épousa à Saint-Piat de Tournai, le 26 août 1640, Jean *de Cambelin*, de la paroisse de Saint-Nicolas en la même ville. Elle mourut sans postérité avant mai 1644.

5. — *Jean*, baptisé à Saint-Brice, le 4 octobre 1614, fut prêtre, chanoine de Furnes, puis chanoine d'Arras avant juin 1651.

6. — *Denis*, baptisé à Saint-Brice le 15 octobre 1616.

7. — *Isabeau*, baptisée dans la même paroisse le 1er mars 1619, mourut à Saint-Piat de Tournai, le 24 mars 1680, après avoir épousé en la chapelle du couvent des Capucins, paroisse de Saint-Brice, le 23 mai 1639, Robert *de Flines*, avocat, licencié ès droits, depuis procureur général, conseiller au conseil de Flandre, fils de Jean, conseiller et procureur fiscal au bailliage de Tournai, et d'Adrienne *Desmartin*. Seigneur de Hautlieu (à Riencourt-lez-Cagnicourt), de Scin (à la Plaigne), du Petit-Fresnoi (à Celles-Molembaix), Robert *de Flines*, devenu conseiller au conseil souverain de Tournai, et comme tel *anobli* et *chevalier*, mourut à Tournai (Saint-Piat) le 4 décembre 1673.

8. — *Catherine*, dame du Buisson (à Rumes, Glanerie), baptisée à Saint-Brice de Tournai le 19 février 1621, épousa dans la même ville, à Saint-Piat, le 10 octobre 1644, Balthazar *de Flines*, licencié ès lois et droits, frère de Robert et fils de Jean et d'Adrienne *Desmartin*, baptisé à Saint-Piat, le 23 septembre 1616. Balthazar *de Flines*, avocat au bailliage de Tournai et Tournaisis, mourut en ladite paroisse le 23 octobre 1646, et sa femme y trépassa le 9 mai 1690.

9. — *Thérèse*, baptisée à Saint-Brice le 1er avril 1623, mourut sans postérité, en cette paroisse, le 22 avril 1715, après avoir été mariée deux fois ; elle épousa, en premières noces, à Saint-Jacques de Tournai, le 29 novembre 1651, Philippe *de Brienne* [1], avocat, bailli de Warcoing, fils de Nicolas et de Magdeleine *de Cordes* ; et en secondes noces, à Saint-Piat de la même ville, le 2 septembre 1664, Denis *van Rode* [2], prévôt laïc de la ville de Saint-Amand, échevin de Tournai, trésorier du Roi très chrétien au payement de la construction de la citadelle de Tournai, baptisé à Saint-Martin d'Ath

---

[1]. BRIENNE : *d'azur au chevron d'or, accompagné de trois étoiles à six rais du même.*

[2]. VAN RODE : *d'argent à la fasce de gueules, accompagnée de trois quartefeuilles du même, percées du champ.*

le 25 mars 1625, mort le 9 mars 1675, veuf avec cinq enfants de Marie-Magdeleine *de Calonne* (aux aigles), et fils de Jean, bourgmestre d'Ath, et de Jeanne *Cocquiel*, dite *le Merchier*, sa seconde femme.

10. — *Séraphin*, baptisé à Saint-Brice de Tournai le 28 juillet 1625, fut prêtre, chanoine d'Arras, et mourut à Tournai, paroisse Saint-Jacques, le 23 mai 1651. Son frère Jean hérita de sa prébende.

11. — *Marie*, baptisée à Saint-Brice le 26 décembre 1627.

V. — *François* du Chambge, receveur de la Bonne-Maison du Val d'Orcq, dite Delval, échevin de Tournai de 1639 à 1645, fut baptisé à Saint-Brice de cette ville, le 4 août 1610, et mourut avant le 10 juin 1650. Il avait épousé à Saint-Piat de Tournai, le 29 décembre 1635, Magdeleine *de Flines*, fille de Jean, procureur général et fiscal, et d'Adrienne *Desmartin*. Ils eurent huit enfants, nés à Tournai, savoir :

1. — *Noël*, baptisé à Notre-Dame le 18 novembre 1636.
2. — *Marie-Marguerite*, baptisée à Saint-Brice le 14 août 1638.
3. — *Adrien*, baptisé, même paroisse, le 12 février 1640.
4. — *Jossine*, baptisée, même paroisse, le 12 novembre 1641, fut religieuse au cloître-hôpital de Saint-André-du-Château à Tournai, sous le nom de sœur Marie-Magdeleine.
5. — *Jean-Baptiste*, baptisé à Saint-Brice le 21 avril 1643.
6. — *Alphonse*, baptisé, même paroisse, le 20 avril 1644.
7. — *Robert*, baptisé, même paroisse, le 20 septembre 1645.
8. — *Thérèse*, baptisée, même paroisse, le 19 mars 1647, fut d'abord religieuse, puis supérieure du couvent-hôpital de Saint-André-du-Château à Tournai, sous le nom de sœur Marie-Anne.

BRANCHE LILLOISE

IV. — *Séraphin* du Chambge, s' de Liessart (à Béclers, Hainaut), naquit le 10 septembre 1560, selon une vieille généalogie de sa famille. En 1595 et en 1609, il était marchand à Tournai où il demeurait en la rue de Saint-Martin, paroisse Notre-Dame. Il mourut le 1er novembre 1618, après avoir testé le 21 mars précédent avec sa femme. Il avait épousé, le 28 janvier 1583, Catherine *Desmons*, fille d'Olivier et de Marguerite *Hennebert*, fille de Philippe et de Christine *d'Authie*, fille de Jehan, homme d'armes, et de Jehanne *de Lannoy* [1], dame du Maretz (à Willemeau) et de Bray (à Rumes), petite-fille d'Anthoine, bourgeois de Montreuil-sur-Mer, et de Jehanne *Fautrel*. Catherine *Desmons* mourut le 11 septembre 1636, ayant eu deux fils :

1. — *Jean*, seigneur de Liessart, du Fay (à Jollain), etc., demandait le 25 février 1625, à remplacer, dans la charge de lieutenant de la compagnie bourgeoise de M. de Cordes, Jean-Baptiste Luytens qui démissionnait ; il devint ensuite capitaine de cette compagnie. Baptisé à Tournai dans l'église de Notre-Dame le 6 novembre 1587, il mourut en cette paroisse le 17 mars 1633, après avoir épousé à Saint-Quentin de la même ville, le 26 janvier 1615, Antoinette *de Pollinchove* [2], fille de Nicolas, marchand drapier, garde de la Monnaie de Tournai, échevin et juré de cette ville, seigneur du Porcq (à Blandain), etc., et d'Antoinette *Varlo*. Antoinette de Pollinchove mourut sans postérité à Tournai, paroisse de Saint-Jacques, le 3 février 1675, et y fut inhumée dans la chapelle du couvent des dominicains.

2. — *Nicolas*, qui suit, V.

V. — *Nicolas* DU CHAMBGE, baptisé à Notre-Dame de Tournai le 14 décembre 1595, fut seigneur de Liessart et du Fay après la mort de son frère Jean. Il acheta la bourgeoisie de Lille le 6 novembre 1620, fut échevin de cette ville où il mourut le 5 novembre 1641, après y avoir épousé, le 2 novembre 1620, Marie *Miroul*, morte avant le 8 juillet 1666, fille de Jean, procureur général de la ville de Lille, et de Philippote *du Maret* ; d'où :

1. — *Marie-Catherine*, baptisée à Saint-Étienne le 9 septembre 1621, religieuse urbaniste à Lille le 1er juin 1642.
2. — *Séraphin*, qui suit, VI.
3. — *Nicolas*, baptisé à Saint-Étienne le 7 juin 1624.

---

1. La famille de Lannoy dont était issue par les femmes Catherine Desmons est celle des grands Lannoy. Sa bisaïeule, Jeanne de Lannoy, était fille d'Anthoine de Lannoy, écuyer, et de Marguerite des Plancques, dame du Maretz et du Fermont, petite-fille de Thierri de Lannoy, écuyer, arrière-petite-fille de Bauduin de Lannoy, écuyer, lequel était fils d'Antoine de Lannoy, gentilhomme du duc d'Aerschot (Croy) et fils naturel de Jehan II de Lannoy, sire de Lannoy, Lys, Wattignies, Sebourg, Forchies-la-Marche, Rumes, etc., chevalier de la Toison d'or. Or, Jehan II de Lannoy était fils d'une Croy, fille d'une Craon, issue elle-même légitimement par une femme de la maison comtale souveraine de Flandre-Dampierre, descendante de Charlemagne par Judith, femme de Bauduin Ier Bras de Fer. Et voilà comment, par alliance avec une fille de laboureur de la banlieue de Tournai, les du Chambge arrivent à descendre du grand empereur d'Occident. (Note de M. le Comte du Chastel.)

2. POLLINCHOVE : *d'hermines à trois losanges de gueules*.

4. — *Simon-Pierre*, baptisé à Saint-Étienne le 10 juillet 1626, bourgeois de Lille par relief du 8 août 1649, auditeur extraordinaire en la Chambre des comptes le 5 mars 1657, conseiller maître le 12 octobre 1661, marié : 1º à Sainte-Catherine, le 12 mai 1646, avec Claire *Blondel,* fille de François et de Claire *Mertens*, baptisée à Sainte-Catherine le 27 avril 1629 ; 2º le 23 mars 1662, avec Anne-Thérèse *Polchet*, de Namur, dont :

    a. — Du premier lit : *Marie-Claire*, baptisée à Sainte-Catherine le 12 mai 1649.

    b. — *François-Nicolas*, baptisé à Saint-Étienne le 4 novembre 1650.

    c. — *Pierre-Anselme*, baptisé à Saint-Étienne le 16 octobre 1652.

    d. — *Simon-Pierre*, baptisé à Saint-Étienne le 27 janvier 1654, sr de le Damme en 1711, célibataire.

    e. — *François-Joseph*, baptisé à Saint-Étienne le 11 février 1656.

    f. — *Marie-Antoinette*, baptisée à Saint-Étienne le 26 décembre 1657.

    g. — *Nicolas*, baptisé à Saint-Étienne le 20 juillet 1659.

    h. — Du second lit : *Pierre-Ignace*, baptisé à La Madeleine le 8 juillet 1664, conseiller en la Chambre des comptes et maître aux honneurs le 15 juillet 1687.

    i. — Une fille, baptisée à La Madeleine le 20 avril 1667.

    j. — *Marie*, baptisée à Saint-Donat de Bruges le 6 janvier 1669.

5. — *Antoinette*, baptisée à Saint-Étienne le 21 mars 1628.

6. — *Anne-Marie*, baptisée à Saint-Étienne le 14 décembre 1631.

7. — *Pierre-François*, baptisé à Saint-Étienne le 27 avril 1638, bourgeois de Lille par relief du 4 février 1665, auditeur en la Chambre des comptes le 13 octobre 1677, créé chevalier le 8 juin 1695, conseiller de la ville de Bruges de 1699 à 1703, allié à Madeleine (Claire) *Jacops*, fille de Nicolas et de Marie *Robert*, baptisée à Saint-Étienne le 4 novembre 1640, qui le rendit père de :

    a. — *François-Henri*, baptisé à La Madeleine le 5 décembre 1665, conseiller pensionnaire de Bruges le 5 octobre 1695, mort le 5 septembre 1728, et enterré dans l'église des Augustins, marié à Bruges, paroisse Saint-Jacques, le 15 septembre 1711, avec Marie-Adrienne *Le Fèvre de Helebrouck*, fille de Philippe, sr de Ter Elst, et de Marie *Le Meere*, baptisée à Sainte-Anne de cette ville le 30 octobre 1690, veuve de Michel *de le Flye*.

    b. — *Pierre-Ernest*, écuyer, baptisé à La Madeleine le 6 octobre 1667, auditeur en la Chambre des comptes, intendant subdélégué de la châtellenie d'Audenarde et au département de Nieuport, commissaire de S. M. C. à l'audition des comptes des villes d'Audenarde, Mons et Dixmude, mort à Tournai, célibataire, le 27 septembre 1743 [1].

c. — *Marie-Madeleine-Henriette*, baptisée à La Madeleine le 22 février 1670, morte paroisse Sainte-Catherine le 7 mai 1741.

d. — *Catherine-Thérèse*, baptisée à La Madeleine le 20 septembre 1671, morte célibataire paroisse Sainte-Catherine le 23 août 1753.

e. — *Martin-Adrien-Joseph*, baptisé à La Madeleine le 15 août 1673, profès aux jésuites le 3 octobre 1694, mort à Lille le 19 septembre 174.?

f. — *Marie-Joseph-Évrardine*, baptisée à Saint-Donat de Bruges le 8 janvier 1676, morte célibataire paroisse de La Madeleine à Lille le 31 juillet 1743.

g. — *Nicolas-Ferdinand-Félicien*, baptisé à Saint-Donat de Bruges le 13 février 1678, y décédé le 17 septembre suivant.

h. — *Marie-Isabelle*, baptisée à Saint-Donat le 15 août 1678, morte célibataire paroisse Sainte-Catherine à Lille le 6 mai 1764.

i. — *Jeanne-Angéline-Joseph*, baptisée à Saint-Donat le 29 octobre 1680, morte à Bruges Saint-Donat le 1er juin 1734, mariée dans cette ville, paroisse Saint-Donat, le 3 janvier 1706, avec Jacques-François *Talbout*, écuyer, fils de Jacques, greffier de la trésorerie de Bruges, et de Chrétienne *Aerts*, baptisé à Saint-Donat le 12 mai 1672, conseiller pensionnaire de cette ville, mort le 4 septembre 1745 et enterré dans la chapelle de Saint-Charles-Borromée ; dont postérité.

j. — *Anne-Marie-Louise*, baptisée à Saint-Donat le 13 novembre 1681, morte célibataire paroisse de La Madeleine à Lille le 18 janvier 1751.

k. — *Marguerite-Ernestine*, baptisée à Saint-Donat le 10 mars 1684, ursuline à Mons le 20 juillet 1705, professe le 25 juillet 1707, décédée le 10 septembre 1728.

l. — *Barbe-Charlotte*, baptisée à Saint-Donat le 5 octobre 1686, morte à Bruges le 17 novembre 1706, enterrée à Saint-Jacques.

---

1. Il fut parrain, en mars 1724, d'une cloche fondue pour l'église de Saint-Jean in Eremo (diocèse de Gand), alors que Marie-Madeleine du Chambge (de la famille : aux trois têtes d'oiseaux huppés) en était la marraine. (Communication de M. le comte du Chastel de la Howarderie).

VI. — *Séraphin* DU CHAMBGE, baptisé à Saint-Étienne le 9 janvier 1623, bourgeois de Lille par relief du 4 janvier 1646, créé chevalier le 6 octobre 1662, confirmé par Louis XIV en octobre 1673, mayeur et rewart de Lille, décédé paroisse Saint-Étienne le 29 juin 1699, épousa : 1° le 23 novembre 1645, Barbe *de Parmentier*, fille de Robert, écuyer, et de Marie *Muissart*, baptisée à Saint-Étienne le 24 août 1621 ; 2° par contrat passé à Courtrai le 4 juillet 1649 devant Me Maurice Le Gay, Jossinne *Van den Berghe*, fille d'Adrien, écuyer, et de Catherine *Bonte*. Il eut du second lit :

1. — *Marie-Françoise*, baptisée à Saint-Étienne le 16 février 1651.
2. — *François-Séraphin*, baptisé à Saint-Étienne le 22 février 1652.
3. — *Ignace*, baptisé à Saint-Étienne le 31 juillet 1653.
4. — *Marie-Catherine*, baptisée à Saint-Étienne le 30 avril 1655, y décédée le 19 août 1739 et inhumée à Noyelles; mariée à Saint-Étienne, le 2 février 1693, avec Josse-Alexandre *Obert*, chevalier, s^r de Copiémont, Noyelles, fils de Jean-Baptiste, chevalier, et d'Anne-Marie-Françoise *du Chastel*, baptisé à Saint-Étienne le 16 février 1659, bourgeois de Lille par relief du 24 septembre 1693, capitaine au régiment de Navarre, puis major du régiment de Solre-infanterie, décédé paroisse Saint-Étienne le 21 novembre 1698, enterré à Noyelles; dont postérité.
5. — *Françoise-Hippolyte*, baptisée à Saint-Étienne le 29 décembre 1656.
6. — *Pierre-Joseph*, baptisé à Saint-Étienne le 20 juillet 1659.
7. — *Simon-Pierre*, baptisé à Saint-Étienne le 3 juin 1661.
8. — *Marie-Anne*, baptisée à Saint-Étienne le 10 septembre 1662.
9. — *Jean-Baptiste*, baptisé à Saint-Étienne le 18 février 1666.
10. — *Jean-Baptiste*, baptisé à Saint-Étienne le 27 mars 1667.
11. — *Simon-Pierre*, qui suit, VII.

VII. — *Simon-Pierre* DU CHAMBGE, écuyer, s^r du Fay, Liessart, baptisé à Saint-Étienne le 2 avril 1669, bourgeois de Lille par relief du 23 février 1692, créé trésorier de France au bureau des finances de la généralité de Lille le 6 février 1693, premier président à ce bureau le 31 janvier 1700, décédé paroisse Saint-Étienne le 25 juillet 1726 et inhumé au chœur de l'église de Noyelles ; épousa à Saint-Pierre, le 22 janvier 1692, Marie-Christine *Cardon*, dame de Douay, des Passez, fille de Jean-

Baptiste, s⁻ du Fermont, et de Marguerite-Françoise *du Forest*, baptisée à Sainte-Catherine le **24 août 1667**, morte le **5 juin 1728**; il eut :

1. — *Jean-Baptiste*, baptisé à Saint-Pierre le 2 août 1694.
2. — *Pierre-François*, qui suit (branche d'Elbhecq), VIII.
3. — *Louis-Joseph*, qui suivra (branche de Noyelles), VIII bis.
4. — *Claire-Isabelle*, baptisée à Sainte-Catherine le 7 avril 1699, morte en 1729, alliée à Saint-Étienne, le 5 mai 1727, à Claude-Valentin-Théodore *de la Porte*, chevalier, s⁻ de Remaisnil, fils de Théodore, chevalier, s⁻ dudit lieu, et de Jeanne-Françoise *Boudart*, né à Remaisnil le 11 novembre 1705, bourgeois de Lille par achat du 2 mai 1727 ; dont postérité.
5. — *Henri-Séraphin*, baptisé à Sainte-Catherine le 10 novembre 1700.
6. — *François-Séraphin*, baptisé à Sainte-Catherine le 15 juillet 1702.
7. — *Christine-Séraphine*, née vers 1703, morte à Béthune, paroisse Sainte-Croix, le 17 janvier 1769, mariée à Sainte-Catherine à Lille, le 6 novembre 1757, avec Jacques-Louis-Alexandre, baron *de Grimaldi*, fils de Jean-François-Louis, capitaine au régiment de Nice étranger, et de Jeanne-Alexandrine *de Thieulaine*, baptisé à Saint-Maurice le 5 juin 1697, lieutenant pour le Roi à Béthune, veuf de Joseph-Marie-Françoise *de Galléan de Châteauneuf*, et remarié avec Marie-Madeleine-Joseph-Alexandrine *de Tramecourt*, décédé sans postérité à Béthune, paroisse Sainte-Croix, le 26 février 1778.
8. — *Charles-Eubert*, qui suivra (branche de Liessart), VIII ter.
9. — *Marie-Alexandrine*, baptisée à Sainte-Catherine le 1ᵉʳ juin 1708.
10. — *Marie-Antoinette*, dame des Allœux, baptisée à Sainte-Catherine le 30 avril 1710, mariée à Sainte-Étienne, le 31 décembre 1730, avec Joseph-Ignace-Magnus, comte *de Sparre*, fils de Laurent-Magnus, baron et comte de Sparre, lieutenant-colonel au régiment de Link, et de Félicité *Le Vaillant de la Bassardrie*, né vers 1704, capitaine au régiment allemand de Linck, colonel du régiment Royal Suédois le 30 octobre 1742, brigadier le 1ᵉʳ mai 1745, maréchal de camp le 10 mai 1748, commandeur de l'ordre de Saint-Louis en 1752, général major au service de la Suède, mort le 25 juin 1787 ; dont postérité.

VIII. — *Pierre-François* DU CHAMBGE, chevalier, s⁻ d'Elbhecq, baptisé à Saint-Pierre le **11 novembre 1695**, bourgeois de Lille par relief du **11 mars 1729**, décédé paroisse Saint-Étienne le

15 décembre 1742, épousa dans cette église, le 25 juillet 1728, Marie-Pélagie-Joseph *Fruict*, fille de Jean-Guillaume, écuyer, et de Marie-Joseph *Butin*, décédée paroisse Saint-Étienne le 22 juin 1743 ; d'où :

1. — *Marie-Françoise-Joseph*, baptisée à Sainte-Catherine le 14 août 1729, morte à Lille le 4 août 1810, alliée à Saint-Étienne, le 22 juin 1761, à Louis-Eugène *Cardon*, écuyer, sr d'Ardompretz, fils de Jean-Baptiste, écuyer, sr du Fermont, et de Marie-Catherine-Françoise *de Sailly*, baptisé à Sainte-Catherine le 20 novembre 1703, bourgeois de Lille par relief du 12 janvier 1762, capitaine au régiment de Rohan, puis lieutenant-colonel de cavalerie, chevalier de Saint-Louis, grand prévôt de la maréchaussée de Flandre, enterré au cimetière d'Esquermes le 17 janvier 1787 ; sans enfants.

2. — *Joséphine-Françoise-Séraphine*, baptisée à Sainte-Catherine le 4 novembre 1730, morte à Lille le 12 août 1809, mariée à La Madeleine, le 9 avril 1765, avec Louis-François-Ghislain-Victor *de la Porte*, chevalier, sr de Vaulx, fils de Jacques-François-Lamorald, marquis de la Porte, et de Marie-Thérèse-Claude-Louise *de la Porte*, né vers 1737, mort sans enfants en août 1783.

3. — *Pierre-Joseph*, qui suit, IX.

4. — *Marie-Charlotte*, née le 4 octobre 1734, décédée à Montreuil-sur-Mer, le 28 ventôse an V, alliée : 1° à La Madeleine, le 4 avril 1763, à Louis-Olivier-Placide *Farez*, écuyer, sr d'Ogimont, fils de Noël-Olivier, écuyer, sr de Rametz, et de Marie-Thérèse-Angélique *Grulois*, baptisé à Saint-Géry de Valenciennes le 25 juin 1709, créé trésorier de France au bureau des finances de la généralité de Lille le 12 mai 1733, convoqué aux assemblées des nobles par ordonnance du 11 décembre 1751, veuf de Marie-Thérèse-Louise *Le Roy du Quesnelle*, décédé le 12 mai 1764 ; 2° à Saint-André, le 28 septembre 1765, à Jacques-Alexandre-Antoine-François *de Courteville*, chevalier, sr de Hodicq, fils d'Antoine et de Catherine-Françoise *d'Halluin*, né à Saint-Vulmer-de-Parenti (diocèse de Boulogne) en 1726, page de Louis XV, colonel de grenadiers, maréchal de camp en 1780, député de la noblesse de Montreuil-sur-Mer aux États généraux de 1789, mort à Arras le 4 octobre 1802 ; dont postérité du second lit.

IX. — *Pierre-Joseph* du Chambge, « baron » d'Elbhecq, baptisé à Sainte-Catherine le 2 janvier 1733, convoqué aux assemblées des nobles par ordonnance du 19 décembre 1765, bourgeois de Lille par relief sur requête le 8 mars 1774, chevalier de Saint-Louis, colonel du régiment de Bouillon le 23 juin 1767, brigadier en

1780, maréchal de camp en 1784, lieutenant-général en 1791, général commandant l'armée des Pyrénées occidentales, mort à Saint-Jean-de-Luz le 1er septembre 1793, épousa à Villeneuve-le-Roi, près Choisy, le 3 mars 1767, Marie-Anne-Augustine *Dubucq*, fille de Jean-Baptiste, intendant des colonies, et de Marie-Anne *Febvrier*, née à La Martinique en 1744, morte à Paris le 27 février 1815 ; dont :

1. — *Amélie-Françoise-Charlotte-Augustine*, baptisée à Bitche (Lorraine) le 7 juillet 1768, morte le 27 février 1812, mariée avec Bernard *Coppens*, fils de Laurent-Bernard, procureur du Roi en l'amirauté de Dunkerque, et d'Anne *Pollet*, né le 1er janvier 1759, mort sans enfants à La Martinique en janvier 1821.

2. — *Marie-Anne-Joseph-Eugénie*, baptisée à Paliseu (Lorraine) le 28 octobre 1770, morte célibataire à Lille le 15 novembre 1808.

3. — *Adélaïde-Éléonore-Séraphine*, baptisée à Paliseu le 7 mars 1772, religieuse au couvent des Oiseaux à Paris, morte en 1844.

4. — *Auguste-Adolphe-Philibert-Gustave-Maximilien-Désiré*, baron d'Elbhecq, baptisé à Paliseu le 15 février 1775, officier d'infanterie, puis trésorier de La Martinique, chevalier de la Légion d'honneur, mort à Paris le 20 juin 1822, allié à Ollainville (près Corbeil), le 22 thermidor an IV, à Marie-Barbe-Charlotte-Antoinette-Pauline *de Montet*, fille de Charles-François, chevalier, général de brigade, et de Marie-Françoise *Dubucq*, née à Strasbourg le 7 octobre 1776 ; d'où :

 a. — *Charles-Édouard*, mort à Paris, à cinq ans.

 b. — *Marie-Clémentine*, née à Anvers le 13 mai 1799, morte à Angers le 19 janvier 1899, alliée à Paris, le 18 février 1822, à Benjamin-Pierre *du Bos*, écuyer, fils de Louis-François, chevalier, sr d'Hornicourt, et de Marie-Thérèse-Victoire *le Quien de Moyenneville*, né à Flers-sur-Noye le 17 juillet 1780, chevalier de Malte, officier d'état-major, décédé à Paris le 28 février 1858 [1] ; dont postérité.

5. — *Amarante-Victoire-Zébée-Cornélie*, baptisée à Paliseu le 27 avril 1778, admise à la Noble-Famille le 2 septembre 1785 malgré l'opposition des administrateurs.

VIII bis. — **Louis-Joseph du Chambge**, écuyer, sr de Noyelles, les Allœux, baptisé à Sainte-Catherine le 10 décembre 1697, bour-

---

1. Communication de M. de la Perrière.

geois de Lille par relief du 31 janvier 1732, décédé paroisse Saint-Pierre le 13 mai 1752, épousa à Bruxelles, le 3 février 1731, Isabelle-Pétronille *de Corte*, fille d'Augustin et d'Isabelle-Pétronille *Tassche*, baptisée à Saint-Martin de Bergues Saint-Winoc le 23 juillet 1703, morte à Noyelles-lez-Seclin le 20 mai 1764 ; d'où :

1. — *Louis-Séraphin*, écuyer, s^r de Noyelles, baptisé à Saint-Maurice le 24 janvier 1732, convoqué aux assemblées des nobles par ordonnance du 9 décembre 1757, créé baron de Noyelles en mai 1772, député de la noblesse de Lille aux États généraux de 1789, mort à Oostkercke, près Bruges, le 17 janvier 1794, marié à Saint-André à Lille, le 29 septembre 1772, avec Béatrix *du Chastel de la Howarderie*, fille d'Alexandre-Robert-Auguste-François, chevalier, vicomte de la Howarderie, et d'Ernestine *de Corbie*, baptisée à Saint-Maurice le 23 juillet 1737, morte à Lille le 9 février 1792 ; dont :

    a. — *Lucie-Séraphine-Ernestine*, baptisée à Saint-André le 14 juillet 1773, morte à Noyelles le 4 janvier 1774.

    b. — *Pauline-Ernestine-Marie*, baptisée à Saint-André le 23 octobre 1774, y décédée le 2 juillet 1783.

    c. — *Lucie-Béatrix-Marie*, baptisée à Saint-André le 27 février 1777, morte à Noyelles le 11 octobre 1790.

2. — *Marie-Françoise*, baptisée à Saint-Étienne le 8 mai 1733, admise à la Noble-Famille le 2 novembre 1738, morte à Brives-la-Gaillarde le 23 juillet 1792, alliée à Noyelles, le 17 novembre 1767, à Jean-François *de Sainte-Marie*, chevalier, s^r de la Garique, fils de Jean-Louis, chevalier, s^r de la Combe, et de Marie *Desbans*, capitaine au régiment de Bourbonnais infanterie ; sans postérité.

3. — *Marie-Reine-Angélique-Caroline*, baptisée à Saint-Étienne le 18 avril 1734.

4. — *Pierre-Ernest-Joseph*, chevalier, baron de Noyelles après son frère, baptisé à Saint-Étienne le 16 juin 1735, convoqué aux assemblées des nobles par ordonnance du 12 novembre 1778, capitaine au régiment de Picardie, chevalier de Saint-Louis, décédé à Bruges le 7 germinal an X, marié, par contrat passé à Givet devant Me Jean-Baptiste-Emmanuel Servotte le 12 mai 1781, avec Marie-Catherine-Lambertine *de Saint-Paul de Mortier*, fille de Dominique-Antoine-Lambert, chevalier de Saint-Louis, et de Marie-Catherine-Théodore *Henrard*, née à Givet le 9 mai 1750, décédée à Lille le 25 décembre 1848 ; il eut :

    a. — *Marie-Antoinette-Françoise-Ernestine*, née à Annœullin le 24 juillet 1783, entrée à la Noble-Famille le 31 janvier

1791, morte en 1848 ou 1849, alliée : 1° le 19 mai 1802, à Jean-Antoine, baron *Van Zuylen de Nyveld*, fils de Jean-Antoine et de Rosalie-Isabelle-Jacqueline *Wybo*, né à Bruges le 10 février 1776, chevalier de l'ordre du Lion Néerlandais, mort le 6 avril 1844 ; 2° à Joseph-Jacques *Kesteloot*, officier belge ; sans postérité.

b. — Un fils, né le 23 mars 1792 à Tournai, mort aussitôt.

5. — *Claude-Henri-Joseph*, baptisé à Saint-Étienne le 24 octobre 1736.

6. — *Eugène-Marie-Joseph*, baptisé à Saint-Étienne le 5 janvier 1738, y décédé le 18 février 1740, enterré à Noyelles.

7. — *Charles-Borromée-Emmanuel*, qui suit, IX.

IX. — *Charles-Borromée-Emmanuel* DU CHAMBGE, chevalier, s^r de Tervestre, né le 9 septembre 1743, baptisé à Saint-Pierre le 27 octobre suivant, lieutenant au régiment de Picardie, puis capitaine au régiment de Nassau-Liégen, puis au régiment de Salm-Salm, chevalier de Saint-Louis, mort à Gratz, en Styrie, le 6 octobre 1801, épousa à Strasbourg Marie-Catherine-Élisabeth *Guld*, morte à Rouffach (Haut-Rhin) le 6 septembre 1778 ; dont treize enfants, parmi lesquels :

1. — *Marie-Rosalie-Victoire*, qui épousa, en premières noces, M. *de Sainte-Marie*, et en secondes, M. *de la Font*, officier à l'armée de Condé, mort vers 1793.

2. — *Pierre-Clément-Joseph*, s^r de Tervestre, né à Dixmude le 9 octobre 1770, d'abord chanoine de la collégiale de Saint-Pierre à Leuze, puis engagé au régiment de Salm-Salm, attaché à l'Administration du canton de Leuze, enfin employé à la préfecture de Mons, décédé en 1847.

3. — *Joseph-Antoine-Hyacinthe*, qui suit, X.

4. — *Marie-Françoise-Élisabeth*, décédée en 1844, épouse de Valentin *Heinrich* ; sans enfants.

X. — *Joseph-Antoine-Hyacinthe* DU CHAMBGE, baron de Noyelles après son oncle, né à Rouffach le 6 septembre 1784, lieutenant aux chasseurs à cheval, capitaine aux chasseurs de l'Ariège, chevalier de Saint-Louis et de la Légion d'honneur, mort à Tours le 10 novembre 1852, épousa à Colmar, le 5 septembre 1820, Marie-Catherine-Claudine *de Mougé*, fille de François-Henri-Xavier et de Marie-Ursule-Joséphine-Claudine *de Neubeck*, née en 1793 ; d'où :

1. — *Marie-Joséphine-Claudine-Julie*, née à Colmar le 30 juillet 1821, morte à Handolsheim le 19 décembre 1823.

2. — *Joseph-Antoine*, né à Colmar le 18 mars 1823, mort à Amiens le 15 octobre 1825.

3. — *Joséphine-Henriette*, jumelle du précédent.

4. — *Pierre-Clément-Joseph-Émile*, qui suit, XI.

5. — *Marie-Claudine-Élisabeth-Alphonsine*, née à Nancy le 6 juillet 1826, célibataire.

6. — *Marie-Euphroisine-Caroline*, née au Mans le 19 janvier 1828, célibataire.

7. — *Joseph-Antoine-Hyacinthe*, né à Verdun le 6 janvier 1830, général en avril 1888, allié à Constance *Cousin*, dont il n'eut qu'une fille : *Jeanne-Constance-Alphonsine*, née à Paris le 5 novembre 1867, épouse du capitaine *Valette d'Osia*.

8. — *Marie-Claudine-Alphonsine-Ernestine*, née à Stenay (Meuse) le 24 avril 1831, morte célibataire en 1854.

9. — *Amélie-Marie-Louise*, née à Tours le 13 mai 1837, morte en 1844.

XI. — *Pierre-Clément-Joseph-Émile* DU CHAMBGE, baron de Noyelles, né à Amiens le 11 mai 1825, secrétaire des hospices d'Angers, mort en cette ville le 25 avril 1878, épousa à La Flèche, le 8 octobre 1864, Charlotte-Mathilde-Honorine *Pivron*, fille de Léon, professeur au Prytanée, et d'Honorine-Marie-Thérèse *Corneillet*, dite *Dupuy*, née au Mans le 27 août 1838, remariée avec Louis-Jean-François *Duvêtre*, morte à Angers le 8 août 1890 ; d'où un fils unique :

1. — *Fernand-Pierre-Charles-Léon*, né à La Flèche le 24 septembre 1870, ouvrier électricien à Bruxelles.

VIII ter. — *Charles-Eubert* DU CHAMBGE, écuyer, s^r de Liessart, baptisé à Sainte-Catherine le 2 août 1706, premier président au bureau des finances de la généralité de Lille le 19 décembre 1726, décédé paroisse Saint-Étienne le 15 février 1777 ; épousa à Saint-Jacques de Douai, le 24 septembre 1742, Marie-Emmanuelle-Joseph-Thérèse *Turpin*, fille d'Alexandre-François, chevalier, président à mortier au Parlement de Flandre, et de Marie-Philippine-Thérèse *de Buissy*, baptisée dans cette église le 26 mars 1720, décédée paroisse Saint-Pierre, à Lille, le 9 novembre 1780 ; dont :

1. — *Emmanuelle-Christine-Alexandrine*, ondoyée le 15 décembre 1743, baptisée à Saint-Étienne le 27 décembre, y décédée le 24 mars 1746.

2. — *Marie-Françoise-Eubertine*, baptisée à Saint-Étienne le 23 février 1745, y décédée le 22 mars 1746.

3. — *Charles-Louis-Philippe,* qui suit, IX.

4. — *Emmanuel-Marie-Louis*, baptisé à Saint-Étienne le 7 octobre 1747.

5. — *Marie-Valentine-Alexandrine-Renée*, ondoyée le 14 avril 1749, baptisée à Saint-Étienne le 30, décédée en mai 1796, alliée à Saint-Étienne, le 6 avril 1767, à Arnould-Joseph *Mairesse*, écuyer, sr de Prouville, fils de Philippe-François, sr de la Viefville, et de Marie-Anne *de Francqueville*, baptisé à Saint-Nicolas de Cambrai le 22 octobre 1732, capitaine au régiment de la Reine-infanterie, bourgeois de Lille par achat du 5 janvier 1768, veuf de Marie-Rose-Sophie *Le Maistre d'Anstaing*, mort en 1822 ; dont postérité.

6. — Une fille, ondoyée le 27 janvier 1751, morte le 30 suivant.

7. — *Marie-Joséphine-Séraphine*, née le 2 mars, baptisée à Saint-Étienne le 5 avril 1752, morte à Lille le 26 mars 1811 ; alliée à Saint-Étienne, le 16 avril 1771, à Désiré-François-Dominique *Deliot*, écuyer, sr de la Croix, fils d'Hippolyte-Joseph-Ignace, écuyer, sr des Roblets, et de Marie-Joseph-Colette *Petitpas*, baptisé à La Madeleine le 5 août 1738, nommé enseigne au régiment de Dauphin infanterie le 20 décembre 1755, lieutenant le 16 avril 1756, grand bailli d'Halluin, puis grand bailli des États de la Flandre wallonne, créé comte en 1781, décédé à Erquinghem-sur-la-Lys le 13 juillet 1799 ; dont postérité.

8. — *Marie-Angélique-Adrienne,* baptisée à Saint-Étienne le 18 mai 1754, morte en émigration en avril 1805 ; mariée à Saint-Pierre, le 31 août 1779, avec Pierre-Joseph *Renaud de Boisrenaud*, chevalier, sr d'Ambourg, fils d'Henri-Pierre-Jacques, chevalier de Saint-Louis, et de Marie-Rose-Joseph *Cardon*, baptisé à Yseure (paroisse Saint-Jean à Moulins) le 12 mai 1752, bourgeois de Lille par achat du 5 novembre 1779, lieutenant au régiment royal Normandie cavalerie, chevalier de Saint-Louis, mort à Paris le 27 avril 1816 ; dont postérité.

9. — *Marie-Maximilien-Joseph-Martin*, baptisé à Saint-Étienne le 11 novembre 1758, y décédé le 5 avril 1761.

10. — Un enfant, décédé paroisse Saint-Étienne le 8 octobre 1755.

11. — Un enfant, mort sur la même paroisse le 15 août 1762.

IX. — *Charles-Louis-Philippe* du Chambge, chevalier, sr de Liessart, baptisé à Saint-Étienne le 10 juin 1746, convoqué aux assemblées des nobles par ordonnance du 18 mars 1777, premier président au bureau des finances à Lille le 23 avril

1777, émigré au corps de la marine à l'armée des Princes, réfugié à La Haye, puis en Angleterre, mort à Londres le 27 juillet 1801, épousa à Saint-André, le 18 avril 1769, Isabelle-Ernestine-Joseph *Le Maistre*, dame d'Anstaing, fille de Joseph-Michel, écuyer, et d'Isabelle-Charlotte *Jacops*, baptisée à Saint-André le 10 septembre 1744, morte à Vendin-le-Vieil le 26 avril 1821 ; d'où :

1. — *Isabelle-Charlotte*, baptisée à Saint-André le 3 février 1770, morte à Lille le 4 janvier 1853 ; mariée à Tournai, paroisse Saint-Brice, le 23 février 1794, avec Antoine-Laurent *de Bergerand*, chevalier, s^r de Gosselies, fils de Louis et de Catherine *Choin*, né à Tullins (Dauphiné) le 26 mai 1748, conseiller au Parlement de Flandre, mort à Londres le 3 août 1795 ; sans enfants.

2. — *Marie-Joseph-Pauline*, baptisée à Saint-André le 19 janvier 1771 ; alliée à Saint-Étienne, le 12 janvier 1790, à Louis-Marie-Joseph *Blondel*, chevalier, s^r d'Aubers, fils d'Eugène-Roland, chevalier, premier président au Parlement de Flandre, et de Marie-Anne *de Calonne*, né le 11 mars 1765, baptisé à Saint-Pierre de Douai le 1er mai suivant, conseiller au Parlement de Paris, puis à la Cour de cassation, mort à Paris le 22 mars 1830 ; dont postérité.

3. — *Charles-Désiré-Joseph*, baptisé à Saint-Pierre le 16 janvier 1773, cadet gentilhomme dans la division autrichienne de Bercheny, blessé à Fleurus le 16 juin 1794, transporté à Namur où il mourut peu après.

4. — *Marie-Anne-Élisabeth-Adélaïde*, baptisée à Saint-Pierre le 19 novembre 1774, morte à Tournai le 12 mai 1794.

5. — *Séraphin-Victor-Joseph*, qui suit, X.

6. — *Séraphin-Ernest*, baptisé à Saint-Pierre le 24 mai 1780, fit ses preuves devant Chérin le 16 février 1788, fut contrôleur des contributions directes à Ypres et mourut à Lille le 9 nivôse an XIII.

X. — *Séraphin-Victor-Joseph* DU CHAMBGE, chevalier, s^r de Liessart, baptisé à Saint-Pierre le 21 février 1777, servit en émigration au régiment de Dillon infanterie de 1801 à 1804, commanda une compagnie de gardes nationales de l'arrondissement de Lille sous la Restauration, fut nommé receveur particulier des finances de l'arrondissement de Valenciennes et mourut à Douai le 25 avril 1825 ; il épousa à Douai, le 24 janvier 1816, Sophie-Hyacinthe-Joseph *de Malet de Coupigny*, fille de Constant-Marie-Joseph et de Marie-Françoise-Louise-Joseph *de Villers au Tertre*, baptisée à Cambrai le 14 avril 1790, remariée avec Dominique-Jean-Constantin marquis *Doria*, et décédée à Douai le 16 janvier 1852 ; d'où :

1. — *Louis-Philippe-Albéric*, né à Douai le 30 juin 1817, confirmé dans le titre de chevalier par Napoléon III le 25 juin 1860, mort à Douai célibataire le 13 septembre 1872.

2. — *Victorine-Isabelle-Alexandrine*, née à Douai le 11 août 1819, morte à Mérignies le 19 septembre 1832.

3. — *Éléonore-Paul-Constant*, né à Douai le 7 novembre 1821, créé commandeur de Saint-Grégoire-le-Grand sous le titre de baron de Liessart le 14 novembre 1848, mort à Douai le 3 avril 1859 sans s'être marié.

NON RATTACHÉ

Simon-Pierre DU CHAMBGE, marié à Saint-Maurice, le 23 avril 1700, avec Anne *Henry*.

6 octobre 1662. — *Lettres de chevalerie pour Séraphin du Chambge.*

Philippes, par la grâce de Dieu, Roy de Castille, etc...., à tous ceulx quy ces présentes verront salut. Sçavoir faisons que pour le bon rapport que faict nous a esté de nostre cher et bien amé *Séraphin du Chambge*, Ruart de nostre ville de Lille en nostre pays et comté de Flandres, et que ses père et devanciers auroient de temps immémorial vescu noblement et tenu le rang des patrices et des plus notables de nostre ville de Tournay, et deservy diverses charges et offices fort honnorables et principales dans l'Estat, si comme de baillifs de Rummes et de Pecques, haults justiciers de Tournay et Tournesis, députez ordinaires aux assemblées des estats desdictes villes et pays et dans les magistrats de nostre dicte ville de Lille, signament feu *Nicolas du Chambge*, père dudict *Séraphin*, qui y auroit esté plusieurs fois eschevins et nous auroit rendu plusieurs signalez services en ceste quallité et ledict *Séraphin du Chambge* en la susdicte de rewart de ladicte ville de Lille, joinct qu'icelluy seroit allié par mariage à damoiselle Jossine *Vandenberghe*, sœur de messire Robert *Vandenberghe*, chevalier, et de George *Vandenberghe*, capitaine de chevaux pour nostre service, proches parens de nos premiers ministres en nos Pays Bas, pour ces causes, et ce que dessus considéré, mesmes afin de le stimuler d'advantage et luy donner occasion au moyen de quelque marcque d'honneur de s'esvertuer de plus en plus en nostre service, nous désirans favorablement le traitter, décorer et eslever, avons icelluy *Séraphin du Chambge* fait et créé, faisons et créons chévalier par ces présentes, voulans et entendans que doresnavant il soit tenu et réputé pour tel en tous ses actes et besoingnes, et joiisse des droicts, libertez et franchises dont joyssent et ont accoustumé de jouyr tous autres chevaliers par toutes nos terres et seigneuries, signament en nosdits Pays Bas, tout ainsy et en la mesme forme et maniere comme s'il eut esté fait et créé chevalier de nostre propre main, mandons et commandons à tous nos lieutenants, gouverneurs, mareschaulx et autres nos justiciers, officiers et subjects, à quy ce peut toucher et regarder en quelque maniere que ce soit, que ledict *Séraphin du Chambge* ils laissent, permettent et souffrent dudict tiltre de chevalier et de tout le contenu en cesdictes présentes plainement et paysiblement jouyr et user, sans luy faire mettre ou donner, ny souffrir estre fait, mis ou donné aucun trouble, destourbier ou empeschement au contraire, car ainsy nous plaist-il. Pourveu que dans l'an après la date de cestes, icelles soyent présentées à nostre premier Roy d'armes ou autres qu'il appertiendra en nosdicts Pays Bas, en conformité et aux fins portez par le 15e article de l'ordonnance décrétée par feu nostre bon oncle l'Archiducq Albert le 14e de décembre 1616, touchant le port des armoiries, timbres, tiltres et autres marcques d'honneur et de noblesse, à paine de nullité de ceste nostre présente grâce, ordonnant à nostre dict premier Roy d'armes, ou à celuy qui exercera son estat en nosdicts Pays Bas, ensemble au Roy ou héraut d'armes de la Province qu'il appertiendra, de suivre en ce regard ce quy contient le réglement fait par ceulx de nostre conseil privé le 2e d'octobre 1637, au subject de l'enregistrature de nos lettres patentes touchant lesdictes marcques d'honneur, en tenant par nosdicts officiers d'armes respectivement notice au dos de cestes. En tesmoing de ce nous avons faict mettre nostre grand seel. Donné en nostre ville de Madrid, Royaume de Castille, le sixiesme jour du mois d'octobre l'an de grace seize cens soixante et deux, et de nos règnes le quarante deuxiesme, paraphé If Ida et signé PHILIPPES et appendoit ausdictes lettres un grand seel de Sa Majesté pendant en queue de parchemin.

> Archives municipales de Lille. Registre aux mandements et ordonnances du souverain bailliage de Lille. Registre La Paix, pièce 79.

Octobre 1673. — *Lettre d'anoblissement pour Séraphin du Chambge, sieur de Liessart.*

Louys, par la grâce de Dieu, Roy de France et de Navarre, à tous présens et à venir, salut. Encores que la vertu serve de récompense à elle mesme et que ceux quy la possèdent soyent eslevez au-dessus de toutes les quallitez, néantmoins les Roys nos prédécesseurs pour augmenter le nombre des vertueux, et obliger leurs subjects à faire de bonnes actions ont tousjours voullu récompenser ceux quy par leurs services, leurs bonnes mœurs et affection, se sont rendus dignes de leurs grâces, en les eslevant au-dessus du commun par quelque marcque d'honneur qui passe à leur postérité et exciter les autres par telles prérogatives à faire le semblable, sçavoir faisons que nous, à l'exemple des Roys nos prédécesseurs, mettant en considération les louables qualitez et les bons et aggréables services que *Séraphin du Chambge*, sieur de Liessart, cy-devant mayeur de la ville de Lisle en Flandres, nous a rendu tant en ladicte charge laquelle il a dignement exercé, qu'en plusieurs autres où il a faict paroistre un zèle, affection et fidélité singulières pour nostre service dans toutes les occasions qui s'en sont présentées, que mesmes ses ancestres ont exercé divers offices considérables, notament ceux de magistratz de Lisle et de baillifs haults justiciers ayants entrée dans les Estats de Tournay et pour aultres bonnes considérations à ce nous mouvans, de nostre grace spécialle, pleine puissance et authorité royale, avons ledit sieur *du Chambge de Liessart*, ses enffans et descendans nez et à naistre en loyal mariage, annoblis et annoblissons et du tiltre et qualité de noble décoré et décorons, voulons et nous plaist que doresnavant il porte le tiltre d'escuyer, soit tenu et reputé noble, tant en jugement que dehors, jouysse et uze des mesmes privilèges, franchises, libertez, prééminences, privilèges, exemptions et immunitez dont jouissent les autres nobles de nostre Royaume, luy permettant en outre de porter en tous lieux et endroits les mesmes armes qu'il at cy-devant portées, et telles qu'elles seront cy emprintes quy sont *d'argent au chevron rompu de gueulles cottoyé en chef de deux merles de sable* avecq deux lions pour supports que nous luy avons permis d'y adjouster et faire eslever lesdictes armoiries dans ses terres, seigneuries et maisons, ainsi que les autres nobles de nostre Royaume, sans que il soit tenu de nous payer ny à nos successeurs Roys aucune finance ny indemnité, de laquelle à quelque somme qu'elle se puisse monter, nous luy avons faict et faisons don par cesdites présentes, nonobstant tous edicts, déclarations, arrests, ordonnances et réglemens à ce contraires, ausquels et aux dérogatoires des dérogatoires y contenues nous avons desrogé et desrogeons par cesdites présentes. Si donnons en mandement à nos amez et féaux les gens tenans nostre Chambre des Comptes en nostre dicte ville de Lisle, et à tous aultres nos justiciers qu'il appertiendra que ces présentes nos lettres d'annoblissement, don de finance et permission d'adjouster lesdits lions pour supports à sesdites armes, ils ayent à enregistrer, et du contenu en icelles laissent jouyr et user ledict sieur *du Chambge de Liessart,* sesdits enffans et postérité naiz et à naistre en loyal mariage, pleinement, paisiblement et perpétuellement, cessans et faisans cesser tous troubles et empeschemens au contraire, nonobstant tous édicts, ordonnances, mandemens et lettres à ce contraires, ausquelles de nostre mesme grâce et puissance que dessus nous avons desrogé et desrogeons pour ce regard par cesdictes présentes, car tel est nostre plaisir. Et affin que ce soit chose ferme et stable à tousjours, nous avons faict mettre nostre seel à cesdictes presentes, sauf en aultre chose nostre droict et l'aultruy en toutes. Donné en nostre chasteau de Versailles au mois d'octobre l'an de grace mil six cens soixante treize et de nostre regne le XXXIe. Ainsy signé : Louis, sur le ply soubscript Par le Roy, LE TELLIER, comme aussy, veues et enregistrées conformément à l'ordre de Sa Majesté contenu en icelles folio 256 v° du registre des Chartes en parchemin cotté 77e qui est gardé dans la Cour des Chartes de la Chambre des Comptes de Lille en Flandres par moy soubsigné Conseillier et historiographe ordinaire du Roy et commis par Sa Majesté à la garde et direction des titres et registres d'icelle Chambre, le 29 novembre 1673, signé Denys GODEFROY. Si estoient lesdictes lettres cachetées du cachet du Roy en chire verde pendant avec soye rouge et verde.

Archives municipales de Lille. Registres aux mandements et ordonnances de la Gouvernance et souverain bailliage de Lille. Registre La Paix, pièce 210.

DOUCHET ou DOULCET

Armes : *d'azur au chevron d'or accompagné de trois mouches à miel du même;* ou : *d'azur à une ruche d'or.*

I. — *Pasquier* Douchet, mort avant 1529, fut père de :

1. — *Pierre*, né à Toutencourt, bourgeois de Lille par achat du 6 avril 1526 (n. st.), marié à cette date, sans enfants.
2. — *Jean*, qui suit, II.
3. — *Pierre*, né à Éleu dit Lauwette-lez-Lens, bourgeois de Lille par achat du 4 mai 1537, mort avant octobre 1564; d'où :
    a. — *Market.*
    b. — *Jennette.*
    c. — *Chrétiennette*; nés tous trois au moment de l'achat de bourgeoisie par leur père.
    d. — *Pierre*, bourgeois de Lille par relief du 17 octobre 1564.
4. — *Adrien*, né à Toutencourt, bourgeois de Lille par achat du 1er mars 1538 (n. st.); d'où :
    a. — *Hubelet.*
    b. — *Paul*, né à Nivelle en Brabant, bourgeois de Lille par achat du 17 août 1564, alors marié sans enfants.
    c. — *Marie..*
    d. — *Jeanne.*

II. — *Jean* Douchet, né à Toutencourt, acheta la bourgeoisie de Lille le 4 juin 1529 et épousa Jeanne *Haddemez*, dite *de le Plancque*, de Menin ; d'où :

1. — *Jean*, qui suit, III.
2. — Et sans doute *Guillaume*, qui suivra, III bis.
3. — *Grard*, qui suivra, III ter.

III. — *Jean* Douchet ou Doulcet, bourgeois de Lille par relief du 20 novembre 1566, pourvu d'une curatelle en 1595, eut de Catherine *de le Cousture* :

1. — *Gilles*, baptisé à Saint-Étienne, le 14 novembre 1568.

2. — *Jean* l'aîné, baptisé à Saint-Étienne le 17 septembre 1569, bourgeois de Lille par relief du 30 septembre 1593, receveur des biens annotés au quartier de Lille et des domaines et confiscations au quartier de Warneton en 1594; il testa avec sa femme devant M⁰ Simon Strupart, à Lille, le 5 décembre 1614; devenue veuve, celle-ci fit un codicile le 17 juin 1625 devant le même notaire. Marie *Denis*, fille d'Étienne et de Jeanne *de Fourmestraux*, lui donna:

    a. — *Pierre*, bourgeois de Lille par relief du 16 juin 1634, allié à Catherine *Baillet*, fille de Jean, qui le rendit père de:

        aa. — *Barbe*, baptisée à La Madeleine le 22 septembre 1636.

    b. — *Jean*, mort avant 1614.

    c. — *François*, moine à Saint-Vaast d'Arras.

    d. — *Suzanne*, alliée à Guillaume *Marissal*, demeurant à La Ventie.

    e. — *Élisabeth*, baptisée à Sainte-Catherine le 29 mai 1607, épouse de Jean *du Riez*.

3. — *Jean* le jeune, qui suit, IV.

IV. — *Jean* Douchet, le jeune, bourgeois de Lille par relief du 23 septembre 1595, mort en octobre 1612, épousa Jacqueline *du Triez*; dont il eut:

    1. — *Marie*, alliée: 1° à Saint-Étienne, le 29 mai 1610, à Gilles *Lespinchelier*, fils de Gilles et de Jacqueline *Gouacy*, bourgeois de Lille par relief du 7 janvier 1611; 2° à Gilles *de Lespierre*, fils de Guillaume et d'Antoinette *Le Batteur*, bourgeois de Lille par relief du 11 février 1628; 3° par contrat passé devant M⁰ˢ Jaspard Scrieck et Jean Turpin, le 24 novembre 1629, et religieusement à Saint-Maurice le 1ᵉʳ décembre suivant, à Antoine *du Gardin*.

    2. — *Bauduin*, bourgeois de Lille par relief du 25 octobre 1612, marié à Saint-Étienne, le 3 juin 1612, avec Marie *Peuteman*, fille de Georges et de Françoise *Gheluy*; elle testa devant M⁰ Luc Moucque, à Lille, le 20 juin 1652, et laissa:

        a. — *Jean*, baptisé à Sainte-Catherine le 6 janvier 1615.

        b. — *Jacques*, baptisé à Sainte-Catherine le 21 mai 1616.

        c. — *Marie*, baptisée à Sainte-Catherine le 8 avril 1618, épouse de Jean *Denis*.

        d. — *Bauduin*, baptisé à Sainte-Catherine le 21 novembre 1619.

        e. — *Bauduin*, baptisé à Sainte-Catherine le 7 novembre 1620.

        f. — *Jacqueline*, baptisée à Sainte-Catherine le 25 octobre 1622.

 g. — *Martin*, baptisé à Sainte-Catherine le 19 mai 1624.
 h. — *Jean*, baptisé à Sainte-Catherine le 13 mai 1625.
 i. — *Alexis*, chanoine d'Hénin-Liétard, vivant en 1652.
 j. — *Usbalde*, chanoine à l'abbaye de Cysoing, puis abbé de Phalempin, mort le 25 avril 1676.
 3. — *Wallerand*, qui suit, V.
 4. — *Jacques*, marchand, bourgeois de Lille par relief du 28 mars 1623, mort en 1625, allié à Marie *Debaes*, fille de Roger ; d'où :
  a. — *Jacques*, baptisé à Saint-Étienne le 2 avril 1623.
  b. — *Roger*, baptisé à Saint-Étienne le 6 avril 1624.
 5. — Une fille, alliée à Jean *Wacrenier*.

V. — *Wallerand* Douchet, bourgeois de Lille par relief du 6 novembre 1620, épousa Jacqueline *Castel*, fille de Nicolas ; dont il eut :

 1. — *Wallerand*, baptisé à Sainte-Catherine le 31 octobre 1621, bourgeois de Lille par relief du 30 juillet 1643, marié à Saint-Étienne, le 16 décembre 1642, à Jeanne *Couvé*, fille de Blaise ; d'où :
  a. — *Marie-Jacqueline*, baptisée à Saint-Étienne le 17 mars 1645.
  b. — *Jacques*, baptisé à Saint-Étienne le 13 avril 1646.
  c. — *Marie-Jeanne*, baptisée à Saint-Étienne le 29 décembre 1647, décédée paroisse Saint-Maurice le 29 octobre 1684, alliée à Saint-Étienne, le 3 février 1682, à Nicolas *de Tenre*, fils de Josse et de Barbe *Descamps*, bourgeois de Lille par relief du 30 mai 1682.
  d. — *Marie-Madeleine*, baptisée à Saint-Étienne le 19 juillet 1649.
  e. — *Paul-Wallerand*, baptisé à Saint-Étienne le 18 août 1650.
  f. — *Jean-Baptiste*, baptisé à Saint-Étienne le 11 août 1652.
  g. — *Luc*, baptisé à Saint-Étienne le 9 octobre 1653.
 2. — *Jacques*, qui suit, VI.
 3. — *Jean*, baptisé à Saint-Étienne le 22 mars 1629.
 4. — *Catherine*, baptisée à Saint-Étienne le 3 octobre 1630.
 5. — *Pierre*, baptisé à Saint-Étienne le 20 août 1633.

VI. — *Jacques* Douchet, baptisé à Sainte-Catherine le 26 mai 1624, marchand cirier, bourgeois de Lille par relief sur requête le 6 mai 1650, mort le 25 février 1693 ; épousa : 1° à Saint-

Étienne, le 7 février 1648, Jeanne *Watrelos* ; 2º à la même église, le 20 janvier 1676, Jeanne *Devicourt*, morte le 27 décembre 1701 à soixante-neuf ans ; il eut :

1. — Du premier lit : *Jeanne-Thérèse*, baptisée à Saint-Étienne le 24 mai 1650.

2. — *Jean* (alias *Jean-Baptiste*), baptisé à Saint-Maurice le 5 février 1653, bourgeois de Lille par relief du 2 janvier 1682, marié, avec Claire *Watrelos*, fille de Jacques et de Claire *Desfontaines* ; d'où trois enfants : *Jacques, Jeanne-Claire* et *Guillaume*, baptisés à Saint-Étienne les 12 mai 1682, 13 février 1684 et 15 mars 1685. Le dernier, Guillaume, décéda à Saint-Maurice le 14 mai 1696.

3. — *Jacques*, qui suit, VII.

4. — *Marie-Claire*, baptisée à La Madeleine le 29 juin 1658.

5. — *Marie-Anne*, baptisée à La Madeleine le 20 juin 1661.

6. — *Marie-Françoise*, baptisée à La Madeleine le 12 octobre 1662.

7. — *Marc-François*, baptisé à La Madeleine le 26 avril 1664.

8. — *Pierre-Joseph*, baptisé à La Madeleine le 18 janvier 1666.

VII. — *Jacques* DOUCHET, baptisé à Saint-Maurice le 24 septembre 1656, bourgeois de Lille par relief du 2 août 1685, épousa à Saint-Maurice, le 29 mai 1685, Marie-Catherine *Defferrez*, fille de Pierre et de Catherine *Thieully* ; d'où :

1. — *Jacques*, baptisé à Saint-Étienne le 10 avril 1686.

2. — *Jérôme-François*, baptisé à Saint-Étienne le 6 avril 1687.

3. — *Jean-Baptiste*, qui suit, VIII.

4. — *Mathieu*, baptisé à Saint-Étienne le 11 août 1691.

5. — *Guillaume-Joseph*, baptisé à Saint-Étienne le 8 octobre 1692.

6. — *Catherine-Françoise*, baptisée à Saint-Étienne le 8 janvier 1694.

7. — *Adrienne*, baptisée à Saint-Étienne le 7 octobre 1696.

8. — *Jacques*, baptisé à Saint-Étienne le 27 février 1699.

VIII. — *Jean-Baptiste* DOUCHET, baptisé à Saint-Étienne le 2 septembre 1688, orfèvre, bourgeois de Lille par relief du 19 juin 1719, épousa Marie-Barbe *Cordonnier*, fille d'André ; dont il eut :

1. — *Hippolyte-Joseph*, qui releva sa bourgeoisie le 6 avril 1764, fut orfèvre, et épousa Antoinette *Demaude*, fille de Jean-Joseph et de Monique *Grinon*.

III bis. — *Guillaume* Douchet, décédé avant 1558, fut père de :

1. — *Antoine*, né à Avesnes-le-Comte, marchand graissier, bourgeois de Lille par achat du 3 novembre 1600, mort avant février 1717, allié : 1° à Marguerite *Lambelin* ; 2° à Catherine *Denis*, sœur de Marie ; d'où :

    a. — Du premier lit : *Louis*, bourgeois de Lille par relief du 8 novembre 1602, marchand à Ypres, marié à Saint-Étienne, le 21 avril 1602, avec Marie *Bernard*, fille de Nicolas et d'Antoinette *Marissal*, morte avant mai 1638 ; il eut :

        aa. — *Antoinette*, mariée, par contrat passé à Lille le 22 mai 1638, devant M⁰ Jean Turpin, avec Martin *Chevalier*, orfèvre.

    b. — *Robert*.

    c. — *Bettremieu*.

    d. — *Jacques*.

    e. — *Philippe*.

    f. — Du second lit : *Étienne*, baptisé à Saint-Maurice le 23 juin 1573.

    g. — *Gérard*, bourgeois de Lille par relief du 14 février 1617, allié à Saint-Étienne, le 8 mai 1616, à Agnès *du Hu*, fille de Louis.

    h. — *Martin*, religieux à Saint-Waast d'Arras, puis prévôt d'Haspres.

    i. — *Antoinette*, baptisée à Saint-Maurice le 12 janvier 1583, morte célibataire après avoir testé le 25 mai 1641 en faveur de sa servante, Hélène Roole.

    j. — *Étienne*, baptisé à Saint-Étienne le 14 octobre 1590.

2. — *Jacques*, né à Avesnes-le-Comte, bourgeois de Lille par achat du 4 mars 1558 (n. st.), non marié à cette date.

3. — *Wallerand*, qui suit, IV.

IV. — *Wallerand* Douchet, né à Avesnes-le-Comte, bourgeois de Lille par achat du 7 mai 1568, mort vers 1623, épousa en secondes noces Jeanne *Bouchier* ; il eut :

1. — Du premier lit : *Jacqueline*, veuve en 1623 de Jacques *Lefebvre*.

2. — *Guillaume*, baptisé à Saint-Étienne le 23 novembre 1573.

3. — Du second lit : *Wallerand*, prêtre.

4. — *Gérard*.

5. — *Quentin*.

6. — *Théry*.

DOUCHET OU DOULCET.

7. — *Jeanne.*
8. — *Théodore*, qui suit, V.

V. — *Théodore* Douchet, baptisé à Saint-Étienne le 16 février 1607, bourgeois de Lille par relief du 8 mars 1629, échevin de cette ville, mort le 18 ..... 1658 ; épousa à Saint-Étienne, le 18 février 1629, Marie *Vanhostwinck* ou *Hostelbinctre*, fille d'Antoine, décédée le 16 ..... 1670 et inhumée, à côté de son mari, dans la chapelle de la Vierge à Saint-Étienne ; d'où :

1. — *Jeanne*, baptisée à Saint-Étienne le 7 octobre 1631, morte le 26 mars 1665.
2. — *Wallerand*, baptisé à Saint-Étienne le 9 février 1633, mort le 4 septembre 1667.
3. — *Antoine*, baptisé à Saint-Étienne le 21 juin 1634.
4. — *François-Théodore*, baptisé à Saint-Étienne le 5 avril 1636, mort le 17 novembre 1696.

III ter. — *Gérard* Douchet eut d'Ameroye *du Retz* :

1. — *Jean*, qui suit, IV.
2. — *Marie*, alliée à Saint-Étienne, le 14 février 1601, à Wallerand *Briet*, fils de Wallerand, bourgeois de Lille par relief du 6 juillet 1601, drapier, dont elle était veuve avec enfants en 1647.
3. — *Catherine*, mariée avec Ghislain *Herrin*, fils de Charles et de Simonne *de Sollon*, né à Izel-en-Artois, bourgeteur, bourgeois de Lille par achat du 13 janvier 1606 ; dont postérité.

IV. — *Jean* Douchet, né à Avesnes-le-Comte, tonnelier, bourgeois de Lille par achat du 6 septembre 1585, mort avant 1633, épousa : 1° Catherine *Waignon* ; 2° Jeanne *Denis* ; il eut :

1. — Du premier lit : *Claudine*, baptisée à Saint-Maurice le 6 juin 1572 (et non 1542) [1].
2. — *Jacques*, baptisé à Saint-Maurice le 29 octobre 1573.
3. — *Louis*, baptisé à Saint-Maurice le 19 novembre 1576.
4. — *Adrien*, qui suit, V.
5. — Du second lit : *Marie*, baptisée à Saint-Étienne le 10 août 1589, alliée à Sainte-Catherine, le 25 février 1618, à Maximilien *de Hennin*, fils de Nicolas et de Catherine *de la Hamayde*, bourgeois de Lille par relief du 6 novembre 1618.
6. — *Catherine*, baptisée à Saint-Étienne le 17 septembre 1592.

---

1. La mère porte dans l'acte le prénom de *Marie*.

mariée dans cette église, le 10 septembre 1612, avec Pierre *Desmons*, dont elle était veuve en 1619.

7. — *Louise*, baptisée à Saint-Étienne le 28 décembre 1596.

V. — *Adrien* Doulchet ou Doulcet ou Douchet, baptisé à Saint-Maurice le 17 février 1579 (n. st.), procureur, bourgeois de Lille par relief du 18 avril 1611, mort avant mars 1634, épousa à Sainte-Catherine, le 19 juillet 1610, Catherine *Hangouart*, fille de Paris, sr de Lendouse, et de Jeanne *Doresmieulx* ; d'où :

1. — *Nicolas*, baptisé à Sainte-Catherine le 9 mai 1611, bourgeois par relief du 3 mars 1634, bailli de l'abbaye de Saint-Vaast, au pays de Lalleu, en 1639, notaire, marié : 1° avec Madeleine *Gery*, fille de Pasquier et de Mathieunette *de le Forterie*, baptisée à Saint-Pierre le 9 mars 1610 ; 2° avec Hélène *Roole*, l'ancienne servante de sa cousine Antoinette ; dont :

    a. — Du premier lit : *Maximilien*, baptisé à Sainte-Catherine le 30 janvier 1634.

    b. — *Jean-Baptiste-Victor*, baptisé à Sainte-Catherine le 10 octobre 1635.

    c. — *Bon-Georges*, baptisé à Sainte-Catherine le 28 avril 1637.

    d. — *Jacques*, baptisé à Saint-Pierre le 4 juin 1639.

    e. — *Nicolas*, baptisé à Saint-Pierre le 16 juin 1642.

    f. — *Robert-Guillaume*, baptisé à Saint-Pierre le 19 août 1647.

    g. — *Pierre*, baptisé à Saint-Pierre le 28 mai 1650.

    h. — *Marc-Antoine*, baptisé à Saint-Pierre le 20 décembre 1653.

2. — *Jean-Baptiste*, qui suit, VI.

3. — *Maximilien*, baptisé à Sainte-Catherine le 4 août 1616.

4. — *Adrien*, baptisé à Sainte-Catherine le 17 juin 1627.

VI. — *Jean-Baptiste* Doulcet, baptisé à Sainte-Catherine le 13 octobre 1613, bourgeois par relief du 11 avril 1637, docteur en médecine, l'un des auteurs de la Pharmacopée de Lille de 1640 ; épousa : 1° à Saint-Étienne, le 18 avril 1636, Marie *Godin*, fille de Jacques et de Françoise *Douchet* [1] ; 2° à La Madeleine, le 25

---

1. Cette Françoise Douchet ne paraît pas être de la même famille ; son père, Nicolas (fils d'Eustache), né à Lille, acheta la bourgeoisie de cette ville le 3 décembre 1563. Il épousa Jeanne Delotz, dont il eut : Françoise, mariée avec Jacques Godin, fils de Bettremieu et de Laurence Blèrvacque, sayeteur, bourgeois de Lille par relief du 3 décembre 1563.

novembre 1655, Jeanne *Liénard*, fille d'Hugues et de Jacqueline *Dancoane* (*Dancoisne*), baptisée à Sainte-Catherine le **14** mai 1631 (?) ; il eut :

1. — Du premier lit : *Élisabeth-Monique*, baptisée à Sainte-Catherine le 2 juin 1637.
2. — *Jean-André*, baptisé à Sainte-Catherine le 5 septembre 1638.
3. — *Martin*, baptisé à Sainte-Catherine le 1ᵉʳ janvier 1640, prêtre, curé de Saint-Pierre ; il testa en 1683 [1].
4. — *Jean*, baptisé à Sainte-Catherine le 22 août 1641.
5. — *Marie*, baptisée à Sainte-Catherine le 27 janvier 1643, décédée paroisse Saint-Pierre le 13 août 1689.
6. — *Catherine*, baptisée à Sainte-Catherine le 19 juin 1644.
7. — *Catherine*, baptisée à Sainte-Catherine le 29 septembre 1648.
8. — *Marguerite-Félicité*, baptisée à Sainte-Catherine le 19 décembre 1649.
9. — Du second lit : *Marie-Françoise*, baptisée à Sainte-Catherine le 4 octobre 1656.
10. — *Jean-René*, baptisé à Sainte-Catherine le 16 janvier 1658, vivant en 1688, décédé paroisse Saint-Maurice le 10 février 1702.
11. — *Nicolas-Amand*, baptisé à Sainte-Catherine le 10 mai 1659, décédé paroisse Saint-Maurice le 9 octobre 1709.
12. — *Lambert-François*, baptisé à Sainte-Catherine le 21 juillet 1660.
13. — *Robert-François*, qui suit, VII.
14. — *Jeanne-Angélique*, baptisée à Sainte-Catherine le 18 février 1664, vivant en 1689.
15. — *Marie-Thérèse*, baptisée à Sainte-Catherine le 15 avril 1665.
16. — *Stanislas*, baptisé à Sainte-Catherine le 12 août 1666.
17. — *Marie-Félicité*, baptisée à Sainte-Catherine le 28 août 1667.
18. — *Marie-Catherine*, baptisée à Sainte-Catherine le 15 octobre 1668, décédée paroisse de La Madeleine le 5 avril 1685.

VII. — *Robert-François* Doulcet, sʳ de Libercourt, baptisé à Sainte-Catherine le 6 juillet 1662, médecin, « vir multæ erudi-

---

1. Nous reproduisons son curieux *ex-libris*, le plus ancien Lillois connu, les armes sont : *d'azur à un chevron d'or accompagné en chef d'un croissant et de deux étoiles d'argent et en pointe de deux tibias du même posés en sautoir.*

tionis et memoriæ clarus » [1], bourgeois par relief du 20 mars 1685, décédé le 7 octobre 1717 et enterré à l'abbaye de Loos, épousa à Sainte-Catherine, le 21 février 1685, Antoinette *Mas*, fille de Toussaint et de Catherine-Jeanne *Laignel*, baptisée à La Madeleine le 10 novembre 1660 ; d'où :

1. — *Marie-Antoinette* [2], baptisée à Saint-Maurice le 31 octobre 1685.

2. — *Marie-Françoise-Robertine*, baptisée à Saint-Maurice le 29 octobre 1686, y décédée célibataire le 28 mai 1750.

3. — *Jean-Baptiste*, baptisé à Saint-Maurice le 28 juin 1688.

4. — *Hubert-François*, baptisé à Saint-Maurice le 12 juillet 1689, religieux à l'abbaye de Loos en 1708.

5. — *Catherine-Thérèse*, baptisée à Saint-Maurice le 26 août 1691, vivante en 1703.

6. — *Jeanne-Ursule*, baptisée à Saint-Maurice le 13 octobre 1692, y décédée le 15 janvier 1694. (Le registre porte le seul prénom de Jeanne).

7. — *Marie-Claire-Joseph*, baptisée à Saint-Maurice le 16 mai 1694.

8. — *Toussaint-Ignace*, baptisée à Saint-Maurice le 11 septembre 1695, conseiller au bailliage et à la monnaie de Lille, vivant en 1730.

9. — *Charles-Joseph*, baptisé à Saint-Maurice le 29 juin 1699.

10. — *Marie*, baptisée à Saint-Maurice le 3 juin 1701.

11. — *Robert-François*, baptisé à Saint-Maurice le 3 novembre 1703, y décédé le 12 novembre suivant.

Nota bene. — On trouvera aux registres de l'état-civil quantité d'autres Douchet qui ne nous ont point paru pouvoir se rattacher à la famille précédente.

I. — Michel DOUCHET eut de Marie *Hespel* :

1. — *Marie*, baptisée à Sainte-Catherine le 6 mai 1636.

2. — *Louis*, baptisé à Saint-Maurice le 8 janvier 1638.

3. — *Jean*, baptisé à Saint-Maurice le 1er mai 1639 ; père de *Marguerite*, laquelle testa à Lille devant Me Remy-Joseph Duhamel, le 15 septembre 1691.

---

1. Sa lettre de licence est du 5 mai 1680. (Registre aux lettres de doctorat et licence en médecine, f° 38 v°). — Bibliothèque municipale de Lille, registre aux corps de métiers, n°32. — On a de lui : *a. Lettre d'un médecin sur l'usage de la saignée*, Lille 1692. *b. Défense de la lettre d'un médecin sur l'usage de la saignée*, Lille 1692. *c. Réponse à sa réponse*, Tournai 1692. De plus il rédigea la Pharmacopée lilloise de 1694.

2. *Alias* Marie-Anne, décédée paroisse Saint-Maurice le 6 juin 1701.

4. — *Jeanne*, baptisée à Saint-Maurice le 1er janvier 1641.
5. — *Jeanne*, baptisée à Saint-Maurice le 8 décembre 1641.
6. — *Nicolas*, baptisé à Saint-Étienne le 5 décembre 1642.
7. — *Pierre*, qui suit, II.
8. — *Guillaume*, baptisé à Saint-Étienne le 22 juin 1646.
9. — *Michel*, jumeau du précédent, marié avec Élisabeth *Duriez*; d'où :

    a. — *Guillaume*, maître bourrelier, allié : 1° à Catherine *Wample*; 2° à Lille, par contrat devant Me Jacques Derocque, le 30 juillet 1701, à Marie-Madeleine *Baratte*, fille de Jacques et de Jeanne *Dorchies*; d'où du premier lit : *Hector*, maître mandelier, héritier, en 1709, de son grand-père, David *Desgardin*.

    b. — *Clément*.

    c. — *Adrien*, ollieur, marié par contrat passé à Seclin le 23 octobre 1691, devant Me Philippe-Adrien Duriez, avec Marie *de Hellin*, fille de Pasquier et d'Anne *Cabit*, demeurant à Templemars.

10. — *Bauduin*, baptisé à Saint-Étienne le 24 juin 1648.
11. — *Jeanne-Louise*, baptisée à Saint-Étienne le 12 juillet 1649.
12. — *Adrienne*, baptisée à La Madeleine le 15 novembre 1650.

II. — **Pierre** Douchet, baptisé à Saint-Étienne le 27 octobre 1644, chirurgien à Seclin de 1660 à 1687, épousa Marie *Muict de Bled*, fille de Philippe, chirurgien à Seclin, vivant audit lieu en 1692 ; il en eut :

1. — *Philippe*, chirurgien de l'hôpital de Seclin de 1722 à 1724; allié : 1° par contrat passé à Seclin devant Me Philippe-Adrien Duriez, le 21 juillet 1678, à Catherine *Le Ghys*, fils de Maximilien et de Marie *Dallennes* ; 2° par contrat devant le même notaire, le 7 novembre 1686, à Barbe *Merchier*, fille de Jean et de Marguerite *Blancquart* ; d'où :

    a. — Du premier lit : *Catherine*.

    b. — Du second lit : *Marie-Marguerite*, célibataire à Faches en 1739.

    c. — *Marie-Théodore*, marchande d'étoffes à Seclin.

    d. — Une autre fille, alliée à N. *Delevigne* ; dont postérité.

2. — *Floris*, allié à Françoise *Havet*, et père de :

    a. — *Jean-Baptiste*, cordonnier à Seclin en 1718.

3. — *Jacques*, marié avec Élisabeth *Lancry*, fille d'Antoine et de Marie *Graveline*. Il testa devant Me Pierre-Mathieu Cornillot, à Seclin, le 6 mars 1708. Il est encore cité comme chirurgien de l'hôpital de Seclin en 1712 ; il eut :

a. — *Marie-Joseph.*

b. — *Martin*, chirurgien, marié à Lille par contrat devant M° Guillaume Desbuissons, le 26 décembre 1710, avec Marie-Madeleine *Cornillot*, fille de Toussaint et de Jeanne *Desbuissons*, servante du sieur Boutry. Il s'établit, dit-on, comme chirurgien à Pont-à-Vendin et il eut pour fils : *Charles-François*, chirurgien de l'abbaye de Phalempin, décédé le 10 mars 1745 à 28 ans, époux d'Angélique *Oure*.

4. — *Charles-François*, chapelain à la chapelle Sainte-Marie-Madeleine à la collégiale de Seclin, mort le 6 août 1737.

DUBOSQUIEL

Armes : *d'azur au franc canton d'argent, chargé d'un écureuil au naturel.*

Au commencement du XIVe siècle nous trouvons à Templeuve-en-Pèvele deux frères, *Nicolas* et *Robert* Dubosquiel, qui vinrent s'établir à Lille : Robert acheta la bourgeoisie de cette ville en 1302 et mourut entre 1354 et 1362, laissant deux fils qui achetèrent la bourgeoisie en 1354 et 1362. Quant à Nicolas, il forme le premier degré de la généalogie qui suit :

I. — *Nicolas* Dubosquiel, né à Templeuve-en-Pèvele, bourgeois de Lille par achat en 1302, eut :

1. — *Gillon*, bourgeois par achat en 1302, père de :
   a. — *Pierre*, bourgeois par achat en 1347, père lui-même de :
      aa. — *Thomas*, qui acheta la bourgeoisie en 1377.
      bb. — *Jacquemars*, bourgeois par achat en 1385, mort avant 1433, laissant :
         aaa. — *Enguerrand*, bourgeois par rachat du 13 février 1433 (n. st.).
         bbb. — *Bertrand*, bourgeois par rachat du 16 décembre 1437.
2. — *Martin*, qui suit, II.

II. — *Martin* Dubosquiel, bourgeois de Lille par achat en 1307, épousa Joye *de Tourcoing*, remariée avec Jacques *Grenu* ; il eut :

1. — *Pierre*, qui acheta la bourgeoisie en 1348.
2. — *Jean*, qui suit, III.

III. — *Jean* Dubosquiel, bourgeois par achat en 1350, échevin, s'allia, dit-on, à Jeanne *Hangouart*, qui le rendit père de :

1. — *Jean*, bourgeois par rachat du 26 février 1401 (n. st.), père de :
   a. — *Jean*, dit le *grand bosqueau*, bourgeois de Lille par rachat du 7 août 1435, bourgeois d'Arras le 18 janvier 1453,

mort en 1458, marié : 1° avec Catherine *de Bouvines* [1], fille de Sandrard, s[r] de Péronne ; 2° avec Marguerite *Verdière* [2], dame de Lesquin, fille de Georges et de Marguerite *de Warenghien*. Sa veuve obtint des lettres d'anoblissement datées de Bruxelles le 27 septembre 1459 ; d'où :

 aa. — Du premier lit : *Marie*, alliée vers 1456 à Jean *de Tenremonde*, s[r] d'Hébuterne, fils d'Henri et de Jacqueline *Fremault*, bourgeois de Lille par relief du 17 décembre 1456, nommé conseiller pensionnaire de cette ville le 3 octobre 1458, mort avant 1495 ; dont postérité.

 bb. — Du second lit : *Marguerite*, dame de Lesquin, mariée avec Bauduin *de Croix*, s[r] de Wambrechies, fils de Jean dit de Drumez, bailli de Lille, et de Catherine *de la Tannerie*.

 cc. — *Jeanne*, morte le 6 août 1514, épouse de Luc *de Cuinghien*, fils de Gérard et de Jeanne *de Hingettes*, décédé en février 1501 et enterré, ainsi que sa femme, dans la chapelle de Saint-André à Saint-Pierre ; dont postérité [3].

2. — *Pierre*, qui suit, IV.

3. — *Colard*, bourgeois par rachat du 15 novembre 1404.

IV. — *Pierre* DUBOSQUIEL, bourgeois par rachat du 8 juillet **1402**, mort en **1428** et enterré dans l'église Saint-Sauveur, eut de Catherine *d'Ypre*, fille de Jacques :

1. — *Pierre*, bourgeois par rachat du 22 octobre 1433, mort vers 1468, allié à Anne *de Launay*, fille naturelle de Mahieu et de Jeanne *de Hennin* ; d'où :

 a. — *Anne*, dame d'Estaimpuis, mariée à Saint-Jacques de Tournai, en 1468, avec Jean *de la Chappelle*, s[r] du Roseau, fils de Bauduin et de Marguerite *de Willy*, veuf de Catherine *de Vos* ; dont postérité.

 b. — *Jacques*, maître de l'hôpital Saint-Sauveur.

2. — *Jean*, qui suit, V.

3. — *Godefroy*, bourgeois de Lille par rachat du 7 septembre 1434.

4. — *Joye*, épouse de Jean *de le Cambe dit Ganthois*, fils de

---

1. DE BOUVINES : *bandé d'or et d'azur de six pièces*.

2. VERDIÈRE : *écartelé : aux 1 et 4, de gueules à trois verdiers d'or ; aux 2 et 3, d'or au léopard lionné de sable passant sur le chef de l'écu*.

3. Gailliard (*Bruges et le franc*, tome II, p. 127) y ajoute un fils *Alexandre* qui lui-même fut père de quatre enfants.

Jacques et de Cécile *Dubois*, bourgeois de Lille par rachat du 29 octobre 1437, fondateur de l'hôpital Gànthois et de la maison des repenties, échevin de Lille, roi de l'Épinette en 1442, remarié avec Jeanne *Dubus*, puis avec Catherine *de Tenremonde*, décédé le 7 novembre 1496 à l'âge de 86 ans; dont postérité.

5. — *Catherine*, alliée à Jean *de la Bouverie*, fils de Jacques, bourgeois de Lille par rachat du 24 octobre 1432; elle vivait encore en veuvage en 1493.

6. — *Collart*, bourgeois par rachat le 26 novembre 1439.

7. — *Martin*, qui suivra, V bis.

8. — *Marie*, décédée le 21 juin 1480, alliée à Jacques *le Varlet*, dit *Haccart*, fils de Jean et de Marguerite *Pippelard*, bourgeois de Tournai par relief du 19 décembre 1443, y décédé paroisse Saint-Jacques le 27 septembre 1486; dont postérité.

V. — *Jean* DUBOSQUIEL racheta sa bourgeoisie le 4 septembre 1433 et eut de Péronne *Le Bail* :

1. — *Pierre*, qui suit, VI.

2. — *Jeanne*, épouse d'Antoine *Gommer*.

3. — *Marie*, alliée à Pierre *de Lannoy*, fils de Louis, bourgeois par rachat du 19 décembre 1467.

4. — *Godefroy*, qui suivra, VI bis.

5. — *Françoise*, mariée avec Guillaume *Bultel*, dit *de Belvalet*, né à Saint-Pol, bourgeois d'Arras le 9 janvier 1483, remarié avec Catherine *Bertoult*, laquelle se remaria avec François *du Bosquiel*.

6. — *Isabeau*, alliée à Bernardin *Combliel*, fils de Jacques, bourgeois de Lille par rachat du 8 juin 1481; dont postérité [1].

VI. — *Pierre* DUBOSQUIEL, bourgeois par rachat du 3 août 1484, mort avant 1513, épousa Jeanne *Cocquiel*, fille de Martin et de Marie *de Pérenchies*; d'où :

1. — *Hugues*, qui suit, VII.

2. — *François*, qui suivra, VII bis.

3. — *Jehan*, bourgeois d'Arras sans finances le 29 octobre 1523 et bourgeois de Lille par relief du 29 juillet 1524.

4. — *Antoine*, bourgeois de Lille par relief du 13 janvier 1530 (n. st.), échevin de cette ville, décédé avant 1572, allié à Jossine *Domessent*, dont il eut :

---

1. Il faut peut-être ajouter Gilles, maître de l'abbaye de Saint-Vaast d'Arras à Mons-en-Pèvele en 1482. Son sceau portait un arbre accosté d'une chèvre le broutant à senestre.

    a. — *Jacques*, bourgeois de Lille par relief du 23 avril 1572.
    b. — *Jeanne*, épouse d'Allard *de le Fortrie*, fils de Jean, bourgeois par relief du 10 mai 1554.
    c. — *Marie*, mariée avec Pierre *Bertoul*, fils d'Hugues.
  5. — *Godefroy*, bourgeois de Lille par rachat du 7 septembre 1534.
  6. — *Jeanne*, épouse d'Arnould *de Cuinghien*, fils de Jean et de Jossine *de Mullem*, dont une fille.
  7. — Une fille, mariée à Abraham *van Immersel*; dont postérité.
  8. — *Martin*, allié à Éléonore *de Voocht*, dont il eut :
    a. — *Guillemette*, épouse de Joseph *van Immersel*.
    b. — *Allard*, allié à Béatrix *van Ammerstake*; sans postérité.
    c. — *Jacques*, époux de Jacqueline *de Habarcq* [1].

VII. — *Hugues* Dubosquiel, écuyer, sʳ du Jardin, Gadimetz, bourgeois de Lille par relief du 11 janvier 1514 (n. st.), prévôt d'Arras, épousa Marie *de Melun* (bâtarde), dont il eut :

  1. — *François*, qui suit, VIII.
  2. — *Marie*, alliée à Philippe *Van den Heetvelde*; dont postérité.

Branche du BOSQUEL [2] du GADIMETZ

VIII. — *François* du Bosquel, écuyer, sʳ du Châtel d'Airon et du Gadimetz (très souvent appelé François de Gadimetz et signant toujours ainsi), lieutenant de Roi à Montreuil sous M. de Mailly, bourgeois d'Arras, le 7 avril 1562, gouverneur, 1568 à 1581; mort avant le 5 septembre 1581. Acheta en 1564 la terre d'Airon-Saint-Waast sur l'abbaye de Saint-Josse, forcée de la vendre pour contribuer aux subsides levés par Charles IX sur le clergé. Épousa : 1º par contrat du 19 décembre 1550, Marguerite *de Cresecques* ou *Querecques* (vivante en 1573), fille de Jean, écuyer, sʳ de Marieux et de Martainneville, et de Jacqueline *de la Tramerie*; 2º avant 1578, Antoinette *Brisse*, veuve de Mᵉ Nicolas *de Martines*, procureur du Roi à Calais et trésorier du Boulonnais; elle était veuve de François *du Bosquel* et tutrice de ses enfants mineurs en 1581, demeurant à Wirwignes en 1592, vivante encore en 1607 et 1622.

  1. — Du premier lit : *Maximilien*, qui suit, IX.
  2. — *Marie*, fille aînée, teste le 17 février 1579 à Montreuil, devant Bellin et Allain ; morte avant le 10 mars ; alliée, par contrat

---

1. D'après une généalogie manuscrite communiquée par M. l'abbé Broutin.
2. Cette orthographe a été constamment et exclusivement employée par cette branche.

du 18 septembre 1569, à Ambroise *de Hesmont*, écuyer, s^r de Dalles, fils de Josse, écuyer, s^r de Dalles, et d'Yolande *du Mont*, remarié à Amiens, par contrat du 9 octobre 1579, à Antoinette *Lucas de Hamencourt*.

3. — *Madeleine*, alliée à Marc *d'Anvin de Hardenthun*, écuyer, s^r d'Ochancourt, mort le 27 juillet 1649, fils d'André, écuyer, s^r dudit lieu, et de Marie *du Quesne*; dont un fils.

4. — *Michelle*, mariée par contrat du 27 octobre 1573, à François *d'Aumale*, chevalier, s^r du Quesnoy, Boubers, Boisrault, fils de François, s^r desdits lieux, et de Michelle *de Bayencourt*.

5. — *Honorine*, religieuse à Sainte-Austreberthe de Montreuil par ingression du 11 juillet 1573, vivante en 1578.

6. — *Françoise*, vivante en 1579.

7. — Et probablement [1] *Charles*, écuyer, s^r de Warde, allié à Jeanne *Regnier*, d'où :

    a. — *Charles*, écuyer, s^r de Warde, vivant en 1650.

    b. — *Jacques*, ancien capitaine de chevau-légers, écuyer, s^r de Warde, demeurant à Airon-Saint-Waast en 1661; épousa, avant 1676, Louise *du Crocq*, fille de Guillaume, écuyer, s^r de Honvault, et de Marie *Tutel*; d'où :

        aa. — *Jean*, écuyer, s^r du Cléty en 1680, et de Warde en 1691, brigadier dans la gendarmerie, demeurant à Airon en 1703.

    c. — *Guillaume* [2], écuyer, s^r de Saint-Pierre, marié à Denise *Le Vasseur*.

8. — Du second lit : *René*, mineur sous la tutelle de sa mère en 1592.

9. — *Catherine*, religieuse aux sœurs de Saint-François de Montreuil, à l'âge de onze ans, par acte d'ingression du 29 avril 1592 [3]. C'est probablement la même qui, en 1624, est appelée « la dame du Gadimez, prieuse du couvent » d'Étaples.

IX. — *Maximilien* DU BOSQUEL, écuyer, s^r du Gadimetz et du Châtel d'Airon, 1579-1590, encore mineur en 1583, épousa, par contrat du 8 février 1582, Anne *du Bus* [4], dame du Petit-Bus, fille de Jean, écuyer, s^r du Bus, Wailly, Saucourt, Friville, Catigny, et d'Isabeau *Gaillard des Alleux*.

---

1. Le point de jonction de cette branche n'est pas absolument prouvé.
2. La pose de ce personnage n'est pas tout à fait certaine non plus.
3. Dans cet acte, Antoinette Brisse déclare connaître « le zèle et afection que à ladite Caterine *dès y a longtemps* d'estre religieuse de l'ordre sainct François au couvent de ceste dicte ville de Monstrœul, en quoy elle continue encores à présent, *elle estant eagée de unze ans et dix mois.* » !!!
4. DU BUS : *d'azur au chevron d'argent, chargé de trois trèfles de sable, et accompagné de trois molettes d'éperon d'or.*

1. — *Emmanuel*, qui suit, X.
2. — *Jacques*, sr de Fronville, allié à N. *Regnier* (?)
3. — *Françoise*, alliée, avant 1618, à Gilles *Postel*, écuyer, sr de Saint-Éloy, fils de Jean, sr dudit lieu, mayeur de Montreuil, et d'Adrienne *Le Latteur*, sa première femme.

X. — *Emmanuel* du Bosquel, écuyer, sr du Gadimetz et des deux Airons ; acheta, en 1640, la seigneurie d'Airon-Notre-Dame au maréchal d'Hocquincourt ; mort le 7 avril 1652 en son château d'Airon, qualifié vicomte d'Airon-Saint-Waast en 1636. Allié, par contrat du 22 février 1620, devant Foyart, notaire à Montreuil, à Jeanne *de Montaudion*, fille de Michel, écuyer, sr de la Ferrière, sergent-major au régiment de Picardie, et de Madeleine *Courtret* ; morte vers 1666.

1. — *Jean*, écuyer, sr du Gadimetz et vicomte des deux Airons, vivant en 1672, mort vers 1678, demeurant à Airon en 1650 et 1672, à Baynast-lez-Zalleux en 1666 ; marié, sans enfants, à Élisabeth *de la Haye*[1], fille de Charles, écuyer, et de Geneviève *de Cresecques* ; elle se remaria vers 1680, à Antoine *de la Villeneuve*, chevalier, sr de Boin et Cattigny (?). Elle racheta Airon, qui passa ainsi aux La Villeneuve, ses enfants.

2. — *Henry*, prêtre, curé de Dominois et Argoules et sr du Gadimetz, vivant en 1671. Il fit foi et hommage pour la terre d'Airon-Saint-Waast le 14 août 1681 au lieu de Jean son frère[2].

3. — *Louis*, écuyer, sr de Fronville, vivant en 1646-1671 ; mort à Brimeux le 28 juillet 1691, enterré dans l'église ; épousa Marie-Jeanne *de Harchies*, fille de Charles et d'Anne-Laurent *de Preumonteau* ; d'où :

    a. — *François*, sr du Gadimetz et Fronville, demeurant à Brimeux en 1702 ; marié, en l'église de Brimeux, le 29 juin 1707, à Marie-Jeanne *de La Pasture*, née à Saint-Firmin de Montreuil le 29 mars 1667, fille d'Isaac, écuyer, sr de la Rocque, et de Jeanne *Hurteur* ; dont un fils[3].

    b. — *Marie-Louise*, demeurant à Brimeux en 1702, y décédée le 3 janvier 1725, âgée de 70 ans, sans alliance.

---

1. DE LA HAYE : *d'argent à la croix de gueules chargée de cinq molettes d'or*.
2. Archives d'Abbeville, manuscrit JJ. 282, f° 85.
3. D'après une note assez confuse, extraite des manuscrits généalogiques de M. de Baizieux, François du Bosquel, mari de la demoiselle de La Pasture, aurait eu une fille bâtarde, nommée Madeleine, mariée à Bourgois, de Brimeux. C'est sans doute « Marie-Magdelaine-Françoise du Bosquel, damoiselle de Gadimez », marraine à Brimeux en 1724.

c. — *Jeanne*, morte fille à Brimeux ; testa devant Cailleux, notaire à Montreuil, le 10 août 1704, en faveur de son frère François et de sa sœur Louise.

d. — *Isabelle*, alias *Élisabeth*, alliée à Louis *Liégard*, écuyer ; on ignore s'il y eut postérité.

4. — *Maximilien-Emmanuel*, qui suit, XI.

5. — *Charlotte*, née en 1622, morte âgée de 56 ans, à Œuf, le 3 mars 1678 ; alliée, par contrat du 12 décembre 1640, à Jacques *Wllart* [1], écuyer, baron d'Œuf-en-Ternois, capitaine au régiment de Bellebrune, qui testa en 1683 et mourut à Œuf le 19 juin de la même année, âgé de 66 ans ; fils de Jacques, écuyer, sr de La Magdelaine, et de Jeanne *Dupont*, dame d'Œuf ; dont postérité.

6. — *Marthe-Austreberthe*, mariée, par contrat du 19 octobre 1648, devant Patte, notaire à Montreuil, à Florent *de Neufville* [2], écuyer, sr de Brugnobois, Larville, fils de Louis, écuyer, sr dudit lieu, et de Marie *Couvelaire* ; dont postérité.

XI. — *Maximilien-Emmanuel* du Bosquel, écuyer, sr du Gadimetz et du Héron (sic), ancien capitaine, demeurant à Wailly [3] en 1670 et 1688, mort avant 1702 ; allié, avant 1670, à Marie-Madeleine *de Regnier* [4], « de la glorieuse race de Saint-Hubert, » décédée à Wailly le 25 mai 1713, fille d'Antoine, écuyer, sr d'Esquincourt, et de Madeleine *du Lavay*, sa seconde femme.

1. — *Gaspard*, écuyer, sr de la Ferrière, vivant en 1697, mort à Wailly le 21 août 1703.

2. — *Jean-Hubert*, écuyer, sr du Bosquel, vivant en 1704 ; marié en l'église de Wailly, le 6 février 1703, à Anne-Charlotte *Vincent*, fille de feu Jean, écuyer, sr d'Hantecourt, lieutenant général criminel en la sénéchaussée de Ponthieu, et de feue Barbe *de Dourlens* ; elle mourut à Wailly le 7 octobre 1703 ; dont :

a. — *Marie-Françoise*, née à Wailly le 4 octobre 1703, morte le 7.

3. — *Marie-Marthe*, vivante en 1741, mariée en l'église de Wailly, le 24 avril 1702, à Antoine *Moreau*, écuyer, sr de Vernicourt, de la

---

1. WLLART : *d'argent à trois fers de moulin de gueules.*

2. DE NEUFVILLE : *d'hermines au chevron de sinople, accompagné de trois tourteaux de gueules.*

3. Wailly, près Montreuil.

4. DE REGNIER : *écartelé : aux 1 et 4, d'azur ; aux 2 et 3, de gueules à une croix ancrée d'or, et une bande d'argent chargée de six mouchetures d'hermines brochant sur le tout.*

paroisse d'Outreau, fils de Philibert, écuyer, sʳ dudit lieu ; en 1714 et 1741 il demeurait à Le Turne-lez-Frencq, qualifié ancien garde du corps du Roi ; dont postérité.

4. — *Béatrix-Antoinette*, morte à Beaurainville le 22 janvier 1722, épousa Louis *Thuillier*, garde du corps du Roi, lieutenant à l'hôtel royal des Invalides, décédé à Beaurainville le 18 novembre 1728, âgé de 46 ans, dont deux filles.

5. — *Anne*, vivante en 1702 [1].

VII bis. — *François* Dubosquiel, sʳ de Stradin, bourgeois de Lille par relief du 14 janvier 1515 (n. st.), échevin d'Arras où il décéda le jour de la Saint-André 1524, obtint en 1518 une sentence des commissaires des nouveaux acquêts au bailliage d'Amiens le déclarant noble et issu de noble génération. Il épousa Catherine *Bertoult*, veuve de Guillaume *de Belvalet*, morte le 24 avril 1563 et eut un fils :

VIII. — *François* Dubosquiel, écuyer, sʳ de Stradin, bourgeois de Lille par relief du 10 avril 1536 (n. st.), mort le 2 août 1540 d'après Martin Doué, épousa Isabeau *de Habarcq*, fille de Jacques, chevalier, sʳ de Lavy, et d'Antoinette *de Haynecourt* ; d'où :

1. — *François*, qui suit, IX.

2. — *Catherine*, alliée à Guy *de Bonmarché*, né à Douai, bourgeois d'Arras le 31 janvier 1559.

3. — *Marguerite*.

4. — *Antoinette* ; ces trois filles étaient encore mineures en juin 1544.

IX. — *François* Dubosquiel, écuyer, sʳ de Stradin, bourgeois d'Arras le 7 avril 1562, s'allia à Marguerite *de Louvignies*, dame de la Froissardrie, fille de Léon, écuyer, et de Péronne *de Lannoy*, morte le 24 juillet 1633 et enterrée dans l'église de Mérignies ; dont :

1. — *François*, qui suit, X.

2. — *Antoine*, écuyer, sʳ du Horel, licencié ès lois, bourgeois d'Arras le 10 mars 1617, époux d'Isabelle *du Crocq* [2] ; d'où :

---

1. Toutes ces notes, concernant la branche du Gadimetz, nous ont été obligeamment fournies par M. R. Rodière, de Montreuil-sur-Mer.

2. Du Crocq : *de sable à la fasce vivrée d'argent de quatre pièces, accompagnée de trois trèfles du même.*

a. — *Charlotte*, alliée à Jean-Michel *de Noyelles*, écuyer, sr des Mottes, fils d'Antoine et d'Antoinette *de la Chapelle* ; dont postérité.

b. — *François*, né à Mérignies en 1629, entré à Saint-Vaast d'Arras le 23 mai 1651, sous-prévôt en 1689, mort le 20 mars 1693 et enterré près de l'autel des Saints-Martyrs à la chapelle de ce couvent.

3. — *Marie*, alliée, par contrat du 18 janvier 1599, à Charles *de Moncheaux*, écuyer, sr de le Vincourt, fils de Ponthus et de Françoise *de Waziers Wavrin*.

4. — *Marguerite*, épouse de Philippe-François *Le Maire* [1], sr de Wailly.

X. — *François* Dubosquiel, écuyer, sr de Stradin, la Froissardrie, bourgeois de Lille par achat du 6 octobre 1611, bourgeois de Tournai par achat en 1627, échevin de cette dernière ville de 1627 à 1638, épousa : 1° Jeanne *de Withem*, morte paroisse Saint-Jacques à Tournai le 7 février 1633 ; 2° Françoise *Descamps* [2], fille de Philippe, écuyer, sr de Porville-lez-La Bassée, et de Marguerite *de la Fosse du Povillon*, née le 25 octobre 1601, morte à Tournai le 16 mai 1628 et enterrée dans la chapelle des Célestins ; 3° à Tournai, paroisse Saint-Quentin, le 31 mai 1629, Marie *Bélier* [3], fille de Gabriel, avocat fiscal au bailliage de Tournai, et d'Anne *Le Cappelier* ; d'où :

1. — Du second lit : *Marie-Marguerite*, dame de la Froissardrie, baptisée paroisse de La Madeleine à Tournai le 3 mars 1626, morte paroisse Saint-Brice le 24 août 1661, mariée paroisse Saint-Piat, le 23 novembre 1660, avec Otto-Ernest *de Landas*, chevalier, sr de Mormes, fils de Jacques, juré de Tournai, et de Marie *Ytero*, décédé paroisse Saint-Brice le 4 août 1668.

2. — *Marie-Adrienne*, dame de Stradin, baptisée à Saint-Jacques de Tournai le 12 mai 1628, alliée paroisse Saint-Brice, le 23 juillet 1664, à Georges *Grignart* [4], écuyer, sr de la Motte, fils de Léon, écuyer, et d'Anne *Pelet* ; dont deux fils [5].

---

1. Le Maire : *d'argent à une merlette de gueules.*
2. Descamps : *d'argent au chevron d'azur accompagné de trois roses de gueules.*
3. Bélier : *de sable à la bande d'or, accompagnée de deux têtes de bélier d'argent accornées d'or.*
4. Grignart dit La Motte : *d'argent à une tête de more de sable, diadémée d'or.*
5. Extrait du fragment généalogique Dubosquiel donné par le comte du Chastel de la Howarderie.

VI bis. — *Godefroy* Dubosquiel, bourgeois de Lille par rachat du 3 décembre 1484, épousa après cette date Marguerite *Le Clercq*, dont il eut, entre autres enfants :

1. — *Robert*, qui suit, VII.
2. — *Gérard*, qui suivra, VII bis.
3. — *Antoinette*, épouse de Paul *Castellain*, fils de Jean, bourgeois de Lille par relief du 3 avril 1521 (n. st.), sr d'Ascq, marchand de sayes, mort le 6 mars 1541 ; dont postérité.
4. — *Mathieu*, bourgeois de Lille par relief du 19 novembre 1520, allié à Isabeau *Barbe* ; ils moururent tous deux avant 1544 et laissèrent :

    a. — *Godefroy*, bourgeois par relief du 26 janvier 1546 (n. st.).
    b. — *Marie*, épouse de Mathelin *Heddebault*, fils de Pierre, marchand, bourgeois de Lille par relief du 7 janvier 1542 (n. st.).
    c. — *Paul*, bourgeois par relief du 9 mars 1551 (n. st.), marchand de drap, décédé avant 1599 et époux de Jacqueline *Liévin*; d'où :
        aa. — *Pierre*, né à Anvers, bourgeois de Lille par relief du 23 août 1601 et bourgeois d'Arras le 7 septembre 1606.
    d. — *Mahieu*.
    e. — *Jaspar*.
    f. — *Catherinette* ; ces quatre derniers enfants étaient mineurs en 1544.

5. — *Catherine*, alliée à Gaspard *Coene*, dont il était veuf avec enfants en 1550. Ce Gaspard, fils de Michel, était né à Bruges, se fixa à Lille comme commerçant et acheta la bourgeoisie de cette ville le 16 juin 1521.

VII. — *Robert* Dubosquiel, bourgeois par relief du 26 avril 1514 (n. st.), épousa Nicole *Castellain*, sœur de Paul ; d'où :

1. — *Marguerite*, mariée avec Jacques *de Fourmestraux* le jeune, fils de Pierre et de Jeanne *du Pont*, bourgeois de Lille par relief du 7 décembre 1529, échevin de cette ville, mort avant 1551 ; dont postérité.
2. — *Gérard*, bourgeois par relief du 10 mai 1538, négociant à Anvers ; d'où :

    a. — *François*, bourgeois par relief du 19 juillet 1552.
    b. — *Jaspart*, bourgeois par relief du 19 janvier 1554 (n. st.).
    c. — *Pierre*, sr du Vieux-Bus à Flers, bourgeois par relief

du 17 janvier 1562 (n. st.), époux de Jeanne *Delobel*; dont il eut :

 aa. — *Jean*, écuyer, sr du Gadimetz, bourgeois par relief du 6 janvier 1627, marié à Saint-Étienne, le 22 juin 1626, avec Élisabeth *Waignon*, fille de Nicolas, baptisée dans cette église le 1er décembre 1607.

 bb. — *Jacques*, écuyer, sr d'Averdoing, bourgeois par relief du 14 mai 1609, pourvu d'une curatelle le 24 septembre 1615; marié : 1º à Saint-Étienne, le 13 octobre 1608 [1], avec Marie *de Lannoy*, fille de Jacques et de Marguerite *Le Vasseur* ; 2º par contrat passé devant Me Nicolas Wargnon, le 7 décembre 1624, avec Agnès *du Hot*, fille de Antoine et de Agnès *Bernard*.

 d. — *Marie*, décédée veuve en décembre 1609; alliée : 1º à Jean *de Thieffries*, fils d'Antoine, bourgeois de Lille par relief du 29 juillet 1564 ; 2º en 1573, à Charles *Herlin*, fils de Jean, né à Arras, docteur en droit, bourgeois de Lille par achat le 5 décembre 1572.

3. — *François*, qui suit, VIII.

4. — *Isabeau*, mariée, le 7 janvier 1540, avec Gilles *de Fourmestraux*, frère de Jacques, bourgeois de Lille par relief du 4 juin 1540, mort avant 1574 ; dont postérité.

5. — *Mahieu*, bourgeois par relief du 2 janvier 1546 (n. st.).

VIII. — *François* DUBOSQUIEL, bourgeois par relief du 10 avril 1536 (n. st.), épousa Marie *Déliot* ; d'où :

IX. — *Gérard* DUBOSQUIEL, bourgeois de Lille par relief du 17 septembre 1577, épousa Jeanne *Berthault* dite *de Hollande*, fille d'Antoine et de Péronne *de la Porte*, dont :

1. — *Marguerite*, baptisée à Saint-Maurice le 17 février 1579 (n. st.), mariée avec Louis *Alatruye*, dit *de le Vigne*, fils de Nicolas, baptisé à Saint-Étienne le 2 septembre 1576, marchand drapier, bourgeois de Lille par relief du 23 janvier 1599 ; dont postérité.

2. — *Jean-Baptiste*, baptisé à Saint-Maurice le 23 mars 1581 (n. st.).

3. — *François*, qui suit, X.

4. — *Jeanne*, baptisée à Saint-Maurice le 1er septembre 1584 ;

---

1. Contrat de mariage passé à Lille devant Me Nicolas Waignon le 28 août.

allié à Saint-Étienne, le 11 septembre 1605, à Nicolas *Bernisse*, fils de Bauduin et d'Agnès *Le Renier*, bourgeois de Lille par relief du 13 mars 1606, marchand drapier.

    5. — *Gérard*, baptisé à Saint-Maurice le 25 octobre 1586.

    6. — *Antoinette*, baptisée à Saint-Maurice le 11 octobre 1588.

    7. — *Robert*, baptisé à Saint-Maurice le 7 mars 1591, marchand, bourgeois de Lille par relief du 5 octobre 1621, marié à Saint-Étienne, le 30 octobre 1620, avec Jeanne *Boutry*, fille de Pasquier, baptisée dans cette église le 22 mars 1597 ; d'où :

        a. — *Pascal*, baptisé à Saint-Étienne le 29 janvier 1622.

        b. — *Marie*, baptisée à Saint-Étienne le 13 mars 1623.

        c. — *Catherine*, baptisée à Saint-Maurice le 9 avril 1626.

        d. — *Robert*, baptisé à Saint-Maurice le 16 septembre 1628, y décédé le 20 avril 1681.

        e. — *Jeanne*, baptisée à Saint-Maurice le 19 décembre 1629.

        f. — *François*, baptisé à Saint-Maurice le 6 décembre 1631, y décédé le 25 mars 1690.

        g. — *Claire*, baptisée à Saint-Maurice le 22 avril 1636, morte le 5 février 1718 [1].

    8. — *Pétronille*, baptisée à Saint-Maurice le 12 février 1593, testa devant Me Jacques de Parmentier le 1er février 1640.

    9. — *Antoine*, baptisé à Saint-Maurice le 20 avril 1595.

    10. — *Marie*, baptisée à Saint-Maurice le 6 novembre 1597, mariée dans cette église, le 9 février 1620, avec Bernard *de la Barghe*, fils de Michel et de Marie *Deswez*, marchand de draps de soie, bourgeois de Lille par relief du 13 décembre 1613, veuf d'Anne *Potteau*.

X. — *François* Dubosquiel, baptisé à Saint-Maurice le 3 juin 1582, marchand, bourgeois de Lille par relief du 21 novembre 1608, décédé paroisse Sainte-Catherine le 22 mai 1659 et enterré devant la chapelle Notre-Dame, épousa : 1° à Saint-Étienne, le 14 avril 1608, Marguerite *Potteau*, fille de Gérard et de Marie *Femois*, baptisée dans cette église le 5 janvier 1592 ; 2° à Saint-Étienne, le 29 juin 1615, Marie *De la Barghe*, sœur de Bernard, baptisée dans cette église le 3 octobre 1596 ; d'où :

    1. — Du premier lit : *Marguerite*, baptisée à Saint-Étienne le 11 mars 1609.

    2. — *Marie*, baptisée à Saint-Étienne le 9 mai 1611.

---

1. Ses armoiries furent ainsi enregistrées : *d'azur au chevron d'or surmonté d'une étoile à 6 rais d'argent et soutenu d'un écureuil aussi d'argent mangeant une noix de même.*

3. — *Antoinette*, baptisée à Saint-Étienne le 8 août 1613.

4. — Du second lit : *Jeanne*, baptisée à Saint-Étienne le 12 avril 1616.

5. — *Jean*, baptisé à Saint-Étienne le 27 mars 1617.

6. — *Pétronille*, baptisée à Saint-Étienne le 9 juin 1618, décédée paroisse Saint-Pierre le 18 juillet 1699.

7. — *Marie*, baptisée à Saint-Étienne le 25 août 1619, alliée dans cette église, le 14 août 1638, à François *de Richemont*, fils de Pierre et d'Anne *Hennion*, baptisé à Saint-Étienne le 7 mars 1616, bourgeois de Lille par relief du 4 novembre 1638 ; sans enfants.

8. — *Jeanne*, baptisée à Saint-Étienne le 17 septembre 1620.

9. — *Agnès*, baptisée à Saint-Étienne le 18 novembre 1621.

10. — *Dominique*, baptisé à Saint-Étienne le 7 décembre 1622.

11. — *François*, baptisé à Saint-Étienne le 9 janvier 1624, mort paroisse Sainte-Catherine le 10 juillet 1673.

12. — *Michel*, baptisé à Saint-Étienne le 22 décembre 1624.

13. — *Brigitte*, baptisée à Saint-Étienne le 27 décembre 1625.

14. — *Maurice*, baptisé à Saint-Étienne le 5 décembre 1626.

15. — *Gérard*, baptisé à Saint-Étienne le 16 janvier 1628.

16. — *Michel*, qui suit, XI.

17. — *Barbe*, baptisée à Saint-Étienne le 6 décembre 1629.

18. — *Élisabeth*, baptisée à Saint-Étienne le 20 novembre 1630, décédée paroisse Saint-Maurice le 16 décembre 1705, mariée à Saint-Étienne, le 17 janvier 1654, avec Louis *Libert*, fils de Chrétien et de Catherine *Selosse*, né à Tourcoing, marchand, bourgeois de Lille par achat du 8 août 1648, mort paroisse Saint-Maurice le 1er septembre 1703 ; dont postérité.

19. — *Françoise*, baptisée à Saint-Étienne le 20 janvier 1632.

20. — *Thomas*, baptisé à Saint-Étienne le 7 mars 1633.

21. — *Daniel*, baptisé à Saint-Étienne le 8 février 1634.

22. — *Ernestine*, baptisée à Saint-Étienne le 10 mars 1635.

23. — *Marie-Catherine*, baptisée à Saint-Étienne le 13 mai 1636.

XI. — Michel Dubosquiel, baptisé à Saint-Étienne le 4 janvier 1629, bourgeois de Lille par relief du 15 février 1652, mort le 10 janvier 1691, épousa à Saint-Maurice, le 25 novembre 1651, Marie-Françoise *Hespel*, fille de Jean et de Françoise *de Croix*, baptisée à Saint-Étienne le 22 mars 1632, décédée paroisse Saint-Maurice le 19 novembre 1707 ; d'où :

1. — *François*, baptisé à Saint-Maurice le 17 octobre 1652, mort paroisse Sainte-Catherine le 23 mars 1677.

2. — *Marie-Catherine*, baptisée à Saint-Étienne le 25 avril 1656.

3. — *Michel*, baptisé à Saint-Étienne le 1er avril 1658, augustin à Lille.

4. — *Marie-Thérèse*, baptisée à Saint-Étienne le 18 janvier 1660, urbaniste professe le 19 octobre 1681, abbesse de 1725 à 1731, décédée le 23 octobre 1733.

5. — *Marie-Élisabeth*, baptisée à Saint-Étienne le 24 septembre 1661, morte le 16 décembre 1705.

6. — *Marie-Françoise*, dame du Mortier, baptisée à Saint-Étienne le 25 septembre 1663, bienfaitrice du couvent des Augustines de Lille, où elle fut inhumée le 9 août 1732.

7. — *Michel*, baptisé à Saint-Étienne le 31 mai 1665, décédé paroisse Saint-Maurice le 10 février 1703.

8. — *Claire-Angélique*, baptisée à Saint-Étienne le 31 janvier 1667.

9. — *Marie-Aldegonde*, baptisée à Saint-Étienne le 31 janvier 1669.

10. — *Théodore*, baptisé à Saint-Maurice le 7 mars 1671, augustin à Lille.

11. — *Antoine*, baptisé à Saint-Maurice le 26 juillet 1673, bourgeois par relief du 3 février 1698, décédé paroisse de La Madeleine le 12 octobre 1709, alliée dans cette dernière église, le 21 juin 1697, à Marie-Françoise *Cantaloup*, fille d'Allard et de Marie-Françoise *de Croix*, baptisée à La Madeleine le 13 juin 1673, y décédée le 19 octobre 1730, laissant :

    a. — *Marie-Joseph*, baptisée à La Madeleine le 2 septembre 1698, y décédée le 28 janvier 1763, mariée dans cette église, le 7 janvier 1720, avec Jean-François-Guillaume *du Retz*, fils de Jean et de Marie-Françoise *Le Machon del Sauch*, baptisé à La Madeleine le 11 mars 1687, bourgeois de Lille par relief du 24 février 1720, échevin de cette ville et conseiller juge ordinaire en la gouvernance, anobli par l'achat d'une charge de conseiller secrétaire du Roi, décédé paroisse de La Madeleine le 4 octobre 1746 ; dont postérité.

    b. — *Allard-François*, baptisé à La Madeleine le 3 mars 1700, greffier du souverain bailliage de Lille, y décédé le 24 juin 1785.

    c. — *Jacques-Dominique*, sr de Bellenville, baptisé à La Madeleine le 9 octobre 1701, y décédé célibataire le 27 juin 1751.

    d. — *Michel*, baptisé à Saint-Maurice le 24 mai 1703.

e. — *Élisabeth-Thérèse*, baptisée à La Madeleine le 24 décembre 1706, morte le 20 septembre 1710.

f. — *Antoine*, baptisé à Saint-Maurice le 29 août 1708.

g. — *Michel-François*, posthume, baptisé à La Madeleine le 25 mai 1710, mort le 15 juillet suivant [1].

12. — *Jacques-Joseph*, qui suit, XII.

XII. — *Jacques-Joseph* DUBOSQUIEL, s^r d'Helleville, baptisé à Saint-Maurice le 27 novembre 1675, bourgeois de Lille par relief du 7 septembre 1711, nommé conseiller secrétaire du Roi par lettres données à Paris le 27 mai 1713, mort en exercice le 19 juin 1722 paroisse Sainte-Catherine ; épousa : 1° à Saint-Maurice, le 19 janvier 1711, Marie-Madeleine *Libert*, fille de Chrétien, s^r de Tramerie, et de Marie *Van Thiennen*, baptisée à Saint-Maurice le 31 mars 1685, morte à Amsterdam le 19 août 1712 ; 2° à Saint-Maurice, le 14 janvier 1714, Marie-Catherine *Imbert*, fille de Jacques et de Marie-Joseph *Taviel*, baptisée dans cette église le 9 septembre 1688, morte le 27 septembre 1719 et enterrée, ainsi que son mari, dans la chapelle Notre-Dame à Sainte-Catherine ; d'où :

1. — Du premier lit : *Chrétien-François-Joseph*, baptisé à Saint-Maurice le 16 mars 1712.

2. — Du second lit : *François-Joseph-Clément*, qui suit, XIII.

3. — *Marie-Albertine-Françoise-Joseph*, baptisée à Saint-Maurice le 5 février 1716, morte paroisse Saint-Pierre le 27 juin 1759, alliée à Sainte-Catherine, le 16 décembre 1736, à Jean-Baptiste *de Lespaul*, écuyer, s^r des Wattinnes, fils de Pierre, conseiller secrétaire du Roi, et de Marie-Thérèse *Stappart*, baptisé à Sainte-Catherine le 17 octobre 1711, bourgeois de Lille par relief du 16 avril 1737, mort le 22 février 1762 ; dont postérité.

4. — *Louise-Françoise-Joseph*, baptisée à Sainte-Catherine le 22 février 1717, y décédée le 23 juin 1769, mariée dans cette église, le 25 mai 1740, avec Albert-Louis-Joseph-Marie *Diedeman*, chevalier, s^r de la Riandrie, fils de Louis-François et de Marie-Joseph-Bernardine *Mertens*, baptisé à Saint-Maurice le 21 août 1715, bourgeois de Lille par relief du 21 mars 1741, grand bailli héréditaire de la cour et halle de Phalempin, créé marquis en décembre 1774, et mort à Lécluse le 23 avril 1777 ; dont postérité.

---

1. Nous trouvons encore Pierre-Albert-Joseph, fils d'Antoine, mort le 10 avril 1736 et enterré à Saint-Étienne dans la chapelle Saint-Salvator.

5. — *Marie-Catherine-Joseph*, baptisée à Sainte-Catherine le 7 mai 1718.

XIII. — *François-Joseph-Clément* Dubosquiel, écuyer, s^r de Bondues, baptisé à Saint-Maurice le 23 novembre 1714, bourgeois de Lille par relief du 3 juin 1739, marguillier de Sainte-Catherine, convoqué aux assemblées des nobles par ordonnance du 2 décembre 1735, mort le 24 décembre 1782, épousa à Saint-Maurice, le 28 avril 1739, Albertine-Henriette *Diedeman*, sœur d'Albert-Louis-Joseph-Marie, baptisée à Saint-Maurice le 11 septembre 1718, décédée le 19 avril 1802 ; d'où :

1. — *Albert-Louis-Joseph*, baptisé à Sainte-Catherine le 25 janvier 1740, mort le 13 janvier 1820.
2. — *Henri-Joseph*, qui suit, XIV.
3. — *Louise-Albertine-Françoise-Joseph*, baptisée à Sainte-Catherine le 13 août 1744, morte le 29 janvier 1829, alliée à Bondues, le 8 août 1769, à Louis-Charles-Joseph *de Lespaul*, fils de Jean-Baptiste, écuyer, s^r des Wattinnes, et de Marie-Albertine-Françoise-Joseph *Dubosquiel*, baptisé à Saint-Pierre le 2 mars 1741, bourgeois de Lille par relief du 9 janvier 1770, échevin, décédé le 17 vendémiaire an X ; dont postérité.

XIV. — *Henri-Joseph* Dubosquiel, écuyer, s^r d'Elfaut, Bondues, baptisé à Sainte-Catherine le 3 décembre 1742, bourgeois par relief du 23 juin 1770, mort le 19 février 1824, épousa à Saint-Maurice, le 30 avril 1770, Anne-Félicité *Goudeman*, fille de Pierre-Romain-Joseph, s^r d'Estevel, et d'Anne-Thérèse-Françoise *Le Mesre*, baptisée à Saint-Étienne le 14 juillet 1750, décédée paroisse Saint-Eustache à Paris le 29 octobre 1779 ; d'où :

1. — *Albert-Joseph*, écuyer, s^r d'Elfaut, Bondues, baptisé à Sainte-Catherine le 30 novembre 1771, officier de cavalerie, chef de légion de la garde nationale, colonel des gardes d'honneur à cheval de Lille, conseiller municipal de cette ville de 1818 à 1830, maire de Bondues et fondateur de l'hospice de ce village, officier de la Légion d'honneur, mort à Lille le 22 juillet 1854 ; il avait épousé à Lille, le 9 août 1801, Amélie-Albertine-Joseph *Taverne de Burgault*, fille de Pierre-François, écuyer, et de Marie-Angélique-Joseph *de Surmont*, baptisée à Saint-André le 20 octobre 1775, morte à Lille le 27 novembre 1856 ; d'où :

    a. — *Alix-Albertine-Marie*, née le 20 septembre 1806, morte le 17 avril 1819.

2. — *Henri-Clément*, qui suit, XV.

3. — *Marie-Félicité*, baptisée à Sainte-Catherine le 9 mai 1777, morte à Lille le 21 mai 1807, alliée dans cette ville, le 4 vendémiaire an X, à Ignace-Théodore-Joseph *Vandergracht*, fils d'Ignace-François-Joseph et d'Isabelle-Joseph *Bascour*, né à Lille le 25 juin 1773.

XV. — *Henri-Clément* DUBOSQUIEL DE BONDUES, écuyer, baptisé à Sainte-Catherine le 6 décembre 1773, chevalier de la Légion d'honneur, décédé à Lille le 21 février 1832, y épousa, le 18 frimaire an X, Albertine-Antoinette-Joseph *Cardon du Broncquart*, fille d'Ignace-Albert, écuyer, et de Marie-Antoinette *Vanhove*, baptisée à Saint-André le 15 novembre 1774, morte à Lille le 3 février 1858 ; d'où :

1. — *Clémence-Antoinette-Albertine-Zénobie*, née le 17 frimaire an XI, alliée à Lille, le 26 avril 1826, à Marie-Eugène-Amédée *Le Sergeant de Monnecove*, écuyer, fils d'Antoine-Alexis-Joseph, écuyer, et de Marie-Alexandrine-Constance *de Brandt de Galametz*, né à North Fleet Kint le 20 février 1794, capitaine de cavalerie, mort à Lille le 12 décembre 1849 ; dont postérité.

2. — *Emmanuelle-Marie-Henriette*, née le 22 mars 1806, morte le 11 avril 1876, mariée à Lille, le 28 mai 1833, avec Antoine-Timoléon *d'Hespel*, fils de Séraphin-Joseph, écuyer, s^r de Flencques, et d'Angélique-Françoise-Josèphe *Taverne*, né à Lille le 26 ventôse an XI, mort à Lille, le 2 mai 1882 ; dont postérité.

VII bis. — *Gérard* DUBOSQUIEL, fils de Godefroy et de Marguerite *Le Clercq*, bourgeois par rachat du 5 janvier 1512 (n. st.), échevin de cette ville où il décéda en juillet 1556, épousa Michelle *de Boisleux* dite *de Bapaume* ; d'où :

VIII. — *Robert* DUBOSQUIEL, bourgeois de Lille par relief du 20 décembre 1539, échevin ; épousa, le 6 mai 1539, Marie *de Fourmestraux*, fille de Nicolas et d'Agnès *Castellain*, décédée le 11 février 1597 ; d'où :

1. — *Jacques*, bourgeois par relief du 2 janvier 1570 (n. st.), sayeteur, mort avant 1595 ; d'où :

    a. — *Robert*, bourgeois par relief du 12 janvier 1595, allié à Martine *Delobel* ; dont il eut :

        aa. — *Marie*, baptisée à Saint-Maurice le 9 décembre 1594.

bb. — *Antoine*, baptisé à Saint-Maurice le 2 juin 1597.
cc. — *Nicaise*, baptisé à Saint-Maurice le 15 septembre 1598.
dd. — *Michelle*, baptisée à Saint-Maurice le 15 mai 1600.
ee. — *Marguerite*, baptisée à Saint-Maurice le 2 février 1602.
ff. — *Robert*, baptisé à Saint-Maurice le 17 septembre 1603.
gg. — *Jean*, baptisé à Saint-Maurice le 14 juillet 1605.
hh. — *Jérôme*, baptisé à Saint-Maurice le 30 mars 1608.
ii. — *Jacques*, baptisé à Saint-Maurice le 4 mars 1611, décédé paroisse de La Madeleine le 12 décembre 1669.
b. — *Jean*, bourgeois de Lille par relief du 2 mars 1598.
2. — *Jean-Baptiste*, qui suit, IX.

IX. — *Jean-Baptiste* Dubosquiel [1], bourgeois par relief du 11 août 1581, épousa Marie *Waucquier* ou *Vaucquet*; d'où :

1. — *Godefroy*, qui suit, X.
2. — *Jean*, baptisé à Saint-Maurice le 17 février 1586, bourgeois de Lille par relief du 6 novembre 1609, mort avant 1631, allié à Nicole *de Lahoustre*, fille d'Olivier et de Jacquemine *d'Attiches*; dont :

    a. — *Balthazar*, baptisé à Saint-Maurice le 27 mars 1611.
    b. — *Marie*, baptisée à Saint-Maurice le 6 décembre 1612.
    c. — *Marie-Jeanne*, baptisée à Saint-Maurice le 23 novembre 1614.
    d. — *Gilles*, baptisé à Saint-Maurice le 5 janvier 1617.
3. — *Marie*, baptisée à Saint-Maurice le 25 juillet 1593.
4. — *Athanase*, baptisé à Saint-Maurice le 17 décembre 1595.
5. — *Jacqueline*, baptisée à Saint-Maurice le 2 janvier 1598, qui testa à Lille devant M° Jean de Ghestem, le 20 mai 1631, laissant sa fortune aux Augustins et quelques legs à ses neveux, enfants de Godefroy.

---

1. A cette époque nous trouvons à Esquermes plusieurs Dubosquiel ou Dubosquel qui pourraient bien se rattacher à cette branche. Voici deux contrats qui les concernent : Étiennette *du Bosquiel*, fille de Jean et de Catherine *Caudrelier*, mariée par contrat à Lille devant M° Nicolas Waignon, le 22 juin 1596, avec Josse *Pennel*, laboureur à Esquermes. — Jacques *du Bosquiel*, fils des mêmes et neveu de Simon et de Jacques *Dubosquiel*, maître de l'hôpital Saint-Sauveur, allié par contrat à Lille devant M° Nicolas Waignon, le 26 février 1597, à Jeanne *Le Riche*, veuve d'Olivier *de Laoultre*.

6. — *Michelle*, baptisée à Saint-Maurice le 9 octobre 1602.
7. — *Marguerite*, baptisée à Saint-Maurice le 24 octobre 1605.
8. — *Balthazar*, baptisé à Saint-Maurice le 22 août 1609.

X. — *Godefroy* DUBOSQUIEL, baptisé à Saint-Maurice le 1er janvier 1584, marchand de draps, bourgeois de Lille par relief du 30 mars 1606, épousa à Saint-Maurice, le 9 mai 1605, Agnès *Mariage*, fille de Robert et de Jeanne *Lequeu* ; d'où :

1. — *Jean-Baptiste*, baptisé à Saint-Étienne le 4 août 1606, bourgeois de Lille par relief du 17 janvier 1630, allié à Pasque *Dubois*, fille de Philippe ; dont :

    a. — *Jean-Baptiste*, baptisé à Saint-Maurice le 18 février 1630.

    b. — *Jacques*, baptisé à Saint-Maurice le 20 février 1631, bourgeois de Lille par relief du 16 mai 1665, allié à La Madeleine, le 8 février 1665, à Marie *Béguin*, fille de Jean et de Marguerite *Behin*, qui le rendit père de :

        aa. — *Marie-Marguerite*, baptisée à Saint-Maurice le 22 décembre 1665.

        bb. — *Marie-Brigitte*, baptisée à Saint-Maurice le 31 décembre 1666.

        cc. — *Pétronille*, baptisée à Saint-Maurice le 1er juillet 1668.

        dd. — *Jean-Baptiste*, baptisé à La Madeleine le 17 mai 1670.

    c. — *Pierre*, baptisé à Saint-Maurice le 27 septembre 1632.

    d. — *Françoise*, baptisée à Saint-Maurice le 31 juillet 1634.

    e. — *Adrienne*, baptisée à Saint-Maurice le 11 octobre 1635.

    f. — *Anne*, baptisée à Saint-Maurice le 2 février 1639.

    g. — *Nicolas*, baptisé à Saint-Maurice le 24 août 1643.

2. — *Robert*, baptisé à Saint-Étienne le 15 août 1608, bourgeois par relief du 2 décembre 1636, marié : 1° à Saint-Maurice, le 3 mai 1636, avec Catherine *Coceneau*, fille de Jean et de Jeanne *Ducro* ; 2° à Saint-Maurice, le 14 janvier 1642, avec Agnès *de Navarre*, fille de Jean et de Marie *Le Mayeur*, baptisée dans cette église le 28 février 1622, morte en 1646 ; d'où :

    a. — Du premier lit : *Jean* [*Baptiste*], baptisé à Saint-Maurice le 19 mars 1637, bourgeois de Lille par relief du 27 mars 1665, allié à Saint-Étienne, le 10 février 1665, à Catherine *Boutry*, fille de Jean et de Marguerite *Lemesre*, baptisée à Saint-Étienne le 8 février 1642.

    b. — *Gilles*, baptisé à Saint-Maurice le 27 juin 1638.

 c. — *Jacqueline*, baptisée à Saint-Maurice le 26 juin 1639.
 d. — *Godefroy*, baptisé à Saint-Maurice le 13 août 1640.
 e. — Du second lit : *Robert*, baptisé à Saint-Maurice le 9 décembre 1642.
 f. — *Catherine*, baptisée à Saint-Maurice le 23 janvier 1644, mariée à Saint-Étienne, le 22 janvier 1669, avec Antoine *Cousin*, fils de Jean et de Jeanne *Plouvier*, baptisé à Saint-Étienne le 26 janvier 1641, bourgeois de Lille par relief du 21 juin 1669.
 g. — *Marie*, baptisée à Saint-Maurice le 26 novembre 1645.
 3. — *Roch*, baptisé à Saint-Étienne le 3 mars 1611, mort avant 1631.
 4. — *Pierre*, baptisé à Saint-Étienne le 19 avril 1613.
 5. — *Godefroy*, baptisé à Saint-Étienne le 27 septembre 1615, bourgeois de Lille par relief du 15 octobre 1641, allié dans cette église, le 7 juin 1641, à Catherine *Radou*, fille de Pierre, caudrelier, et de Claire *Willemin*, baptisée à Saint-Étienne le 3 juillet 1617; d'où :
 a. — *Claire*, baptisée à Saint-Étienne le 27 septembre 1642.
 b. — *Agnès*, baptisée à Saint-Étienne le 18 avril 1644.
 c. — *Catherine*, baptisée à Saint-Étienne le 18 mars 1646, morte paroisse Saint-Maurice le 26 avril 1690.
 d. — *Godefroy*, baptisé à Saint-Étienne le 15 décembre 1647.
 e. — *Marie-Thérèse*, baptisée à Saint-Étienne le 19 décembre 1649.
 f. — *Gaspard*, baptisé à Saint-Étienne le 24 février 1651.
 g. — *Jean-Baptiste*, baptisé à Saint-Étienne le 3 mars 1653.
 h. — *Marie-Madeleine*, baptisée à Saint-Étienne le 29 août 1655.
 i. — *Marie-Marguerite*, baptisée à Saint-Étienne le 21 juillet 1661.
 6. — *Pétronille*, baptisée à Saint-Étienne le 28 décembre 1617.
 7. — *Marie*, baptisée à Saint-Maurice le 23 février 1620.
 8. — *Agnès*, jumelle de la précédente.
 9. — *Gilles*, baptisé à Saint-Maurice le 4 mars 1621.
 10. — *Maurice*, baptisé à Saint-Maurice le 22 septembre 1623.

V bis. — *Martin* Dubosquiel, bourgeois de Lille par rachat du 9 septembre 1447, épousa Catherine *de Has*, fille de Pierre et de Philippine *Le Bail* ; elle était veuve en 1460 ; d'où :

 1. — *Hugues*, qui suit, VI.
 2. — *Martin*, bourgeois par rachat du 6 octobre 1486.

3. — *Marie*, épouse de Gilles *Evé*, fils de Pierre, bourgeois de Lille par rachat du 25 août 1478; roi de l'Épinette en 1481; dont postérité.

4. — *Catherine*, alliée à Nicolas *Bétencourt*, fils d'Antoine, né à Rebreuves (comté de Saint-Pol), bourgeois de Lille par achat en 1486; dont postérité.

5. — *Jeanne*, morte le 23 décembre 1518, mariée avec Gérard *Thieulaine* [1], fils de Gérard, bourgeois de Lille par rachat du 14 janvier 1480 (n. st.), remarié avec Marie *Baillet* et décédé le 28 février 1539; il furent inhumés aux Frères mineurs de Lille; dont postérité.

6. — Une fille, alliée à Jean *Lachier*.

VI. — *Hugues* Dubosquiel, bourgeois de Lille par relief du 14 janvier 1480 (n. st.), mayeur de cette ville, mort avant 1517; eut de Nicole *De la Rachie* :

1. — *Martin*, sr de Peregrin, bourgeois par relief du 24 novembre 1517, licencié ès lois, nommé second lieutenant de la gouvernance le 13 janvier 1520 (n. st.), allié à Marie *Dubus*, fille de Pierre et d'Agnès *Lambert*, qui lui laissa trois enfants :

    a. — *Agnès*, dont le service funèbre eut lieu à Lille le 5 décembre 1557, épouse de Bauduin *de la Chapelle*, sr du Roseau, fils de Jean et de Madeleine *Le Prévost*, né à Tournai, bourgeois de Lille par relief du 16 juin 1535, échevin de cette ville; dont postérité.

    b. — *Martin*.

    c. — *Antoinette* (alias *Marie*), mariée avec Philippe *de la Cauchie*, écuyer, fils d'Adrien, sr de Monsorel, et d'Antoinette *de Licques*, remarié avec Antoinette *Le Candele*; sans enfants.

2. — *Hugues*, qui suit, VII.

VII. — *Hugues* Dubosquiel, clerc en la Chambre des comptes à Lille, second greffier en 1508, premier greffier en octobre 1512, auditeur extraordinaire en octobre 1520, maître extraordinaire en 1524, bourgeois de Lille par rachat du 19 octobre 1510, décédé avant 1532, épousa Marie *de La Lacherie* [2]; d'où :

---

1. Thieulaine : *burelé d'argent et d'azur, et une bande de gueules chargée de trois aiglettes d'or, brochant sur le tout.*

2. De la Lacherie : *d'azur à un écu d'argent en abîme, au franc canton d'or; au bâton de gueules brochant en bande sur le tout.*

1. — *Jacques*, sr des Lobbes, clerc en la Chambre des comptes, second greffier en juillet 1532, auditeur en mai 1542, maître ordinaire en novembre 1557, président en décembre 1559, anobli sans finances par lettres données à Madrid le 13 juillet 1564, mort en 1570 [1].

2. — *Nicolas*, sr de Berghe, bourgeois de Lille par relief du 12 janvier 1545 (n. st.), échevin et mayeur, déclaré exempt du droit de nouvel acquêt comme noble en 1585, décédé le 28 mai 1592, allié à Catherine *de Warenghien*, fille de Jean et de Jeanne *Hovart*, morte après son mari le 26 avril .... et enterrée à Saint-Étienne; d'où :

    a. — Jean, écuyer, sr des Plancques, bourgeois de Lille par relief du 7 juillet 1565, échevin et rewart, épousa : 1° Marie *de Haudion*, fille de Rasse, écuyer, et d'Élisabeth *Le Machon del Sauch*; (ce mariage fut annulé, et Marie de Haudion mourut à Gand le 12 mars 1607); 2° Marie *de Rebreviettes*. Il laissa seulement une fille illégitime d'Isabeau *Rouzé*, Yolende, légitimée par lettres du 3 décembre 1599, mariée à Sainte-Catherine, en février 1603, avec Hubert *Miroul*, écuyer, sr de Chantereine, fils d'Arnould et d'Anne-Marie *Petyt*, né vers 1583, bourgeois de Lille par relief du 7 octobre 1603, échevin de cette ville; dont postérité.

3. — *Marie*, alliée à Jean *Muyssart*, écuyer, sr de la Cauchie, fils de Jacques et de Marie *d'Attiches*, avocat, bourgeois de Lille par relief du 2 septembre 1538, remarié avec Barbe *Marquant*, dite *de Saint-Venant*; sans enfants du premier lit.

4. — *Guillaume*, qui suit, VIII.

5. — *Antoine*, qui suivra, VIII bis.

6. — *Jean*, chartreux.

VIII. — *Guillaume* DUBOSQUIEL, sr du Coutre, bourgeois de Lille par relief du 27 août 1554, obtint du conseil privé un acte du 8 juillet 1574 le « déclarant quitte du droit de guet et de garde comme noble, sur avis des mayeur et échevins de Lille qui à ce ont consenty » [2], devint maréchal héréditaire du Boulonnais et mourut avant novembre 1593 [3]; il épousa Marie *de la Chappelle*, fille de Jean et de Madeleine *du Moulin*; d'où :

---

1. D'après ces lettres d'anoblissement, il obtint de pouvoir « enter ses armes par le mitan de cinq fusées de gueules en un champ d'argent. »

2. Bibliothèque communale de Lille, manuscrit 953, supplément, f° 18 v°.

3. Il partagea ses biens entre ses enfants le 28 août 1590, par-devant Me Jean Bourgeois.

1. — *Antoine*, écuyer, s' du Coutre, maréchal héréditaire du Boulonnais, bourgeois de Lille par relief du 1er novembre 1593, marié à Sainte-Catherine, le 31 mai 1593, avec Françoise *Le Blanc*, fille d'Alexandre, écuyer, s' de Meurchin, et de Marie *Muyssart* ; sans enfants.

2. — *Jacques*, qui suit, IX.

3. — *Catherine*, alliée à Laurent *Hovine*, fils de Léon et de Marie *Heddebault*, conseiller de Saint-Brice et des États du Tournaisis, remarié avec Jeanne *de Herzelle* et mort à Tournai, paroisse Saint-Jacques, le 3 novembre 1637 ; dont postérité.

4. — *Marie*.

5. — *Jeanne*.

6. — *Antoinette*, alliée à François *d'Assignies*, fils de Jacques, chevalier, et d'Agnès *de la Vacquerie* ; dont postérité.

IX. — *Jacques* DUBOSQUIEL, écuyer, s' de Wisternes, baptisé à Saint-Pierre le 30 octobre 1568, bourgeois de Lille par relief du 7 juin 1619, maréchal héréditaire du Boulonnais après son frère [1], épousa Jacqueline *Moucque*, fille de N...., écuyer, s' de Quetenghem ; d'où :

    a. — *Adrienne*, baptisée à Saint-Maurice le 22 juin 1621.

---

1. Il fut pourvu d'une curatelle en 1618, après une enquête au sujet de ses accès de folie. Voici une des dépositions faites devant la Gouvernance :

Comparant en sa personne Pasque Dubois, jeusne fille à marier d'agée trente noeuf ans ou environs, demeurant présentement avecq *Anthoine du Bosquiel*, escuyer, seigneur du Coutere, laquelle, après sermen par elle fait ès mains des auditeurs soubz-signez, at affirmé et pour vérité atteste qu'elle at demeuré le temps de vingt trois ans chez Damoiselle Marie *de La Chapelle*, vesve de feu *Guillaume du Bosquiel*, escuyer, seigneur du Coutere, en qualité de servante et à ceste cause elle at acquis bonne cognoissance de *Jacques du Bosquiel*, écuyer, seigneur de Bistervelt, son frère, lequel elle scayt estre de simple d'esprit et d'entendement pour avoir demeuré chez sadite mère et pendant lequel temps ladite attestante at veu ledit Jacques user plusieurs insolenses à l'endroit de la dite feu Damoiselle de La Chapelle pour l'avoir frappé de coup de poing et aultrement en sorte que, si ladite attestante ne eust esté présent, icelluy Jacques eust griefvement blesché sadite mère, démonstrant en oultre ledit Jacques sadite simplesse et débilitude d'espryt en ce que journellement il apportoyt en la maison de sadite mère plusieurs ferrailles, sicomme chaines, deroches, charues, havet, marteau, et aultres hardes servant tant à ladite charues, erches, que à chariotz, desquelles il en faisoyt parades et mesmes mettoyt iceulx par forme de papparures en sa chambre, et lors que la dite attestante demandoyt audit Jacques pourquoy il ramassoyt de samblables hardes, il luy disoyt : « Que en at tu affaires meschantes maleureuses et bougrèsses », affirmant en oultre que ledit Jacques durant ledit temps l'at menaschée diverses fois de la frapper et battre pour ce qu'elle luy remonstroyt aulcuneffois ses vices, laquelle tient pour les causes que dessus ledit Jacques n'estre nullement capable pour gouverner et régier ses biens s'il les avoyt en gouvernement.

De laquelle attestation cy comme dessus : Le Barbier, 1618. — Beaumaretz, 1618.

    (Archives communales de Lille. Contrats passés devant le souverain bailliage de la gouvernance de Lille. Année 1618, n° 13410).

b. — *Jean-Adrien* [1].

c. — *Marie-Ignace*, mineur encore en 1639.

VIII bis. — *Antoine* DUBOSQUIEL, sr de Guisinam, maître d'hôtel de la princesse d'Épinoy, déclaré noble en même temps que son frère Guillaume, mort avant 1620 [2]; épousa par contrat passé devant la gouvernance de Lille, le 25 octobre 1550, Adrienne *de Kerchove*, fille de Nicolas dont il était veuf en 1582; d'où :

1. — *Jean*, qui suit, IX.
2. — *Catherine*, alliée à Romon *Deswatines*, écuyer, fils d'Hugues, sr de Warlincourt, remarié avec Marguerite *du Mont Saint-Éloy*; sans enfants.
3. — *Yolende*, épouse d'Antoine *de Noyelles* [3], écuyer, sr de Noyelles Saint-Ghin, fils d'Antoine et de N. *Février*.
4. — *Marie*, alliée à Gérard *du Mont Saint-Éloy*, fils de Pierre et de Barbe *de Mailly*, bourgeois d'Arras le 7 décembre 1583.

IX. — *Jean* DUBOSQUIEL, écuyer, sr de Guisinam, Péruwez, mort le 11 juillet 1626, épousa par contrat du 12 décembre 1585, Marie *Hangouart*, fille de Guillaume, sr de Pommereaulx, et d'Antoinette *de Croix* dite *de Drumez*; d'où :

1. — *Marie*, morte à Tournai, paroisse Saint-Brice, le 22 août 1638, à 40 ans, mariée, par contrat passé à Lille devant Me Jean Bourel, le 14 juin 1613, avec Philippe *Le Vaillant*, chevalier, sr de Waudripont, fils de Pierre et d'Isabeau *d'Assonleville*, mort le 13 décembre 1659 à l'âge de 70 ans [4]. Ils furent enterrés tous deux dans l'église de Waudripont et eurent postérité.
2. — *Guillaume*, qui suit, X.

X. — *Guillaume* DUBOSQUIEL, écuyer, sr de Péruwez, obtint des lettres de rémission datées de Bruxelles le 20 décembre 1652 pour s'être rendu coupable d'un meurtre à la suite d'une dispute, et mourut à Halluin le 5 août 1661. Il épousa : 1° Marie *de Cour-*

---

1. Nous trouvons dans la généalogie Bulteel (*Annuaire de la noblesse de Belgique*, 1868, p. 58) que Marie-Marguerite Bulteel, fille de Josse-Jean et de Marie Crivelli, baptisée à Saint-Martin d'Ypres le 16 septembre 1633, morte le 26 septembre 1676, aurait épousé, en premières noces, le 23 février 1651, Jean Du Bosquiel, sr du Coutre.

2. Il partagea ses biens entre ses quatre enfants le 5 juin 1583, par-devant Me Daniel Vandenbroole.

3. DE NOYELLES : *d'azur à un arbre d'or*.

4. Son testament fut passé à Lille devant Me J. Turpin le 5 septembre 1639.

teville ; 2° Catherine *de Malet de Coupigny*, fille de Charles, écuyer, s^r de Sallau, Foucquières, et d'Anne *de Héricourt*, morte le 5 mai 1646 ; d'où :

1. — Du premier lit : *Marie-Anne*, baptisée à La Madeleine le 31 octobre 1626.

2. — Du second lit : *Marie-Catherine*, baptisée à La Madeleine le 26 décembre 1634, professe urbaniste à Lille le 27 décembre 1650 sous le nom de Marie-Catherine-Évangéliste.

3. — *Jean-Charles*, qui suit, XI.

4. — *Marie-Jeanne*, baptisée à La Madeleine le 18 juillet 1638.

5. — *Guillaume-François*, baptisé à La Madeleine le 2 janvier 1640.

6. — *Robert-Ignace*, baptisé à La Madeleine le 15 décembre 1641.

7. — *Jean-Baptiste-François*, écuyer, s^r des Plancques, baptisé à La Madeleine le 17 octobre 1644, bourgeois de Lille par achat du 6 juin 1681, mort le 21 février 1691 et enterré à Saint-André, allié à La Madeleine, le 19 novembre 1673, à Marie-Philippe-Hubertine *de la Grange*, fille de Paul-Maximilien, s^r d'Hosteid et de Nédonchel, et de Jacqueliïne *Zannequin*, née le 3 novembre 1638 et baptisée le 15 à Sainte-Catherine ; sans enfants.

8. — *Françoise-Thérèse*, baptisée à La Madeleine le 15 octobre 1646.

9. — *Marie-Françoise-Élisabeth-Ernestine*, baptisée à La Madeleine le 11 octobre 1648.

10. — *Catherine-Pétronille*, baptisée à La Madeleine le 10 novembre 1651, décédée paroisse Saint-Pierre le 1er février 1709, mariée à Saint-Pierre, le 3 juin 1681, avec Louis *Van der Haer*, écuyer, s^r de Berlincourt, fils d'Arnould-Gérard, chevalier, s^r de la Bousserie, et de Françoise *de Croix*, bourgeois de Lille par achat du 8 novembre 1680, mort le 9 mai 1712 et enterré, à côté de sa femme, dans la chapelle Sainte-Anne à Saint-Pierre ; sans postérité.

11. — *Anne-Thérèse*, baptisée à La Madeleine le 22 octobre 1653.

12. — *Dominique-Joseph*, écuyer, s^r de Guisinam, baptisé à Halluin le 19 février 1657, bourgeois de Lille par achat du 17 août 1685, mort célibataire à Avignon en mars 1719, léguant tous ses biens à l'hôpital Saint-Joseph à Lille.

XI. — *Jean-Charles* Dubosquiel, écuyer, s^r de Pernes, baptisé à La Madeleine le 15 avril 1637, décédé paroisse Saint-Pierre le 11 mai 1696 et enterré dans l'église de Saint-Venant, épousa Françoise *de Coupigny* [1] ; dont :

---

1. de Coupigny : *d'azur à un écusson d'or en abîme.*

1. — *Catherine-Charlotte-Françoise,* baptisée à Saint-Pierre le 14 décembre 1667, religieuse à l'abbaye du Saulchoir, où elle mourut le 3 septembre 1713.

2. — *Marie-Thérèse,* baptisée à Saint-Pierre le 27 décembre 1668, y décédée le 26 mars 1711, inhumée dans l'église de Saint-Venant.

3. — *Angélique-Ursule,* baptisée à Halluin le 24 janvier 1670, religieuse ursuline à Arras, morte en 1696.

4. — *Jean-François,* baptisé à Halluin le 5 février 1671, décédé célibataire paroisse Saint-Pierre le 19 août 1709, enterré dans l'église de Saint-Venant.

5. — *Marie-Joseph,* baptisée à Halluin le 22 mars 1672, ursuline à Lille le 27 décembre 1689 sous le nom d'Anne-Joseph, y décédée le 22 août 1699.

6. — *Dominique-Hubert,* baptisé à Halluin le 17 juin 1673, mort le 11 juin 1675.

7. — *Marie-Françoise,* baptisée à La Madeleine le 6 août 1674, y décédée le 6 août 1676.

8. — *Madeleine-Florence,* baptisée à Halluin le 17 octobre 1675, morte paroisse de La Madeleine le 7 août 1676.

9. — *Marie-Dominique,* dame de Péruwelz, baptisée à La Madeleine le 14 mars 1679, morte le 26 septembre 1724 et enterrée à l'abbaye du Saulchoir.

Nota bene. — Jean Dubosquiel fut la tige d'une branche fixée à Bruges. (Cf. Gaillard : *Bruges et le franc,* tome II, page 127.)

NON RATTACHÉS

Gontier, Jean, Gilles, Roger, frères, de Templeuve-en-Pèvele. (Manuscrit 601, folio 55.)

Agnès DUBOSQUEL, veuve de Lotard *Caron* dit *Le Carlier.* 1417. (*Ibidem,* folio 56 v°.)

Allard DUBOSQUIEL, prince d'amour, sur lequel on trouve des renseignements au tome XXVI du *Bulletin de la Commission historique du Nord,* page 336 et dans les *Archives historiques* de Dinaux, première série, tome II, pages 312 à 338.

Antonin, fils de *Gilles* et de Marguerite *du Bruisle,* né vers 1485, qui obtint en novembre 1497 des lettres de rémission pour avoir commis un meurtre.

Pierre, fils de *Michel,* bourgeois de Lille par achat du 6 janvier 1498 (n. st.), marié à cette date, et son frère *Vincent,* bourgeois par rachat du 7 septembre 1495.

Nicolas, échevin de Lille de 1545 à 1580.

Jean, échevin de Lille de 1571 à 1617.

Pierre-François, mort le 5 mars 1695 paroisse Saint-Pierre à Douai et enterré dans la chapelle Saint-Joseph.

Françoise, fille de *Jacques*, mariée : 1° à Wallerand *Dauchel*, bourgeois d'Arras le 31 janvier 1568 ; 2° à François *de Gherbode*, écuyer, s^r d'Espaing, fils de Philippe, bourgeois d'Arras le 21 février 1596, remarié avec Marie *de Vicq* et enterré aux Brigittines d'Armentières ; dont postérité.

Marie-Marguerite, alliée à Philippe-François *Lemaire*, écuyer, s^r de Blanchemaille, fils de Jacques, écuyer, et d'Antoinette *de Longueval*, né le 28 novembre 1633, vivant en 1677.

Marie-Catherine-Séraphine, urbaniste à Lille le 26 septembre 1677, y décédée le 3 septembre 1727.

Jean-Baptiste Bosquel (*sic*), fils de feu *Adrien* et de feue Madeleine *de Frémicourt*, né à Arras, échevin de cette ville, épousa : 1° Jeanne *Lescuyer*, dont *Félix*, *François* et *Jean-Jacques* ; 2° Jeanne-Thérèse *Wallet*, dont *Marie-Jeanne-Angélique* ; il acheta la bourgeoisie de Lille le 3 septembre 1694.

Marie-Marguerite Bosquel, morte le 15 avril 1755, alliée à Nicolas-Georges *Bultel*, fils de Jacques et de Jeanne *Roze*, né à Noyelle, avocat au conseil d'Artois, bourgeois d'Arras le 27 mars 1687, mort à Chocques le 25 août 1718 ; dont postérité.

Marguerite du Bosquiel, épouse de Jean *Pollet* vers 1590.

Isabeau Dubosquel, première mère de l'hôpital Notre-Dame à Tourcoing qu'elle avait fondé en 1630, y décédée le 11 décembre 1669, à quatre-vingts ans.

Piérotin, fils de feu *Andrieu*, récréanta sa bourgeoisie à Arras le 15 janvier 1465 (v. st.).

Caterine du Bosquel, « vefve de Robert *Le Caron*, a recreanté le bourgeoisie de son feu mary, orprimes de non renoncher et payer et furnir les debtes de son feu mary, a le caucion de Anssel Guérart et Jehan Martin, sayeteur, le XVIe de mars avant Pasques, pard^t Thomas Nichery et Alyaume de Héroguiers, échevins. » (Registre aux bourgeois d'Arras, 1504. Communication de M. R. Rodière.)

Me *Jehan* du Bosquel, fiancé à Amiens le 2 juin 1449 et marié le 11 du même mois avec la fille de Pierre *de Machy*. (Cité par le baron de Calonne : *Histoire d'Amiens*, tome I, page 311.)

Grégoire du Bosquel, vingt-cinq ans, fils de feu *Grégoire*, sergent de la châtellenie de Beaurain, marié à Beaurainville le 15 novembre 1740.

D^elle *Antoinette* du Bosquel de Gadimez, fille majeure, demeurant à Zoteux en 1766. (Minutes des notaires de Neuville. Communication de M. R. Rodière.)

Catherine *Carlier*, fille de Claude, et veuve de *Pierre* Dubosquiel fait diverses donations de ses biens à ses fils : frère *Claude*, religieux à l'abbaye de Bonne-Espérance, et frère *Jacques*, religieux au couvent des Bonnes-Nouvelles de Saint-Dominique près Arras, par contrat passé à Lille, le 27 janvier 1624, devant Mes Pierre Le Barbier et Jaspard Scrieck.

---

29 septembre 1459. — *Lettres d'anoblissement en faveur de Damoiselle Marguerite Verdière et de sa postérité.*

Philippes, par la grâce de Dieu, duc de Bourgongne...., etc^a...., Sçavoir faisons à tous présens et à venir, Nous avons receu l'humble supplication de Damoiselle *Marguerite Verdière*, veuve [de] *Jean du Bosquiel*, en son vivant bourgeois et demeurant en nostre ville de Lille, contenante que comme elle estoit issue et extraitte de bonne et noble génération de bourgeoisie de nostre dite ville de Lille, et laquelle, environ vingt ans, se fust alliée par mariage audit feu *Jean du Bosquiel*, aussy bourgeois d'icelle nostre ville de Lille, qui durant son temps s'est meslé du fait de marchandise jusqu'à naguères qu'il a terminé vie par mort, délaissant ladite suppliante sa femme, veuve et deux leurs filles ; lequel feu Jean eust acquis en son vivant d'un bourgeois de nostre ville de Valenciennes, nommé Jean Creste, dix bonniers de terre ou environ tenus de Henry de Tenremonde, dépendans de nostre Salle de Lille, et aussy ayt ladite supliante depuis le trépas de sondit mary acquesté le fief, terre et seigneurie de Lesquin, d'un nommé Gérard Thieulaine, qui l'avoit achepté par proximité de la vente que l'on avoit [faite] des biens de feu Daniel Thieulaine, son frère, à un nommé Jean Gantois. Et pour ce que ladite suppliante n'est point issue tant par père comme par mère de noble génération, l'on la veut constraindre, à cause desditz fiefz acquetz, à nous païer droict de nouvel acquest, et pouroit-on faire encore cy-après s'il avenoit qu'elle acquestat de nouvel, obstant qu'elle n'est point issue de noblesse comme dit est ; et si ne pouvoit ladite suppliante à ceste cause jouïr des franchises de noblesse, si sur ce ne luy estoit par nous pourveu de nostre grâce, pour laquelle elle nous a très-humblement suplié et requis. Pour ce est-il que Nous, ce que dit est considéré et moyennant la somme de deux cens lyons d'or, du prix de soixante gros de nostre monnoye de Flandres, que ladite supliante paiera promptement et en deniers comptans en mains de nostre amé et féal secrétaire et garde de nostre Espargne Mre Jean Starel, qui en fera compte et recepte à nostre proffit et dont il baillera sa lettre de récépissé, comme il appartient en tel cas, icelle damoiselle *Marguerite Verdière*, suppliante, et sa postérité, avons, pour nous, nos hoirs et successeurs, de nostre certaine science, grâce spéciale, annobly et annoblissons par ces présentes ; voulans et leur octroyans de nostre grâce que toutes et quantesfois qu'il leur plaira, ils puissent accepter, prendre et recevoir l'estat de noblesse et ses enfans masles, s'aucuns en y a, ordre de chevallerie, et que en tous ses faictz et besongnes elle soit doresenavant tenue et réputée pour noble en toutes places, tant en jugement comme dehors et jouisse et use doresenavant de tous honneurs, libertez, franchises et prérogatives dont ont accoustumé jouir et jouissent les autres nobles de nostre païs et conté de Flandres, ville et chastellenie de Lille, et que en tous temps elle puisse acquérir toutes manières de fiefs et arrière-fiefs et nobles tenemens, de quelque estat et condition qu'ils soient, tant en nostre dit conté de Flandres que en autres nos païs et seigneuries pour elle et sadite postérité, et les fiefz cy-dessus déclarez acquestez par cy-devant comme dit est, ensemble ceux que cy après elle ou ceux de sadite postérité acquéreront, tenir et posséder plainement et paisiblement sans qu'elle soit tenue ny puisse être contrainte de les vendre, alliéner ny mettre hors de ses mains, d'en payer droit de nouvel acquest ou autrement en composer ou païer aucune finance à nostre proffit ; laquelle finance et droict de nouvel acquest, moyennant la finance de deux cens lyons d'or, nous luy avons quitté et quittons par ces mesmes présentes. Si donnons en mandement à nos amez et féaux les commis sur le fait de nos domaines et finances, les gens de la Chambre de noz Comptes à Lille, à nos gouverneur, bailly et prévost dudit lieu de Lille et à tous nos autres justiciers et officiers présens et à venir ou à leurs lieutenans et à chascun d'eux en droit soy et si comme à luy appartiendra que, ladite [somme] de deux cens lyons d'or préalablement païée et deslivrée promptement et en deniers comptans ès mains dudit maistre Jean Starel, et dont il appert par sa lettre de récépissé, ils fassent, souffrent et laissent ladite suppliante et sadite postérité, de nostre présente grâce et octroy et annoblissement, ainsy et par la manière que dit est, jouir et user plainement, paisiblement et perpétuellement, sans leur donner, ne souffrir estre fait, mis ou donné aucun destourbier ou empeschement au contraire, et si aucun leur estoit fait, l'ostent et fassent oster et ce qui seroit empesché, mesmement à cause dudit droict de nouvel acquest, mettre à plaine délivrance. Car ainsy nous plaist-il estre fait. Et affin que ce soit chose ferme et stable à tousjours, nous avons fait mettre nostre scel à ces présentes, sauf en autres choses nostre droit et l'autruy en toutes. Donné en nostre ville de Bruxelles, le vingtneufiesme jour de septembre, l'an de grâce mil quatre cens cinquante neuf. Ainsy signé : Par monseigneur le Duc : l'Evesque et le comte de Toul et le mareschal de Bourgongne, présens, J. MILET.

Cette charte moyennant la finance taxée, arbitrée et païée à la garde de l'espargne de Monseigneur le Duc de Bourgongne et comme il nous est apparu par la lettre de ladite garde.... &ᵃ a esté enregistrée en la Chambre des Comptes de mondit seigneur à Lille.... &ᶜᵃ au registre commençant en novembre [1451], folio IIᶜ XXI et illec expédiée selon son contenu le deuxiesme jour d'octobre l'an [1459], moy présent : J. DE MAUX. Collationné sur le registre original en parchemin par le soubz signé, Ce jourd'huy 15ᵉ janvier 1670. Signé : Denys GODEFROY.

Archives du Nord. Chambre des Comptes de Lille : art. B. 1675.
Supplément aux titres nobiliaires, tome 1ᵉʳ, fᵒˢ 301 à 304.

Novembre 1497. — *Lettres de rémission accordées à Anthonin Bosquel, fils de Gilles.*

Phelippe, par la grâce de Dieu, archiduc d'Austrice, duc de Bourgoingne etcᵃ.... Conte de Habsbourg, de Flandres.... etcᵃ.... Savoir faisons à tous présens et avenir, Nous avoir receu l'umble supplicacion de *Anthonin Bosquel*, filz de feu *Gilles* et de Margriete *de Bruisle*, povre jeusne enffant éaigé de douze ans ou environ, natif de nostre chastellenie de Lille, contenant que environ quinze jours devant le jour Saint Remi derrain passé en cest an IIIIˣˣ XVII, ainsi que ung nommé Martin Lansel, marchant de fruiz demourant en nostre ville de Douay, visitoit les fruiz qu'il avoit mis en garde en ung célier ou cave par lui loué à ceste fin en nostre dicte ville, scitué en la rue où ledict suppliant estoit lors demourant, et que ledit Martin, fruitier, se prit et jectoit hors dudit celier les fruiz qui estoient pourriz pour les donner aux pourcheaulx, survint illec ung jeune fils nommé Pierre vanden Berghe, éaigé de huit ans ou environ, lequel Pierre, en passant celle part et allant querre de l'uille en l'ostel d'un marchier assez prez de là, recueilla et print aucuns desdits fruiz et menga des meilleurs : ce que ledit suppliant lui blasma, disant qu'il faisoit mal et qu'ilz ne valloient riens : au contempt de quoy icellui Pierre dit audict suppliant aucunes parolles, pour raison desquelles icelluy suppliant, plus par enfance que autrement, prinst en sa main une poire à demi pourrie et la jecta après ledit Pierre, dont il le actaindit ou chief environ le hattrel, sans touteffoiz lui faire navrure ou bleschure. Or est, que aucuns jours après, le col et haterel dudit Pierre devint fort enflé et tellement que par néggligence de y faire prendre garde, comme il est vraysemblable, certains jours après il termina vie par mort. Pour raison duquel cas, combien que ledit suppliant ait satisfait à partie, touteffois, doubtant rigeur de justice, il s'est absenté de nostre dicte ville et n'y oseroit jamais retourner, ne aussi comparoir pardevant nostre bailli illec et les eschevins d'icelle nostre ville devant lesquelz il est, à ceste cause, appellé à nos droiz, sur paine, ains l'en conviendroit tenir absent et vivre en grande poverté et misère en estrainges marches et contrées, se nostre grâce et miséricorde ne lui estoit sur ce impartie, de laquelle, actendu que en autres choses ledict suppliant a adez esté de bonne vie, fame, renommée et honneste conversacion, si comme il dit, il nous a très-humblement supplié et requis. Pour ce est-il, que Nous, les choses dessus dictes considérées, audict *Anthonin*, suppliant, inclinans à sadicte supplicacion et requeste et lui voulans en ceste partie grâce et miséricorde préférer à rigeur de justice, avons ou cas dessus dit quictié, remis et pardonné et de nostre certaine science et grâce espécial, quictons, remectons et pardonnons par ces présentes, le fait, cas et homicide dessusdit, ensemble toute peine, amende, et offence corporelle et criminelle en quoy, pour cause et occasion d'icellui, circunstances et deppendences ou aucunes d'icelles, il a et puet avoir mesprins et offendu envers nous et justice ; et en oultre, de nostre dicte grâce le avons quictié, rappellé et mis, quictons, rappellons et mectons au néant tous deffaulx, appaulx et contumaces qui à ceste cause sont et pevent avoir esté faiz et ensuyz sur et contre sa personne ; et l'avons quant à ce restitué et restituons à ses bonne fame et renommé, pays, à ses biens non confisquez s'aucuns en a, tout ainsi qu'il estoit auparavant ledit cas advenu ; imposant sur ce scilence perpétuel à nostre procureur général et à tous noz autres justiciers et officiers quelzconques ; satisfaction toutesfoiz faicte à partie, premièrement et avant tout euvre, se faicte n'est, et elle y chiet civillement tant seullement. Et moyennant aussi que ledit *Anthonin* l'amendera aussi envers nous civillement, selon l'exigence du cas et la faculté de ses biens, à l'arbitraige et tauxacion de nostre gouverneur de Lille ou son lieutenant oudit Douay que commettons à ce. Si donnons en mandement à nostre dit Gouverneur de Lille ou sondit lieutenant à Douay, que, appellez ceulx qui pour ce seront à appeller, il procède et face procéder bien et deuement à la vérificacion et intérinement de ces dictes présentes et à l'arbitraige et tauxacion de ladicte amende civille ainsi qu'il appartiendra. Et ce fait, et ladicte amende civille tauxée et arbitrée et payée à celui de noz receveurs qu'il appartiendra, qui sera tenu d'en faire recepte et rendre compte à nostre prouffit, ilz et tous noz aultres justiciers et officiers, leurs lieuxtenans et chascun d'eulx, en droit soy et si comme à luy appartiendra facent, seuffrent et laissent ledit *Anthonin du Bosquel*, suppliant, de nostre présente grâce, rémission et pardon et de tout le contenu en ces présentes selon et par la manière que dit est, plainement, paisiblement et perpétuellement joyr et user, sans lui faire ou donner, ne souffrir estre fait ou donné ores, ne pour le temps avenir, aucun destourbier ou empeschement au contraire ; mais se son corps ou aucuns de ses biens non confisquiez estoient pour ce prins, saisiz, arrestez ou empeschiez, les mectent ou façent mectre incontinent et sans délay à plaine et entière délivrance. Car ainsi nous plaist-il. Et affin que ce soit chose ferme et estable à toujours, nous avons faict mectre nostre séel à ces présentes, saulf en autres choses nostre droict et l'autruy en toutes. Donné en nostre ville de Bruxelles, ou mois de novembre l'an de grâce mil CCCC quatre-vins dix-sept. Ainsi signé : Par monseigneur l'Archiduc, à la relacion du Conseil : DE BRICKQUEGNY, Visa.

Archives du Nord. Chambre des Comptes de Lille, art. B. 1709.
Registre des chartes de l'Audience des années 1496-1498, f° 50.

---

13 juillet 1564. — *Lettres d'annoblissement pour Jacque du Bosquiel, président et maistre de la Chambre des Comptes à Lille.*

Philippes, par la grâce de Dieu, Roy de Castille &ᵃ. Savoir faisons à tous présens et avenir que nous ayant esté remonstré de la part de nostre très-chier et féal *Jacques du Bosquiel*, sʳ des Lobes, conseiller et président en nostre Chambre des Comptes à Lille, comme dois il est depuis sa jeunesse en l'âge de vint et un ans, il seroit esté receu au service de l'empereur nostre bon seigneur et père, à qui Dieu fasse paix, auquel il auroit continué par l'espace de trente deux à trente trois ans qu'il auroit esté pourveu par nous audit estat de président, que feu *Hugues du Bosquiel*, son père, trépassé en l'âge de quarante trois à quarante quatre ans, auroit fait service jusques au jour de son trespas ès estats de greffier et auditeur en ladite Chambre par l'espace de neuf ans, feu *Hugues du Bosquiel*, son père-grand, auroit desservy plusieurs années l'estat de mayeur et eschevin de nostre dite ville de Lille, chascun d'eux ayant noblement vescu, alliez à filles de nobles et des plus notables anciens bourgeois de ladicte ville de Lille, estant au reste résolu, avec l'ayde de Dieu, finir ses jours en nostre service, auquel il se seroit officieusement addonné, suppliant partant très-humblement que nostre bon plaisir fust de l'annoblir et luy en accorder lettres patentes en tels cas pertinentes sans finance, et par icelles lettres d'annoblissement vouloir confirmer les armoiries que ses prédécesseurs auroient anciennement portées, qui seroient d'un escu *d'azur à un canton d'argent*, et d'ampliation pouvoir icelles a[jo]uter par le milieu des armoiries de ceux de Fief, dont il se dit descendre du cotté maternel qui sont *cinq fusées de gueules en un champ d'argent*, Nous, inclinans pour ces causes et autres à ce nous mouvans à la requeste dudit *Jacques du Bosquiel*, suppliant, et eu premièrement sur icelle l'avis de nostre très-chère et très-amée seur la duchesse de Parme, Plaisance, etc^a, régente et gouvernante de nos Pays Bas, avons iceluy *Jacques du Bosquiel*, sieur des Lobes, ses enfans et postérité masles et femelles et les descendans de luy nez et à naistre en léal mariage, annobly et de nostre certaine science, authorité et grâce espèciale annoblissons par ces présentes, par lesquelles avons octroyé et accordé, octroyons et accordons que luy, sesdits enfans et postérité nez et à naistre et les descendans d'eux et chascun d'eux jouissent et usent d'ores en avant comme nobles en tous lieux, actes et affaires, des honneurs, prérogatives, prééminences, libertez et franchises de noblesse, en tous cas ainsi qu'en usent et useront les autres nobles de nos païs et soient tenus et réputés pour nobles tellement qu'ils en puissent prendre estat et dignité, soit de chevalerie ou autres toutes les fois que bon leur semblera et qu'en tel cas est usé et accoustumé, et qu'ils puissent acquérir tous fiefs, arrière-fiefs nobles et autres rentes, revenuz et autres possessions et autres choses mouvans de nous ou d'autres nos sujets et vassaux, et ceux déjà par luy acquis, les tenir et posséder sans estre contrains de par nous ou d'autres de les laisser et mettre hors de leurs mains, à quoy les habilitons et rendons suffisans et idoines par cesdites présentes. Et de nostre plus ample grâce avons octroyé et accordé, octroyons et accordons par ces dictes présentes audit sieur des Lobes qu'il, sesdits enfants et postérité puissent et pourront d'oresenavant et à tousjours porter les armes qui s'ensuivent : asçavoir : un escu *d'azur à un canton d'argent* que ledit suppliant dit estre les armoiries que ses prédécesseurs anciennement ont porté comme dessus, et que d'avantage ils les puissent enter par le mitan de *cinq fusées de gueules en un champ d'argent*, comme plus amplement appert par l'inspection d'icelles armes peintes et pourtraitées au milieu de ces présentes, sans que pour raison de ce présent octroy et annoblissement ledit *Jacques du Bosquiel*, sesdits enfants et postérité ny aucuns d'eux, soient tenus de payer au profit de nous ou de nos successeurs aucunes finances ou somme de deniers ; laquelle finance qui pour ce nous pourroit estre deue, nous, pour considération desdits services, avons quitté et remise, quittons et remettons audit *Jacques du Bosquiel*, sieur des Lobes, suppliant, ses enfants et postérité, par ces dictes présentes. Si donnons en mandement à nos amez et féaulx les Gens de nos Comptes à Lille, que, veues cesdictes présentes, ils procèdent à l'intérinement et enregistrement d'icelles selon leur forme et teneur ; et ce fait, et tous autres nos justiciers, officiers et sujets qui ce regardera et chascun d'eux, en droit soy, et si comme à luy appartiendra, facent, souffrent et laissent ledit *Jacques du Bosquiel*, sieur Des Lobes, sesdits enfants et postérité nez et à naistre, de nostre présente grâce, annoblissement et de tout le contenu en cesdictes présentes, selon et par la manière que dit est, plainement, paisiblement et perpétuellement jouïr et user, sans luy faire, mettre ou donner, ny souffrir estre fait, mis ou donné ny à aucuns d'eux contre la teneur des présentes, ores, ne au temps avenir, aucun destourbier ou empeschement au contraire, non obstant toutes ordonnances qui pourroient estre aussi au contraire, desquelles nous avons relevé et dispensé lesdits de nos comptes et tous autres à qui ce peut toucher et regarder. Car ainsi nous plaist-il. Et afin que ce soit chose ferme et stable à tousjours, nous avons fait mettre nostre scel à ces présentes ; sauf en autres choses nostre droit et l'autruy en toutes. Donné en nostre ville de Madrid, le 13e jour du mois de juillet l'an de grâce 1564 : De nos règnes asçavoir des Espaignes, Sicile etc^a le 9e, et de Naples, le unziesme. Ainsi estoit escrit sur le ply : Par le Roy et signé : Courteville... &^{a}, &^{a}....

Archives du Nord. Chambre des Comptes de Lille. Art. B. 1676 : Registre supplémentaire aux registres des chartes ; Titres nobiliaires, f°s 75 à 78.

3 décembre 1599. — *Légitimation d'Yolente du Bosquiel, fille de Jean et d'Isabeau Rouzée.*

Albert et Isabel.... etc²…. Sçavoir faisons à tous présens et avenir, Nous avoir receu l'humble supplication de Damoiselle *Yolente du Bosquel*, fille naturelle de *Jehan du Bosquel*, escuier, seigneur Desplancques, qu'il a eu de damoiselle Yzabeau *Rouzée*, demourant en nostre ville de Lille, contenant comme estant ledict seigneur des Plancques, pour quelque disgrâce survenue entre luy et la damoiselle *de Ghisegnies*, qu'il avoit espouzé, séparé par auctorité de l'Église, quoad temporalia, et ne ayant son honneur permis de soy rejoindre avecq elle pour plusieurs respectz et considérations notoires, en la fleur de sa jeunesse et plaine virilité, en accoinctance avec ladicte Yzabeau *Rouzée*, fille libre et non mariée de Jehan, de laquelle il auroit eu ladicte Yolente, suppliante, ladicte damoiselle *de Ghisegnies* encoires vivante ; et comme ledict Desplanques seroit sans aultres enffans légittimes, et de qualité noble et honnorable, ayant aussi exercé divers estatz principaulx en nostre dicte ville de Lille, si comme capitaine, connestable, eschevin et rewart, mesmement ès plus grandz troubles de pardeçà, et y fait bons et notables services pour la conservation de ladicte ville en l'obéyssance de feue d'immortelle mémoire le Roy Philippe second de ce nom, nostre très-honnoré seigneur et père, que Dieu ait en sa gloire, icelle suppliante, estant en éaige nubile, auroit obtenu le consentement dudict seigneur Desplanques, son père, apparant par acte à nous exhibé, de povoir parvenir à alliance plus honnorable et soy povoir retirer vers nous, comme elle fait, en suppliant très humblement qu'il nous pleust luy accorder noz lettres patentes de légitimacion en tel cas pertinentes pour la mettre et establir en tel estat comme si elle estoit née ex legitimo tempore, sans néantmoingz par elle povoir succéder à ses parens ab intestat, en quictant toute telle recongnoissance que pour ce nous pourroit estre deue, en quoy ne pourriont resentir (si que ladicte suppliante dict) aulcun intérest à raison que les biens scituez soubz lesdictes ville et salle de Lille sont de libre disposition et recoipvent touttes clauses de retour et aultres devises qu'il plait aux disposans de apposer. Pour ce est-il que Nous, ce que dict est considéré, eu sur ce l'advis de nos amez et féaulx les lieutenant et aultres officiers de nostre Gouvernance de Lille, inclinans favorablement à ladicte supplication et requeste de ladicte damoiselle *Yolente du Bosquel*, suppliante, avons icelle, de nostre certaine science, auctorité et plaine puissance, légittimé et légittimons et ledict deffault de sa nativité aboly et effacé, abolissons et effaçons de grâce espécialle par ces présentes, luy octroyant et accordant qu'elle puist, comme personne légittime succéder en tous les biens meubles et immeubles esquelz de droict et par la coustume et usaige du pays elle debvroit et pourroit succéder si elle estoit née et procréée en léal mariage et comme telle venir aux successions de sesdites seure et mère et d'aultres que luy compétent et compéteront cy après, pourveu toutesfoiz que a ce consentent ses plus prochains parens de lignaige et que aulcun droict ne soit desjà acquis à aultre, et que en ce cas elle puist avoir et tenir pour elle, ses hoirs et successeurs à tousjours, tous les biens tant meubles, immeubles que aultres que luy adviendront et escherront desdictes successions que aultrement et qu'elle a acquise ou acquérir pourra ; et que doresenavant elle soit receu à tous honneurs, estatz, offices et aultres faiz légitimes et séculiers quelzconques, selon sa vocation, et tenue et réputée pour personne légitime, comme si elle estoit née et procrée en léal mariage ; et aussi que, après son trespas, ses plus prochains parens de lignage, procréez en léal mariage, luy puissent succéder par droict de hoirie en tous lesdictz biens, héritaiges, possessions et aultres quelzconcques, tout ainsi et par la manière qu'ilz feroient et faire pourroient si elle estoit née et procrée en léal mariage, sans que, à cause de ladicte bastardise, Nous ou nosdits successeurs y puissions prétendre, quereller ou demander aulcun droict au temps advenir, nonobstant quelzconques droictz, coustumes, statutz, usaiges et observances à ce contraires. Parmy et moyennant toutesfoiz certaine finance et somme de deniers que ladicte damoiselle *Yolente du Bosquel*, suppliante, sera tenu [de] payer une foiz à nostre prouffit, selon la qualité et faculté de ses biens, à l'arbitraige et tauxation de nos amez et féaulx les président et gens de noz Comptes à Lille que commectons à ce, ausquelz ordonnons que, à la requeste de ladicte suppliante, ilz procèdent bien et deuement à la vériffication et intérinement de ces dictes présentes et à l'arbitraige et tauxation de ladicte finance et somme de deniers. Et ce faict et icelle somme et finance tauxée et payée ès mains de noz receveurs qu'il appartiendra, lequel sera tenu en faire recepte et rendre compte à nostre prouffit avecq les aultres deniers de son entremise, ilz et tous aultres noz justiciers, officiers et subgectz quelzconcques, présens et advenir, cui ce regardera, leurs lieutenans et chascun d'eulx, en droict soy et si comme à luy appartiendra, facent, seuffrent et laissent ladicte suppliante, ensemble sesdits hoirs, successeurs et ayans cause, de nostre présente grâce, légitimation et de tout le contenu en cesdictes présentes, selon et par la manière que dict est, plainement, paisiblement et perpétuellement joyr et user, sans en ce leur faire, mettre ou donner, ny souffrir estre fait, mis ou donné, ores ny au temps advenir, aulcun trouble ou empeschement au contraire. Car ainsy nous plaist-il. Et affin que ce soit chose ferme et stable à tousjours, nous avons fait mettre nostre séel à ces présentes. Saulf en aultres choses nostre droict et l'aultruy en toutes. Donné en nostre ville de Bruxelles, le troisiesme jour du mois de décembre, l'an de grâce mil cinq cens nonante neuf. Sur le reply estoit escript : Par les Archiducqz, en leur Conseil, et signé : A. LE COMTE.

Archives du Nord. Chambre des Comptes de Lille. Art. B. 1792.
Registre des chartes de l'Audience des années 1598 à 1600, f° 275.

20 décembre 1652. — *Lettres de rémission accordées à messire Guillaume du Bosquel.*

Philippe.... etc^a.... Sçavoir faisons à tous présens et à venir, que nous avons receu l'humble supplication et requeste de Messire *Guillaume de Bosquel*, chevalier, seigneur d'Esplancques, Péruwez, etc .... contenant que le IXe du mois de septembre dernier estant surprins de boisson et retournant de nostre ville de Courtray vers sa demeure au village de Halewyn, il passa à cheval devant une taverne en celluy de Marcke, où estoit certain paysan nommé Estienne de Mackelberghe, contre lequel le suppliant avoit auparavant aucunes difficultez et différens pour quelques deniers que ledict Estienne luy avoit promis payer devant le jour de Nostre-Dame du mois d'Aoust aussy dernier, comme les ayant receu avant ledit jour en qualité de margliseur dudit Haluwyn, à l'effect de les compter au seigneur propriétaire en tant moins de ce que l'église dudict lieu luy estoit redebvable, à raison de quoy il n'avoit peu négotier quelques affaires urgentes dans nostre ville de Gand. Et venant sur ce subject en propos avec ledict Mackelberghe, luy disant : « Vous estez bien un homme de vostre parole ! » ; ledict Makelberghe l'approchant, luy auroit respoussé d'un coup de sa main, de quoy iceluy Makelberghe se mettant aussy en colère en luy disant : « Encor que tu es gentilhomme, je parlerai bien à toy ; » le supliant, par fragilité humaine, transporté au premier mouvement de sa colère et par ladicte boisson privé de jugement, par conséquent incapable de pouvoir modérer sadicte colère, avoit lasché un coup de pistolet, dont ledict Makelberghe en fut tellement attainct que peu après il alla de vie à trespas, au grand regret dudit suppliant, lequel estant prins des paysans et d'iceulx mal traicté en le tirant, traînant et garottant sur une brouette, fust, en cest esquippage, mené et constitué ès prisons de nostre ville de Courtray, cause pourquoy il nous a très humblement supplié luy vouloir pardonner le susdict cas en consideracion des bons services par luy et ses parens à nous renduz, selon que le tout appert suffisament par les documens et attestations joinctes, tant en qualité de sergeant-major, de capitaine, qu'autrement et en suyte de ce luy faire dépescher les lettres de rémission par luy requises. Pour ce est-il que Nous, les choses susdictes considérées.... etc[a] inclinans favorablement à la supplication et requeste dudit *Guillaume du Bosquel*.... etc[a] ... et luy voulans en ceste partie, grâce et miséricorde préférer à rigeur de justice, avons au cas dessus dit quictié, remis et pardonné, ...quictons, remectons et pardonnons par ces présentes le fait, cas et homicide dessus dit, ensemble toute peine, amende et offence corporelle et criminelle.... etc[a] ... et en oultre, de nostre dicte grâce le avons quictié, rappellé et mis, quictons, rappellons et mectons à néant tous deffaulx, appeaulx.... etc[a] ... et l'avons quant à ce restitué et restituons à ses bonne fame et renommée.. et à ses biens non confisquez.... imposant sur ce silence perpétuel à nostre procureur général et à tous noz autres justiciers et officiers quelzconques, satisfaction toutesfoiz faicte à partie premièrement et avant tout œuvre. Pourveu et moyennant aussy que ledict *Guillaume de Bosquel*, suppliant, l'amendera aussi envers nous civillement selon l'exigence du cas...... et que la vérification et intérinement de ces dictes présentes se fera au Conseil provincial en Flandres, pardessus une amende extraordinaire de deux mille florins aux exploix de ce Conseil, et à charge de s'absenter un an de la Chastellenie de Courtray et trois ans du village de Marcke, scitué en ladicte chastellenie... Et ce fait et ladicte amende payée, ilz et tous noz autres justiciers et officiers, leurs lieutenans.... etc[a] .... facent, seuffrent et laissent ledict suppliant de nostre présente grâce, rémission et pardon et de tout le contenu de ces présentes, selon et par la forme et manière que dit est, plainement, paisiblement et perpétuellement joyr et user, sans lui faire ou donner, ne souffrir estre faict ou donné.... aucun destourbier ou empeschement au contraire.... etc[a] .... Et affin que ce soit chose ferme et stable à tousjours, nous avons faict mectre nostre séel à ces présentes.... etc[a] .... Fait à Bruxelles, le 20° de décembre 1652, signé: DE GOTTIGNIES.

Archives du Nord. Chambre des Comptes de Lille. Art. B. 1820. Registre des chartes de l'Audience des années 1647 à 1653, f° 188, v°.

HANGOUART.

Armes : *de sable à une aigle d'argent becquée et membrée d'or.*

I. — *Roger* Hangouart fut père de :
1. — *Jean*, qui suit, II.
2. — *Roger*, qui suivra, II bis.

II. — *Jean* Hangouart, allié à Marie *du Chastel*, eut :

III. — *Jean* Hangouart, époux de Catherine *Deleporte*, qui le rendit père de :

1. — *Philippe*, roi de l'Épinette en 1293.
2. — *Jean* l'aîné, bourgeois de Lille par achat en 1297, marié avec Marie *Le Noir*, fille de Jean et de Marie *Fourligniet*, dont il eut :

    a. — *Denis* [1], roi de l'Épinette en 1341, bourgeois de Lille par achat en 1323 ; marié : 1° à Marie *Davesnes* ou *Dabamez* (?); 2° à Marie *de Carnin*, fille d'Hugues ; d'où :

        aa. — Du premier lit : *Hues.*
        bb. — *Pierre*, allié à Marie *d'Ablaing.*
        cc. — *Jean*, bourgeois par achat en 1341, époux de Jeanne *Le Toillier* [2], veuve de Pierre *Cannart*, morte le 22 août 1383 et inhumée à Saint-Maurice dans la chapelle de Saint-Jean-Baptiste.
        dd. — Du second lit : *Jean*, bourgeois par achat en 1359 ; il eut, de Marie *Mayolle*, trois fils illégitimes : *Hanekin*, *Hector* et *Pierot* ; le second fut banni par les échevins de Lille pour un fait inconnu et obtint des lettres de rémission en 1411 [3] ; le troisième épousa Pasquette

---

1. Il eut de *Cholain*, femme de M° Jean *Desprez*, un fils adultérin : *Pierre*, bourgeois de Lille par achat en 1349.
2. Le Toillier : *d'or à une aigle de sable.*
3. Ces renseignements sont tirés du manuscrit 601 de la Bibliothèque communale de Lille, folios 37 et suivants, ainsi que du dossier Hangouart aux Archives départementales du Nord, série E, n° 71.

du Puich, et mourut avant 1445, laissant trois enfants mineurs : *Piérot*, *Margot* et *Hacquin*.

ee. — *Bettremieu*, bourgeois par achat en 1356, changeur à Lille.

b. — *Bettremieu*, bourgeois par achat en 1346.

c. — *Jean*, bourgeois par achat en 1353.

3. — *Bettremieu*, licencié ès lois, époux de Jeanne *Le Baille*, père de :

a. — *Jean*, bourgeois par achat en 1328; allié à Marie *d'Hocron*, bienfaiteur de l'église Saint-Étienne, dont il fit construire une nef à ses frais, mort le 27 novembre 1372 et enterré dans la chapelle Saint-Georges en cette église.

4. — *Jean* le cadet, père de *Jean*, bourgeois par achat en 1354.

5. — *Gilles*, bourgeois de Lille par achat en 1316, marié avant 1291 avec Marie *Gommer*, fille de Thomas, vivant en 1312, d'où : *Gilles* et *Jean* [1].

6. — *Agnès* (alias *Marie*), alliée à Jean *Destailleurs*, fils de Pierre ; dont postérité.

II bis. — *Roger* HANGOUART épousa, en secondes noces, Emma *Vreté* [2], fille d'Allard ; il eut :

1. — Du premier lit : *Bettremieu*, qui suit, III.

2. — Du second lit : *Alix*, épouse de Philippon *du Castel* [3].

3. — *Piéronne*, alliée à Jakemes *d'Arras*, orfèvre, vers 1289.

4. — *Jean*, mentionné en 1298 [4].

III. — *Bettremieu* HANGOUART, épousa Marie *Lietaude* ; dont :

1. — *Bettremieu*, qui suit, IV.

2. — *Jean*, père de Nicolas, chanoine de Saint-Pierre, mentionné en 1286.

IV. — *Bettremieu* HANGOUART, rewart et mayeur de Lille, épousa Érembourg *de Warenghien*, fille de Gillon et de Marie *de Rigneau*, inhumée à Saint-Étienne ; d'où :

1. — *Jacquemes*, bourgeois de Lille par achat en 1310, enterré aux Frères mineurs, allié à Catherine *Le Clerc*, fille de Philippe,

---

1. Manuscrit 601, folios 54 v° et 84 v°. Ce Jean fut l'un des changeurs établis à Lille par le comte Guy de Flandre en 1294 (SAINT-GENOIS, *Monuments anciens*, tome I, 2e partie, p 832).

2. VRETÉ : *losangé d'or et de sable*.

3. Manuscrit 601, folio 3.

4. Manuscrit 601, folio 17.

veuve en 1312, remariée à *N. de Leurenghien*; dont *Jacquemes*.

2. — *Jeanne*, mariée en premières noces avec Henri *Le Playet*, bourgeois par achat en 1302, et en secondes avec Pierre *Thieulaine* [1]; dont postérité du second lit.

3. — *Marie*, alliée à Jean *de Beauffremez*, fils de Jean, bourgeois de Lille par achat en 1298; elle en était veuve en 1307; dont postérité.

4. — *Isabelle*, épouse de Gilles *Le Preudhomme*, dont elle était veuve en 1348 ; dont postérité.

5. — *Catherine*, qui testa en février 1327 (n. st.) [2].

6. — *Watiers*, qui suit, V.

7. — *Gilles*, religieux cordelier.

8. — *Barthélémi*, né avant 1305, ministre des maladreries de Lille en 1346, bourgeois de Lille par achat en 1347, conseiller pensionnaire de cette ville, marié avec Marie *de la Falesque*, dont il eut :

    a. — *Bettremieu*.

    b. — *Jean*.

    c. — *Marie*, épouse de Jean *Vreté* [3].

    d. — *Jeanne*, alliée à Guillaume *de le Clyte*, chevalier de la Toison-d'Or ; dont une fille [4] :

V. — **Watiers** ou **Gauthier** Hangouart, bourgeois de Lille par achat en 1323, roi de l'Épinette en 1341, mort en 1346, épousa Marie *de Wavrin*, dame de Villers, fille d'Hellin, chevalier, et d'Isabeau *de Cuelster* [5], morte après 1372 ; d'où :

1. — *Jean*, bourgeois de Lille en 1362, rewart et mayeur de cette ville, roi de l'Épinette en 1382, échevin d'Esquermes en 1391, marié en premières noces avec Marie *de Noyelles*, et en secondes noces avec Agnès *Fourligniet ;* dont :

    a. — Du second lit : *Marguerite*, morte veuve après 1475, alliée : 1° à Guillaume *de Tenremonde*, fils de Guillaume et de Jeanne *Dragon*, bourgeois de Lille par relief en 1425, échevin et rewart de cette ville, roi de l'Épinette en 1422, décédé en 1436 ; 2° à Jean *de Wavrin*, s^r du Forestel, bâtard légitimé de Robert et de Michelle *Nariez*, suivant lettres de Philippe

---

1. Manuscrit 601, folio 28.
2. Cf. Mgr Dehaisnes, *Histoire de l'art en Flandre*, t. I, p. 271.
3. Manuscrit 601, folio 93 v°.
4. Archives départementales, série E, liasse 71, famille Hangouart.
5. Goethals, *Généalogie de Wavrin*, p. 48-49.

le Bon en mai 1437, moyennant finance taxée à 50 francs de 32 gros de Flandre, et de Charles VII en octobre 1447, chambellan de Philippe le Bon, gouverneur de Lillers [1]; dont postérité du second lit :

    b. — *Jehannine.*

2. — *Catherine*, alliée à Pierre *le Preudhomme*, s^r de la Mairie d'Annappes, fils d'Allard et d'Agnès *de Clermès*, bourgeois de Lille en 1357; dont postérité :

3. — *Bettremieu*, qui suit, VI.

4. — *Pierchon*, vivant en 1386.

VI. — *Bettremieu* Hangouart, bourgeois de Lille en 1367, échevin de cette ville où il décéda entre 1419 et 1426, épousa : 1° Péronne *de Noyelles* ; 2° Jeanne *Le Roy* ; d'où :

  1. — Du premier lit : *Marie*, mariée avec Jean *Descamps*, fils d'Olivier, bourgeois de Lille par achat le 15 octobre 1393.

  2. — *Huars*, bourgeois par relief du 11 janvier 1393 (n. st.), échevin, ministre de la maladrerie en 1397 ; père de :

    a. — *Marguerite*, alliée, le 14 juillet 1408, à Jean *Leborgne*, fils d'Antoine, bourgeois de Lille par rachat du 18 août 1408.

    b. — *Joye*, épouse de Jean *de Hérignies*.

  3. — *Étienne*, bourgeois de Lille par rachat du 23 octobre 1426, mort avant 1442, marié avec Jeanne *de Houplines* ; d'où :

    a. — *Wallerand*, demeurant à Arras, bourgeois de Lille par rachat du 19 juillet 1462 ; il n'eut de Jacqueline *de Poix* qu'une fille unique : *Jeanne*, religieuse à l'abbaye de Marquette et héritière de son père en 1482.

    b. — *Marie*, alliée en 1453 à Gilbert *de Courchelles*, demeurant à Audenarde.

  4. — Du second lit : *Évrard*, bourgeois de Lille par rachat du 19 janvier 1412 (n. st.), échevin de cette ville, roi de l'Épinette en 1426, époux de Jeanne *Domessent*, dont une fille : *Jeanne*, née avant 1417, décédée après 1472, veuve de Jacques *Picquette*.

  5. — *Bettremieu*, qui suit, VII.

VII. — *Bettremieu* ou *Barthélémi* Hangouart, bourgeois par rachat en 1419, épousa Marie *Varin*, fille de Jean et de Péronne *de Courtray* ; d'où :

VIII. — *Barthélémi* Hangouart, s^r de la Mairie de Gondecourt, roi de l'Épinette en 1453, bourgeois de Lille par rachat le 13 sep-

---

1. Goethals, *Généalogie de Wavrin*, p. 59.

tembre 1454, prévôt de cette ville, lieutenant civil et criminel de la gouvernance, mort avant 1476 [1], épousa par contrat passé devant Me Jean Héreng à Lille, le 31 octobre 1453, Jeanne *de Landas*, fille de Jean, morte après décembre 1494 et enterrée chapelle Notre-Dame à Sainte-Catherine ; dont :

1. — *Bertrand*, mort à marier.
2. — *Gérard*, tué à la bataille de Nancy.
3. — *Bauduin*, bourgeois de Lille par rachat le 9 avril 1485 (n. st.), marié à N. *Le Mestre*, dont il eut une fille ; devenu veuf, il entra en 1486 à l'abbaye de Phalempin.
4. — *Guillaume*, qui suit, IX.
5. — *Margotine* ou *Marguerite*, alliée à Jean *Denis*, fils de Joris ou Georges, bourgeois par relief du 1er février 1491 (n. st.), mayeur et rewart ; dont postérité.
6. — *Péronne*, encore en tutelle le 21 avril 1486, mariée avec Vast *de la Rachie*, lieutenant de la gouvernance de Lille.

IX. — *Guillaume* Hangouart, sr de la Mairie de Gondecourt, homme d'armes sous Maximilien, bourgeois de Lille par rachat du 12 novembre 1490, échevin d'Esquermes, argentier de Lille, mort le 24 mars 1534 ; épousa Jeanne *Desplanques* [2], fille de Mathieu, sr de Piètre, des Pommereaux, et de Jeanne *du Bosquiel*, morte le 6 mai 1525 et enterrée, ainsi que son mari, en l'église Saint-Étienne ; d'où :

1. — *Guillaume*, dont la postérité est reportée après celle de son frère Philippe sous le n° X bis.
2. — *Wallerand*, prêtre, aumônier de Charles-Quint et de Philippe II, chantre de Saint-Pierre le 23 juin 1534, doyen le 19 juin 1553, prévôt de Saint-Barthélemi à Béthune et de Saint-Amé à Douai, chancelier et recteur de l'université de Douai lors de sa fondation, mort le 19 janvier 1568 (n. st.) et enterré à Saint-Pierre de Lille devant l'autel du chœur [3].
3. — *Roger*, sr de Créquillon à Roncq, bourgeois de Lille par relief du 11 septembre 1529, maître de la Chambre des comptes en

---

1. Archives départementales du Nord. Partage de ses biens. Série E, supplément n° 12.

2. Desplanques : *écartelé : aux 1 et 4, de sinople à une étrille d'argent ; aux 2 et 3, d'argent à une grenade de gueules feuillée de sinople.*

3. Voir sa tombe, manuscrit de la Bibliothèque communale de Douai, n° 961, page 275, et consulter sur ce personnage célèbre l'*Histoire de Saint-Pierre de Lille*, par Mgr Hautcœur, t. II, pp. 349 et suiv.

octobre 1545, conseiller pensionnaire de Lille, mort avant 1584, acheta le 6 mars 1539 (n. st.), de Mahieu Castelain, le fief de Cobrieux. Il s'allia, par contrat passé à Lille, devant Me Pierre Hochart, le 7 août 1529, à Philippote *de Landas*, fille de Guillaume, maître de la Chambre des Comptes, et de Valentine *de Lattre*, dont il eut :

    a. — *Paris*, né à Lille, sr de Lendouse, bourgeois de Lille par achat du 9 novembre 1584, allié à Jeanne *Doresmieulx*; d'où :

    aa. — *Adrien*, né en 1586, bourgeois de Lille par relief du 10 septembre 1611, demeurant à Estaimpuis, allié à Madeleine *de Costre*, fille d'Hector et d'Anastasie *du Plouich*.

    bb. — *Jean*, procureur, bourgeois de Lille par relief du 10 novembre 1608, décédé paroisse Sainte-Catherine le 13 janvier 1618, marié avec Marguerite *Vanhovevalle*, fille d'Adrien et d'Anne *de Pappe*, née à Audenarde; d'où :

    aaa. — *Valentine*, baptisée à Sainte-Catherine le 22 novembre 1608, décédée veuve paroisse Saint-André le 11 novembre 1641, alliée : 1° par contrat passé à Lille devant Me Jacques de Flandre, le 1er décembre 1625, à François *Vincre*; 2° à Sainte-Catherine, le 9 juillet 1628, à Roger *de le Beulque*, fils de Jean et d'Anne *Vandebroucq*, né à Mouscron, chirurgien, bourgeois de Lille par achat du 10 septembre 1632; 3° à François *Duburcq*, chirurgien.

    bbb. — *Jeanne*, baptisée à Sainte-Catherine le 29 mai 1610; mariée dans cette église, en mars 1632, avec Guillaume *Cavel* [1], fils de Pierre et de Jacqueline *Delerue*, bourgeois de Lille par relief du 28 février 1633.

    ccc. — *Adrien*, baptisé à Sainte-Catherine le 31 août 1612.

    cc. — *Catherine*, mariée à Sainte-Catherine, le 19 juillet 1610, avec Adrien *Doulcet*, fils de Jean et de Catherine *Waignon*, sergent à la Gouvernance de Lille, bourgeois de Lille par relief du 18 avril 1611; dont postérité [2].

---

  1. Le registre de mariage porte Taverne au lieu de Cavel.
  2. Voici un curieux certificat de Me Antoine de Sailly, médecin, et de Me Philippe Destinordia, chirurgien, au sujet d'une maladie de Catherine Hangouart :
  Comparurent en leurs personnes Maîtres Anthoine de Sailly, docteur en médecine, et Maîtres Philippes Destinordia, chirurgien, demeurans en la ville de Lille ; lesquelz

 b. — *Jeanne,* alliée à Jean *le Fel*, s^r des Oursins, nommé conseiller assesseur de la gouvernance de Lille le 6 mai 1602.

 c. — *Guillaume,* chanoine de Saint-Pierre de Lille.

 d. — *Philippote,* épouse d'Adrien (alias Maximilien) *d'Oosterlin,* fils de Pierre et de Marguerite *Villain,* baronne de Rassenghien.

  dd. — *Audile,* baptisée à Sainte-Catherine le 18 septembre 1597; alliée : 1° à Saint-Étienne, le 11 janvier 1617, à Bauduin *Empis,* avocat; 2° à Sainte-Catherine, le 24 janvier 1632, à Jean *Bayart,* fils de Pierre et de Marie *Denis,* baptisé à Saint-Étienne le 18 juillet 1610, bourgeois de Lille par relief du 18 mai 1634; sans enfants.

 e. — *Anne,* mariée avec Pierre *Le Machon* dit *de le Sauch,* fils de Pierre et de Marie *Denis,* bourgeois de Lille par relief du 3 février 1545 (n. st.), trésorier de cette ville, receveur de l'hôpital Saint-Julien de 1548 à 1561; dont un fils.

 4. — *Jean,* religieux à l'abbaye de Phalempin.

 5. — *Guillemette,* morte en 1561, alliée à Jacques *de Landas,* chevalier, s^r de Wannehain, fils de Wallerand, écuyer, s^r de Beaufremez, et de Jeanne *de la Cessoie,* né à Wannehain, bourgeois de Lille par achat du 1er juillet 1523, grand bailli de Cysoing, mort le 27 octobre 1557; dont postérité.

(après serment par eulx faict et presté es mains de nous Auditeurs soubsignez) ont dict, juré, affirmé et pour vérité attesté, ascavoir ledit de Sailly que passet deux ans et plus il at esté appellé en la maison d'*Adrien Doulcet,* sergeant à la gouvernance dudit Lille, pour visiter Damoiselle *Catherine de Hangouart,* sa compaigne, affligée de maladie; laquelle il a trouvé par espérience et expérience estre vertige et accessions epileptiques, mais par diverses médecines, remèdes et par la grâce de Dieu elle at esté quelque peu divertie, avoist esté besoing luy faire et apliquer deux cauteres ou fontetenelles, l'une au derrière du col et l'autre au bras gauche, qu'il convient tenir ouvertes à raison que journellement luy surviennent turperies, bruissement d'oreilles et tintamare en la teste, quy ne luy permectent d'aller seule, fut à l'église ou ailleurs, ains est besoing qu'elle soit conduicte par quelqu'un, ny avoit encoires apparence d'aulcune guérison, tellement qu'à raison tant desdits médicamens, drogues et voiages qu'on a faict en divers lieux, pour la soulaiger, qu'aultrement il a convenu frayer et deboursser notable somme de deniers, ce qu'il fault continuer apparamment toutte sa vie selon la conjecture dudit comparant. Et ledit Destinordia que depuis ledit temps il at aussy pensé et sollicité ladite damoiselle et lui apliqué la cautere au col l'aiant entretenu longtemps ainsy qu'il faict encoires, estant à ces fins pensionné annuellement. Brief et généralement ambedeux enssemble ont dict et déclaré que la dite damoiselle est aultant affligée que femme peult estre et qu'il a cousté notablement à son dit mary, delaquelle présente attestation de la part dudit *Doulcet* nous at esté requis avoir acte, ce que luy avons accordé ascavoir ceste pour luy servir et valoir là et ainsy qu'il appartiendra. Ce fut ainsy attesté, fait et passé audit Lille, le XXIIIIe jour d'octobre 1630, par devant nous Jean Lefrancq et Huges Desquermes, auditeurs du souverain bailliage de Lille. LEFRANCQ. — DESQUERMES.

  (Archives communales de Lille. Contrats passés devant la Gouvernance de Lille. Liasse n° 13428, année 1630.)

6. — *Philippote*, alliée à Jacques *Le Machon* dit *de le Sauch*, frère de Pierre, bourgeois de Lille par relief du 11 mars 1524 (n. st.); sans enfants.

7. — *Philippine*, épouse de Jean *Le Pers*, fils de Noël, bourgeois de Lille par relief du 14 mai 1535, échevin de cette ville, décédé le 24 avril 1560 ; dont postérité.

8. — *Marguerite*, alliée vers 1521 à Jacques *Lemoisne*, fils d'Antoine, né à Wervick, bourgeois de Lille par achat du 4 mai 1525 ; dont postérité.

9. — *Jeanne*, épouse de Jean *Fremault*, trésorier de Lille ; dont postérité.

10. — *Philippe*, qui suit, X.

X. — *Philippe* Hangouart, bourgeois de Lille par relief du 30 août 1546, échevin de cette ville en 1547, receveur général des aides de Lille, conseiller de Charles-Quint et de Philippe II, nommé par Charles-Quint receveur des prêts fournis par les habitants de la châtellenie de Lille pour payer les troupes levées contre l'invasion des Français, en vertu de lettres données à Bruxelles le 21 avril 1552, mort le 22 juin 1582, à l'âge de soixante-neuf ans ; épousa : 1º Guillemette *de le Flye* [1], fille de Jean, sr d'Ennevelin, enterrée le 22 février 1549 dans l'église Saint-Maurice ; 2º Antoinette *du Retz*, fille de Jean, morte le 15 décembre 1599 [2]; dont :

1. — Du premier lit : *Guillaume*, jésuite à Lille.

2. — Du second lit : *Catherine*, mariée avec Michel *Gommer*, sr de Schoonvelde, fils d'Antoine, sr dudit lieu, bourgeois de Lille par relief du 8 janvier 1572 (n. st.), remarié avec Philippine *de la Grange*.

3. — *Anne*, morte le 18 août 1604, épouse de Bon *Gombault* [3], sr de Manaing, fils de Jean, sr d'Archimont, et d'Antoinette *de Thouars*, mort le 10 novembre 1587 et enterré à Saint-Maurice; dont postérité.

4. — *Wallerand*, qui suit, XI.

XI. — *Wallerand* Hangouart, sr de Laurye, bourgeois de Lille par relief du 29 janvier 1587, échevin de cette ville, anobli par

---

[1]. DE LE FLIE : *fascé contre fascé d'or et d'azur de quatre pièces.*
[2]. Elle testa à Lille devant Me Jean Miroul le 22 décembre 1593.
[3]. GOMBAULT : *d'argent au chevron de gueules, accompagné de trois hures de sanglier de sable.*

lettres du 7 février 1600, épousa Catherine *Grenu* [1], fille de Simon, écuyer, sr du Fay, et de Jeanne *des Espringalles*, née vers 1564 ; d'où :

1. — *Antoinette*, baptisée à Saint-Maurice le 17 février 1590, mariée avec Georges *de Hapiot* [2], écuyer, sr d'Haucourt, fils de Jean, écuyer, et d'Adrienne *Le Prévost*, né à Arras, bourgeois de Lille par achat du 5 février 1616, échevin de cette ville en 1623, 1627, 1630 ; dont postérité.

2. — *Wallerand*, qui suit, XII.

3. — *Charles*, baptisé à Saint-Maurice le 5 octobre 1592.

4. — *Anne*, baptisée à Saint-Maurice le 15 octobre 1593.

5. — *Catherine*, alliée à Saint-Maurice, le 22 octobre 1619, à Antoine *de Logenhagen*, écuyer, sr d'Inglant, fils de François, écuyer, maître de la Chambre des comptes de Lille, bourgeois de Lille par relief du 5 mars 1620 ; dont postérité.

6. — *Bauduin*, baptisé à Saint-Maurice le 14 juin 1601.

7. — *Marie*, baptisée à Saint-Maurice le 10 juillet 1605, alliée : 1o à Antoine-François *du Chastel*, sr de Langlée, fils de Philippe ; 2o à Saint-Maurice, le 28 mai 1634, à Charles *Le Clément* [3], écuyer, sr de Saint-Marcq, fils de Pierre, écuyer, sr de Levacque, et d'Anne *de la Grange*, bourgeois d'Arras le 8 octobre 1633, bourgeois de Lille par relief du 21 août 1634, échevin de cette ville ; dont postérité des deux lits.

XII. — *Wallerand* Hangouart, écuyer, sr de Laurye, baptisé à Saint-Maurice le 9 juin 1591, bourgeois par relief du 27 février 1623, grand bailli de Comines et de Wavrin, décédé paroisse Saint-Maurice le 16 mars 1663, eut de Marie *Leclercq* un fils illégitime : *Laurent*, baptisé à Saint-Maurice le 15 septembre 1613. Il épousa Catherine *du Chastel*, fille de Philippe, chevalier, sr de Beauvolers, et de Catherine *de Lallaing* ; d'où :

XIII. — *Wallerand* Hangouart, écuyer, sr du Belarbre, grand bailli de Comines, bourgeois de Lille par relief du 26 mars 1643, mort paroisse Saint-Maurice le 10 juillet 1669 ; épousa : 1o à Saint-Maurice, le 6 juillet 1641, Jeanne *de Hapiot*, fille de Georges,

---

1. Grenu : *d'argent à une couleuvre de gueules tortillée en volute, au chef d'azur chargé de trois molettes d'or rangées en fasce.*

2. Hapiot : *d'azur à la bande d'or, accompagnée de six trèfles du même mis en orle.*

3. Le Clément de Saint-Marcq : *de gueules à trois trèfles d'or ; au chef d'argent chargé de trois merlettes de sable.*

écuyer, s^r d'Haucourt, et d'Antoinette *Hangouart*, baptisée à Saint-Maurice le 17 février 1620 [1] ; 2º à Sainte-Catherine, le 11 septembre 1651, Jeanne-Françoise *Obert*, fille de Louis, écuyer, s^r de Gaudiempré, et de Marie *de Nieuwenhove*, baptisée à Sainte-Catherine le 9 mai 1626, remariée avec Jacques *de Zédor* ; d'où :

1. — Du premier lit : *Wallerand-Philippe*, baptisé à Saint-Maurice le 6 juillet 1642.

2. — *Marie-Alexandrine*, baptisée à Saint-Maurice le 13 décembre 1643.

3. — *Wallerand-Philippe*, écuyer, s^r d'Haucourt, baptisé à Saint-Maurice le 14 mai 1646, bourgeois de Lille par relief du 31 janvier 1662, allié à Anne-Thérèse *de Baudringhien*, fille de François, écuyer, et d'Anne-Thérèse *Obert* ; d'où :

    a. — *Anne-Marie-Philippine*, baptisée à Saint-Maurice le 10 décembre 1663.

    b. — *Philippe-François*, baptisé à Saint-Maurice le 30 août 1665.

    c. — *Marie-Catherine*, baptisée à Saint-Maurice le 26 novembre 1666.

    d. — *Charles-Antoine*, baptisé à Saint-Étienne le 2 juillet 1669.

4. — *Anne-Thérèse*, baptisée à Saint-Maurice le 23 octobre 1647.

5. — Du second lit : *Marie-Catherine*, baptisée à Sainte-Catherine le 2 octobre 1652, morte le 5 juillet 1729 et inhumée à Saint-Pierre dans la chapelle paroissiale, mariée, le 13 décembre 1670, avec Charles-Philippe *Obert*, écuyer, s^r de Chaulnes, fils de Ghislain, écuyer, s^r de Grévillers, et de Florence *de Landas*, baptisé à La Madeleine le 29 janvier 1639, bourgeois de Lille par relief du 17 octobre 1665, échevin, rewart et mayeur de cette ville, créé chevalier le 3 octobre 1675, nommé prévôt des maréchaux de Flandre le 28 décembre 1679, prévôt le comte de Valenciennes, créé vicomte de Chaulnes le 16 juillet 1684, veuf de Marie *de Gaest*, décédé paroisse Saint-Pierre le 20 janvier 1721 ; dont postérité.

6. — *Jeanne-Françoise*, baptisée à Saint-Maurice le 28 novembre 1653.

7. — *Anne-Jeanne*, baptisée à Sainte-Catherine le 12 juin 1656.

8. — *Claude-Philippe*, jumeau de la précédente.

9. — *Maximilien-François*, baptisé à Saint-Maurice le 22 septembre 1660.

---

1. Son testament olographe du 5 septembre 1650 indique que ses quatre enfants vivaient encore à cette date (Archives de l'auteur).

10. — *Michel-Alexandre*, écuyer, baptisé à Saint-Maurice le 17 juillet 1662, lieutenant de cavalerie, bourgeois de Lille par relief du 7 décembre 1688, créé chevalier par lettres données à Versailles en janvier 1687, bailli d'Halluin et grand bailli des États de Lille, chevalier d'honneur au Parlement de Flandre le 19 mars 1705, mort en 1716, allié à Saint-Étienne, le 19 octobre 1688, à Anne-Marie *Lefebvre-Delattre*, fille d'Alexandre-Floris, écuyer, sr des Campeaux et de la Fresnoy, et de Marie-Jeanne *Miroul*, baptisée à La Madeleine le 15 février 1666, y décédée le 30 août 1728 ; d'où :

    a. — *Charles-Alexandre*, baptisé à Saint-André le 21 juillet 1689.

    b. — *Ernestine-Ursule*, baptisée à Saint-André le 28 septembre 1690.

    c. — *Séraphin-Ernest*, baptisé à Saint-André le 23 avril 1692.

X bis. — *Guillaume* Hangouart, sr de Piètre, à Bas-Aubers, né le 2 février 1491, bourgeois de Lille par relief du 10 novembre 1515, échevin d'Esquermes en 1513, nommé conseiller au Conseil d'Artois le 20 juin 1530, président à ce Conseil le 11 mai 1531, ambassadeur de Charles-Quint à la paix de Cambrai, mort le 16 février 1546 ; épousa Catherine *Le Cocq*[1], fille d'Hugues, maître de la Chambre des comptes de Lille, et d'Anne *de Lestorel*, morte en 1556 ; dont :

    1. — *Guillaume*, qui suit, XI.

    2. — *Jeanne*, alliée à Jean *de Vlièghe*, sr de la Grurie, mort avant 1575 ; d'où une fille.

    3. — *Marguerite*, morte le 3 mars 1583, mariée avec Maximilien *de Hennin*, fils de Jacques et de Catherine *Gommer*, bourgeois de Lille par relief du 19 février 1546 (n. st.), conseiller pensionnaire de cette ville, mort le 10 octobre 1587.

XI. — *Guillaume* Hangouart, sr de Piètre, bourgeois de Lille par relief du 22 juillet 1556, échevin en 1560, anobli moyennant finances le 14 octobre 1555[2], nommé receveur général des aides de Flandre par lettres données à Tournai le 22 février 1582[3],

---

1. Le Cocq : *d'argent au coq de sable, crété, becqué, barbé et membré de gueules.*

2. Archives départementales du Nord, 26e registre des chartes, f° 40. Ces lettres manquent.

3. Archives départementales du Nord, B 53. Registre aux commissions, f° 185, v°.

mourut le 19 décembre 1600. Il fut condamné par le magistrat, le 25 octobre 1593, « à avoir ses livres brûlés sur un échafaud, sur le marché, devant la maison de ville, au nombre de 62, et fut condamné à 300 livres de gros d'amende pour avoir eu des livres défendus, dont 100 livres pour les Pères Capucins, 100 livres pour les Récollets et 100 livres au couvent des Dominicains [1] ».

Il épousa Antoinette *de Croix*, dit *de Drumez* [2], fille de Pierre, s^r de la Fresnoy, et de Marguerite *Deleruelle*, morte le 1er juillet 1604 et enterrée à côté de son mari dans la chapelle de l'Ange-Gardien à Saint-Étienne [3] ; il eut :

1. — *Marie*, née le 1er décembre 1560, alliée, par contrat du 12 décembre 1585, à Jean *du Bosquiel*, écuyer, s^r de Guisinam, fils d'Antoine, écuyer, s^r dudit lieu, et d'Adrienne *de Kerchove*, mort le 11 juillet 1626 ; dont postérité.

2. — *Madeleine*, baptisée à Saint-Pierre le 6 mars 1567 (n. st.), mariée avec Pierre *Bernard*, s^r de Taintignies, fils d'Antoine et de Gertrude *d'Arre* ; dont postérité.

3. — *Barthélemi*, qui suit, XII.

4. — *Catherine*, baptisée à Saint-Pierre le 7 novembre 1571, fondatrice des Annonciades de Tournai, morte le 19 août 1654 et inhumée dans l'église Saint-Piat [4].

5. — *Jeanne*, baptisée à Saint-Pierre le 24 juin 1575, morte le 20 décembre 1638, alliée à Guillaume *Le Louchier* [5], écuyer, s^r de Popuelles, fils d'Arnould, écuyer, et d'Antoinette *des Farvacques* ; dont postérité.

6. — *Jean*, baptisé à Saint-Pierre le 20 décembre 1577.

XII. — *Barthélemi* Hangouart, écuyer, s^r d'Elcourt, baptisé à Saint-Pierre le 14 janvier 1569 (n. st.), bourgeois de Lille par relief sur requête du 30 octobre 1627, bourgeois d'Arras le

---

1. Chronique de Chavatte, citée dans les *Souvenirs religieux*, 1890, p. 77.
2. de Croix : *d'argent à la croix d'azur.*
3. Elle testa à Lille le 30 avril 1602, devant Mes Jacques Willant et Jehan de Brabant.
4. « Catherine de Hangoire, jeune damoiselle venant de Lille s'habituer en cette ville nous requit billet de grâce, exemtion de tous imposts et exemtion du droit d'escars, qui luy furent accordez, sauf l'impost destiné à l'ayde, tant pour le rapport de sa bonne conduitte, devotion et aulsmones, que pour sa noblesse ancienne et prouvée et d'ailleurs comme il a été fait à autres nobles damoiselles estrangères. Elle est de ces filles que le peuple appelle dévotaires. » (Extrait des Mémoires d'eschevin de Tournay. Tome V des *Mémoires de la Société historique et littéraire de Tournai*, p. 110).
5. Le Louchier : *de sable, semé de croix recroisettées au pied fiché d'or, à trois louches du même mises en pal.*

16 janvier 1604, créé chevalier par lettres du 26 février 1611, mort le 23 octobre 1630 et enterré à Saint-Étienne, près le banc des marguilliers [1] ; épousa : 1° à Arras, paroisse Saint-Jean-en-Ronville, le 18 février 1604, Marie *de Pressy* [2], fille de Jean, baron de Remy, s‍r de Flencques, et de Catherine *Scheltz*, morte le 1er février 1616 et inhumée dans la chapelle Saint-Georges à Saint-Étienne ; 2° le 16 novembre 1617, Marie *Bernard*, dame de Beaudignies, fille de Philippe et d'Isabelle *de Hornut*, veuve de Jacques *Le Louchier*, morte le 8 février 1637 ; d'où :

1. — Du premier lit : *Catherine*, née le 31 décembre 1605, professe annonciade à Lille en 1637, y décédée en 1639.

2. — *Anne*, née en 1606, morte le 27 octobre 16.. et enterrée dans l'église de la Bassée, mariée, par contrat du 28 septembre 1639, avec Pierre *de Preudhomme*, chevalier, s‍r de la Riandrie, fils de François, écuyer, s‍r de Coisnes, et de Madeleine *de Croix*, né en août 1604, bourgeois de Lille par relief du 13 février 1641 ; dont postérité.

3. — *Marie-Marguerite*, née à Aubers en 1607, professe à l'Abbiette de Lille en 1627.

4. — *Antoinette*, née le 27 mars 1609, religieuse à l'abbaye de Marquette le 22 août 1627, professe le 3 septembre 1628, y décédée le 25 janvier 1694.

5. — *Agnès*, née à Aubers le 28 juin 1614, religieuse à l'abbaye de Marquette le 22 août 1627, professe le 29 juin 1630, y décédée le 29 septembre 1693.

6. — Du second lit : *Robert-Ignace*, chevalier, s‍r d'Elcourt, Pommereaux, Builly, Bas-Aubers, Desmottes, Ransart, bourgeois de Lille par relief du 26 novembre 1643, créé chevalier par lettres données à Madrid le 15 octobre 1641 ; épousa Jeanne-Marguerite *Bultel*, fille de Jean-Baptiste, chevalier, et de Jeanne *de Mamez*. Ce mariage ne fut pas heureux. Robert-Ignace porta plainte contre sa femme pour cause d'adultère devant l'official d'Ypres, tandis qu'elle réclamait l'annulation de son mariage comme y ayant été forcée par sa mère [3]. Après une courte enquête, le mariage fut annulé [4].

---

[1]. Le manuscrit 966 de la Bibliothèque de Douai, page 285, dit qu'il mourut le 23 octobre 1639 et fut enterré dans l'église Saint-Sauveur. On trouve un dessin de la tombe dans ce manuscrit.

[2]. DE PRESSY: *d'azur à deux bâtons écotés et alésés d'or, mis en sautoir et cantonnés de quatre trèfles du même.*

[3]. Archives départementales du Nord. — Trésor des chartes, B 1548, n° 17634.

[4]. Elle épousa ensuite, à Saint-Pierre d'Ypres, le 25 mars 1653, Gilles Hybert, et mourut en la même paroisse le 18 juin 1669.

Robert-Ignace Hangouart entra ensuite dans les ordres, fut ordonné prêtre à Anvers le 20 avril 1647, mourut le 10 novembre 1652 et fut inhumé à Saint-Étienne.

7. — *Michel*, qui suit, XIII.

XIII. — *Michel* Hangouart, écuyer, sr de Plouich, Piètre, Antreuil, La Madeleine, né à Aubers en 1621, créé chevalier par lettres données à Madrid le 10 mai 1640, bourgeois de Lille par relief du 30 décembre 1641, grand bailli des États de Lille, Douai et Orchies, député ordinaire des États de cette province, créé baron d'Avelin le 1er août 1664, fondateur du couvent des Collectines à Lille, mort le 19 mars 1690 (ou 1699) et inhumé dans ce couvent. Il s'allia, en 1642, à Anne-Marie *de Preudhomme d'Haillies* [1], vicomtesse de Nieuport, fille de Jean-Baptiste, baron de Poucques, et de Catherine *de Croix*, baptisée à Sainte-Catherine le 3 avril 1612, morte le 29 janvier 1682 et enterrée aux Collectines. Leur pierre tombale se trouve aujourd'hui au chœur de l'église d'Avelin. Ils laissèrent :

1. — *Catherine-Isabelle-Robertine*, baptisée à La Madeleine le 27 juin 1643, morte le 16 octobre 1646 et enterrée à Saint-Étienne.

2. — *Marguerite-Andrée*, baptisée à La Madeleine le 13 avril 1646 (cérémonies supplées), morte le 14 octobre 1646.

3. — *Barthélemi-François*, qui suit, XIV.

4. — *Michel-Albert*, baptisé à La Madeleine le 4 août 1648, mort le 29 août 1649.

5. — *Marie-Anne-Antoinette-Joseph*, baptisée à La Madeleine le 15 décembre 1651, décédée paroisse Sainte-Catherine le 20 décembre 1723 et enterrée aux Collectines; alliée [2] dans cette église, le 25 janvier 1693, à Nazaire-Joseph *d'Angeville* [3], vicomte de Lompnes, fils de Guillaume-Philibert et d'Antoinette *de Massenet du Lucq*, né à Lompnes-en-Bugey, veuf de Catherine-Françoise *de Beaumont Carra*, bourgeois de Lille par achat du 8 mai 1693, lieutenant-colonel du régiment de Thoy infanterie étrangère, tué à la bataille d'Hochstedt le 13 août 1704 ; dont postérité.

6. — *Charles-François-Philippe-Henri-Ferdinand*, baptisé à La Madeleine le 22 avril 1655, mort le 9 juin 1656.

---

1. Preud'homme d'Haillies : *de sinople à une aigle d'or, becquée et membrée de gueules.*

2. Le contrat avait été passé au château des Enclos à Péronne le 2 décembre 1692. Archives départementales du Nord ; tabellion, actes olographes, 2e liasse.

3. D'Angeville : *de sinople à deux fasces nébulées d'argent.*

XIV. — *Barthélemi-François* Hangouart, chevalier, baron d'Avelin, s^r du Plouich, Seclin, Marcq, La Madeleine, Capelle, baptisé à La Madeleine le 30 septembre 1646, bourgeois de Lille par relief du 30 décembre 1670, créé chevalier par lettres données à Versailles en juillet 1696, grand bailli de la châtellenie de Lille, créé marquis d'Avelin, ainsi que son fils cadet, Antoine-Félix, en juin 1703, mort le 30 septembre 1710 et inhumé aux Collectines. Il épousa à Saint-Étienne, le 19 novembre 1670, Isabelle-Françoise *de la Vichte* [1], dame de Baudimont, de la Motte à Ascq, fille d'Ignace, vicomte d'Erbodeghem, s^r de Nieuwenhove, et d'Antoinette *de la Vichte*, baptisée en 1652, décédée le 18 novembre 1707 ; d'où :

1. — *Antoine*, baptisé à Saint-Étienne le 23 juillet 1671.

2. — *Marie-Antoinette-Marguerite-Joseph*, baptisée à Saint-Étienne le 20 juillet 1673, morte le 18 février 1749, mariée à La Madeleine, le 6 mars 1697, avec Donat-Maximilien-François *Lanchals* [2], baron d'Exaerde, fils de François-Philippe et de Victoire Désirée *d'Allemani*, mort le 29 juin 1727 ; dont postérité.

3. — *Anne-Marie-Joseph*, baptisée à Saint-Étienne le 27 avril 1675, morte jeune.

4. — *Philippe-François-Joseph*, jumeau de la précédente, mort jeune.

5. — *Anne-Françoise-Isabelle*, baptisée à Saint-Étienne le 10 juillet 1677, décédée paroisse de La Madeleine le 18 juin 1698.

6. — *Antoine-François-Joseph*, baptisé à Saint-Étienne le 15 juin 1678.

7. — *Ignace-François-Joseph*, baptisé à Saint-Étienne le 4 juillet 1679.

8. — *Charles-Philippe*, qui suit, XV.

9. — *Antoine-Félix*, marquis d'Avelin, baptisé à Saint-Étienne le 25 mai 1682, décédé célibataire paroisse Saint-André le 3 décembre 1759 et enterré aux Collectines.

XV. — *Charles-Philippe* d'Hangouart ou d'Hangouwart, marquis et comte d'Avelin, s^r de Seclin, Marcq, La Madeleine, Antreuil, la Mairie de Gondecourt, baptisé à Saint-Étienne le 1er juillet 1680, bourgeois de Lille par relief du 27 mai 1702, mort paroisse de La Madeleine le 20 novembre 1749 ; épousa : 1° à Malines, le

---

1. De la Vichte : *d'or fretté de sable.*
2. Lanchals : *de gueules, à un cygne d'argent nageant sur une onde du même.*

2 mars 1701, Charlotte-Marie-Florence *Snoy*, fille de Jean-Jacques-Antoine, baron d'Oppuers, et de Marie-Walburge *de Steenhuys*, baptisée à Saint-Jean de Malines le 26 novembre 1683, morte à Lille, paroisse de La Madeleine, le 14 mars 1726 ; 2° Marie-Ghislaine *de Villers-au-Tertre*, dame de Cuincy, fille du marquis Albert-Antoine-François-Joseph et de Marie-Madeleine-Honorée *de Villers-au-Tertre*, veuve de Thomas-Albert *de Preudhomme d'Haillies*, décédée paroisse Sainte-Croix, à Béthune, le 14 avril 1763 ; d'où :

1. — Du premier lit : un fils, baptisé à Saint-Rombault de Malines le 21 juin 1702, mort aussitôt.

2. — *Marie-Françoise-Walburge*, baptisée à Saint-Rombault le 20 avril 1704, morte le 24 août 1756, alliée, par contrat du 23 février 1732, à François, marquis *de Malet de Coupigny*, sʳ de Noyelles, Lignereuil, fils de Philippe-François et de Caroline-Thérèse *de Malet de Coupigny*, né le 26 octobre 1704, capitaine au régiment de la Vieille-Marine, mort le 17 mars 1765 et enterré à Lignereuil ; dont postérité.

3. — *Charles-François-Joseph*, baptisé à Saint-Rombault le 21 avril 1705, y décédé le 25 du même mois.

4. — *Antoine-François-Joseph*, qui suit, XVI.

5. — *Guillaume-Charles-Joseph*, baptisé à Saint-Rombault le 15 février 1708, y décédé le 14 juin suivant.

6. — *Marie-Anne-Alexandrine*, baptisée à La Madeleine, à Lille, le 5 octobre 1714.

XVI. — *Antoine-François-Joseph* d'Hangouwart, marquis d'Avelin, baron d'Oppuers, baptisé à Saint-Rombault le 21 août 1706, bourgeois de Lille par relief du 11 février 1738, mort paroisse de La Madeleine le 21 décembre 1775, épousa à Gand, paroisse Saint-Nicolas, le 13 avril 1737, Marie-Anne-Françoise *de Preudhomme d'Haillies*, fille de Marc-Antoine-Albert, vicomte de Nieuport, et d'Antoinette-Alexandrine *d'Ongnies*, née à Poucques le 31 décembre 1711, morte paroisse de La Madeleine à Lille, le 1ᵉʳ avril 1776 ; d'où :

1. — *Alexandrine-Charlotte-Marie*, baptisée à Saint-Nicolas de Gand le 23 mars 1738, morte le 16 octobre 1827 à Tournai ; alliée : 1° à La Madeleine, à Lille, le 28 mars 1762 à Charles-François, comte *de Lannoy*, fils de Charles-François, comte de Lannoy, sʳ de Wattignies, et de Marie-Caroline-Françoise *Clément du Vaulx*,

baptisé à Saint-Brice de Tournai le 25 mars 1741, mort à Lille le 26 mai 1792 ; 2º à Tournai, le 4 ventôse an XI, à Charles-Hubert-Marie-Joseph-Jean-Népomucène *de Wavrin-Villers au Tertre*, fils d'Albert-Antoine-François-Joseph, marquis de Villers au Tertre, sénéchal héréditaire de Flandre, et de Marie-Madeleine-Honorée *de Villers au Tertre*, né à Béthune, le 1er octobre 1744, capitaine au régiment du Roi, chevalier de Saint-Louis, veuf d'Antoinette-Françoise-Joseph *de Cambry*, mort à Tournai le 8 décembre 1820 ; dont postérité du premier lit.

2. — *Marie-Albertine-Félix-Colette*, baptisée à Gand (Saint-Michel Nord) le 14 août 1740, morte le 4 janvier 1786, alliée à La Madeleine à Lille, le 23 juillet 1770, à Charles-Philippe-Dominique, comte *de Malet de Coupigny*, fils de Maximilien-Charles et de Marie-Françoise-Philippine *de Héricourt*, né le 21 janvier 1722, baptisé à Saint-André le 24, veuf de Marie-Agnès-Constance-Alexandrine *de Gosson*, bourgeois de Lille par achat du 17 août 1770, décédé le 31 mars 1776 ; dont postérité.

3. — *Louis-Joseph-Hubert-Colette*, né le 14 décembre 1741, baptisé à Gand (Saint-Michel Nord) le 11 mars 1742, décédé paroisse de La Madeleine, à Lille, le 31 mars 1767.

4. — Une fille, née en 1742, morte aussitôt.

5. — *Marie-Thérèse-Antoinette*, baptisée à Gand (Saint-Michel Nord) le 11 avril 1744, religieuse à l'hôpital Notre-Dame de Tournai le 1er juin 1769, professe le 19 novembre 1770, morte à Dorsten en Westphalie le 22 avril 1795.

6. — *François-Augustin-Anne-Hubert-Colette*, marquis d'Hangouwart, comte d'Avelin, baptisé à Gand, paroisse Saint-Jacques, le 6 avril 1747, reçu chevalier de Malte de minorité le 3 décembre 1749, convoqué aux assemblées des nobles de Flandre par ordonnance du 12 novembre 1779, mort veuf à Avelin le 28 septembre 1825 ; allié à Tournai, paroisse Saint-Nicolas du Château, le 14 juin 1773, à Marie-Adrienne-Alardine-Françoise *de Franeau d'Hyon*, fille de Jacques-Adrien-Joseph, vicomte de Canteleu, et de Marie-Joseph-Placide-Camille *Van der Burch*, née au Quesnoy en 1746 ; d'où :

    a. — Un fils mort-né paroisse Saint-Maurice le 17 décembre 1777.

7. — *Charles-Maximilien-Jean-Ghislain-Barthélémi-Colette*, baptisé à Gand, paroisse Saint-Jacques, le 24 juin 1750.

8. — *Joséphine-Ferdinande-Léon-Colette*, baptisée à La Madeleine le 17 août 1754, née le 28 juin précédent, mariée à Saint-Maurice, le 3 mars 1777, avec Jean-Baptiste-Joseph *Petitpas*, chevalier,

sr de Walle, Belleghem, fils de Charles-Hippolyte, chevalier, et de Jeanne-Françoise *Bourdon*, baptisé à Saint-Maurice le 29 octobre 1750, mort à Roubaix le 6 juillet 1788 ; dont postérité.

9. — *Louis-Marie-Antoinette-Joseph*, qui suit, XVII.

XVII. — *Louis-Marie-Antoinette-Joseph*, baron d'Hangouwart, baptisé à La Madeleine le 15 décembre 1755, reçu chevalier de Malte de minorité le 11 septembre 1772, envoyé en surveillance à Avesnes à son retour d'émigration [1], mort à Lille le 22 fructidor an X ; épousa, le 19 septembre 1780, Marie-Constance-Philippine *Imbert de la Basecque*, fille d'Albert-Marie-Joseph, comte de la Basecque, sr de Saint-Amand, d'Oppy, et de Marie-Barbe-Caroline *de Massiet*, baptisée à Saint-Jean d'Arras le 17 janvier 1762, morte en émigration à Wolfenbutel (Brunswick) ; d'où :

1. — *Anne-Marie-Adélaïde*, baptisée à Sainte-Catherine le 3 octobre 1781, morte à Gussignies le 20 mai 1877, mariée : 1° à Hénu, le 28 brumaire an XIII, avec Pierre-François-Joseph *Picot de Moras*, fils de François-Joseph et de Marie-Anne-Claude *Wuillieu de Theury*, né à Montmirey-le-Château le 18 décembre 1779, officier de dragons, tué à Preuss-Eylau le 8 février 1807 ; 2° à Préseau, le 13 juillet 1809, avec Anthime-Hyacinthe-Pierre-Ghislain *de Fourmestraux Saint-Denis*, écuyer, sr de Gussignies, fils d'Hyacinthe-François-Joseph et de Jeanne-Charlotte-Ghislaine-Françoise de Paule baronne *de Winterfeldt*, décédé à Gussignies le 25 janvier 1867 ; dont postérité.

2. — *Charlotte-Adrienne*, née le 17 novembre 1782, baptisée à Sainte-Catherine le 19, morte à Haubourdin le 5 septembre 1838, mariée avec Henri-Joseph-Martial *Grignart*, baron *de Malet*, fils de Philippe-Louis-Joseph et de Marie-Thérèse-Adrienne *Médard*, baronne *de Warluzel*, né au château d'Acre-Saint-Martin (Hainaut) le 30 novembre 1766, mort à Haubourdin le 27 mars 1844 ; dont postérité.

3. — *Marie-Philippe-Amédée*, baptisée à Sainte-Catherine le 2 mai 1784, tué à Iéna le 14 octobre 1806.

---

1. Ses démêlés avec les acquéreurs de ses biens forment plusieurs dossiers aux Archives départementales du Nord, M IV a 2 34.

NON RATTACHÉS

Gilles, marié à Hauwide, décédée avant 1258, père de *Jacques*, *Jean*, *Gilles*, *Barthélemi* et *Marie*. Voir : Mgr Hautcoeur, *Histoire de Saint-Pierre de Lille*, tome II, page 349.

Colart, fils de feu *Jean*, bourgeois en 1329.

Pierre, fils de feu *Jean*, bourgeois en 1342.

Jean, fils de *Pierron*, bourgeois en 1316.

Pierre, fils de *Pierre*, bourgeois par achat en 1446.

Jacquemars, fils de feu *Pierre*, bourgeois en 1386.

Jean, fils de feu *Pierre*, bourgeois par achat en 1475.

Mademoiselle d'Hangoir, décédée paroisse Sainte-Catherine le 2 décembre 1675.

Jeanne *Maillart*, fille de Philippe, veuve de *Jacquemon* Hangouart, en 1297. (Manuscrit 601, folio 37 v°).

Bettremieu, le fils, et *Denis*, tuteurs de *Jean* et *Bertoul*, enfants de *Pierron*. 1310. (Manuscrit 601, folio 51).

Jean, fils de *Guillaume*. 1289. (Manuscrit 601, folio 14).

Alix *Vreté*, femme de *Pierron* Hangouart en 1301. (Manuscrit 601, folio 23 v°).

Jeanne, veuve de Jacquemon *Delepierre*. 1337. (Manuscrit 601, folio 26 v°).

Voir au manuscrit 440 de la Bibliothèque communale de Lille l'éloge de la famille Hangouart par le Père Bruno Wibon, définiteur de la province des Frères Mineurs Récollets de Saint-André à Lille en 1658.

Voir au manuscrit 189 des Archives départementales du Nord l'éloge de cette famille par Antoine Meyer, ainsi que des épitaphes et poésies diverses la concernant.

Voir encore divers sceaux de cette famille cités par Demay, *Inventaire des sceaux de Flandre*.

---

11 mai 1530. — *Patente de conseiller au Conseil d'Artois, pour Guillaume Hangouart.*

Charles, par la divine clémence, Empereur des Romains toujours auguste, Roy de Germanie, de Castille, de Léon..... &ᵃ. A tous ceux qui ces présentes verront, salut. Savoir faisons, que pour le bon rapport que fait nous a esté de la personne maistre *Guillaume*

Hangouart, licencié ès droiz, et de ses litterature, discrécion et expérience en fait de justice, Nous icelui, à plain confians de ses léaulté et dilligence, avons retenu, commis et ordonné, retenons, commectons et ordonnons par ces présentes, en l'estat de nostre conseillier au conseil provincial, que à la délibéracion de nostre très-chière et très-amée Dame et tante l'Archiducesse d'Austrice, ducesse et contesse de Bourgoingne etc^a, pour nous Régente en noz pays d'embaz et par l'advis de noz amez et féaulx les chiefz et gens de nostre privé Conseil et de noz Finances ordonnez vers elle, avons délibéré et conclu instituer et establir en nostre Conté d'Artois en nostre ville d'Arras, et audit maistre *Guillaume Hangouart* avons donné et donnons par ces présentes plain povoir, auctorité et mandement espécial dudit estat doresenavant tenir et exercer, de, avec le président et autres noz conseilliers, garder nostre souveraineté, haulteur et seignourie, nostre demaine et autres droiz, de vaquer et entendre à la consultacion, délibéracion et expédicion des matières et affaires qui surviendront et se traitteront en icelui Conseil, et au surplus de faire bien et deuement toutes et singulières les choses que bon et léal conseillier susdit peult et doibt faire et que audit estat compètent et appartiennent; le tout selon et en ensuivant l'ordonnance et instruction dudit Conseil, aux gaiges de douze solz de groz de nostre monnoye de Flandres le solt par jour, à en estre payé par les mains de nostre receveur de nostre ayde ordinaire d'Artois présent et avenir et des deniers de sa recepte, de trois mois en trois mois par égale porcion, à commencyer du jour de l'institucion dudit Conseil et qu'il aura fait ses serment dudit estat, et de là en avant à rate de temps qu'il aura vaquié et servy en icelui estat et dont il apperra par certifficacion du greffier dudit Conseil, commis à tenir le contrerolle des conseilliers et autres suppostz ordinaires de nostre dit Conseil, et outre plus, aux honneurs, prééminences, droiz, libertez, franchises, prouffiz et émolumens y appartenans. Surquoy ledit maistre *Guillame Hangouart* sera tenu de faire le serment pertinent ès mains de nostre amé et féal messire Jehan Caulier, chevalier, seigneur de Aigny, président dudit Conseil, que commettons à ce, et luy mandons que ledict maistre *Guillame Hangouart*, receu de lui ledict serment, il le institue de par nous en possession dudict estat de conseillier et de là en avant l'appelle ou faice appeller à la délibéracion et expédicion de toutes les matières qui se traitteront et demeureront en nostre dit conseil, et dudict estat et des honneurs, prééminences, droiz, libertez, franchises, prouffiz et émolumens susdits, il et tous autres noz justiciers, officiers et subgectz cui ce regardera le seuffrent, faicent et laissent joyr et user, cessans tous contreditz. Mandons en oultre ausdits chief et trésorier général de nosdictes finances que lesdits gaiges de douze sols dudict pris par jour, ilz faicent payer audit maistre *Guillame Hangouart* ou à son command pour luy par ledit nostre receveur de nostre ayde ordinaire d'Artois présent et avenir, aux termes à commencier et rate de temps qu'il aura vaquié et servy oudit estat comme dit est : auquel nostre receveur dudict ayde ordinaire présent et avenir mandons ainsi le faire, et par rapportant cesdictes présentes, vidimus ou copie autenticque d'icelles pour une et la première foiz et pour tant de foiz que mestier sera certification du greffier présent et avenir tenant ledict contrerolle du temps que ledict maistre *Guillame Hangouart* aura vaquié et servy oudit estat et quittance sur ce servant seullement, Nous voulons tout ce que payé luy aura esté à la cause dite, estre passé et alloué ès comptes et rabatu dé la recepte de nostre dit receveur de l'ayde ordinaire présent et avenir qui payé l'aura, par noz amez et féaulx les président et gens de noz Comptes à Lille, ausquelz mandons par ces dictes présentes ainsi le faire, sans difficulté : Car ainsi nous plaist-il. En tesmoing de ce, nous avons fait mettre nostre séel à ces présentes. Donné en nostre ville de Yspourg, le XIme jour de may l'an de grâce mil cincq cens et trente, et de noz règnes assavoir dès Romains et Germanie etc. le unziesme et de Castille et autres le quatorzième.

(sur le pli). Par l'Empereur en son Conseil : Très-Révérend l'Archevesque de Palerme, chief, le Conte de Hoochstrate, chief des Finances, le seigneur de Neufville, chevalier, trésorier général et autres présens.

(signé) : Du BLIOUL.

Archives du Nord. Chambre des Comptes de Lille. Art. B. 2361 ; original en parchemin où pend à double queue un sceau brisé en cire rouge maintenu dans une enveloppe de parchemin.

7 février 1600. — *Lettres de chevalerie données à Wallerand Hangouart, s^r de la Laurie.*

Albert, par la grâce de Dieu, archiduc d'Austriche, duc de Bourgogne, de Lothier, de Brabant..... etc^a.... à tous ceux qui ces présentes lettres verront, salut. Sçavoir faisons que pour le bon et fidèle rapport que fait nous a esté des bons et fidèles services que nostre cher et bien amé *Wallerant Hanguewart*, seigneur de la Laurie, à présent rewart de nostre ville de Lille, a faits à feu de très-haute mémoire le Roy monseigneur et père et pareillement à nous depuis nostre advènement en nosdits pays, mesme en considération de ceux que tous ses prédécesseurs et ancestres auroyent faits aux nostres passez deux cens ans en diverses charges et offices honnorables, s'ayans tousjours comporté en leurs faits et actions en gens nobles et en ont tenu le rang, qualité et condicion par plusieurs signalez et remarquables debvoirs qu'ils avoyent successivement faits, tant en fait de guerre et exploits d'armes qu'en administration d'affaires civiles de leurs princes et seigneurs naturels de ces pays et autrement, selon qu'en sommes esté bien et fidèlement informez à nostre appaisement : pourquoy plusieurs de sesditz devanciers et prédécesseurs auroyent esté décorez et honnorez de titres et dignitez de chevalerie, Nous pour ces causes, voulans favorablement le traiter l'eslever et l'honnorer dudit titre et dignité dont méritent estre décorez tous ceux qui par degrez et charges de fonctions louables parviennent au moyen de leur fidélité, devoirs et diligence, à l'estat de telle confidence, avons ledit *Walleran Hangowart*, seigneur de la Laurie, fait et créé aujourd'hui de nostre main chevalier, et le faisons et créons par ces dites présentes ; voulans et entendans que doresenavant il soit tenu et réputé pour tel en tous ses actes et besongnes et jouisse des droitz, privilèges, libertez et franchises dont jouissent et ont accoustumé jouir tous autres chevaliers par tous nos pays, terres et seigneuries. Mandant et commandant à tous nos lieutenans, gouverneurs, mareschaux et autres officiers et sujets respectivement à qui ce peut toucher en quelque manière que ce soit, que ledit *Waleran Hangowart*, sieur de la Laurie, ils laissent et souffrent plainement et paisiblement jouïr et user de tout le contenu esdictes présentes, sans en ce luy faire, ny mettre, ny souffrir estre fait ny mis aucun empeschement ou destourbier au contraire. Car ainsy nous plaist-il. Donné en nostre ville de Lille, le 7ᵉ jour de febvrier l'an de grâce 1600 ; paraphé Riech. Vᵗ. Sur le ply estoit escript : Par les Archiducs soussignés, Le Vasseur.

Et sur ledit ply estoit encore escript : Ces lettres sont enregistrées, du consentement des président et gens des Comptes des Archiducs à Lille, au registre des Chartes y tenu commenceant en juin 1618, folio 197, verso, le 14ᵉ de janvier 1619, Nous présens, soussigné : Logbenhaghen, De Vos et J. de Seur.

En marge est escrit : collationné.

Collationné sur le registre original par moy conseillier et historiographe ordinaire du Roy, commis par Sa Majesté à la recherche et garde des titres et registres de la Chambre des Comptes de Lille, en Flandres, le 5 juillet 1669. Signé : Denys Godefroy.

Archives du Nord. Chambre des Comptes de Lille. Art. B. 1675. Supplément aux registres des chartes : Titres nobiliaires, tome 1ᵉʳ, fᵒˢ 15 et 16.

26 février 1611. — *Lettres de chevalerie pour messire Barthélemi de Hangouart, sieur de Le Court, Pommereaux, Pietre, etc.*

Albert, par la grâce de Dieu, archiducq d'Austrice, duc de Bourgoigne, à toùs ceulx quy ces présentes lettres verront, salut. Scavoir faisons que pour la bonne relation que faicte nous a esté de la personne de nostre cher et bien amé *Bertholomé de Hangouart*, escuyer, sieur de Le Court, Piettre et Pommereau, et qu'il seroit issu de père et mère et aultres ses prédécesseurs gentilhommes tant du coste paternel que maternel ayans aucuns d'iceux esté honorez du tiltre de chevalier, sy comme son grand père messire *Guillaume de Hangouart*, vivant chevalier, sieur dudict Piettre, et President de nostre Conseil provinchial d'Arthois, estant le remonstrant petit nepveu collatéral de feu *Wallerand de Hangouart*, en son tamps prevost des eglises collegiales de S¹ Amé à Douay et de S¹ Bartholomé à Béthune et aulmosnier de feu de très haultes mémoires l'empereur Charles Le Quint et de Philippe segond Roy des Espagnes, comme aussy du coste maternel il seroit issu de dame Anthoinette *de Croix*, fille du feu sieur de La Fresnoie, famille noble au quartier de Lille, aians pluisieurs d'icelle porté le tiltre de chevalier, estant le remonstrant aussy nepveu et gentilhomme de la chambre des jeusnes princes d'Austrice enffans de feu l'empereur Maximilien deuxiesme, lequel Jehan *de Croix*, fils dudict feu sieur de La Fresnoie, seroit trespassé au service desdits princes en l'an 1573 en la ville de Cologne, lesquels prédécesseurs dudict Jehan avoient faict pluisieurs bons et notables services ausdicts sieur Empereur Charles Cincquiesme, Philippes second roy des Espaignes, et comme en diverses charges et offices honnorables, esquelz ils auroient esté entremis tant en faict d'armes et exploix de guerre qu'en administration des affaires civiles que aultrement, aians pluisieurs de ses ancestres à ceste occasion estez honnorez du tiltre de chevaliers, et comme le remonstrant suivant leurs traces et vestiges se seroit tousjours comporté en gentilhomme d'honneur et rendu service à son prince, signament en l'an 1594, entre les chevaulx legers soubz le capitaine d'Hames, tenant lors garnison en la ville de Bruges, comme aussy en certains voiaiges en France soubz la conduicte du comte Charles de Mansfelt et depuis au siège de Cambray servant illecq en qualité de gentilhomme volontaire avecq trois chevaulx soubz la conduicte du fut marquis de Warembon, pour lesquelles considerations et le désir qu'il a de continuer à l'advenir sondict fidel service et qu'il auroit bons moiens pour s'entretenir comme à ung chevalier d'honneur appartient, il nous a très humblement suplié qu'en esgard à tout ce que dessus il nous pleust l'honorer aussy du tiltre et dignité de chevalier et luy en faire despescher noz lettres patentes au cas pertinentes. Pour ces causes et tout ce que dessus considéré, mesmes que l'origine et mémoires des ancestres dudict *Bartholomé de Hangouart* l'en rendent capable et qu'il est pourveu (comme entendons) de bons et competens moiens pour s'entretenir honnorablement en telle quallité, aussy affin de le stimuler davantaige et lui donner occasion au moien de quelque marque d'honneur de s'esvertuer de plus en plus en nostre service, nous desirans favorablement le traicter et eslever par décret du tiltre et dignité de chevallerie, l'avons faict et créé, comme faisons et créons chevalier par ces présentes, voulans et entendans que doresnavant il soit tenu et reputé pour tel en tous ses actes et besoignes et jouisse des droix, previlèges, libertés et franchises dont jouissent et ont accoustumé de jouir tous aultres chevaliers par toutes noz terres et seigneuries, mandons et commandons à tous noz lieutenans, gouverneurs, mareschaulx et aultres noz justiciers, officiers et subjectz à cui ce peult toucher en manière que ce soit, que ledict *Bartholomé de Hangouart* laissent, permettent et souffrent plainement, enthièrement et paisiblement de tout le contenu esdictes présentes jouir et user sans en ce luy faire mectre ou donner ny souffrir estre faict mis ou donné aucun trouble destourbier ou empeschement au contraire. Car ainsy nous plaist-il. En tesmoing de ce avons faict sceller les mesmes présentes de nostre grand seel, en nostre ville de Bruxelles, le vingt sixiesme jour du mois de febvrier de l'an mil six cens unze, paraphé V^t. Scellé du grand seel de son alteze en cire rouge pendant en double queue de cordon de fil d'or, sur le reply au coste droict estoit escript par l'Archiducq. Signé PRATS.

Archives départementales du Pas-de-Calais. C. Élection provinciale d'Artois. Registre aux commissions, provisions, sentences, lettres de noblesse et autres actes, f° 118.

10 mai 1640. — *Lettre de chevalerie en faveur de Michel de Hangouart, écuyer, s^r du Ploich.*

Philippes, etc^a.... A tous ceux qui ces présentes verront, salut. Scavoir faisons que pour la bonne relation que faite nous a esté de la personne de nostre cher et bien amé *Michel de Hangouart*, escuyer, sieur du Ploich, Piètre et Pommereau, et que tant du costé paternel que maternel il seroit de noble extraction, ayans plusieurs de ses prédécesseurs esté honorez du titre de chevalier et employez en charges principales et signamment Messire *Guillaume de Hangouart*, chevalier, seigneur de Piètre, son bisayeul, en celle de président de nostre Conseil provincial d'Artois, le fils duquel aussy nommé *Guillaume de Hangouart*, escuyer, sieur de Piètre, ayeul dudit Michel, auroit esté allié à Mademoiselle Antoinette *de Croix*, fille du sieur de la Fresnoy, famille ancienne et noble au quartier de Lille et de laquelle seroyent provenus plusieurs enfans encore présentement honnorez dudit titre de chevalier, auquel mariage ils auroyent procréé Messire *Barthélemy de Hangouart*, vivant chevalier, sieur de la Cour et dudit Piètre, père dudit *Michel de Hangouart*, qu'il auroit eu de Dame Marie *de Pressy*, issue de la noble et ancienne famille de Pressy, estant ledit Michel aussy petit neveu en ligne collatérale de *Wallerand de Hangouard*, en son temps prévost de l'église collégiale de Saint-Amé de Douay et de Saint-Barthélemy de Bezthunes et aumosnier de feus de très-haute mémoire l'empereur Charles V et le Roy Philippes II nos très-honnorez seigneurs bisayeul et ayeul qui soyent en gloire, comme aussy il seroit petit neveu et héritier médiat de feu Jean *de Croix*, vivant sieur de la Cour et gentilhomme de la Chambre des jeunes princes d'Austriche, enfans de l'empereur Maximilien II, à l'exemple desquels il nous auroit servy l'espace de cinq ans, tant en la compagnie d'infanterie du cappitaine du Thol qu'en la chavalerie, soubs le Baron de Courchelles. Pour ces causes et tout ce que dessus considéré, mesme affin de le stimuler d'avantage et luy donner occasion au moyen de quelque marque d'honneur de s'évertuer de plus en plus en nostre service, Nous, désirans favorablement le traiter, décorer et eslèver, avons ledit *Michel de Hangouart* fait et créé, faisons et créons chevalier par ces présentes, voulans et entendans que doresenavant il soit tenu et réputé pour tel en tous ses actes et besongnes et jouisse des droits, privilèges, libertez et franchises dont jouissent et ont accoustumé de jouir tous autres chevaliers par toutes nos terres et seigneuries, signamment en nos Pays-Bas, tout ainsy et en la mesme forme et manière comme s'il eut esté fait et créé chevalier de nostre propre main. Mandons et commandons à tous nos lieutenans, gouverneurs, mareschaux et autres ministres, officiers et sugets ausquels ce peut toucher en quelque manière que ce soit, que ledit *Michel de Hangouart* ils laissent, permettent et souffrent dudit titre de chevalier et de tout le contenu en ces dites présentes plainement, entièrement et paisiblement jouïr et user, sans en ce luy faire, mettre ou donner aucun trouble, destourbier ou empeschement au contraire. Car aynsi nous plaist-il, pourvu qu'au préalable ces dites présentes soyent présentées à dom Juan de Castillo, nostre secrétaire du registre général des mercèdes, afin d'en estre tenue notte et mémoire ès livres de sa charge. En tesmoignage de quoy, nous avons signé ces présentes de nostre main et à icelle fait mettre nostre grand scel. Donné en nostre ville de Madrid, royaume de Castille, le 10ᵉ jour du mois de may, l'an de grâce 1640 et de nos règnes le 19ᵉ. Paraphé Vuld. Vᵗ. signé : Philippes. Sur le ply est escrit : Par le Roy, signé : Brecht. Est encore escrit : Tome la racon, Dom Juan de Castillo. Et sur ledit ply estoit encore escrit : Ces lettres sont enregistrées en la Chambre des Comptes du Roy, à Lille, du consentement de messeigneurs d'icelle au registre des Chartes y tenu commenceant en avril 1642, folio 28, verso, le 16 febvrier 1643, par moy et signé : R. Simon.

Collationné sur le registre original estant dans la Tour des Chartes de la Chambre des Comptes de Lille en Flandres, par moy soussigné conseiller et historiographe ordinaire du Roy, commis par Sa Majesté à la garde et direction des titres et registres d'icelle Chambre, le 16 Décembre 1669. signé : Denys Godefroy.

Archives du Nord. Chambre des Comptes de Lille. Art. B. 1675. Supplément aux registres des chartes. Titres nobiliaires. Tome 1ᵉʳ, fᵒˢ 69, 70 et 71.

15 octobre 1641. — *Lettres patentes portant attribution du titre de chevalier en faveur du sieur Ignace de Hangouart et de ses descendans.*

Philippe, par la grâce de Dieu, Roy de Castille... etc¹... A tous ceux qui ces présentes verront, salut. Sçavoir faisons que pour la bonne relacion que faicte nous a esté de notre cher et bien amé *Robert-Ignace de Hangouart*, escuyer, sieur de le Court, et que tant du costé paternel que maternel il seroit issu de noble extraction, plusieurs de ses prédécesseurs aïans estez honnorez du tiltre de chevalier et employéz en charges principalles et signament messire *Guillaume de Hangouart*, chevalier, sieur de Piètre, son bisayeul, en celle de président du Conseil provincial d'Arthois, le fils duquel aussy nommé *Guillaume de Hangouart*, escuyer, sʳ dudit Piètre, ayeul dudit *Robert-Ignace de Hangouart*, auroit esté allié à damoiselle Antoinette *de Croix*, fille du sieur de la Fresnoie, famille ancienne et noble au quartier de Lille et de laquelle seroient provenus plusieurs enffans aussy présentement honnorez du titre de chevalier, duquel mariage ilz auroient procréez feu messire *Bartholomi de Hangouart*, vivant chevalier, sieur de le Court et de Piètre, père dudit *Robert-Ignace de Hangouart* qu'il auroit eu de Dame Marie *de Pressy*, issue de la noble et ancienne maison de Pressy, estant ledit Robert-Ignace aussy petit nepveu en ligne collatéralle de feu

Wallerand de Hangouart, en son temps prévost de l'église collégiale de S^nt-Amé à Douay et de S^nt-Bartholomé en Béthune et aumosnier de feus de très-haulte mémoire l'empereur Charles cinquiesme et le roy Philippe deuxiesme nos très honnorez seigneurs bisayeul et ayeul, comme de même il seroit petit neveu et héritier médiat de feu Jean *de Croix*, vivant sieur de le Cour, et gentilhomme des jeunes princes d'Austrice, enfans de l'Empereur Maximilien deuxiesme; tous lesquels ses ancestres et parens auroient fait plusieurs bons et notables services à nosdits prédécesseurs en estats et offices honnorables esquels ils auroient estez employez, tant au faict des armes et administration d'affaires politiques qu'aultrement. Pour ces causes, et tout ce que dessus considéré, mêmes affin de le stimuler et luy donner occasion au moyen de quelque marcque d'honneur de s'esvertuer en nostre service à l'imitation de sesdits prédécesseurs, Nous, désirans favorablement le traicter, décorer et élever, avons icelluy *Robert-Ignace de Hangouart* faict et créé, faisons et créons chevalier par cesdites présentes, voulans et entendans que doresenavant il soit tenu et réputé pour tel en tous ses actes et besoignes, et jouisse des droitz, privilèges, libertez et franchises dont jouissent et ont accoutumé de jouir tous aultres chevaliers par toutes nos terres et seigneuries, signament en nos Pays-Bas, tout ainsy et en la mesme forme et manière comme s'il eust esté faict et créé chevalier de notre propre main. Mandons et commandons à tous nos lieutenans, gouverneurs, mareschaux et autres ministres, officiers et sujets à qui ce peult toucher en quelcque manière que ce soit, que ledit *Robert-Ignace de Hangouart*, ils laissent, permettent et souffrent dudit tiltre de chevalier et de tout le contenu en cesdictes présentes plainement et paisiblement jouyr et user, sans en ce luy faire, mestre ou donner, ny souffrir estre faict, mis ou donné aucun trouble, destourbier ou empeschement au contraire : Car ainsy nous plaist-il. Pourveu qu'au préalable cesdites présentes soient présentées en nostre Secrétairie du registre général des mercèdes, afin d'en estre tenue note et mémoire ès livres d'icelle. En tesmoignage de quoy, nous avons signé ces présentes de nostre main et à icelles faict mestre nostre grand scel. Donné en nostre ville de Madrid, royaulme de Castille, le 15 jour du mois d'octobre, l'an de grâce 1641: Et de nos règnes le 20e, paraphé Ml. V^t. et signé : Philippe.

Sur le ply estoit escript : Par le Roy, signé : Brecht. Et appendoit auxdictes lettres un grand scel de chire vermeille en queue de parchemin. Sur ledit ply, au costé dextre estoit aussy escript : Tome la raçon : Pedro Lopez de Salo.

Archives communales de Lille. Registre Albert, pièce 445, f°s 257 v° et 258.

Mai 1664. — *Lettres accordant la création d'une compagnie d'arbalétriers à Avelin, eu égard aux services de Michel Hangouart et de sa famille.*

Philippe, par la grâce de Dieu, Roy de Castille, de Léon, d'Arragon, des Deux Sicilles...., etc²…. Scavoir faisons à tous présens et à venir que Nous avons receu l'humble supplication et requeste de Messire **Michel Hangouwart**, chevalier, seigneur del Court, Avelin, du Plouich, La Magdeleine, etc², député ordinaire des Estats de nostre Province de Lille, Douay et Orchies, contenant qu'il auroit tousjours esté entremis et employé comme aussy ses parens prédécesseurs tout le cours de leur vie à nostre service et de noz trèsaugustes prédécesseurs, tant en diverses fonctions et délégations honnorables avec les ambassadeurs des Roys de France et autres administrations d'affaires civiles, que dans les exploits militaires où ils auroient rendu plusieurs services remarquables, tant en diverses batailles, rencontres, sièges de villes qu'autrement, avec effusion de leur sang, y ayants mesmes aucuns d'iceux laissé la vie, entre lesquels sieurs parens Messire **Walrand Hangowart**, vivant prévost de l'église collégiale Saint-Amé en nostre ville de Douay, de Saint-Berthélemy en celle de Bethune et doyen de Saint-Pierre en celle de Lille, grand oncle du remonstrant, seroit esté serviteur domesticque de feu l'empereur Charles cincquième, d'auguste mémoire, en qualité de son aulmosnier, l'ayant suivy en tous ses voyages d'Espaigne, Italie, Allemaigne et Alger en Africque, où il auroit courru risque de la vie après y avoir fait naufrage, ayant mesme depuis continué ces mesmes debvoirs au service du Roy Philippes Second nostre trèshonnoré seigneur et père grand, comme auroit pareillement fait feu Messire Jean *de Croix*, vivant chevalier, seigneur del Court, grand oncle maternel d'icelluy remonstrant, par le décours de plusieurs années qu'il auroit esté retenu au service des jeusnes princes Mathias et Maximilien, enfans de haute mémoire l'empereur Maximilien, deuxiesme de ce nom, en qualité de gentilhomme de leur Chambre et y rendu plusieurs services jusques son trespas. Et comme sa terre et seigneurie d'Avelin seroit un beau et grand villaige à clocher situé en nostre dite chastellenie de Lille, tenue et mouvante de Nous à cause de nostre Sale dudit Lille où il auroit fait ériger un chasteau et forteresse, à raison de quoy ledit village seroit peuplé de beaucoup de monde, lequel ne sçait à quoy s'esbattre, se divertir et passer le temps pour n'y avoir aucune confrérie privilégiée. A ceste cause et afin que le jeu de l'arc et arbaleste y puisse estre en usage, mesme pour par ce moyen divertir la jeusnesse d'aller aux cabarets et la rendre apte et idoine au maniement des armes pour la tuition et garde du pays, mesmement dudit chasteau d'Avelin en temps de guerre contre les ennemis, ledit remonstrant nous supplioit très-humblement qu'il nous pleust de luy donner permission de mettre sus et ériger audit villaige d'Avelin, à l'honneur de Dieu et de Saint-Sébastien, une confrérie privilégiée de francqz archers et arbalestriers, jusques au nombre de cincquante personnes, et à ces fins luy faire dépescher noz lettres patentes en ce cas pertinentes. Pour ce est-il, que Nous, ces choses considérées, et sur icelles eu l'advis de nos chers et féaux les lieutenant et autres officiers de nostre Gouvernance de Lille, inclinans favorablement à la supplication et requeste dudit messire *Michel Hangouwart*, suppliant, luy avons octroyé, consenty et accordé, octroyons, consentons et accordons en luy donnant congé et licence de grâce espéciale par ces présentes, qu'il puisse et pourra mettre sus et ériger audit villaige d'Avelin, à l'honneur de Dieu et de Saint Sébastien, une confrérie d'archers et arbalestriers, et recevoir en icelle jusques au nombre de cincquante compaignons, dont les trente seront archiers et les vingt arbalestriers, gens honestes, paisibles et de bonne renommée, idoines et suffissans pour exercer et maintenir le jeu de l'arc à main et de l'arbalestre. Octroyans, consentans et accordans ausdiz archiers et arbalestriers en nombre que dessus, qu'ils puissent et pourront par chascun an tirer en haut après l'oyselet et tenir pour leur Roy de l'année celluy d'entre eux qui l'aura abbattu, et que pour l'entretenement de ladite Confrérie, ledit remonstrant puisse y mettre, ordonner et instituer connestables, jurez et autres officiers qui auront la charge et conduite d'icelle et des affaires y survenans, et icelle faire observer et entretenir comme font et peuvent faire ceulx d'autres et semblables confréries en nostre ville et chastellenie de Lille et autres lieux voisins, et avec ce qu'iceulx compagnons et confrères puissent et pourront à leurs despens raisonnables faire faire et porter sur leurs robbes et chaperons et hocquetons de telle couleur que bon leur semblera nostre livrée et devise du fuzil avec deux flesches ou viretons croisez à la façon de la croix Saint-André, et autres enseignemens et différences qu'ils adviseront, et que pour exercer et continuer ledit jeu de l'arc et de l'arbalestre, ils puissent avoir lieu et jardin, Nous avons affranchy et affranchissons par cesdites présentes en accordant ausdiz remonstrant, archers et arbalestriers de ladite Confrérie que d'oresenavant en exerçant ledit jeu de l'arc à main et de l'arbalestre et en tirans dans leur dit jardin, il advenoit qu'aucun s'advançast de courrir dans le trait et en fut atteint et navré ou terminast vie par mort, ou que l'arc, arbalestre ou corde se rompist par meschef ou autre inconvénient, que en ce cas, celluy qui aura tiré le coup, après toutesfois qu'il aura crié hors ou autre semblable cris si haut qu'on le puist avoir ouy et que ce fust par meschef [mais non] par haine précédente ou propos délibéré, ceux de ladite Confrérie ou autres regardans le jeu, ne mesprendront pour ce aucunement envers nous et justice et n'encourront en aucune peine ou amende corporelle, criminele ou civile et ne seront traittables et poursuivables en justice, ny aussy tenuz en faire aucune satisfaction ou réparation à partie. Et au surplus, ils puissent jouyr et user de telles et semblables libertez, franchises, privilèges, points et articles dont jouissent et usent les archers et arbalestriers des autres confréries de nostre dite ville de Lille et aultres villes et lieux privilégez voisins. Pourveu toutefois que moyennant cest nostre présent octroy et accord, lesdits roy, connestables, jurez, officiers et confrères et leurs successeurs en ladite confrérie seront tenuz faire serment pertinent ès mains dudit Messire *Michel Hangouwart*, remonstrant, ou de ses successeurs seigneurs dudit lieu, de nous servir bien et loyalement et noz successeurs en toutes noz guerres et armées et partout ailleurs que il nous plaira leur ordonner à noz despens raisonnables. Si donnons en mandement à noz chers et féaulx les chef, président et gens de noz privé et grand Conseilz, ausdiz noz lieutenans et autres officiers de nostre Gouvernance de Lille et tous autres noz justiciers et officiers qu'il appartiendra que ledit serment fait comme dit est, ilz facent, souffrent et laissent ledit suppliant, ensemble les roy, connestables, jurez et confrères et leurs successeurs en ladicte Confrérie et chascun d'eux en son regard, de nostre présente grâce, octroy et licence et de tout le contenu en cesdites présentes selon et en la forme et manière, aux charges et conditions que dit est, pleinement, paisiblement et perpétuelement jouyr et user, sans leur faire, mettre ou donner, ny souffrir estre fait, mis ou donné, en corps ny en biens, aucun destourbier ou empeschement au contraire. Car ainsy nous plaist-il. Et afin que cecy soit ferme et estable à tousjours, nous avons fait mettre nostre grand séel à cesdites présentes. Sauf en autres choses nostre droit et l'autruy en toutes. Données en nostre ville de Bruxelles, au mois de may, l'an de grâce mil six cens soixante quatre, et de noz règnes le quarante-quatrième. Signé : Steenh. V^t.; (et sur le pli) : Par le Roy en son Conseil (signé) : Blondel.

Archives départementales du Nord. Chambre des comptes de Lille. Recette générale des finances : Art. B. 3 190 ; original en parchemin dont le sceau en cire rouge qui pendait à une double queue de parchemin a disparu.

1ᵉʳ août 1664. — *Érection en baronnie de la terre et seigneurie d'Avelin, en faveur de Michel Hangouart et de sa postérité.*

Philippes, par la grâce de Dieu, Roy de Castille &ᵃ .... à tous présens et à venir qui ces présentes verront ou lire oyront, salut. Sçavoir faisons, comme aux princes souverains desquels tous estats et degrez de noblesse, prééminences et seigneuries procèdent, convient et appartient d'élever et décorer d'honneurs, tiltres et prérogatives, ceux qui par continuels exercices et expériences de notables et vertueux faits et services ils connoissent l'avoir mérité et en estre dignes et capables, afin de tant plus les mouvoir, induire et obliger à y persévérer de bien en mieux et inciter et attirer d'autres, mesmes leurs successeurs à les imiter et ensuivre, et les éguillonner non seulement pour atteindre la bonne renommée et réputation d'iceux, mais aussy au plus haut degré et comble de vertu pour l'avancement du bien public, et pour le rapport que fait nous a esté de la personne de Messire *Michel Hangouart*, chevalier, sieur de la Cour, Avelin, de la Magdeleine, [de] la Mairie de Gondecourt et du Ploich ; qu'il seroit issu d'ancienne noble famille et que luy et ses prédécesseurs auroyent aussy fait des notables alliances et rendu aux nostres plusieurs bons et agréables services tant en guerre qu'en la police, signamment feu *Guillaume Hangouart*, son abave, sous l'empereur Maximilien premier de ce nom, et l'Archiduc, son fils, à la reprinse de la ville d'Arras de l'an 1482 et en divers autres exploicts de guerre, *Gérard Hangouart*, frère dudit Guillaume, occis en la bataille de Nancy l'an 1477 avec le Duc Charles de Bourgongue, Messire *Guillaume Hangouart*, son ave, président du Conseil provincial d'Artois, en divers traitez de paix et commissions très-importantes, Messire *Walerand de Hangouart* et Jean *de Croix*, ses grands oncles, ayant le premier esté doyen de l'église Saint-Pierre à Lille et en qualité d'aumosnier suivy l'empereur Charles cinq, de glorieuse mémoire, en ses voyages d'Espagne, Italie, Allemagne et Affrique, et l'autre gentilhomme de la Chambre des princes Mathieu et Maximilien, enfans de l'Empereur Maximilien deuxième ; Messire *Bartholomé Hangouart*, chevalier, seigneur de la Cour, son père, lequel auroit servy en la cavallerie légère de l'armée de nos Pays-Bas au temps de la Ligue en France et de volontaire au siège de Cambray l'an 1595, et que le susdit *Michel Hangouart* à l'exemple de ses prédécesseurs auroit porté les armes ainsy que feu son frère Messire *Robert-Ignace Hangouart*, quelques années pour nostre service et depuis 23 ans ençà exercé la charge de député aux Estats de Lille, Douay et Orchies, en laquelle il nous auroit rendu plusieurs bons services durant la guerre contre la France, comme il continueroit encore de rendre présentement, joincte à ce la qualité de sa femme Dame Anne-Marie *de Preudhomme d'Hailly*, fille de Messire Jean, chevalier, baron de Pouques, et de Dame Catherine *de Croix*, et les services militaires rendus par ledit Baron et autres prédécesseurs et parens de ladite dame de Preudhomme d'Hailly. Pour ce est-il que Nous, ce que dessus considéré et ayans favorable esgard à ladite noble extraction, loyauté, services et autres bonnes qualitez qui concourrent en la personne dudit Messire *Michel Hangouart*, désirant l'élever et décorer en honneurs, droits, privilèges, prérogatives et prééminences, avons, par avis de nostre cousin le Marquis de Carazena, lieutenant-gouverneur et capitaine général de nos Pays-Bas et de Bourgongne, et de ceux de nostre Conseil d'Estat aux affaires desdits Pays-Bas, résidant lez nostre personne, de nostre certaine science, grâce, libéralité, pleine puissance et autorité souveraine créé, comme nous créons par ces présentes ledit Messire *Michel Hangouvart*, Baron, et sa terre et seigneurie d'Avelin située en la chastellenie de Lille, tenue de Nous à cause de nostre Salle audit Lille, en justice viscomtière, avec toutes ses appendances et dépendances créé et érigé, comme nous la créons et érigeons par cestes en dignité, tiltre, nom, cry et prééminences de baronnie, à laquelle nous avons uny et incorporé, unissons et incorporons à l'avenir en augmentation et pour plus grand lustre d'icelle baronnie, la terre, fief et seigneurie de la Cour, aussi gissante en ladite chastellenie de Lille et tenue de nous, à cause de laditte salle, en justice viscomtière, ses appartenances et dépendances ; Item, le fief et seigneurie de la Magdeleine, située en la mesme chastellenie, tenue de la seigneurie de Lomme aussy en justice viscomtière, ses appartenances et dépendances ; Item, le fief, seigneurie et cense appelée la Mairie de Gondecourt avec ses appartenances et dépendances ; Item, la terre, fief et seigneurie du Plouich, avec les fiefs, maison et cens de Malfiance, terres et héritages en dépendans, permettant en outre audit Messire *Michel Hangouart* et à ses successeurs d'y adjouster et incorporer encore telles autres seigneuries, rentes et terres que bon leur semblera, pour, de ladite érection en baronnie avec le nom et tiltre de Baron, ensemble des droits, honneurs, prérogatives et prééminences y appartenans jouïr et user par ledit Messire *Michel Hangouvart*, ses hoirs et successeurs en ligne directe, Barons et Baronnes dudit Avelin à jamais, tout ainsy et en la mesme forme et manière que font et ont accoustumé de faire les autres barons de nos Pays-Bas ; le tout à charge et condition que ledit Messire *Michel Hangovart*, sesdits hoirs et successeurs, Barons et Baronnes dudit

Avelin, seront tenus de faire le serment de fidélité et loyauté à cause d'icelle Baronnie ès mains de nous, nos hoirs et successeurs ou de nos lieutenans-gouverneurs et capitaines généraux de nosdits Pays-Bas, lesquels en nostre absence et celle de nosdits hoirs, successeurs d'iceux Pays, avons à ce commis et autorisé, commettons et autorisons par ces dites présentes, et par ledit serment jurer et promettre de tenir ladicte Baronnie de nous et de nos dits successeurs en la manière que dessus, en faisant le relief et payant les droits pour ce deus, là et ainsy qu'il appartiendra; et auparavant qu'estre admis audit serment, sera aussy tenu de faire apparoir que le revenu de ladite seigneurie d'Avelin, maintenant Baronnie, avec les seigneuries, terres et rentes y incorporées et unies, monte au moins à six mille florins par an, sans que lesdits biens ne se pourront oncques séparer, éclisser, ny démembrer par luy, ny ses dits successeurs Barons et Baronnes dudit Avelin, par testament ou autre contract, et en outre que cette présente érection et création ne tournera ores ny au temps avenir à nostre préjudice, ny de nos hauteurs, seigneurie, jurisdiction, ressort, souveraineté, autorité et prééminence. Si ordonnons à nostre lieutenant gouverneur et capitaine général de nosdits Pays-Bas et de Bourgongne et donnons en mandement à nos très-chers et féaux les gens de nostre Conseil d'Estat, chef, président et gens de nos privé et grand Conseils, président et gens de nostre Conseil provincial de nostre pays et comté de Flandres, chef, trésorier général et commis de nos domaines et finances, président et gens de nostre Chambre des Comptes à Lille et à tous autres nos justiciers, officiers et sujets et serviteurs auxquels ce peut ou pourra toucher et regarder, présens et à venir, et à chascun d'eux, en droit soy et si comme à luy appartiendra, qu'ils tiennent, réputent, estiment, nomment et appellent, écrivent, intitulent, honnorent et proclament d'oresenavant ledit Messire *Michel Hangovart*, ses hoirs et successeurs masles et femelles Barons et Baronnes dudit Avelin. Mandons en outre auxdits de nos finances et de nos Comptes à Lille, qu'ils procèdent bien et deuement à la vérification et intérinement de cesdites présentes selon leur forme et teneur, et ce fait ils, lesdits de nos Conseils, vassaux, justiciers et sujets et tous autres ausquels ce regardera et chascun d'eux fassent, souffrent et laissent ledit messire *Michel de Hangovart*, ensemble sesdits hoirs et successeurs masles et femelles, de cette nostre présente grâce, octroy, création et érection, et de tout le contenu en ces dites présentes, selon la forme et manière et sous les conditions dessusdites, pleinement, paisiblement et perpétuellement jouïr et user; sans leur y faire, mettre ou donner, ny souffrir estre fait, mis ou donné aucun destourbier ou empeschement en manière quelconque : lequel si fait, mis ou donné leur auroit esté ou estoit, le réparent et mettent ou fassent réparer et mettre incontinent et sans dilay à néant. Car tel est nostre plaisir, nonobstant quelsconques ordonnances, restrictions, mandemens ou deffences à ce contraires, sauf en autres choses nostre droit et l'autruy en toutes. Pourveu qu'en déans l'an après la datte de cestes, icelles soyent présentées à nostre premier Roy d'armes ou autre qu'il appartiendra en nosdits Pays-Bas, en conformité et aux fins portées par le 15ᵉ article de l'ordonnance décrétée par feu nostre bon oncle l'Archiduc Albert, le 14ᵉ de décembre 1616, touchant le port des armoiries, timbres, tiltres et aultres marques d'honneur et de noblesse, à peine de nullité de ceste nostre présente grâce ; ordonnant à nostre dit premier Roy d'armes ou à celuy qui exercera son estat en nosdits Pays-Bas, ensemble au roi ou héraut d'armes de la province qu'il appartiendra, de suivre en ce regard ce que contient le règlement fait par ceux de nostre Conseil privé, le 2ᵉ octobre 1637, au sujet de l'enregistrature de nos lettres patentes touchant les dites marques d'honneur, en tenant par nosdits officiers d'armes respectivement notice au dos de cestes. Et afin que ce soit chose ferme et stable à toujours, nous avons signé ces présentes et à icelles fait mettre nostre grand scel.

Donné en nostre ville de Madrid, royaume de Castille, le premier jour du mois d'aoust l'an de grâce 1664, et de nos règnes le 44ᵉ ; paraphé Vd. Vᵗ, soussigné : PHILIPPES. Sur le ply est escrit : Par le Roy et signé : Jean VECQUER. Sur le dos est escrit : Aujourd'hui 21ᵉ jour de mars 1665, Messire *Michel Hangouvart*, chevalier, sieur de la Cour, Avelin, de la Magdeleine, la Mairie de Gondecourt et du Plouich, dénommé au blanc de cestes, a presté le serment de Baron d'Avelin, dont il est chargé par iceluy blanc, et ce ès mains de Son Excellence, à qui il a fait apparoir que le revenu de ladite seigneurie d'Avelin, maintenant Baronnie, avec les seigneuries, terres et rentes y incorporées et unies, monte au moins à six mille florins par an, dont Sa dite Excellence a eu appaisement, moy présent et signé : VERREYKEN. — Plus bas : Le Trésorier général et commis des domaines et finances du Roy consentent et accordent en tant qu'en eux est, que le contenu au blanc de cestes soit fourny et accomply tout ainsy et en la mesme forme et manière que Sa Majesté le veut et mande estre fait par iceluy blanc. — Fait à Bruxelles, au Conseil des dites finances, sous les seings manuels desdits trésorier général et commis, le 23ᵉ Mars 1665, signez : J. D'HENNETIÈRES, J. COCKAERTS et J. D'OGNATE.

Sur l'avant dit ply est encore escrit : Ces lettres sont intérinées selon leur forme et teneur par les président et gens des Comptes du Roy à Lille, et de leur consentement enregistrées au registre des Chartes y tenu commenceant en 9bre 1664, fol. 5o, v°, le 18e avril 1665, nous présens, sousignez : R. DE VOS DE STEENWICK, S. VANDER SPEETEN et P. DE MONCHEAU. — Collationné sur l'original par moy, soussigné : A Lille, le 26 mars 1670, (signé) : Denys GODEFROY.

Archives du Nord. Chambre des comptes de Lille. Art. B. 1677. Supplément aux registres des chartes ; Titres nobiliaires. Tome III, fos 121 à 125 inclus.

Janvier 1687. — *Lettres patentes de chevalerie en faveur du sieur d'Hangouart, grand bailly des États de Lille.*

Louis, par la grâce de Dieu, Roy de France et de Navarre, etc^a, à tous présens et avenir, salut. Notre cher et bien amé le sieur *de Hangouart*, grand bailly des États de Lille, nous a représenté qu'il est gentilhomme et qu'il a eu l'honneur de nous servir pendant neuf années tant dans les mousquetaires de notre garde qu'en qualité de cornette et de lieutenant de cavalerie, que feu son père qui possédoit la charge de grand bailly des États de Lille avoit obtenu du Roy d'Espagne des lettres de chevalier et que les trois autres baillifs, ses collègues, sont honnorez de ce titre, lequel luy manquant, il nous a très-humblement supplié de l'en vouloir pareillement honnorer, affin qu'il puisse avoir plus de dignité à exercer ladite charge de bailly et de luy accorder nos lettres sur ce nécessaires : à quoy aïant esgard et désirant le traiter favorablement, tant en considération de ses services passés et de ceux qu'il nous rend actuellement dans les fonctions de ladite charge de grand bailly des États de Lille, que de ceux que nous espérons qu'il continuera de nous rendre à l'avenir, désirant aussy en luy donnant une marque de nostre bienveillance qui passe [à] sa postérité, exciter les siens à suivre son exemple et à nous servir ès estats avecq le même zèle et fidélité.... Sçavoir faisons, que pour ces causes et de nostre grâce spécialle, puissance et authorité royalle, nous avons ledit sieur *Hangouart* fait et créé, faisons et créons chevalier par ces présentes signées de nostre main, pour, dudit titre de chevalier, ensemble des droits, honneurs, privilèges, prérogatives, prééminences, franchises et libertez qui y appartiennent jouïr et user par ledit sieur *Hangouart* et par ses enfans et descendans nez et à naistre en loyal mariage, tant en fait de guerre, armes et assemblées, qu'en jugement et dehors et partout ailleurs ou besoin sera, tout ainsy qu'en jouissent les autres chevaliers par nous ainsi créez. Voulons et entendons qu'il soit loisible et permis audit sieur *de Hangouart* et à sa postérité de continuer à porter en tous lieux et endroits que bon luy semblera ses anciennes armoiries sans difficulté, et sans aussy que pour raison dudit titre de chevalier ilz soient obligez de nous payer, ny à nos successeurs Roys, aucune finance ny indemnité, de laquelle, à quelque somme qu'elle puisse monter et revenir, nous leur avons fait et faisons don par cesdites présentes, à condition toutes fois de ne rien faire qui déroge audit titre et qualité. Si donnons en mandement à noz amez et féaux les gens tenans nostre Cour de Parlement à Tournay, que ces présentes nos lettres de chevalier ils ayent à faire enregistrer et du contenu en ycelles faire jouir et user pleinement et paisiblement, cessant et faisant cesser tous troubles et empeschemens au contraire : Car tel est nostre plaisir. Et affin que ce soit chose ferme et stable à toujours, nous avons fait mettre nostre scel à cesdites présentes. Sauf en autres choses nostre droit et l'autruy en tout. Donné à Versailles, au mois de janvier, l'an de grâce 1687, et de notre règne le 44e, signé : Louis. Et sur le reply : Par le Roy : Le Tellier, et à costé : visa Boucherat ; pour lettres de chevalerie au sieur *Hangouart*, signé : Le Tellier, et scellées du grand scel en cire verte y appendant en lace de soye rouge et verte.

Et plus bas est escrit : Collationné aux Registres de la Cour de Parlement de Tournay, par nous, soussigné, greffier de la première Chambre de ladicte Cour, signé : Barbier de Blignie.

Manuscrit : *La noblesse de Flandre ou Recueil de lettres de noblesse formé par Palisot de Beauvois*. — Bibliothèque de l'auteur.

Juillet 1696. — *Lettres patentes portant permission au sieur d'Hangouart de prendre le titre et qualité de Comte.*

Louis, par la grâce de Dieu, Roy de France et de Navarre, à tous présens et avenir, salut. Notre cher et bien amé *Barthélemy-François Hangouart*, baron d'Avelin, sieur de Marcq, Antreuil et autres lieux, l'un des quatre baillys représentans les quatre seigneurs hauts justiciers des villes et chatelenies de Lille, Douay et Orchies en notre province de Flandres, nous a très humblement représenté qu'il est issu de l'ancienne et noble famille des Hangouwart dont il porte le nom et les armes, comme ont fait ses prédécesseurs, lesquels depuis un très long tems se sont alliez noblement et ont tousjours rendus aux souverains dudit païs de Flandres des services considérables, tant dans les guerres que dans la police, sans que lors des rébellions et désordres arrivez dans ledit pays depuis plusieurs siècles, ils aient jamais manqué à leur devoir et fidélité, s'etans toujours attachez au service de leur prince, notament l'oncle de son bisayeul nommé *Wallerand Hangouwart*, qui étoit prévôt de l'église de Saint-Amé de Douay et de S^{nt} Barthélemy de Béthune et Doyen de S^{nt} Pierre de Lille, lequel étant aumonier de l'empereur Charles-Quint l'auroit suivy et servy dans ses voiages d'Espagne, d'Italie, d'Allemagne et d'Afrique, que *Barthelemy Hangouwart*, chevalier, sieur Delcourt, son grand'père, auroit aussy servy les souverains dudit pays de Flandres dans leurs guerres où il se seroit distingué par ses services, que feu *Michel Angouwart*, baron d'Avelin, qui étoit l'un des baillys représentans les quatre seigneurs hauts justiciers des villes et chatelenies de Lille, Douay et Orchies, auroit exercé ladite charge pendant près de cincquante ans, ayant été honoré par Philippe quattre, Roy d'Espagne, du titre et qualité de Baron d'Avelin, et que lors de la reddition de la province de Lille en notre obéissance, il auroit eu l'avantage d'etre l'un des premiers gentilshommes de ladicte province de Lille qui se seroit attaché à notre service, nous aiant, dans l'exercice de ladicte charge de bailly, donné en touttes occasions des marques de son zèle et affection singulière au bien de cet État, meme pendant les sièges et prises des villes de Courtray, Condé, Bouchain, Aire, Valenciennes, Cambray, Saint-Omer, Gand, Ypres et autres places, soit pour fourniture de pionniers, chariots, chevaux pour l'artillerie, soit pour fourage et subsistence de nos troupes; que ledit exposant, à l'exemple de ses prédécesseurs, s'est aussy allié noblement à la fille du sieur *Vichte*, viscomte d'Erbodeghem, l'une des plus anciennes et nobles maisons de Flandres et nous a rendu dans ladite charge de bailly les memes services qu'a fait son dit feu père, particulièrement lors des sièges et prises des villes et places de Mons, Namur, Charleroy, Furnes et autres lieux, par la distribution qu'il auroit faite des pionniers, chariots et fourages pour nos troupes, et qu'il continue de nous y rendre journellement en toutes rencontres, nous supliant très humblement pour les considérations susdites l'honnorer du titre et qualité de comte *d'Hangouart*, tant pour luy que pour son fils aisné et ses descendans, avec pouvoir de porter la couronne de marquis sur leurs armes. A quoi aiant égard et désirant le traiter favorablement, scavoir faisons, que pour ces causes et de notre grâce speciale, pleine puissance et authorité royalle, nous avons par ces présentes signées de notre main, permis et permettons audit exposant, ensemble à son fils aisné et aux aisnez masles de ses descendans en loyal mariage de prendre le titre et qualité de Comte d'*Hangouart*, et de se dire, nommer et qualifier tels en tous actes et endroits, tant en jugement que dehors, meme d'apliquer par ledit exposant ledit titre et qualité de comte sur telle de ses terres que bon luy semblera, quand meme ladite terre ne seroit du revenu porté par la déclaration du Roy catholique de l'année 1664; à la charge que ledit titre et qualité de comte relèvera de nous et de notre couronne. Voulons en outre que ledit exposant et sondit fils aisné et ses descendans aisnez masles aussy en loyal mariage, puissent mettre et porter la couronne de marquis sur leurs armes, sans que pour raison de tout ce que dessus ledit exposant et sondit fils et ses descendans soient tenus de nous paier ny à nos successeurs Roys aucune finance ny indemnité, de laquelle, à quelque somme qu'elle se puisse monter et revenir, nous leur avons fait et faisons don par cesd. présentes. Sans néantmoins qu'au moien d'icelles nous entendions faire aucun préjudice à autruy, ny que ledit exposant puisse prétendre d'autres ny plus grands droits et devoirs sur la terre à laquelle il aura appliqué et affecté le susdit titre et qualité de Comté, que ceux dont il jouit à présent, comme aussy à la charge par luy et ses descendans de rien faire qui déroge audit titre, qualité et dignité de Comte. Si donnons en mandement à nos amez et féaux les gens tenans notre Cour de Parlement de Tournay que ces présentes ils aient à enregistrer et du contenu en ycelles jouïr et user ledit suppliant et sondit fils aisné et descendans masles en loyal mariage comme il est dit cy-dessus, pleinement, paisiblement et perpétuellement, cessant et faisant cesser tous troubles et empeschemens au contraire, nonobstant tous édits, déclarations, ordonnances et autres choses à ce contraires, auxquelles nous avons expressément dérogé et dérogeons par lesdictes présentes pour ce regard seulement et sans tirer à conséquence. Car tel est nostre plaisir. Et afin que ce soit chose ferme et stable à toujours, nous avons fait mettre notre scel auxdites présentes. Donné à Versailles, au mois de juillet, l'an de grâce 1696, et de nostre règne le 54e, signé: Louis. Et sur le reply: Par le Roy: Le Tellier. Et à costé: Visa, Boucherat, et apendoit ausdites lettres le scel de Sa Majesté en cire verte, en soye rouge et verte.

> Archives communales de Lille. Registre La Guerre, pièce 66, f°s 170-173.

Juin 1703. — *Lettres patentes portant attribution du titre de Marquis en faveur du sieur Hangouart et de ses descendans en ligne directe.*

Louis, par la grâce de Dieu, Roy de France et de Navarre, etc.... à tous présens et avenir, salut. Il est de la grandeur et de la justice des souverains d'élever aux titres d'honneur ceux de leurs sujets qui s'en sont rendus dignes par un véritable zèle pour leur service et celuy de l'Etat, particulièrement lorsqu'ils se trouvent desjà distinguez par la naissance : c'est pourquoy aïant mis en considération l'ancienne noblesse de la famille des Hangouart dont est issu notre très cher et bien amé *Barthélemy-François Hangouart*, baron d'Avelin, seigneur de Seclin, de Marcq, d'Antreuil, de Capelle et autres lieux, l'un des quatre baillis représentans les quatre seigneurs hauts justiciers des ville et chastellenie de Lille, Douay et Orchies, dont il porte le nom et les armes, ainsy qu'ont fait ses ayeûx qui se sont toujours alliez noblement et ont rendu à leurs souverains des services considérables, tant dans les charges militaires que dans celles de police, sans que jamais dans les tems de troubles qui ont longtems régné au pais de Flandres, ils se seroient départis de la fidélité de leurs princes, au service desquels ils ont toujours été inviolablement attachez, nous aurions, tant par rapport à son illustre naissance, que pour reconnoitre les signalez services que feu *Michel Hangouart*, baron d'Avelin, son père, et luy nous ont rendus à cet etat, octroyé par nos lettres patentes du mois de juillet 1696, la permission tant pour luy que pour son fils aisné et les aisnés masles de ses descendans en loyal mariage, de prendre le titre et qualité de comte *d'Hangouart*, même d'apliquer ledit titre et qualité de comte sur telle de ses terres que bon luy sembleroit, ainsy qu'il est plus au long porté par nos dites lettres pattentes, esquelles est faite plus particulière mention des services de sesdits ancestres ; et d'autant que nous souvenons toujours qu'après que la province de Lille eut été soumise à nostre obéissance, ledit feu *Michel Hangouart*, baron d'Avelin, qui possédoit ladite charge de Bailly, dont son fils est aujourd'huy revetu, fut l'un des premiers gentilshommes de laditte province qui s'attacha à notre service et qui par un zèle particulier nous rendit en toutes occasions de très utiles services, nommément pour le service des sièges et prises des villes de Courtray, Condé, Bouchain, Aire, Vallenciennes, Cambrai, S^{nt}-Omer, Gand, Ypres et autres places, pour l'attention et les soins qu'il donna, tant pour la fourniture des pionniers, chariots et chevaux pour l'artillerie, que pour les fourages et la subsistence de nos troupes, que ledit sieur *Barthélemy-Fran*-

çois, son fils, qui, à l'exemple de ses prédécesseurs fut allié noblement en épousant la fille du sieur *de la Vichte*, vicomte d'Erbodeghem, seigneur de Nieuwenhove, d'une des plus anciennes et nobles familles et maisons de la province, dont le chef a tousjours eté premier marechal héréditaire de la province, nous a dans laditte charge de bailly rendu des services non moins importans qu'a fait son dit feu père, particulièrement à l'occasion des sièges et prises des villes de Mons, Namur, Charleroy, Furnes et autres places, par la distribution qu'il y a fait des pionniers, chariots et fourages pour nos troupes, et qu'il continue de nous servir journellement, aussy bien que ses deux fils *Charles-Philippes* qui est l'aisné et *Antoine* qui est le cadet, avec la meme ardeur et le meme zèle, de sorte que, désirant de plus le récompenser, nous avons estimé à propos d'accorder à son dit fils cadet et aux aisnés ses descendans, un titre d'honneur, ainsy que nous avons desjà fait, par nos lettres pattentes du mois de juillet 1696, en faveur de l'aisné. Sçavoir faisons que pour ces causes et de notre grâce spécialle, pleine puissance et authorité royalle, nous avons par ces présentes signées de nostre main, permis et permettons audit *Barthélemy-François, comte d'Hangouwart*, baron d'Avelin, ensemble audit *Antoine-Félix d'Hangouwart*, son fils, et aux aisnez masles des descendans dudit *Antoine-Félix*, en loyal mariage, de prendre le titre et qualité de Marquis *d'Hangouwart*, de se dire, nommer et qualifier tel en tous actes et endroits, tant en jugement que dehors jugement, de mettre et porter la couronne de marquis sur leurs armes, meme d'apliquer par ledit *Barthélemy-François* ledit titre et qualité de marquis sur telles de ses terres que bon luy semblera, quand meme laditte terre ne seroit du revenu porté par la déclaration du Roy Catholique de l'année 1664. Voulons en outre, qu'en cas de décès du sieur *Antoine-Félix*, sans enfans mâles, ou que dans la suitte les mâles de sa branche viennent à manquer, ledit titre de Marquis retournera audit *Charles-Philippe,* son frère aisné et aux aisnez de ses descendans masles perpétuellement et à toujours sans que, pour raison de tout ce que dessus, lesdits sieurs *d'Hangouwart* ni leurs descendans soient tenus de nous paier ni à nos successeurs Roys aucune finance ny indemnité, dont, à quelque somme qu'elle se puisse monter et revenir nous leur avons fait et faisons don par ces présentes ; à la charge que ledit titre et qualité de Marquisat relèvera de nous et de notre couronne, sans néantmoins que Nous prétendions d'ailleurs rien changer au ressort de la terre, non plus qu'à sa mouvance, ou en aucune manière déroger ny préjudicier aux droits et devoirs qui pourront etre dus à autres que nous, ni pareillement que ledit *Barthelemy-François*, ny ses descendans, puissent prétendre un plus grand droit et devoir sur ladite terre à laquelle il aura apppliqué et affecté le susdit titre de Marquisat que ceux dont il jouit à présent, et à la charge en outre par luy et sesdits descendans de ne rien faire qui déroge auxdits titre, qualité et dignité de Marquis. Si donnons en mandement à nos amez et féaux les gens tenans notre Cour de Parlement de Tournay que ces présentes ils ayent à faire enregistrer et du contenu en icelles faire jouir et user ledit sieur *Barthélemy-François Hangouwart*, ledit sieur *Antoine-Félix*, son fils, et les aisnez des descendans masles en loyal mariage et à leur défaut ledit sieur *Charles-Philippes de Hangouwart* et les aisnez de ses descendans masles, aussy en loyal mariage, pleinement, paisiblement et perpétuellement ; cessant et faisant cesser tous troubles et empeschemens au contraire ; non obstant tous édits, déclarations et ordonnances et autres choses à ce contraires, auxquelles nous avons expressément dérogé et dérogeons par ces présentes, pour cet égard seulement et sans tirer à conséquence. Car tel est nostre plaisir. Et afin que ce soit chose ferme et stable à toujours, nous avons fait mettre nostre scel à ces présentes. Donné à Versailles, au mois de juin, l'an de grâce 1703 et de notre règne le 61e. Signé : Louis. Et sur le reply : Par le Roy : Chamillart ; à costé, visa : Phelippeaux. Et etoient lesdites lettres scellées d'un grand sceau en cire verte pendant en lacs de soie rouge et verte.

Archives communales de Lille, Registre La Guerre, pièce 67, f°s 172 v° à 176.

Extraits du Manuscrit « De familia Hangouartiana » par Nicaise Ladam, roy d'armes de l'empereur Charles V^e, intitulé « Grenade » demeurant en la ville d'Arras. A. 1546.

I.

Mort et non mort, bien au cours de nature
Est mort le corps qui feust la créature
De Dieu formée en ce monde mortel ;
Mais diroit on du tout estre mort tel
Qui par bien vivre, en plusieurs bon[s] passaiges,
Demeure vif en la bouche des sages.
Mort est le corps et non le bon renom.
Issu du corps qui jadis eubt à nom
Monsieur *Guillaume Hangouart*, nay de Lille,
Homme sçavant, s'aulcun se treuve en ville.

Par la bonté divine bien vestu
D'honneur, de sens, de grâce et de vertu,
Et de tout ce que l'on prise en ce monde,
Saige, discret et de belle faconde,
Seigneur de Piètre et à icelle égalle,
Des Pummereaulx, de Roy de France régalle ;
Grand justicier, par toutes bonnes loix
Docte et expert, entendant bien les droictz,
Bien appellé au ressort des provinces
Et entendu aux affaires des princes ;
En parenté descendu de bon sang ;
Par juste choix assis premier au bancq ;
Vray conseillier tenu de grande estime
A l'empereur Charles du nom cincquiesme,
Auquel l'estat de président donna
En son conseil qu'en Artois ordonna,
Tant bien guidé il feust de son bon ange,
Que mort il est, au comble de louenge.
Et qu'ainsy soit, tesmoings les vrais disantz,
Devint malade à cincquante six ans,
Au grand regret du prince et ses amis
Mourut l'an mil cincq cens quarante six,
Mois de febvrier, le jour vingt et sixiesme,
Dieu le rechoive en sa gloire sublime !

II.

Regret ny vault, senty a de mort sûre
Le corps mortel la picquante morsure ;
Mais l'âme au Ciel, sur terre le renom
Ne sont par mort rien endommagé ; non
Mort ne peult mordre à l'honneur et la gloire
Qu'a mérité feu de bonne mémoire,
Docte, discret, de prudence accomplie,
Messire *Guillaume Hangouart*, en sa vie
Seigneur de Piètre, aussy des Pummereaulx,
Pour plusieurs faictz mémorables et beaux
Bien renommé, conservateur des droictz,
Et président de la Conté d'Artois,
Auquel il feist bon service à son prince
Et grand proufit à toute la province,
Grand amateur de piété et justice,
A son pouvoir se gardant de tout vice,

Charles le Quint de son conseil usa
En maintz endroictz et fort il le prisa,
Le trouvant bon, expert et bien fidèle,
Et en toutz faictz procédant de bon zèle,
Dedens Arras, en l'an mille cincq cens
Quarante six, terminèrent ses ans.
Le corps à Lille, au monument est cloz,
L'esprit au Ciel ait l'éternel repoz.

III.

De Monsieur l'aumosnier Hangouart.

Venez Lillois, peuple fort estimé,
Peuple à bon droict sur tout peuple famé,
Qui abondez en richesse et honneur,
Venez voir celluy qui par bon heur
Estoit venu sy hault que comme saige
Rien ne vouloit soubhaicter d'avantaige.
Monsieur *Walram Hangouart*, citoyen
De vostre ville, à Sainct Pierre doyen,
Et à Douay prévost de Sainct Amé,
Où il estoit tant chéry et aymé
Que le premier en l'Université
De chancellier obtint la dignité ;
A l'empereur Charles, aulmosnier fut
Et à son filz, où dignement vescut,
A ceulx qu'il sceut vraiement indigent estre
Eslargissant les deniers de son maistre,
Lequel suyvit en voyages plusieurs
D'Italie, Espaigne, Allemaigne et ailleurs
Comme en Argière, où l'évident danger
Le contraindit en la mer se plonger.
De là se print son heureuse fortune
Hault l'eslever, et par voie opportune
A toutes gens se donna à cognoistre
Non sans raison : car par tout apparoistre
Faisoit bien cler son sçavoir, sa grand grâce
Et sa vertu, en ensuivant la trace
De ses ancestres, en tous bien reluisans,
A leur patrie et prince bien servantz,
De gens de bien prendoit tousjours bon soing,
Oisif n'estoit pour à ceulx au besoing

Donner secours, aucuns par bénéfices,
Aultres il a advancé par offices,
Remply qu'il feust largement de tous biens,
D'honneur et poict pour addresser les siens ;
Pourtant n'a point obtenu qu'il ne soit
Ravy par mort plustost qu'on ne pensoit
En ce destroit, sans du monde secours
Fina soubit de sa vie le cours
Le dixnœufviesme de janvier, à Lille,
En l'an cincq cens soixante sept et mille.
Soyons mirez, attendons en autant
Nous qui aimons les honneurs mondains tant,
Requérons Dieu, par sa divine grâce
Qu'en paradis le trespassé ait place !

Archives du Nord. Manuscrit n° 189 de la Bibliothèque,
f°° 57 à 67.

Lettre d'Antoinette d'Hangouart à sa mère.

A Maddemoyselle Mademoyselle de Piètre, à Lille.

Mademoyselle ma mère, ceste servira pour vous remercyé du volle que me avés envoyé et vous prie me pardonné sy je ne vous ay poinct escriere Dimanche, la cauche at esté que avoye sy mal en ma tette. Pour janger de propos, comme le nouvel an approche, ne veux faillir de me ramentevoir à vostre bonne souvenanche, affin qu'il vous plaise m'envoyer quelque choze de beau, quy me sera plus d'ocation de prié Dieu pour vostre prospérité : ce qu'atendant, voy suplier le Créateur vous donner, ma demoyselle ma mère, l'eureux succès de tout voz vertueux désirs et à moy part en vostre bonne grâce, en laquelle très-humblement me recomande, comme ausy faict ma seur Madelin. Elle dit que elle voldroy bien avoir ung cafatte. A tant feray fin.

C'est de Courtray, ce 25 de décembre 1576.

Vostre très humble et obbéissant fille Antoinette de Hangouart

Archives du Nord. Série E. Généalogies, liasse n° 71, dossier n° 14 ;
autographe sur papier.

DE LA HAYE

Armes : *de sable au chevron d'or accompagné en pointe d'une étoile à huit rais de même.*

I. — *Michel* DE LA HAYE, vivant à Esquermes, fut père de :

1. — *Bauduin*, né à Esquermes, bourgeois de Lille par achat du 4 mars 1553 (n. st.), non encore marié à cette date.
2. — *Robert*, né à Esquermes, bourgeois de Lille par achat du 7 juin 1555, marié après cette date et décédé avant mai 1578 ; d'où :
    a. — *François*, né à Esquermes, bourgeois de Lille par relief du 7 septembre 1565.
    b. — *Jean*, né à Esquermes, bourgeois de Lille par relief du 2 mai 1578, époux de Marie *Guillebert*, dont il eut :
        aa. — *Noël*, né à Esquermes, bourgeois de Lille par relief du 3 juin 1605, allié à Marie *Gabot*, fille de Jean et de Jeanne *Béghin*.
3. — *Bernard*, qui suit, II.

II. — *Bernard* DE LA HAYE, né à Esquermes, bourgeois de Lille par achat du 7 janvier 1558 (n. st.), se maria après cette date et eut :

1. — *Bernard*, célibataire, mort avant 1611.
2. — *Marie*, épouse d'Antoine *Morel*, fils de Jean, bourgeois par relief du 21 octobre 1589.
3. — *Anne*, alliée à Allard *Fasse*, fils de Pierre, bourgeois par relief du 4 janvier 1585.
4. — *Mahieu*, qui suit, III.
5. — *Philippote*, mariée avec Jean *Chéron* ; dont postérité.
6. — *Isabeau*, épouse de Charles *Estré*.

III. — *Mahieu* DE LA HAYE, né à Lille, dont il releva la bourgeoisie le 30 décembre 1593, mort avant 1611, épousa Anne *Heddebault* ; d'où :

IV. — *Bernard* DE LA HAYE, baptisé à Saint-Étienne le 3 janvier 1599, marchand, bourgeois de Lille par relief du 3 février 1626, mort le 3 décembre 1642, épousa à Saint-Étienne, le 16 janvier 1626, Isabeau *Farvacques*, fille de Guillebert et d'Antoinette *Delecour*, née le 17 novembre 1605, décédée le 25 août 1679 ; d'où :

1. — *Guillebert*, baptisé à Saint-Maurice le 13 mai 1627, mort le 19 juin suivant.

2. — *Guillebert*, baptisé à Saint-Étienne le 1ᵉʳ octobre 1628, mort le 1ᵉʳ octobre 1631.

3. — *Antoinette*, baptisée à Saint-Étienne le 24 septembre 1630, morte le 6 octobre ou décembre 1697, mariée dans cette église, le 27 octobre 1660, avec Antoine-Ferdinand *Bave*, fils de Nicolas et de Louise *de Beaumont*, baptisé à Saint-Maurice le 1ᵉʳ mai 1626, bourgeois de Lille par relief du 7 décembre 1660, conseiller secrétaire du Roi, décédé paroisse Saint-Étienne le 19 juin 1699 ; dont postérité.

4. — *Pierre*, né le 28 septembre 1632, négociant à Séville, où il mourut célibataire le 25 novembre 1668.

5. — *Édouard*, qui suit, V.

6. — *Anne*, baptisée à Saint-Étienne le 16 octobre 1636, simple d'esprit, morte le 31 décembre 1668.

7. — *Bernard*, baptisé à Saint-Étienne le 26 septembre 1638, décédé le 29 mai 1642.

8. — *Guilbert*, baptisé à Saint-Étienne le 20 janvier 1641, profès dominicain à Lille le 28 janvier 1658, prédicateur célèbre, prieur du collège de Douai, mort à Lille le 17 juin 1692.

9. — *Marie*, baptisée à Saint-Étienne le 13 février 1643, professe aux Célestines de Lille, le 26 décembre 1660, sous le nom de Marie-Paule-Alexis, y décédée le 25 janvier 1673.

V. — Édouard DE LA HAYE, baptisé à Saint-Étienne le 29 décembre 1634, marchand, bourgeois de Lille par relief du 6 avril 1680, mort le 15 octobre 1698, épousa à Sainte-Gudule à Bruxelles, le 3 mars 1680, Antoinette-Ursule *Farvacques*, fille de Robert, écuyer, et d'Isabelle *Jocquet*, baptisée à Sainte-Gudule le 28 septembre 1643, décédée le 19 février 1705 ; d'où :

1. — *Marie-Robertine*, baptisée à Saint-Maurice le 11 février 1681, décédée paroisse Saint-Pierre le 2 août 1766, alliée à Saint-Maurice, le 22 février 1702, à Joseph-François *Pottiers* [1], sʳ de Surjon, fils de Joseph-François, sʳ de Milly, Anvin, mayeur de Lens, et de Marie-Julienne-Christine *Clicquet*, né à Lens, bourgeois d'Arras le 20 octobre 1696, bourgeois de Lille par achat du 5 août 1701, conseiller à

---

[1]. Voir ci-après : note sur la famille Pottiers.

la gouvernance de Lille, décédé paroisse Saint-Pierre le 24 juin 1755; dont postérité.

2. — *Simon-Édouard*, baptisé à Saint-Maurice le 11 janvier 1683, mort le 16 du même mois.

3. — *Marie-Thérèse*, baptisée à Saint-Maurice le 24 mars 1684.

4. — *Marie-Rose-Élisabeth*, baptisée à Saint-Maurice le 21 septembre 1685, morte le 15 octobre 1706.

5. — *Marguerite-Ursule*, baptisée à Saint-Maurice le 8 novembre 1686, morte le 29 septembre 1688.

Note sur la famille POTTIERS

Armes : *coupé au 1, d'or à trois pals de sinople ; au 2, de gueules à une étoile à cinq rais d'argent.*

I. — *Jean* Pottier ou Pottiers, né à Lens, épousa Jeanne *Rigolet*, fille d'un mayeur dudit lieu, morte veuve le 25 décembre 1585 ; d'où :

II. — *Benoît* Pottiers, allié à Jacqueline *Rocourt*, et décédé le 25 décembre 1591 ; il eut :

1. — *Madeleine*, religieuse aux Sœurs grises de Lens.
2. — *François*, qui suit, III.
3. — Et peut-être *Alexandre*, greffier de Harnes, puis procureur pour office dès 1622 ; père de *Barbe* et de *Michel*, prêtre horiste de Sainte-Catherine en 1686.
4. — *Anne*, alliée à François *Brisse*, brasseur et « hotelain sur la place » à Harnes, en 1628.

III. — *François* Pottiers, baptisé à Lens le 1er juin 1591, fut père de :

IV. — *Joseph-François* Pottiers, sr des Marissons à Fouquières-lez-Lens, mayeur de Lens le 21 mars 1676, mort le 21 septembre 1681, épousa Marie-Julienne-Chrétienne *Clicquet*, fille de Pierre, écuyer, et de Jeanne *Miroul*, baptisée à Lens le 16 décembre 1627, y décédée le 1er décembre 1691 ; d'où :

1. — *Éléonore-Michelle*, baptisée à Lens le 4 décembre 1655.
2. — *Madeleine*, baptisée à Lens le 28 août 1657, alliée, vers 1672, à Eustache *Delepierre*, sr d'Oresmaulx, Sonnebers, Lenglet ; d'où postérité.
3. — *Jeanne*, baptisée à Lens le 17 mai 1660.
4. — *Jeanne-Cornille*, baptisée à Lens le 27 avril 1662.
5. — *Joseph-François*, qui suit, V.
6. — *Marie-Joseph*, morte à Lens le 14 juin 1734, alliée à Pierre-Valentin *Crugeot*, fils de Pierre-Valentin, sr de Gribersart, et de Françoise *Lepippre*, lieutenant général de la gouvernance d'Arras,

grand bailli de Lens et d'Hénin-Liétard, mort à Lens le 14 mars 1727, à soixante-neuf ans ; dont postérité.

7. — *Dominique-François*, s^r de Milly à Avion, avocat à Arras, époux de Marie-Madeleine *Deligny*, dont il eut :

    a. — *Jean-Charles-Cajétan*, s^r de Milly, marié à Arras, paroisse Saint-Aubert, le 29 novembre 1735, avec Marie-Marguerite-Ghislaine-Joseph *Cornu*, fille de François et de Marie-Barbe *Lourdelle* ; dont :

        aa. — *Cajétan*, garde du corps au service d'Espagne.

        bb. — *Thérèse-Henriette*, supérieure des Cordelières à Rouen.

        cc. — *Augustine*, religieuse augustine à Arras.

    b. — *Marie-Thérèse*.

V. — *Joseph-François* POTTIERS, s^r de Surjon, de Flammermont, baptisé à Lens le 24 septembre 1668, récréanta la bourgeoisie d'Arras le 20 octobre 1696, fut conseiller à la gouvernance de Lille, puis nommé, le 2 février 1735, trésorier-payeur des gages en chancellerie près le Parlement de Flandre, et mourut paroisse Saint-Pierre le 24 juin 1755. Il avait obtenu des lettres d'honneur datées de Marly le 5 mai 1755, et fut convoqué aux assemblées des nobles par ordonnance du 7 juin 1755. De sa femme, Marie-Robertine *de la Haye*, il eut :

1. — *Édouard-François*, baptisé à Saint-Maurice le 26 août 1703, chanoine de Saint-Pierre de Lille.

2. — *Joseph-Hubert*, écuyer, s^r des Marissons, baptisé à Saint-Maurice le 2 février 1707, convoqué aux assemblées des nobles le 28 octobre 1756, administrateur de la Charité générale, mort célibataire le 11 février 1790.

3. — *Marie-Rose*, baptisée à Saint-Maurice le 29 septembre 1711, alliée : 1° à Gilles *Desprez*, conseiller-secrétaire-audiencier en la chancellerie près le Conseil d'Artois ; 2° à Saint-André, le 16 novembre 1741, à Jean *de la Salle*, fils de Jean et de Marie *de Meinvielle de la Gor*, né vers 1691, s^r de la Salle, de Béreux, chevalier de Saint-Louis et commandant de la citadelle de Lille ; dont postérité ; 3° à Douai, le 15 novembre 1766, à Charles-Claude-Étienne *du Moulin*, comte de Brossoy, capitaine au régiment Royal-Pologne.

LE GAY

Armes : *d'argent à trois membres de geai de sable.*

I. — *Robert* Le Gay, échevin de Saint-Omer, épousa Noelle *Douillet*, remariée avec Jacques *Brunet* ; d'où :

II. — *Adrien* Le Gay, licencié ès lois, échevin de Saint-Omer, mort après 1650, s'allia, par contrat passé à Saint-Omer le 6 novembre 1607, à Martine *de Lattre*, fille de Jean et d'Antoinette *Hanon* ; dont :

1. — *Jérôme*, baptisé à Sainte-Marguerite de Saint-Omer en septembre 1608.
2. — *Jean*, baptisé à Sainte-Marguerite le 18 juin 1610.
3. — *Christine*, baptisée à Sainte-Marguerite le 18 août 1611.
4. — *Martine*, baptisée à Sainte-Marguerite le 24 août 1612.
5. — *Antoine*, baptisé à Sainte-Marguerite le 30 septembre 1614.
6. — *Jossine*, baptisée à Saint-Sépulcre le 24 juin 1616.
7. — *Isabelle*, baptisée à Saint-Sépulcre le 13 avril 1619.
8. — *Marie-Anne*, baptisée à Saint-Sépulcre le 15 avril 1621.
9. — *Eustache*, qui suit, III.
10. — *Louise*, baptisée à Saint-Sépulcre le 15 juillet 1624.
11. — *Jean-Ignace*, baptisé à Saint-Sépulcre le 4 avril 1629.

III. — *Eustache* Le Gay, baptisé à Saint-Sépulcre de Saint-Omer le 5 août 1622, licencié ès lois, conseiller au bailliage de Saint-Omer, bourgeois de Lille par achat du 21 juin 1650, nommé premier assesseur du bureau des droits d'entrée et de sortie à Lille par lettres du 23 février 1657, puis conseiller à la gouvernance de Lille en 1660, enfin procureur fiscal du Roi, mort en 1686 ; épousa à Saint-Maurice, le 9 janvier 1651, Marguerite *Godefroot*, fille de François et de Catherine *Blainvart*, baptisée à Saint-Maurice le 9 avril 1630, morte en 1701, laissant :

1. — *François-Joseph*, baptisé à Saint-Maurice le 19 octobre 1651.
2. — *Eustache-Ignace*, baptisé à Saint-Maurice le 24 février 1654.

3. — *Jean-Baptiste-Ignace*, qui suit, IV.

4. — *Marie-Marguerite*, baptisée à Saint-Maurice le 20 octobre 1660.

5. — *Georges-Eustache*, baptisé à Saint-Maurice le 12 janvier 1663.

6. — *Charles-François*, baptisé à Saint-Maurice le 20 septembre 1665, vivant en 1694.

7. — *Catherine-Ursule*, baptisée à Saint-Maurice le 24 août 1668 ; alliée dans cette église, le 17 mai 1694, à Jean *Godefroy* [1], fils de Denis, garde des archives de la Chambre des Comptes, et de Geneviève *des Jardins*, né à Paris le 7 février 1656, nommé garde des mêmes archives le 15 juillet 1681, procureur au bureau des finances de la généralité de Lille le 6 février 1693, enterré dans l'église Saint-Étienne le 23 février 1732 ; dont postérité. Jean Godefroy est l'auteur de nombreux mémoires historiques énumérés dans l'ouvrage *Les savants Godefroy*.

8. — *Marie-Claire*, baptisée à Saint-Maurice le 10 juin 1672.

IV. — *Jean-Baptiste-Ignace* LE GAY, s^r du Châtel, baptisé à Saint-Maurice le 1er février 1656, conseiller de la gouvernance de Lille, bourgeois de cette ville par relief du 11 février 1696, mort en 1712, épousa Marie-Claire *de Roubaix* [2], fille d'Allard, conseiller au Parlement de Flandre, et de Marie-Claire *de Fontaine*, baptisée à Saint-Maurice le 5 août 1667, décédée paroisse Saint-Maurice le 26 août 1746 ; d'où :

1. — *Jean-Baptiste-Théodore*, baptisé à Saint-Maurice le 6 juin 1696, conseiller à la gouvernance de Lille, mort célibataire le 20 septembre 1765.

2. — *François-Joseph*, s^r du Châtel, baptisé à Saint-Maurice le 4 juin 1698, receveur de l'hôpital Stappart de 1739 à 1771, mort célibataire, paroisse Saint-Maurice, le 9 décembre 1771.

3. — *Jérôme-Michel*, s^r des Tucquelins, baptisé à Saint-Maurice le 29 septembre 1700, créé trésorier de France au bureau des finances le 10 juin 1729, mort en exercice le 17 septembre 1772, célibataire.

4. — *Marie-Claire-Henriette-Seconde*, baptisée à Saint-Maurice le 20 août 1704, y décédée célibataire le 1er juin 1760.

---

1. GODEFROY : *d'argent à trois hures de sanglier de sable, défendues de gueules.*
2. DE ROUBAIX : *d'hermines au chef de gueules chargé d'une croisette d'or.*

LELEU

Armes: *d'azur au chevron d'or, accompagné en chef de deux étoiles du même et en pointe d'un loup d'argent passant sur une terrasse de sinople.*

I. — Florent Leleu eut de Jacqueline *Batteur* :

II. — Michel Leleu, né à Radinghem, procureur, receveur héréditaire des amendes, épices et vacations de la gouvernance de Lille, bourgeois de Lille par achat du 8 janvier 1683, décédé paroisse Sainte-Catherine le 29 mars 1694, épousa Catherine *Castelain*, fille de Mathieu, sr de le Vigne, et d'Élisabeth *Coolen*, baptisée à Saint-Étienne le 6 février 1653, y décédée le 14 février 1733 ; d'où :

1. — André, baptisé à Saint-Étienne le 13 juin 1683, vivant en 1691.
2. — Catherine, baptisée à Saint-Étienne le 24 janvier 1685, y décédée célibataire le 17 janvier 1760.
3. — Marie-Thérèse, baptisée à Saint-Étienne le 14 novembre 1686.
4. — Marie-Anne, baptisée à Saint-Étienne le 1er septembre 1688.
5. — Marie-Angélique, baptisée à Saint-Étienne le 2 août 1691.
6. — Pierre-Florent, qui suit, III.

III. — Pierre-Florent Leleu, baptisé à Saint-Étienne le 1er décembre 1693, procureur du Roi en la maîtrise des eaux et forêts de Phalempin, conseiller à la gouvernance de Lille [1], bourgeois de cette ville par relief du 3 mars 1730, décédé paroisse Saint-Étienne le 8 décembre 1749, épousa Marie-Jeanne *Vanwtberghe*, fille de Pierre-Emmanuel et de Marie-Antoinette *Bécuwe*, née à Comines, morte paroisse Saint-Étienne le 22 septembre 1746 et enterrée dans la chapelle Sainte-Marie-Madeleine ; d'où :

---

1. Par lettres données à Paris le 27 décembre 1725.

1. — Un enfant décédé paroisse Saint-Étienne le 5 février 1730.

2. — *Marie-Catherine*, baptisée à Saint-Étienne le 31 août 1731, y décédée le 12 octobre 1740.

3. — *Charles-Joseph*, qui suit, IV.

4. — *Honoré-Emmanuel-Joseph*, baptisé à Saint-Étienne le 16 février 1735, capitaine au régiment de Limousin, chevalier de Saint-Louis, vivant en 1790.

5. — Un enfant, mort-né paroisse Saint-Étienne le 1er janvier 1739.

IV. — *Charles-Joseph* LELEU, sr de le Vigne, baptisé à Saint-Étienne le 7 juin 1733 [1], créé trésorier de France au bureau des finances de la généralité de Lille le 16 juin 1758, fonction qu'il exerça jusqu'à la Révolution ; bourgeois de Lille par relief du 4 avril 1766, mort en cette ville le 10 messidor an V [2], épousa à Sainte-Catherine, le 13 janvier 1766, Marie-Romaine-Joseph *Regnault*, fille de Pierre-Dominique-Joseph et de Marie-Marguerite-Joseph *Leperre*, baptisée à La Madeleine le 10 octobre 1743, y décédée le 18 octobre 1790 ; d'où :

1. — *Sophie-Amélie-Joseph*, baptisée à Sainte-Catherine le 13 janvier 1767, morte célibataire, paroisse Saint-André, le 3 octobre 1790.

2. — *Natalie-Albéric-Joseph*, baptisée à Sainte-Catherine le 14 juillet 1768, morte célibataire à Lille le 10 octobre 1795.

3. — *Charlotte-Eugénie-Joseph*, baptisée à Saint-Maurice le 17 mai 1770.

4. — *Catherine-Éléonore-Romaine*, baptisée à Saint-Maurice le 2 mars 1772, décédée célibataire, paroisse Saint-André, le 28 avril 1790.

---

1. Il fut confirmé dans la charge de conseiller receveur payeur des amendes, épices et vacations de la gouvernance, par lettres données à Versailles le 27 septembre 1751 et se démit de cet emploi, en 1758, pour entrer au bureau des finances.

2. « Charles-Joseph Leleu, ci-devant membre du bureau des finances, âgé de 60 ans, expose qu'après avoir perdu sa femme et deux de ses enfants, il est resté malade aux soins de la seule fille qui lui reste et qui est devenue plus malade que lui ; il demande à rester avec elle dans un endroit quelconque du district ; il joint deux certificats de Warembourg, médecin.

» Le Comité n'empêche que le pétitionnaire demeure avec sa fille au village de Marquette ou à tel autre du district qui lui seroit plus convenable. »

(Extrait du registre aux requêtes adressées au Comité révolutionnaire de Lille, page 6).

LE MAISTRE

Armes : *d'or à la croix ancrée de sable.*

I. — *Pierre* Le Maistre, fils de Jean et de Marie *Voisin*, s'allia à Antoinette *Destombes*, dont il eut :

1. — *Pétronille*, baptisée à Tourcoing le 21 juin 1607.
2. — *Pierre*, baptisé à Tourcoing le 23 mars 1608.
3. — *Marie*, baptisée à Tourcoing le 31 septembre 1610.
4. — *Jeanne*, baptisée à Tourcoing le 12 janvier 1614.
5. — *Élisabeth*, baptisée à Tourcoing le 30 avril 1617.
6. — *Jean*, baptisé à Tourcoing le 13 avril 1620.
7. — *Pierre*, baptisé à Tourcoing le 23 juin 1624.
8. — *Jacques*, baptisé à Tourcoing le 17 avril 1628.
9. — *Pierre*, qui suit, II.

II. — *Pierre* Le Maistre, baptisé à Tourcoing le 18 avril 1629, sr du Chesne, mort avant 1691, épousa Rose *Chombart*, remariée avec Antoine *Libert* ; d'où :

1. — *Marguerite*, baptisée à Tourcoing le 3 septembre 1652.
2. — *Michel*, qui suit, III.
3. — *Pierre*, brasseur, marié à Tourcoing le 8 janvier 1678 avec Françoise *Mathieu*, dont il eut :

   a. — *Rose-Françoise*, baptisée à Tourcoing le 22 février 1679, y décédée célibataire le 24 décembre 1763.

   b. — *Jeanne-Françoise*, baptisée à Tourcoing le 1er novembre 1680, vivant en 1728.

   c. — *Chrétien-Joseph*, baptisé à Tourcoing le 22 mai 1682, conseiller secrétaire du Roi [1], testa dans cette ville le 25 mars 1728, devant Me Jacques Lambaere ; il épousa : 1º à Tourcoing, le 6 mars 1714, Marie-Anne-Thérèse *Lebrun*, née à Valenciennes (Saint-Géry) ; 2º à Tourcoing, le 19 décembre 1722, Jeanne-Angélique *Lefebvre*, fille d'Augustin et d'Angélique *Le Febvre*, baptisée à Tourcoing le 27 octobre 1705 ; d'où :

---

1. Sa nomination est du 3 juillet 1721 ; il obtint des lettres de vétérance le 20 septembre 1742 et fut convoqué aux assemblées des nobles par ordonnance du 25 janvier 1743.

aa. — Du premier lit : *Michelle-Françoise-Joseph*, baptisée à Tourcoing le 21 septembre 1715, célibataire.

bb. — *Christine-Thérèse*, baptisée à Tourcoing le 24 décembre 1716, morte le 9 septembre 1779 ; elle obtint de son père, le 3 mai 1734, donation de biens situés à Reckem, pour subvenir à son entretien pendant un séjour « sur la domination de Sa Majesté Impériale ».

cc. — *Anne-Marie-Joseph*, baptisée à Tourcoing le 1er janvier 1718, alliée à N... *Muys* ; dont postérité.

dd. — *Pierre-Chrétien-Joseph*, baptisé à Tourcoing le 7 mars 1720, contrôleur principal des droits d'entrée et de sortie pour l'impératrice reine douairière au bureau de Courtrai ; il eut un fils : *Jean-Baptiste*, encore mineur en 1767.

ee. — Du second lit : *Jeanne-Angélique*, baptisée à Tourcoing le 27 février 1728, célibataire.

ff. — *Marie-Joseph-Jeanne*, née vers 1731, marchande, morte à Tourcoing le 16 décembre 1767, après avoir épousé audit lieu, le 22 novembre 1763, Pierre-Joseph *Delcourt*, fils de Pierre-Joseph et de Marguerite-Jeanne *Masure*, baptisé audit lieu le 16 novembre 1727 (et non à Mouvaux en 1729, comme le dit son acte de mariage), marchand, veuf d'Anne-Françoise-Louise *Flipo*, remarié avec Catherine-Cécile *Desreveaux* et mort à Tourcoing le 5 juin 1788 ; dont postérité.

d. — *Marie-Elisabeth*, baptisée à Tourcoing le 14 janvier 1685 ; elle testa à Tourcoing le 30 août 1765 devant Me Jacques-Albert Carton, et décéda audit lieu le 3 février 1766, sans s'être mariée.

III. — *Michel* Le Maistre, sr d'Anstaing, Esplechin, Gruson, que Poplimont dit être né à Tourcoing le 13 septembre 1657, sans que l'on y trouve son baptême, marchand, bourgeois de Lille par achat du 2 mars 1691, échevin de cette ville, anobli par l'achat d'une charge de conseiller secrétaire du Roi, décédé paroisse Saint-André le 14 septembre 1731 ; épousa vers 1692, à Séville (Espagne), Marie-Joseph *Redincq y Barba*, morte à Lille le 3 février 1747 et enterrée à Anstaing ; d'où :

1. — *Jeanne*, décédée paroisse Saint-Maurice le 7 février 1733, inhumée à Tourcoing.

2. — *Joseph-Chrétien-Michel-Anaclet*, qui suit, IV.

IV. — *Joseph-Chrétien-Michel-Anaclet* Le Maistre, écuyer, s*r* d'Anstaing, Esplechin, La Hamayde, né à Séville le 13 juillet 1711, bourgeois de Lille par relief du 19 janvier 1739, convoqué aux assemblées des nobles par ordonnance du 19 novembre 1733, décédé paroisse Saint-André le 25 novembre 1748, épousa à Saint-Maurice, le 27 janvier 1738, Isabelle-Charlotte *Jacops*, fille de Martin, écuyer, s*r* d'Ascq, et de Marie-Albertine *Diedeman*, baptisée à Saint-Maurice le 29 septembre 1710, morte le 14 avril 1785 et enterrée dans l'église Saint-André ; d'où :

1. — *Marie-Joseph-Charlotte*, baptisée à Saint-André le 14 janvier 1739, mariée dans cette église, le 1er février 1761, avec Jean-Baptiste-Louis *Rouvroy*, écuyer, s*r* de Fournes, fils de Jacques-François-Alexandre, chevalier, s*r* dudit lieu, et de Marie-Claire-Joseph-Bonne *Jacops*, baptisé à Saint-Maurice le 3 août 1733, capitaine au régiment de la Tour du Pin, bourgeois de Lille par relief du 12 novembre 1761, échevin, puis rewart de cette ville, mort à Fournes le 28 août 1808 ; dont postérité.

2. — *Pierre-Joseph-Albert*, qui suit, V.

3. — *Marie-Rose-Sophie*, baptisée à Saint-André le 10 février 1742, morte paroisse Saint-Étienne le 15 janvier 1761, mariée à Saint-André, le 7 juillet 1760, avec Arnould-Joseph *Mairesse*, écuyer, s*r* de Pronville, fils de Philippe-François, s*r* de la Viefville, et de Marie-Anne *de Francqueville*, baptisé à Saint-Nicolas de Cambrai le 22 octobre 1732, capitaine de cavalerie, bourgeois de Lille par achat du 7 janvier 1768, remarié avec Marie-Valentine-Alexandrine-Reine *du Chambge de Liessart*, décédé à Paris en 1822 ; sans enfants.

4. — *Isabelle-Ernestine-Joseph*, baptisée à Saint-André le 10 septembre 1744, morte au château de Vendin-le-Vieil en 1821, alliée à Saint-André, le 18 avril 1769, à Charles-Louis-Philippe *du Chambge*, chevalier, s*r* de Liessart, fils de Charles-Eubert, chevalier, premier président du bureau des finances, et de Marie-Emmanuelle-Josèphe-Thérèse *Turpin*, baptisé à Saint-Étienne le 10 juin 1746, nommé premier président du bureau des finances, en remplacement de son père, le 23 avril 1777, mort à Londres en émigration le 27 juillet 1801 ; dont postérité.

5. — *Louise-Joseph-Adélaïde*, baptisée à Saint-André le 5 janvier 1748, mariée dans cette église, le 6 décembre 1768, avec Yves-Blaise-Julien *de Bonnescuelle*, baron d'Orgères, fils de Blaise-François-Marie, écuyer, s*r* de la Fontaine, et d'Élisabeth-Jeanne *Le Courtois*, né à Rennes vers 1729, brigadier des armées du Roi, mestre de camp en second du régiment des dragons de la Reine,

chevalier de Saint-Louis, mort à Lille le 3 germinal an XI ; dont postérité.

V. — *Pierre-Joseph-Albert* Le Maistre, écuyer, sr d'Anstaing, baptisé à Saint-André le 3 juillet 1740, convoqué aux assemblées des nobles par ordonnance du 29 octobre 1778, émigra, fit campagne dans l'armée des Princes, et mourut à Tournai le 7 mars 1814; il épousa à Santes, le 3 octobre 1768, Marie-Anne-Françoise *Van Zeller*, dame de Roders, fille de Jean-Baptiste-Guillaume, écuyer, sr de Roders, Santes, Erquinghem et de Marie-Antoinette-Joseph *Havet*, née à Lille le 6 juin 1750, y décédée le 13 juillet 1807; dont :

1. — *Isabelle-Françoise-Amélie*, baptisée à Saint-Étienne le 10 mars 1770, morte à Lille le 22 thermidor an IX, alliée à Saint-André, le 6 avril 1790, à Louis-Dominique-Joseph *de Lencquesaing*, écuyer, sr de Laprée, fils de Louis-Dominique-Eustache, écuyer, et de Marie-Cécile-Joseph *Aronio*, né le 11 décembre 1763, baptisé à Saint-André le 14 janvier 1764, officier au régiment de Picardie, chevalier de Saint-Louis, remarié avec Reine-Ferdinande-Eugénie *de Lencquesaing*, mort à Lille le 26 mai 1854 ; dont postérité.

2. — *Albertine-Sophie-Louise*, baptisée à Saint-André le 4 mars 1771, y décédée le 17 avril 1779.

3. — *Jean-Baptiste-Ernest*, qui suit, VI.

VI. — *Jean-Baptiste-Ernest* Le Maistre d'Anstaing, écuyer, baptisé à Saint-Pierre le 15 juin 1775, mort à Kain-lez-Tournai le 14 septembre 1848, fit la campagne des Princes et devint officier aux hussards de Bercheny au service d'Autriche. Il épousa, en 1803, Philippine *Van der Gracht*, fille d'Idesbalde-Marie-Louis-Joseph-François, bourgmestre de Tournai, et de Marie-Claire-Rufine *Hannecart*, morte le 24 septembre 1826 ; dont :

1. — *Idesbalde-Pierre-Ernest*, qui suit, VII.

2. — *Justine-Laure-Adélaïde*, née à Tournai le 26 janvier 1806, morte à Kain-lez-Tournai le 4 mai 1860, mariée, le 23 mai 1832, avec Philippe-Hubert-Moïse *Le Clément de Saint-Marcq*, chevalier, fils de Philippe-Louis-Joseph et d'Albertine-Joséphine *Béghin*, né à Luinge (Hainaut) le 28 décembre 1803, officier de cuirassiers, mort à Kain le 4 février 1876 ; dont postérité.

3. — *Athénaïs*.

VII. — *Idesbalde-Pierre-Ernest* Le Maistre d'Anstaing, écuyer, né à Tournai le 27 novembre 1804, chevalier de l'ordre de Léopold, bourgmestre de Braffe, près Tournai, archéologue, auteur de plusieurs ouvrages, dont le plus connu est l'« Histoire de la cathédrale de Tournai », mort au château de Braffe le 19 novembre 1867, épousa à Tournai, le 26 septembre 1832, Henriette-Charlotte-Ernestine-Marie-Ghislaine *Maelcamp* dit *Maelcampo*, fille de Mathieu-Charles-Antoine-Désiré et de Charlotte-Isabelle-Joséphine *de Gaest*, née à Ypres le 15 décembre 1806, morte à Tournai le 20 avril 1871 ; d'où :

1. — *Ernest-Idesbalde*, né à Tournai le 15 mai 1833, mort le 5 juin suivant.

2. — *Henri-Joseph*, jumeau du précédent, mort le 30 mai 1833.

3. — *Louise-Marie-Alexandrine-Ghislaine*, née à Tournai le 6 janvier 1839, morte à Saint-Omer le 14 décembre 1897, alliée à Tournai, le 25 septembre 1860, à Charles-Louis-Joseph-César *Taffin de Givenchy*, fils de Louis-Alexandre-César, écuyer, et d'Amélie-Joseph *Gaillard de Blairville*, né à Saint-Omer le 27 mars 1824, y décédé le 24 janvier 1899 ; dont postérité.

4. — *Joseph-Idesbalde-Ghislain-Dominique-Éleuthère*, né le 14 octobre 1840, mort à Tournai le 13 décembre 1858.

5. — *Henri-Idesbalde-Anaclet-Moïse*, qui suit, VIII.

VIII. — *Henri-Idesbalde-Anaclet-Moïse* Le Maistre d'Anstaing, écuyer, né le 7 septembre 1846, épousa au château de Milfort-Ghlin, le 12 janvier 1876, Marie-Louise *Siraut*, fille d'Auguste-Henri et de Marie-Élise-Joseph *Desrousseau*, née à Ghlin le 1er septembre 1855 ; d'où :

1. — *Gabrielle-Marie-Henriette-Ghislaine-Josèphe*, née à Ghlin le 21 novembre 1876.

2. — *Madeleine-Marie-Louise-Henriette-Ghislaine-Josèphe*, née à Braffe le 18 avril 1881.

3. — *Idesbalde-Pierre-Ghislain-Charles-Émile-Marie-Joseph*, né à Braffe le 30 septembre 1882, marié à Ghlin, le 11 janvier 1906, avec Madeleine *Périn* [1].

---

1. Communication de M. le Comte du Chastel.

MASSIET[1]

Armes : *d'argent à une fasce bretessée et contrebretessée de gueules, au franc-quartier d'or chargé de deux fasces de gueules.*

I. — *Jean* Massiet, fils d'*Hugues de Quienville*, sr de Massiet, et de Béatrix *de Walloncapelle*, est le premier qui prit pour nom de famille le nom de la seigneurie de son père ; il épousa Marie *Dumesnil de Rosimbos* et mourut à Staple, près Cassel, le 25 août 1331 ; il eut :

II. — *Abel* Massiet, allié à Marie *de Peëne*, qui le rendit père de :

III. — *Henri* Massiet, sr de Wandonne, mort à Staple le 19 mars 1429, après avoir épousé Philippote *de Sainte-Aldegonde* ; d'où :

IV. — *Jean* Massiet, sr de Wandonne, décédé à Staple le 25 septembre 1446 ; épousa : 1° Jeanne *de Saint-Omer* ; 2° Isabeau *de Sebane*, décédée le 12 octobre 1434. De sa première femme il eut postérité éteinte dans la famille de Récourt de Lens ; celle-ci s'allia ensuite aux Montmorency et aux Nédonchel ; cela explique pourquoi Octave-César-Marie, marquis de Nédonchel, et Anne-Louis-Alexandre de Montmorency, prince de Robecq, se joignirent, en 1778, à Marie-Barbe-Caroline de Massiet, épouse d'Albert-Marie-Joseph Imbert, comte de la Basecque, pour protester contre le titre d'écuyer pris par les membres de la famille Massiet. Du second lit Jean Massiet eut :

1. — *Gautier*, d'où descendit à la septième génération *Marie-Barbe-Caroline* de Massiet, épouse *Imbert de la Basecque*.
2. — *Cornille*, qui suit, V.

---

1. Ces quelques pages ne donnent pas la généalogie de cette famille. Nous avons simplement rassemblé les notes contenues dans les pièces 112 et 130 du registre 22, dans la pièce 183 du registre 23 aux Archives municipales de Lille, ainsi qu'à l'état-civil de cette ville. Pour la même période, c'est-à-dire jusqu'à la fin du XVIII° siècle, on trouvera au manuscrit des Archives de la ville n° 138 toute la généalogie assez complète et exacte des Massiet.

V. — *Cornille* MASSIET, sr de Wandonne, mort à Staple le 25 août 1502, épousa Béatrix *de Calonne*, décédée le 22 avril 1533, d'où :

1. — *Bauduin*, qui eut postérité légitime et un fils naturel : *Antoine*.
2. — *Gautier*, qui suit, VI.

VI. — *Gautier* MASSIET, sr de Voswalle, allié à Isabeau *de Barbezan*, en eut :

VII. — *Jean* MASSIET, sr de Voswalle, mort le 30 octobre 1572 et enterré dans l'église Sainte-Godelive à Ghistelles ; épousa : 1° Marguerite *de Brune*, fille de François, morte en 1553 ; 2° par contrat passé à Lille devant Me Denis Froidure le 5 juillet 1560, Marie *de Groot*, fille de Jacques. Cette dernière était de religion protestante. Jean Massiet eut du second lit :

VIII. — *Jean* MASSIET, enseigne dans l'armée hollandaise, décédé paroisse Notre-Dame, à Cassel, le 18 avril 1638, épousa à Bailleul, le 13 septembre 1587 [1], Marie *Cleenewerck*, fille de Joseph et de Marie *de Vicq*, morte paroisse Notre-Dame, à Cassel, le 13 ou 16 octobre 1641 ; d'où :

IX. — *Joseph* MASSIET, sr d'Isaack près d'Hazebrouck, baptisé à Saint-Bertin de Poperinghe, le 29 mars 1591, capitaine au régiment du baron de Marcke, mort paroisse Notre-Dame, à Cassel, le 17 décembre 1651 ; s'allia, par contrat passé à Lille le 8 juin 1618, devant Me Luc Moucque, à Jeanne *Vandenberghe*, fille de Chrétien et de Marguerite *Verdevoir*, née le 1er mars 1591 ; il eut :

1. — *Chrétien*, qui suit, X.
2. — *Marguerite*, épouse de Denis *Vanderbeken*.

X. — *Chrétien* MASSIET, sr d'Isaack, baptisé à Hazebrouck le 10 octobre 1620, alfère dans la compagnie de son père, mort à Hazebrouck le 4 mai 1672, épousa par contrat passé à Cassel, devant Me Jean Bornisien, le 12 septembre 1644 [2], Catherine *de Vos*, fille de Guillaume, sr de Kerkove, née le 26 février 1623, morte à Hazebrouck le 9 janvier 1672 ; d'où :

---

1. Il abjura le calvinisme ce jour-là, ainsi que sa mère.
2. Le mariage religieux fut célébré à Notre-Dame de Cassel le 14 du même mois.

1. — *Joseph*, qui suit, XI.
2. — *Pierre*.
3. — *Marie*.
4. — *Jeanne*, née le 23 novembre 1658, alliée à Marc *Vandenberghe*.

XI. — *Joseph* Massiet, baptisé à Warneton le 3 avril 1648, mort le 15 janvier 1709, épousa à Bailleul, le 28 décembre 1673, Marie *Vandenbussche*, fille de Michel et Marie *Weexteen* ; dont il eut six enfants, parmi lesquels :

1. — *Michel-Joseph*, qui suit, XII.
2. — *Henri*, qui suivra, XII bis.
3. — *Marie-Robertine*, alliée : 1° à Jacques-Robert-Dominique *de Nelle*, chevalier, sr de Lozinghem, fils de Robert-Dominique et de Marie-Catherine *de Ghiselin* ; 2° à Henri-Louis *Van Rhemen*, écuyer, fils d'Henri et de Marie-Anne *de Grave*, major au régiment de Saint-Vallier, chevalier de Saint-Louis, puis mayeur d'Aire-sur-la-Lys ; sans enfants.

XII. — *Michel-Joseph* Massiet, sr du Biest près Hazebrouck, baptisé à Morbecque le 22 mars 1677, lieutenant général du bailliage d'Aire, bourgeois de Lille par achat du 6 mai 1707, mort à Bruxelles en 1729 ; épousa : 1° Marie-Anne-Thérèse *Comer* ; 2° Marie-Anne-Joseph *Cleenewerck*, fille de Jean et de Marie-Anne *Vandewalle* ; d'où :

1. — Du premier lit : *Joseph*, sr du Biest, baptisé à Saint-Pierre d'Aire le 11 mai 1707, marié, en 1755, avec Marie-Françoise-Thérèse *de Broer*, fille de Mathieu-Nicolas-Joseph et de Marie-Thérèse *Kersteloot*[1] ; d'où :
    a. — *Joseph*.
    b. — *Thérèse*.
    c. — *Henriette*.
2. — *Marie-Henriette-Thérèse*, baptisée à Saint-Pierre d'Aire le 13 août 1708, morte à Lille, paroisse Sainte-Catherine, le 20 janvier 1784, alliée à Philippe-André *de Raismes*, fils d'André et de Charlotte *Wenglart*, né vers 1695, conseiller au bailliage de Saint-Omer, mort paroisse Saint-Denis en cette ville le 22 juin 1750 ; dont postérité.
3. — Du second lit : *Louis-Joseph*, qui suit, XIII.

---

1. De là descendent, croyons-nous, les Massiet du Biest actuels.

4. — *Anne-Catherine-Joseph,* baptisée à Saint-Jean-Baptiste de Saint-Omer le 20 novembre 1726, mariée : 1° à Morbecque, le 29 janvier 1747, avec Eugène-François *Van Pradelles*, fils de Philippe, écuyer, sr de Palmaert, et de Marie-Anne-Joseph *de Coussemaker* ; 2° à Bailleul, le 22 février 1762, avec Antoine-Dominique *de Mullet*, fils de Charles et de Marie-Pétronille *Doyen*, né à Bailleul vers 1717, premier conseiller pensionnaire et greffier de Dixmude ; dont postérité des deux lits [1].

XIII. — *Louis-Joseph* MASSIET, sr de la Bruyère, Bollinghien, baptisé à Saint-Denis de Saint-Omer le 25 août 1725, bourgeois de Lille par relief du 5 août 1760 sur requête, lieutenant général civil et criminel au présidial de Bailleul, créé trésorier de France au bureau des finances de la généralité de Lille le 12 novembre 1755, fonction qu'il exerça jusqu'à 1770, puis conseiller pensionnaire de cette ville, épousa à Courtrai Julienne-Thérèse-Françoise *Robette* [2], fille de Jean-François, sr de Dancoisne, et d'Agnès-Françoise *Goethals*, née à Courtrai le 30 juin 1728, décédée à Ath en février 1808 ; d'où :

1. — *Marie-Thérèse-Joseph-Jeanne-Ghislaine*, née à Bailleul le 26 avril 1755.

2. — *Louis-Adrien-Eugène-Ghislain*, sr de Bollinghien, baptisé à Saint-Maurice à Lille le 8 septembre 1756, mort à Ath le 27 janvier 1814, marié, le 3 août 1790, avec Victoire-Ursule-Joseph *Bredart*, décédée le 1er juillet 1825 ; sans enfants.

3. — *Jacques-Michel-François-Ghislain*, baptisé à Saint-Maurice le 26 août 1759.

XII bis. — *Henri* MASSIET, sr de Maugré, baptisé à Morbecque le 22 janvier 1680, mort le 4 novembre 1729, épousa, par contrat passé à Merville le 19 février 1716 [3], Barbe-Angélique *Macquart*, fille de Nicolas-Philippe, sr d'Ophove, et de Jacqueline-Marguerite *D'Alennes*, né le 5 septembre 1692 ; d'où un fils unique :

---

1. Mesdames de Raismes et de Mullet furent déclarées nobles par ordonnance du 19 octobre 1769 ; mais, sur la plainte de madame de la Basecque, du marquis de Nédonchel et du prince de Robecq, cette ordonnance fut annulée, par arrêt du Parlement de Flandre, le 28 février 1778.

2. ROBETTE : *écartelé : aux 1 et 4, d'or à trois cors de sable liés de gueules ; aux 2 et 3, d'argent à trois merlettes de sable.*

3. Ce contrat existe aux Archives départementales du Nord (Actes et testaments olographes, 2e liasse).

XIV. — *Philippe-Joseph* Massiet, s^r de Maugré, baptisé à Hazebrouck le 4 décembre 1718, bourgeois de Lille par achat du 5 février 1773, créé trésorier de France au bureau des finances de la généralité de Lille le 18 décembre 1755, fonction qu'il exerça jusqu'en 1783, épousa à Sainte-Catherine à Lille, le 20 février 1740 [1], Marie-Barbe-Angélique *Macquart*, fille de Nicolas-Philippe, s^r d'Ophove, et d'Anne-Joseph *de Fumal*, née à Merville le 6 novembre 1710, morte le 10 mars 1774 ; d'où :

1. — *Philippe-Henri*, baptisé à Saint-Étienne à Lille le 26 décembre 1740, mort le lendemain.

2. — *Marie-Reine-Thérèse*, baptisée à Saint-Étienne le 11 janvier 1742, mariée à Paris (?).

3. — *Philippe-Joseph-Alphonse-Marie*, s^r de Couvonge, le Coulombier, la Caille, baptisé à Saint-Étienne le 22 mars 1743, officier au régiment de Condé cavalerie, puis lieutenant des maréchaux de France à Cassel, bourgeois de Lille par achat du 4 avril 1777, allié à Saint-Étienne, le 22 avril 1777, à Marie-Sylvie-Albertine *de Buisseret*, fille de Jean-Étienne-Albert, chevalier, s^r d'Hantes, et de Marie-Angélique *Desbuissons*, née le 25 septembre 1747, morte sans enfants paroisse Sainte-Catherine à Bruxelles le 31 janvier 1789.

4. — *Ange-Henri-Joseph*, né le 23 juin 1748, capitaine au régiment de Royal Nassau hussards, puis capitaine à la suite du régiment du Roi cavalerie.

---

1. Le contrat passé à Lille la veille existe dans le même fonds, même liasse.

MUETTE

Armes : *d'or à deux lions adossés de gueules.*

I. — *Robinet* ou *Robert* Muette [1], fils de *Bauduin* (mort en 1510), né à Arras, acheta la bourgeoisie de Lille le 5 juillet 1510, mourut entre 1541 et 1544 et eut d'Isabeau *Desbuissons* :

1. — *Antoinette*, mariée par contrat passé à Lille devant Jean Bayard le 27 juin 1539 à Thierry *de Fourmestraux*, fils de Pierre et de Jeanne *Dupont*, bourgeois de Lille par relief du 24 mars 1540 ; dont postérité.
2. — *Robert*, qui suit, II.
3. — *François*, qui suivra, II bis.
4. — *Étienne*, né à Lille, dont il releva la bourgeoisie le 5 septembre 1550.
5. — *Martin*, né à Lille, dont il fut bourgeois par relief du 4 novembre 1552.
6. — *Jeanne*, alliée à Jean *Bernard*, fils de Mahieu, bourgeois par relief du 14 avril 1564 ; tous deux moururent avant 1625 et laissèrent postérité.
7. — *Françoise*, morte le 10 avril 1611 [2], veuve de Jean *Delezenne* dit *Teston* ; dont postérité.
8. — *Isabeau*, épouse de Paul *Coesne*, fils de Jaspard, né à Lille, bourgeois par relief du 6 juin 1551 ; dont postérité.

II. — *Robert* Muette, bourgeois de Lille par relief du 2 avril 1544, avocat, lieutenant du bailli de Lille, Jacques du Chastel, chevalier, sr de Blangerval, mort avant février 1581, eut :

III. — *Florent* Muette, né à Lille, bourgeois de cette ville par relief du 20 février 1581 (n. st.), décédé avant le 24 avril 1640, épousa : 1º Agnès *Caron* ; 2º à Saint-Étienne, le 25 mai 1605,

---

1. Isabeau, épouse de Jean de la Marlière en 1525, était peut-être sa sœur. (Archives hospitalières de Lille, XIV, E, 4.).
2. L'inventaire de sa succession fut fait quelques jours après, par devant Me Nicolas Waignon.

Madeleine *Scrieck*, fille de Mathias et de Michelle *Desrumaulx* ; d'où :

1. — Du premier lit : *Catherine*, baptisée à Saint-Maurice le 25 octobre 1584.
2. — *Françoise*, baptisée à Saint-Maurice le 5 juin 1589.
3. — *Robert*, baptisé à Saint-Maurice le 11 janvier 1592.
4. — Du second lit : *Martin*, baptisé à Saint-Maurice le 19 octobre 1607, chapelain de Saint-Étienne.
5. — *Catherine*, baptisée à Saint-Maurice le 4 octobre 1609.
6. — *Marie*, baptisée à Saint-Maurice le 11 novembre 1612.
7. — *Jean*, qui suit, IV.
8. — *Barbe*, baptisée à Saint-Étienne le 18 mai 1618.

IV. — Jean MUETTE, baptisé à Saint-Étienne le 23 août 1615, bourgeois par relief du 24 avril 1640, épousa dans cette église, le 4 novembre 1639, Isabeau *Bodelo*, fille de Morand et d'Antoinette *Deleval* ; d'où :

1. — *Marie-Marguerite*, baptisée à Saint-Étienne le 16 août 1640 ; alliée dans cette église, le 24 novembre 1663, à Michel *du Maretz*.
2. — *Jean*, qui suit, V.

V. — Jean MUETTE, baptisé à Saint-Étienne le 2 janvier 1642, posthume, bourgeois de Lille par relief du 25 janvier 1664, s'allia à Marie-Catherine *Delevoye*, fille de Jean et de Chrétienne *Deucarte* ou *Deulcar* ; dont un fils :

a. — *Jean-François*, baptisé à Saint-Maurice le 16 janvier 1666.

II bis. — François MUETTE, né à Lille, marchand grossier, bourgeois de Lille par relief du 4 février 1541 (n. st.), échevin, épousa Péronne *de Lannoy*, dont il eut :

1. — *Jacqueline*, mariée vers 1566 avec Nicolas *Imbert*, fils de Jean et de Catherine *Camp*, bourgeois de Lille par achat du 5 mai 1563, bourgeois d'Arras le 9 mars 1564, échevin de Lille et capitaine d'une compagnie bourgeoise en cette ville, anobli le 17 mars 1608, mort le 13 ou 18 janvier 1614 et enterré dans l'église Saint-Étienne ; dont postérité.
2. — *Jeanne*, alliée à Antoine *de Fourmestraux*, fils de Jean et de Philippote *Delobel*, bourgeois de Lille par relief du 29 novembre 1578 ; dont postérité.

3. — *Jean*, né à Lille le 15 janvier 1558 (n. st.), clerc à Amiens en 1579, profès à l'abbaye de Saint-Vaast d'Arras le 28 mars 1580, y décédé le 5 août 1632.

4. — *Robert*, né à Lille, bourgeois par relief du 1er avril 1580, eut pour enfants, croyons-nous :

    a. — *François*, baptisé à Saint-Étienne le 10 avril 1580, convers à l'abbaye de Saint-Sauveur d'Anvers le 15 juin 1599, moine le 15 août 1600, y décédé le 4 avril 1636.

    b. — *Marguerite*, baptisée à Saint-Étienne le 25 août 1581.

    c. — *Robert*, baptisé à Saint-Étienne le 27 septembre 1582.

    d. — *Martin*, baptisé à Saint-Étienne le 30 novembre 1584.

    e. — *Robert*, baptisé à Saint-Étienne le 4 septembre 1587.

5. — *Marie*, alliée à Gérard *de Lannoy*, fils de Jean, bourgeois par relief du 15 avril 1575 (n. st.).

6. — *Antoinette*, épouse de Thomas *Delezenne*, fils de Jean, né à Arras, bourgeois de Lille par achat du 10 septembre 1573.

7. — *François*, qui suit, III.

8. — *Guillaume*, marchand, bourgeois par relief du 4 mai 1612, allié à Sainte-Catherine, le 10 octobre 1611, à Marguerite *du Hot*, fille de Venant, dont il eut :

    a. — *François*, baptisé à Sainte-Catherine le 26 juin 1613.

9. — *Chrétienne* [1], épouse de Charles *Verdière*, fils d'Artus et de Charlotte *Descours*, né à Lille et bourgeois par relief du 6 novembre 1584.

10. — *Marie*, alliée à Pierre *Collart*, fils d'Antoine, bourgeois de Lille par relief du 2 janvier 1585.

III. — *François* MUETTE, né à Lille, bourgeois de Lille par relief du 27 juin 1581, échevin ; épousa : 1º Barbe *Le Febvre* ; 2º Marie *Dubron* ; d'où :

    1. — Du premier lit : *Michel*, baptisé à Saint-Étienne le 9 août 1582 ; allié à Marguerite *Ketelaer*, laquelle se remaria avec Jacques *Willot*, dit *de Perne* ; il n'eut qu'un fils :

        a. — *Robert*, baptisé à Saint-Maurice le 28 décembre 1632.

    2. — *Pétronille*, baptisée à Saint-Étienne le 3 juin 1584 ; mariée dans cette église, le 13 août 1603, avec Charles *Reubbe* [2], fils d'Adrien et de Claire *Despretz*, bourgeois de Lille par relief du 11 mai 1604.

---

1. Son contrat de mariage fut passé le 23 novembre 1583 devant Me Jérôme Bouckenois ; elle était veuve lorsqu'elle testa le 31 juillet 1618 par devant Me Simon Strupart.

2. D'autre part, on trouve à Saint-Étienne, le 14 juillet 1607, le mariage de Pétronille Muette avec Charles de Reudde.

3. — *Robert,* bourgeois par relief du 12 janvier 1607; allié : 1° à Saint-Étienne, le 12 juin 1606, à Catherine *Cardon,* fille de Jean et de Marie *Laignel,* baptisée à Saint-Maurice le 29 janvier 1591; 2° à Saint-Étienne, le 7 juin 1611, à Catherine *Delattre,* fille de Jacques, baptisée dans cette église le 4 février 1590; d'où :

    a. — Du premier lit : *François,* baptisé à Saint-Étienne le 28 août 1607, bourgeois de Lille par relief du 7 novembre 1657; ministre de la bourse commune des pauvres ; marié avec Marie *Denis,* fille d'Antoine et d'Antoinette *Fasse,* née le 26 août 1618, veuve d'Évrard *Dumont* et morte sans enfants le 1er avril 1690.

    b. — *Barbe,* baptisée à Saint-Étienne le 9 avril 1609.

4. — *Jacqueline,* baptisée à Saint-Étienne le 22 janvier 1587.

5. — *Pierre,* baptisé à Saint-Étienne le 23 juin 1588, bourgeois par relief du 27 novembre 1610, pourvu d'une curatelle le 26 janvier 1618, mort en 1641, époux d'Antoinette *Sueur,* fille de Jean et de Marie *Le Mesre,* morte veuve sans enfants. Il eut, de Marie *Bardier,* une fille illégitime : *Françoise,* baptisée à Saint-Maurice le 12 février 1624.

6. — *Marie,* alliée : 1° à Saint-Étienne, le 2 mai 1610, à Jean *Vanackre,* fils de Denis et de Louise *Vanderlinde,* bourgeois de Lille par relief du 27 novembre 1610 ; 2° à Saint-Maurice, le 14 mai 1618, à Jérôme *de Fontaine,* fils d'Adrien et de N.. *Lemaire,* né à Anvers, bourgeois de Lille par achat du 21 janvier 1599, échevin, veuf de Claire *Pesin,* mort avant 1633 ; dont postérité du second lit.

7. — *Barbe,* baptisée à Saint-Étienne le 17 avril 1593, épousa à Saint-Maurice, le 1er juin 1613, Henri *Bave.*

8. — *Jacques,* baptisé à Saint-Étienne le 24 juillet 1595.

9. — *Nicolas,* bourgeois de Lille par relief du 8 janvier 1622 ; marié avec Anne *Le Vaillant,* fille de Nicolas.

10. — *Guillaume,* bourgeois par relief du 8 octobre 1626, conseiller du Roi de France et son élu en la ville de Péronne, demeurant à Amiens en 1631, allié à Jeanne *Rasolt* (?), fille d'Adrien et de Marie *Carpentier.*

11. — Du second lit : *Marie,* baptisée à Saint-Étienne le 29 juillet 1614.

PARMENTIER

Armes : *d'argent au chevron d'azur, chargé d'un chevron d'or, et accompagné de trois trèfles de sinople.*

I. — *Guillaume* Parmentier ou Le Parmentier, né à Royon, (comté de Saint-Pol), épousa Marguerite *du Cay* ; d'où :

II. — *Pierre* Parmentier, créé chevalier par Charles, duc de Bourgogne, en février 1476 (n. st.), en raison des services signalés qu'il rendit à ce prince comme homme d'armes, allié à Jossinne *Japix*, dont il eut :

1. — *Marie.*
2. — *Jean*, qui suit, III.

III. — *Jean* Parmentier, greffier de Menin, marié avec Marguerite *de Costre*, dit *Derliez*, fille de Daniel, sr du Coulombier ; d'où :

1. — *Josse*, qui suit, IV.
2. — *Jacques*, greffier de Menin ; d'où :
   a. — *Jacques*, allié à Catherine *du Mortier*, père de :
      aa. — *Jacques*, né à Menin, procureur et notaire à Lille, bourgeois de cette ville par achat du 4 mars 1633, allié à Agnès *Vanderbecken*, fille de Pierre, dont il n'eut qu'une fille : *Marie-Anne*, épouse d'Adrien *Miroul*. (Cf. *supra*, p. 771.)

IV. — *Josse* Parmentier ou de Parmentier, greffier du siège de Lille, mort avant juin 1580, épousa Agnès *de Lespine* [1], fille de Mathias, sr de le Plancque, et de Sainte *Cuvillon*, décédée le 2 mars 1585 ; d'où :

1. — *Jean*, qui suit, V.
2. — *Marguerite*, alliée, le 4 septembre 1572, à Jean *Denis*, fils d'Étienne et d'Isabeau *du Bus*, bourgeois de Lille par relief du

---

1. de Lespine: *d'azur à trois épis de blé, chacun chargé de deux autres épis passés en sautoir, le bout d'or, et posés 2 et 1.*

5 septembre 1573, lieutenant de la gouvernance, remarié avec Marguerite *Le Pippre*; dont postérité.

3. — *Mathis*, né à Lille, dont il acheta la bourgeoisie le 5 février 1580 (n. st.), procureur général de la gouvernance, mort avant 1618, marié par contrat passé devant M⁰ Jean Miroul, le 2 août 1582, avec Antoinette *Waymel*, fille de Mahieu et d'Isabeau *Hervin*; d'où:

    a. — *Jean*, sʳ du Triez, licencié ès lois, bourgeois de Lille par relief du 11 août 1618, échevin, allié 1° à Sainte-Catherine, le 12 juin 1618, à Marie *de Parmentier*, fille de Jean et de Philippote *Picavet*, baptisée dans cette église le 6 novembre 1584, y décédée le 17 janvier 1620; sans enfants; 2° à Marie *Despatures*, fille de Charles.

    b. — *Mathias*, baptisé à Sainte-Catherine le 18 janvier 1588.

V. — *Jean* DE PARMENTIER, né à Lille en 1547, bourgeois par achat du 7 mai 1568, greffier de la gouvernance, mort avant 1617, épousa, après le 7 mai 1568, Philippote *Picavet*, fille de Gilles, sʳ du Grand Bus, et de Valentine *Febvrier*; d'où:

1. — *Josse*, baptisé à Saint-Étienne le 29 juillet 1569.
2. — *Agnès*, baptisée à Saint-Étienne le 10 novembre 1570.
3. — *Jean*, baptisé à Saint-Étienne le 2 février 1573 (n. st.).
4. — *Josse*, baptisé à Sainte-Catherine le 16 octobre 1573, sʳ du Grand Bus, bourgeois de Lille par relief du 13 avril 1601, déclaré noble par sentence de la gouvernance le 23 octobre 1612, marié avec Catherine *Muissart*, fille de Toussaint, sʳ d'Estevele, et de Catherine *de Hennin*; dont:

    a. — *Jean*, baptisé à Saint-Maurice le 14 octobre 1601, décédé paroisse Sainte-Catherine le 4 janvier 1626.

    b. — *Josse*, baptisé à Saint-Maurice le 7 novembre 1602.

    c. — *Toussaint*, baptisé à Saint-Maurice le 23 novembre 1603.

    d. — *Philippe*, baptisé à Saint-Maurice le 29 mars 1605, religieux à l'abbaye de Cysoing.

    e. — *Maximilien*, baptisé à Saint-Étienne le 25 février 1607.

    f. — *Robert*, baptisé à Saint-Étienne le 19 mars 1611.

    g. — *Catherine*, née en 1612, morte le 13 décembre 1664[1], mariée à Sainte-Catherine, le 2 août 1636, avec Robert *du Bus*, écuyer, sʳ du Fresnel, fils de Robert, écuyer, sʳ de Breuze, et de Péronne *Petitpas*, baptisé à Saint-Étienne le 17 mai 1606, bourgeois de Lille par relief du 23 décembre 1636, décédé le 15 mars

---

1. Le testament conjonctif des deux époux fut passé le 9 décembre 1664.

1691 et enterré à côté de sa femme dans la petite nef de Sainte-Catherine devant le buffet de Sainte-Dorothée; dont postérité.

5. — *Marie*, baptisée à Sainte-Catherine le 7 mai 1575.

6. — *Marie*, baptisée à Sainte-Catherine le 6 novembre 1584, alliée à son cousin Jean *de Parmentier*. (Cf. *supra*.)

7. — *Valentine*, baptisée à Sainte-Catherine le 15 février 1586, y décédée le 27 juin 1667.

8. — *Mathias*, baptisé à Saint-Catherine le 23 mars 1587.

9. — *Robert*, qui suit, VI.

10. — *Jean-Baptiste*, baptisé à Sainte-Catherine le 14 septembre 1591.

VI. — *Robert* DE PARMENTIER, écuyer, baptisé à Sainte-Catherine le **25** juin **1588**, bourgeois de Lille par relief du **31 janvier 1617**, épousa à Saint-Étienne, le **24 juillet 1616**, Marie *Muissart*, sœur de Catherine ; dont il eut :

1. — *Robert*, baptisé à Saint-Étienne le 26 août 1618.

2. — *Hippolyte*, baptisé à Saint-Étienne le 21 décembre 1619.

3. — *Barbe*, baptisée à Saint-Étienne le 24 août 1621, mariée, le 23 novembre 1645, avec Séraphin *du Chambge*, fils de Nicolas, s^r de Liessart, et de Marie *Miroul*, baptisé à Saint-Étienne le 9 janvier 1623, bourgeois de Lille par relief du 4 janvier 1646, créé chevalier par Philippe IV le 6 octobre 1662, confirmé par Louis XIV en octobre 1673, échevin et rewart de Lille, remarié avec Jossinne *Van den Berghe*, et décédé paroisse Saint-Étienne le 29 juin 1699 ; sans enfants de ce mariage.

4. — *Pierre*, baptisé à Saint-Étienne le 24 novembre 1622.

5. — *Marie-Anne*, baptisée à Saint-Étienne le 2 janvier 1627.

6. — *Ignace*, baptisé à Saint-Étienne le 21 août 1630.

NON RATTACHÉS

Monsieur PARMENTIER, décédé paroisse Sainte-Catherine le 8 mars 1662.

D^{elle} PARMENTIER, alliée vers **1590** à N. *Fernandez*.

Février 1476. — *Anoblissement pour Pierre Le Parmentier, archier de corps de monseigneur le Duc.*

Charles, par la grâce de Dieu, duc de Bourgoingne... &^{a}... Conte de Flandres, d'Artois et de Bourgoingne... &^{a}... Savoir faisons à tous présens et avenir, que pour les vertuz et vaillance que par expérience de fait savons et congnoissons estre et habonder en la personne de *Pierre Le Parmentier*, naguerres nostre archier de corps, filz aisné et légitime de feu *Guillaume Le Parmentier*, natif et demourant à Royon en nostre conté de Saint-Pol, meismement, en faveur et rémunéracion des bons et loyaulx services que ledit *Pierre Le Parmentier* qui est homme extraict de bonne et notable généracion a faiz dès longtemps et par l'espace de vingt huit ans ou plus tant à nostre très-chier seigneur et père, que Dieu absoille, comme à nous, oudit estat d'archier de corps et autrement, pour lesquelles causes et autres il desservy et est bien digne d'estre extollé et avancié en honneur, le dessusdit Pierre et ses enffans et postérité masles et femelles nez et à naistre de loyal mariage, avons, pour nous, noz hoirs et successeurs, anobliz et anoblissons à tousjours de nostre certaine science et grâce espécial par ces présentes, voulans et octroyans à icellui Pierre et à sadicte postérité que toutes et quanteffois qu'il leur plaira ilz puissent accepter, prendre et avoir l'estat et ordre de chevalerie et que en tous leurs faiz et besoingnes ilz soient doresenavant tenuz et réputez pour nobles en toutes places, tant en jugement que dehors, et joyssent et usent de tous honneurs, libertez, franchises et prérogatives dont ont accoustumé de joyr, joyssent et joyront les autres nobles de nostre Conté d'Artois, et puissent en tous temps acquerrir toutes manières de fiefz, rière-fiefz et nobles ténemens, de quelque estat ou condicion qu'ilz soient, tant en nostre dit Conté d'Artois que autres noz pays et seignouries, pour eulx et leur dicte postérité, et s'aucuns en ont desjà acquis, iceulx et ceulx qui cy après ilz acquerront, tenir et possider plainement et paisiblement sans ce qu'ilz soient tenuz ne puissent estre constrains de le vendre, aliéner, ne mectre hors de leurs mains, ne d'en compter ou payer aucune finance : moyennant et parmy ce touteffoiz que pour et à cause de nostre présent octroy et anoblissement, ledit Pierre sera tenu de païer finance à nostre prouffit à l'arbitraige et tauxacion de noz amez et féaulx les gens de nostre Chambre des Comptes à Malines que commectons à ce. Si donnons en mandement ausdictes gens de noz Comptes à Malines, à nostre Gouverneur de Saint-Pol et à tous noz autres justiciers et officiers présens et avenir ou à leurs lieuxtenans et à chascun d'eulx endroit soy et si comme à luy appartiendra, que ladicte finance tauxée, arbitrée et payée à nostre receveur cui ce regarde, lequel sera tenu d'en faire recepte à nostre prouffit, ilz facent, seuffrent et laissent ledit *Pierre Le Parmentier* et sadicte postérité de nostre présente grâce, octroy et anoblissement joyr et user pleinement, paisiblement et perpétuellement, sans leur faire, mectre ou donner, ne souffrir estre fait, mis ou donné ne à aucun d'eulx, contre la teneur de ces présentes, ores ne pour le temps avenir, aucun destourbier ou empeschement. Car ainsi nous plaist-il estre fait. Et afin que ce soit chose ferme et estable à tousjours, nous avons fait mectre notre séel à ces présentes. Sauf en autres choses nostre droit et l'autruy en toutes. Donné en nostre ville de Bruges, ou mois de février l'an de grâce mil quatre cens soixante quinze. Ainsi signé : Par monseigneur le Duc, à la relation du Conseil, J. Gros. Visa.

Archives du Nord. Chambre des Comptes de Lille. Art. B. 1610. 15e Registre des chartes, f° 133.

---

27 mai 1578. — *Commission de greffier-fermier de la Gouvernance de Lille au prouffit de Jehan de Parmentier.*

Philippe, etc^a.... A tous ceulx qui ces présentes verront, salut. De la part de nostre bien amé *Josse de Parmentier*, greffier-fermier de nostre gouvernance de Lille, nous a esté remonstré comme il a exercé icelle greffe l'espace de vingt-ung ans et paravant avoit esté l'ung des principaulx clercqz d'icelle greffe le terme de vingt-deux ans, se entremettant de tous affaires et besoingnes de ladicte greffe et par espécial des plus difficiles et facieuses comme sont les purges et ordonnances des deniers procédans des ventes amiablement ou par justice faites en nostre chastellenye dudict Lille des lieu-manoir et héritaiges y sortissans, et considérant estre besoing et nécessaire que l'ung des principaulx clercqz de ladicte greffe soit instruit et entendu esdictes matières de purges et ordonnances de deniers, ledict suppliant y a commis et instruit *Jehan de Parmentier*, son filz, présentement d'eaige de trente ung ans, lequel passé à quatorze ou quinze ans y a besoingné et est exercité et en a ledit suppliant homme d'eaige nécessairement à faire pour y besoingner et aux aultres affaires d'icelle greffe à son support ; et combien [que] audit *Jehan de Parmentier* se sont offertes aucunes bonnes conditions, ledit suppliant l'en a toutesfoiz destourné, soubz espoir qu'il luy a donné qu'il tiendroit la main qu'il seroit surrogué en sa ferme de la greffe de nostre dicte gouvernance, et il soit que avons accordé audit suppliant la ferme de ladicte greffe l'espace de neuf ans commencez au XIIIIe jour de novembre de l'an XV^c soixante-quinze dernier, en rendant à nostre prouffit la somme de trois cens cincquante livres du pris de quarante groz [de] nostre monnoye de Flandres la livre par an, à payer aux termes et aux conditions contenues en ladicte ferme, et entre autres si, avant que avant l'expiration de ladicte ferme, ledit suppliant allast de vye à trespas, nous aurions le choix et option de reprendre icelle à nous ou la laisser à ses vefve et héritiers. Veue laquelle condition ledit *Jehan de Parmentier* ne seroit au trespas dudit suppliant certioré de parvenir à ladicte ferme, et désirant ledit suppliant retenir à son service ledit *Jehan de Parmentier*, son filz, et luy donner espoir certain, le trespas dudit suppliant advenant durant ladicte ferme, d'estre surrogué au parfait d'icelle ferme, il nous a par tant très humblement suplié et requiz qu'il nous pleüst au lieu de la clause susdicte accorder, son trespas advenant durant ladicte ferme, que ledit *Jehan de Parmentier* puist estre et soit surrogué au parfait d'icelle ferme au lieu dudit supliant, et sur ce luy faire dépescher noz lettres patentes en tel cas pertinentes. Sçavoir faisons que nous, les choses dessus dictes considérées et sur icelles en l'advis, premiers des lieutenant et autres officiers de nostre dicte Gouvernance de Lille et en aprez de noz amez et féaulx les chief, trésorier général et commis de noz demaine et finances, inclinans favorablement à ladicte supplication et requeste dudit *Josse de Parmentier*, supliant, meismes pour le bon rapport que faict nous a esté de la personne dudict *Jehan de Parmentier*, son filz, et de ses sens, ydonéité et souffissance, nous, confians à plain de ses léaultez et bonne diligence, avons icelluy surrogué et surroguons par cestes en la place dudict *Josse de Parmentier*, son père, advenant son trespas auparavant l'expiration de la ferme de ladicte greffe, et ce, pour le parfait d'icelle ferme, lequel, au cas susdit, avons dès maintenant pour lors commis, ordonné et establi, commettons, ordonnons et establissons par ces présentes audit estat et office de greffier de nostre dicte Gouvernance de Lille, en luy donnant plain povoir, auctorité et mandement espécial tenir, exercer et déservir ledit estat et office, de expédier et signer toutes lettres, provisions, mandemens, actes, sentences, appoinctemens, et autres dépesches que par lesdits de nostre Gouvernance de Lille luy seront ordonnées et commandées, d'en tenir bon et léal registre et au surplus faire bien et deuement toutes et singulières les choses qui audit estat et office compétent et appertiennent, aux droiz, honneurs, franchises, exemptions, prouffictz et émolumens accoustumez et y appertenans, moyennant et parmy en rendant annuellement durant le parfaict de ladicte ferme, à nostre prouffit, la somme de trois cens cincquante livres, dudit pris de quarante groz [de] nostre monnoye de Flandres la livre, à payer de demy an en demy an par égalle portion ès mains du receveur de nostre demaine dudit Lille, présent ou autre advenir, lequel sera tenu en faire recepte, rendre compte et relicqua à nostre prouffit avecq les autres deniers de sa recepte, et au surplus aux autres charges, devises, conditions et reservations contenues au bail courant de sondit père. Surquoy, et de soy bien et deuement acquicter en l'exercice dudit estat et office, ledit *Jehan de Parmentier* sera tenu au cas susdit faire le serment pertinent et bailler caution souffissante ès mains de noz amez et féaulx les président et gens de noz Comptes à Lille, que commettons à ce, et leur mandons que ledit serment fait et caution baillée par ledit *Jehan de Parmentier* comme dit est, ilz, lesdits de nostre Gouvernance de Lille et tous autres noz justiciers, officiers et subjectz cui ce regardera, le facent, seuffrent et laissent dudit estat de greffier, ensemble des honneurs, droiz, franchises, exemptions, proffictz et émolumens susdicts, pour le temps, aux rendaiges et conditions que dessus, plainement et paisiblement joyr et user, sans luy faire, mettre ou donner, ne souffrir estre fait, mis ou donné aucun trouble ou empeschement au contraire: Car ainsy nous plaist-il. En tesmoing de ce, nous avons fait mettre nostre séel à ces présentes. Donné en nostre ville d'Anvers, le XXVIIe jour de may, l'an de grâce mil cincq cens soixante dix huict; de noz règnes assavoir des Espaignes, Sicille, etc^a le XXIIIe et de Naples le XXVe. Sur le reply estoit escript : Par le Roy, le marcquis DE HAVRECH, chief, messire Josse DE DAMHOUDERE, chevalier, Jacques REINGOUT et Englebert D'OYENBRUGGHE, commis des finances, et autres présens, et ainsy signé : POTTELSBERGHE. Et au doz, les chiefz, trésorier général et commis des finances du Roy, consentent en tant que en eulx est que le contenu au blancq de cestes soit furny et accomply en la forme et manière que Sa Majesté le veult et mande avoir faict par icelluy blancq. Fait en Anvers, au Bureau des finances, soubz les nom et seing manuel desdits chiefz, trésorier général et commis, le XVIe jour de juillet XV^c soixante dix-huit. Ainsy signé : DE LIEDEKERCKE, DAMHOUDERE et REINGOUT. Et plus bas estoit escript: Aujourd'huy treiziesme de Juing XV^c quatre-vingtz, *Jehan de Parmentier*, dénommé au blancq de cestes, a faict le serment pertinent et baillé caution souffissante de l'estat et office de fermier-greffier de la Gouvernance de Lille, à ce subrogué au lieu de feu *Josse de Parmentier*, son père, naguerres décédé, pour le parfaict de la ferme courrante dont audict blancq mention est faicte, et ce, ès mains de messeigneurs les président et gens des Comptes du Roy nostre sire à Lille, moy présent et signé : A. DE MORIENNE.

Archives du Nord. Chambre des Comptes de Lille. Art. B. 53 (du tome Ier refondu). 6e Registre aux Commissions, f°s 92 à 94.

22 octobre 1612. — *Sentence de noblesse de Josse de Parmentier, seigneur du Grand Bus, greffier de la Gouvernance de Lille.*

A tous ceulx quy ces présentes lettres verront ou oiront, Arnould de Thieullaine, escuïer, seigneur du Fermont, conseillier de Leurs Altèzes et lieutenant premier de hault et puissant seigneur monseigneur le Gouverneur du Souverain bailliage de Lille, Douay et Orchies et des appertenances, salut. Comme procès et différent fut meu pardevant nous d'entre *Josse de Parmentier*, licentié es droix, seigneur du Grand Bus, d'une part, les officiers fiscaulx de Leurs Altèzes Sérénissimes à ce siège, d'aultre part, sur ce que ledit *de Parmentier* auroit faict remonstrer par requeste qu'il estoit issu et extraict de noble génération, ja soit que ses prédécesseurs y avoit quelque temps n'en avoient prins le tiltre, joyssans respectivement en leurs estatz des immunitez de la noblesse, ainsy que jasoit encores présentement *Jean de Parmentier*, greffier de ceste Gouvernance du souverain bailliage de Lille, son père, à ceste cause, pour en conserver le droict et la mémoire, s'estoit retiré vers nous, supliant que feuissions servy le déclarer noble et comme tel debvoir joyr des immunitez et prééminences, exhibant quant à ladicte requeste certain positif contenant qu'il estoit filz aisné dudit Jean et de damoiselle Philippes *Picavet*, fille de Gilles, sieur du Grand Bus, et de damoiselle Valentine *Febvrier* ; ledit Jean quy euist à frère *Mathias de Parmentier*, licentié ès droix, advocat et procureur général dudit Lisle, Douay et Orchies, filz aisné de *Josse de Parmentier*, greffier dudit siège, et de damoiselle Agnès *de Lespine*, fille de Mathis, sieur de le Plancque, qu'il euist de damoiselle Saincte *Cuvillon*, fille de Jean, sieur du Fermont, et de damoiselle Jehenne *du Fresnoy*, dict de le Vigne, icelle Jehanne, fille de Guillebert, sieur du Bus, et de damoiselle Saincte *de Lannoy*, fille de Loys ; icelluy Josse qui euist à frère *Jacques de Parmentier*, greffier de Menin, filz aisné de *Jean de Parmentier*, greffier dudit Menin, et de damoiselle Marguerite *de Costre*, dict *Derlieck*, fille de Daniel, sieur du Coulombier et de La Maude, ledict Jean filz unicq de *Pierre Le Parmentier* et de damoiselle Jossine *Japix*, lequel Pierre fut aisné filz de Guillaume et de damoiselle Marguerite *du Cay*, extraict de bonne et notable génération du lieu de Royon au comté de Saint-Pol, ayant en plusieurs guerres et expéditions militaires servy les ducqz de Bourgogne très redoubtez, esquelles par ses vaillances et vertuz de faict (selon que apparoissoit par lettres données à Bruges en février 1475, de Charles, ducq de Bourgoingne, de très haulte et généreuse mémoire, il mérita pour luy et sa postérité de pouvoir touttes et quantes fois il leur plairoit accepter, prendre et avoir l'estat et ordre de chevalerie, et en tout temps acquérir et retenir toutes manières de fiefz et nobles tenemens de quelle nature ilz seroient sans en payer finance ; et comme icelluy Pierre seroit décédé en service de guerre, délaissant audit Menin ledit *Jean* et *Marie Le Parmentier*, ses enffans, eaigez de plus de quattre à cincq ans, seroit la préposition *Le Parmentier* esté chamgé en *de* par usurpation de la langue thioise dont use ladicte ville, la quelle langue auroit ceste propriété que d'exprimer en *de* ce que nous disons par *le*, si comme *de* Prevost, *de* Président, *de* Meester, etc¹, auquel propos estoit encores pour le jourd'huy à rencontrer au dict Menin soubz noms wallons, ayans semblable préposition et pareil changement ; mais ne seroit trouvé de nécessité d'y avoir refuge pour asseurance de la parentée dudit Jean, par plusieurs raisons et argumens en importans la vérité : premièrement, à cause des armes familières de ceulx *Le Parmentier* tymbrées d'ung casquet de guerre qu'il a retenu et laissé à ses descendans, en ayans usé l'ung après l'aultre successivement, tant en publicq qu'en privé jusques à présent, assavoir : *d'argent à ung chevron d'azur tisré d'or par milieu et trois feuilles claur (?) de synople dispersées à trois costez d'icelluy chevron, si comme deulx en teste et l'aultre au bas*, lesquelles armes retenoient encores ceulz de ladicte famille restez audit Royon et vivans pour le jourd'huy ; secondement, par ce que apparaissoit ledit Jean estre issu d'homme guerrier et de nation bourguignon tel qu'estoit ledit Pierre, plus que ledit Pierre depuis l'expédition des lettres dessus touchées que lors il estoit demeurant audit Royon, en seroit party avecq trois de ses frères pour suyvre la guerre et demeuré absent ainsy que les aultres, et à tant concurroit ledict nom *Parmentier* familier et de gentilité transmis par ledict Jean, filz de Pierre à tous ses descendans avecq lesdictes armes et tymbres, n'y ayant aucune doubte que les armes estoient pour cognoistre et discerner les familles et agnations, le tymbre estant péculier aux nobles, selon que dict très bien L'alouette en son *traictié des nobles*, chapitre 10ᵉ, affin de ne pouvoir cheoir aulcun débat sur ce que la noblesse originaire estoit communicquée à tous les descendans jure sang[u]inis ita post alios, Mescard de prob. conce. 1095 : enquoy ledict suppliant disoit s'arrester, obmectant plusieurs alliances nobles de ses devanciers, pour n'excéder la fin ny les termes de ladicte requeste, combien qu'il pouvoit extendre sa *généalogie* en plusieurs desdictes familles nobles et qualiffiées, telles que desdits de Costre dict Derlick, Lespine, Cuvillon, du Fresnoy, dict de le Vigne, Hardebecque, dict de le Val, Febvrier, Lannoy, Landas, Duchamp et aultres notoirement cognus pour telz, desquelz plusieurs de ceulx mesmes dont il issoit en ligne directe avoient respectivement déservy loyaulment charges et offices fort honnorables, si comme ledict Guillebert *du Frasnoy*, dict de le Vigne, seigneur du Bus, celluy de rewart et mayeur de Lille, ledict Jean *Cuvillon*, seigneur du Fermont, estat de secrétaire de l'Empereur et greffier de ceste Gouvernance, Mathias *de l'Espine*, seigneur de la Grande Haye, père dudict seigneur de le Plancque, celluy de conseillier et maistre en sa chambre des Comptes à Lille, Jacques *Febvrier*, seigneur de la Boutillerie, père de ladicte damoiselle Valentine, semblablement estat de conseiller et maistre des Comptes audict Lille, et Guillaume *de Landas*, seigneur du Fay, père grand maternel de ladicte damoiselle Valentine, celluy de conseillier et président en ladicte chambre ; et quant ausdicts *Picavet* estoit aussy notoire l'antiquité de ladicte famille, tant par les grandes alliances, fiefz, possessions et seigneuries qu'ilz ont eu de tout temps, que par les charges dont ilz ont conjoinctement esté honorez, telles que de reward, mayeur de Lille et aultres non moings honnorables, entre lesquelz estoit *Jean Picavet*, bysayeul du suppliant quy par diverses fois seroit esté pourveu et advanché audict estat de mayeur, et Gilles *Picavet*, père dudict Jean, aultrefois lieutenant du gouvernement dudict Lille, et doiz paravant l'an 1468 au service des ducqz de Bourgoingne tant ès guerres faictes ès marches de France que pays de Liège où il continua de les suyvre comme hommes d'armes à huict archiers de sa monture jusque lesdictes guerres finèrent et que les ostz furent renvoyez et chascun licentié de retourner en la maison. D'avantaige l'on trouveroit que Germain *Picavet*, seigneur du Grand Bus, père dudict Gilles, auroit aussy servy la Césarée Majesté de secrétaire et greffier en ceste Gouvernance, déclarant ledict supliant qu'il obmectoit plus haulte recherche et gerallement tout ce qu'il avoit à tisrer de fustre hors la ligne collatéralle, affin de ne charger la court de discours superflus et surabondans, lesquelz requeste et positif euissions par appostille ordonné estre communicquez ausdits fiscaulx pour y dire ce que bon leur sembleroit et eulx oys estre ordonné ce qu'il appartiendroit. Ensuyte de laquelle appostille, ayant le tout esté communicquée, auroit de la part desdits fiscaulx esté dict et allégué qu'ilz ne pouvoient ny debvoient mectre en débat la noblesse de *Pierre Le Parmentier*, qu'ilz trouveroient avoir servy les ducqz de Bourgoingne en qualité d'archier de corps, et pour ses mérites et aultres raisons portées par lesdictes lettres avoir luy et sa postérité esté honnorez des prérogatives et préminences de noblesse dessus touchées ; mais que jusques olres ilz n'auroient eu appaisement que le supliant descendit en ligne directe dudict *Pierre*

Le Parmentier, n'en trouvans preuve précise *ex identitate personæ que non presumitur,* et encores moings pour le changement du surnom *Le Parmentier* à *de Parmentier,* emportant dissonance en l'article, nullement ordinaire entre familles nobles, y joindant la diversité des lieux de résidence quy estoit du Comté de S^{nt} Pol, et ledict suppliant advoant ses mayeurs de ceste ville de Lille et dénomant les aultres de Menin de notable distance de l'ung à l'aultre sans aulcune renseigne de biens communs entre lesdits de Saint-Pol et Menin, fut moderné en procédant d'anchienneté, et quant à la communication des armes, n'estoit aussy renseignée du moings ès corps et couleurs, estans les chevrons assez communs en diverses familles, signament de Courtray et environs, à raison que les armes dudict Courtray portent le chevron de geule en argent et les terres subalternes aussy chevrons assez communs et en diverses nombres avecq adjonction ou rupture ainsy que pareillement estoit le soubnom *Parmentier* en ces quartiers, dont ne se pouvoit asseurer identité de lignage, d'armes ou [de] familles, cessant aultres preuves précises, de tant mesmes que le suppliant ny ses prédécesseurs n'auroyent esté en possession des previlèges de noblesse quy ne s'acquièrent ny maintiennent fors que par la grâce du prinse ou celle venant de la ligne directe et masculine, ny pouvant la femme apporter quelque advanchement non plus que la collatéralle. Selon quoy partant concluoient ad ce que ledict suppliant fut du moings quant à lors déclaré non recevable en ses fins et conclusions, soy référans neantmoings à l'ordonnance de la Court. Au contraire, par le suppliant seroit esté dict que ladicte identité requise se trouveroit souffisament renseignée par tiltres, muni[m]ens et productions, desquelz pouvoit apparoir ledict *Jean de Parmentier,* greffier de Menin, estre filz de Pierre, filz d'ung bourguignon, filz d'ung guerrier, touttes lesquelles qualitez concurroient en la personne dudict Pierre que lesdicts opposans confessoient noble avecq la circonstance de la naissance dudict Jean pendant la vie dudict Pierre, tellement qu'il ne rencontroit seullement du nom propre, que pluseurs disent suffir (Cal. cons. 68 cum apparent, lib. 4. art. L, si in rem, ff de rei vendit.), ains de plus lesdicts indices, desquelles estoit ostée toutte arrière doubte et présomption du contraire (Alex. cons. 151. m. 5. Le 5.'et bart. in L. demonst. in 14 de cond. et dem.); de tant meisme que la renseigne de la famille suffit à la vériffication du nom de la famille à l'effect d'en inférer l'identité de lignage *juxta Chep.* cons. 90. m. 18. l. 1, Calc. cons. 8. m. 2, cens. 9., quos titat libris, b. presum. 15. m. 48, duquel nom familier assavoir *Parmentier,* ensemble du changement de la préposition *le* entrevenue, faisoit le suppliant plaine preuve et démonstration, et d'avantaige vérifioit les armes dudict *Le Parmentier* luy avoir esté transmises de temps immémorial en ligne directe successivement en ses propres couleurs et métaulx désignez cy dessus, estant impossible entre tant de guerres sanglantes, ayant dévasté en grande partie lesdits lieux de Royon et [de] Menin, de controuver en telle antiquité tant de circonstances concurrentes, sy la vérité ne les subministroit, veu qu'il apparaissoit hors de ce que dict est du nom propre, du nom familier, de la qualité d'homme guerrier, de nation bourguignon, des armes familières et de la conjoncture de la vie dudict Pierre et de la naissance dudict Jean, greffier de Menin, restoit par tant s'arrester en l'argument desdicts opposans formé de la distance des lieux, comme sy les personnes ne se pourroient approcher non plus que les lieux et les rochers; mais estoit ce rendre les hommes immobiles comme la métamorphose d'Einus (*sic*) et Lycas, aussy pouvoit des premises apparoir ledict Pierre avoir quicté ledict lieu de Royon paravant sa mort, et d'ailleurs que plusieurs de diverses nations habitent, comme jadis disoit quelq[u]'un, en Rome, volontairement en ces quartiers, y prendans résidence avecq alliances, délaissans par après leur génération: Et quand estoit de la distance avant dicte, l'on ne la trouvera telle ny sy eslongnée que celle de Lille à Dol et Poligny, desquelz lieux touttesfois les progéniteurs du supliant, de ceulx du Champ et Febvrier (familles nobles) estoient partis. Au surplus, estoit de peu d'énergie le renseing de bien requis, et ce qu'estoit discouru des chevrons de Courtray et communication dudict surnom *Parmentier* avecq aultres familles, d'aultant que paravant sortir dudict Royon, ledict Pierre y avoit distraict et aliéné tous ses biens, mesmes lez fiefz seigneuriaulx qu'il y possédoit ; et quant ausdicts chevrons, n'estoyent ny en couleurs, ny en forme à conférer à cestuy desdictes armes ny à retrouver en quelques aultres familles que desdicts *de Parmentier* dudict lieu de Royon, d'où infailliblement, indubitablement et nécessairement (non dudit Courtray) estant, selon ce, à dernier ladicte extraction. Concluant, pour les raisons avant dictes, à l'inthérinement de ladicte requeste, et par lesdicts officiers fiscaulx fut persisté au contraire. Surquoy euissions ordonné les parties à preuve, et après avoir oy telz tesmoingz et receu telles productions que ledict suppliant auroit trouvé convenir employer à son intention, et qu'il euist déclaré ne vouloir plus produire, lesdits officiers fiscaulx déclarèrent ne vouloir faire aulcune enqueste de leur part, employans contre celle de partie reproches du droict et ledict de Parmentier salvations au contraire, requérant droict. Sçavoir faisons que veu ladicte requeste et pièces dudict procès, avons à meure délibération de conseil, par nostre sentence diffinitive, jugement et pour droict, inthériné et inthérinons ladicte requeste selon sa forme et teneur. Prononché en l'auditoire de la Gouvernance de Lille, le XXII° d'octobre XVI° et douze. En tesmoing de ce, nous avons ces présentes faict séeller du séel du souverain bailliage de Lille, et signé à plus grande coroboration de nostre seing manuel : ainsy signé : A. Thieullaine ; et plus bas, par ordonnance du juge : F. Cuvillon.

Archives du Nord. Chambre des Comptes de Lille. Art. B. 1837.
4° Registre aux Placards, f°° 38 à 43.

PLAETVOET

Armes : *d'argent au chevron de sable accompagné de trois merlettes de même.*

I. — *Alexandre* Plaetvoet, mort à Ypres avant 1656, épousa Marie *Jacnotte*, appelée aussi Marie *Aernouts* ; d'où :

1. — *François*, qui suit, II.
2. — *Pierre*, né à Ypres, marchand, bourgeois de Lille par achat du 7 janvier 1667, mort le 22 novembre 1682, à 47 ans, épousa à Saint-Maurice, le 16 septembre 1666, Françoise *Masurel*, fille de Jean et de Marguerite *Flameng*, baptisée à Saint-Maurice le 26 octobre 1635, décédée le 9 novembre 1709 ; d'où :

   a. — *Jeanne-Françoise*, baptisée à Saint-Maurice le 25 août 1667.

   b. — *Marie-Élisabeth*, baptisée à Saint-Maurice le 11 janvier 1669.

   c. — *Marie-Joseph*, baptisée à Saint-Maurice le 27 août 1670, morte en 1718, alliée à Saint-Maurice, le 26 juillet 1692, à Charles *Mertens*, fils de Charles et de Marie *Jacops*, baptisé à Saint-Maurice le 12 septembre 1657, s^r de l'Écluse, du Quesnoy, bourgeois de Lille par relief du 10 septembre 1692, anobli par l'achat d'une charge de conseiller secrétaire du Roi, décédé paroisse Saint-Maurice le 3 septembre 1738 ; dont postérité :

II. — *François* Plaetvoet, né à Flambertin-lez-Ypres, marchand, acheta la bourgeoisie de Lille le 3 mars 1656, fut échevin de cette ville de 1682 à 1692, et épousa à Saint-Étienne, le 9 janvier 1656, Jeanne *Laignel*, fille de Jean et de Marguerite *de la Haye* ; d'où :

1. — *André*, baptisé à Saint-Étienne le 30 janvier 1657 [1].
2. — *Pierre-Joseph*, qui suit, III.
3. — *Pierre-François*, baptisé à Saint-Étienne le 19 octobre 1659.
4. — *Jean-Baptiste*, baptisé à Saint-Étienne le 4 octobre 1661.

---

1. Nous avons trouvé André-François Plaetvoet, prêtre, mort à Seclin le 27 novembre 1693, à trente-quatre ans environ.

5. — *Michel-Martin* [1], baptisé à La Madeleine le 30 septembre 1663, chanoine de la collégiale de Saint-Piat à Seclin, témoin au mariage de son frère en 1692.

6. — *Marie-Françoise*, baptisée à La Madeleine le 31 août 1665.

7. — *Isabelle-Thérèse*, baptisée à La Madeleine le 14 octobre 1666, décédée paroisse Sainte-Catherine le 24 juin 1728, célibataire.

III. — *Pierre-Joseph* PLAETVOET, baptisé à Saint-Étienne le 12 juillet 1658, bourgeois de Lille par relief du 22 mars 1692, décédé paroisse Saint-Maurice le 12 janvier 1699, épousa dans cette église, le 28 janvier 1692, Marie-Jeanne *de Flandres*, dame d'Annequin et du Petit-Bertrangle, fille de Simon et de Jeanne *Desmasure*, baptisée à Saint-Étienne le 19 octobre 1663, remariée avec Joseph *Le Mercier*, morte le 11 avril 1727 et inhumée dans l'église Saint-André ; d'où :

1. — *Pierre-François-Joseph-Louis*, baptisé à Saint-Maurice le 4 avril 1693, y décédé le 15 mai 1696.

2. — *Simon-Pierre*, baptisé à Saint-Maurice le 12 avril 1694, mort jeune.

3. — *Jean-Baptiste*, baptisé à Saint-Maurice le 22 mai 1695, y décédé le 26 avril 1699.

4. — *Pierre-Joseph*, baptisé à Saint-Maurice le 7 novembre 1696, sr du Sartel, mort paroisse Saint-Étienne le 3 septembre 1719.

5. — *Marie-Jeanne-Joseph*, baptisée à Saint-Maurice le 31 octobre 1697, morte paroisse Saint-André le 8 avril 1760, alliée dans cette église, le 10 février 1726, à Jean-Jérôme *Aronio*, écuyer, sr de le Vigne, fils de Jean-Baptiste, chevalier, sr des Escalus, trésorier de France, et d'Élisabeth-Balduine *de Surmont*, baptisé le 27 septembre 1684, bourgeois de Lille par relief du 3 décembre 1726, mort le 7 avril 1768 et enterré, ainsi que sa femme, dans l'église des Carmes ; sans enfants.

---

1. Il fit enregistrer ses armes comme il suit : *écartelé : aux 1 et 4, d'argent au chevron de sable accompagné de trois merlettes du même ; aux 2 et 3, d'or à une aigle à deux têtes de gueules.*

PORRATA

Armes : *de gueules au chevron d'azur (sic) chargé de six étoiles d'or et accompagné en pointe d'un poireau au naturel ; au chef d'or chargé d'une aigle issante de sable couronnée du même.*

D'après les documents fournis pour l'admission aux assemblées des nobles, les premiers degrés de cette famille s'établissent ainsi :

I. — *François* Porrata, demeurant à Gênes ; père de :

II. — *Jérôme* Porrata, qui eut pour fils :

III. — *Augustin* Porrata, père lui-même de :

IV. — *Jean-Baptiste* Porrata, qui engendra :

V. — *Augustin* Porrata, né à Gênes, marié avec Claudine *Cazal* ou *Gezal* ; d'où :

VI. — *Jean-Baptiste* Porrata, né à Gênes, bourgeois de Lille par achat du 13 avril 1635, allié à Saint-Étienne, le 11 mars 1635 [1], à Marie *Caillet*, fille de Gilles, baptisée dans cette église le 24 juin 1609, veuve de Jacques *de Semerpont* ; ils étaient morts avant 1677 et eurent :

VII. — *Félix* Porrat, baptisé à Saint-Étienne le 18 novembre 1636, bourgeois de Lille par relief du 4 février 1677, mourut à Rome avant 1723 ; il avait changé son nom en celui de *Porrat* ; il épousa à Sainte-Catherine, le 11 février 1676 [2], Nicole *Volant*, fille de Simon, architecte du Roi, et de Marie *Villain*, morte paroisse Saint-Pierre le 12 mai 1731 ; dont :

1. — *Marie-Claire*, baptisée à Saint-Étienne le 7 décembre 1676.
2. — *Félix-Thomas*, baptisé à Saint-Étienne le 21 décembre 1677.

---

1. Leur contrat de mariage fut passé le 6 mars 1635 devant Mᵉ Jacques de Parmentier.
2. Le contrat de mariage est du 5 février.

3. — *Jean-Baptiste-Louis*, baptisé à Saint-Étienne le 21 juillet 1679.

4. — *Jean-Baptiste-Louis*, qui suit, VIII.

VIII. — *Jean-Baptiste-Louis* PORRAT, s^r des Werquins après la mort de son cousin, Jean *Volant*, baptisé à Saint-Étienne le 24 août 1680, bourgeois de Lille par relief du 20 mai 1723, sur requête, lieutenant provincial de l'artillerie au département des ville et citadelle de Lille, chevalier de Saint-Louis, décédé paroisse Saint-Pierre le 2 décembre 1743 [1] ; épousa à Sainte-Catherine, le 26 mai 1721, Marie-Marguerite *d'Escosse*, fille de Pierre-Georges et de Marie-Catherine *Destrez*, baptisée à Saint-Étienne le 21 novembre 1690, morte paroisse Saint-Pierre le 24 février 1741 ; d'où :

1. — *Jean-Louis-Joseph*, écuyer, s^r de Cocquemplus, baptisé à Sainte-Catherine le 10 janvier 1724, capitaine de grenadiers au régiment d'Horion, chevalier de Saint-Louis, administrateur de la Charité générale de Lille, convoqué aux assemblées des nobles par ordonnance du 17 mai 1766, décédé célibataire paroisse Sainte-Catherine le 16 janvier 1770 et enterré dans la chapelle Notre-Dame de Tongres.

2. — *Henri-Joseph*, écuyer, s^r des Werquins, baptisé à Sainte-Catherine le 12 mars 1725, major d'infanterie, chevalier de Saint-Louis, convoqué aux assemblées des nobles par ordonnance du 17 mai 1766, mort célibataire paroisse Sainte-Catherine le 9 novembre 1792.

3. — *Marie-Augustine-Henriette-Joseph*, baptisée à Sainte-Catherine le 7 février 1726, reconnue comme noble par l'ordonnance du 17 mai 1766, célibataire. Elle fut autorisée à rester provisoirement à Lille par arrêté du Comité révolutionnaire le 8 septembre 1793 [2].

Vers 1750. — *Requête d'Henri-Joseph Porrata au ministre de la guerre pour obtenir une compagnie de grenadiers royaux. Mémoire à Monseigneur le Duc de Choiseul, ministre et secrétaire d'État de la Guerre.*

Monseigneur,

Henri Joseph Porrata, né le douze mars mil sept cent vingt cincq,

---

[1]. Il testa devant Me Hasbroucq l'aîné le 5 juillet 1740.

[2]. Archives communales de Lille, Registre aux requêtes adressées au Comité révolutionnaire de Lille, p. 28.

chevalier de l'ordre militaire de Saint Louis, capitaine des Grenadiers postiche au Régiment d'Argentré, neveu de Monsieur le Marquis de Valory et fils de Monsieur *de Porrata*, commandant l'artillerie au département de Lille, mort après cinquante trois ans de service, demande la continuation de ses services ; il réside à Lille et désire la compagnie des Grenadiers royaux du bataillon de Flandres ou d'Artois, comme le plus ancien ; a commencé à servir en qualité de lieutenant au Régiment de Monaco actuellement Flandres en mil sept cent quarante deux et en est sorti en mil sept cent quarante quatre, pour lever une compagnie dans celui de Royal-Walon, qui a commandé avec l'aprobation de ses chefs jusqu'en mil sept cent quarante neuf, époque de la réforme, s'est trouvé pendant la guerre de Flandres à la bataille de Laufelde, Roucou, le siège de Berg oop Zomme et Mastriick et plusieurs détachements, il a pris une compagnie de milice sur les assurances qu'on lui a donné de faire quelques chose en sa faveur et a passé au commencement de la guerre d'Alemagne aux Grenadiers royaux où il a fait toutes les campagnes ; il s'est trouvé dans Vezele, a Reize sous les ordres de M. de Chevert, à Marbourg, à Gisene, détaché avec M. de Grand Maison en avant de l'armée à Althebusec où l'on fesoit des détachements sur les ennemis, très souvent à Munden, commandé par M. de Rochoir à la bataille de Filencosem, à l'afère de Friberg, il a même eu le bonheur de se distinguer à l'affaire du village de Vestin et cela lui a procuré l'honneur d'être connu de M. le comte de Stienville. M. de Belisle lui avait promis un bataillon de milice ; il vous supplie, Monseigneur, de lui donner la compagnie des Grenadiers royaux de Flandres ou d'Artois, qui lui est dû par son ancienneté ; tous ses colonels ont rendus bon témoignage de sa capacité et travaux.

Archives départementales du Pas-de-Calais. Série C, 592 12.

17 mai 1766. — *Reconhaissance de noblesse pour Jean-Louis-Joseph et Henri-Joseph Porrata.*

A Monsieur, Monsieur le lieutenant général de la gouvernance et souverain bailliage de Lille.

Suplient très humblement *Jean Louis Joseph*, et *Henri Joseph Porrata* chevaliers de l'ordre militaire de St Louis, et *Marie Augustine Henriette Joseph*, leur sœur, demeurants en cette ville, disant que *Jean Baptiste Porrata*, leur bisayeul, né d'une famille noble de la république de Gènes, étant venu s'établir à Lille, il y a un peu plus d'un siècle, a negligé de se faire inscrire dans le rolle de la Noblesse pour jouir des privilèges qui y sont attachés; il étoit fils d'*Augustin Porrata* et de Damoiselle Claudia *Cazali* ou *Cazal*, ainsy qu'il paroit d'un acte de donation passé à Genes le treize décembre 1643 par la Dame de Cazali. Pour prouver que la famille *Porrata* à Gènes est noble et jouit de tous les privilèges annexés à la Noblesse Génoise, ils font employe du certificat de Monsieur de Chauvelin, lieutenant général des armées du Roy, son envoyé extraordinaire et son ministre plénipotentiaire auprès de ladite république de Genes, en datte du dix février 1753, le certificat énonce aussi que M. *Nicolas Porrata* est le chef de cette famille; par un acte donné à Genes le dix février 1753 ledit sieur *Nicolas Porrata* reconnoit que les suplians sont de sa famille; un acte donné à Genes du 23 novembre 1763 au nom du doge et gouverneur de la république, signé de M. Gherardy, chevalier et secrétaire d'État de la république, atteste qu'*Augustin Porrata*, fils de *Jérome*, et petit fils de *François*, ou selon leur expression *quondam Francisci*, est inscrit au livre des Nobles de la république, desquels selon leur loix on choisit le doge, gouverneur, procurateurs et autres magistrats qui régissent l'état; les armes de Genes sont moulées au revers; un acte donné à Gènes le vingt sept octobre 1668, dans lequel il est vérifié que ledit *Jean Baptiste Porrata*, fils dudit *Augustin*, est descendant de la famille *Porrata* enrollé dans la noblesse genoise; l'acte de bourgeoisie de *Jean Baptiste Porrata*, fils d'*Augustin* et de Claudine *Cazal*, qui avoit épousé Marie *Caillei*, du treize avril 1635; l'acte de bourgeoisie de *Félix*, fils de *Jean Baptiste* et de Marie *Caillé*, du quatre février 1677; l'extrait baptistaire de *Félix Porrata*, fils de *Jean Baptiste* et de Marie *Caillié*, du 18 novembre 1636; le contrat de mariage de *Félix Porrata* avec Nicole *Volant* du cinq février 1676; l'extrait baptistaire de *Jean Baptiste Louis Porrata*, fils desdits Félix et Nicole *Volant*, du vingt quatre aoust 1680; le testament original de *Jean Baptiste Louis Porrata*, passé devant Hasbroucq lainé notaire le cinq juillet 1740, dans lequel à la fin il déclare qu'il a pris dans cet acte le nom de *Porrat*, parce qu'il a signé ordinairement de cette manière, mais que son véritable nom et celui de sa famille originaire de Gènes est *Porrata*; les extraits baptistaires des suplians. Des pièces cy-dessus il résulte clairement qu'*Augustin Porrata*, autheur des suplians, étoit noble de la république de Genes, et comme tel inscrit dans les registres publique suivant la preuve authentique qui en est rapportée cy-dessus. La preuve de la filiation et descendance des memes suplians est également prouvée et démontrée par les actes cy-dessus, ce qui fait preuve complette de leur noblesse. A ces causes ils ont recours à votre autorité, Monsieur, ce considéré il vous plaise leur donner acte de leur noblesse, ordonner en conséquence qu'ils jouiront de tous les prérogatifs et privilèges y annexés, déclarer que lesdits *Jean Louis Joseph* et *Henri Joseph Porrata* seront inscrit dans le Rolle de cette province et convocquez à toutes les assemblées qui se feront tant de la part du Roy qu'autrement, ce faisant et signé P. Hatton.

Apostille : Soit communiqué au procureur du Roy, fait le quinze may 1766, signé par ordonnance, Fissier.

Ordonnance : Vu la présente requête, pièces jointes, conclusions du procureur du Roy, nous avons donné et donnons acte aux suplians de leur noblesse, ordonnons qu'ils jouiront des privilèges et prérogatives y attachés, déclarons que lesdits sieurs *Jean Louis Joseph* et *Henri Joseph Porrata* seront inscrits aux Roles de la noblesse et convocquez aux assemblées d'icelles, à charge de faire enregistrer au greffe de ce siège la présente requête et pièces jointes, Fait en Conseil le dix sept may 1766, signé Djm. Potteau.

Archives communales de Lille. Registres aux mandements et ordonnances de la Gouvernance de Lille. Registre Prince, pièce 48.

REGNAULT

Armes : *d'azur au chevron d'argent accompagné de trois roses tigées du même.*

I. — Philippe Regnault, fils de *Clément* (mort avant 1547), né à Saint-Nazaire, acheta la bourgeoisie de Lille le 1ᵉʳ avril 1547 et vivait encore en 1595 ; il épousa : 1° après le 1ᵉʳ avril 1547 Marie *Lemieuvre* ; 2° Jeanne *Le Mesre* ; d'où :

1. — Du premier lit : *Hubert*, dont la postérité est reportée plus loin à cause de sa longueur.

2. — Du second lit : *Philippe*, né à Lille, bourgeois de cette ville par relief du 6 novembre 1579 [1].

3. — *Gilles*, né à Lille, bourgeois par relief du 5 janvier 1590, fut père de :

    a. — *Marguerite*, baptisée à Saint-Étienne le 4 mars 1590.
    b. — *Marie*, baptisée à Saint-Étienne le 13 février 1595.
    c. — *Anne*, baptisée à Saint-Étienne le 3 août 1596.
    d. — *Hélène*, baptisée à Saint-Étienne le 27 mai 1598.
    e. — *Louise*, jumelle de la précédente.

4. — *Allard*, né à Lille, bourgeois par relief du 15 novembre 1588, mort avant décembre 1616, époux de Louise *Deledalle* ; dont :

    a. — *Françoise*, baptisée à Saint-Étienne le 20 septembre 1590, aliée à Jean *Hennart*.
    b. — *Philippe*, baptisé à Saint-Étienne le 17 septembre 1593, sayeteur, bourgeois de Lille par relief du 30 décembre 1616, allié à Marie *Régnier*, fille d'Antoine.
    c. — *Josse*, baptisé à Saint-Étienne le 21 septembre 1595.
    d. — *Pierre*, baptisé à Saint-Étienne le 9 août 1597.
    e. — *Marguerite*, baptisée à Saint-Maurice le 6 novembre 1607, décédée paroisse Saint-Étienne le 23 janvier 1698 et enterrée dans la chapelle de la Vierge, alliée à Saint-Étienne, le 6 mai 1628, à Jean *Dourdin*, fils de Pierre et de Madeleine *de Parys*,

---

[1]. Vers la même époque nous rencontrons : Isabeau, épouse de Jacques Lempene, et sa sœur Jeanne alors à marier. Ce sont peut-être deux sœurs de ce Philippe.

né à Charency (Artois), brouetteur de bière, bourgeois de Lille par achat du 8 août 1631 ; dont postérité.

f. — *Noël*, bourgeois de Lille par relief du 7 octobre 1633, allié par contrat devant Me Jean Turpin, le 11 septembre 1633, à Isabeau *de Landas*, fille de Denis, sayeteur, et de Jeanne *d'Arthois*.

5. — *Denis*, baptisée à Saint-Étienne le 17 octobre 1568, orfèvre, bourgeois de Lille par relief du 7 août 1592.

6. — *André*, baptisé à Saint-Étienne le 7 octobre 1570, bourgeois par relief du 1er juillet 1594, époux de Catherine *Casteckere* ou *Castreck*, dont il eut :

    a. — *Françoise*, baptisée à Saint-Étienne le 26 mai 1595.

    b. — *Philippe*, baptisé à Saint-Étienne le 7 avril 1597, marchand orfèvre, bourgeois de Lille par relief du 5 juillet 1624, marié dans cette église, le 19 mai 1624, avec Marguerite *de Berkem*, fille d'Henri et de Claudine *Trewors* ; d'où :

        aa. — *André*, baptisé à Saint-Étienne le 21 janvier 1625.

        bb. — *Marie*, baptisée à Saint-Étienne le 12 février 1629.

        cc. — *Henri*, baptisé à Saint-Étienne le 19 juin 1632.

    c. — *Jean*, baptisé à Saint-Étienne le 1er juin 1599, bourgeois de Lille par relief du 9 février 1624, allié à Saint-Étienne, le 8 octobre 1623, à Marie *Disserin*, fille de François ; d'où :

        aa. — *Catherine*, baptisée à Saint-Étienne le 26 septembre 1624.

        bb. — *François*, baptisé à Saint-Étienne le 7 juin 1626.

        cc. — *Marie-Madeleine*, baptisée à Saint-Étienne le 22 juillet 1628.

        dd. — *Jean*, baptisé à Saint-Étienne le 12 mai 1630.

    d. — *Barbe*, alliée par contrat devant Me Jaspard Taverne, le 4 avril 1625, à Jacques *Pollet*, fille de Jean et de Marguerite *du Bosquiel*, baptisé à Saint-Maurice le 29 novembre 1601, bourgeois de Lille par relief du 11 septembre 1625.

    e. — *André*, baptisé à Saint-Maurice le 17 février 1604.

    f. — *Jacques*, baptisé à Saint-Maurice le 9 avril 1609.

    g. — *Catherine*, baptisée à Saint-Maurice le 23 janvier 1613, morte veuve paroisse Saint-Étienne le 23 décembre 1701, alliée à Saint-Maurice, le 6 juillet 1643, à Jean *Bourgeois*, fils de Jean et de Marie *Ghille*, né à Valenciennes, bourgeois de Lille par achat du 3 octobre 1642.

    h. — *Anne*, baptisée à Saint-Maurice le 15 août 1613.

    i. — *Jeanne*, baptisée à Saint-Maurice le 29 juillet 1617.

    j. — *Charles*, baptisé à Saint-Maurice le 5 novembre 1618.

7. — *Noël*, qui suit, II.

8. — *Françoise*, épouse de Philippe *du Bois*, fils de Bruno, bourgeois de Lille par relief du 30 avril 1582.

9. — *Philippote*, alliée à Louis *du Triez*, fils d'Hugues, bourgeois de Lille par achat du 13 janvier 1584 et marié à cette date.

10. — *Marie*, alliée à Allard *Hennon*, fils d'Allard, né à Pont-à-Tressin, tondeur de draps, bourgeois de Lille par achat du 5 novembre 1574.

11. — *Marguerite*, mariée : 1º avec Charles *Cousin*, fils de Charles, né à Lille, dont il releva la bourgeoisie le 1er juillet 1594 ; 2º avec Adrien *Leuren*, dont elle était veuve en 1629. Il y eut postérité du premier lit.

12. — *Nicole*, vivant célibataire au faubourg de Fives en 1600.

II. — **Noël** Regnault, baptisé à Saint-Étienne le **24** octobre **1572**, bourgeois de cette ville par relief du 7 juillet **1595**, épousa : 1º Anne *Lachier*, fille de Guillaume, baptisée à Saint-Étienne le **26** janvier **1574** ; 2º à Saint-Étienne, le **18** octobre **1613**, Anna *Bolle* ; il eut :

1. — Du premier lit : *Hubert*, baptisé à Saint-Étienne le 3 décembre 1595.

2. — *Jeanne*, baptisée à Saint-Étienne le 5 mars 1597.

3. — *Catherine*, baptisée à Saint-Étienne le 23 novembre 1598.

4. — *Allard*, qui suit, III.

5. — *Denis*, bourgeois de Lille par relief du 14 janvier 1630, marié avec Marguerite *Cantaloup*, fille de Jacques ; d'où :

    a. — *Marie-Anne*, baptisée à Saint-Étienne le 14 septembre 1630.

    b. — *Jacques*, baptisé à Saint-Étienne le 2 mars 1633.

    c. — *Denis*, baptisé à Saint-Étienne le 14 mai 1635.

    d. — *Charles*, baptisé à Saint-Étienne le 1er mars 1637.

    e. — *Marie-Marguerite*, baptisée à Saint-Étienne le 16 juin 1640.

    f. — *Marie-Jeanne*, baptisée à Saint-Étienne le 2 octobre 1645.

    g. — *André*, baptisé à Saint-Étienne le 8 mars 1648.

    h. — *Anne-Suzanne*, baptisée à Saint-Étienne le 6 septembre 1650.

    i. — *Henri-Regnault (sic)*, baptisé à Saint-Étienne le 5 janvier 1652.

    j. — *Marie-Catherine*, baptisée à Saint-Étienne le 22 janvier 1655.

6. — *François*, baptisé à Saint-Étienne le 24 juillet 1608.

7. — *Gilles*, baptisé à Saint-Étienne le 26 octobre 1609.

8. — Du second lit : *Marc*, baptisé à Saint-Étienne le 10 août 1614.

9. — *Marie*, baptisée à Saint-Étienne le 23 août 1615.

III. — *Allard* REGNAULT, bourgeois de Lille par relief sur requête le 9 septembre 1625, épousa : 1° à Saint-Étienne, le 28 juillet 1624, Jacqueline *Fasse*, fille de Noël ; 2° à Saint-Étienne, le 28 avril 1642, Madeleine *Romon*, fille de Pierre, baptisée dans cette église le 7 avril 1609 ; il eut treize enfants :

1. — Du premier lit : *Anne-Thérèse*, baptisée à Saint-Étienne le 13 mars 1626.

2. — *Anne*, baptisée à Saint-Étienne le 2 mars 1627.

3. — *Antoine*, qui suit, IV.

4. — *Denis*, baptisé à Saint-Étienne le 14 décembre 1629.

5. — *Catherine-Thérèse*, baptisée à Saint-Étienne le 8 octobre 1631.

6. — *Pierre*, baptisé à Saint-Étienne le 14 février 1634, bourgeois de Lille par relief du 6 septembre 1658, marié : 1° à Saint-Étienne, le 8 juin 1658, avec Jeanne *Lohier*, fille de Jacques et de Catherine *Hennart*, baptisée à Saint-Étienne le 5 mars 1632 ; 2° à Sainte-Catherine, le 15 janvier 1660, avec Catherine *Cuvillon*, fille de Pierre et de Claire *Le Candele*, baptisée à Saint-Maurice le 27 novembre 1631, décédée le 23 décembre 1697 ; d'où :

    a. — Du premier lit : *Marie-Jeanne*, baptisée à Saint-Étienne le 9 mars 1659.

    b. — Du second lit : *Pierre-Joseph*, baptisé à Saint-Étienne le 31 mars 1661.

    c. — *Marie-Madeleine*, baptisée à Saint-Étienne le 22 juillet 1663, décédée le 28 novembre 1690, alliée à Saint-Étienne, le 6 avril 1682, à Jean-Baptiste *Delezenne*, fils d'Anselme et d'Élisabeth *Vanderburcq*, bourgeois de Lille par relief du 15 octobre 1682 ; dont postérité.

    d. — *Jean-Chrysostome*, baptisé à Saint-Étienne le 28 août 1664.

    e. — *Catherine-Thérèse*, baptisée à Saint-Étienne le 3 mai 1669.

7. — *Étienne*, baptisé à Saint-Étienne le 17 janvier 1636, bourgeois de Lille par relief du 1er mars 1659, allié à Saint-Maurice, le 3 février 1659, à Philippote *Battaille*, fille de Jean et d'Antoinette *Warcoing* ; il fut père de :

 a. — *Catherine-Thérèse,* baptisée à Saint-Étienne le 30 novembre 1659.
 b. — *Étienne,* baptisé à Saint-Étienne le 22 septembre 1661.
 c. — *Antoine-François,* baptisé à Saint-Étienne le 15 septembre 1662.
 d. — *Antoine,* baptisé à Saint-Étienne le 17 janvier 1664.
 8. — *Gilles,* baptisé à Saint-Étienne le 19 juillet 1637.
 9. — *Bernard,* baptisé à Saint-Étienne le 14 janvier 1639.
 10. — *Denis,* baptisé à Saint-Étienne le 4 novembre 1640.
 11. — Du second lit : *Jacques,* baptisé à Saint-Étienne le 11 février 1643, bourgeois de Lille par relief du 10 février 1663, mort avant 1689, allié à Catherine *Morel,* fille de Jacques et de Catherine *Decroix*; dont il eut :
 a. — *Marie-Catherine,* mariée à Sainte-Catherine, le 31 janvier 1688, avec Mathieu *Carlier,* fils de Pierre et de Jeanne *Gringoire,* baptisé à Saint-Étienne le 4 décembre 1663, bourgeois de Lille par relief du 27 janvier 1689.
 b. — *Marie-Madeleine,* baptisée à Saint-Étienne le 8 août 1665.
 c. — *Jacques-François,* baptisé à Saint-Étienne le 28 mars 1667, bourgeois de Lille par relief du 4 janvier 1686, allié à Saint-Maurice, le 19 juin 1685, à Marie-Élisabeth *Hennion,* fille d'Auguste et de Marie *Desobry,* baptisée dans cette église le 8 décembre 1668 ; il en eut :
  aa. — *Marie-Adrienne,* baptisée à Saint-Maurice le 7 juin 1686.
  bb. — *Marie-Anne,* baptisée à Saint-Étienne le 5 janvier 1688.
  cc. — *Marie-Jacqueline,* baptisée à Saint-Maurice le 28 septembre 1689.
  dd. — *Jacques-François,* baptisé à Saint-Étienne le 1er février 1692.
  ee. — *Jean-Baptiste,* baptisé à Saint-Étienne le 3 mars 1693, y décédé le 22 mars 1694.
 d. — *Marie-Françoise,* baptisée à Saint-Étienne le 30 juin 1670.
 e. — *Marie-Joseph,* baptisée à Saint-Étienne le 10 août 1672.
 12. — *Denis,* baptisé à Saint-Étienne le 31 octobre 1644.
 13. — *Marie-Madeleine,* baptisée à Saint-Étienne le 28 novembre 1647.

 IV. — *Antoine* REGNAULT, baptisé à Saint-Étienne le 24 août 1628, bourgeois de Lille par relief du 6 septembre 1658, épousa à

Saint-Étienne, le 17 août 1658, Marie-Catherine *Taverne*, fille d'Étienne et de Catherine *Le Doux*, baptisée à Saint-Étienne le 12 mai 1633; d'où:

1. — *Antoine*, baptisé à Saint-Étienne le 11 mai 1659.
2. — *Simon-Joseph*, baptisé à Saint-Étienne le 10 mai 1660.
3. — *Jean-Baptiste*, baptisé à Saint-Étienne le 2 mai 1661, bourgeois de Lille par relief du 21 mai 1689, allié à Saint-Étienne, le 12 janvier 1689, à Marie-Thérèse *Delemasure*, fille de Louis; dont postérité.
4. — *Allard*, baptisé à Saint-Étienne le 22 janvier 1663.
5. — *Marie-Catherine*, baptisée à Saint-Étienne le 16 août 1664.
6. — *Marie-Joseph*, jumelle de la précédente.
7. — *Marie-Catherine*, baptisée à Saint-Étienne le 4 décembre 1666.
8. — *Antoine*, baptisé à Saint-Étienne le 24 janvier 1669, bourgeois de Lille par relief du 11 janvier 1703, décédé paroisse Saint-Étienne le 25 mars 1720, allié à Marie-Jeanne *Vanostal*, fille de Pierre et de Jacqueline *Gotran*; dont postérité.
9. — *Jacques-Ignace*, baptisé à Saint-Étienne le 1er septembre 1671.
10. — *Jacques-Ignace*, baptisé à Saint-Étienne le 15 décembre 1672.
11. — *Pierre-Joseph*, baptisé à Saint-Étienne le 3 septembre 1675, bourgeois de Lille par relief du 26 novembre 1703, marié à Saint-André, le 11 février 1703, avec Marie-Marguerite *Caboche*, fille de Jean et de Marie-Élisabeth *Gotran*; dont postérité [1].

II. — *Hubert* REGNAULT, né à Lille, bourgeois de cette ville par relief du 9 septembre 1575, épousa: 1° Jeanne *Fiebin*; 2° Catherine *Masurel*; d'où:

1. — Du premier lit: *Thomas*, né à Lille, marchand, bourgeois par relief du 25 janvier 1601, marié à Saint-Étienne, le 8 juin 1603, avec N..., dont il eut: *Marguerite*, baptisée à Saint-Étienne le 18 juin 1606.
2. — *Étienne*, qui suit, III.

III. — *Étienne* REGNAULT, né à Lille, épicier, bourgeois de Lille par relief du 7 octobre 1611, mort avant 1647, épousa à

---

1. Jean-Baptiste, Antoine et Pierre-Joseph eurent tous trois une nombreuse postérité qui se continua jusqu'à nos jours: leurs descendants, presque tous drapiers et ouvriers tisseurs, s'allièrent aux Faucompré, Tiédrez, Dehas, Lefebvre, etc.

Saint-Étienne, le 24 janvier 1611, Isabeau *le Gentil*, fille de Claude et d'Antoinette *Becquet*, qui le rendit père de :

1. — *Hubert*, baptisé à Saint-Étienne le 1er novembre 1612.
2. — *Paul*, baptisé à Saint-Étienne le 15 décembre 1616.
3. — *Étienne*, baptisé à Saint-Étienne le 14 mars 1619.
4. — *Bon*, baptisé à Saint-Étienne le 11 mars 1621, bourgeois de Lille par relief sur requête le 9 juin 1651, allié à Jeanne *Péterink*, fille d'Antoine et de Marie *Dempsin* ; d'où :

    a. — *Ignace*, baptisé à Saint-Étienne le 5 avril 1646, prêtre, décédé à Lille, Saint-Étienne, le 1er novembre 1676 et inhumé dans la chapelle du Nom de Jésus.

    b. — *Philippe-Albert*, baptisé à Saint-Étienne le 2 février 1648.

    c. — *Marie-Albertine*, baptisée à Saint-Étienne le 20 novembre 1650.

    d. — *Marie-Jeanne*, baptisée à Saint-Étienne le 28 février 1653.

    e. — *Alexandre*, baptisé à Saint-Étienne le 6 juin 1656.

    f. — *Ignace-Joseph*, baptisé à Saint-Étienne le 15 décembre 1660.

    g. — *Marie-Élisabeth*, baptisée à Saint-Étienne le 27 septembre 1663.

    h. — *Mathieu*, baptisé à Saint-Étienne le 1er mai 1666.

5. — *Ignace*, baptisé à Saint-Étienne le 18 septembre 1623.
6. — *Étienne*, qui suit, IV.
7. — *Agnès*, baptisée à Saint-Étienne le 31 avril 1629.

IV. — *Étienne* REGNAULT, baptisé à Saint-Étienne le 31 mars 1626, bourgeois de Lille par relief du 3 mars 1647, épousa dans cette église, le 17 janvier 1647, Catherine *Delecourt* ou *Delacourt*, fille de Thomas et d'Antoinette *Herman*, baptisée à Saint-Étienne le 16 septembre 1622, y décédée le 6 octobre 1692 ; d'où :

1. — *Ignace*, qui suit, V.
2. — *Étienne-Gilles*, baptisé à Saint-Étienne le 23 décembre 1649.
3. — *Thomas*, baptisé à Saint-Étienne le 20 août 1651.
4. — *Nicolas*, baptisé à Saint-Étienne le 21 octobre 1652.
5. — *Étienne*, baptisé à Saint-Étienne le 5 mars 1655.
6. — *Marie-Françoise*, baptisée à Saint-Étienne le 8 février 1656.
7. — *Étienne*, baptisé à Saint-Étienne le 23 décembre 1659, bourgeois de Lille par relief du 4 juillet 1682, allié dans cette église, le 4 octobre 1681, à Catherine *Massenghien*, fille de Nicolas et de Catherine *Villet* ; dont il eut :

 a. — *Étienne*, baptisé à Saint-Étienne le 11 août 1682.
 b. — *Romain*, baptisé à Saint-Étienne le 8 août 1683.
 c. — *Ignace-François*, baptisé à Saint-Étienne le 22 novembre 1684.
 8. — *Marie-Catherine*, baptisée à Saint-Étienne le 8 mars 1661.
 9. — *Barbe*, baptisée à Saint-Étienne le 10 août 1663.

 V. — *Ignace* REGNAULT, baptisé à Saint-Étienne le 11 juin 1648, bourgeois de Lille par relief du 21 octobre 1670, mort avant juin 1706, épousa à Saint-Étienne, le 28 juin 1670, Marguerite *Frans*, fille de Jean et de Marguerite *Fauquemberghe*, baptisée à Saint-Étienne le 21 juillet 1644; d'où :

 1. — *Marie-Catherine*, baptisée à Saint-Étienne le 29 juillet 1671, décédée veuve, paroisse Saint-Maurice, le 2 septembre 1758, alliée à Saint-Étienne, le 8 mai 1697, à Pierre-François *de Boulongne*, fils d'Albert et de Chrétienne *Desruelles*, bourgeois de Lille par relief du 16 janvier 1698; dont postérité.
 2. — *Étienne-François*, baptisé à Saint-Étienne le 16 août 1672.
 3. — *Jean-Ignace*, baptisé à Saint-Étienne le 6 août 1673.
 4. — *Jean-Baptiste*, baptisé à Saint-Étienne le 16 août 1675.
 5. — *Ignace*, baptisé à Saint-Étienne le 31 juillet 1677.
 6. — *Michel*, baptisé à Saint-Étienne le 14 juillet 1678.
 7. — *Marguerite-Antoinette*, baptisée à Saint-Étienne le 30 juillet 1680, y décédée le 21 février 1763 et enterrée aux Dominicains.
 8. — *Jean-François*, qui suit, VI.
 9. — *Étienne*, baptisé à Saint-Étienne le 5 août 1682.
 10. — *Pierre-Joseph*, décédé paroisse Saint-Étienne, le 11 mars 1727 et inhumé dans la chapelle Saint-Salvator.

 VI. — *Jean-François* REGNAULT, baptisé à Saint-Étienne le 9 juillet 1681, bourgeois de Lille par relief du 12 juin 1706, enterré à Saint-Étienne, dans la chapelle Saint-Salvator, le 21 février 1742, épousa dans cette église, le 4 février 1706, Marie-Anne-Joseph *Lachez*, fille de Jean-Baptiste et de Jeanne *Heby*, baptisée à Saint-Étienne le 30 août 1680, y enterrée le 26 décembre 1722; dont :

 1. — *Marie-Marguerite-Joseph*, baptisée à Saint-Étienne le 22 octobre 1706.
 2. — *Pierre-Ignace-François*, baptisé à Saint-Étienne le 23 novembre 1707.
 3. — *Jean-Baptiste-François*, baptisé à Saint-Étienne le 24 février 1710, décédé paroisse de La Madeleine, le 12 avril 1740, et enterré à Saint-Étienne dans la chapelle Saint-Salvator.

4. — *Pierre-Dominique-Joseph*, baptisé à Saint-Étienne le 1er avril 1711.

5. — *Jacques-Ignace*, baptisé à Saint-Étienne le 22 juillet 1713.

6. — *Marie-Anne-Rose*, baptisée à Saint-Étienne le 19 août 1714, décédée paroisse de La Madeleine le 21 septembre 1739.

7. — *Pierre-Dominique-Joseph*, qui suit, VII.

VII. — *Pierre-Dominique-Joseph* REGNAULT, baptisé à Saint-Étienne le 16 janvier 1716, bourgeois de Lille par relief du 20 janvier 1738, négociant, marguillier de Saint-Étienne, décédé en cette paroisse le 12 août 1750 ; épousa : 1° à Saint-Étienne, le 3 juin 1737, Marie-Marguerite-Joseph *Leperre,* fille de Jean-François et d'Élisabeth *Muissart,* baptisée dans cette église le 15 février 1717, y décédée le 23 octobre 1743 ; 2° à La Madeleine, le 22 septembre 1748, Marguerite-Joseph-Pélagie *Mennessier,* fille de Charles-Joseph et d'Angélique-Joseph *Montois.* Il fut père de :

1. — Du premier lit : *Françoise-Élisabeth-Joseph*, baptisée à Saint-Étienne le 21 avril 1738, y décédée le 15 mai suivant.

2. — *Marie-Catherine-Joseph*, baptisée à Saint-Étienne le 5 avril 1739, morte à Marquette-lez-Lille le 6 prairial an IV.

3. — *Jean-François-Joseph*, qui suit, VIII.

4. — *Marguerite-Marie-Rose-Joseph*, baptisée à Saint-Étienne le 9 avril 1741, morte à Lille le 21 juillet 1820, alliée à Saint-Étienne, le 7 juillet 1760, à Ignace-Bernard-Joseph *Bonnier,* sr du Metz, fils de Martin-Ignace et de Marie-Claire-Joseph *Monnart,* baptisé à Saint-Étienne le 19 mars 1733, créé trésorier de France au bureau des finances de la généralité de Lille le 9 décembre 1757, fonction qu'il exerça jusqu'en mai 1789, bourgeois de Lille par relief du 20 juin 1761, décédé à Ascq le 7 fructidor an II ; dont postérité.

5. — *Jacques-Dominique-Joseph,* sr du Rosier, baptisé à Saint-Étienne le 17 juillet 1742, administrateur de la Charité générale, décédé paroisse de La Madeleine le 1er janvier 1782 et inhumé à Ascq.

6. — *Marie-Romaine-Joseph*, baptisée à La Madeleine le 10 octobre 1743, y décédée le 18 octobre 1790, mariée à Sainte-Catherine, le 13 janvier 1766, avec Charles-Joseph *Leleu,* chevalier, sr de le Vigne, fils de Pierre-Florent et de Marie-Jeanne *Vanwtberghe,* baptisé à Saint-Étienne le 7 juin 1733, trésorier de France au bureau des finances, bourgeois de Lille par relief du 4 avril 1766, mort en cette ville le 10 messidor an V ; dont postérité.

7. — Du second lit : une fille, morte aussitôt sa naissance, paroisse de La Madeleine, le 15 juin 1750.

VIII. — *Jean-François-Joseph* REGNAULT, s' du Rosier, baptisé à Saint-Étienne le 22 février 1740, avocat en Parlement, bourgeois de Lille par relief du 24 janvier 1766, créé trésorier de France au bureau des finances de la généralité de Lille le 9 mars 1767, mort à Lille le 11 février 1816, épousa à Sainte-Catherine, le 4 février 1765, Barbe-Reine-Angélique *Macquart*, fille de Philippe-Louis-Joseph, écuyer, s' de Terline, et de Marie-Catherine-Joseph *Bonnier*, baptisée à Sainte-Catherine le 6 janvier 1747, morte à Douai le 27 septembre 1832 ; d'où :

1. — *Louis-Désiré-Joseph*, baptisé à Sainte-Catherine le 15 mars 1768, directeur d'une fabrique de porcelaine, mort en 1852, époux d'Hélène-Louise *Tupigny*, née à Ham vers 1788 ; d'où :

    a. — *Caroline-Hélène*, née à Lille le 3 août 1806.
    b. — *Lucie-Aline-Gabrielle*, née à Lille le 9 juillet 1808.
    c. — *Aline-Louise-Hélène-Félicité*, née à Lille le 17 décembre 1811, religieuse.
    d. — *Delphine-Justine-Pauline*, née à Lille le 12 février 1814, morte à Marquette-lez-Lille le 20 février suivant.
    e. — *Lucie-Louise*, née à Lille le 17 septembre 1818, alliée à Hippolyte-Jean *Gaffarel* ; dont postérité.
    f. — *Zélie-Angélique-Louise*, née à Lille le 15 août 1819, épouse d'Hippolyte *Naudot*.
    g. — *Louise-Marie*, mariée en 1852 avec son cousin Candide-Hector-Félix *Regnault*.
    h. — *Jenny-Louise*.
    i. — *Alexandre-Quentin-Louis*.

2. — *Julie-Caroline*, baptisée à Sainte-Catherine le 18 février 1772, morte veuve à Lille, le 21 novembre 1848, alliée à Alexandre-Auguste-César *de Druez*, fils d'Albert, chevalier, s' de Schevel, et de Marie-Catherine-Françoise *Bernard*, baptisé à Saint-André le 11 juin 1768 ; sans postérité.

3. — *Henri-Romain*, baptisé à Sainte-Catherine le 2 septembre 1773, mort à Perpignan.

4. — *Philibert-François-Florimond*, qui suit, IX.

5. — *Charles-Antoine*, baptisé à Sainte-Catherine le 13 avril 1779, distillateur à Marquette-lez-Lille, mort en Espagne (?), allié à Lille, le 10 prairial an VII, à Caroline-Julie *Plaisant*, fille d'André-Martin-François et de Sabine-Caroline *Macquart*, née à Douai le 10 juillet 1780 ; d'où :

    a. — *Charles-Ernest*, né à Lille le 10 floréal an VII, légitimé, marié et père de famille.

 b. — *Adolphe-Prosper-André*, né à Lille le 22 fructidor an VIII.

 6. — *Eugène-Charles*, vivant en 1819.

 IX. — *Philibert-François-Florimond* REGNAULT, baptisé à Sainte-Catherine le 21 septembre 1776, mort à Douai le 27 avril 1852, épousa à Lille, le 6 avril 1807, Aimée-Hortense-Thérèse-Joseph *Elleboode*, fille de Philippe et de Rosalie-Joseph *Willemet*, née à Cassel le 16 mars 1779, morte à Douai le 1er septembre 1831 ; dont :

 1. — *Jules-Alfred-Édouard*, né à Lille le 11 septembre 1808, mort à Douai le 12 août 1819.

 2. — *Émile-Alphonse-Florimond*, né à Lille le 10 septembre 1809, chef de bureau à la mairie de Douai, marié à Douai, le 8 mai 1844, avec Françoise-Laurence *Leinenger*, fille d'Antoine-Joseph, menuisier, et de Marie-Madeleine *Raskop*, née à Douai le 16 mai 1823, y décédée le 9 avril 1863 ; d'où :

 a. — *Florimond François-Émile*, né à Douai le 31 août 1842, légitimé.

 b. — *Léon-Théodore*, né à Douai le 25 octobre 1844.

 3. — *Candide-Hector-Félix*, né à Lille le 25 septembre 1812, allié, en 1852, à sa cousine Louise-Marie *Regnault*.

 4. — *Gustave-Charles*, né à Douai le 1er juin 1819.

NON RATTACHÉ

Luc REGNAULT, protonotaire apostolique, curé de Gruson où il mourut le 19 janvier 1715 ou 1718, à soixante-deux ans.

Note sur la famille DE DRUEZ[1]

ARMES : *de sable au sautoir d'argent cantonné de quatre étoiles à six rais du même.*

Albert DE DRUEZ, s^r de Morienpret, de Schevel, fils d'Antoine et d'Agnès-Ferdinande *de Vauthier*, naquit à Namur, paroisse Notre-Dame, en décembre 1725 ; il fut capitaine au régiment d'Horion au service de Sa Majesté très chrétienne, créé chevalier du Saint-Empire romain en 1755 ; il acheta la bourgeoisie de Lille le 5 mars 1763, devint échevin de cette ville et y mourut en l'an II. Il épousa à Sainte-Catherine, le 9 août 1762, Marie-Catherine-Françoise *Bernard de Berthelins*, fille de François-Anselme et de Jeanne-Marguerite *Marlière*, morte en l'an IV ; d'où :

1. — *Louis-Albert-Antoine*, chevalier, s^r de Schevel, baptisé à Sainte-Catherine le 6 avril 1764, officier au régiment de Bouillon infanterie étrangère, vivant en l'an IX, allié à Marie-Angélique-Louise-Joseph *Lagache*. (Voir la généalogie de cette famille.)

2. — *Marie-Angélique-Victoire*, baptisée à Saint-André le 6 août 1765, vivant en l'an XIII, mariée avec Jean-François *Guillemant*, receveur à Douai ; dont postérité.

3. — *Amélie-Constance*, baptisée à Saint-André le 1er décembre 1766, en religion sœur Albertine, religieuse à l'hôpital Saint-Sauveur, où elle mourut le 20 avril 1791.

4. — *Alexandre-Auguste-César*, chevalier, baptisé à Saint-André le 11 juin 1768, époux de Julie-Caroline *Regnault*.

5. — *Adélaïde-Joseph*, baptisée à Saint-André le 14 décembre 1769, journalière, morte à Lille le 29 mars 1840, veuve d'André-Louis-Joseph *Fenart*.

6. — *Victoire-Aldegonde-Eugénie*, baptisée à Saint-André le 29 janvier 1772, morte à Lille le 1er août 1808, épouse d'Hubert-Cyprien *Magnin*, né à Givet, Saint-Hilaire, en 1753, pharmacien chef du 4e corps d'armée.

7. — *Marie-Ange-Catherine-Victoire*, baptisée à Saint-André le 1er juin 1776, célibataire, vivant à Lille en l'an IX.

---

[1]. Voir : Comte DU CHASTEL, *Notices généalogiques tournaisiennes*, I, 660.

TURPIN

Armes : *losangé d'argent et de gueules.*

I. — *Louis* Turpin, décédé avant 1624, épousa Jeanne *de Beaussart*, dont il eut :

II. — *Jean* Turpin, né à Wicre, procureur, bourgeois de Lille par achat du 2 mai 1624, épousa à Saint-Étienne, le 20 mai 1624, Marie *Noullet* ; d'où :

1. — *Marie*, baptisée à Saint-Étienne le 26 mars 1625.

2. — *Jean-Philippe*, baptisé à Saint-Étienne le 9 août 1627, avocat, conseiller au bailliage, bourgeois de Lille par relief du 20 juillet 1654, marié à Saint-Étienne, le 7 octobre 1653, avec Marguerite *Lequien* [1], fille de Léonard, morte à Tournai, paroisse Saint-Nicolas, le 24 janvier 1709, âgée de 86 ans ; d'où :

   a. — *Marie-Marguerite*, baptisée à Saint-Étienne le 26 août 1654.

   b. — *Lambert*, baptisé à Saint-Étienne le 20 septembre 1656.

   c. — *Marie-Madeleine*, baptisée à Saint-Étienne le 11 juin 1658, morte à Tournai, paroisse Saint-Nicolas, le 31 décembre 1714, alliée dans cette église, le 10 septembre 1682, à Martin-Augustin *Lescailliez* [2], fils de Louis et de Marie *Testard*, né à Valenciennes, bourgeois de Lille par achat du 7 mai 1683, premier garde de l'Hôtel des monnaies en cette ville, nommé conseiller au Parlement de Flandre le 8 octobre 1695, mort à Douai, paroisse Saint-Pierre, le 6 mars 1718 ; dont postérité.

   d. — *Lambert-Joseph*, baptisé à Saint-Étienne le 9 juillet 1661, procureur du Roi à la Monnaie de Lille, décédé célibataire, paroisse Saint-Étienne, le 13 juin 1701, et enterré dans la chapelle Notre-Dame.

3. — *Guillaume-François*, baptisé à Saint-Étienne le 9 juillet 1629.

4. — *Alexandre*, qui suit, III.

---

1. Lequien : *de gueules à trois têtes de lévrier d'argent.*
2. Lescailliez : *d'argent au chevron d'azur, accompagné de trois yeux au naturel.*

5. — *Maximilien*, sr de Gruson et de Pérenchicourt, baptisé à Saint-Étienne le 22 janvier 1634, avocat, puis conseiller à la gouvernance de Lille [1], bourgeois de cette ville par relief du 24 juillet 1663, mort paroisse Saint-Maurice le 29 janvier 1704, marié dans cette église : 1º le 1er février 1663, avec Marie *de Francqueville* [2], fille d'Anselme et de Barbe *de Coninck*, décédée sur cette paroisse le 24 août 1678 ; 2º vers 1681, avec Marie *Aulent*, fille de Wallerand et de Brigitte *Cambier* ; d'où :

    a. — Du premier lit : *Jean-Étienne-Désiré*, baptisé à Saint-Étienne le 7 juin 1666, procureur du Roi aux eaux et forêts de la halle de Phalempin, allié à Phalempin, le 25 septembre 1701, à Catherine-Monique *Cogée* ; dont :

        aa. — *Jean-Étienne*, baptisé à Saint-Maurice le 28 avril 1698, légitimé par mariage subséquent.

    b. — Du second lit : *Marie-Antoinette*, baptisée à Saint-Maurice le 4 janvier 1682, y décédée le 1er avril 1751, épousa à Saint-Maurice, le 3 avril 1736, Philippe-Joseph-Joachim *Walrave*, fils d'Henri et de Marie-Catherine *Eynsaem*, capitaine au régiment de Richelieu, bourgeois de Lille par relief du 3 octobre 1736, échevin, rewart, décédé paroisse Saint-Maurice, le 5 septembre 1772, sans enfants.

6. — *Marie-Catherine*, baptisée à Saint-Étienne le 14 février 1636, épouse de Toussaint *Miroul*, écuyer, sr de Chantereine.

7. — *Roch*, baptisé à Saint-Étienne le 17 août 1638.

8. — *Marie-Françoise*, baptisée à Saint-Étienne le 16 août 1640, y décédée veuve, le 24 mars 1723, et inhumée dans la chapelle Notre-Dame, mariée à Saint-Étienne, le 6 mai 1684, avec Michel *de Rocque*, fils de Symphorien et d'Isabeau *Prevost*, bourgeois de Lille par relief du 5 avril 1685, procureur.

9. — *Françoise*, baptisée à Saint-Étienne le 6 mai 1643, alliée dans cette église, le 8 janvier 1670, à Jacques *de Rocque*, frère de Michel, bourgeois de Lille par relief du 28 novembre 1670 ; dont postérité.

10. — *Nicolas*, baptisé à Saint-Étienne le 15 octobre 1645.

III. — *Alexandre* TURPIN, baptisé à Saint-Étienne le 17 novembre 1631, bourgeois de Lille par relief du 8 juillet 1656, lieutenant

---

[1]. Voir LE GLAY, *Spicilège d'histoire littéraire*, 1er volume, page 88. Il fut reçu en 1670 comme chevalier servant des ordres de Notre-Dame du Mont Carmel et de Saint-Lazare de Jérusalem.

[2]. Il s'agit probablement de Marie-Barbe de Francqueville, baptisée à Saint-Maurice le 13 août 1640.

général du bailliage de Lille, épousa à Saint-Pierre, le 8 juin 1656, Régine *Mongart* ou *Maingarda*, fille de Vincent et de Marie *Morel*; il en eut :

1. — *Louis*, baptisé à Saint-Étienne le 5 avril 1657, y décédé le 21 juin 1709.
2. — *Alexandre*, qui suit, IV.
3. — *Alexandrine-Victoire*, baptisée à Saint-Maurice le 12 septembre 1660.
4. — *Élisabeth-Thérèse*, baptisée à Saint-Maurice le 2 janvier 1662, décédée, paroisse Sainte-Catherine, le 15 octobre 1728.
5. — *Marie-Jeanne*, baptisée à Saint-Maurice le 2 août 1663.
6. — *Marie-Marguerite*, baptisée à Saint-Maurice le 11 avril 1665, religieuse à l'abbaye de Flines.
7. — *Régine-Théodore*, baptisée à Saint-Maurice le 5 novembre 1666.
8. — *Marie-Régine*, baptisée à Saint-Étienne le 19 mars 1668, religieuse à l'abbaye de Wevelghem, morte le 12 mai 1734.
9. — *Maximilien*, baptisé à Saint-Étienne le 21 mai 1670, religieux à l'abbaye de Loos, décédé le 26 septembre 1725.
10. — *Maximilien-Albert*, baptisé à Saint-Étienne le 12 mars 1672, religieux à l'abbaye de Cysoing, mort le 16 août 1710.
11. — *Julien-Joseph*, s^r de Vignacourt, baptisé à Saint-Étienne le 15 janvier 1674, avocat et bailli de l'abbaye de Cysoing, mort à Thumeries le 16 juillet 1736.
12. — *Renée*, baptisée à Saint-Étienne le 21 octobre 1675, décédée paroisse Saint-Jacques, à Douai, le 22 décembre 1745.

IV. — *Alexandre* Turpin, s^r de Marvalle, baptisé à Saint-Maurice le 20 novembre 1658, professeur à l'Université de Douai, bourgeois de Lille par relief du 23 février 1690, bourgeois de Douai le 22 décembre 1695, inhumé à Saint-Jacques de Douai le 11 août 1742, épousa à Saint-Maurice, le 10 septembre 1689, Marie-Jeanne-Claire *de Fourmestraux*, fille de Pierre et de Jeanne *Duhot*, baptisée à Saint-Maurice le 28 mars 1667, y décédée le 15 octobre 1727 ; d'où :

V. — *Alexandre-François* Turpin, s^r de la Prayelle, baptisé à Saint-Maurice le 22 juillet 1690, bourgeois de Lille par relief du 30 septembre 1719, substitut du procureur général au Parlement de Flandre le 8 août 1714, conseiller le 25 juin 1718, président à mortier le 8 janvier 1731, obtint des lettres d'honorariat le 6 octobre 1755 et mourut le 30 juillet 1761. Il épousa à Saint-Jacques de Douai, le 20 octobre 1718, Marie-Philippe-Thérèse *de Buissy*, fille de Louis-Philippe, chevalier, et de Marie-Joseph *du Hot*, baptisée à Saint-Nicolas de Tournai le 15 novembre 1693, décédée paroisse Saint-Jacques à Douai le 6 mai 1767 ; d'où une fille :

1. — *Marie-Emmanuelle-Joseph-Thérèse*, baptisée à Saint-Jacques de Douai le 26 mars 1720, décédée à Lille, paroisse Saint-Pierre, le 9 novembre 1780, alliée à Saint-Jacques de Douai, le 24 septembre 1742, à Charles-Eubert *du Chambge*, chevalier, s^r de Liessart, fils de Simon-Pierre, chevalier, s^r du Fay, et de Marie-Christine *Cardon*, baptisé à Sainte-Catherine le 2 août 1706, premier président au bureau des finances de la généralité de Lille le 19 décembre 1726, décédé paroisse Saint-Étienne le 15 février 1777, dont postérité.

NON RATTACHÉ

Jacques-François Turpin, décédé paroisse Saint-Étienne le 8 novembre 1734 et enterré dans la chapelle du nom de Jésus.

27 avril 1670. — *Lettres de chevalerie et de procureur général en Flandres de l'ordre de Notre-Dame du Mont-Carmel et de Saint-Lazare de Jérusalem, pour Maximilien Turpin de Pérenchicourt.*

Charles-Achilles de Nerestaing, chef-général et grand-maistre des ordres royaux et militaires de Nostre-Dame du Mont-Carmel et de S^{nt} Lazare de Jérusalem, Nazareth et Bethléem, tant deçà que delà les mers, seigneur et baron de S^{nt} Didier, Aurecqz, Oriol, S^{nt} Fariol, la Chapelle, comte d'Entremont, Saint-Victor, Chopourst et autres lieux, à tous ceux qui ces présentes lettres verront, salut. Sçavoir faisons qu'ayant cy devant agréé l'humble prière qui nous a esté faite par Me *Maximilien Turpin*, sieur de Pérenchicourt, conseiller, controlleur du Domaine de la Chatellenie de Lille, cour et halle de Phalempin en Flandres, à ce qu'il nous plût le recevoir frère chevalier servant et procureur général des ordres dans tous les Pays-Bas cédez au Roy, nostre souverain seigneur, par les traittez des Pyrénées et d'Aix-la-Chapelle. Après qu'il nous est apparu de ses bonne vie, mœurs, religion catholique, apostolique et romaine, de sa naissance légitime et de ses honorables employs au service de Sa Majesté, suyvant les statutz desditz ordres, tant par l'enqueste qui en a esté cy-devant faite en vertu de noz lettres de commission que par les autres preuves qui ont esté mises entre les mains du Commissaire à ce par nous député, dont il nous a fait rapport, comme aussy de ses sens, suffisance et affection au Service du Roy notre Souverain Seigneur, Nous, à ces causes et pour autres bonnes considéracions à ce nous mouvans, avons iceluy Sieur de Pérenchicourt fait, créé et receu, faisons, créons et recevons frère et procureur général desditz Ordres royaux et militaires de Nostre-Dame du Mont-Carmel et de Saint-Lazare de Jérusalem, pour jouïr par luy des privilèges, honneurs, dignitez, prééminences, franchises, libertez et autres droitz dont jouissent les frères et officiers desditz ordres, royaux, tenir rang parmy eux, avec pouvoir de tenir maladeries, commanderies et pensions sur toutes sortes de bénéfices, porter la croix desditz Ordres, à condition d'observer les statutz d'iceux, sans y contrevenir directement ou indirectement, se rendre auprès de nous toutes et quantes fois qu'il en sera requis pour le service du Roy, nostre souverain seigneur, et pour le bien et utilité desditz ordres ; et aussy à charge de faire en noz mains ou de celuy qui sera par nous commis le serment de fidélité et les vœux accoustumez et d'en faire insérer l'acte sur le reply de ces présentes au moins dans le terme d'un an du jour de nos lettres, lesquelles autrement, ensemble sadite réception, nous entendons estre de nulle valeur et effet. Et en ladite qualité de Procureur général luy donnons pouvoir de s'informer des détenteurs des biens dédiez à Dieu et à Nostre-Dame de Mont-Carmel, Saint-Lazare, Sainte-Magdelaine et à Sainte-Marthe, se faire mettre en possession d'iceux, en exécution des arrestz et lettres de jussion de Sa Majesté, soustenir et intenter tous procez, visiter les maladeries, ouyr les comptes des officiers, les préposer et supprimer pour le plus grand bien desditz ordres, ouyr les plaintes des ladres, tenir consultation de médecins sur leurs maladies, les faire visiter, et ne les trouvant entachez de la lèpre les faire sortir des maladeries, contenir les ladres dans leurs maladeries, les faire resserrer de plusieurs maladeries en une, afin d'éviter aux fraiz des officiers, visiter les bastimens, les faire réparer et réédifier et principalement les églises et chapelles, prendre soin qu'elles soient pourveues de vases et d'ornemens nécessaires aux offices divins, informer de la vie des chevaliers, frères servans et chapelains, et à ceux des ladres, et généralement faire et gérer tout ce qu'à procureur général desditz Ordres appartient, bien que les cas requissent mandement plus spécial que nous tenons icy pour exprimez, mesme de recevoir deniers consignez en justice et d'en donner descharge ou autrement, dérogeant à toute spécialité de droit et aux dérogatoires des dérogatoires. Si donnons en mandement à tous commandeurs, chevaliers, officiers et frères servans desditz ordres, de reconnoistre ledit Sieur de Pérenchicourt frère et procureur général desditz Ordres, le recevoir dans toutes leurs assemblées publiques et capitulaires qui se feront à l'avenir pour l'intérest desditz ordres, et de le laisser jouïr des privilèges dont jouissent les officiers. Car telle est nostre intention. En foy de quoy, Nous avons signé les présentes de nostre main, fait sceller du sceau de nosditz Ordres et fait contresigner par le Secrétaire d'iceux.

Donné à Paris, le 27ᵉ avril mil six cens soixante-dix. Signé : Nérestaing. Sur le reply : par monseigneur : de la Borde, et à costé : registré, folio 26.

Lesdites lettres escrites en parchemin et scellées du grand sceau de cire rouge dudit Grand maistre, pendant à laz de soye rouge [1] et violette.

Archives du Nord. Chambre des Comptes de Lille. Art. B. 1672.
77ᵉ Registre des Chartes, fᵒˢ 240 et 241.

---

[1]. Le mot *verte* a été ajouté au dessus du mot rouge.

VANDERMAER

Armes : *d'argent à trois merlettes de sable.*

I. — *Nicolas* Vandermaer, épousa Hélène *Van Meer*; d'où :

II. — *Lambert* Vandermaer, né à Maestricht, drossart et lieutenant du Roi au pays de Faulquemont, bourgeois de Lille par achat du 9 septembre 1650, acheta la charge de prévôt de cette ville et prêta serment en cette qualité le 30 juillet 1648 [1]; il fut créé chevalier par lettres données à Madrid le 10 octobre 1650, et épousa à Saint-Étienne, le 10 septembre 1650, Marie-Marguerite *Fasse*, fille de François et de Marguerite *de Fourmestraux*, baptisée dans cette église le 4 novembre 1634 ; il fut père de :

1. — *Ernest*, qui suit, III.
2. — *Marie*, baptisée à Saint-Étienne le 9 février 1653.
3. — *Alexandrine*, baptisée à Saint-Étienne le 14 février 1654, religieuse à l'hôpital Comtesse.
4. — *Michel-Lambert*, baptisé à Saint-Maurice le 5 octobre 1656, moine à l'abbaye de Loos.
5. — *Hélène*, baptisée à Saint-Maurice le 14 mars 1658, y décédée le 3 novembre 1697.
6. — *Nicolas*, baptisé à Saint-Maurice le 9 mai 1659.
7. — *Catherine-Éléonore*, baptisée à Saint-Maurice le 19 octobre 1660, y décédée célibataire le 12 février 1723.
8. — *Pierre-François*, baptisé à Saint-Étienne le 27 mai 1663, religieux à Saint-Martin de Tournai.
9. — *Jean-Baptiste-Isidore*, baptisé à Saint-Étienne le 4 juillet 1665, capitaine au régiment de Robecq, tué en Savoie.
10. — *Barbe-Émérentienne*, baptisée à Saint-Étienne le 23 juillet 1668, décédée paroisse Saint-Maurice le 15 janvier 1703.
11. — *Louis*, baptisé à Saint-Étienne le 29 décembre 1669, marié dans cette église, le 6 février 1736, avec Marie-Anne *Vanstienberghe*, surintendant du Mont-de-piété.

---

1. Sa nomination est du 7 avril 1648. (Archives municipales de Lille. Registre aux mémoires, 1643-1650, f° 210 v°).

III. — *Ernest* Vandermaer, chevalier, s^r des Grande et Petite Wostines, baptisé à Saint-Étienne le 18 novembre 1651, licencié ès lois, prévôt de Lille, bourgeois de cette ville par relief du 26 novembre 1678, décédé paroisse Saint-Maurice le 1er mai 1694; épousa à Saint-Étienne, le 27 juillet 1678, Marie-Catherine *Grassis*, fille de Jean-Baptiste et d'Antoinette *Caron*, baptisée à La Madeleine le 27 avril 1654, morte après juillet 1704 [1]; dont :

1. — *Ernest*, qui suit, IV.
2. — *Albertine-Henriette*, baptisée à Saint-Étienne le 4 février 1680, morte célibataire paroisse Saint-Pierre le 18 juillet 1755.
3. — *Jeanne-Catherine*, baptisée à Saint-Étienne le 22 mai 1683.
4. — *Marie-Antoinette*, baptisée à Saint-Étienne le 8 mai 1685, décédée paroisse Saint-Pierre le 3 février 1765, alliée à La Madeleine, le 15 août 1734, à Philippe-André *de Baudequin* [2], écuyer, s^r de Sainghin-en-Mélantois, Flers, fils de Claude-Eugène, écuyer, s^r du Metz, et d'Isabelle-Jeanne *de Fourmestraux de Wazières*, baptisé à Saint-Étienne le 15 novembre 1677, bourgeois de Lille par relief du 12 janvier 1708, veuf de Marie-Antoinette *du Grospré*, décédé paroisse Saint-André le 31 janvier 1759 ; sans enfants de ce lit.

IV. — *Ernest* Vandermaer, écuyer, baptisé à Saint-Étienne le 16 septembre 1678, bourgeois de Lille par relief du 17 août 1713, racheta à Nicolas *Faulconnier* la charge de prévôt et fut nommé à cette charge par le Roi le 20 avril 1704 [3] ; il fut convoqué aux assemblées des nobles de Flandre par ordonnance du 1er décembre 1746 et mourut paroisse Saint-Pierre le 24 mai 1749 ; il avait épousé Antoinette-Françoise *Dancoisne* dite *Le Cocq* [4], fille de Louis et de Marie-Philippe *Crespin*, morte le 1er mai 1745; d'où :

1. — *Ernest*, né en 1713, décédé paroisse Saint-Étienne le 25 janvier 1733.
2. — *Charles-Joseph*, écuyer, s^r de la Pilatrie, baptisé à La Madeleine le 6 juin 1714, bourgeois de Lille par relief du 7 juillet 1749,

---

1. A la mort de son mari, elle céda la charge de prévôt à Nicolas-François Faulconnier, écuyer, s^r de Wambrechies, qui y fut nommé par le Roi le 16 avril 1695. (Archives municipales de Lille. Registre aux résolutions, n° 15, f° 233).
2. Baudequin : *d'argent à une hure de sanglier de sable défendue du champ.*
3. Archives municipales. Registre aux résolutions, n° 17, f° 67.
4. Dancoisne dit Le Cocq : *d'or à trois étoiles de sable, surmontées d'un lion courant de gueules en chef, le chef séparé par un filet de sable.*

nommé prévôt de Lille le 14 juin 1748 [1], réclama sa convocation aux assemblées des nobles le 6 mars 1749, décéda paroisse Saint-Étienne le 19 juin 1750 ; il s'allia à Saint-Maurice, le 17 novembre 1748, à Marie-Joseph *Reynard*, fille de Jean-Édouard et de Marie-Joseph *de Ronquier*, baptisée à Saint-Maurice le 27 août 1731, morte le 6 novembre 1752, laissant un fils :

    a. — *Philippe-Charles-Joseph*, baptisé à Saint-Étienne le 4 septembre 1749, mort paroisse Saint-Maurice le 31 janvier 1753.

  3. — *Louis-Philippe-François*, écuyer, baptisé à Saint-Étienne le 24 mai 1718, mort à Blicquoy (Hainaut) le 12 octobre 1748, sans avoir eu d'enfants de N...

  4. — *Ernestine-Aimée-Marie*, née le 23 octobre 1722, baptisée à Saint-Étienne le 22 février suivant, y décédée célibataire le 14 janvier 1745.

---

11 avril 1648. — *Patentes en faveur de Lambert Vandermaer pour l'office de prévost de Lille.*

    Philippes par la grâce de Dieu roy de Castille, de Léon, etc. A tous ceulx quy ces présentes verront, salut. Comme en ceste présente courteresse de deniers que nous avons besoing pour la deffence de nos pays de pardeça contre nos ennemis, nous avons trouvé convenir d'engager la prevosté de nostre ville de Lille, présentement déservie par Jacques Lepipre, pour jouyr et déservir ledit estat après la mort ou déport volontaire dudict Lepipre et qu'après publications et affictions de billetz en faictes avec désignation de jour pour passer ledict estat au plus offrant en nostre Conseil des finances, icelluy est demeuré à nostre chier et bien amé *Lambert Vandermaer*, drossart et lieutenant de noz chasteau, ville et pays de Faulquemont et receveur de noz domaines dudict pays et de celuy Daelhem, pour la somme de douze mille cincq cens livres du pris de quarante gros nostre monnoye de Flandres la livre, aux conditions suivantes : Sçavoir qu'il aura à son prouffict la part que nous compète en toutes amendes tant civiles que pour contravention des placcarts des monnoies et autres cas réservez et privilégiez, desquels les prevosts précédens ont esté comptables, sans qu'il sera tenu d'en rendre compte, en payant par luy les frais et mises de justice quy sont à nostre charge. Que ledict *Lambert Vandermaer* ne pourra composer pour

---

1. Archives municipales de Lille. Registre aux résolutions, n° 31, fol. 231 v°.

le faict desdictes amendes, ains sera tenu d'en user selon la teneur des placcarts. Qu'en attendant que ledict estat eschera vacant ledict *Vandermaer* aura à son prouffict les cent florins par an que ledict Lepipre paye pour recognoissance à cause des amendes civiles, deiz le jour qu'il furnira les deniers de ladicte engagière. Qu'il sera tenu de payer lesdicts douze mille cincq cens livres endeans quinze jours prochains en ceste nostre ville de Bruxelles, ès mains du recepveur général de noz domaines et finances en argent de permission évalué par nos placcarts à peine de réelle et effective exécution. Qu'il jouyra dudict estat sa vie durant après qu'il sera vacant, soit par mort, réservation ou déport, et au cas qu'il vint à mourir auparavant que ledict estat sera venu à vacquer comme dict est, l'un de ses fils ou celuy qu'il dénommera par son testament estant capable, idoine et qualifié, déservira ledict office aussy sa vie durant, sans qu'il sera tenu de pour ce lever aultres nos lettres patentes de commission que ces présentes. Que nous pourrons rachepter ladicte gagière toutes et quantesfois que bon nous semblera après le trespas de celluy quy en aura jouy (comme dict est) en restituant ladicte somme de douze mille cincq cens livres, pour lors disposer dudict estat à nostre bon plaisir, bien entendu que celuy sur quy se fera ledict désengagement continuera en l'exercice dudict estat de prévost l'espace de deux ans après ledict desengagement en payant les frais et mises de justice comme dessus, ensemble cent florins de recognoissance par an à nostre prouffict, comme en paye présentement ledict Lepipre. Qu'il sera tenu de soustenir à ses frais et despens tous procès et différens quy se pourroient mouvoir à raison et pour maintenement de nos droicts, honneurs et préeminences dudict estat, ne fust toutesfois que préallablement il seroit par nous à ce authorisé, et finalement aux aultres charges et conditions que lesdicts prévosts précédens l'ont déservy, et de se conduire selon et en conformité des règlemens que nous [avons] donnez le troisiesme de mars mille cincq cens septante deux et trentiesme de décembre mille cincq cens quatre vingtz et cincq, et généralement selon les édicts et placcarts faicts et à faire de nostre part pour la meilleure administration et conduicte de la justice et police. Et nous ayant ledict *Lambert Vandermaer* très humblement supplié pour avoir sur ce noz lettres patentes à ce pertinentes, sçavoir faisons que pour le bon rapport que faict nous a esté de la personne dudict *Lambert Vandermaer* et de ses sens, idoineté et suffissance, nous confians à plain de ses léaulté, preudhommie et bonne diligence, eu sur ce l'advis de noz très chers et feaulx les chefs trésorier-général et commis de noz domaines et finances, avons par la délibération de nostre très chier et très amé bon cousin Leopolde

Guillaume par la grâce de Dieu archiducq d'Austrice, duc de Bourgoingne .... lieutenant gouverneur et capitaine général de nos Pays-Bas et de Bourgoingne, etc., commis, ordonné et establi, commettons, ordonnons et establissons par ces présentes ledict *Lambert Vandermaer* audict estat de prevost de nostre ville de Lille, pour le déservir après le trespas ou déport dudict Jacques Lepipre, moiennant et en payant lesdictsz douze mille cincq cens livres du pris de quarante gros monnoie de Flandre la livre ès mains de nostre dict recepveur général de noz finances, et au surplus aux autres charges et conditions cy-dessus déclarées, et suivant ce nous luy avons donné et donnons par ces présentes plain pouvoir, authorité et mandement spécial de tenir, exercer et deservir ledict estat lorsqu'il sera venu à vacquer (comme dict est), d'y garder noz droictz, haulteur et seigneuries, conjurer et semondre noz hommes de fiefs, eschevins et autres juges qu'il appertiendra, de faire et administrer droict, loy, raison et justice à tous ceulx et celles quy l'en requerront, et ès cas qu'il appertiendra, et au surplus faire bien et deuement toutes et singulières les choses que bon et léal prévost susdict peult et doibt faire et que y compètent et appertiennent, aux droicts, honneurs, préeminences, sallaires, libertez, franchises, proufficts et émolumens y appertenans, à charge expresse que pour l'affaires concernant le faict de son office ledict *Lambert Vandermaer* sera tenu comparoir en personne en la chambre du Conseil ou Conclave de nostre dicte ville de Lille sans y employer son lieutenant. Ordonnans au mesme effect à ceulx du magistrat dudict Lille d'observer en tous ses poincts et articles la sentence donnée en nostre Conseil privé, le troisiesme jour de mars mil cincq cens septante deux, ensemble les règlements et ordre provisionnel ensuiviz touchant ledict office de prevost ; de sorte que ledict *Lambert Vandermaer* n'ait occasion de doléance endroict la matière mentionnée. Surquoy et de soy bien et deuement acquiter en l'exercice dudict estat ledict *Lambert Vandermaer* sera tenu faire le serment pertinent ès mains de nos amez et feaulx les président et gens de nostre Chambre des Comptes audict Lille que commettons à ce, et leur mandons que ledict serment faict par ledict *Lambert Vandermaer* (comme dict est) ils le mettent et instituent de par nous dez à présent pour lors que le cas eschera en possession et jouissance dudict estat et office de prevost de nostre dicte ville de Lille et d'icelluy ensemble des droicts, honneurs, préeminences, sallaires, libertez, franchises, proufficts et émolumens susdicts, ilz et tous aultres noz justiciers officiers et subjects qui ce regardera le facent, souffrent et laissent aux charges et conditions selon et en la forme et manière que dict est, plainement et paisiblement jouyr et user, cessans tous contredicts et empeschemens au contraire. Car ainsy nous plaist-il.

En tesmoing de ce nous avons faict mettre nostre seel à ces présentes. Donné en nostre ville de Bruxelles le septiesme du mois d'apvril l'an de grâce mil six cens quarante huict, et de noz règnes le vingt septiesme. Paraphé Ro. v^t. — Sur le reply desdictes lettres au costé dextre estoit escript Par le Roy, Monseigneur l'Archiducq lieutenant gouverneur et capitaine général, etc., le comte d'Isembourg, chevalier de l'ordre de la Toison d'or, premier chef; Messires François de Kinschot chevalier seigneur de Rivière, trésorier général; Jean Baptiste Maes chevalier de l'ordre militaire de sainct Jacques; et Philippes d'Urssel seigneur de Ghestel, commis des finances et aultres présens. Signé : VERREYKEN.

Sy estoient lesdictes lettres scellées du grand seel de Sa Majesté de chire vermeille pendant en double queuwe de parchemin. — Sur le dos desdites lettres estoit aussy escript : Les chefs, trésorier-général et commis des domaines et finances du Roy consentent et accordent en tant qu'en eulx est, que le contenu au blancq de cestes soit furny et accomply tout ainsy et en la mesme forme et manière que Sa Majesté le veult et mande estre faict par icelluy blancq. Faict à Bruxelles au bureau desdictes finances soubs les seings manuels desdicts chefs, trésorier-général et commis le onziesme d'avril XVI^c quarante huict. Ainsy signé : le comte d'Isenburg, Rasse de Gavre, Fr. Kinschot, J.-B. Maes, J. Chockarts et de Grisperré. Sur le susdict reply au costé senestre estoit encores escript : Aujourd'hui sixiesme de juin XVI^c quarante huict, *Lambert Vandermaer* dénommé au blancq de ceste at faict le serment deu et pertinent à l'estat et office de prévost de la ville de Lille dont audict blancq mention est faicte, et ce ès mains de Messeigneurs les président et gens des comptes audict Lille, et sy at exhibé les lettres de descharge du furnissement de ladicte somme de douze mille cincq cens florins lesquelles sont enregistrées au registre des chartres commenchant au mois de juin seize cens quarante six, folio CXXXVII et ensuivant. Moy présent et signé : R. SIMON.

Le XXXe de jullet 1648 ledict *Lambert Vandermaer* at faict le serment pour l'exercice de ladicte prevosté tel qu'est porté au livre Roisin (ensemble celuy de la Sinode).

Archives communales de Lille. Registre aux mémoires du Magistrat, 1643-1650, f°s 210 v°-211.

10 octobre 1650. — *Lettres patentes de chevalerie pour Lambert vander Maer, drossart et lieutenant du pays de Faulquemont et prévost de Lille.*

Phelippes .... etc*.... A tous ceulx qui ces présentes verront, salut. Sçavoir faisons, que pour le bon rapport que faict nous a esté de nostre cher et féal *Lambert vander Maer*, drossart et lieutenant du pays de Faulquemont et prévost de nostre ville de Lille, et qu'il nous auroit servy l'espace de dix-huict ans en qualité de secrétaire de maistre de camp général de noz armées au Pays-Bas prez les personnes des feu Comtes de la Mottry et d'Isenbourg, s'estant trouvé dans touttes les campagnes de ce temps-là et deuement s'acquitté de ses obligations à nostre service, ayant aussy rendu grand soing pour le maintien et la conservation de nostre jurisdiction audict pays de Faulquemont, à son notable intérest. Pour ces causes et ce que dessus considéré, mesmes affin de le stimuler d'avantage et luy donner occasion au moyen de quelque marcque d'honneur, de s'esvertuer de plus en plus en nostre service, nous, désirans favorablement le traicter, décorer et eslever, avons icelluy *Lambert vander Maer* faict et créé, faisons et créons chevalier par ces présentes ; Voulans et entendans que d'oresenavant il soit tenu et réputé pour tel en tous ses actes et besoignes et jouisse des droictz, libertez et franchises dont jouissent et ont accoustumé de jouyr tous aultres chevaliers par touttes noz terres et seigneuries signament en nosdicts Pays-Bas tout ainsy et en la mesme forme et manière comme s'il eust esté faict et créé chevalier de nostre propre main. Mandons et commandons à tous noz lieutenans, gouverneurs, mareschaulx et aultres noz justiciers et subjectz à qui ce peult toucher en quelque manière que ce soit, que ledict *Lambert vander Maer* ils laissent, permettent et souffrent dudict tiltre de chevalier et de tout le contenu en cesdictes présentes plainement et paisiblement jouyr et user, sans en ce luy faire, mectre ou donner, ny souffrir estre faict, mis ou donné aulcun trouble, destourbier ou empeschement au contraire. Car ainsy nous plaist-il. Pourveu que dans l'an après la date de cestes, icelles soyent présentées à nostre premier roy d'armes ou aultre qu'il appartiendra en nosdits Pays-Bas, en conformité et aux fins portez par le quinziesme article de l'ordonnance décrétée par feu nostre bon oncle l'archiducq Albert, le quatorziesme de décembre mil six cens seize, touchant le port des armoiries, timbres et aultres marques d'honneur et de noblesse, à paine de nullité de ceste nostre présente grâce : Ordonnant à nostre dict premier roy d'armes ou à celuy qui exercera son estat en nosdits Pays-Bas, ensemble au Roy ou hérault d'armes de la province qu'il appartiendra, de suivre en ce regard ce que contient le règlement faict par ceulx de nostre Conseil privé le deuxiesme d'octobre seize cens trente sept, au subject de l'enregistrature de noz lettres patentes touchant les dictes marcques d'honneur, en tenant par nos dicts officiers d'armes respectivement notice au dos de cestes. En tesmoing de ce, nous avons signé ces présentes de nostre main et à icelles faict mectre nostre grand séel. Donné en nostre ville de Madrid, royaulme de Castille, le dixiesme jour du mois d'octobre l'an de grâce mil six cens cincquante, et de noz règnes le vingt-noeufiesme, paraphé : M. L. G. V^t ; signé : PHILIPPE. Et sur le ply est escript : Par le Roy, signé : BRECHT. Sur le dict ply est encor escript : Ces lettres sont enregistrées en la Chambre des Comptes du Roy à Lille, du consentement de messeigneurs d'icelle, au registre des Chartres y tenu, commençant en juing XVIe quarante-nœuf, folio CIIII^{xx} VI, le XXVIIe de mars XVIe cincquante ung, par moy signé : R. SIMON.

Archives du Nord. Chambre des Comptes de Lille. Art. B. 1666.
71e Registre des chartes, f°s 186 et 187.

VAN THIENNEN

Armes : *parti : d'azur à un trèfle d'argent et d'azur à trois étoiles à six rais d'or ;* ou : *d'argent au griffon de sable supportant un écusson parti d'azur à un trèfle d'argent et d'azur à trois étoiles d'or, l'écusson soutenu par un lien de sable.*

I. — *Nicolas* Van Thiennen, habitant Anvers, eut de Marguerite *de Bie* :

II. — *Nicolas* Van Thiennen, né à Anvers, kentilleur, c'est-à-dire brodeur, bourgeois de Lille par achat du 9 janvier 1625, échevin de cette ville, mort le 24 avril 1688, à quatre-vingt-trois ans, épousa à Saint-Étienne, le 14 janvier 1625, Jossinne *de la Barghe*, fille de Michel et de Marie *Deswez* ; d'où :

III. — *Nicolas* Van Thiennen, sr de Dourles, Hongrie, né en 1627, bourgeois de Lille par relief du 18 octobre 1647, échevin, nommé conseiller secrétaire du Roi en la chancellerie près le Parlement de Flandre par lettres données à Versailles le 30 avril 1702, mort en fonction le 9 juillet 1710 et enterré dans la chapelle Sainte-Barbe à Saint-Étienne, épousa dans cette église, le 24 février 1647, Marguerite *du Forest*, fille de Daniel, sr d'Orifontaine, et de Marguerite *de Haynin*, baptisée à Saint-Étienne le 6 novembre 1624, morte le 7 avril 1680 ; d'où :

   1. — *Nicolas*, qui suit, IV.
   2. — *Marie-Marguerite*, baptisée à Saint-Étienne le 31 juillet 1649.
   3. — *Bernard*, baptisé à Saint-Étienne le 7 février 1651.
   4. — *Marguerite-Antoinette*, baptisée à Saint-Étienne le 10 mai 1652.
   5. — *Marie-Anne*, baptisée à Saint-Étienne le 26 août 1653.
   6. — *Marie*, baptisée à Saint-Étienne le 2 février 1655.
   7. — *Françoise*, baptisée à Saint-Étienne le 30 avril 1656.
   8. — *Jean-Baptiste*, baptisé à Saint-Étienne le 29 décembre 1657.

9. — *Jean*, baptisé à Saint-Étienne le 24 mars 1659.

10. — *Marie-Madeleine*, baptisée à Saint-Étienne le 9 août 1660, morte paroisse Sainte-Catherine le 9 juin 1732, alliée à Saint-Étienne, le 23 mai 1689, à François *de Surmont*, fils de Gaspard et de Catherine *Lesquinet*, né à Tourcoing, bourgeois de Lille par achat du 1ᵉʳ juin 1685, conseiller secrétaire du Roi le 4 février 1714, mort le 27 mars 1718 et inhumé au chœur de Sainte-Catherine ; dont postérité.

11. — *Marguerite*, baptisée à Saint-Étienne le 7 mars 1662, morte à Tournai, paroisse Sainte-Madeleine, le 7 juin 1720, mariée à Saint-Étienne, le 13 octobre 1691, avec François *Le Couvreur* [1], sʳ du Plisson, du Sart, fils de Gilles et de Marie *Foucquart*, baptisé à Ath le 19 novembre 1647, échevin de Tournai, substitut au Parlement de Flandre le 23 novembre 1686, conseiller le 31 octobre 1689, enfin président à mortier le 19 mars 1705, mort en exercice en 1712 ; dont postérité.

12. — *Marie*, baptisée à Saint-Étienne le 14 mars 1663, morte le 24 août 1694, alliée dans cette église, le 14 février 1678, à Chrétien *Libert*, sʳ de la Tramerie, fils d'Antoine et de Rose *Chombart*, né à Tourcoing le 21 août 1644, bourgeois de Lille par achat du 4 mars 1678, nommé conseiller secrétaire du Roi par lettres données à Versailles le 30 avril 1702, mort le 25 octobre 1712 et inhumé à côté de sa femme dans la chapelle Saint-Sébastien à Saint-Maurice ; dont postérité.

13. — *Pierre*, écuyer, sʳ d'Orifontaine, baptisé à Saint-Étienne le 31 décembre 1664, bourgeois de Lille par relief du 9 mars 1694, ministre de la Bourse commune des pauvres, conseiller au bailliage de cette ville, convoqué aux assemblées des nobles de Flandre par ordonnance du 6 novembre 1714, mort le 15 juillet 1741, allié à Marie-Antoinette *de Richemont* [2], fille de François et de Jeanne-Françoise *Vrancx*, décédée paroisse Saint-Étienne le 7 janvier 1738, enterrée, ainsi que son mari, dans la chapelle Sainte-Barbe en cette église ; sans enfants.

14. — *Marie-Françoise*, baptisée à Saint-Étienne le 4 octobre 1669.

IV. — *Nicolas* Van Thiennen, écuyer, sʳ de Dourles, baptisé à Saint-Étienne le 29 juin 1648, bourgeois de Lille par relief du 27

---

1. Le Couvreur : *d'azur à trois épées d'argent, gardées d'or, mises en bande, la pointe en bas.*
2. Richemont : *d'azur à trois montagnes d'or.*

janvier 1691, marguillier de Saint-Sauveur, décédé le 16 novembre 1706, épousa à Saint-Maurice, le 21 septembre 1690, Jacqueline-Angélique-Françoise *Wallet*, dame de la Bonne-Broche, la Cazerie, fille de Noël et de Marie-Anne *Alatruye* dit *de le Vigne*, baptisée à Saint-Maurice le 8 novembre 1664, morte après son mari ; dont :

1. — *Nicolas-Joseph*, écuyer, sʳ de Dourles, né en 1693, mort le 4 septembre 1719, et enterré à Saint-Sauveur.

2. — *Marie-Albéricque*, baptisée à Saint-Sauveur le 7 janvier 1695, y décédée le 28 juillet suivant.

3. — *Pierre-Louis*, baptisé à Saint-Sauveur le 12 mai 1697, prêtre, recteur de la Compagnie de Jésus, décédé paroisse Saint-Maurice le 1ᵉʳ juillet 1776.

4. — *Marguerite-Françoise*, baptisée à Saint-Sauveur le 30 décembre 1698, y décédée le 17 juin 1702.

1303 PLANCHE XXVIII

ALATRUYE	D'ANGEVILLE	D'APPELTERN
DE BAUDEQUIN	BAYARD	BÉLIER
BENARD	DE BERLOT	DE BERNEMICOURT
BEVIER	DE BONNET	BOSTICA

1305   Planche XXIX

BOUTILLIER	DE BOUVINES	DE BRIENNE
BRIOIS	BUISSERET	DU BUS
CASTELAIN	CASTELAIN	DE COUPIGNY
CUVILLON	DANCOISNE	DESCAMPS

1307 PLANCHE XXX

DESCHAMPS — DESPLANQUES — DESQUIEN

DOULCET — DOULCET — DE DRUEZ

DUBOSQUIEL — DUBOSQUIEL — DU CROCQ

FARVACQUES — DE FLANDRES — DE LE FLIE

1309   Planche XXXI

DE LA FOSSE

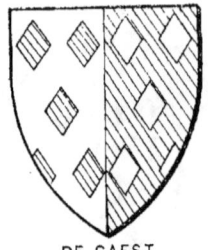
DE GAEST

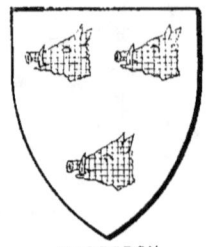
GODEFROY

GOMBAULT

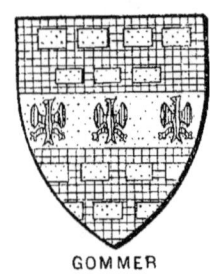
GOMMER

GRENU

GRIGNART

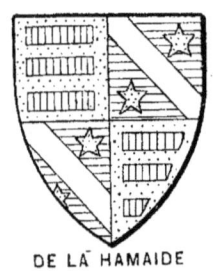
DE LA HAMAIDE

HANGOUART

D HANGRE

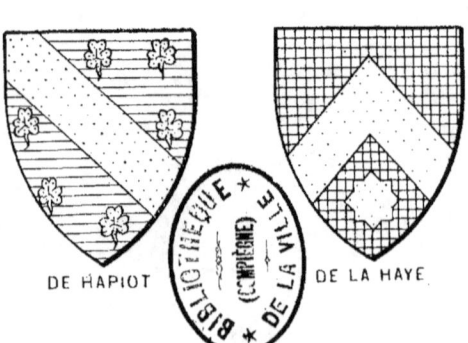
DE HAPIOT   DE LA HAYE

1311   Planche XXXI

DE LA HAYE   DE LA LACHERIE   LANCHALS

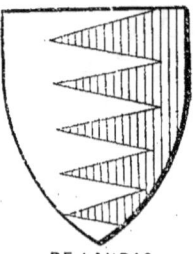  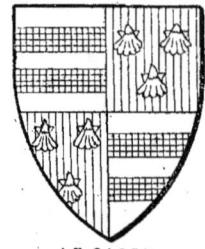

DE LANDAS   LE BLANCQ   LE CARON

LE CAT   LE CLÉMENT   LE COCQ

LE COUVREUR   LE FRANÇOIS   LE FRANÇOIS

1313   Planche XXXIII

LE GAY

LELEU

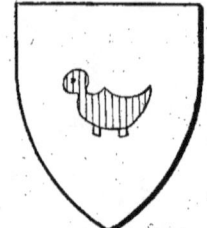
LE MAIRE

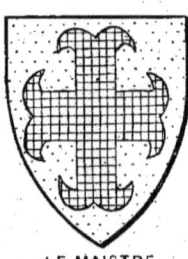
LE MAISTRE

LE MESRE

DE LENCQUESAING

LE LOUCHIER

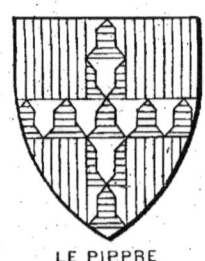
LE PIPPRE

LE PRÉVOST

LEQUIEN

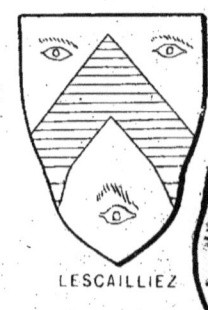
LESCAILLIEZ

DE LESPINE

1315
PLANCHE XXXIV

LE TOILLIER

LIBERT

LIBERT

LIÉBART

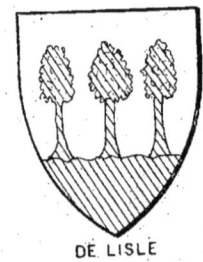
DE LISLE

LUYTENS

MASSIET

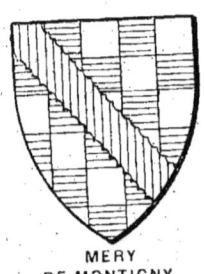
MERY
DE MONTIGNY

MUETTE

DE NEUFVILLE

DE NIEUWENHOVE

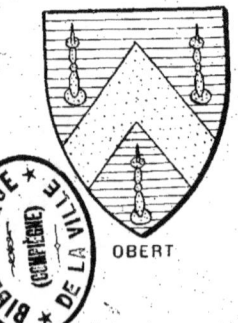
OBERT

1317 PLANCHE XXXV

PARMENTIER

PAYELLE

PLAETVOET

DE POLLINCHOVE

PORRATA

PORTOIS

POTTIERS

DE POUCQUES

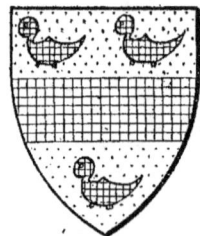
POUVILLON

PRESIN

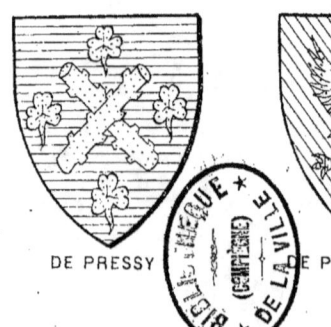
DE PRESSY · DE PREUDHOMME

PLANCHE XXXVI

DU PUICH	 REGNAULT	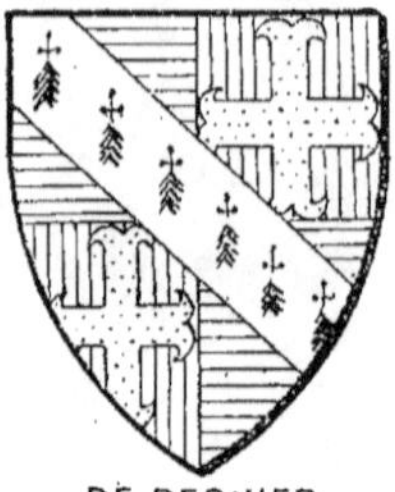 DE REGNIER
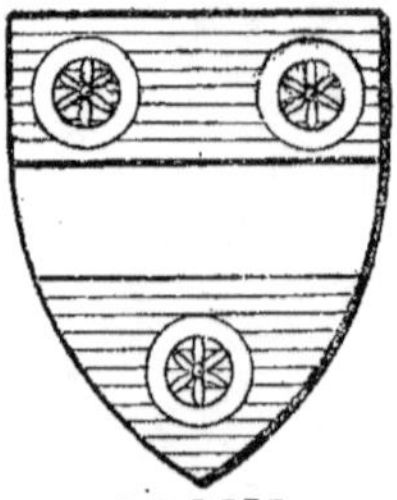 DU RETZ	 RICHEMONT	 ROBETTE
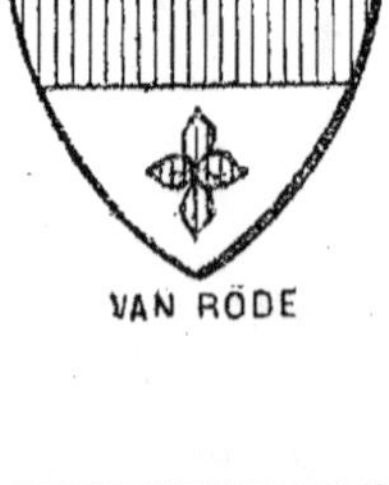 VAN RÖDE	 DE ROGIER	 DE ROUBAIX
 SCRIECK	 THIEULAINE	 TURPIN

1321 PLANCHE XXXVII

DE LA VACQUERIE   VANDERMAER   VAN THIENNEN

VAN THIENNEN   VERDIERE   DE LA VICHTE

VRETÉ   WARLOP   WLLART

DE WOOGHT   VAN WTBERGHE   ZOUCHE

Planche XXXVIII

43. — Ex-libris du Chambge
(Collection de l'auteur).

42. — Ex-libris du Chambge
(Collection de l'auteur).

41. — Ex-libris Castelain
(Collection de l'auteur).

PLANCHE XXXIX

46. — Ex-libris LIBERT
(Collection de l'auteur).

45. — Ex-libris LELEU
(Collection de M. l'abbé Th. Leuridan).

44. — Ex-libris CUVILLON
(Collection de l'auteur).

PLANCHE XL

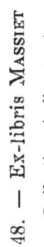

48. — Ex-libris Massiet
(Collection de l'auteur).

47. — Ex-libris Doucet
(Collection de M. F. Danchin).

PLANCHE XLI

Mʀ. DE FLANDRES

49. — Ex-libris DE FLANDRES
(Collection de l'auteur).

Mʀ. Le Comte D'auclin

50. — Ex-libris HANGOUART
(Collection de M. J. de Pas).

Planche XLII

53. — Ex-libris Regnault
(Collection de M. R. Richebé).

52. — Ex-libris Regnault
(Collection de l'auteur).

BIBLIOTHÈQUE
DE
Mr LE VICOMTE OBERT DE THIEUSIES

51. — Ex-libris Obert
(Collection de l'auteur).

1331

ADDITIONS et ERRATA

Page 16, ligne 32. — Le contrat de mariage *de Roubaix-Bave* fut passé devant M⁰ Maximilien Lefebvre, à Lille, le 5 juin 1638.

Page 16, ligne 38. — Catherine *Hughes*, fille de Josse et de Marguerite *Hubert*, mariée à Lille, par contrat du 17 décembre 1628, devant M⁰ Jaspard Scrieck.

Page 17, ligne 29. — Le testament d'Arnoud-Hyacinthe *Bave* fut passé devant M⁰ Bauduin Blavart le 8 mars 1738. Il y est question d'Anne-Monique *Bave*, religieuse à l'hôpital de Thourout.

Page 19, ligne 2. — Jacques *Bave* épousa Michelle *Loste* qui testa devant M⁰ Simon Siret le 31 octobre 1583. Outre les trois fils que nous avons cités, il avait encore une fille, *Barbe*.

Page 19, ligne 30. — Jérôme *Bave* fut archer du roi d'Espagne à Madrid. En plus des trois fils cités, il eut :
  4. — *Marie*, veuve de Louis *Biscop* en 1608.
  5. — *Michelle*.
  6. — *Claire*.

Page 37, ligne 11. — Catherine *Déliot* n'est pas fille de *Guillaume*. Elle vivait encore en 1609 avec son mari, Pierre *de Bracle*, écuyer, sʳ de Croix.

Page 38, ligne 4. — Antoinette *Déliot* naquit le 29 juin 1577.

Page 40, ligne 17. — Le mariage de Jean-Barthélemi-Hippolyte *de Vitry* avec Marie-Augustine-Joseph *Déliot* fut célébré à Verlinghem le 4 octobre 1757. (Communication du R. P. L. D'Halluin.)

Page 43, ligne 27. — Martin *Desbuissons* eut, de Marie *du Bus*, une fille : *Marguerite*, baptisée à Saint-Étienne le 26 décembre 1585.

Page 43, ligne 28. — Étienne *Desbuissons* épousa Anne *Malbrancq*; sa fille, *Marie*, s'allia à Jean *Schapelinck*, greffier du bailliage de Lille.

Page 51, ligne 19. — Pierre *Fasse* eut encore, de Marie *Desbucquois*, une fille: *Marie*, alliée par contrat, à Lille, devant Mᵉ Pierre Scrieck, le 23 octobre 1571, à Jean *Duval*, fils de Jean et de Jeanne *Obre*.

Page 51, ligne 27. — Allard *Fasse* épousa Isabeau *Deffontaines*. « Étant apparant de soy retirer quelque temps en loing païs, incertain sil en poura retourner », il fit donation de ses biens à son père, devant Mᵉ Jean Miroul, le 7 mai 1582.

Page 52, ligne 11. — Mahieu *Le Mahieu*, fils de Jean et de Marguerite *Deliot*, s'allia à Antoinette *Fasse*, par contrat passé devant Mᵉ Jean Bayart, le 11 juillet 1558.

Page 53, ligne 4. — Ajouter aux enfants de François *Fasse* et d'Agnès *Descamps* : *Jacquemine*, épouse de François *Poulle*; dont postérité.

Page 53, ligne 30. — Ajouter aux enfants de Jacques *Fasse* et de Claire *Blondel* : *Isabelle*, alliée à François *Delezenne*; dont postérité.

Page 54, ligne 13. — Le contrat de mariage *Fasse-Letarbaro* fut passé devant Mᵉ Simon Strupart le 9 novembre 1623.

Page 77, ligne 37. — Au lieu du 11 février 1814, lire le 10 février.

Page 83, ligne 23. — Antoinette *Ingiliard* testa à Lille, devant Mᵉ Guillaume Desbuissons, le 11 novembre 1710.

Page 103, ligne 24. — Marie *de Lannoy* épousa Jacques *Dubosquiel*, par contrat devant Mᵉ Nicolas Waignon, le 28 août 1608.

Page 119, ligne 10. — Marguerite *de Los* mourut à Lille le 16 février 1664.

Page 119, ligne 11. — Jacques *de Lannoy* naquit à Lille le 26 décembre 1595 et y décéda le 2 août 1665. Sa femme, Madeleine *Desrumeaux*, mourut le 2 mars 1671, à 52 ans.

Page 127, ligne 4. — Ghislain *Noiret*, fils de Michel et neveu de Jean, modelier, s'allia par contrat devant Mᵉ Gaspard Taverne, le 6 novembre 1607, à Jeanne *Le Moisne*. Il avait un frère, *Jean*, marié par contrat devant le même notaire, le 17 mars 1613, avec Anne *Carpentier*, fille de Jacques.

Page 148, ligne 6. — Simon *Rosendal* laissa veuve Marie *de Moncheaux* qui fit le partage de ses biens, le 17 septembre 1652, devant M° Jacques de Parmentier, entre ses enfants : *Simon*, *Jean-Baptiste*, *Catherine*, épouse de Georges *Grenu*, et François *de Richemont*, son gendre.

Page 159, ligne 38. — Pierre *Stappart* eut de Madeleine *Gozée* ou *Gazet* : *Gilles*, *Barbe*, alliée à Thomas *Hughelot* (dont postérité), *Catherine*, mariée avec Jean *Pennaville*, puis avec Pierre *Cornille*, enfin *Anne*, épouse de Jean *du Bus* (dont postérité).

Page 199, ligne 11. — Ajouter aux enfants de Jean *Wattepatte* et de Marguerite *Le Clercq* : *Allard*, vivant en 1622.

Page 199, ligne 16. — Jacqueline *Wattepatte* fut alliée à Jean *Parsy*, fils de Pierre, peigneur de sayettes, bourgeois de Lille par relief du 6 juillet 1601.

Page 199, ligne 19. — Agnès *Vandenberghe*, fille de Josse et de Jeanne *Castelain*, se remaria avec Gilles *Delau*; elle avait eu du premier lit une fille, *Henriette*, épouse de Charles *Carpentier*; dont postérité.

Page 218, ligne 10. — Le testament conjonctif de Jean *de Beaumont* et de Michelle *Imbert* fut passé à Lille devant M° Luc Moucque, le 7 juin 1645.

Page 219, ligne 6. — Le contrat de mariage d'Antoine *de Beaumont* avec Martine *Imbert* fut passé le 21 mars 1614 devant M° Nicolas Waignon.

Page 236, ligne 16. — Madame *Gerlié* fut inhumée le 7 août 1907 au cimetière Montparnasse.

Page 245, ligne 1. — Bernard *de Fourmestraux*, fils de *Bernard*, fut condamné, le 8 janvier 1547 (n. st.), à cinq jours de prison pour tentative de viol.

Page 250, ligne 10. — Marie *Le Soir* se remaria avec M° Jacques *Becquet*, dont elle vivait séparée à Loos en 1632.

Page 250, ligne 36. — Le contrat de mariage *de Fourmestraux-Carpentier* fut passé devant Me Simon Strupart le 9 juillet 1618. Devenu veuf, Jacques *de Fourmestraux* entra dans les ordres et testa devant le même notaire le 12 septembre 1626.

Page 251, ligne 6. — Le contrat de mariage *de Fourmestraux-Vandenbroucque* fut passé devant Me Simon Strupart le 18 mars 1621.

Page 254, ligne 23. — Mathias *de Fourmestraux* mourut à Lille le 15 juin 1629, ne laissant plus qu'une fille, *Antoinette*.

Page 257, ligne 37. — Robert *de Fourmestraux* eut encore de Marie *de le Deusle* : *François*, baptisé à Saint-Maurice le 16 août 1625, jésuite le 4 octobre 1644, professeur de philosophie à Marche, puis de théologie à Douai, mort à Tournai le 25 avril 1683. Ses ouvrages sont cités dans Sommervogel, *Bibliographie de la Compagnie de Jésus*, t. III, p. 906, et dans De Backer, *Bibliothèque des écrivains de la Compagnie de Jésus*, 4e série, p. 240.

Page 263, ligne 15. — Au lieu de 1817, lire 1807.

Page 265, ligne 24. — Jeanne *de Pois*, fille de Jean et de Michelle *Barbieur*, fut mariée avec Balthazar *de Fourmestraux* par contrat devant Me Jean Delesauch, le 11 mai 1588.

Page 288, ligne 11. — Contrat de mariage passé le 24 mai 1639 devant Me Luc Moucque.

Page 288, ligne 34. — Antoinette-Hippolyte *de Wazières* fut abbesse de l'abbaye de Beaupré, à La Gorgue, en 1687, et y mourut le 13 février 1736.

Page 290, ligne 14. — Madame *de Wazières*, née *de Clermont-Tonnerre*, morte à Amiens le 1er février 1836.

Page 296, ligne 15. — Noëmi-Marie-Thérèse *de Wazières* épousa Étienne *Degove*, fils de Gaston, et de N. *Mabille de Poncheville*, et mourut à Doullens, le 15 avril 1908, après quelques mois de mariage.

Page 309, ligne 11. — Michel-Antoine-Joseph *Ghesquière de Warenghien*, enseigne aux gardes wallonnes le

4 mars 1769, sous-lieutenant le 28 mars 1776, sous-lieutenant de grenadiers le 22 février 1782 et lieutenant le 23 mai suivant.

Page 316, ligne 1. — M. *du Bosquiel* est mort à Lille le 19 février 1825.

Page 320, ligne 5. — Ajouter aux enfants de Jacques *Herts* et de Chrétienne *du Molin* : 3. — Une fille, alliée à Simon *Hennocq*.

Page 320, ligne 11. — Philippe *Herts* épousa Marie-Claire *Le Mesre*, fille de Jean et de Marguerite *Fifve*, par contrat passé à Lille, devant Me J. de Parmentier, le 4 décembre 1648. Les numéros 2 à 8 sont donc ses enfants du second lit.

Page 366, ligne 15. — M. *Barrois* est mort le 4 mars 1908.

Page 370, ligne 2. — Alfred-François *Lippens*, dit *Cadet*, fut enfermé aux Bons-Fils en 1715, et y resta plusieurs années.

Page 376, ligne 40. — Charles-Pierre-Liévin *de Montmonier*, épousa à Saint-Firmin de Montreuil-sur-Mer, le 29 mai 1758, Marie-Françoise *Acary*, fille de Charles, chevalier, sr de la Rivière, Monthuys, et d'Anne-Madeleine *de Regnier d'Esquincourt*, née le 17 mars 1739, d'où :
1. — *Madeleine-Françoise*, baptisée à Notre-Dame de Montreuil le 1er mai 1759 ;
2. — *Marie-Agathe*, baptisée à Saint-Pierre de Montreuil le 7 octobre 1761. (Communication de M. R. Rodière.)

Page 381, ligne 4. — Louis *Percourt* s'allia à Louise *Royart* qui mourut veuve à Lille le 3 avril 1585.

Page 381, ligne 9. — Jean *Percourt* épousa en 1580 Marie *Radoul*, fille de Pierre.

Page 381, ligne 23. — Ghislain *Desquiens* était fils d'Adrien et non de Roland.

Page 381, ligne 28. — Michel *Percourt* testa devant Me Nicolas Waignon les 26 mars 1608 et 9 avril 1609. Sa femme, Philippote *Darlin*, était fille de Bauduin et de Louise *Le Clercq*.

Page 389, ligne 5. — Jeanne *Potteau* avait épousé en premières noces, par contrat passé devant Me Gaspard Taverne le 13 octobre 1622, et religieusement à Saint-Étienne le 16 du même mois, Jean-Antoine *Costa*, fils de Baptiste et de Bregide *Schiatina*, né à Gênes, marchand, bourgeois de Lille par achat du 2 octobre 1621.

Page 401, ligne 31. — Claude-François-Joseph *Ricourt* mourut veuf à Seclin le 25 décembre 1784.

Page 409, ligne 7. — D'après les papiers de famille, les *Rouvroy* viendraient de Suède; en 1633 le colonel *Rouvroy*, d'origine suédoise, commandant un régiment au service d'Espagne, fit la guerre en Hollande et vint visiter à Lille son cousin germain, Jean-Pierre *Rouvroy*, aussi venu de Suède, s'établit à Poperinghe pour faire le commerce, y épousa Pasques *Joris*, et devint chef du magistrat de ce lieu en 1540.

Page 414, ligne 31. — Joseph-Louis-Anaclet *Rouvroy* entra au service le 18 juin 1768 comme sous-lieutenant au régiment des dragons de la Reine, fut fait mestre de camp le 6 février 1769, lieutenant-colonel le 2 juin 1777, exempt des Suisses de la garde du comte d'Artois le 10 mai 1778, lieutenant-colonel d'infanterie le 22 mai 1785 et chevalier de Saint-Louis le 11 juin 1786.

Page 492, ligne 3. — Jacques *Brigode* eut pour fils cadet : *Thomas*, qui était arquebusier à Ypres en 1629.

Page 524, ligne 1.

1646, 19 février. — *Attestation de la noblesse des du Forest.*

Comparurent en leurs personnes Anthoine *Baillet*, fils de feu Franchois, paintre, eaigé de trente six ans ou environ, et Martin *Didier*, fils de feu Jacques, de stil harioteur, eaigé de trente six ans aussy ou environ, demeurans en la ville de Lille, lesquels, après serment par eulx respectivement faictz et prestez ès mains des auditeurs soubzsignés, ont dict, juré et pour vérité attesté estre recors et bien mémoratifz que au mois de mars de l'an XVIe trente noeuf, estant le trespas advenu de *Pierre du Forest*, vivant escuier, s[r] du Chastel, demeurant audit Lille, les service et funérailles d'icelluy furent faictes et celebrées solempnellement en l'église paroissialle de Sainct Estienne audict Lille, son corps présent et pour ce scavent que ausdicts service et funérailles furent portez et exhibez en publicque les blasons armoyez des armes dudict feu *Pierre*, comme est accoustumez de faire aulx gentilzhommes, et estoient lesdictes armoiries : asscavoir : *d'argent et une barre de gueulle accompaignées de six rozes de mesme, trois en chief et trois en poinctes,* timbrées d'une heuwe de paon ; aiant oultre ledict Baillet affirmé particulièrement d'avoir mis ledict jour du service sur le tombeau representant ledict sieur ladicte armoirie timbrée en grand blason sur papier quarré ; item aux quatre chandeilles qui estoient allentour dudict tombeau les quatre quartiers, aux torses des petits blasons, aux chandelles dessus l'autel aussy des petits blasons et des moyens blasons au bacque qui estoit tendu allentour du cœur de ladicte église ; mesmes au dessus de l'huys et portal de la maison mortuaire dudict feu, furent par ledict Baillet ledict jour du service aussy attachez lesdictes armoiries en grand blason de bois sur drap noir entourrez de velour publicquement durant le temps et espace d'un an et six sepmaines, le tout comme l'on est accoustumé faire pour les nobles et gentilzhommes morts en ladicte ville de Lille, tel que estoit renommé et tenu ledict feu *Pierre du Forest*, y aiant eu audict service huict douzaines de petits blasons et quattre douzaines de moyen et quattre grand blasons en pappier timbrez, disans lesdicts affirmans si comme ledict Baillet d'avoir faict lesdicts blasons et paint lesdictes armoiries et ledict Didier d'avoir livrez les torsins mis allentour de la tombe dudict feu et veu lesdicts blasons et armes attachez ainsy qu'at cy dessus affirmé ledict paintre ; de laquelle attestation et choses dictes cy dessus de la part d'*Anthoine du Forest*, écuyer, s^r des Passez, prevost de la ville de Lannoy et bailly de Linselles, at esté requis en avoir acte, ce que luy a esté accordé pour s'en servir et valoir là et ainsy qu'il appertiendra. Ce fut ainsi faict, affirmé et attesté et requis le XIXe de febvrier de l'an XVI^c quarante six pardevant les auditeurs soubzsignés : LEFRANCQ. — BLAVART.

Archives municipales de Lille. Contrats passés devant la gouvernance, liasse 13.442.

Page 537, ligne 23. — Agnès *du Hot* épousa, par contrat devant Me Nicolas Waignon, le 7 décembre 1624, Jacques *du Bosquiel*, écuyer.

Page 538, ligne 40. — Ajouter aux enfants d'Antoine *du Hot* et de Marguerite *Vanderbecken* : 8. — *Henri*, écuyer, bourgeois de Lille par relief du

5 avril 1676, allié à Catherine *Marissal*, fille de Simon et de Jeanne *Neubourg*.

Page 561, ligne 10. — Antoine *Petitpas* épousa 1° Jeanne *de Hennin*.

Page 561, ligne 25. — Anne (alias Jeanne) *Petitpas* fut mariée, par contrat passé à Lille le 24 mars 1616 devant M° Simon Strupart, avec Antoine *Cuveron*, procureur à Arras, fils de Guillaume.

Page 564, ligne 35. — Barbe *Petitpas* décéda le 20 juillet 1639, et son second mari en 1641.

Page 567, ligne 35. — Michel-Joseph *de Villavicencio* n'eut pas d'enfants.

Page 570, ligne 20. — Auguste *Petitpas* épousa Jeanne *Cardon* par contrat du 28 septembre 1594.

Page 596, ligne 27. — Le général *Taviel* eut pour seconde fille: *Marguerite-Gabrielle-Virginie-Adélaïde*, née en 1810, morte le 12 avril 1832, mariée à Paris, le 30 mars 1830, avec Raymond-Edmond baron *Doazan*, fils de Jean-Marie-Thérèse et de Jeanne-Joséphine-Adélaïde *Baucheron de la Vauverte*, y décédée le 25 mars 1847 ; dont postérité. (Communication de M. L. CORNUDET.)

Page 612, ligne 4. — Le contrat de mariage de Louis *Vanhove* avec Michelle *Genewart* ou *Genuart*, fille de Antoine (*sic*) et de Michelle *Poutrain*, fut passé devant M° J. Lippens le 20 janvier 1639.

Page 612, ligne 26. — Leur contrat de mariage fut passé devant M° Jean Turpin le 6 novembre 1636.

Page 622, ligne 21. — Pierre *Wickart* et sa femme vivaient en 1600.

Page 623, ligne 3. — Jeanne *Lhernould* ou *Lernault*, fille de Charles et de Marguerite *Bonnet*, fut mariée par contrat du 20 avril 1600 devant M° Jean Delesauch.

Page 626, ligne 35. — Marie *de Vendeville*, veuve de Robert *Dragon*, épousa, par contrat passé devant M° Pierre Scrieck le 8 avril 1572, Robert *Baillet*, fils de Robert.

Page 627, ligne 7. — Marguerite *Le Dru*, fille de Germain, médecin, et de Claire *de Corenhuze*, alliée, par contrat devant M° Pierre Scrieck, le 4 juin 1574, à Guillaume *de Vendeville*.

Page 646, ligne 23. — D'un partage conclu devant M⁰ Jean Douchet, le 15 mars 1574 (n. st.), il résulte que les enfants du second lit sont: *Jean, Antoine, Marie* épouse d'Oste *Cornille, Antoinette* (alors décédée) alliée à Michel *du Rivage, Michel* et une autre *Antoinette* vivant à cette date.

Page 651, ligne 18. — Nicolas *Bridoul* eut de Jeanne *Cardon* une fille, *Catherine*, qui était veuve de Jacques *Meurisse* en 1575.

Page 651, ligne 22. — Catherine *Salembier*, fille de Mathelin, fut mariée, par contrat passé le 23 décembre 1560 devant Mᵉ Pierre Scrieck, avec Jacques *Bridoul*.

Page 652, ligne 14. — Catherine *Bridoul*, alliée à Pierre *de Mons*, conseiller pensionnaire de Lille; dont postérité.

Page 652, ligne 17. — Gilles *Bridoul* testa devant Mᵉ Jean de Ghestem le 4 janvier 1631.

Page 657, ligne 10. — Noël *Bridoul* fut père d'*Hippolyte, Françoise, Catherine* et *Barbe*, et de quatre fils jésuites: *Josse, Charles, Toussaint* et *Frédéric*.

Page 660, ligne 6. — Marie-Claire-Thérèse *Vanoye* mourut à Douai, paroisse Saint-Pierre, le 25 février 1774.

Page 675, ligne 27. — Jacques *Ghuré* et Jacqueline *Cardon* passèrent leur contrat de mariage devant Mᵉ Nicolas Waignon le 24 septembre 1605.

Page 701, ligne 10. — Demoiselle *Gousse*, fille de François-Joseph et de Jeanne-Louise-Sophie *Huret*, avait pour frère: *Alexandre-Dominique-Joseph*, dit le marquis de Rougeville, héros du roman d'Alexandre Dumas intitulé: « Le Chevalier de Maison-Rouge ».

Page 703, ligne 8. — Antoine *Desbarbieux* eut encore de Marie *Castelain* un autre fils: *Jacques*, vivant encore en 1630 à l'abbaye d'Hénin-Liétard.

Page 703, ligne 28. — Marie *de Lobel*, fille d'Hugues et de Catherine *Dancoisne* dite *Le Cocq*, mariée par contrat à Lille devant Mᵉ Jaspard Scrieck le 1ᵉʳ décembre 1608.

Page 703, ligne 34. — Ajouter aux enfants de Toussaint *Desbarbieux* et de Catherine *Labbe* : 5. *Chrétienne*, alliée à Wallerand *Delebarre* qui était pourvu d'une curatelle en 1602.

Page 708, ligne 19. — Pierre *Herreng* s'allia à Françoise *Frans*, par contrat devant M⁰ Luc Moucque, le 9 août 1645.

Page 709, ligne 38. — Au lieu de 1772, lire 1771.

Page 718, ligne 13. — Pierre *Hespel* fut nommé bailli de Lille par lettres datées de Bruxelles, le 25 novembre 1529 (et non 1539). (Archives municipales de Lille, *Dixième registre aux mémoires*, f⁰ 59.)

Page 720, ligne 27. — Le contrat de mariage entre François *Hespel* et Marguerite *Poulle* fut passé le 30 juillet 1627 devant M⁰ Gaspard Taverne.

Page 731, ligne 15. — Madame *Le Hardy du Marais*, née le 20 juillet 1832 (*sic*), est morte à Chéreng le 12 janvier 1908.

Page 740, ligne 21. — Rectifier : Octave-Edmond, comte *d'Hespel*, a pour enfants :
1. — *Françoise*, née à Paris le 20 mai 1905.
2. — *Christian-Hubert-Louis*, né à Fournes le 21 juin 1906.
3. — *Philippe*, né à Fournes le 25 juillet 1907.

Page 747, ligne 5. — Jean *Lambelin* eut d'Isabeau *Desbucquois* une fille, *Anne*, morte célibataire le 5 juillet 1593. Donc le registre aux bourgeois fait erreur quand il dit Jean *Lambelin* encore à marier en 1599.

Page 750, ligne 31. — Gérard *Lambelin*, frère de Jean, épousa Agnès *Verdière*, dont il eut :
1. — *Georges*, qui suit.
2. — *Vincent*.
3. — *Anne*, mariée par contrat devant M⁰ Pierre Scrieck, le 28 mai 1567, avec Noël *Favier*, fils de Thomas et de Martine de *Vendeville*.

ADDITIONS ET ERRATA.

Page 759, ligne 17. — **Famille LENGLART**

IVbis. — *Adrien* LENGLART, époux de Jeanne *Dugardin*, dont il eut sept enfants, tous baptisés à Seclin :

1. — *Marie-Optienne*, baptisée le 3 juin 1631.
2. — *Grégoire*, qui suit, V.
3. — *Anne*, baptisée le 1er décembre 1633.
4. — *Jean*, baptisé le 3 mai 1635.
5. — *Jeanne*, baptisée le 15 décembre 1637, alliée le 12 janvier 1672, à Pierre *Watrelos*.
6. — *Catherine*, baptisée le 22 janvier 1639, vivant en 1671 ; mariée, le 14 mai 1663, avec Jacques *d'Hennin*.
7. — *Laurence*, baptisée le 4 décembre 1640.

V. — *Grégoire* LENGLART, baptisé à Seclin le 12 mars 1632, y décédé le 5 septembre 1710, épousa audit lieu, le 21 mai 1668, Catherine *Du Gardin*, dont il eut dix enfants baptisés à Seclin, savoir :

1. — *Grégoire*, baptisé le 22 janvier 1670.
2. — *Marie*, baptisée le 19 février 1671, morte le 8 août 1715 ; alliée, le 31 mai 1695, à Jean *Duvivier*.
3. — *Brigitte*, baptisée le 6 novembre 1672.
4. — *Isidore*, qui suit, VI.
5. — *Jeanne*, baptisée le 26 février 1676, morte le 14 décembre 1679.
6. — *Arthur-Frédéric*, baptisé le 14 janvier 1678.
7. — *Martin*, baptisé le 29 février 1680.
8. — *Valentin*, baptisé le 5 décembre 1681.
9. — *Marie-Jeanne*, baptisée le 4 janvier 1685, décédée le 4 mars 1761 ; mariée, le 16 juin 1716, avec Jean *Boutry*, tonnelier, décédé à Seclin, le 13 décembre 1749, à 83 ans ; dont postérité.
10. — *Jacques*, baptisé le 26 janvier 1687.

VI. — *Isidore* LENGLART, baptisé à Seclin le 1er avril 1674, y épousa, le 6 août 1703, Marie-Jeanne *Rohart*, morte à Seclin le 2 avril 1738, à 59 ans, dont il eut :

1. — *Marie-Michelle*, morte le 25 avril 1746 à Seclin, âgée de 47 ans, veuve de Jean-Pierre *Dugardin* ; dont postérité.
2. — *Marie-Joseph*, baptisée à Seclin le 31 mai 1714.
3. — *Louis-Joseph*, qui suit, VII.

VII. — *Louis-Joseph* LENGLART, baptisé à Seclin le 25 novembre 1717, cabaretier, mort le 3 janvier 1751, épousa, le 25 avril 1747, Marie-Antoinette-Joseph *Leleux*, veuve de Jean-Baptiste *Cormoran*; d'où :

1. — *Louis-Joseph*, qui suit, VIII.
2. — *Marie-Joseph*, baptisée à Seclin le 6 avril 1750, morte le 4 janvier 1751.

VIII. — *Louis-Joseph* LENGLART, baptisé à Seclin le 19 décembre 1748, cabaretier, eut de Catherine-Joseph *Mercier* :

1. — *Catherine-Robertine*, baptisée à Seclin le 10 septembre 1770.
2. — *Louis-François-Joseph*, baptisé à Seclin le 19 janvier 1772.
3. — *Marie-Eulalie-Joseph*, baptisée à Seclin le 11 décembre 1773.
4. — *Adrien-Joseph*, baptisé à Seclin le 3 septembre 1775.
5. — *Jean-Baptiste*, baptisé à Seclin le 12 janvier 1777.

Page 762, ligne 29. — M. Auguste-Henri *Lenglart* est mort à Lille le 12 novembre 1907.

Page 768, ligne 26. — Claude *Miroul* fut assassiné par Georges *de Corenhuze*, écuyer, s^r de Péruwez, le 18 avril 1588. Le meurtrier, reconnu fou, obtint des lettres de rémission datées de Bruxelles, juillet 1588. (Archives départementales du Nord, B. 1788, p. 83.)

Page 769, ligne 37. — Jean *Miroul* fut admis comme notaire à Lille le 9 novembre 1575.

Page 774, ligne 27. — Élisabeth *Vanieukerke* était fille de Louis et de Marie-Françoise *Delagrange*.

Page 781, ligne 23. — Marie *Muyssart* testa devant Mes Wallerand Miroul et Claude Tesson le 23 mars 1610.

Page 803, ligne 1. — Willaume *Ramery* dit *de Boulogne*, eut pour troisième enfant : *Catherine*, veuve d'Hippolyte *Crombet* en 1599.

Page 803, ligne 4. — Ajouter aux enfants de Mathieu *Ramery* et de Jeanne *Cauchefer* : 7. — *Jeanne*, veuve de Guillaume *Desbuissons* en 1623.

Page 803, ligne 27. — Andrieu *Ramery* dit *de Boulogne*, épousa Jacqueline *Labbe* et mourut avant elle, après avoir testé devant Me Gaspard Taverne le 5 janvier 1623.

Page 823, ligne 8. — Caroline-Françoise *Schérer* fut religieuse carmélite à Ypres, sous le nom de Thérèse de Jésus.

Page 825, ligne 27. — M. Maurice-Anatole-Abel *Grenet de Florimond* est décédé au château de Villers-Châtel le 8 octobre 1907.

Page 854, ligne 12. — Antoine *de Waignon* eut encore, outre les cinq enfants cités : *Péronne*, épouse de Philippe *Le Josne*, fils de Jean et de Marguerite *de Waignon*; *Jeanne*, alliée à Charles (et non Philippe) *Leducq*, s^r de Callonne; *Anne*, et *Antoine* qui était encore en bas âge en 1617.

Page 881, planche 25. — L'ex-libris indiqué comme étant peut-être celui des *Petitpas* est en réalité celui de la famille *de Salmon de Belleverge*.

Page 894, ligne 17. — Anne-Marie-Élisabeth-Joseph *du Hot*, morte le 7 novembre 1753, fut inhumée dans l'église de La Madeleine.

Page 901, ligne 30. — Madeleine *Despinoy* refusa la succession de son mari le 8 juillet 1575.

Page 902, ligne 8. — Guilbert *Alatruye* dit *de le Vigne*, épousa : 1° par contrat devant Me Jean Delesauch, le 2 août 1596, Catherine *Masurel*, fille de Jacques et de Marguerite *Carlier*; 2° Charlotte *Flinois*. Ses deux enfants, *Claude* et *Françoise*, sont du premier lit.

Page 902, ligne 22. — Sébastien *Alatruye* dit *de le Vigne*, épousa Hélène *Le Boucq*, fille de Georges et de Catherine *de la Deusle*, par contrat passé devant Me Scrieck, le 31 janvier 1574 (n. st.). Il testa avec sa femme devant Me Gaspard Taverne, le 25 avril 1613.

Page 902, ligne 29. — Le contrat de mariage *Alatruye-Poulle* fut passé devant Me Gaspard Taverne le 29 mars 1613.

Page 905, ligne 23. — Bauduin *Alatruye* eut encore, d'Isabeau *Dubois*, une fille, *Hélène*, alliée à Jacques *Bruneau*, marchand de vins.

Page 906, ligne 15. — Olivier *Alatruye* testa à Lille devant Mes Jaspard et Laurent Scrieck, le 9 mai 1631.

Page 908, ligne 39. — Marie-Claire *Alatruye* décéda paroisse Saint-Maurice le 10 août 1698.

Page 921, ligne 27. — Jeanne *Castelain* épousa en secondes noces Pierre *du Pret*, par contrat du 28 juin 1559, et en troisièmes noces, par contrat devant la gouvernance de Lille, le 18 mai 1571, François *de Moncheaux*.

Page 921, ligne 31. — Guillaume *Castelain* eut aussi de Jeanne *Le Blancq* : Barbe, qui renonça à la succession de son mari Jacques *Coene*, le 2 juin 1595 ; elle-même étant décédée, ses neveux refusèrent également sa succession le 7 février 1602.

Page 922, ligne 13. — Ajouter aux enfants de Guillaume *Castelain* et de Marie *Déliot* : Madeleine, célibataire, qui testa devant M° Nicolas Waignon, le 5 mai 1623.

Page 922, ligne 5. — Jeanne *Castelain*, épouse de Charles *d'Appeltern*, testa à Lille devant M° Nicolas Waignon le 7 septembre 1601.

Page 927, ligne 8. — François *Castelain* testa devant M° Luc Moucque le 30 juillet 1647.

Page 930, ligne 4. — Jean *Castelain* épousa Marie *Weugle*, fille d'Antoine et veuve de Jean *de la Grange*, par contrat passé devant M° Luc Moucque le 2 octobre 1646.

Page 933, ligne 6. — Élisabeth *Castelain*, décédée à Wevelghem le 14 novembre 1728.

Page 933, ligne 11. — Pierre *Castelain*, mort à Lens le 17 novembre 1724.

Page 933, ligne 26. — Marie-Joseph *Castelain*, décédée à Mons le 24 décembre 1751.

Page 934, ligne 5. — Guillaume-Frédéric *Bécuwe* mourut à Comines le 13 août 1758.

Page 944, ligne 29. — Allard *Cuvillon* épousa : 1° Antoinette *de la Chapelle* ; 2° Catherine *de Thieulaine* ; il eut postérité du second lit. Catherine *de Thieulaine* refusa la succession de son mari le 12 août 1591.

Page 951, ligne 4. — Anne *Caerle*, fille de Jacques et de Catherine *Gilles*, fut mariée par contrat devant M° Nicolas Waignon le 2 novembre 1593 ;

elle renonça à la succession de son mari le 29 janvier 1608.

Page 953, ligne 10. — Guillaume *Cuvillon* laissa une succession si embarrassée que sa veuve dut y renoncer le 26 juillet 1597, ainsi que ses gendres. L'un d'eux, Jean *Van Zanten* fut, peu après, pourvu d'une curatelle et sa femme refusa aussi sa succession, le 22 août 1600.

Page 953, ligne 31. — Jean *de Verloing* renonça à la succession de son mari le 3 mars 1593.

Page 958, ligne 3. — Non rattaché : Pierre *Cuvillon*, qui eut de Catherine *Crinon* : *Marguerite, Jean* et *Marie*, baptisés à Seclin les 28 août 1595, 27 avril 1606 et 27 août 1607.

Page 963, ligne 4. — Antoinette *Delecour*, fille de Martin et d'Antoinette *Favérel*, mariée, par contrat devant M⁰ Jean Delesauch, le 15 juillet 1602.

Page 963, ligne 22. — Pierre *Farvacques* fut pourvu d'une curatelle le 9 janvier 1635.

Page 969, ligne 22. — Catherine *Fernandez*, fille de François, alliée, par contrat devant M⁰ Gaspard Taverne, le 3 août 1610.

Page 977, ligne 14. — Mathieu *de Flandres* laissa un second fils, *Jean*. Les tuteurs de ses enfants renoncèrent à sa succession le 13 janvier 1580 (n. st.).

Page 977, ligne 18. — Jérôme *de Flandres* épousa Catherine *Delemontaigne*, fille de Charles, et mourut avant octobre 1586, laissant une fille mineure : *Marguerite*.

Page 978, ligne 24. — Jacques *de Flandres* testa à Douai le 2 juillet 1649 devant Mᵉˢ Deleruielle et Olivier.

Page 978, ligne 30. — Éléonore *de Flandres* testa à Lille devant M⁰ Luc Moucque le 1ᵉʳ juillet 1660.

Page 978, ligne 33. — Charles *de Flandres* fut marié, par contrat à Arras le 16 juillet 1595, devant Mᵉˢ Doresmieux et Bourgeois, avec Marie *Vignon*.

Page 978, ligne 37. — Il y a ici confusion. Charles *de Flandres* eut une sœur : *Anne*, mariée avec François *Grenet*, et une fille : *Anne*, alliée à Jacques *de la Disme*, puis à Antoine *de Caverel*.

Page 979, ligne 10. — Ajouter aux enfants de Charles *de Flandre* et de Marie *Vignon* une fille : *Isabelle*, dame d'Espaing, célibataire.

Page 979, ligne 15. — Jacques *de Flandres* eut encore d'Anne *Herlin* :
     i. — *Marie-Thérèse*, brigittine à Douai.
     j. — *Jean*, baptisé à Sainte-Croix d'Arras le 12 mai 1586.

Page 979, ligne 18. — Jean *de Flandres* épousa: 1° par contrat à Lille devant Me J. Scrieck, le 6 mars 1574 (n. st.), Michelle *de Sailly*, née le 24 août 1555, décédée le 24 février 1591.; 2° Anne *Petit*, ainsi qu'il résulte d'un partage passé devant échevins de Lille le 12 décembre 1614 ; 3° Madeleine *d'Ennetières*. — Il eut du premier lit : *Jean, Marie, Jacques*, et une fille alliée à François *de Wilde*, et du second lit : *Josse* et *Catherine*.

Page 979, ligne 30. — Au lieu de 1568, lisez 1589.

Page 979, ligne 33. — Le contrat de mariage de Jacques *de Flandres* avec Agnès *Cuvillon* fut passé devant Me Gaspard Taverne à Lille le 11 janvier 1622.

Page 982, ligne 32. — Au lieu de 1724, lire 1722.

Page 990, ligne 4. — Jean *Le Cat*, tondeur de grand forches, fut condamné au pèlerinage de Notre-Dame de Liesse, le 7 mars 1465 (n. st.), pour avoir pendu ses draps à trois perches devant sa maison, de façon à empêcher la circulation. (Archives municipales de Lille, *Septième registre aux mémoires*, f° 138.)

Page 990, ligne 19. — Marguerite *Le Cat* était veuve de Louis *Dubus* en 1600.

Page 1001, ligne 18. — Les lettres de commission se trouvent aux Archives départementales du Pas-de-Calais, 5e registre aux commissions, 2e série, folio 92.

Page 1003, ligne 17. — Le décès de Louise-Albertine-Élisabeth *de Lencquesaing* fut aussi déclaré à Wambrechies le 17 frimaire an X.

Page 1012, ligne 5. — Noël *Le Pippre* épousa Jeanne *Pottier*, dont il eut : *Marguerite, Catherine* mariée avec Ogier *Liénard* (dont postérité), et *Andrieu* qui fut père lui-même de *Madeleine*, alliée à Michel *Bucquet*, de *Catherine* et de *Marguerite*, épouse de Hugues *Petithariez*.

Page 1012, ligne 8. — Pierre *Le Pippre* eut encore de Catherine

ADDITIONS ET ERRATA. 1349

Padieu une fille, *Jeanne*, alliée à Jean *Liénart*, fils de Vincent et de Marie *Boquillon*.

Page 1014, ligne 21. — Guillaume *Le Pippre* épousa Péronne *Descours*, décédée avant 1581. Il en eut : *Guillaume, François et Adrien*, qui furent déchargés de tutelle le 2 mai 1581.

Page 1017, ligne 8.

1644, 29 octobre. — *Sentence de noblesse pour Anthoine Le Pippre, fils de feu Paul, sieur des Obeaux.*

A tous ceux qui ces présentes lettres voyeront ou oyeront, messire Louis Obert, chevalier, sieur de Gaudiempré, Copiémont, Noyelles, Villers, etc., conseiller du Roy notre Sire, et lieutenant premier de la gouvernance du souverain bailliaige de Lille et des appertenances, Salut. Comme procès et différent fust meu par devant nous en la salle audit Lille d'entre *Anthoine Le Pippre*, fils de feu *Paul*, seigneur des Obeaux, impétrant de requeste par escrit, afin d'estre déclaré noble et de noble extraction, d'une part, les officiers fiscaux de ce siège opposans d'autre part, sur ce que ledit impétrant auroit exposé et dit qu'il estoit fils de feu *Paul* et damoiselle Marguerite *de Semerpont*, ledit *Paul* fils de feu *Michel*, iceluy *Michel* fils de feu *François*, ledit *François* filz de feu *Jean*, ledit *Jean* fils de feu *François Le Pippre* en son vivant demeurant à Fleurbaix, lequel *François* l'aisné auroit esté déclaré gentilhomme par sentence rendue à ce siège le XXVII d'aoust seize cens onze au prouffit d'*Anthoine Le Pippre*, escuyer, sieur de la Grand-Motte, et de *Pierre Le Pippre*, escuyer, prévost de cette ville, qu'il seroit issu dudit *François* l'aisné de degré en degré ainsy que cy dessus estoit reprins, et pouvoient faire foy et en déposeroient lesdits *Anthoine* et *Pierre Le Pippre*, hommes graves, dignes de foy et maieurs de tout exception, aiant cognoissance de ce que dessus par estre frères et fils de feu *Jehan*, qui seroit esté fils d'autre *Jean*, iceluy de *Pierre*, et ledit *Pierre* dudit *François* l'aisné, laquelle cognoissance ils auroient eu doiz auparavant l'intemptement de cette cause et requeste présentée par ledit impétrant, si qu'ils en déposeroient pour l'avoir ainsy entendu de plusieurs de leurs ancestres tels que damoiselle Marguerite *Grenu*, leur mère, damoiselles *Péronne* et *Marie Le Pippre*, leurs tantes paternelles, et ledit seigneur prévost, particulièrement de Philippe *Grenu* mary de ladite damoiselle Péronne, qui seroient esté tous gens de bien et maieurs de toute exception, outre qu'ils déposeroient d'avoir apris des dessus nommez que leur dit père grand estoit mort en la maison de damoiselle Isabeau de *Croix* dit *Drumez*, vefve dudit *François*, fils de feu *Jean* et proave ou bisaieul dudit impétrant, laquelle vefve de leur dit père grand ils scavoient aussy par la voye que dessus qu'ils se tenoient pour cousins germains à cause dudit *François* son mary, si déposeroient très bien scavoir que *Jean* leur père et *Michel* père grand dudit impétrant s'entretenoient comme parens et cousins issus de germains, aiant *Philippe Le Pippre*, frère dudit *Paul*, entrevenu comme parent au banquet de noces dudit seigneur prévost et damoiselle Marguerite *Grenu*, et messire *François Le Pippre*, chanoine de cette ville et proviseur des hospitaux royaux fondez en icelle, mère et frère desdits seigneurs prévost et de la Grand'Motte, ès obsèques et funérailles dudit *Michel* père grand de l'impétrant, en sorte qu'ils déposeroient librement non seulement de croire d'estre parens du costé des *Pippres*, mais qu'ils s'en tenoient pour certains et asseurez, à quoy il aiousteroient n'avoir esté meuz à faire et porter ledit tesmoingnage par affection ou induction dudit impétrant, ains par considération de la vérité, par où leur tesmoignage seroit rendu tel que pour deuement et suffisamment vérifier la descente dudit impétrant, selon le prescript des canons De parentelæ causa, trigesima quinta, quest sexta. Cap. Quoties, et Cap. Licet ex quadam extra de testibus, estant certain que la consanguinité ès degrez outrepassans la cognoissance et mémoire d'hommes se prouvoit par tesmoins de auditu, ainsy que pour ce estoient espres et formels les textes sus alléguez et le décidoient Cornel. cons 78 n. 1°. 2. 5° lib. 3 Cranet de antiqui : temp. § viso de fama fin n° 5 spratt 1ª, combien toutesfois qu'au cas offert ne seroit besoing d'en déposition précisement satisfaire à toutes les circonstances requises per Cap. Licet ex quadam, se voiant clairement par iceluy que la rigueur restrictive desdites Can. de parentela et Cap. Quoties devoit seulement avoir lieu ès causes tendantes à dirimer le mariage, et quod tolerabilius est aliquos contra statuta hominum dimittere copulatos quam coniunctos legitime contra statuta domini separare, mais que suffisoit au cas présent la preuve que lesdits déposans, leur père et grand père se seroient entretenu avec ceulx de l'impétrant comme parens du costé des *Pippres*, par ce que par tel entretenement ledit impétrant et ses ancestres seroient en quasi possession de ladite parentele, et conséquemment à tenir issus d'un mesme estoc, cessant quoy ny pouvoit avoir de parentele. Cor. dicto cons. 78 n° 9. lib. 3 latissime cast. cons : 250 viso puncto in facto francisci lib. dict. cor. dicto cons : 1. nu°. 12. lib. 3, ubi circa finem dicti numeri dicit quod ex numeratione, reputatione, et tractatione pro filio et parente inducitur quasi possessio filiationis decius con. 54 per tot faciunt text. in. l. non epistolis, in l. non nudis, cod. de probat. in cap. lector. extra qui filii sint legitimi cum glossa penultima, ubi qui volunt contrarium sustinere, tenentur probare. Alex. cons : 51 viso et discusso n. 2º lib. 1º, qui en apporte cette raison, quia filiatio vix probari potest pro quo est textus et ibi Barth : in l. linius ff de condit et demonst., estant tel tesmoignage de tant plus à respecter qu'il seroit de parens qui in materia consanguinitatis potiores sunt, comme estant présumez avoir meilleure conoissance que les autres de ce qui concerne leur consanguinité Cap. videtur extra qui matrimonio accus posse l. octavi in l. unde cognati. l. de Tutela. Cod. in integrum restat minore in ff in lege si linia. nº 2. Cod. de jure deliberandi. Couar. cons. 147. nº 6. lib. 2º alex. cons : 71. nº 7 lib. 4º, sans que leur pourroit estre obiecté aucune chose pour quelque intérest qu'on pouroit maintenir qu'ils auroient en cette cause puis qu'ils jouissent effectivement de la noblesse et de tous privilèges compétans à icelle en vertu de ladite sentence, de tant moins que pour preuve et renseing précis de la descente dudit *Frans* ou *François Le Pippre*, en son vivant demeurant à Fleurbaix, ledit impétrant n'entendoit non seulement de servir de ladite attestation, ains encor le justifier par tittres, et qu'ainsy seroit à scavoir qu'il estoit fils de feu *Paul*, et de damoiselle Marguerite *de Semerpont*, en aparoistroit par une quitance donnée de Fr. Castellein, seigneur d'Asch, par laquelle il confesse avoir receu du remonstrant la somme de dix livres parisis pour le relief du fief des Obeaux à luy succédé par le trespas dudit *Paul* son père, ladite quitance datée du mois de febvrier seize cens quarante trois, de quoy apparoistroit encore par extraict authentique du registre baptismal de l'église paroissialle de St Maurice et par la procure à luy donnée par ledit feu *Paul* et ladite damoiselle Marguerite *de Semerpont* passée par devant monsieur le lieutenant de ce siège le dernier de mars seize cens quarante deux ; que ledit *Paul* seroit esté fils de *Michel*, se descouvriroit par le partage fait entre *Philippe*, ledit *Paul Le Pippre* et autres enfans de damoiselle Anne *Descours*, leur mère, à son trespas femme dudit *Michel Le Pippre*, des biens par elle délaissez, auquel aussy seroit esté présent et comparant iceluy *Michel* leur père, ledit partage donné de Jean Marissal et Jean Morel notaires le treziesme de mars seize cens trois, ce qui seroit conforté par le traitté de mariage d'iceluy *Paul* et damoiselle Marguerite *de Semerpont*, auquel iceluy *Paul* seroit esté assisté d'iceluy *Michel* son père, ledit traitté passé par devant Jean de le Sauch notaire publicq présens tesmoins le 11 septembre quinze cens quatre vingt dix sept ; que ledit *Michel* estoit fils de *François* et de damoiselle Isabeau *de Croix* dit *Drumez*, se montreroit par le testament de ladite damoiselle Isabeau lors vefve d'iceluy *François*, lequel sien testament elle auroit soubsigné avec *François Le Pippre* son fils et Pierre Scrycx notaire pour plus d'aprobation le neufviesme d'avril mil cincq cens soixante cincq, par lequel sien testament en la clause finale ladite testatrice dénommoit pour executeurs de iceluy ses filz *François, Guillaume, Otte, Michel* et *Hiérosme Le Pippre*, qu'iceluy *François* seroit esté fils de *Jean*, et feroit foy son traitté de mariage avec ladite Isabeau y appéllée Isabelette, où ledit *Jean* son père estoit déclaré comparant avec *Fransquie* son fils, ledit traitté passé par devant Antoine Cuvillon notaire présens tesmoins le deuxième d'aoust quinze cens dix ; et qu'iceluy *Jean* seroit esté fils dudit *François* ou *Frans* seroit renseigné par l'extrait autentique de certain registre reposant au greffe de la ville d'Armentières, auquel se trouveroit couché l'achat fait par ledit *Jean*, fils de *Frans*, de cincq cens de jardin ou environ tenus du fief de Raisse, le vingt quatrième de mars mille quatre cens nonante trois, ce que se pourroit encore colliger de certaine enqueste tenue à Fleurbaix par Robert de Beausart commissaire en cette partie prins pour adioint Jean Mauduit greffier dudit lieu, le huitième d'aoust quinze cens nonante six, dont l'originel reposeroit à court entre les pièces autresfois exhibées par lesdits *Antoine* et *Pierre Le Pippre* pour parvenir à ladite sentence, par laquelle attestation se voyeroit que ledit *Jean* estoit natif dudit Fleurbaix et y avoit aussy demeuré, si apparoissoit par icelle qu'il estoit frère de *Noel*, lequel avec *François, Jeane* et *Marguerite*, auroit par ladite sentence suffisament esté reconu pour fils dudit *François* et de Caterine *Barbry*, de quoy mesme feroit foy suffisante et entière le contrat ravestissement fait entre les quatre dessus nommés et mentionnés en ladite sentence, au confort de quoy seroit encore renseigné par extrait des livres des rentes deues à la prévosté de Sailly, vers laquelle seroit chargée la maison après déclarée, au terme de Noel, de nœuf havots d'avoine, trois havots de blé et demi chapon, que ledit *Jean* avoit eu à luy appertenante au quartier de Fleurbaix, et qu'estoit la mesme maison qui auparavant avoit esté appertenante audit *François*, d'où, quand autre chose ny auroit, resulteroit une présomption de la filiation dudit *François*, à raison que les biens et héritages devoient estre réputez patrimoniaux n'aparoissant du contraire, sur tout concourant l'identité du surnom comme au cas en question ; au moyen de quoy ledit impétrant espéroit qu'il auroit de tant plus suffisamment renseigné la descente de *Jean* et *François*, que là où se pourroit trouver quelque manque en la testimoniale, ce qu'il ne croyoit, elle se trouveroit confortée par la literale, et respectivement la literale par la testimoniale : or pour monstrer que sesdits ancestres estoient nobles et qu'à tant il seroit issu de noble extraction tant du costé paternel que maternel : au regard du maternel il seroit hors de doute que la famille des *Semerpont* estoit notoirement tenue et connue pour noble ; pour ce que touchoit le paternel, seroit à remarquer que ledit *Jean* avoit tousiours vescu noblement, et esté tenu et réputé d'un chacun pour gentilhomme ainsy que tous ses autres frères, si qu'en feroit foy ladite enqueste, et espécialement au regard dudit *Jean* les dépositions d'Antoine et Jacques le Clercq, lesquels déposoient fort ouvertement et clairement, sy comme ledit Antoine que ledit *Jean* portoit tiltre d'escuyer et faisoit toutes actes de gentilhomme, et en joyssoit des priviléges, et ledit *Jacques* qu'il portoit ordinairement l'espée et sa femme estoit affulée d'un chaperon de velour, et estoient respectivement suivis de serviteurs et servantes, qui feroit en effect dire qu'il estoit gentilhomme, par ce que si l'auroit ainsy déposé, il n'auroit sceu donner autre meilleure raison de sa science, en sorte que quand autre chose ny auroit ledit impétrant de ce chef feroit à déclarer gentilhomme, nobilitas enim duobus testibus probari potest. Rebuff. ad concord. franc. tract. de collate § cum vero probatio nobilitatis ad verbum ad effectum. p. l. ubi. ff. de testibus, à tout le moins et à prendre la chose tout au pire de ces dépositions, résulteroit que ledit *Jean* estoit en quasi possession de la noblesse, et d'icelle quasi possession une présomption qu'il estoit noble, cum ex possessione oriatur presumptio pro possidente. l. 2. par ff. de regulis juris. l. militis 36 § 3. ff de testamento militari, à tel effect que pour empescher le remonstrant à se dire noble de ce chef, conviendroit prouver que ledit *Jean* n'estoit noble, Quia presumptio juris transfert onus probandi in adversarium, espécialement s'agissant d'une qualité qui se pouvoit retrouver en la personne d'un homme lors qu'il naissoit, comme estoit celle de serf, ou libre, noble ou roturier. L. Circa. ff. de liberal. causa. l. movéor, et ibi Glos. in verbo deprehenditur Cod. si servus ad portand. venia Jason in l. 48 potest. n° 57 § de aqui hered. ; mais il y avoit de plus que ledit *François*, père dudit *Jean*, avoit esté reconeu et déclaré noble pour ladite sentence rendue à ce siège le XXVIIe d'aoust seize cens onze au proufict d'iceux *Pierre Le Pippre*, prévost de cette ville, et *Anthoine* son frère, qu'ainsy seroit, se pouvoit remarquer de ce que se voyoit par ladite sentence que seroient d'office estez proposez aucuns points qui buttoient à ce que les supplians feroient plus particulièrement apparoir que *Pierre* leur bisaieul estoit fils d'un *Frans* ou *François* aiant demeuré à Fleurbaix, et non de *Frans* ou *François Le Pippre* en son vivant bailli de Gramont, ce que donnoit ouvertement à conoistre que moiennant par lesdits seigneurs prévost et son frère faire apparoir qu'ils estoient issus dudit *François* aiant demeuré à Fleurbaix, ne leur pouroit estre fait aucun débat de leur noblesse, autrement telle proposition de points faite d'office, ensemble la preuve que se requeroit en suite d'icelle, seroit esté vaine et superflue, et atant nullement à croire que le juge auroit volu faire telle proposition et requérir telle preuve, puis qu'il ne devoit admettre ny moins ordonner quelque chose d'irrelevant et dont l'effect seroit inutil. C. cum contingat § verum extra de offic. delegat. Cap : pertuas § 31 extra de Simon.; outre que se remarquoit par ladite sentence que les fiscaux n'avoient sceu que redire d'iceluy *François*, ains advoué ouvertement par leurs contredits qu'en son regard il y avoit quelque marque d'avoir esté personnage qualifié, et que lesdites marques pouvoient donner soupçon ou faire quelque présomption de noble extraction, et que atant il devoit estre tenu et déclaré tel, ne seroit que lesdits fiscaux auroient renseigné le contraire et dont ils seroient chargez à raison de ladite présomption pour la raison avant dite, Quod presumptio transferat onus probandi in adversarium, de laquelle preuve du contraire il seroit asseuré qu'ils n'auroient obmis, si elle leur seroit esté possible, et qu'à fin d'y satisfaire ils auroient posé quelques faits pertinens, dont toutesfois ne se retrouvoit aucun ; que d'ailleurs ladite sentence seroit passée et vallée en forme de chose jugée, ne s'en estant lesdits fiscaux portez pour appellans, et moins relevé aucun appel ni prétendu aucun relief contre icelle en dedans trois ans après la prononciation, ainsy que seroit requis en terme de droit. L. 1^a C. de sententiis adu : fis. lat. retract., outre que lesdits seigneurs prévost et son frère avoient paisiblement joy de l'effect de ladite sentence depuis le jour d'icelle jusques à olres, en sorte qu'ils en avoient acquis droit par prescription, car combien qu'on pourroit disputer, si pour avoir acquis la noblesse par prescription il ne conviendroit en estre en possession de temps immémorial, cela néantmoins ne pouroit estre autrement que lors que l'on se voudroit prévaloir de la simple possession, et non qu'icelle se trouveroit assistée de tittre, comme au cas offert argumento C. 1° de prescriptione in 6°. Cap. super quibusdam § preterea extra de verb. obligat., veu que possession de temps immémorial n'estoit équipolée à tiltre de privilège, l. hoc jure § ductus aqua ff de aqua quot et esto dicto cap. 1°. de prescript. n°. 6°. et § preterea, et ibi Glos. in verbo non extat memoria 1119 quest. 3. Co conquestus 64 dict. C. quia Glos. in l. sane ff de jure jurando. Chass: Rubri. des instit. § 2° ad verbum et la preuve n°. 4°. alex.

cons. 6. n°. 1°. l. 1., que ce seroit chose superflue de requérir quelque tiltre à effect de pouvoir acquérir par telle possession, puis qu'icelle aiant entrevenue ne seroit de besoin d'alléguer aucun et mesme seroit présumé de la bonne foy du prescrivant, leg. textus prealegatos d. alex. d. cons. n° 2., en sorte que là où il se trouveroit, il en faudroit juger autrement, sur tout lors que comme au cas offert la possession estoit publicque à la veue et sceu des fiscaux et sans qu'ils y auroient contredit, laquelle prescription devroit sortir aussy bien audit impétrant qu'ausdits *Antoine* et *Pierre* son frère, par ce que seroit la possession, ou quasi possession qui donnoit cause à la prescription, et la régloit à tel effect que celuy aiant prescrit, estoit censé avoir la chose au même tiltre qu'il l'avoit possédé, l. 1. l. 3. in fine ff pro soluto. l. 1 et fin. ff pro donat. et similibus, or seroit il que lesdits *Pierre* et *Antoine*, sciente et non contradicente fisco, auroient quasi possédé leur noblesse et joy des priviléges d'icelle depuis ladite sentence jusques ores, et ainsy par temps suffisant à prescription du chef dudit *François* l'aisné et comme aiant iceluy esté gentilhomme, et eux partant issus de famille noble en sorte que par prescription ils peuvent dire et maintenir que ledit *François* devoit estre dit avoir esté noble, et conséquemment que toute la famille et descendans sont nobles, comme issus et participans du mesme sang, cum jura sanguinis nullo jure dirimi possunt vel mutari, l. jura sanguinis ff. de regulis juris, § sed agnationis de legit. agnat. tur., n'estant outre ce que dessus à obmettre qu'à correction parlant il ny escheoit aucun doute de la noblesse dudit *François*, lors de ladite sentence, par ce que ny s'en faisoit, et ne s'en peut faire aucune de celle d'*Eloy Le Pippre*, dont l'effigie et pourtraict est représenté en l'une des verriéres de l'église paroissialle dudit Fleurbaix, avec les armes dont usoient encore présentement ceux du soubs nom *Le Pippre*, en feroit foy irréfragable, cause que de divers chefs la fame et croyance publicque et erroicque seroit esté que ledit *François* seroit issu de luy, scavoir qu'il estoit demeurant en la mesme paroisse, voires apparament en la mesme maison que ledit *Éloy*, portoit les mesmes armes et soubs nom, vivoit aussy noblement, ce qui seroit suffisant pour le prouver noble comme ledit *Éloy*, Quia nobilitas probatur per famam Guid. Pap. decis. 387 in fine citans ad hoc Barth : par tous lesquels moiens, desquels apparoistroit tant et tellement que pour suffir tant par la déposition des tesmoins qu'il y produiroit, que par les tiltres cy dessus mentionnez, ledit impétrant espéroit estre trouvé fondé en sa requeste, tendoit et concluoit par tant ad ce que par notre sentence difinitive, jugement et pour droit, fust sadite requeste inthérinée selon sa forme et teneur, et en ce faisant iceluy impétrant déclare d'estre issu de noble extraction, et devoir joyr du tiltre de gentilhomme, ensemble de tous priviléges, exemptions et priviléges à gens nobles compétans et appertenans, alléguant au surplus par ledit impétrant plusieurs faits raisons et moyens qu'il entendoit servir à son intention, offrant iceux vérifier et approuver tant et tellement que pour suffir, sur lesquels faits proposez et raportez par escrit par devers la court fait oyr autant de tesmoins, produit tels tiltres, lettres et enseignemens que bon luy auroit semblé, sur quoy les officiers fiscaux de ce siège, aians eu communication des enquestes tiltres et pièces servies par ledit supliant, auroient dit qu'il ne vérifioit suffisamment qu'il estoit issu de noble extraction, et que la noblesse n'estoit à présumer signament à ceux qui n'estoient en possession d'icelle, sans que seroit de considération que *Jean Le Pippre*, fils de *Frans*, semble avoir esté en possession de noblesse à effect de par le suppliant se pooir dire issu de noble extraction, mais seroit besoing que ledit *François*, son père, ou *François Le Pippre*, fils d'iceluy *Jean*, auroit pareillement joy de tiltre et prérogative de noblesse selon le placcart de Sa Majesté du quatorzième de febvrier seize cens seize, par lequel seroit requis cessant autre tiltre la joyssance de père et ayeul pour se pooir la postérité dire noble, ce que le suppliant ne rensengnoit, en quoy néantmoins lesdits sieurs fiscaux se raportoient à la pourveue discrétion de la court, à quoy respondant ledit impétrant auroit dit qu'il acceptoit à profit si avant que servir luy pouvoit, que pour par luy parvenir à ses intentions il devoit suffir que *Jean Le Pippre* et *François* son père avoient eu la joyssance de la noblesse, si que se trouvoit advoué audit besongné à raison que l'occasion de douter au regard dudit *François* seroit à correction parlant ostée par le déduit ès articles 59 et suivans jusques en la fin de l'intendit de luy impétrant, par lequel intendit et preuve faite sur iceluy, il apparoistroit de la noblesse dudit *Jean*, fils d'iceluy *François*, ou du moins de la possession qu'il en avoit, en ce que se reconnoistroit tout clairement par le susdit besoigné desdits officiers fiscaux et que aussy on acceptoit à proufit, voulant néantmoins bien dire soubs la même correction que le placcart reprins audit besoingné au regard de ceux qui estoient extraits d'ancienne noble race de sang et de maison, s'ils estoient tombez en décadence par quelque contrariété de fortune, pour rensengner leur noble extraction les obligeoit à vérifier la noblesse de deux de leurs ancestres consécutivement, mais seulement au regard de ceux qui n'avoient rien à renseigner de leur ancienne extraction, ni par tiltres, ains se fondoient uniquement sur leur quasi possession de la noblesse pour laquelle estre suffisant, s'ordonnoit qu'il falloit qu'elle fut de père et ayeul, persistoit partant en ses conclusions, implorant sur tout l'office de la court et par lesdits officiers fiscaux auroit esté persisté en leur besoigné cy dessus, nonobstant celuy servy de la part dudit impétrant, eux raportans et arrestans respectivement prendre et attendre droit à l'ordonnance de la court, scavoir faisons que veu ledit procès à grande et meure délibération de conseil, et considéré tout que fait à considérer et mouvoir peut, nous avons pour droit inthériné, si inthérinons ladite requeste selon sa forme et teneur, en tesmoin de quoy nous avons ces présentes fait sceller de notre seel. Ce fut ainsy fait et jugé ès plaids par devant nous tenus en la salle audit Lille le XXIXe d'octobre 1644, et estoit icelle sentence signée Farvacq, et seellé d'un seel de cire rouge pendant en double queue de parchemin. Collation faite à ladite sentence et esté trouvé concorder de mot après autre par moy Gille Masure, notaire publiq résident audit Lille, le XIIIe de février XVIe quarante cincq. Tesmoin Gille Masure.

Collation faite à ladite copie autentique reposante ès mains de *Anthoine Le Pippre*, escuyer, sieur de la Grand' Motte, etc. A esté trouvée concorder de mot après autres par moy Gilles Masure, notaire publicq, résident à Lille le XVIIIe de mars mil six cens quarante cincq. Tesmoin : Gilles Masure.

Bibliothèque communale de Lille. Manuscrit 493. Recueil de généalogies, avec blasons coloriés, pages 339, à 346.

1605, 3 septembre. — *Attestation de la mort de Jeannin de Pipre.*

A tous ceulx qui ces présentes lettres verront ou lire orront, eschevins des parchons, consaulx et appaiseurs de la ville de Gand, salut. Sçavoir faisons que pardevant nous sont venuz et comparuz en leurs persônnes Élysabeth Eecman, fille de Pierre, vefve de feu Liévin Schauteet, eaagée de quatre vingtz ans, et Lievine vander Linden, vefve de Pierre de Roncq, eagée de soixante-trois ans ou environ, bourgeoises de ceste dicte ville, lesquelles d'aultant qu'on est tenu rendre tesmoingnaige de la vérité, signamment à ce estans requis, ont déposé et attesté par cette par serment solempnel ce jourd'huy presté en noz mains, qu'ilz ont eu bonne cognoissance à feu *Jennin de Pipre*, lequel en son vivant avoit espousé pour sa femme légittime Joozyne *Eecman*, dont il procréa ung filz appellé aussy *Jan de Pipre*, et quelque temps après, asçavoir passé quarante ans ou environ, ont lesdictes comparantes eu certaines nouvelles que ledit *Jean de Pipre* le vieu, seroit demouré mort au service de Sa Majesté devant la ville de Middelbourg en Zeelande, avecq feu le

Seigneur de Catthem, soubz la conduicte duquel pour lors en qualité de soldat il estoit, de sorte que depuis ilz n'ont eu aulcunes nouvelles d'icelluy Jennin. Est aussy comparu personnellement, joinctement lesdictes premières comparantes, Johanne Titeloose, fille de Lambert, vefve de Nicolas vander Linden, eaagée de quarante ans ou environ, aussi bourgeoise de ceste dicte ville, laquelle affirma par le serment que dessus tout ce que dict est par plusieurs fois avoir entendu de la bouche de ses parens, et que plus est déclara et déposa qu'elle a veu la lettre escripte de Zeelande du trespas dudict *Jennin Le Pipre* le vieu, déclarans et attestans en oultre conjoinctement et en une voix lesdictes trois comparantes avecq Pierre de Roncq, tisserant de son styl, aussy bourgeois et habitant de ceste dicte ville, eaagé de trente ans, d'avoir bonne mémoire que feu ledit *Jehan Le Pipre* le Josne, s'ayant aussy mis en service de Sa Majesté soubz la cavaellerie, seroit, passé bonne espace, assçavoir doiz la reconciliation de ceste dicte ville, party vers le camp devant la ville d'Anvers, et après la réconciliation d'icelle s'auroit transporté à Turnhout en Brabant, où il seroit allé de vie à trespas de certaine griefve malladie dont il estoit attainct, comme icelles comparantes a esté par plusieurs fois adverty et ont assez entendu le tout passé vingt ans ou environ, tellement que depuis de luy ne sont arrivées aulcunes nouvelles. Et comme de ladicte déclaration de nous eschevins susdictz a esté requis la présente, l'avons bien voullu impartir pour s'en aider et valoir là et ainsy qu'il appertiendra. Donné en tesmoing de vérité, soubz le scel aux causes de ladicte ville de Gand, ce troisième jour du mois de septembre mil six cents et cincq. (Sur le pli, signé) : J. DE HANE.

Archives de l'auteur, original en parchemin, scellé du sceau aux causes de la ville de Gand, en cire verte, recouvert de papier, pendant à double queue de parchemin.

Page 1012, ligne 10. — Le partage des biens d'Antoine *Le Pippre* et d'Antoinette *Bacler* eut lieu à Armentières le 4 mars 1564 (n. st.); ils laissaient pour enfants :

1. — *Jean*, allié à Jossine *Eecman*, père de Jean mort à Turnhout, comme le montre le certificat de son décès reproduit ci-dessus.
2. — *Péronne*, épouse de Maillart *Yde*.
3. — *Catherine*, alliée à Pierre *de Harduin*; dont postérité.
4. — *Pierre*, père de *Jacques* et grand-père de *Sophie*.

ADDITIONS ET ERRATA.   1359

    5. — *Margotine*, épouse de Jean *Cazier;* dont postérité.
    6. — *Antoinette*, mariée avec Jacques *Gallois;* dont postérité.
    7. — *Jacques*, mort en Écosse.
    8. — *Marguerite* la jeune, alliée par contrat du 27 décembre 1572, devant M⁰ Pasquier Cornet, à Armentières, à André *Vinchent*, fils de Jacques ; puis, en secondes noces, à Jean *Denis*.

Page 1012, ligne 24. — Pierre *Le Pippre* eut pour dixième enfant : *Marie*, alliée à Antoine *Boidin* ; dont postérité.

Page 1014, ligne 20. — Oste *Le Pippre* épousa Jeanne *du Quesnoy*, dont il eut : *François* et *Catherine*, alliée à Bernard *Sarra*.

Page 1014, ligne 23. — Guillaume *Le Pippre* eut de la fille « Art de Laet », *Marie*, épouse d'Hubert *Host*, *Arnould*, *Diericq*, *Catherine* et *Suzanne*, vivants en 1598.

Page 1016, ligne 28. — Marguerite *Semerpont*, fille d'Antoine et de Marie *Castelain*, fut mariée par contrat du 30 septembre 1597 (et non du 11).

Page 1019, ligne 1. — Roger *Eynsaem*, fils de Guillaume et de Marie *Marnens*, épousa Chrétienne *Le Pippre*, par contrat passé devant M⁰ Maximilien Lefebvre le 29 décembre 1639.

Page 1019, ligne 4. — Michel *Le Pippre* fut pourvu d'une curatelle le 15 avril 1627.

Page 1029, ligne 7. — Martine *Leboucq* était fille de Roland et de Claudine *Leroy*.

Page 1029, ligne 15. — Ajouter aux enfants de Bettremieu *Libert* et de Martine *Leboucq* :
    4. — *Martine*, épouse de Romain *Calloir*.
    5. — *Willelmine*, alliée à Wallerand *Delecourt*.
    6. — *Jeanne*, mariée avec Jacques *Oden*.
    7. — *Marie*, épouse de Jacques *Semors*, fils de Lambert et de Catherine *Stevene*, né à Louvain, brasseur, bourgeois de Lille par achat du 9 février 1607.

Page 1043, ligne 32. — Il faut, croyons-nous, ajouter aux enfants de Wallerand *Obert* et de Gertrude *de Berne-*

micourt : *Charles*, s^r du Péage, prêtre, décédé à Hennin le 3 février 1654, à l'âge de 42 ans.

Page 1045, ligne 4. — Le contrat de mariage de Philippe-François *d'Ennetières* avec Marie-Alexandrine *Obert* fut passé devant Me Luc Moucque le 6 février 1647.

Page 1053, ligne 13.— Madame *Obert de Thieusies*, née *de la Coste*, est morte à Bruxelles le 3 février 1908.

Page 1054, ligne 17. — Marie-Catherine *Obert* fut religieuse à l'hôpital Sainte-Élisabeth de Roubaix.

Page 1054, ligne 27.— Louis *Obert* testa devant les échevins de Steenvorde le 27 octobre 1634, puis à Lille devant Me Luc Moucque, le 1er juin 1643. Il avait épousé Marie *de Nieuwenhove*, par contrat du 14 juin 1652 devant Me Simon Strupart.

Page 1056, ligne 12. — Ernestine-Louise *Obert* est dite veuve de Jean *Royer*, écuyer, s^r d'Espinette, capitaine d'infanterie et demeurant à Arras en juin 1714.

Page 1057, ligne 9. — Charles *Obert* eut de Jeanne-Claire *de Bertoult* les enfants suivants :

1. — *Louis-Florent*, rapporté à ladite page.
2. — *Catherine*, baptisée à Hennin le 12 mars 1630.
3. — *Charles-Adrien*, baptisé à Hennin le 8 mars 1631.
4. — *François*, baptisé à Hennin le 14 septembre 1632.
5. — *Jean-Baptiste*, né le 24 décembre 1633, baptisé à Hennin le 27.
6. — *Albert*, baptisé à Hennin le 9 janvier 1636.
7. — *Augustin*, baptisé à Hennin le 2 janvier 1639.

Page 1070, ligne 13. — Jean *du Retz* est peut-être celui qui épousa Jeanne *Salengre*, dont il avait pour enfants, en 1588 : *François*, chirurgien, marié avec Marie *Guillemin* (dont postérité); *Isabeau*, épouse de Bernard *du Gardin*; *Marie*, alliée à Jérôme *Caron* (dont postérité); enfin

ADDITIONS ET ERRATA.

        Jeanne, épouse d'Antoine *Duthoit* (dont postérité).

Page 1073, ligne 8. — Étienne *du Retz* fut marié avec Marie *Vanhoude*, fille de Jean et de Marie *Hovine*, par contrat devant M° Jean Turpin, le 11 février 1632.

Page 1080, ligne 35. — Non rattaché : Jean *du Retz*, qui eut de Sébastienne *Vienne* : Pierre, Jean, Marie, Catherine, épouse de Jean *Segart*, et Anne, vivants en 1617.

Page 1083, ligne 10. — Pierre *Scrieck* épousa Marie *Cardon*; il en eut : 1° *Mathieu*; 2° *Guillaume*; 3° *Madeleine*, épouse de Toussaint *Desnourrices*; 4° *Adrienne*, alliée à Victor *Hache*, dont postérité; 5° *Pierre*; 6° *Marie*; ces deux derniers décédés avant 1580.

Page 1083, ligne 22. — Mathias *Scrieck* eut encore de Michelle *Desrumaulx* : *Marie*, veuve de Jérôme *Caullier* en 1635; *Catherine*, veuve de Jean *Bauwet* en 1635; *Marie*, épouse de Philippe *Trezel*, et *Madeleine*, alliée à Pasquier *de Cottignies*.

Page 1085, ligne 2. — Marguerite *Messent* ou *Mainsent*, fille de Simon et de Catherine *Le Hugier*.

Page 1109, ligne 31. — Marc-Antoine *Boutillier*, chanoine de Saint-Piat à Seclin, y décéda le 1er mars 1737.

Page 1130, ligne 1. — Madame *Kesteloot* mourut le 9 juillet 1848.

Page 1142, ligne 4. — Antoine *Doulcet* épousa seulement Marguerite *Lambelin*. Celle-ci, décédée veuve, laissa une succession si onéreuse, que le tuteur de son fils *Antoine*, Jacques *Alauwe* (époux de Jacqueline *Doulcet*), dut y renoncer le 16 juin 1617.

Page 1142, ligne 29. — Jacques *Douchet* épousa Antoinette *Desponcheaux*, morte avant 1574.

Page 1147, ligne 21. — **Famille DOUCHET**

I^bis. — Pierre *Douchet*, né vers 1606, probablement frère de Michel, cité page 1146, et non son fils, mourut à Seclin le 9 août 1691, à 85 ans, après avoir épousé, le 18 février 1652, Marie *Muict de Bled*; il eut :

1. — *Sainte*, baptisée à Seclin le 12 janvier 1654, morte le 22 novembre 1681; alliée, le 26 avril 1679, à Denis *Cretal*.

2. — *Anne*, baptisée à Seclin le 10 septembre 1655.

3. — *Philippe*, baptisé à Seclin le 20 mai 1657, mort le 23 mars 1739, allié, le 12 août 1678, à Catherine *Le Ghys*, puis, le 26 novembre 1686, à Barbe *Mercier*, décédée le 16 mai 1728; d'où :

 a. — Du premier lit : *François*, baptisé à Seclin le 27 mai 1679, mort le 1er juin suivant.

 b. — *Marie-Madeleine*, baptisée à Seclin le 6 août 1681, décédée le 27 mars 1682.

 c. — *Catherine*, baptisée à Seclin le 30 janvier 1684, morte veuve le 20 juin 1767; mariée, le 4 février 1706, avec Josse *Descamps*, laboureur; dont postérité.

 d. — *Philippe-Ignace*, baptisé à Seclin le 25 décembre 1685, mort le 30 du même mois.

 e. — Du second lit: *Luc*, baptisé à Seclin le 19 octobre 1687.

 f. — *Nicolas-Joseph*, baptisé à Seclin le 15 mai 1689, mort le 19 décembre suivant.

 g. — *Marie-Barbe-Joseph*, baptisée à Seclin le 21 novembre 1690, morte le 14 août 1692.

 h. — *Barbe-Joseph*, baptisée à Seclin le 3 décembre 1692, morte le 26 juin 1745, alliée, le 27 septembre 1718, à Jean-Louis *Mangez*, puis, le 24 novembre 1722, à Wallerand *Fiévet*, de Wavrin; dont postérité.

 i. — *Marie-Théodore*, baptisée à Seclin le 17 mars 1695.

 j. — *Marie-Anne*, baptisée à Seclin le 9 décembre 1696, morte le 2 septembre 1759, mariée, le 5 novembre 1719, avec Marc-Antoine *Pennequin*, décédé à Seclin le 17 mars 1743, à 51 ans.

 k. — *Marie-Marguerite*, baptisée à Seclin le 17 juin 1698, morte veuve le 24 février 1782, alliée, le 18 avril 1747, à Pierre *Théry*, de Templemars, ollieur, âgé de 44 ans.

 l. — *Marie-Élisabeth*, baptisée à Seclin le 16 juillet 1700, décédée le 23 décembre 1733, mariée, le 30 juillet 1715, avec Étienne *Agache*, d'Annappes, mort le 13 septembre 1730 à Seclin, âgé de 40 ans; dont postérité.

 m. — *Marie-Françoise*, baptisée à Seclin le 6 août 1702, alliée : 1º le 28 septembre 1723, à Jean-François *Delannoy*, boucher, mort le 30 mars 1739; 2º le 1er octobre 1739, à Médard-Joseph *Boutry*, de Camphin, âgé de 24 ans.

 n. — *Marie-Augustine*, baptisée à Seclin le 17 juin 1705.

4. — *Floris*, baptisé à Seclin le 14 septembre 1659, mort veuf le

5 novembre 1742, y épousa, le 30 juin 1682, Françoise *Havet*, puis, en secondes noces, Marie *Rohart*; d'où :

    a. — Du premier lit : *Jean-Baptiste*, baptisé à Seclin le 31 août 1686.

    b. — *Jacques*, baptisé à Seclin le 5 septembre 1689, mort le 15 novembre suivant.

    c. — *Marie-Élisabeth*, baptisée à Seclin le 31 janvier 1691, décédée le lendemain.

    d. — *Lambert-François*, baptisé à Seclin le 16 février 1692.

    e. — *Marie-Marguerite*, baptisée à Seclin le 3 novembre 1695, morte le 20 novembre suivant.

    f. — *Zéphyrin*, baptisé à Seclin le 26 août 1697.

    g. — *Charles-Louis*, baptisé à Seclin le 28 décembre 1700, mort le 24 mars 1701 (sous le nom de *Charles-François*).

    h. — Du second lit : *Marie-Catherine*, baptisée à Seclin le 12 novembre 1702, maîtresse d'école, morte le 22 janvier 1743, après avoir épousé Jean-Baptiste *Cordonnier*, manouvrier.

    i. — *Marie-Joseph*, baptisée à Seclin le 9 octobre 1704.

    j. — *Jean-François*, baptisé à Seclin le 17 septembre 1706.

    k. — *Charles-François*, baptisé à Seclin le 12 octobre 1708, prêtre et bénéficier de la collégiale, mort à Seclin le 6 août 1737 et inhumé vis-à-vis la chapelle de Saint-Joseph.

5. — *Jacques*, né vers 1660, mort à Seclin le 29 mai 1723, à 63 ans, y épousa, le 28 octobre 1681, Élisabeth *Lancry* ; dont :

    a. — *Élisabeth*, baptisée à Seclin le 17 mai 1682, alliée, le 28 octobre 1705, à Jean *Cornillot*, fils de Martin.

    b. — *Joseph*, baptisé à Seclin le 19 septembre 1683, mort le 8 décembre suivant.

    c. — *Marie-Joseph*, baptisée à Seclin le 9 décembre 1684, y décédée célibataire le 21 novembre 1768.

    d. — *Martin*, baptisé à Seclin le 12 novembre 1686.

    e. — *Marie-Françoise*, baptisée à Seclin le 25 août 1688, morte le 19 février 1702.

    f. — *Charles-François*, baptisé à Seclin le 5 octobre 1690.

    g. — *Anne-Jeanne*, baptisée à Seclin le 26 février 1692, décédée le 13 mars suivant.

    h. — *Marie-Anne*, baptisée à Seclin le 23 septembre 1693.

    i. — *Marguerite-Anne*, baptisée à Seclin, le 6 septembre 1695, morte le 11 mars 1702.

6. — *Jean*, baptisé à Seclin le 20 avril 1664.

7. — *Jean*, baptisé à Seclin le 20 avril 1665.

Page 1187, ligne 4. — Nous trouvons aux registres des Mémoires (Archives municipales de Lille), les mentions suivantes : Marie *Hangouwarde*, veuve de Jean *Le Carlier,* puis épouse de Jean *Haguebart*, dont postérité en 1390. — Jean *Hangouars*, fils de feu *Jean*, se démet de son office de sergent des échevins le 15 juin 1391. — Jacquemars *Hangouwars* et sa femme Marie *de Conges* dite *Le Carlier*, en 1392, etc.

Page 1187, ligne 24. — Nous trouvons Pierrot *Hangouart*, fils de feu *Jean*, qui fut reçu sergent de la prévôté le 19 décembre 1424.

Page 1190, ligne 37. — Barthélemi *Hangouart* fut nommé changeur par Philippe, duc de Bourgogne, le 7 février 1462 (n. st.). Il donna caution, devant la Chambre des comptes de Lille, de 4.000 livres pour les deniers d'orphelins, de 4.000 livres pour les deniers des particuliers, et pour les deniers de justice tous ses biens meubles, châteaux et héritages. Il se démit de son office et de celui de voir-juré, car il fut nommé prévôt de Lille le 5 mai 1464, pour remplacer son beau-père, Jean *Dauzet*; il n'exerça que jusqu'au 6 novembre de la même année. (Archives municipales de Lille, *Septième registre aux mémoires,* fos 99 et 126.)

Page 1193, lignes 1 à 12. — Il y a eu interversion dans la mise en pages. Les alinéas doivent être rétablis dans l'ordre suivant : *dd.* — *b.* — *c.* — *d.* — *e.*

Page 1196, ligne 10. — Wallerand-Philippe *Hangouart* fut pourvu d'une curatelle le 28 janvier 1672.

Page 1233, ligne 22. — Joseph-François *Pottier* eut pour premier enfant : *Joseph-Ignace*, né avant terme, à Matringhem (Artois), le 27 septembre 1702, mort le 6 août 1705.

Page 1250, ligne 23. — Robert *Muette* fut reçu lieutenant général du bailli de Lille le 8 janvier 1547 (n. st.); il épousa Marie *Cuvillon*. Ses enfants, *Florent* et *Isabeau*, furent déchargés de tutelle le 10 juillet 1576.

TABLE
DES
GÉNÉALOGIES
CONTENUES DANS LES SIX PREMIÈRES PARTIES

Alatruye	899	de Druez (note)	1285
Aronio	205	Dubosquiel	1149
Aulent	453	Farvacques	962
Bady	7	Fasse	51
Bave	14	de Flandres	977
Bayard	1103	de Fontaine	502
de Beaumont	217	du Forest	517
du Béron	456	de Fourmestraux	244
Berthault	645	de Fourmestraux	282
Beuvet	221	de Fourmestraux	287
Bidé	466	Frans	708
Bonnier	227	Frans	714
Bostica	1108	Ghesquière	306
Boutillier	1109	Gilleman	527
Breckvelt	486	Goudeman	310
Bridoul	651	d'Haffrenghes	57
de Brigode	492	Hangouart	1187
de Broide	22	Hannecart	73
Cardon	664	de la Haye	1231
Cardon d'Avelu	699	Herts	320
Castelain	919	Hespel	718
du Chambge	1112	du Hot	533
du Chasteau	240	Huvino	325
Chauwin	30	Ingiliard	83
de Corbie	33	Jacops	545
Cuvillon	941	de La Chaussée	333
Deliot	37	de La Fonteyne	335
Desbarbieux	702	Lagache	339
Desbuissons	43	Lambelin	747
Desfossez (note)	35	de Lannoy	88
Douchet	1138	de Lannoy	103

de Lannoy	119	Quecq	583
Le Cat	990	Ramery	801
Lefebvre-Delattre	347	Regnault	1274
Le Gay	1236	Renard	807
Leleu	1238	du Retz	1070
Le Maistre	1240	Ricourt	395
de Lencquesaing	997	Ricourt	406
Lenglart	758	Ringuier	811
Le Pippre	1011	de Rosendal	148
Lespagnol	122	Rouvroy	409
Le Thierry	362	de Sailly	151
Libert	1021	de Savary	153
Libert	1029	Schérer	815
Libert	1030	Scrieck	1083
Lippens	367	Stappart	158
de Lisle	1032	Stappart	159
Massiet	1245	de Surmont	164
Méry de Montigny	1036	Taviel	590
Miroul	766	Tesson	600
de Montmonier	374	Turpin	1286
Moucque	378	Van der Cruisse	838
Muette	1250	Vanderlinde	178
de Muyssart	780	Vandermaer	1292
Noiret	127	Vanhove	607
Noiret de Saint-Antoine	130	Van Thiennen	1300
Obert	1042	de Vendeville	622
Parmentier	1254	Verghelle	632
Percourt	381	Volant	843
Petitpas	558	Wacrenier	185
Plaetyoet	1267	de Waignon	853
Porrata	1269	Walrave	196
Potteau	386	Warlop	1087
Pottiers (note)	1234	Wattepatte	199
Poulle	131	Zouche	1093

L'impression de ce troisième volume des « Généalogies lilloises » a été commencée le 2 septembre 1907 et achevée le 28 avril 1908, par la maison Lefebvre-Ducrocq de Lille.

Cet ouvrage ne sera point mis dans le commerce ; il est strictement réservé aux membres titulaires de la Société d'études et aux hommages de l'Auteur.

TIRÉ A TROIS CENT CINQUANTE EXEMPLAIRES NUMÉROTÉS
DONT CINQUANTE POUR L'AUTEUR.

N° 176

Exemplaire de la Soc. histor. de Compiègne

Le Président
de la *Société d'études,*

Th. Leuridan

HOMMAGE DE L'AUTEUR.

www.ingramcontent.com/pod-product-compliance
Lightning Source LLC
Chambersburg PA
CBHW072128220426
43664CB00013B/2177